Historia de la Guardia Nacional de Nicaragua

Tomo Dos, 1937-1956

Nicolás López Maltez

Historia de la Guardia Nacional de Nicaragua

Tomo Dos, 1937-1956

Nicolás López Maltez

Miembro de la Directiva
y Miembro de Número de la Academia
de Geografía e Historia de Nicaragua

Miembro Correspondiente de la Academia
de Geografía e Historia de Guatemala.

Miembro Directivo
del Movimiento Mundial Dariano
Miami, Florida, EE.UU.

Miembro del Instituto Nicaragüense
de Cultura Hispánica, INCH.
Managua, Nicaragua.

N
972.85
L864 López Maltez, Nicolás Adolfo
Historia de la Guardia Nacional de Nicaragua/Tomo Dos.
•Nicolás Adolfo López Maltez. – 1a. Ed. – Miami/Amazon
N. A. López Maltez, 2014. - 614 p. t.l.
•

1. Nicaragua - Historia - Guardia Nacional, 1925-1979.
2. Nicaragua- Política y Gobierno.
3. Historia Militar.

Edición al cuido de **Nicolás López Maltez** y **Tania Méndez Castillo**.
Diseño y diagramación: ***La Estrella de Nicaragua Newspaper, Inc.***
Diseño de Portada: ***La Estrella de Nicaragua Newspaper, Inc.***
Fotografía de la portada:

.

Distribuidores / Distributors: **AMAZON**.
La Estrella de Nicaragua Newspaper, Inc.
11321 W. Flagler Street, Miami, FL 33174
Ph. & Whatsapp 786.366.3147

INDICE

Agradecimientos y Dedicatorias

Debo agradecimiento a varios oficiales de la Guardia Nacional de Nicaragua que me ayudaron en la identificación de fotografías, me suministraron datos y documentos de los años de la existencia de esta desaparecida institución armada, los más de ellos fallecieron durante mis años de investigación de esta obra, entre ellos, y en forma principal, debo gratitud al **Cnel. G.N. Manuel Midence Montiel** (q.e.p.d.), al **Gral. G.N. César Augusto Borge Castillo** (q.e.p.d.), al **Cptn. G.N.-PA Abel Toledo Hislop** (q.e.p.d.)., al **Dr.** y **Gral. G.N. Nicolás Valle Salinas** (q.e.p.d.); y al **Tnte. G.N. Sergio David Caldera Avilés**, oficial estudioso de la historia.

En la parte técnica de diagramación e investigación, agradezco el trabajo eficiente de la **Lic. Tania Méndez Castillo**.

Dedico este esfuerzo a mi familia, que me ha brindado amor, comprensión, apoyo y paciencia. Especialmente lo dedico a la memoria de mi esposa **Nora Morales de López** (q.e.p.d.); a mis hijos **Rigoberto**, **Gioconda**, **Aída**, **Nora**, **Mónica**, **María José** y **Nicolás**. A mis nietos: **Nicolás Reboud**, **Nicolás Vorburger**, **Alexandre Reboud**, **Alexandra Vorburger**, **Nataly Caldera**, **Giulia Racagni**, **Laura Nicole Caldera**, **Sonny G. Hunt**, **Hans Estrada**, **Tess López** y **Joaquín Cachonegrete**.

A ***«mi cuarta generación»***, mis bisnietos: **Nora Josefina Caldera**, **Alberto Pierre Reboud**, **Ginevra Reboud**, **Aaron Akhtar**, **Gabrielle Bittmann**, **Zeke Akhtar** y al nuevo retoño del 2022: **Samuel Bittmann** que nació coincidentemente junto con la Primera Edición de este Tomo Dos.

A mi esposa **Miriam Guzmán Aguinaga**, a quien además agradezco sus atinadas observaciones y haber transcrito y revisado los capítulos de este Segundo Tomo, en sus Primera Edición.

Comentarios y opiniones del Tomo Uno

Ing. Bayardo Cuadra Moreno, miembro AGHN

Esta meritoria obra preparada por **Nicolás López Maltez**, constituye un valioso aporte a la historiografía nacional, que llena un espacio que necesitaba ser cubierto apropiadamente, tal como lo realizó el **Lic. López Maltez** en el Primer Tomo y lo está realizando en el Tomo Dos de la Historia de la Guardia Nacional de Nicaragua, de la que leí todo el Tomo Uno y los primeros capítulos del Tomo Dos en borrador.

Conocer la historia de la Guardia Nacional de Nicaragua a través de esta obra, nos permite enterarnos de la fundación, organización y funcionamiento de una institución armada, cuya trayectoria, a través de sus cinco décadas de existencia, incidió en forma determinante en el curso de nuestra historia militar y política en el siglo XX. Asimismo nos facilita la comprensión e interpretación de los hechos históricos acaecidos en Nicaragua en el período estudiado. Esta obra, por tanto, se convierte en un documento básico, necesario e indispensable, de consulta obligada para estudiosos de la historia de Nicaragua e investigadores.

Reconocemos la labor de **Nicolás López Maltez**. Asimismo le animamos a continuar con los estudios e investigaciones para culminar con los siguientes tomos de la Historia de la Guardia Nacional de Nicaragua, que es parte importante y necesaria de la Historia de Nicaragua.

(El **Ing. Bayardo Cuadra Moreno** lamentablemente falleció el 12 de Febrero de 2021).

Dr. y Gral. G.N. Nicolás Valle Salinas

Me consta la acuciosidad y el profesionalismo del **Lic. Nicolás López Maltez**, para realizar esta obra con gran espíritu de rigurosidad académica, con el propósito logrado de la objetividad histórica, sobre la existencia de la Guardia Nacional de Nicaragua, institución armada que por más de medio siglo tuvo destacada incidencia, y aún influye, en el destino de Nicaragua.

El **Lic. López Maltez**, ha estado concentrado, inmerso, por años, en los archivos del Departamento de Estado de EE.UU., de la Infantería de Marina (USMC), en la Biblioteca del Congreso de EE.UU. y otras instituciones universitarias norteamericanas que preservan la documentación integral de la Guardia Nacional de Nicaragua, que no existe en Nicaragua, donde no es posible obtener archivos ni documentación.

Realizar esta Historia de la Guardia Nacional de Nicaragua fue labor de varios años que dedicó el autor. Obra de esencia didáctica, que enseña las causas, orígenes, fundación, desarrollo, consecuencias y avatares de la Guardia Nacional desde su fundación en mayo de 1925 al primero de enero de 1937, Primer Tomo, y de 1937 a 1956, Segundo Tomo, con todos los detalles históricos que incidieron en el ejército nicaragüense. Primer Tomo que incluye la intervención militar de EE.UU. en Nicaragua, una guerra de casi seis años en Las Segovias contra Sandino, golpes de estado y grandes lecciones históricas.

Igualmente la continuación de nuestra historia en el Segundo Tomo, que seguramente **Nicolás López Maltez** continuará con un Tercer Tomo, hasta el final de la Guardia Nacional de Nicaragua.

(Lamentablemente el **Dr. y Gral. Nicolás Valle Salins** falleció el 6 de Septiembre 2021 en la ciudad de Miami).

Preámbulo

La **Guardia Nacional de Nicaragua** es el ejército que más tiempo ha durado en la historia de Nicaragua, hasta inicios del siglo XXI.

Por ello no es posible pretender ignorar su existencia ni sus acciones, su influencia, ni sus trascendentales lecciones --negativas y positivas-- para la historia de Nicaragua, de su desarrollo, experiencias y consecuencias a lo largo de 54 años, desde su concepción y su fundación en 1925 (Ley Creadora), hasta su ocaso y colapso en 1979. Mucho menos enmarcar esta exposición de su historia en pasiones personales o intereses políticos de cualquier tendencia.

El propósito de realizar este trabajo es evitar que --como ha ocurrido siempre en Nicaragua-- los documentos se destruyan, sean secuestrados o se pierdan; que las fotografías se desvanezcan o alteren, y las memorias se manipulen, oculten, extravíen o fenezcan. Nos empeñamos en evitar, incluso, la costumbre de inventar hechos que --repetidos con intencionalidad política, egolatría, por particulares intereses, o de buena fe, o por ignorancia, o hechos deformados por los literatos en ***«novelas históricas»***--, que algunos lectores llegan a considerar audaces mentiras e ilusiones literarias, como si fuesen verdades históricas.

Esos inconvenientes ocurrieron --por ejemplo-- con la documentación, fotografías y memorias que ha hecho difícil localizar documentos para investigar, escribir y publicar la historia del **Ejército de Nicaragua** creado por el gobierno del **Gral. José Santos Zelaya López**, que fue una importante institución militar surgida de la Revolución Liberal de 1893, que tuvo significativa influencia en los hechos históricos de Nicaragua a finales del siglo XIX y primeros años del siglo XX. Este ejército fue desarticulado y satanizado en 1910 por los intereses del poder norteamericano, después de 17 años de activa participación en la vida nicaragüense, centroamericana e incluso suramericana.

Nuestro trabajo de investigación y recopilación de materiales históricos sobre la **Guardia Nacional de Nicaragua** y de la Historia de Nicaragua, tiene como único propósito reunir --en dos o tres volúmenes, si es posible--, la historia objetiva de esa institución armada y su influencia integral en Nicaragua, escribiéndola libre de pasiones políticas, libre de tendencias partidarias o ideológicas, libre de presiones, libre de compromisos, libre de halagos, libre de intereses, libre de prejuicios y libre de compulsiones.

Cuando la historia es relatada por protagonistas o políticos involucrados, a favor o en contra, se obtiene como producto final una obra tendenciosa, falta de objetividad, huérfana de rigor académico. En suma: una historia falsa, falsificada o al menos parcial o parcializada, donde la verdad histórica ha sido distorsionada y sacrificada.

En el presente esfuerzo, el autor no tuvo nexos de ninguna naturaleza con la **Guardia Nacional de Nicaragua**, en ninguna de sus etapas, ni con los adversarios, detractores o enemigos de esta desaparecida institución castrense que ejerció preponderancia militar y política durante más de medio siglo. Este trabajo tiene como finalidad la búsqueda, investigación y exposición de la verdad histórica y su influencia en la historia de Nicaragua, preservándola para el conocimiento de la posteridad, con amplia información y que sea útil para la educación de los nicaragüenses, principalmente.

Por más de medio siglo la **Guardia Nacional de Nicaragua** ejerció una influencia determinante en la vida nacional de Nicaragua y una activa participación en prácticamente todos los hechos históricos de Nicaragua durante su existencia, contribuyendo a la conformación del destino de Nicaragua. Esto no se puede ni se debe ignorar. Han sido hechos y experiencias históricas de las cuales se debe aprender para forjar un correcto criterio y tomar mejores decisiones.

La **Historia de la Guardia Nacional de Nicaragua**, está inevitablemente ligada --como parte integral--, a la Historia de Nicaragua en el período comprendido de 1925 a 1979, y esa es la importancia de su estudio.

Los hechos y acciones de la **Guardia Nacional de Nicaragua** aún determinan parte del presente siglo XXI, y son la raíz de la existencia y destino de miles de familias nicaragüenses con nexos de sangre o de afinidad con los soldados y oficiales de la Guardia, no obstante que hayan transcurrido cuatro décadas o más desde su desaparición como institución, a la fecha de redactar i publicar esta obra.

Miles de familias, muchas de ellas prominentes en la vida nacional de Nicaragua en el presente, ocultan sus orígenes de consanguinidad y nexos de afinidad con miembros de la **Guardia Nacional de Nicaragua**, por la avalancha de propaganda política satanizante que se ha volcado sobre esta institución militar con propósitos estrictamente políticos, pero eso no altera la realidad histórica de ***La Guardia***, positiva o negativa.

Este libro no es una apología a la **Guardia Nacional de Nicaragua**, como tampoco tiene una finalidad detractora. De ninguna manera. Este es un trabajo de historia realizado con el rigor académico de la objetividad basada en los hechos documentados, testimonios responsables y vivencias del autor que presenció en su vida civil como ciudadano y como periodista; y cuando surge una opinión debidamente seria y calificada, la acreditamos al personaje emisor claramente identificado.

Tampoco esta obra es una colección de opiniones. Es más correctamente una colección de documentos, investigaciones y fotografías históricas. Hemos hurgado y extraído gran cantidad de fotocopias y documentos en los archivos de la Infantería de Marina de los Estados Unidos, en los archivos del Departamento de Estado de Estados Unidos, en el Colegio de Guerra de Estados Unidos, en la Biblioteca del Congreso de Estados Unidos, porque en esas fuentes está mucha evidencia de la historia contemporánea de Nicaragua. Y esos documentos, fotos y facsímiles los incluimos en esta **Historia de la Guardia Nacional de Nicaragua**, institución que fue creada en 1925 a instancias del gobierno de Estados Unidos.

Entregamos a las generaciones presentes y futuras, para su conocimiento y evaluación, este estudio y exposición de hechos históricos, así podrán conocer, sin distorsiones, la real y verdadera Historia de Nicaragua en el período estudiado. A cada quien corresponde hacer sus evaluaciones, estructurar sus comentarios y conclusiones que deben ser útiles, como aprendizaje de las lecciones generadas por aciertos y errores, para considerarlas en la síntesis del futuro y el correcto juicio histórico basado en la verdad sin contaminaciones, teniendo siempre presente la frase de **Jorge Santayana:** ***«Los que no pueden recordar el pasado están condenados a repetirlo»***.

Capítulo Uno.

1937: Gral. Anastasio Somoza García, Jefe Director de la Guardia Nacional y Presidente de Nicaragua.

A partir del 1ro. de Enero de 1937, todos los vectores del poder, para gobernar sobre Nicaragua, convergieron en la persona del **Gral. Anastasio Somoza García**, convertido en General, Jefe Director de la Guardia Nacional de Nicaragua, Presidente de la República de Nicaragua y Presidente del Partido Liberal Nacionalista. Al pueblo nicaragüense, a la clase política, a los empresarios privados y a los Oficiales y soldados de la Guardia Nacional que se sometieron a un improvisado general. Todos aceptaron tal concentración de poderes en una sola persona, como algo natural, más tarde se verían las consecuencias de la aceptación conformista de semejante fenómeno. Sin embargo, la persona de **Somoza García**, logró popularidad y admiración en sus primeros años de poder que le demostraba mayoritariamente el pueblo nicaragüense por haber ***pacificado*** Nicaragua con el asesinato a traición del **Gral. Sandino**. Todos los sectores económicos, políticos y sociales pusieron sus esperanzas en obtener democracia, libertades, derechos, educación y progreso, con el dinámico liderazgo del joven gobernante de arrestos populistas, pero desde el inicio sometido a recibir múltiples demostraciones de adulación e interesadas hipocresías de quienes buscaban un oportunismo rentable contribuyendo a generar el ego de **Somoza**. Estas demostraciones --que nunca faltan--, le fue construyendo en la mente a **Somoza** el mesianismo que demostró después, cuando se percibió a sí mismo como indispensable y único predestinado para gobernar, percepción que le llevó a desarrollar mentalidad y conducta paternalista y totalitaria.

Al **Gral. Anastasio Somoza García** le cruzaron en el pecho la banda de Presidente de la República un mes antes de cumplir 41 años de edad. La principal fuente de su poder, sin ninguna duda, fue el patrocinio, protección y consentimiento del poderío hegemónico del gobierno de Estados Unidos y sus intereses de política exterior latinoamericana que priorizaron premiar la lealtad de **Somoza**, sobre todo por ejecutar y responsabilizarse del magnicidio del **Gral. Sandino**, liberando a Estados Unidos de la participación y responsabilidad por el asesinato. Así lo mencionó en un documento el ministro norteamericano en Nicaragua, **Arthur Bliss Lane**. Estados Unidos convirtió a **Somoza** en el ejemplo del modelo de gobernante para América Latina que convenía a los intereses norteamericanos en esa época. **Somoza García** le cumplió a Estados Unidos y el gobierno de la Gran Unión Norteamericana le cumplió a **Somoza** premiando su lealtad y entrega a las causas estadounidenses, otorgándole patrocinio económico, político y militar hasta su muerte, y continuó más allá otorgándoselas a su sucesión dinástica.

La segunda fuente y fuerza de su poder fue, sin la menor duda, el apoyo leal de la Guardia Nacional de Nicaragua, reconociéndole como su jefe militar, a pesar de provenir de un tormentoso pasado civil, totalmente ajeno al campo militar, pero al fusilar al **Gral. Sandino** se convirtió en un héroe para los Guardias Nacionales, pues logró matar a **Sandino** en una sola noche, en un acto deleznable de traición ejecutado con eficiencia y rapidez, pero fue algo que no lograron en una guerra de cinco años y medio las tropas combinadas de la Guardia Nacional y de la Infantería de Marina Norteamericana.

El **Gral. Somoza** se convirtió en un héroe para la Guardia Nacional, porque **Sandino** y sus columnas guerrilleras eran enemigos a muerte de la Guardia Nacional.

Somoza sabía que a lo interno de Nicaragua, la Guardia era su soporte integral y en alguna medida, le concedió a los oficiales, clases y alistados de la Guardia Nacional, una escala de participación en el poder que en la realidad fue considerable, pero limitada; y en muchos casos modesta, dependiendo del grado de lealtad demostrada, no tanto a la institución armada, sino a su persona, desarrollando una egolatría que abrió puerta a las mencionadas adulaciones de oportunistas.

La Guardia llegó a tolerar que el **Gral. Somoza** era el jefe, y propietario, de las fuerzas armadas de Nicaragua y desde 1933 hasta 1979 ningún otro oficial de la Guardia Nacional se atrevió a aspirar a la jefatura, siendo **Somoza** padre y **Somoza** hijo los únicos Jefes Directores de la Guardia Nacioanl durante **46 años**. El tercer elemento fue la aceptación mayoritaria del pueblo nicaragüense que en su idiosincrasia secular admira, prefiere, se somete, glorifica y hasta endiosa a los ***hombres de acción*** a quienes consideran más que gobernantes, los idolatran como ***semidioses*** y a la par, ese mismo pueblo ha despreciado --y hasta se ha burlado-- de los gobernantes cultos con capacidad de estadistas, cuando los ha tenido. El pueblo nicaragüense, en su gran mayoría actúa con esa conducta, porque está inmerso en una lamentable, crónica y secular ignorancia global. En la vulgarización de su praxis política --o anticultura política-- el pueblo nicaragüense ha entronizado a caudillos de fuerza llamados popularmente ***«hombres arrechos»***, como el **Gral. José Santos Zelaya**, el gran líder que encarnó a la Revolución Liberal de 1893 y como el **Gral. Emiliano Chamorro**, a quien sus admiradores --y adoradores--, llamaron ***El último caudillo de América***, aunque su nivel educativo y de estadista fue fatalmente deficiente, pero lo compensaba con el efectivo uso violento e ilegal de las armas a las que cariñosamente llamaba ***«Las cañas huecas, la verdadera constitución»*** tanto para gobernar como para someter al pueblo y perpetrar golpes de estado, como han hecho --y siguen haciendo-- sus colegas en el siglo XXI.

El **Gral. Somoza** con más educación y refinamiento que **Chamorro**, pero mucho menos instruido que **Zelaya**, calificaba sobradamente para gobernar y perpetrar golpes de estado con el uso de las armas y los soldados de la Guardia Nacional, con la conducta perfecta del ***«hombre arrecho»***, perfecto ***capo criollo***. Como siempre ocurre con este tipo de gobernantes, al inicio fascina a los pueblos atrasados, pero cuando deriva en un régimen de magna egolatría, enriquecimiento ilícito, corrupción, abusos de poder, violación a los derechos humanos e impunidad, el gobernante se impone por la intolerancia, la violencia, crea el entronizamiento de la dictadura tiránica con la eterna meta de perpetuarse en el uso y abuso del poder, y con ello incuba progresivamente rebeliones, insurrecciones y atentados en su contra, hasta su muerte, porque nada es para siempre.

El escenario de la toma de posesión

La noche del 31 de Diciembre de 1936, víspera de la toma de posesión presidencial de **Somoza**, la ciudad de Managua estuvo más embullada que una víspera de Año Nuevo, que lo era, o una Nochebuena tradicional. Los cohetes, bombas y bandas musicales se multiplicaron en todos los barrios de la minúscula Managua de 1936, con escasos **ochenta mil habitantes** y manzanas urbanas entre la línea férrea a la orilla del lago y la Loma de Tiscapa, de norte a sur, y de la Iglesia El Calvario al Cementerio General, de este a oeste.

Cohetes, bombas, petardos en derroche de pirotécnia y bandas musicales organizadas por oficiales y clases de la Guardia Nacional, que también ***embanderaron*** la entonces llamada Avenida del Campo, antes de ser rebautizada como Avenida Roosevelt y algunas calles principales. En sitios estratégicos de tal Avenida y otras, se erigieron varios ***arcos triunfales*** con leyendas aduladoras: *«**Nicaragua agradecida saluda a su salvador**», «**La Vieja Guardia al General Somoza**», «**Nicaragua surge hoy a una vida nueva**», «**El pueblo de Granada al héroe de la paz**», «**El honor nacional descansará en el trabajo y la integridad de los funcionarios del Estado**»*, etc., etc.

El **Gral. Somoza**, investido como Presidente de Nicaragua, con su Banda, su espada, su traje militar de casimir blanco, sus botonaduras, charreteras doradas y sus condecoraciones, leyendo el Mensaje Inaugural el 1ro. de Enero de 1937 en la Explanada de la Loma de Tiscapa.

La mañana del 1ro. de Enero de 1937 se inició con una romería de automóviles, coches de caballos y peatones que desde todos los puntos de Managua se dirigieron hacia ***La Explanada de La Loma de Tiscapa***, el extenso y abierto campo al sol y a los polvazales de enero, que era la gran plaza para toda clase de eventos, incluso sirvió como improvisado primer campo de aterrizaje. No existía entonces la Plaza de la República que más tarde, en 1946, se construyó por órdenes del mismo **Somoza García**. En el centro de la explanada de la Loma de Tiscapa, al lado norte, donde después se construyó la Tribuna Monumental, se erigió una gran plataforma de madera con divisiones de barandas y secciones de diferentes niveles para separar a los grupos de dignidades: Congreso Nacional, Corte Suprema de Justicia, el Presidente Saliente, Presidente Entrante, Alto Clero Católico, Estado Mayor de la Guardia Nacional, Cuerpo Diplomático, el Palco para las Damas, etc., pero no hubo palco ni asientos para los periodistas.

Miles de personas de todos los estratos económicos y sociales se acomodaron en la periferia de la Explanada, bajo el caluroso e inclemente sol de enero en Managua. Enfrente de la tarima ceremonial, se formaron las mejores tropas de la Guardia Nacional para los saludos y desfiles militares protocolarios.

La ceremonia

A las 9:25 de la mañana del 1ro. de Enero de 1937 se escucharon fuertes voces de mando que preludiaron la llegada del Presidente Electo, **Gral. Anastasio Somoza García**. Venía a bordo de un carro militar blindado acompañado por el Vicepresidente Electo, el cafetalero matagalpino **Francisco Navarro Alvarado**, y de altos oficiales de la Guardia

La Banda de la Guardia Nacional, una institución que fue escuela y alma mater de numerosos músicos nicaragüenses, interpretó el Himno Nacional y las marchas durante la parada militar que se escenificó en la Explanada de la Loma de Tiscapa al tomar posesión el **Gral. Somoza** --por primera vez--, de la Presidencia de la República. Atrás se ve la humareda de los cañonazos de salva, arriba de la foto, en la cima de la Loma de Tiscapa, se ve la Casa Presidencial construida por el Presidente **Gral. José María Moncada Tapia** en 1931.

Nacional. Vestía **Somoza** un traje militar de casimir blanco, botones y charreteras dorados, franjas y galones amarillos, espada al cinto y lucía las condecoraciones que le otorgaron el Presidente **Brenes Jarquín**, la Guardia Nacional y el gobierno de China. Era una vistosa indumentaria militar como un mariscal a un personaje que no tenía ningún antecedente ni experiencia militar. Traje que no correspondía a ningún uniforme de la Guardia Nacional, sino un costoso conjunto de prendas teatrales, pero de alta costura.

Como primer ayudante le asistía el **Mayor G.N. Francisco Mendieta**, vistiendo uniforme de gala. El Estado Mayor que le acompañaba lo encabezó el **Gral. de Brigada José Rigoberto Reyes Aráuz, G. N.**, estrenando su uniforme de brigadier. Momentos después hizo su ingreso el saliente Presidente **Dr. Carlos Alberto Brenes Jarquín**, distinguido médico de Masaya, acompañado del Ministro de Gobernación, **Jerónimo Humberto Ramírez Brown** y de su Secretario Privado, **Coronado Urbina**.

La Banda de la Guardia Nacional inició la ceremonia protocolar interpretando el Himno Nacional de Nicaragua. Estando todo listo para el traspaso de mando presidencial, el Presidente del Congreso, **Dr. Fernando Saballos** declaró abierta la sesión y dio la palabra al Presidente **Brenes Jarquín**, que leyó un breve mensaje de despedida, ponderando las virtudes de su sucesor.

A las 9:35 de la mañana, al concluir su mensaje, el Presidente **Brenes** entregó la Banda Presidencial al Presidente del Congreso Nacional, **Dr. Fernando Saballos**, quien acto seguido tomó el juramento de ley al **General Anastasio Somoza** y a **Francisco Navarro**, como Presidente y Vicepresidente de la República respectivamente. A las 9:39 minutos, el Presidente del Congreso impuso la Banda Presidencial al **Gral. Somoza**. Todos volvieron a sus butacas, menos **Somoza** que de pié ante el micrófono, inició la lectura de su Mensaje Inaugural.

Somoza disertó sobre diferentes temas nacionales: Rindió homenaje al Partido Liberal Nacionalista y al Partido Conservador de Nicaragua, como los dos partidos que le llevaron al triunfo electoral y --por tanto--, contribuyeron a subirlo al poder. Esos partidos eran entonces --y lo fueron por mucho tiempo--, ***«las llamadas paralelas históricas»***. En materia de Política Exterior habló de la crisis económica que experimentaba el mundo entero con peligro de la paz. Se declaró partidario de la unión centroamericana. En Política Nacional prometió paz, democracia ordenada, justicia social, educación y trabajo para todos los nicaragüenses. Prometió respeto a todas las garantías individuales. Atacó las de-

El Cuerpo de Artillería de la Guardia Nacional de Nicaragua, con sus cañones y cascos de acero norteamericanos de la Primera Guerra Mundial, desfilaron en saludo a la Toma de Posesión presidencial del **Gral. Anastasio Somoza García**, el 1ro de Enero de 1937. Al concluir la parada militar, **Somoza** pronunció un discurso especial para los oficiales, clases y alistados de la Guardia Nacional.

magogias y a los regímenes despóticos. Habló de la Guardia Nacional de Nicaragua, llamándola ejército nacional. Prometió establecer la comunicación al litoral Atlántico (Caribe). Anunció que suscribiría convenios comerciales con Centroamérica. Dijo que las asperezas de la lucha no le han causado ningún rencor. Hizo un llamado a que retornen los que se han ido voluntariamente de Nicaragua, esto significaba que los expulsados no podían retornar. Al finalizar agradeció al pueblo haberle elegido e invocó a la Divina Providencia para que le iluminara en su gobierno.

«La Nación debe reconocimiento al ejército»

Cerró su mensaje inaugural diciendo: --*«**No quiero despedirme sin agradecer a las naciones amigas y a Su Santidad Pío XI, la presencia, altamente honrosa para nosotros, de sus dignos representantes, a quienes me complazco en saludar, muy respetuosa y cordialmente**»*.

--*«**Estimo que la Nación debe reconocimiento al ejército, que logró la completa pacificación del país, después de una larga lucha no exenta de sacrificios ni de heroicos episodios**»*.

*«**Los departamentos segovianos, antes teatro de toda clase de crímenes y depredaciones, cuyas víctimas eran inocentes e indefensos aldeanos y campesinos; pequeños comerciantes y agricultores que se aventuraban por los campos para ganar el sustento, gozan ahora de completa paz y seguridad, y sus moradores pueden dedicarse tranquilamente al trabajo**»*.

Al referirse a *«**los departamentos segovianos**»*, se estaba refiriendo a la guerra contra las columnas del **Gral. Sandino**, pero evitó referirse a él por su nombre y menos mencionar la forma en que lo había ejecutado, tampoco mencionó la participación de la Infantería de Marina de EE.UU. (***US Marine Corps***) en la guerra contra **Sandino**. Esto coincide con la costumbre --siempre temporal y transitoria en mayor o menor grado--, de que los triunfadores escriben la historia a su conveniencia mientras ostentan el poder, pues ya no existía ninguna fuerza opuesta que contradijera a **Somoza** los calificativos que aplica-

En horas de la tarde del 1ro. de Enero, después de la Toma de Posesión, el **Gral. Somoza** se reunió en la Casa Presidencial con los miembros del Estado Mayor de la Guardia Nacional y otros altos oficiales para tratar asuntos que no fueron del conocimiento público. Al finalizar la reunión posaron para esta foto en la escalinata de la Mansión Presidencial. Al lado derecho de **Somoza**, aparece su cuñado médico, el **Dr. Luis Manuel Debayle Sacasa**, con uniforme y ostentando el rango de Coronel G.N. Al lado izquierdo está el **Gral. G.N. J. Rigoberto Reyes**, Jefe del Estado Mayor. Algunos años después varios de estos oficiales --especialmente los que tenían ascendiente, simpatías y liderazgo entre las tropas--, fueron expulsados de la Guardia Nacional acusados de diversos cargos sin fundamento, fue la primera purga, después las purgas fueron frecuentes.

ba ni a sus aseveraciones convertidas en su verdad. Continuando el Mensaje Inaugural del 1ro. de Febrero de 1937 ante el Congreso Nacional y ante el pueblo de Nicaragua, siempre refiriéndose a la Guardia Nacional de Nicaragua, dijo:

--«La organización y disciplina del ejército no ha dejado de resentirse de algunos errores y defectos, disculpables, sin duda alguna, si se toma en cuenta que es una entidad de reciente formación, y cuya instrucción y adiestramiento, tuvo que hacerse apresuradamente, en medio de las peripecias de una guerra sin cuartel. Pero en atención a las altas e imprescindibles finalidades de su instituto, y a los servicios eminentes que ya ha prestado a la República, el Gobierno que tengo la honra de presidir desde hoy, ha de prestar su mejor atención en mejorar su situación material y en continuar su educación y perfeccionamiento, por medio de escuelas para la oficialidad, para los clases y para la policía. Juzgo también separar la policía de la fuerza de línea, aunque permanezcan ambas bajo un solo comando superior».

Esos ***errores y defectos*** que **Somoza** le endilga a la Guardia Nacional, es un reproche para los oficiales que participaron en la Guerra de Las Segovias contra el ejército campesino del **Gral. Sandino**. Oficiales que dirigieron el final del conflicto e incluso intentaron matar a **Somoza**, y éste sabía que en las mentes de muchos de ellos siempre estaría el germen de la insurrección al resentir la aparición súbita --por la decisión ***mágica*** de prestidigitación del gobierno norteamericano-- nombrando a **Somoza**, un inexperto civil, como supremo jefe militar sin haber participado en lo que él mismo mencionó en su discurso como ***«una larga lucha no exenta de sacrificios ni de heroicos episodios»***, luchas, sacrificios y episodios en los que **Somoza** nada que tuvo que hacer ni participar. Por ello prio-

Anastasio Somoza García nació en San Marcos, departamento de Carazo el sábado 1° de febrero de 1896, hijo del político conservador y agricultor **Anastasio Somoza Reyes** y de **Julia García Alfaro**, propietarios de cuatro pequeñas haciendas en el departamento Carazo, Nicaragua, pertenecía a la clase media rural. Pero gracias al poder norteamericano lo convirtieron en un fiel servidor de los intereses de Estados Unidos, por eso lo podemos ver en esta imagen con todos los poderes en su pecho. El joven **Anastasio Somoza García** luciendo las estrellas de Brigadier General y Jefe Director de la Guardia Nacional de Nicaragua, junto con la Banda de Presidente de la República de Nicaragua, un paquete de medallas y un reluciente sable, completó el poder que ya tenía sobre las fuerzas armadas. Poder completo desde el 1° de enero de 1937 con sólo 41 años de edad.

rizó la escuela para oficiales y por lo mismo había enviado a un grupo de jóvenes a estudiar y formarse como militares profesionales a la ***Academia Militar Politécnica de Guatemala***, como lo expusimos en el Primer Tomo, pues estaba determinado a que los oficiales del futuro se formaran bajo su dependencia, para satisfacer sus intereses y --además--, crear gratitud de los nuevos oficiales hacia él.

En el trasfondo de sus palabras existió la intención de minimizar a la Guardia Nacional, mencionándola como una *«**entidad de reciente formación**»*, cuando ya tenía 12 años de haber sido creada, de los cuales cinco y medio fueron dedicados a una guerra cruel y fratricida. **Somoza**, que era **el único nuevo en la Guardia**, pretendió aparecer como un veterano padre y benefactor de la Guardia, con palabras poco convincentes proviniendo de un general sin experiencia militar y menos en acciones de guerra. En su mensaje oficial, toda la referencia a la Guardia Nacional de Nicaragua, que fue breve, no la llamó por su nombre sino como *«**ejército**»*. Sin embargo tenía un mensaje especial para la Guardia Nacional, que pronunció al final del evento frente a las tropas formadas.

Al concluir su mensaje inaugural, ya convertido en el Presidente **Somoza**, se dirigió al Palco de las Damas a besar a su madre, doña **Julia García Alfaro v. de Somoza Reyes** y también besar a su esposa **Salvadora Debayle Sacasa de Somoza García**. Acto seguido tomó el micrófono el Arzobispo de Managua, **Mons. José Antonio Lezcano y Ortega** y cantó un ***Te Deum laudamus*** (***A tí Dios te alabamos***), un canto de acción de gracias para bendecir la toma de posesión presidencial.

El Presidente **Somoza** bajó a la Explanada de la Loma junto con su Estado Mayor y los Ministros de su Gabinete, para presenciar la parada militar y recibir el saludo de 500 Guardias Nacionales divididos en cinco compañías, un cuerpo de artillería disparó 21 cañonazos de salva, desfiló una unidad de ametralladoras, mientras la Banda de la Guardia interpretaba marchas militares. Por los altoparlantes anunciaron que la parada militar se realizaba bajo la dirección del **Cptn. G.N. Gómez** y el **Tnte. G.N. Alemán**, sin mencionar sus nombres de pila, presumiblemente haya sido el **Cptn. Manuel Gómez Flores**, que después fue un fuerte enemigo de los **Somoza**. Dos aviones se unieron a la parada haciendo algunas maniobras, pero no fueron anunciados como fuerza aérea, pues aún no se había fundado el arma aérea de la Guardia, aunque ya había cierta aviación militar.

Terminada la parada militar y con las tropas en formación, aplaudidas por la multitud asistente, se anunció que el **Gral. Somoza** pronunciaría un mensaje a la Guardia Nacional de Nicaragua, que era el momento más esperado por las fuerzas armadas, interesadas a conocer a qué atenerse en su futuro.

Mensaje de Somoza a la Guardia Nacional

Se hizo saber que **Somoza** pronunciaría un discurso especial para los mili-tares, que ya lo llevaba preparado y lo leyó: --*«**Jefes, oficiales y soldados de la Guardia Nacional de Nicaragua. Sabéis que el honorable Congreso Nacional, ratificando la voluntad popular libremente manifestada en los Comicios del 8 de Diciembre, tuvo a bien declararme electo Presidente de la República para el período constitucional de 1937 a 1940, alto cargo del cual he tomado posesión el día de hoy y que me coloca, al mismo tiempo, en la Jefatura Suprema del Ejército, al cual he tenido el honor de pertenecer desde hace varios años**»*. En realidad solamente había pertenecido cinco años, porque fue nombrado Mayor General G.N. el 14 de Noviembre de 1932.

Y continuó: --*«**No obstante de ser un cuerpo armado de reciente formación, la Guardia Nacional se ha distinguido por su disciplina y subordinación, cualidades que constituyen la piedra angular sobre que descansa todo ejército que aspira a realizar las*** *elevadas y nobles finalidades que le están encomendadas, para salvaguardar la paz, las instituciones y el orden».*

--«El tiempo en que he estado en íntimo contacto con vosotros, me ha capacitado para comprender vuestros firmes sentimiento de lealtad y respeto, así como el espíritu de sacrificio y el ponderado patriotismo que anidáis en vuestro pecho de soldados. Tales virtudes, que no dudo, seguirán orientando vuestra conducta, os colocan en un puesto de honor en la República y os dan derecho a esperar que ella mejore en lo posible vuestra condición moral y material, para establecer vuestro decoro y responsabilidad. Os prometo, pues, que haré cuanto pueda por elevar en nuestro país la noble carrera de las armas, que con tanto orgullo y patriotismo habéis seguido». La línea en que menciona el derecho a esperar la mejoría de las condiciones morales y materiales de los Guardias, era lo único que interesaba a los oficiales, clases y soldados. Continuó diciendo **Somoza** a las tropas formadas en la Explanada de la Loma de Tiscapa:

El Ministro de EE.UU. en Nicaragua, **Boaz Walton Long** fue el Embajador Plenipotenciario representante oficial del Gobierno Norteamericano del Presidente **Franklin Delano Roosevelt** en la toma de posesión presidencial del **Gral. Somoza García**. El público y las delegaciones a la toma de posesión aplaudieron el gesto de **Boaz Long** de ceder la Decanatura del Cuerpo Diplomático al Nuncio **Mons. Carlos Chiarlo**.

--«La misión conque la República se ha dignado honrarnos y distinguirnos, demanda de nosotros un exacto cumplimiento de nuestros deberes, que es sin duda condición indispensable para nuestro engrandecimiento nacional».

--«Rindamos, pues, culto al honor y a la lealtad, seamos fieles cumplidores de nuestros deberes, sostenedores de la paz y el orden y propulsores del progreso, amparándonos siempre bajo la gloriosa enseña Patria, cuyo prestigio depende en mucho de nuestra correcta actuación. Para terminar quiero recordaros que siempre encontraréis en mi a vuestro antiguo Jefe, compañero y amigo».

Así concluyó el **Gral. Somoza** su discurso dirigido a la Guardia Nacional de Nicaragua, representada por 500 oficiales, clases y soldados de infantería, unidades de artillería, de ametralladoras y de la Banda Musical de la Guardia, banda que era por sí sola toda una institución musical, heredera de la Banda de los Supremos Poderes del siglo XIX.

No se supo cual de sus secretarios o colaboradores le escribió esos discursos al **Gral. Somoza**, pero siempre aparecen talentosos escritores al servicio de los hombres fuertes. Sin embargo, esa afirmación de ser ***«vuestro antiguo Jefe...»***, no resultó convincente, pues **Somoza** apenas tenía cinco años de haber ingresado a la Guardia Nacional procedente de la vida civil, y comenzando de cero, en la sola noche del 14 de Noviembre de 1932 fue investido como Mayor General y Jefe Director Interino de la Guardia Nacional,

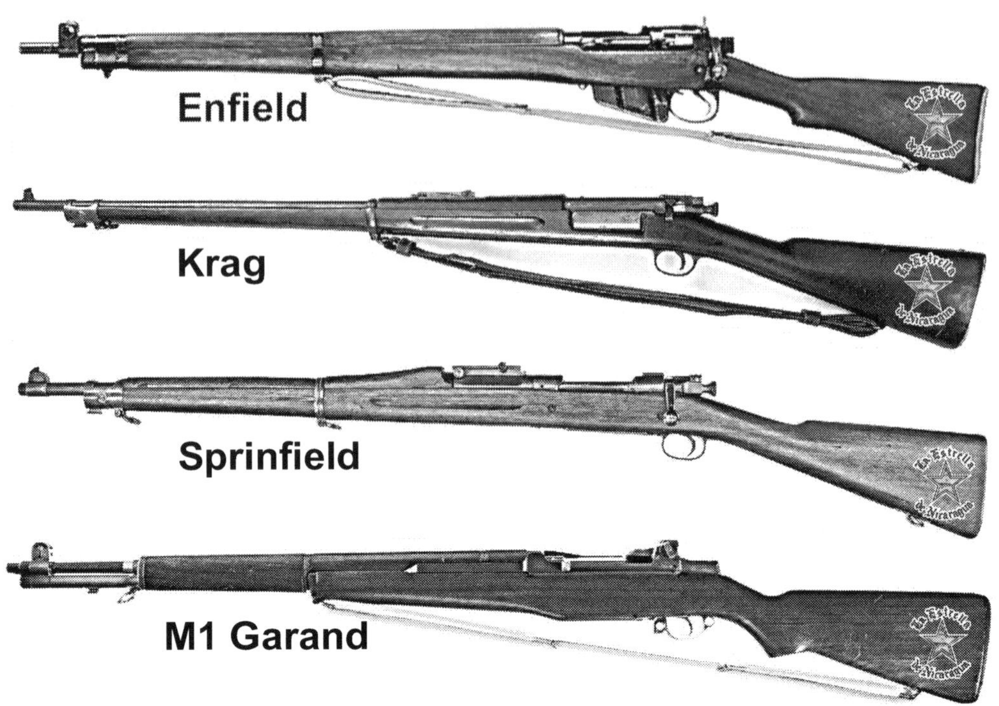

Desde su fundación en 1925 la Guardia Nacional utilizó estos cuatro fusiles como armas de reglamento. El **Lee-Enfield**, o simplemente **Enfield**, fue el fusil de cerrojo alimentado por el cargador estándar en el Ejército Británico desde 1895. El **Krag-Jørgensen**, conocido como **Krag**, es un fusil de cerrojo diseñado por los noruegos **Ole Herman Johannes Krag** y **Erik Jørgensen** a finales del siglo XIX. Fue muy popular en la Guardia Nacional en los años 30 y 40. El **M1903 Springfield** o simplemente **Springfield**, es un fusil de cerrojo adoptado por el ejército norteamericano en las primeras décadas del siglo XX. En 1946 el **Springfield** fue reemplazado por el fusil **M1 Garand** o solamente **Garand**, fusil semiautomático de calibre .30 que fue de servicio estándar por los Estados Unidos en la Segunda Guerra Mundial, la Guerra de Corea y un poco en la Guerra de Vietnam. Fue el fusil emblemático de la Guardia Nacional desde los años 50's hasta 1979, excepto por el fusil automático israelita **Galil**, reglamentario en la Escuela de Entrenamiento Básico de Infantería, EEBI-GN.

---

por decisión del poder norteamericano, que necesitaba un operador idóneo para eliminar al **Gral. Sandino**, y lo encontró en **Anastasio Somoza**, pero era necesario implementarle con poder militar para ejecutar su sicaria misión, que fue cumplida a satisfacción de los autores intelectuales estadounidenses y, en premio, **Somoza** recibió a la Guardia Nacional, fue Jefe Director G.N. hasta su muerte, y también recibió el poder sobre la República de Nicaragua, como el premio mayor.

Boaz Long, Ministro de Estados Unidos en Nicaragua, fue el Embajador Plenipotenciario que representó al gobierno del Presidente **Franklin Delano Roosevelt** en la ceremonia de toma de posesión del **Gral. Somoza García**. Durante el acto se anuncio por los altavoces que el Ministro **Boaz Long** le cedía la Decanatura del Cuerpo Diplomático al Nuncio Apostólico, **Mons. Carlos Chiarlo**, representante de Su Santidad, el **Papa Pío XI**, para que se le reconociera como el nuevo Decano del Cuerpo Diplomático, ***«considerando que el pueblo nicaragüense en su gran mayoría profesaba la religión católica»***. Por este gesto la multitud reunida en la Explanada de la Loma le brindó a **Boaz Long** un prolongado aplauso y fue glorificado por los periódicos nicaragüenses de la época: ***La Noticia***, fundado y dirigido por **Juan Ramón Avilés**, periódico que era el decano desde 1915; ***La Prensa***, fundada por **Gabry Rivas** en 1926 y ***La Nueva Prensa***, fundada en 1932, por el mismo

Gabry Rivas al regresar de su exilio voluntario al que había salido en precaución de que el **Gral. Moncada** se vengara de la golpiza que **Gabry** le había propinado como jefe de las turbas chamorristas al iniciarse el golpe de estado de ***El Lomazo*** en 1925 como quedó ampliamente narrado en el Tomo Uno de la Historia de la Guardia Nacional de Nicaragua.

Persecución y captura de comunistas

En Febrero de 1937 la Guardia Nacional, en su función de Policía, efectuó la persecución y captura de activistas sindicales acusados de comunistas. El 17 de Febrero de 1937 el **Gral. Rigoberto Reyes** declaró a los periodistas: --*«**la Guardia Nacional continúa la búsqueda de elementos comunistas que no han sido capturados. Las investigaciones continúan porque todavía no hemos podido capturar a muchos otros individuos que aparecen seriamente comprometidos en esas actividades. Los documentos cogidos en poder de los que están presos forman el volumen que les he mostrado, conteniendo fotografías comprometedoras y planes que si los desarrollan serían graves para el país. Corresponderá al señor Presidente Somoza decidir lo que se hace con los detenidos, cuando el Gral. Somoza regrese de la hacienda Montelimar**»*.

Estas palabras evidencian de que los capturados no pasaban al proceso del Poder Judicial, sino que --*«**corresponderá al señor Presidente Somoza decidir qué se hace con todos los detenidos... cuando regrese de Montelimar**»*, lo cual era absolutamente ilegal, irregular y arbitrario, pues el Presidente era el jefe del Poder Ejecutivo, supuestamente independiente del Poder Judicial.

El martes 16 de Marzo fue capturado por la Guardia Nacional **Jesús Maravilla Almendares**, acusado de actividades comunistas y llevado bajo custodia militar a confinamiento a la caribeña Corn Island. En la misma redada de 1937, el escritor **Manolo Cuadra Vega** fue capturado y también confinado a Corn Island junto con otros militantes del Partido de los Trabajadores de Nicaragua, PTN, opositores al gobierno del **Gral. Somoza García**. De esa experiencia nació la obra literaria de **Manolo Cuadra**, ***Itinerario de Little Corn Island***. Un año después **Manolo Cuadra** trabajó como peón en las bananeras en Costa Rica. El sábado 3 de Abril la Guardia Nacional capturó al **Dr. Manuel Angel Marenco**, a **Carlos Ramírez** y a **José Pablo Ibarra**, acusados de actividades comunistas y encarcelados. El público nicaragüense y los medios de comunicación confiaban en todo lo que hacía la Guardia Nacional y el gobierno de **Somoza**, y nadie reclamaba los encarcelamientos sin figura jurídica, y esto estimulaba los abusos que fueron creciendo progresivamente y profundizándose.

Y esto era posible por la grave ignorancia del pueblo nicaragüense que prácticamente nunca ha sabido vivir en un Estado de Derecho.

La Guardia ejecutaba acciones de guerra contra la delincuencia

El pueblo nicaragüense, inmerso por siglos en su crónica y atávica ignorancia cívica, cultural, política e integral, no tenía ni la más leve idea de lo que era comunismo. ¿En qué consistía el delito de ser comunista? y si acaso era un delito legalmente calificado, ¿quién determinaba la calidad de comunista de un ciudadano? ¿por qué no actuaba la fiscalía ni el poder judicial en las capturas, encarcelamientos y confinamientos de los acusados de ser comunistas? La Guardia Nacional ejercía al mismo tiempo las funciones de ejército, policía, fiscalía y poder judicial, utilizando armas de guerra en las capturas y frecuentemente eso generaba la muerte del sospechoso.

En 1937 la Guerra de Las Segovias contra **Sandino** y sus columnas tenía cinco años de haber terminado, pero en las filas de la Guardia Nacional militaban muchos de los soldados que habían combatido, incluso durante los cinco años y cinco meses que duró esa guerra de montaña en Las Segovias... y todavía tenían el fusil caliente. Esos soldados de guerra, al actuar como policías, frecuentemente hacían arrestos muy violentos, con fuerza excesiva y con armas de guerra, tanto si se trataba de delincuentes como de borrachos escandalosos o no escandalosos. El soldado-policía de la Guardia Nacional, imponía su autoridad con la culata del rifle de reglamento, Krag, Enfield o Springfield contra la humanidad del arrestado, y en casos frecuentes, les disparaban como lo hacían en las emboscadas contra las columnas de **Sandino**. La actitud y conducta de nuevos alistados de la Guardia era la misma del soldado veterano en combates, porque eran entrenados por los veteranos de la guerra, convertidos en policías urbanos. En su discurso **Somoza** ofreció crear una Policía, pero siempre dentro de la misma organización de la Guardia Nacional. No hubo una verdadera Policía Nacional, diferente de la fuerza armada de la Guardia Nacional.

El 7 de Enero de 1937, a solamente siete días de la toma de posesión, un Guardia arrestó en Managua a un joven delincuente de 17 años y le llevaba hacia la estación de policía, cuando estaban pasando cerca del ***Taller Balcke***, por el Cementerio General, el ladronzuelo emprendió la carrera huyendo de su captor y se introdujo en el hogar del ciudadano **Constantino Baltodano** pretendiendo refugiarse. El Guardia lo persiguió, se introdujo abusivamente en la casa de **Baltodano**, acorraló al delincuente dentro de la casa, le disparó con su fusil de reglamento y lo mató. Por las mismas fechas, otro delincuente huyó del Guardia que lo llevaba arrestado, y se refugió en la casa comercial ***Mántica y Reyes*** en el centro de Managua, el Guardia lo persiguió y lo encontró dentro del comercio y le disparó su fusil de guerra, pero erró el tiro, no obstante la bala pasó muy cerca de la cabeza del señor **Felipe Mántica**, propietario del almacén. El delincuente se rindió pidiendo clemencia y el Guardia se lo llevó a la cárcel propinándole culatazos en el camino.

El carpintero **Amadeo Rodríguez**, denunció en los medios de comunicación, que el sábado 6 de Febrero de 1937, en horas de la madrugada, dos Guardias ebrios dispararon sus armas de reglamento contra las casas del vecindario frente al Parque de Candelaria, perforando puertas y las paredes de madera de su casa y destruyendo muebles que debía entregar a sus clientes, incluyendo un ropero ya pagado de don **Salvador Orochena**. En algunas ocasiones la autoridad militar practicada por los Guardias Nacionales fue aprovechada por delincuentes que se engancharon en las filas del ejército con el propósito de cometer asaltos y crímenes impunemente. Esto se puso de manifiesto en Marzo de 1937 cuando fue esclarecido el asesinato de dos ciudadanos cuyos cuerpos fueron encontrados dentro de un pozo en Masaya. El caso hizo sensación y causó estupor, ocupando grandes titulares en los periódicos, pero también resultó sensacional el esclarecimiento del doble asesinato, en el que apareció el **Cptn. G.N. Lizandro Delgadillo** como el héroe de las investigaciones y esclarecimiento. Esto fue publicado por el diario ***La Prensa*** el viernes 12 de Marzo de 1937: --«***Bernabé Antonio Arias, G.N. y Luis Jirón, fueron los autores del crimen cometido en Masaya. Relato espantoso que hace uno de los reos de cómo se cometió el hecho. Antes el Raso G.N. Arias había robado a las víctimas. Debido a la actividad desplegada por el señor Juez de lo Criminal del Distrito de Masaya, Dr. Abraham Chávez Martínez y por el Comandante Departamental de la Guardia Nacional, Capitán G.N. Lizandro Delgadillo, se pudo descubrir a los autores del misterioso crimen que ha despertado manifiesto interés en todo el país, en que fueron víctimas dos personas que aparecieron hace poco enterradas en un pozo en las cercanías de la ciudad de Masaya***».

En resumen, el Raso **Bernabé Antonio Arias** ya era un delincuente antes de engancharse en la Guardia Nacional y el otro, **Luis Jirón**, había ingresado a la Guardia después del crimen relatado, recurriendo a la institución armada como si se tratara de un escondite. Ambos fueron capturados gracias a las investigaciones del **Cptn. Delgadillo**. El primero, **Arias**, estaba de servicio en Managua y **Jirón** estaba en servicio en Carazo. **Delgadillo**, Comandante Departamental G.N. de Masaya, entregó a los delincuentes a la justicia común. El hecho puso de manifiesto que la delincuencia estaba utilizando a la Guardia Nacional para actuar con poder militar, armas de la institución e impunidad. Antes de este caso no se investigaba a los aspirantes a ingresar a la Guardia Nacional, como se hizo a partir de estos hechos. Pero aún así, muchos policías-soldados, siguieron utilizando su condición de militares-policías, unos para cometer delitos y muchos actuando en los arrestos como si se tratara de acciones de guerra.

Ciudadanos arrestados por nimias escusas políticas

El **Gral. Somoza** y la Guardia Nacional actuaban motivados por sus razones políticas. De modo que las personas, grupos o partidos que no estuvieran sometidos a los intereses políticos del **Gral. Somoza**, fueron objeto de represión. Se generalizaba como causa para ser arrestado el reporte que hacían los policías-soldados al entregar a los reos en las delegaciones de policía: --*«**Se le arrestó por hablar mal del General Somoza**»,* o las variantes: --*«**...por hablar mal del gobierno**»*, o *«**...gritó "mueras" al General Somoza**»*. Para recuperar la libertad se debían pagar multas, pero además en el arresto ya habían sido brutalmente ***culateados***...

Al regresar de México el **Gral. Emiliano Chamorro** de su voluntario exilio, sus partidarios conservadores organizaron un Comité para festejarle en el bar restaurante ***La Gheisa*** de Managua, precisamente aprovechando el cumpleaños de **Chamorro** el 11 de mayo de 1937. Se exigió a los asistentes el pago de la cuota asignada con el recibo firmado por el tesorero del Comité **José Antonio Díaz**. En el programa se designó al obrero **Humberto Ramírez G.** para pronunciar el discurso exponiendo los motivos del homenaje. Participó el **Dr. Hernaldo Zúniga Padilla** de Masaya reseñando la vida pública del **Gral. Chamorro**. Como invitados de honor estuvieron los señores **Dr. David Stadthagen**, **Dr Octavio Pasos Montiel**, **Dr. Gustavo Manzanares**, **Dr. Pedro Joaquín Chamorro Zelaya**, **Dr. Horacio Argüello Bolaños**, **Dr. Leonidas Segundo Mena**, **Gral. Alfonso Estrada**, **Dr. Salvador Castrillo**, **Dr. Rosendo Argüello**, **Dr. Nicolás Osorno**, **Dr. Enrique Cerda**, don **Adán Cárdenas**, **Br. Gerardo Suárez**, don **Alfredo Sevilla**, y los periodistas **Alejandro Cuadra** (*«**Pimpinela Escarlata**»)*; **Francisco Latino** y **Br. Octavio García Valery**.

La fiesta fue interrumpida por una patrulla de la Guardia Nacional de Nicaragua, arrestando a los 54 asistentes bajo el cargo de no tener permiso para realizar esa reunión política, aunque fuese bajo techo. Todos los detenidos fueron obligados a pagar multas individuales de C$12.20 (doce córdobas con veinte centavos). Los que no pudieron pagar la multa pagaron con dos días encerrados en las celdas de la fortaleza de ***El Hormiguero***, Cuartel Central de la Policía de Managua.

Once días después, el 22 de Mayo de 1937, en la entrevista de prensa semanal que concedía el **Gral. Somoza García**, el periodista de ***La Prensa*** le hizo la observación que ***La Prensa***, en su labor sobre los límites fronterizos con Honduras, se proponía ayudar a defender la integridad del territorio nacional. El **Presidente Somoza** le respondió literalmente: --*«**Usted así lo cree porque los dirigentes de su partido tienen la habilidad de ocultar los verdaderos propósitos finales a sus partidarios, de segunda, tercera o cuarta fila; pero yo le aseguro, porque tengo la documentación completa, de que Emiliano**

Ing. Eduardo Hay Fortuño, Secretario de Relaciones Exteriores de México, enterró para siempre las maniobras polítiqueras del **Gral. Emiliano Chamorro**, al publicar un boletín oficial declarando que el gobierno de México no apoyaba ni moral ni materialmente ningún proyecto militar ni político del **Gral. Emiliano Chamorro Vargas**.

Chamorro está revolucionando (haciendo o preparando una revolución) ***y esos límites fronterizos constituyen uno de sus planes»***. **Somoza** no le perdonaba a **Chamorro** que se haya ausentado voluntariamente a México a raíz del golpe de estado perpetrado por **Somoza** contra **Sacasa** el año anterior ***(ver Tomo Uno, capítulo 22 de la Historia de la Guardia Nacional de Nicaragua)***.

Paulatinamente **Somoza** estaba cortando las relaciones con el **Gral. Chamorro** y los conservadores somocistas que le habían ayudado --en modesto grado--, a conquistar la presidencia, varios fueron nombrados en cargos del gobierno de **Somoza**. El primer signo de ese rompimiento, fue la orden de **Somoza** de interrumpir la fiesta de cumpleaños de **Chamorro** en el bar ***La Gheisa*** y el arresto de 54 asistentes, sin que **Chamorro** pudiera hacer nada para evitarlo, excepto algunas protestas periodísticas al Ministro de Gobernación.

En forma de rumor se hizo circular la especie de que el **Gral. Emiliano Chamorro** había recibido el apoyo del gobierno de México, gestionado durante los meses en que estuvo voluntariamente exiliado en ese país. El rumor creció con agregados y exageraciones, incluyendo que México le daría armas a **Chamorro** a través de un tercer país para organizar una revolución contra el gobierno del **Gral. Somoza** y contra la Guardia Nacional de Nicaragua. Para acabar con esos rumores y liquidarlos definitivamente, la Embajada de México en Managua publicó este contundente comunicado, enviado por la cancillería mexicana: --***«El Gobierno de México declara oficialmente que no apoyará al General Emiliano Chamorro. Legación de los Estados Unidos Mexicanos, Managua, Nicaragua, C.A. Boletín Oficial de la Legación de México. Esta Legación ha recibido el siguiente mensaje de la Secretaría de Relaciones Exteriores de México: Sírvase declarar que este Gobierno no apoya ni moral ni materialmente ni directa ni indirectamente al General Emiliano Chamorro ni a ningún otro elemento en ninguna actividad que se relacione con la política interna de su país. El Gobierno Mexicano observa y observará fielmente esta actitud también para otros países, pues es consecuente con su política del Buen Amigo, que incluye, según declaré en nombre del Gobierno de México en Abril de 1936, firme determinación de no intervenir en la política interna de países amigos. Firmado Eduardo Hay Fortuño, Secretario de Relaciones Exteriores. Managua, D.N. Junio 26 de 1937»***. **Eduardo Hay Fortuño** era el Canciller del Gobierno del Presidente de México **Lázaro Cárdenas**.

En esos rumores lanzados por el **Gral. Chamorro** por la ***técnica de chisme de cuartería***, lo hacía para estimular la nostalgia de los partidarios que aún le quedaban, añorando la pasada época cuando con un grito del **Gral. Chamorro** se levantaban miles de campesinos chontaleños para revolucionar e imponer la autoridad de su jefe y caudillo, pero en aquellos tiempos no existía la Guardia Nacional de Nicaragua con el poder militar que adquirió en la Guerra de las Segovias bajo el comando de oficiales del ***US Marine Corps*** que la entrenaron como ejército de ocupación.

Expulsión de los conservadores somocistas

En sus planes contra **Chamorro** y para golpear la economía y el poder político a sus principales partidarios, **Somoza** ordenó que se organizara un ***Comité para la Unificación Liberal***, que lo integraron el **Gral. José María Moncada**, enemigo radical de **Chamorro**; **Dr. Antonio Flores Vega**, **Dr. Roberto Sansón**, **Juan Ramón Avilés**, Director y fundador del diario liberal ***La Noticia***; **Hernán Robleto**, **Dr. Salvador Buitrago Ajá** y el **Dr. Alejandro Zúñiga C.** Todo lo que tenía que hacer dicho Comité de Unificación Liberal, era pedir la destitución de los funcionarios conservadores que **Somoza** había nombrado en cargos públicos como recompensa por haber contribuido a favor de **Somoza** en las elecciones de Diciembre de 1936. Se trataba de destituir a varios conservadores somocistas de los cargos públicos gubernamentales. Sobre todo a los conservadores eran más leales a **Chamorro** que a **Somoza**, pero **Somoza** no quería destituirlos por su mano, por eso inventó a ese Comité. Después de analizar las opciones, el ***Comité de Unificación Liberal*** concluyó recomendando una reforma al gabinete de gobierno, tal reforma se limitó a destituir a los conservadores somocistas, allegados a **Emiliano Chamorro**, de los puestos gubernamentales y nombrar a liberales en esos cargos. Entre los principales destituidos estuvieron: **Ing. Constantino Lacayo Fiallos**, Director General de Obras Públicas; don **Adolfo Benard**, Jefe del Protocolo; don **Luis Benard**, Tesorero de la Junta Local de Asistencia Social de Granada; **Dr. Enrique Chamorro**, Jefe Político de Granada; **Joaquín Cuadra Zavala**, Miembro de la Comisión Codificadora; **Dr. Diego Manuel Chamorro**, Miembro de la Comisión Codificadora; **Gral. José Solórzano Díaz**, Miembro del Comité Ejecutivo del Distrito Nacional; **Dr. Luis Pasos Argüello**, Cónsul de Nicaragua en Liverpool, Inglaterra; **Br. José Coronel Urtecho**, Viceministro de Educación o Subsecretario de Instrucción Pública; **Dr. Emilio Lacayo**, Miembro de la Junta Local de Asistencia Social de Granada; **Ing. José Pasos Díaz**, Miembro de la Comisión de Vigilancia de la Construcción del Palacio Nacional; **Gral. Leandro Chamorro**, Administrador de Rentas de Granada; **Gral. Benjamín Vargas**, funcionario del Ferrocarril del Pacífico de Nicaragua; don **Joaquín Zavala Urtecho**, Miembro de la Secretaría de la Legación de Nicaragua en México; don **Deogracias Rivas h.**, Contralor del Distrito Nacional (Alcaldía de Managua) y otros menores rangos. Los destituidos no culparon a **Somoza**, sino al aventurerismo de **Emiliano Chamorro**. Los conservadores que no fueron destituidos, que eran muchos más, se acercaron más a **Somoza** para jurarle lealtad y algunos de los que fueron destituidos posteriormente regresaron a someterse a **Somoza**. El **Gral. Chamorro** fue humillado por sus correligionarios más que por **Somoza**, pues **Emiliano** ya no tenía la capacidad de organizar a sus antiguas tropas de partisanos y campesinos de caites y sombreros de palma, y nada podía hacer frente a la maquinaria militar profesional de la Guardia Nacional, fogueada en combates, totalmente leal al **Gral. Anastasio Somoza García** e indiscutiblemente bajo sus órdenes.

1937: Estado de fuerza de la Guardia Nacional

El 27 de Mayo de 1937, ***Día del Ejército***, el Ministerio de la Gobernación informó, en la memoria oficial, estas cifras correspondientes al ***Estado de Fuerzas de la Guardia Nacional de Nicaragua*** en esa fecha: **197 Oficiales**: Un Mayor General (**Somoza García**),

Esta estampilla de Nicaragua, mostrando el ***Territorio en litigio*** --de aproximadamente 12,000 kms. cuadrados, generó en Agosto de 1937 un conflicto con Honduras que amenazó desatar una guerra entre ambos países. El pueblo nicaragüense sintió alivio y seguridad, considerando que la Guardia Nacional tenía la experiencia y capacidad para garantizar la defensa de la soberanía nacional y la seguridad de la población.

cinco (5) Coroneles, once (11) Mayores, treinta y siete (37) Capitanes, veinticuatro (24) Tenientes, ciento diecinueve (119) Subtenientes y dos mil quinientos dieciocho **(2,518)** Alistados, Cabos y Sargentos. El Presupuesto total de la Guardia Nacional en el año fiscal comprendido del 1ro. de Julio de 1935 al 30 de Junio de 1936, ascendió a C$ **804,379.86** córdobas de la época (para un equivalente aproximado al 2022 habría que multiplicarlo por doce o trece).

Agosto de 1937: Conflicto con Honduras

Desde el inicio del conflicto territorial con la República de Honduras el pueblo nicaragüense concentró su atención y ansiedad en la fortaleza y capacidad de la Guardia Nacional de Nicaragua, pues todo indicaba que habría una guerra con Honduras. De modo que la experiencia y capacidad militar de la Guardia Nacional se convirtió en la única esperanza de hacerle frente al conflicto. La Guardia Nacional puso en alerta a sus tropas y ocupó posiciones territoriales claves para el caso de un conflicto armado con Honduras. Todo comenzó con la emisión que hizo Nicaragua de una estampilla.

El Martes 24 de Agosto de 1937 el diputado **Dr. Guillermo Pasos Montiel** expuso el caso en el Congreso Nacional: --***«Durante muchos años Honduras y Nicaragua han aceptado la situación de la existencia de un territorio no delimitado, que hemos conocido como «Territorio en Litigio», pero recientemente el gobierno de Honduras ha publicado una geografía autorizada oficialmente donde texto y grabados no señalan ningún territorio en litigio, atribuyéndose como propio ese territorio. Como Nicaragua emitiera, sin malicia alguna, sellos postales con el mapa de la nación, señalando la zona litigiosa, la Cancillería hondureña se ha dejado venir con una nota airada de protesta. A su vez, como un periódico local diera la noticia de que en Honduras habían sido mal visto los sellos mencionados, el Ministro de Honduras en Nicaragua, Lic. Julián López Pineda, ha dirigido oficialmente una nota al Director de La Prensa contestando irónicamente***

que no comprende el alcance de la noticia, pues Honduras no tiene ningún asunto de límites pendientes». Dos años antes, en 1935, Honduras había editado un sello postal aéreo internacional con el mapa de Honduras llevando la frontera hasta el río Coco de Nicaragua, sin explicar que había un territorio en litigio. Nicaragua no protestó por esa estampilla de correo, porque consideró que mal podría un dibujo en un sello postal echar por tierra los bien documentados alegatos de Nicaragua, y menos destruir el ***statu quo*** del Territorio en Litigio que existía desde 1896. Las masas hondureñas, debidamente manipuladas para empujarlas a un patrioterismo insensato, hasta llevarlas a multitudinarias manifestaciones callejeras donde a gritos y en pancartas pidieron al gobierno hondureño una declaratoria de guerra contra Nicaragua. A eso se sumaron las radiodifusoras y periódicos hondureños divulgando alarmantes falsedades como que la Legación de Honduras en Managua había sido asaltada y saqueada y que los hondureños residentes en Nicaragua estaban siendo ultrajados, encarcelados y hasta se dieron listas de nombres propios de verdaderos hondureños residentes en Nicaragua. Por esas alarmas la población nicaragüense más expectante que temerosa, volvió los ojos hacia la Guardia Nacional de Nicaragua, considerándola con suficiente capacidad y experiencia, por aquello de lo aprendido en la guerra contra **Sandino**, para resolver exitosamente un conflicto armado con Honduras, y expresó su confianza y alivio para garantizar la protección de la nación y su soberanía. Sin embargo, existía una superioridad militar aérea de Honduras que ocupó la atención de Nicaragua y el martes 7 de Septiembre de 1937 se informó en los medios nicaragüenses que el gobierno de **Somoza** estaba negociando la compra de 18 aviones de guerra y al respecto se llamó a los pilotos nicaragüenses graduados en México, **J. García Saldaña**, **Rafaél Espinosa Altamirano** y **Edmundo Vargas Vásquez**. Y también a los pilotos que realizaron sus estudios en El Salvador, **Francisco Castellón** y **Guillermo Rivas Cuadra**. Estos pilotos serían posteriormente los fundadores de la Fuerza Aérea Nicaragüense de la Guardia Nacional en el siguiente año 1938.

El 6 de Septiembre de 1937 se realizó una manifestación popular en Chinandega gritando consignas contra Honduras y contra el gobierno del presidente **Tiburcio Carías Andino**, y al pasar frente al consulado hondureño arrancaron y pisotearon el escudo de Honduras, lo cual generó una protesta formal del gobierno hondureño, y la cancillería de Nicaragua hizo una investigación y presentó las debidas disculpas.

A pesar de las disculpas, los medios informativos hondureños magnificaron el incidente de Chinandega y desataron una generalizada persecución contra los nicaragüenses residentes en Honduras. Todos los consulados nicaragüenses en Honduras se saturaron de refugiados. El gobierno de Nicaragua estimó que sería necesario repatriar a 13,000 nicaragüenses ante la persecución de nicas residentes en Honduras.

El 10 de Octubre de 1937 se reportó el asesinato atroz del joven granadino **Coronado Cascante** y fueron apedreadas causándoles lesiones las hermanas **Delgadillo**, hijas del cónsul de Nicaragua en la ciudad de Tela. Todas las negociaciones comerciales con Honduras quedaron paralizadas, incluyendo los permisos de zarpes de naves hacia Nicaragua.

El 4 de Octubre de 1937 la Cancillería de Nicaragua protestó por la persecución, asesinatos y violaciones de nicaragüenses en Honduras, especificando los asesinatos de **Ramón Velásquez** y **George Wilson**; y las violaciones perpetradas por soldados hondureños de las damas nicaragüenses **Josefa Rodríguez** y **María Matamoros**. El Canciller hondureño, **Julio Lozano**, negó todos los cargos y agregó que --«***...los nicaragüenses no son perseguidos en Honduras, sino que están saliendo del país por insinuaciones de su propio gobierno***».

El Liberal **Dr. Manuel Cordero Reyes** y el Conservador **Dr. Carlos Cuadra Pasos**, fueron dos de los plenipotenciarios enviados por Nicaragua a las negociaciones en Costa Rica donde se resolvió el conflicto con Honduras. **Cordero Reyes** y **Cuadra Pasos** firmaron por Nicaragua el ***Pacto de Paz***, ordenado por EE.UU.

El 15 de Octubre de 1937 en una conferencia de prensa, el presidente **Somoza**, hizo esta declaración: --*«**Mi gobierno agotará los recursos pacíficos para terminar totalmente con este delicado problema. Nunca seremos agresores, pero sabremos defendernos cuando seamos agredidos. Si llegaran a faltarme fuerzas en mi propio espíritu, la forma patriótica en que está respondiendo Nicaragua con sólo las noticias de un posible conflicto armado, sería suficiente para animarme a morir junto con el último soldado defendiendo una sola pulgada de nuestro territorio**»*. Bonitas palabras que muy difícilmente se materializarían llegado el caso.

En prevención a una agresión armada hondureña, tropas de la Guardia Nacional de Nicaragua fueron distribuidas a cierta distancia de la frontera cubriendo todos los puntos estratégicos claves en forma discreta y sigilosa. Este despliegue de fuerzas, se realizó con secretividad, pero se alegó que era militarmente funcional.

Ante la posibilidad de que la guerra de radiodifusoras, insultos y gritos patrioteros escalara a convertirse en una guerra verdadera, Estados Unidos ordenó tanto al presidente **Tiburcio Carías Andino** de Honduras, como al presidente **Anastasio Somoza García** de Nicaragua, que negociaran un acuerdo de paz y finalizaran la crisis.

En pocas palabras ***el gran jefe*** se había pronunciado regañando a las dos repúblicas bananeras para que pusieran fin al conflicto. El 22 de Octubre de 1937 Nicaragua y Honduras aceptaron la ***sugerencia*** de Estados Unidos, indiscutible ***voz del amo***; acompañados de Costa Rica y Venezuela. Se determinó que las reuniones para finalizar el conflicto se realizaran en Costa Rica. Estados Unidos nombró a **Frank P. Corrigan** como su delegado principal a las ***Conferencias de Mediación*** del conflicto honduro-nicaragüense. Nicaragua nombró como miembros de una delegación bipartidista, formada por el Canciller, **Dr. Manuel Cordero Reyes**, el **Dr. Carlos Cuadra Pasos**, el **Dr. Julián Irías**, el **Ing. José Andrés Urtecho** y como consejero el **Dr. Mariano Argüello Vargas**. Se agregaron a la delegación los directores de los periódicos **Gabry Rivas** de ***La Nueva Prensa*** y **Pedro Joaquín Chamorro Zelaya** de ***La Prensa***.

El miércoles 3 de Noviembre de 1937 se inauguraron las Conferencias de Mediación en San José de Costa Rica. Precisamente en esa fecha los medios periodísticos de Honduras publicaron gran alarma asegurando que la Guardia Nacional de Nicaragua estaba concentrando cerca de 5,000 soldados cerca de la frontera con Honduras, con el propósito de invadir Honduras aprovechando el inicio de la estación seca, lo cual fue desmentido por el Ministro de Nicaragua en Washington y expresidente, **Dr. Carlos Brenes Jarquín**. Pero las tropas de la Guardia Nacional se mantuvieron en alerta a 10 kilómetros de la frontera con Honduras.

El 1ro. de Diciembre de 1937 los Delegados de la Mediación, encabezados por el delegado de Estados Unidos, **Frank P. Corrigan**, se reunieron exclusivamente con los Delegados de Honduras, y se mantuvieron a puertas cerradas durante tres días de negociaciones secretas que fueron calificadas por la prensa costarricense de ***«misa negra»*** y ***«encerrona»***. La delegación de Nicaragua no fue convocada a estas ***«encerronas»***, sino exclusivamente la delegación hondureña. La ***«misa negra»*** finalizó la tarde del Viernes 3 de Diciembre y se citó para el lunes 6 de Diciembre a la redacción de un acuerdo. El viernes 10 de Diciembre de 1937, a las 5:00 de la tarde, en la ***Casa Amarilla***, sede de la presidencia de la República de Costa Rica, se firmó el ***Pacto de Paz entre Nicaragua y Honduras***, con la garantía de los países mediadores, Costa Rica, Venezuela y Estados Unidos. Estuvo presente como anfitrión el Presidente de Costa Rica, **León Cortés Castro**. El ***Pacto de Paz*** firmado incluyó nueve puntos en que se comprometieron cumplir Nicaragua y Honduras: **1.- *Retirar las tropas de las zonas fronterizas a la posición normal que tenían el 1ro. de Agosto de 1937, e informar de su cumplimiento.* 2.- *Abstenerse de todo preparativo de guerra y movilizaciones que no sean las normales, excepto en el caso de reprimir una rebelión interna armada.* 3.- *Suspender toda compra de armamentos, pertrechos, aparatos y elementos de guerra, por el término de seis meses.* 4.- *No se harán vuelos de aeroplanos militares en las zonas fronterizas, excepto si surgiera una revolución en esas zonas.* 5.- *Las autoridades de ambos países, conforme a la ley, prestarán protección eficaz a los residentes de cada territorio.* 6.- *Ambos gobiernos invitarán a periodistas, radiodifusores y empresarios de medios de comunicación a abstenerse de inflamar a sus públicos en sentimientos de cada país contra el otro.* 7.- *Cada país se compromete a impedir que en su territorio se fragüen movimientos revolucionarios, actos o hechos armados contra el otro.* 8.- *Ambos gobiernos se comprometen a no solucionar este conflicto por medio de las armas.* 9.- *Ambos gobiernos se comprometen a solucionar este conflicto por medios pacíficos consagrados en el Derecho Internacional.*** En fe de lo cual y de entera conformidad firmaron cinco copias de un solo tenor a un solo efecto, **Lic. Tobías Zúñiga Montúfar**, plenipotenciario de Costa Rica; **Dr. Frank P. Corrigan**, plenipotenciario de Estados Unidos; **Dr. José Santiago Rodríguez**, plenipotenciario de Venezuela; **Dr. Silverio Laínez** y

El **Gral. Pedro Altamirano**, ***Pedrón***, nació en ***Suni***, San Rafaél del Norte, Jinotega en 1870. Murió el 29 de Noviembre de 1937 asesinado en el ***Salto de la Toboba***, en las márgenes del río Grande de Matagalpa, jurisdicción de Prinzapolka, tres años y medio después de la muerte del **Gral. Sandino**. Junto a ***Pedrón*** los sicarios también asesinaron a dos de sus hijos.

Dr. Rómulo E. Durón, plenipotenciarios de Honduras; **Dr. Manuel Cordero Reyes** y **Dr. Carlos Cuadra Pasos**, plenipotenciarios de Nicaragua. La Guardia Nacional redujo el número de sus efectivos movilizados en las fronteras en cumplimiento de Pacto de Paz, pero mantuvo una cantidad prudente de tropas en las mismas posiciones, a diez kilómetros de la frontera con Honduras.

Cerrando este episodio, el presidente de Honduras, **Tiburcio Carías Andino** le envió un telegrama de felicitación al presidente **Franklin D. Roosevelt**, por el éxito de la conferencia de mediación que fue considerado un acto de servilismo. **Roosevelt** le respondió asegurándole que en la próxima conferencia quedaría completamente resuelto el asunto de los límites con Nicaragua. Pero no hubo ninguna otra conferencia al respecto.

Muerte del Gral. Pedrón Altamirano y dos de sus hijos

El lunes 6 de Diciembre de 1937 el **Mayor G.N. Alberto M. Baca**, Jefe del Departamento de Investigaciones de la Guardia Nacional, informó a los medios de prensa que desde en Enero de 1937 se había presentado al puesto de la Guardia Nacional en Alamikamba, departamento de Zelaya, el general sandinista **Adán Gómez**, que militó bajo las órdenes del **Gral. Sandino** hasta su muerte y después fue subalterno del **Gral. Pedro Altamirano**, ***Pedrón***. Se ofreció el general **Adán Gómez** a colaborar con la Guardia Nacional para articular una conspiración con el objetivo de matar al **Gral. *Pedrón* Altamirano**. Sin ofrecer mayores detalles, el **Mayor Baca** informó que el general **Gómez** instruyó a un grupo de sus subalternos para que se presentaran a las órdenes de ***Pedrón* Altamirano** integrándose a su grupo, llevando las instrucciones de matar a ***Pedrón*** en la primera oportunidad.

El 29 de Noviembre de 1937, en el lugar

A la izquierda el **Tnte. G.N. Alejandro Zamora**, que llevó la cabeza de ***Pedrón*** de ***Salto de la toboba*** a Managua. A la derecha los tres infiltrados que asesinaron al **Gral. Pedro Altamirano**. Con el No.**1-Ventura Sequeira**, quien le disparó un balazo por la espalda mientras ***Pedrón*** dormía en una hamaca, calculando que el tiro le pegara en el corazón. Con el No.**2-Emilio Vallecillo**, exSargento de la Guardia Nacional que planificó el asesinato. Con el No.**3-Martín Urbina**, quien remató a ***Pedrón*** a machetazos.

llamado ***Salto de la Toboba***, en las márgenes del Río Grande de Matagalpa, jurisdicción de Prinzapolka, departamento de Zelaya, los infiltrados provocaron una sublevación y cuando el **Gral. Pedro Altamirano *«Pedrón»*** dormía de costado en su hamaca, **Ventura Sequeira** se aproximó por detrás y le pegó un balazo por la espalda, calculando impactarle el corazón. Herido de muerte, el **Gral. *Pedrón* Altamirano**, logró incorporarse, trató de empuñar su pistola con la que dormía amarrada a su muñeca, pero fue rematado a machetazos por **Martín Urbina** derribándolo hasta acabar con su vida. Al sonar el disparo sus dos hijos, **Melecio** y **José Angel** se despertaron, pero ya estaban rodeados por el grupo encabezado por **Andrés Flores**, que mató a **Melecio** y otro apodado ***Chon*** ultimó a **José Angel**, ambos fueron rematados a machetazos por el resto de los conjurados. Los leales a ***Pedrón*** se percataron que estaban en minoría y se dispersaron huyendo de los atacantes. El coordinador del ataque fue **Emilio Vallecillo**, exsargento de la Guardia Nacional. Los tres cadáveres fueron enterrados en el mismo campamento y las armas recogidas fueron entregadas al Juez de Mesta **Valeriano Urbina**: tres ametralladoras y varios rifles. La muerte de ***Pedrón*** ocurrió tres años y medio después de la muerte de **Sandino**. Informado el **Gral. José Rigoberto Reyes**, Jefe del Estado Mayor, ordenó al cuartel de la Guardia Nacional en Santo Domingo de Chontales y a otros comandos de los departamentos de Zelaya, Jinotega, Matagalpa y Chontales, para que enviaran patrullas al ***Salto de la Toboba*** a desenterrar los cadáveres, tomarles fotografías y cortar la cabeza al cadáver de ***Pedrón*** para ser examinada en Managua con el propósito de completa identificación, según explicó el **Gral. Reyes** a los periodistas.

El **Tnte. Zamora** llegó a Managua el Miércoles 15 de Diciembre portando en una caja de madera la cabeza del **Gral. Pedro Altamirano**, entregada al **Gral. Reyes** quien a su vez la envió a la Dirección de Sanidad para identificarla, labor que cumplió el técnico **Julio C. Aróstegui**.

El **Tnte. Zamora** llevó capturadas a Managua, para identificación de la cabeza, a **María Luisa Martínez**, de 40 años, compañera de vida del **Gral. Altamirano**; igualmente capturada llevó a **Eduarda Jirón**, de 22 años, nuera de ***Pedrón***, mujer de **José Angel Altamirano** y a su hija, niña de 8 meses, nieta del general; y al perro negro de ***Pedrón***,

Víctor M. Gabuardi y **José María Tercero Lacayo**, nicaragüenses enviados por el **Gral. Somoza** a la Escuela Militar Politécnica de Guatemala, se graduaron con los rangos de Tenientes de Infantería y Subtenientes de Artillería, regresaron a Nicaragua a incorporarse a la Guardia Nacional con los mismos rangos. No existía en Nicaragua una Academia Militar, por ello **Somoza** enviaba jóvenes becados por la Guardia a Guatemala.

llamado ***Azabache***, que no quiso separarse de la cabeza decapitada de su amo.

Regresaron graduados de Guatemala

Los dos primeros oficiales nicaragüenses graduados en la Academia Militar Politécnica de Guatemala, **Víctor Manuel Gabuardi** y **José María Tercero Lacayo** regresaron a Nicaragua y fueron incorporados a la Guardia Nacional con el rango de Tenientes G.N. La ceremonia de graduación se realizó en el Salón de Actos de la Academia Politécnica de Guatemala, el 19 de Diciembre de 1937 y ambos --junto con otros nicaragüenses graduados--, recibieron el título de Oficiales del Ejército de Guatemala y los despachos de Subtenientes de Artillería y Tenientes de Infantería, de manos del Presidente de Guatemala, **Gral. Jorge Ubico Castañeda**. El retorno de estos dos oficiales fue anunciado en la primera página del diario ***La Prensa*** de Managua.

Así concluyó el primer año como Presidente de Nicaragua del **Gral. Anastasio Somoza García**, y su quinto año como Jefe Director de la Guardia Nacional de Nicaragua. En su presente y en su horizonte no se vislumbraba ningún obstáculo para el ejercicio de su poder absoluto sobre todos los estamentos de Nicaragua.

Capítulo Dos.

1938: Fundación de la Fuerza Aérea de la Guardia Nacional, FAN-G.N.

Comenzando el año 1938 se produjeron tres eventos militares que fueron trascendentes en la Historia de la Guardia Nacional de Nicaragua: **1**-El ascenso a General de División de **Anastasio Somoza García**, un rango del que no podía ascender más, excepto ***Mariscal***, ya en desuso. **2**-La llegada de un cuantioso armamento para la Guardia Nacional de Nicaragua. **3**-La fundación de la ***Fuerza Aérea Nacional, FAN***, de la Guardia Nacional de Nicaragua:

Somoza ascendido a General de División

El 3 de Enero de 1938 hubo dos ascensos a generales en la Guardia Nacional. El principal fue el de **Anastasio Somoza**, ascendido de Mayor General a **General de División**, el máximo rango en la Guardia Nacional de Nicaragua, con derecho a insignia de cinco estrellas. Aunque la Guardia Nacional en toda su historia nunca llegó a tener una División, que normalmente la conforman de 10,000 a 30,000 oficiales y soldados.

En Mayo de 1937 el Estado de Fuerza de la Guardia Nacional contabilizaba **197** oficiales y **2,518** soldados, para un total de **2,715** efectivos en toda la Guardia Nacional, lo cual es menos de un tercio de División. El otro ascendido fue **José Rigoberto Reyes Aráuz**, de General de Brigada a **Mayor General** con insignia de cuatro estrellas. El rango de General de División con cinco estrellas, para **Somoza García**, fue el origen del nombre del equipo de beisbol ***Cinco Estrellas***, patrocinado por la Guardia Nacional, que llegó a ser rival del equipo más popular de Nicaragua, impropiamente llamado ***Los indios del Boer***, pues los ***Boers*** de África del Sur eran colonos europeos blancos procedentes de los Países Bajos, inspiraron el nombre del equipo por ser aguerridos combatientes contra los ingleses, pero no eran indios ni negros, sino europeos caucásicos blancos, colonizadores de África del Sur que defendieron su colonia, pero esto era desconocido en Nicaragua. Como las noticias les llamaban a los ***Boers***, ***South Afrikaners***, los periodistas deportivos supusieron que se trataba de africanos negros y lo mismo supusieron los promotores del beisbol que organizaron el equipo **Boer**, para nombrarlo en honor a los aguerridos ***South Afrikaners Boers***, para concluir nombrando al equipo de beisbol como ***Los indios del Boer***.

La Guardia recibió cuantioso armamento

El miércoles 12 de Enero de 1938 se produjo gran expectación en Managua con la llegada de tres trenes con veinte vagones cada uno, transportando lo que para esa época se consideró un cuantioso armamento moderno comprado por decisión del **Gral. Somoza**, meses antes de la firma del Acuerdo de Paz con Honduras, en el que se determinó que ninguno de los dos países podría comprar armas de guerra. **Somoza** explicó que la compra se había hecho a Bélgica y Checoslovaquia meses antes, cuando no había restricciones de compra de armas y antes del conflicto con Honduras. Eso es lo que explicó **Somoza**, pero claramente era visible la mano norteamericana de **Franklin Roosevelt**, siempre favorable a su ahijado predilecto. Aunque no se informó con detalle del inventario del arsenal que requirió tres trenes de 20 vagones cada uno, se filtró que consistía en 15,000 fusiles, 3,000 pistolas, cinco millones de municiones, ametralladoras de diferentes clases y calibres, cañones antiaéreos, cañones automáticos de montaña, cañones de fortaleza de largo alcance, vehículos militares, ambulancias militares y --lo que causó más sensación--, fue la llegada de dos tanques de guerra, los primeros que conoció Nicaragua, que eran sobrantes de la Primera Guerra Mundial.

El **Gral. Somoza** comisionó a su hombre de confianza, el **Gral. José Rigoberto Reyes**, para realizar la recepción del armamento en el puerto de Corinto y su traslado a Managua. **Reyes** tomó todas las medidas de seguridad en el trayecto ferroviario colocando vigilancia militar en todos los puentes, estaciones y puntos claves de la ferrovía. De igual forma se estableció un área de seguridad en Managua a lo largo de la Avenida del Campo (futura Avenida Roosevelt) entre la Estación del Ferrocarril y la Loma de Tiscapa, por donde circularon 22 camiones de la Guardia Nacional, del Distrito Nacional (Alcaldía) y del Ministerio de Fomento, que iban y venían transportando las armas desde las 4:00 de la tarde hasta la media noche del miércoles 12 de Enero de 1937, traslado que continuó el Jueves 13 de Enero desde las 6:00 a.m. hasta medio día en que concluyó la operación. No se informó el costo ni el origen de los fondos para la compra del nuevo arsenal, incluyendo los dos tanques de guerra, seguramente costosos, que solamente podían ser un obsequio de Estados Unidos. Todo el armamento fue concentrado en las bodegas militares de la Loma de Tiscapa, anexas a la Casa Presidencial.

El **Gral. Somoza** concentraba los principales armamentos: artillería, antiaéreos, blindados, etc., bajo su control personal en las bodegas de la Loma de Tiscapa. Jamás distribuyó armamento pesado a los Comandos Departamentales, por el eterno temor de que fuesen usados en alguna rebelión de la misma Guardia Nacional en su contra.

Fundación de la Fuerza Aérea FAN-GN

El 17 de Diciembre de 1922 aterrizó en Managua por vez primera un avión. Lo piloteaba el italiano **Enrico Massi**, veterano de la Primera Guerra Mundial que venía haciendo exhibiciones, habiendo salido de El Salvador, luego a Honduras y después llegó a Nicaragua. Era un primitivo biplano. No había en Nicaragua ningún campo de aterrizaje para ese primer avión que surcó los cielos nicaragüenses donde **Massi** realizó maniobras acrobáticas, pero el aterrizaje lo hizo en la ***Explanada de la Loma de Tiscapa***, único espacio despejado y plano de Managua, donde se congregaron cientos de capitalinos a ver el novedoso aparato y las maniobras del italiano. Cuando **Enrico Massi** aterrizó, la hélice del avión levantó una gran polvareda que cubrió a la multitud, no obstante fue aplaudido al bajar del biplano. La polvareda se repitió al despegar y continuar su viaje. **Enrico Massi** se radicó en El Salvador donde entrenó pilotos y fundó una empresa cinematográfica.

En 1926 el gobierno de facto del **Gral. Emiliano Chamorro**, producto del golpe de estado ***«El lomazo»***, hizo primer intento de establecer una fuerza aérea militar, pero no fue una verdadera fuerza aérea organizada, sino el uso de dos viejos aviones biplanos ***Hisso Laird Swallow*** impulsados con motores ***Curtis 0X5***, prácticamente decomisados por el **Gral. Chamorro** a su propietario, el también conservador granadino, el **Gral. Humberto Pasos Díaz**, sobrino del presidente **Adolfo Díaz Recinos**. Ese fue el primer piloto nicaragüense que había aprendido en una escuela para aviadores civiles en California. **Pasos Díaz** pensaba establecer una empresa de transporte aéreo en Nicaragua. Los dos aparatos fueron manejados por tres mercenarios norteamericanos, dos pilotos de la primera guerra mundial, a los que **Chamorro** les concedió el rango de Mayores: **William Brooks** y **Lee**

IZQUIERDA: Aeroplano ***Ryan SC-W***, primer avión del ***Cuerpo de Aviación de la Guardia Nacional***, fue bautizado como ***GN-1*** y se utilizó para entrenamiento. DERECHA: El avión ***Waco XJW-1***, segunda aeronave de la fuerza aérea de la Guardia Nacional, también para entrenamiento.

Mason; y como jefe esa *«fuerza aérea»*, **Chamorro** nombró al piloto naval norteamericano **Irvine Rutlege**. Y finalmente, al mismo dueño de los biplanos, **Gral. Humberto Pasos Díaz**, lo nombró como *Asesor Técnico*.

En ese mismo año 1926 el **Gral. Pasos Díaz** murió en una emboscada durante la *Guerra Constitucionalista Liberal*, cuando navegaba de Rama a Bluefields por el Río Escondido. Los liberales emplazaron la emboscada en una vuelta del río llamada Fruta de Pan y ametrallaron el barco donde navegaban las tropas conservadoras. **Pasos Díaz** venía en la cubierta y fue de los primeros en recibir los disparos. El 11 de Mayo de 1927 la madre de **Pasos Díaz**, doña **Emilia Díaz**, que había culpado al **Gral. José María Moncada** de la muerte de su hijo, lo esperó en Tipitapa cuando **Moncada** llegó a reunirse por segunda vez con el **Cnel. Henry L. Stimson** para la continuación del ***Pacto del Espino Negro***. La señora **Emilia Díaz**, armada con un revolver, se estaba acercando agresiva a **Moncada** que caminaba con sus ayudantes por el centro de la calle. Un oficial de los ***marines*** advirtió la actitud de la señora y sometió por la fuerza a doña **Emilia**. El custodio norteamericano justificó su brusco proceder explicando: --*«**Tenía que actuar con energía en estos casos porque yo respondo con mi vida por la vida de estos señores**»*. Ese fue el episodio en el que desapareció el primer piloto aviador nicaragüense, **Gral. Humberto Pasos Díaz**.

Los mercenarios **Brooks** y **Mason** utilizaron los aviones en misiones de observación y también para primitivos ataques, lanzando bombas artesanales que construían con candelas de dinamita uniendo las mechas y amarradas a botellas de amoníaco, las encendían con los puros que fumaban con ese propósito, y las lanzaban contra las posiciones Liberales en la Guerra Constitucionalista, sin ninguna precisión. Así estos mercenarios incendiaron Chinandega en Enero de 1927, como quedó relatado en detalle en el ***Primer Tomo de esta Historia de la Guardia Nacional***.

Esa improvisada *«fuerza aérea»* de **Emiliano Chamorro**, que temporalmente la heredó **Adolfo Díaz** para emplearla en la misma guerra contra los rebeldes liberales, fue desarticulada y desplazada con la llegada de la Fuerza Aérea de la Infantería de Marina de los Estados Unidos, durante la ocupación militar norteamericana a Nicaragua.

El 26 de Febrero de 1927 atracó con gran sigilo en el Puerto de Corinto un barco de la armada norteamericana transportando seis aviones DeHavilland DH-4B, biplanos dotados de motores ***Liberty*** enfriados por agua, capaces de desarrollar velocidades superiores a las 100 millas por hora y artillados con dos ametralladoras calibre **.30** y un mecanismo para portar 10 bombas de fragmentación de 17 libras cada una, todo embalados en grandes cajas llegaron por barcos del US Navy al puerto de Corinto y rápida y silenciosamente fueron trasladadas a Managua por ferrocarril. Se trataba del primer escuadrón aéreo que estuvo

La base o cuartel de la nueva ***Fuerza Aérea de Nicaragua, Guardia Nacional, FAN-GN***, fue establecida en el Aeropuerto Xolotlán, pista de zacate, donde el **Gral. Somoza** ordenó construir estos hangares para los trece (13) aviones que ya tenía el arma aérea nicaragüense. Los terrenos de este desaparecido aeropuerto Xolotlán los ocupa en 2022 la oficina de Migración, Ineter y una clínica ú hospitalito del Seguro Social.

siempre bajo el comando del Mayor **Ross E. *«Rusty»* Rowell**, USMC. Esta verdadera fuerza aérea es la que bombardeó las posiciones del **Gral. Sandino** el 16 de Julio de 1927 en la ***Batalla de Ocotal***, Nueva Segovia, la primera ciudad en la historia del mundo bombardeada por una cuadrilla de aviones de guerra; pero esta fuerza aérea **nunca fue nicaragüense**, sino de la Infantería de Marina norteamericana que ocupaba militarmente a Nicaragua desde 1912, con una pausa de 17 meses, o sea una fuerza aérea extranjera establecida en territorio nicaragüense. Los detalles de la Batalla de Ocotal y de la acción de esta Fuerza Aérea en la guerra contra el **Gral. Sandino**, quedaron narradas detalladamente en el ***Tomo Uno de La Historia de la Guardia Nacional de Nicaragua***.

1934: Cuerpo de Aviación de la Guardia Nacional

Este inicio pionero para fundar una fuerza aérea nicaragüense fue nombrado ***Cuerpo de Aviación de la Guardia Nacional***. El **Gral. Anastasio Somoza García** adquirió un avión ***Ryan SCW***, primer aparato en la historia para la futura Fuerza Aérea G.N., continuó con la compra un monomotor ***Waco*** de cabina cerrada bautizado como ***GN-1***, contrató los servicios de los pilotos norteamericanos **Robert Eagle** y **Bill Kinsley**, y del piloto mexicano **Ramón Leal Díaz**, que fue incorporado a la Guardia Nacional con el rango de Subteniente G.N. Fue evidente el entusiasmo de **Somoza García** por la creación y fomento de una fuerza aérea, fue un empeño de incrementar su poder y modernización, mejorando su imagen ante las tropas y el pueblo, sobre todo porque durante el conflicto territorial se comprobó que Honduras tenía una fuerza aérea de la que Nicaragua carecía.

En 1934 el **Gral. Somoza** creó la ***Escuela Militar de Aviación, EMA***. También compró dos aviones ***Waco***, bautizados como ***GN-2*** y ***GN-3***. El **Gral. Somoza** contrató al primer instructor, el capitán hondureño **Aguilar**. Los primeros cadetes de aviación fueron los Capitanes G.N. **Lizandro Delgadillo**, **Federico Cabrera** y **Federico Davidson Blanco**; el Teniente G.N. **Modesto Valle**, el Sargento G.N. **Ezequiel Bojorge** y el civil **Enrique Calderón**.

En 1935 el **Gral. Somoza** contrató como instructor al **Cptn. Charles Baldwin**. En 1936 contrató los servicios de dos instructores más: el **Cnel. Pedro Ivanof** de nacionalidad rusa y al Capitán **Luis R. Paris**, costarricense. A inicios de 1936 fueron comprados dos aviones más, un ***Taylorcraft*** y otro ***Ryan***, pero en el resto del año 1936 el desarrollo del

Teniendo un avión de guerra de fondo, están al centro el **Gral. Somoza García**, Jefe Director G.N. y Presidente de la República; el **Gral. G.N. J. Rigoberto Reyes**, Jefe del Estado Mayor G.N.; el **Cptn. Guillermo Rivas Cuadra**, Comandante de la Fuerza Aérea; el **Captn. Rafaél Espinosa Altamirano**, Subcomandante de la FAN-GN y los pilotos nicaragüenses fundadores de la Fuerza Aérea. **Somoza García** fue un fanático de la aviación.

Cuerpo de Aviación G.N. fue paralizado porque el **Gral. Somoza** empeñó tiempo y esfuerzo en la preparación del golpe de estado al Presidente **Juan B. Sacasa**. Consumado el golpe, en el que no tuvo ninguna acción el ***Cuerpo de Aviación G.N.***, **Somoza** concentró toda su energía y prioridad en conquistar la presidencia de la República, tal como lo expusimos en el capítulo final del Tomo Uno.

En Enero de 1937 el **Gral. Somoza** envió realizar estudios de aviación al **Tnte. Modesto Valle**, **G.N.** y en Abril envió a realizar los mismos estudios al **Tnte. Carlos Eddie Monterrey, G.N.**, a los que se unieron en esa capacitación los nicaragüenses residentes en EE.UU., **René Blandón** y **Armengol Martínez**, todos becados por el gobierno de Nicaragua para estudiar aviación militar en la ***Roosevelt Field Aviation School***, ubicada en Mineola, Long Island, New York, premonitoriamente estaba preparando el arma aérea desde antes del conflicto con Honduras, que **Somoza** no esperaba, porque estaba dedicando todo su tiempo a la organización de su gobierno en el primer año de su prístino mandato. En Agosto de 1937 se presentó el conflicto fronterizo con Honduras, por la estampilla que hizo Nicaragua con un mapa que incluía el ***Territorio en Litigio con Honduras***. La protesta del gobierno hondureño degeneró en una guerra radial y mediática plagada de insultos, pero después muchos nicaragüenses fueron perseguidos y algunos asesinados en Honduras. Se hizo evidente la necesidad para Nicaragua, de una sólida y definitiva fuerza aérea, principalmente porque Honduras poseía una fuerza aérea militar y civil superior --por mucho-- a la de Nicaragua, y debido a lo accidentado de la geografía hondureña, había desarrollado el transporte aéreo y su fuerza aérea porque era una necesidad a satisfacer. El poder aéreo de Honduras, siempre ha sido considerablemente superior a los otros países de Centroamérica, incluso en el presente 2022. Por esta superioridad aérea de Honduras el gobierno de Nicaragua se vio obligado a reactivar y priorizar el desarrollo de una arma aérea competente, adquiriendo más aeronaves e incrementando la cantidad y calidad de pilotos.

De urgencia contrató a los pilotos nicaragüenses **Guillermo Rivas Cuadra**, graduado en una escuela de aviación civil en México, pero al momento de ser contratado por Nicaragua estaba de servicio en la Fuerza Aérea de Guatemala; y a **Rafaél Espinosa Altamirano**, piloto nicaragüense graduado en la Escuela de Aviación Titus de México, donde residía, al ser contratado por **Somoza** llegó volando su propio avión ***Waco*** que había bautizado ***«Nicarao»***. Al llegar a Nicaragua ambos fueron incorporados a la Guardia Nacional con el rango de Tenientes G.N.

Cptn. Guillermo Rivas Cuadra, GN-PA, primer Comandante de la ***Fuerza Aérea de Nicaragua de la Guardia Nacional, FAN-GN***. El **Cptn. Rivas** era nicaragüense, pero estaba integrado como piloto de la Fuerza Aérea de Guatemala. Fue contratado por el **Gral. Somoza** en los momentos álgidos del conflicto territorial con Honduras en 1937.

En 1937, en lo álgido del conflicto con Honduras, el **Gral. Somoza** compró a una compañía colombiana el primer avión ***Ford*** trimotor, marcado como ***GN-5***. Seguidamente compró a la compañía Pan American Airlines, otros dos aviones ***Ford*** trimotores. **Somoza** también adquirió otros cuatro aviones militares ***Waco***, marcados ***GN-7***, ***GN-8***, ***GN-10*** (estos ***Waco*** eran de cabina cerrada) y **GN-12**; y contrató los servicios de los pilotos **Peny Rogers**, norteamericano y **César Avente**, paraguayo, héroe de la ***Guerra del Chaco***.

Para Diciembre de 1938, cuando finalizó el conflicto con Honduras y se firmó el Pacto de Paz entre las dos naciones, la Guardia Nacional de Nicaragua contaba con trece (13) aviones de entrenamiento y combate, y varios pilotos, pero faltaba consolidar la organización. Para resolver tal desorden y estructurar una fuerza aérea formal con capacidad táctica, formó un consejo o comité de planificación en el que se destacaron los criterios técnicos y organizativos de los Tenientes G.N. **Guillermo Rivas Cuadra** y **Rafaél Espinosa Altamirano**, y del asesor e instructor norteamericano **Cptn. Charles Baldwin**. En Marzo de 1938 fueron incorporados **Juan García Saldaña**, con el rango de Subteniente Aviador, y **Edmundo Vargas Vásquez**, con el rango de Teniente Aviador.

En Abril fueron comprados los aviones ***Grumman FF*** (***GN-9***) y ***Fleet*** (***GN-14***) fabricados en Canadá, con esto la flota aérea G.N. aumentó a 15 aviones. Un avión ***Grumman*** fue obsequio de EE.UU. En Mayo regresaron de EE.UU. graduados de pilotos los Tenientes G.N. **Modesto Valle** y **Carlos Eddie Monterrey**, junto con los civiles **René Blandón** y **Armengol Martínez**, ambos fueron incorporados a la Fuerza Aérea de la Guardia Nacional con el rango de Subtenientes G.N.

1938: Fundación de la Fuerza Aérea de Nicaragua, FAN-GN

Hasta el 30 de Mayo de 1938 se utilizó el nombre de ***Cuerpo de Aviación de la Guardia Nacional***. La fundación de la ***Fuerza Aérea Nacional***, ***FAN*** de la Guardia Nacional de Nicaragua, que fue la primera fuerza aérea formal en la historia de Nicaragua, tiene una sola fecha: **1° de Junio de 1938**. Así lo confirma la **Orden General #16 de 1938**, que literalmente dice: --***«Efectivo el Primero de Junio de 1938: La Fuerza Aérea de la***

1938: Estado Mayor de la Fuerza Aérea de Nicaragua de la Guardia Nacional, FAN-GN: No.**1-Cptn. PA-GN Edmundo Vargas Vásquez**. No.**2-Cptn. PA-GN**; **Rafaél Espinosa Altamirano**, Subcomandante de la FAN-GN. No.**3-Gral. GN José Rigoberto Reyes Araúz**, Jefe del Estado Mayor G.N. No.**4-Gral. de División Anastasio Somoza García**, Jefe Director GN y Presidente de Nicaragua. No.**5-Cptn-PA-GN Guillermo Rivas Cuadra**, Comandante de la Fuerza Aérea. No.**6-Cptn. PA-GN Juan García Saldaña** y No.7-Capitán Médico **Dr. Carlos Cuadra Cea**. En la fila de atrás, a la izquierda de kepis blanco, con el No.**8-Sargento GN Carlos Reina**, ayudante personal del **Gral. Rigoberto Reyes**.

Guardia Nacional de Nicaragua queda organizada con su base en Managua, Distrito Nacional. La Fuerza Aérea de Nicaragua operará en toda la República, bajo las órdenes del Jefe Director de la Guardia Nacional de Nicaragua, e independientemente de cualquier otra Organización de la Guardia Nacional. El Cuartel General proporcionará los Oficiales para la Fuerza Aérea y el Cuartel de Servicio Especial (S.E.), proporcionará los Alistados de tal Organización».

Esta Orden General fue firmada por el Mayor General G.N. **José Rigoberto Reyes Aráuz**, Jefe del Estado Mayor de la Guardia Nacional de Nicaragua, y por el Mayor G.N. **Adán Medina C.**, Oficial G.N.3. El Director de la Guardia Nacional de Nicaragua a que hace referencia la Orden General #16, era el **Gral. Anastasio Somoza García**, que al mismo tiempo era el Presidente de la República. La base de la Fuerza Aérea FAN-GN, se ubicó en el antiguo y hoy desaparecido Aeropuerto **Xolotlán** de Managua (En el 2022 en esa ubicación están la Dirección de Inmigración, Ineter y una Clínica ú hospitalito del Seguro Social). Aunque el **Xolotlán** no era propiamente un aeropuerto, sino una pista de aterrizaje de grama o sea sin pavimento, ya era utilizado por aviones trimotores comerciales para pasajeros de las compañías aéreas Pan American Airways y Taca

Para fundar, dirigir y comandar la Fuerza Aérea de la Guardia Nacional (FAN), el **Gral. Somoza** nombró en el cargo de Comandante al **Tnte. Guillermo Rivas Cuadra, G.N.**, ascendido al rango de **Cptn. G.N.** En el cargo Subcomandante de la misma institución, al **Tnte. Rafaél Espinosa Altamirano, G.N.**, también ascendido a **Capitán G.N.** al **Tnte. GN Juan García Saldaña** se le nombró Oficial Ayudante y el **Tnte. GN Carlos Eddy Monterryey**, fue nombrado al cargo de Jefe de la Tropa de la Fuerza Aérea.

El **Gral. Somoza García** se enamoró de la Fuerza Aérea y destinó todos los recursos de que pudo disponer para comprar aviones nuevos y usados para la FAN-GN. Su entu-

IZQUIERDA: Fairchild PT-19, uno de los primeros aviones adquiridos por la Fuerza Aérea de Nicaragua, fabricado para aprendizaje y entrenamiento, fue bautizado con la marca ***GN-19***. El 23 de Agosto de 1943 el **Tnte. Guillermo Falla, PA-GN** y el Cadete **Bayardo Herrera, GN**, alumno de la Escuela Militar de Aviación, EMA, perdieron la vida al estrellarse el ***PT-19***. **DERECHA:** El ***Grumman FF-1/SF-1/G-23 Goblin/Delfin*** fue obsequiado en 1938 por la Fuerza Aérea de EE.UU. a la Guardia Nacional de Nicaragua. Avión con doble uso, para entrenamiento y combate. Primero con tren de aterrizaje retráctil. Fabricado en Canadá nombrado Goblin y Delfin en la Guerra Civil Española.

IZQUIERDA: ***Avión Ford Trimotor***, apodado ***«ganso de lata»***, avión de transporte fabricado por la Ford Motor Company. En 1937, cuando el conflicto con Honduras, el **Gral. Somoza** compró tres trimotores Ford, uno a una compañía colombiana y dos a Pan American Airways. **DERECHA:** El avión de combate ***North American Texan AT-6***. En la foto se nota armamento de este famoso avión: soportes tubulares para dos bombas en cada ala, así como tres ametralladoras, una en la parte delantera de la cabina, otra en el ala derecha, y una más en el puesto trasero, destinada a un artillero de cola. El **Gral. Somoza García** fue un entusiasta de los aviones. La FAN-GN llegó a poseer más de 60 aviones, incluso dos B-24, en sus mejores tiempos; su hijo, **Anastasio Somoza Debayle** desarticuló toda la FAN-GN y la vendió.

Avión ***Republic P-47 Thunderbolt***. El P-47 era un avión efectivo en el combate aéreo, pero demostró ser especialmente hábil en el ataque de aire a tierra. Estaba armado con ocho ametralladoras de calibre .50, cuatro en cada ala. Esta foto tomada en 1950, cortesía del **Mayor Roberto Amador Narváez, PA-GN**, muestra a un ***P-47 Thunderbolt*** de la ***Fuerza Aérea de Nicaragua, FAN-GN***, volando sobre la ciudad de Managua, veintidós años antes del terremoto de 1972. **Somoza García** logró que la ***Fuerza Aérea de Nicaragua*** fuese una de las mejores de Centroamérica, pero su hijo **Anastasio Jr.** vendió toda la Fuerza Aérea a precio de ***«huate mojado»*** en 1963, como lo veremos en Capítulos posteriores.

Once años después de la Batalla de Ocotal ocurrida el 16 de Julio de 1927, donde operó por primera vez la Fuerza Aérea de la Infantería de Marina de EE.UU., se fundó la Fuerza Aérea de Nicaragua, FAN-GN. Este es el grupo de comandantes y algunos de pilotos y personal que estaban operativos en **1944**: **1-**SubTnte. (MFA-GN) **José de la Luz Guerrero**. **2-**Tnte. (PA-GN) **Castellón**. **3-**Cptn. (MFA-GN) **Enrique Calderón**. **4-**Mayor (PA-GN) **Rafaél Espinosa Altamirano**, Subcomandante Fundador. **5-**Coronel (PA-GN) **Guillermo Rivas Cuadra**, Comandante Fundador de la Fuerza Aérea Guardia Nacional. **6-**Cptn. (PA-GN) **Juan García Saldaña**. **7-**Tnte. (MFA-GN) **Humberto Villavicencio**. **8-**Tnte. (PA-GN) **Francisco Ulloa** (posteriormente Comandante de la FAN-GN). **9-**SubTnte. (PA-GN) **Gustavo Sánchez**. **10-**SubTnte. (MFA-GN) **Arnoldo Rodríguez**. **11-**Sub-Tnte. (PA-GN) **Sandoval**. **12-**Tnte. (MFA-GN) **Miguel Abarca**. **13-**Tnte. (PA-GN) **Róger Jerez** y **14-**Tnte. (PA-GN) **Francisco Saavedra**, que también llegó a ostentar el cargo de Comandante de la FAN-GN.

siasmo por la FAN, llevó a **Somoza** a ordenar la construcción de los primeros hangares, edificaciones para oficinas, torre de control, sección médica, covachas de paracaidistas, alojamientos para pilotos y cadetes militares estudiantes de la ***Escuela Militar de Aviación, EMA***. **Somoza** impartió órdenes para erigir las construcciones al Administrador Jefe del Ferrocarril, maestro **Manuel Guerrero Parajón**, a don **Constantino Navarro** y a don **Heriberto Díaz**, también funcionarios del Ferrocarril. **Somoza** involucró al ingeniero jefe del Departamento de Carreteras, **Mr. Johnson** y al maestro constructor **Trinidad Hernández**. Aún antes que este conjunto de instituciones del Estado, de técnicos y obreros del gobierno y militares de la Fuerza Aérea de la Guardia Nacional finalizaran el complejo de construcciones, **Somoza**, con ansiedad, decidió inaugurar las instalaciones de la FAN el 9 de Junio de 1938, nueve días después del decreto de la fundación de la FAN-GN, con un evento concurrido de invitados del Cuerpo Diplomático, Gabinete de Ministros, Estado Mayor de la Guardia Nacional, Jerarquía Eclesiástica y los miembros de la Fuerza Aérea. Designó al Arzobispo de Managua, **Mons. José Antonio Lezcano y Ortega**, para bendecir las instalaciones de la Fuerza Aérea, a los pilotos, aviones y armas, y **Mons. Lezcano** bendijo todo aquello cumplidamente. La esposa del **Gral. Somoza**, doña **Salvadora Debayle de Somoza**, fue nombrada ***Madrina de la Fuerza Aérea de Nicaragua*** y rompió una bote-

Volando sobre la ciudad de Managua en 1944, el avión GN-30, de la Fuerza Aérea de Nicaragua. Era un avión ***Vultee Valiant BT-13*** para el entrenamiento de la Escuela Militar de Aviación, EMA, de la Guardia Nacional. Muchos pilotos nicaragüenses aprendieron a volar en este aparato, que se estrelló a finales de los años 40's..

lla de champaña simbolizando la inauguración de las instalaciones, por supuesto que el botellazo de la espumante champaña no la quebró contra ningún avión, sino contra un poste instalado para ese propósito. En su discurso de inauguración, **Somoza** llamó a los pilotos ***«soldados del aire»***. En su parte operativa lo primero que se estableció fue la ***Escuela de Pilotos Militares*** a la que posteriormente se le cambió el nombre por ***Escuela Militar de Aviación, EMA***, nombrando como primer Director y Comandante al **Cptn. Rafaél Espinosa Altamirano**, Sub Comandante de la FAN, no obstante que el padre del **Cnel. Espinosa** era don **Horacio Espinosa Vado**, uno de los principales líderes doctrinarios filósofos del Partido Liberal Independiente, PLI y frontal opositor y adversario político de **Somoza**.

En esa primera ***Escuela Militar de Aviación***, ***EMA***, se graduaron muchos pilotos, incluyendo varios que después fueron Comandantes de la FAN, como el **Gral. G.N. Heberto Sánchez Barquero**, **Cnel. G.N. Francisco Ulloa**, **Cnel. G.N. Carlos *«Chale»* Vanegas**, **Cnel. G.N. Orlando Villalta** y **Cnel. G.N Francisco Saavedra**. También se graduaron en aquellos años pioneros, varios otros pilotos aviadores, entre ellos el **Cnel. G.N. Armengol Martínez**, **Cnel. G.N. Carlos Eddie Monterrey**, **Captn. G.N. René Blandón**, **Cnel. G.N. Enrique Calderón** y el Capitán Médico **Dr. Roberto Buitrago**, que incorporó en la FAN las primeras orientaciones científicas sobre medicina de aviación (estos dos, **Calderón** y **Buitrago** fueron becados por la Guardia Nacional para continuar estudios en Nueva York); y otros fueron incorporados a la FAN, como el **Cnel. G.N. Juan García Saldaña** y el **Cnel. G.N. Edmundo Vargas Vásquez**, que se graduaron en la escuela de aviación civil de México. Dos Oficiales G.N. no lograron graduarse de pilotos y volvieron a la infantería, fueron **Federico Davidson Blanco** y **Lizandro Delgadillo**.

La **Escuela Militar de Aviación, EMA**, tuvo una evolución de mucha calidad. Además del entrenamiento de vuelo, impartía clases de geografía, historia, idiomas, matemáticas e instrucción militar básica. También se ofrecían cursos de aerodinámica, meteorología, motores de aeronaves, mecánica de aviación y radiocomunicaciones.

Desde el inicio de la FAN se organizó un Cuerpo de Paracaidistas que incluyó a paracaidistas femeninos, como fue el caso de **Nena Montenegro de Cabezas** y **Adilia Huertas**; entre los paracaidistas varones se destacaron el **Captn. G.N. Gabriel Alvarado** y el **Captn. G.N. José María Valle**, que fue el primero en realizar un salto. Las prácticas y demostraciones de paracaidismo se efectuaban sobre la Explanada de la Loma de Tiscapa cuando era una enorme área despejada, y ahora (2022) invadida por cuarteles militares de mal aspecto. La FAN tuvo su propio sistema de radio, instalado por **Mr. Hugo Phillips** y el **Cnel. G.N. Francisco Medal**, que para entonces era Sargento G.N. El primer jefe de mantenimiento de la FAN fue el **Tnte. G.N. Enrique Aguirre Batres** y el primer médico de la Fuerza Aérea fue el **Dr. Carlos Cuadra Cea**.

El 24 de Agosto de 1938 la Fuerza Aérea de Nicaragua lamentó su primer accidente, cuando en un vuelo rutinario de práctica con uno de los primeros aparatos adquiridos, el avión ***Ryan GN-4***, se estrelló y murió el **Cptn. Charles Baldwin**, **GN**, piloto instructor norteamericano. La aeronave se destruyó totalmente. Oficiales y personal de la Fuerza Aérea y de la Guardia Nacional realizaron una ceremonia fúnebre en memoria del **Cptn. Baldwin**, su cadáver fue enviado a Estados Unidos.

En 1939 se graduaron en la Escuela Militar de Aviación de la FAN-GN, los primeros mecánicos de aviación: **Enrique Calderón**, **Humberto Villavicencio**, **Gustavo Solís**, **Jorge Dávila** y **Enrique Gaitán**, y se formó el **Cuerpo de Mecánicos FAN-GN**, que envió a estudiar a Miami a los jóvenes Oficiales **Jorge Israél Silva**, **Samuel Bodden**, **Juan F. Mena**, **Ladislao Guerrero** y **William Rivas Vargas**.

Al crearse la Academia Militar de Nicaragua en 1940, varios cadetes graduados en la Primera Promoción en 1943 ingresaron a la ***Escuela Militar de Aviación, EMA*** y también se graduaron como pilotos: **Segundo Montoya**, **Juan Max Medina**, **Róger Bermúdez**, **Narciso Torrentes**, **Carlos Vanegas**, **Guillermo Duarte**, **Jaime Cuadra**, **Francisco Ulloa**, **Miguel Abarca**, **Francisco Saavedra**, **David García**, **Felipe Quintana**, **Orlando Pineda** y **William Rivas Vargas**.

En 1940 fue becado el **Sgto. Enrique Calderón, FAN-GN**, para estudiar técnicas avanzadas de mecánica de aviación como estudiante de los cursos especiales de mantenimiento y reparaciones (Aircraft Maintenance Training) en los talleres de ***Pan American Airways*** en Texas, Estados Unidos. Fue el primer becado para estudiar Mecánica de Aviación. En 1942 el **Cptn. Guillermo Rivas Cuadra**, Comandante de la Fuerza Aérea de Nicaragua fue ascendido al rango de **Mayor PA**, y en 1946 fue ascendido a **Coronel PA**. A los mismos rangos y en las mismas fechas también fue ascendido el **Cptn. Rafaél Espinosa Altamirano**, Director de la Escuela Militar de Aviación y Subcomandante de la FAN-GN.

El gobierno de EE.UU. otorgó becas a varios de los oficiales graduados en la Primera Promoción de la Academia Militar de Nicaragua en 1943, para cursos de aviadores en las bases de la Fuerza Aérea de Estados Unidos, USAF. También la USAF inauguró su Escuela de Mecánicos en la Base Aérea de Albrook en la Zona del Canal de Panamá, y estableció programas de entrenamiento para estudiantes de mecánica de aviación de Nicaragua y de América Latina, que fué de gran utilidad para la FAN-GN.

El 8 de Mayo de 1948 el Comandante de la Fuerza Aérea GN, **Cnel. Guillermo Rivas Cuadra, GN**, fue relevado del cargo y nombrado el **Cnel. Carlos Eddie Monterrey, GN**. Inmediatamente el **Cnel. Rivas Cuadra** fue nombrado Embajador de Nicaragua en República Dominicana. El mismo día el Subcomandante de la FAN-GN y Director de la EMA, **Cnel. Rafaél Espinosa Altamirano, G.N.**, fue relevado del cargo y nombrado en el cargo el **Mayor Juan García Saldaña, GN**. Acto seguido el **Cnel. Espinosa Altamirano** fue nombrado Agregado Militar de la Embajada de Nicaragua en El Salvador. Posiblemente no fue nombrado embajador, por aquello de que

En la Explanada de la Loma de Tiscapa, el 27 de Mayo de 1941, ***Día de la Guardia Nacional***, el Presidente **Somoza García** felicitando al **Tnte. José María Valle**, primer paracaidista de la Fuerza Aérea de Nicaragua, al concluir con gran espectacularidad y éxito el primer salto en paracaídas, aplaudido por la multitud congregada en la Explanada de la Loma de Tiscapa, para ver las maniobras militares. Al lado de **Somoza** está el **Cnel. J. Rodolfo Marín**, detrás el **Mayor Alberto Baca**, el **Gral. Charles Mullins** y el **Cnel. Julio D'Arbelles**, Primer Director y Subdirector de la Academia Militar de Nicaragua, respectivamente.

su padre, **Don Horacio Espinosa Vado** era un fuerte opositor al **Gral. Somoza García**. **Don Horacio** fue de los liberales doctrinarios fundadores del Partido Liberal Independiente y fue viceministro de educación del gobierno del **Dr. Juan Bautista Sacasa**, salió al exilio cuando **Somoza** perpetró el golpe de estado en 1936, por eso fue la especie de represalia que le hicieron al **Cnel. G.N. Rafaél Espinosa Altamirano**, y esos casos ocurrieron muchas veces en la Guardia Nacional de Nicaragua.

Así fue el comienzo, la fundación y primera etapa de la FAN-GN. No obstante solamente queda la memoria histórica de esa institución militar aérea que desapareció junto con la Guardia Nacional de Nicaragua en 1979.

Lejanos están los años cuando los primeros aviones que llegaron a Nicaragua aterrizaron en la Explanada de la Loma de Tiscapa, después implementaron una pista de tierra en un potrero que bautizaron como ***Campo Bruce*** en memoria de un US Marine muerto en una emboscada en 1928. La tercera pista de aterrizaje fue frente al ***Cerro de Chico Pelón***, porque en su cima estaba la Embajada de Estados Unidos y pomposamente la bautizaron como ***Aeropuerto Xolotlán***, pero como ya se dijo los aviones aterrizaban en una pista de grama o zacate.

En capítulos posteriores expondremos los progresos de la Fuerza Aérea Nacional, FAN, de la Guardia Nacional y los diferentes hechos integrados a la historia de la aviación y la Historia de la Guardia Nacional en los que participó la ***Fuerza Aérea de Nicaragua, FAN-GN***.

Capítulo Tres.

1939: La Constituyente reeligió a Somoza y constitucionalizó a la Guardia Nacional.

El 22 de Marzo de 1939, a las dos de la madrugada fue finalmente aprobada la nueva Constitución Política de Nicaragua. **Somoza** había logrado dividir a los conservadores en dos grupos, uno eran los Tradicionalistas, leales a **Emiliano Chamorro**, que estaban en minoría, y los conservadores Nacionalistas, leales a **Somoza**, que votaban en conjunto con los liberales del Partido Liberal Nacionalista, PLN, presidido por el mismo **Somoza** que --juntos--, formaban una mayoría aplastante en la ***Asamblea Nacional Constituyente***.

Conforme a lo establecido en la nueva Constitución, la Asamblea Constituyente debía elegir a un Presidente de la República y también estableció que ese Presidente debía permanecer en el cargo por **ocho años**. No fue ninguna sorpresa que la Asamblea Constituyente eligiera como Presidente al **Gral. Anastasio Somoza** y que extendiera su período de gobierno hasta 1947.

En esta Constitución de 1939 se concede un extraño poder al ciudadano Presidente de la República, en el *«**Título VI: Del Poder Ejecutivo. Capítulo I: De la Organización del Poder Ejecutivo. Art.201.- El Poder Ejecutivo se ejerce por un ciudadano con el título de Presidente de la República. Es el Jefe del Estado y personifica a la Nación**»*. Esa pequeña frase: *«**personifica a la Nación**»*, equivale a la pretensión monárquica que tuvo el ***Rey Sol de Francia, Luis XIV*** cuando imponía su absolutismo con su famosa frase: *«**El Estado soy yo**»* (***l'état c'est moi***).

El rey francés proclamaba que todos los poderes y dominios abstractos que debían limitar su omnipotencia los tenía él en sus manos y a su voluntad. Eso significa la frase *«**el presidente personifica a la Nación**»*. Lo cual significó que el Presidente **Somoza** se convirtió en un ***clon*** del rey **Luis XIV**, constituyéndose en un *«**monarca nicaragüense absoluto**»*.

El **Art**.- **204** de esta Constitución especifica: *«**El período presidencial es de seis años y comenzará el uno de mayo. En esa fecha el Presidente de la República tomará posesión del cargo. Se prohíbe la reelección del Presidente para el siguiente período**»*.

Conforme a este artículo **204**, la presidencia del **Gral. Somoza** debió terminar a los **seis años**, pero aplicaron ***Disposiciones Transitorias*** (Título XVI), al final de la Constitución de 1939, se agregó una ley de la Asamblea Constituyente del 17 de Agosto de 1938 que textualmente decía: *«**La Asamblea Constituyente, por mayoría absoluta de sus miembros, elegirá al ciudadano que ha de ejercer la Presidencia de la República, en un período que se contará desde el treinta de Marzo del corriente año** (1938) **hasta el uno de Mayo de mil novecientos cuarenta y siete**»*, y agregó más adelante: *«**Las disposiciones de los artículos 202, 204, 205 y 338 de esta Constitución, sólo se aplicarán a las elecciones presidenciales siguientes a la que hará esta Asamblea Constituyente**»*.

O sea que las limitaciones de tiempo en el período presidencial de seis años, no se aplicaron al **Gral. Somoza**, sino a otros futuros presidentes que no fuesen **Somoza**.

Como el **Gral. Somoza** llevaba dos años y medio ejerciendo el poder presidencial, al sumarle el tiempo que señalaba la ley del 17 de Agosto de 1938, el tiempo real de su mandato presidencial se prolongó a **diez años y seis meses**. Esto demuestra que las Constituciones de Nicaragua siempre han sido elásticas, maleables, dúctiles, moldeables como plastilina, por ello es pertinente la pregunta: ***«¿Las Constituciones de Nicaragua regulan al Poder o el Poder regula a las Constituciones?»***. Los militares --o gente armada-- nicaragüenses de todos los tiempos han enunciado durante siglos que ***«Las armas*** **(cañas huecas)** ***son la verdadera Constitución de Nicaragua»***. Y no les ha faltado razón. Todo parece indicar que esa también fue la visión ***«doctrinaria constitucional»*** de la Guardia Nacional de Nicaragua.

En contraste la Constitución de Estados Unidos de América ha permanecido invariable dede 1776 y consta de pocas páginas, entre 37 y 50, según las fuentes de letra y el tamaño del formato que depende del diseño de los impresores, pero su contenido ha sido inamovible, aunque la evolución ha exigido que se agreguen **enmiendas** para incluir avances sociales, humanos y tecnológicos que no existían en 1776.

Las ***«constituciones»*** de Nicaragua no ha sido posible editarlas en un folleto de 50 o 100 páginas. El investigador histórico **Don Antonio Esgueva Gómez**, al recopilar todas las ***constituciones*** que han redactado los gobiernos, regímenes y dictaduras de Nicaragua, no le fue posible editarlas en un solo volumen. Tuvo que editar e imprimir dos gruesos y pesados tomos o volúmenes con todas las constituciones nicaragüenses y sus reformas, sumando **2,022 páginas.** Eso solamente puede ocurrir cuando un pueblo padece de una crónica ignorancia y no tiene conciencia de lo que es vivir dentro del marco de las leyes en un Estado de Derecho, lo que le interesa y le importa es saciar los apetitos estomacales ingiriendo cualquier sustancia que le ***«llene el estómago»***, porque tampoco tiene nociones de la importancia de la nutrición.

Constitucionalización de la Guardia Nacional

Desde la Ley Creadora de la Guardia Nacional de Nicaragua promulgada el 20 de Mayo de 1925 por el Congreso Nacional (ver Capítulo 2, ***Ley Creadora de la Guardia Nacional de Nicaragua***, de ***La Historia de la Guardia Nacional de Nicaragua, Tomo Uno***), determinando su creación legal en una ley constitucional plena y sus funciones dentro del marco de esa ley.

No se legisló sobre las nuevas funciones de la Guardia Nacional, **impuestas de hecho** por el Estado Mayor de la Infantería de Marina norteamericana para que actuara como un ejército de guerra contra las columnas del **Gral. Sandino**, pero eso es lo que necesitaban las fuerzas armadas de Estados Unidos que invadieron y ocuparon Nicaragua desde 1912 hasta Diciembre de 1932, con una pausa de 17 meses. Eso conformó lo que ellos llamaron **dos campañas**.

En la primera ***campaña***, de 1912 a 1925, la invasión norteamericana tuvo la patriótica resistencia armada del **Gral. Benjamín Zeledón Rodríguez** que fue capturado y ejecutado por las fuerzas norteamericanas comandadas por el **Mayor Smedley Buttler**, ***US Marines Corp***., quien entregó el cadáver a las turbas conservadoras para su ultraje.

En la segunda ***campaña***, de 1926 a 1932, el ejército de ***marines*** norteamericano apoyado con tropas nativas de la Guardia Nacional tuvieron que enfrentar la resistencia de las columnas campesinas del **Gral. Augusto C. Sandino**, asesinado a traición en 1934.

Para sostener las guerras derivadas de esa invasión armada, las fuerzas norteamericanas necesitaban implementar un ejército de guerra con soldados nativos que comba-

El **Gral. Anastasio Somoza García**, de 46 años en esta foto, pero ya con la doble unción de Jefe Director de la Guardia Nacional y Presidente de la República de Nicaragua, fue reelecto por la Asamblea Nacional Constituyente en 1939. Esta misma Constituyente promulgó una nueva Constitución que le otorgó al Presidente **Somoza** la potestad de ser la encarnación de Nicaragua (***«el presidente personifica a la Nación»***) esto fue equivalente a la pretensión monárquica del ***Rey sol de Francia, Luis XVI*** cuando imponía su absolutismo con su famosa frase: ***«El Estado soy yo»*** (***l'état c'est moi***). El rey francés proclamaba que todos los poderes y dominios los tenía él en sus manos y a su voluntad. Eso significa la frase ***«el presidente personifica a la Nación»***. Lo cual significó que el Presidente **Somoza** se convirtió en un ***clon*** del rey **Luis XVI**.

tieran por los invasores y murieran por ellos. Sin molestarse en establecer ninguna figura legal, transformaron a la Guardia Nacional de Nicaragua en un **ejército de guerra fratricida**.

Esas funciones de ejército regular impuestas por los ***Marines*** pusieron a la Guardia Nacional fuera de la ley, por tanto en estado inconstitucional. Así lo alegó el **Gral. Sandino**, como argumento para no desarmar a su ejército en 1934; y también lo expuso el Presidente **Juan B. Sacasa**; pero a los ***Marines*** les urgía que la Guardia Nacional se convirtiera y actuara como un ejército regular para combatir a las columnas de **Sandino**, sin importarles que perdiera su condición constitucional.

En Diciembre de 1927, para aumentar el número de efectivos nicaragüenses y un incremento presupuestario para la Guardia Nacional, los jefes ***Marines*** redactaron un ***Convenio para el Ordenamiento y Manutención de la Guardia Nacional*** que fue firmado por **Dana Munro**, Encargado de Negocios de la Legación Norteamericana en Managua, representando a EE.UU. y por el Canciller **Carlos Cuadra Pasos**, representando al gobierno de **Adolfo Díaz**, pero el Congreso dominado por Diputados liberales maniobró para retardar la aprobación del Convenio y modificarlo considerablemente, los jefes norteamericanos ordenaron al Presidente **Adolfo Díaz** para que --a falta de ley--, autorizara ese incremento de soldados y el aumento del presupuesto, por decreto presidencial, y **Díaz** obedeció sumisamente al Estado Mayor USMC. Y la Guardia continuó al margen de la Constitución.

En la nueva Constitución aprobada por la Asamblea Constituyente el 22 de Marzo de 1939, la Guardia Nacional de Nicaragua fue legalizada constitucionalmente, incluida de esta forma:

TITULO XII, Capítulo único: Del Ejército.:

Los legisladores constituyentes que redactaron esta constitución de 1939, no debieron nombrar este Título XII como ***«Del Ejército»*** sino ***«De la Guardia Nacional de Nicaragua»***, pero como desde que tomó posesión como Jefe Director de la Guardia el **Gral. Somoza**, fue evidente que no le gustaba llamar Guardia Nacional a la institución armada que él comandaba y en todo momento tuvo gusto y preferencia por llamarle ***el ejército***. Así lo reiteró en su discurso cuando tomó posesión como presidente de la República en 1937.

Teniendo ese ***gusto*** del **Gral. Somoza** por el nombre de ***ejército***, sus fieles y sumisos diputados constituyentes, solamente una vez mencionan el nombre propio de Guardia Nacional de Nicaragua, en el resto de la ley insisten en llamarle ***ejército***. Este es el texto del Título XII:

Art. 335.- El Ejército, formado por la Guardia Nacional de Nicaragua y la Policía, es la única fuerza armada de la República, destinada a garantizar la independencia de la Nación, la integridad de su territorio, la paz interior y la seguridad de los derechos individuales.

Cualquier otro cuerpo armado, por el hecho de su organización, quedarán bajo la autoridad del Ejército.

Art. 336.- El Ejército es una institución apolítica. Sus miembros en servicio directo, no podrán votar ni ejercer actividades políticas de cualquier clase.

Art. 337.- La fuerza pública es esencialmente obediente y no puede deliberar. Por consiguiente, ningún militar o policía en servicio activo podrá externar opinión, colectiva o individualmente, sobre asuntos del servicio o que de cualquier manera ataque o censure las leyes de la República. Tampoco podrá dirigir peticiones, sino sobre asuntos que se relacionen con el buen servicios y moralidad del cuerpo y con arreglo a las leyes

El **Palacio Nacional** fue la sede de las sesiones de la Asamblea Nacional Constituyente de 1939 que reeligió como Presidente de Nicaragua al **Gral. Anastasio Somoza García** y promulgó una nueva Constitución que concedió poderes especiales al Presidente, le prolongó su período por más de diez años y constitucionalizó a la Guardia Nacional de Nicaragua. En 1939 la construcción del Palacio Nacional no estaba completamente terminada, pero lo que después se llamó ***Salón Azul*** para las sesiones del Congreso, estaba concluido. El Palacio Nacional se inauguró al año siguiente, 1940. Su construcción tardó cinco años.

del instituto.

Art. 338.- Los miembros del Ejército en actual servicio no podrán ejercer cargos de elección popular.

Art. 339.- El Ejército estará sujeto solamente a las órdenes del Presidente de la República, o de sus agentes y órganos correspondientes.

Art. 340.- La organización y disciplina del Ejército se regirá por las leyes de la materia y por los reglamentos adicionales emitidos por el Presidente de la República.

Art. 341.- Los miembros del Ejército tendrán fuero especial en los delitos y faltas puramente militares, y serán castigados de conformidad con el Código Penal de la Institución. Si cometieren delitos o faltas comunes, quedarán bajo las leyes y Jueces ordinarios, a cuya orden serán puestos los infractores, previa su baja del servicio.

Art. 342.- El servicio militar es obligatorio; la ley determinará la forma de ser prestado.

Art. 343.- El Estado garantiza protección y pensiones a los miembros del Ejército que se inutilizaren en el servicio militar o en defensa de la Patria y del orden, así como a la familia de los que en él perdieren la vida.

Con esta inclusión legalizando a la Guardia Nacional de Nicaragua en la Constitución Política de 1939, la Guardia Nacional de Nicaragua quedó inmersa en la legalidad constitucional, que incluyó el ***servicio militar obligatorio.***

Conforme a lo establecido en la nueva Constitución, la Asamblea Constituyente debía elegir a un Presidente de la República y también estableció que ese Presidente debía permanecer en el cargo por **ocho años**. No fue ninguna sorpresa que la Asamblea Constituyente eligiera como Presidente al **Gral. Anastasio Somoza** y que extendiera su período hasta 1947.

Nadie protestó ni reparó que, siendo el **Gral. Anastasio Somoza García** militar en servicio activo, quedaba inhibido por los **Artos. 336, 337** y **338** de ejercer cargos de elección popular y manifestar opiniones políticas; pero en la Nicaragua de siempre, el que controla las armas es el que manda y esas armas se convierten en la verdadera ***«constitución»***. Y **Somoza** controlaba todas las armas de la Guardia Nacional y --con ellas-- todos los po-

Diecisiete años después de su reelección en 1939, para un período extendido de diez años que hemos estudiado en este capítulo, el **Gral. Anastasio Somoza García** baja las gradas principales del Palacio Nacional en 1956, rodeado de sus custodios y colaboradores, mientras escucha a su Canciller, **Dr. Oscar Sevilla Sacasa**. En 1956 el **Gral. Somoza** estaba empeñado en otra reelección, pero no sospechaba que en ese mismo 1956, al viajar a la ciudad de León a la Gran Convención del Partido Liberal Nacionalista que lo eligiría y proclamaría candidato presidencial, su vida y sus afanes terminarían por la decisión y las balas del joven poeta leonés **Rigoberto López Pérez**, muy consciente de sacrificar su vida a cambio de la vida de **Somoza**.

deres de Nicaragua.

Llama la atención el **Art. 342**.- de esta Constitución estableciendo: *«**El servicio militar es obligatorio; la ley determinará la forma de ser prestado**»*. Resulta una curiosidad, pero dichosamente en aquella época no se promulgó ninguna reglamentación de la ley al respecto que estableciera la aplicación de ese servicio. El ***servicio militar obligatorio*** nunca funcionó en ninguna ocasión durante los cuarenta y séis (46) años de la ***Era de los tres Somoza***.

El 30 de Marzo de 1939 se efectuó una formal ceremonia para la Toma de Posesión del **Gral. Somoza** como Presidente de Nicaragua. El Presidente de la Asamblea Constituyente, **Dr. Roberto González**, impuso la Banda Presidencial a **Somoza** y éste pronunció un formal discurso. Toda la concurrencia fue invitada por el reelecto y reconfirmado Presidente **Somoza** a un brindis en Casa Presidencial, que así continuó **Somoza García** en el ejerció la presidencia hasta el 1 de Mayo de 1947.

La Asamblea Constituyente se transformó en Congreso Nacional

Antes de clausurar la Asamblea Nacional Constituyente, este organismo tuvo el poder y la potestad de nombrar a los Diputados y Senadores, propietarios y suplentes que integrarían al nuevo **Congreso Nacional**. Como es fácil de comprender ocurrió el tradicional fenómeno por el cual los mismos diputados constituyentes ***se recetaron*** los curules del nuevo **Congreso**, porque no habían disposiciones que evitaran esta especie de ***apetito-***

sa merienda donde cada uno de los diputados constituyentes no pudo evitar la tentación de vivir fácilmente del presupuesto con buena paga.

Sin embargo, es de justicia reconocer que entre la extensa lista de personajes que se convirtieron en el Poder Legislativo hubo una minoría de personalidades con mucha capacidad, talento y honestidad, aunque siempre bajo la férrea autoridad del **Gral. Somoza**.

La nueva Constitución confeccionada como un traje ***custom*** de alta costura y a la medida del **Gral. Anastasio Somoza García**, fue aprobada el 31 de Marzo de 1939 y publicada en el ***Diario Oficial La Gaceta*** No. 75 del 12 de Abril de 1939.

La **Asamblea Nacional Constituyente** dio por concluidas sus labores propias y de acuerdo con lo prescrito en el Título XVI, Capítulo Único, parte primera de las Disposiciones Transitorias, ordinal 2 de la Constitución Política, DECRETANDO:

Artículo 1.- La Asamblea Constituyente continuará en funciones convertida en Congreso Nacional, dividido en dos Cámaras, ejerciendo el Poder Legislativo hasta el día quince de abril de mil novecientos cuarenta y siete.

O sea por los mismos ocho años que ejercería el recién nombrado presidente **Somoza García**.

Artículo 2.- De conformidad con la elección practicada en esta fecha, la Cámara del Senado queda formada por los Senadores Propietarios y Suplentes siguientes:

SENADORES PROPIETARIOS: **Dr. Crisanto Sacasa, Don Alejandro Astacio, Dr. Carlos A. Morales, Gral. Francisco Sánchez E., Don Carlos A. Velásquez, Gral. Andrés Murillo Rivas, Dr. Mariano Argüello Vargas, Dr. Luis Salazar, Gral. Luis Fiallos, Don Arturo Mantilla, Dr. Onofre Sandoval, Don Denis Najarro, Dr. Juan José Martínez, Dr. Joaquín Gómez R.** y **Gral. José Solórzano Díaz**.

SENADORES SUPLENTES: **Don Tomás Pereira, Don Ezequiel Fernández, Don Arnoldo Alemán, Don Segundo Rodríguez L., Dr. Leopoldo Sánchez h., Don Héctor Membreño P., Don Guadalupe Ignacio Moreno, Don Daniel Olivas, Don Pablo José Guillén, Don Lisandro Ardón M., Don Leonardo Cajina, Don Ramón Marín, Don Augusto Argüello, Don Benito Molina Ríos** y **Dr. Alfredo Artiles**.

Artículo 3.- Integrarán la Cámara del Senado como Senadores Vitalicios, de acuerdo con el Arto. 173 de la Constitución, los exPresidentes de la República: **Dr. Juan Bautista Sacasa Sacasa, Gral. José María Moncada Tapia, Gral. Emiliano Chamorro Vargas** y **don Adolfo Díaz Recinos**. No fue incluido **Benjamin Lacayo Sacasa Cuadra** que ocupó brevemente la presidencia tras la caída del presidente **Leonardo Argüello**, sino que lo nombraron Diputado Propietario.

Artículo 4.- Forman la Cámara de Diputados los siguientes representantes propietarios y suplentes, como miembros de esta Asamblea a quienes no corresponde la calidad de Senadores:

DIPUTADOS PROPIETARIOS: **Don Juan B. Morales, Dr. Diego Manuel Sequeira, Dr. Carlos A. Bendaña, Dr. Agustín Sánchez V., Dr. Carlos Irigoyen, Don Juan Modesto Zamora, Don Gabry Rivas Novoa, Gral. Luciano Astorga, Don José Coronel Urtecho, Dr. José Bárcenas Meneses, Don Adolfo Altamirano Browne, Don Leonte Alfaro, Dr. Nicolás Buitrago, Don Benjamín Lacayo Sacasa Cuadra, Dr. Carlos Cuadra Pasos, Dr. Octavio Pasos Montiel, Don Gustavo A. Noguera, Dr. Simeón Rizo**

Sorpresivamente el presidente **Franklin D. Roosevelt** envió una amplia invitación oficial al **Gral. Somoza** para que visitara Estados Unidos y se hospedara en la Casa Blanca, hogar presidencial en Washington, D.C. en compañía de su esposa **Salvadora Debayle**. El mismo **Somoza** se sorprendió de tanta buena suerte.

Gadea, Don Cristóbal Rodríguez, Dr. Enoc Aguado Farfán, Dr. José Wenceslao Mayorga, Dr. Henry Pallais B., Dr. Guillermo Sevilla Sacasa, Don Gustavo Abaunza h., Dr. Carlos Flores Vega, Don Aurelio Montenegro, Don Andrés Largaespada, Dr. Roberto González, Dr. Jerónimo Aguilar h., Don Alejandro Abaúnza E., Don José Domingo Bolaños, Dr. Diego Manuel Chamorro, Dr. Julián N. Guerrero, Gral. Carlos Chamorro Ch., Don Fernando Delgadillo Cole, Don Alfredo W. Hoocker y **Dr. Octavio Salinas**.

DIPUTADOS SUPLENTES: **Don Francisco J. Zúñiga E., Don Juan Trinidad Tijerino, Don José María García, Don Santos Ramírez Zúñiga, Don Gustavo Espinosa L., Dr. Rosendo Cerda U., Don Manuel Callejas, Don Julio Centeno, Don Humberto Núñez, Don Francisco José López F., Don Benjamín Almendares, Don Moisés González, Don Federico Briones, Don Salvador Monterrey, Don Pablo Antonio Cuadra Cardenal, Don Octaviano César, Dr. Alcibíades Pastora Z., Don Miguel Blandón, Don Justiniano Blandón, Don Hernán González, Don Álvaro Álvarez, Don Pío Palacio Álvarez, Don José Ramón Pineda, Don Juan F. Zamora, Don Víctor Manuel Talavera, Don Fausto Castañeda, Don Carlos Manuel Acevedo, Don Alfredo Castillo, Don Ricardo Bárcenas, Don José Manuel Sandino, Dr. Aarón Tuckler, Don Daniel Somarriba, Don Benjamín Choiseul-Praslin, Don Alfredo Lazo, Dr. Carlos Pineda Salazar, Dr. Rafaél Carazo Arellano, Don Dagoberto Ordeñana, Don Abraham Martínez, Don Polidecto Correa** y **Don Federico García Osorno**.

Artículo 5.- Danse por concluidas las funciones de la Asamblea Constituyente y por clausuradas definitivamente sus sesiones.

Artículo 6.- El presente decreto regirá desde la fecha de su publicación en «La Gaceta Diario Oficial», o por bando.

Dado en el Salón de Sesiones de la Asamblea Nacional Constituyente.- Managua, Distrito Nacional, treinta y un días del mes de Marzo de mil novecientos treinta y nueve. Roberto Gonzáles, Presidente, C. A, Bendaña, Primer Secretario. Carlos A. Velásquez, Segundo Secretario.

Por tanto: Publíquese.- Casa Presidencial, Managua, Distrito Nacional, treinta y uno de Marzo de mil novecientos treinta y nueve.- A. SOMOZA, Presidente de la Repú-

El Domingo 19 de Marzo, el diario ***La Prensa*** destacó en primera página una foto del **Gral. Emiliano Chamorro** y su esposa **Lastenia**, anunciando que **Chamorro** comunicó desde su autoexilio en México, que él también viajaría a Washington, ocultando que su viaje --si lo hacía-- no tenía ninguna conexión con el viaje de **Somoza**, mucho menos que **Chamorro** haya sido invitado por el presidente **Roosevelt**.

blica. El Ministro de la Gobernación, GERÓNIMO RAMÍREZ BROWN.

Ciertamente el **Presidente Somoza** se quedó en el poder presidencial total hasta el primero de Mayo de 1947 y --a regañadientes--, porque fue presionado por el gobierno de **Harry S. Truman** Presidente de Estados Unidos, le entregó la banda presidencial al **Dr. Leonardo Argüello Barreto**, pero 26 días después, porque **Argüello** no se sometió a su poder, **Somoza** lo derrocó con un golpe de estado, en una clara demostración que las ***cañas huecas*** estaban bajo su poder y por y por tanto le aplicó ***«su Constitución»***.

El **Gral. Somoza** estaba muy feliz con los resultados de la ***Asamblea Nacional Constituyente de 1939*** que le extendió su presidencia hasta 1947 y le dio constitucionalidad a ***su ejército***, como el prefería llamar a la Guardia Nacional, pero cuando todavía no había concluido la constituyente recibió la mejor noticia que el **Gral. Somoza García** podía recibir. Su estrella de buena suerte brilló con fulgurante luminosidad cuando sorpresivamente y cuando menos lo esperaba, el miércoles 15 de Marzo de 1939 el Departamento de Estado de Estados Unidos le informó que el Presidente **Franklin Delano Roosevelt** le extendía invitación oficial al Presidente de Nicaragua, **General Anastasio Somoza** y señora de **Somoza**, y que serían recibidos como huéspedes oficiales de la Casa Blanca, el hogar presidencial de Washington, D.C., a partir del martes 5 de Mayo de 1939. Una invitación que no tenía precedentes a ningún mandatario de América Latina.

Cuatro días después, el Domingo 19 de Marzo, el diario ***La Prensa*** destacó una foto del **Gral. Emiliano Chamorro** y su esposa, **Doña Lastenia**, en primera página, anunciando que **Chamorro** había comunicado desde su autoexilio en México, que él también viajaría a Washington, ocultando que su viaje no tenía ninguna conexión con el viaje de **Somoza**, mucho menos que **Chamorro** haya sido invitado por el presidente **Roosevelt**, pero ese era el estilo de hacer política en esa época, y una de las prácticas era ***«hacer creer lo que no es»***, apostando siempre que ***«la gente es ignorante y por tanto, estúpida y crédula»*** o, como dice el vulgo: ***«la gente es pendeja»***, pero esa práctica deleznable todavía la pretenden aplicar los políticos de baja estofa. Por supuesto que **Chamorro** ni siquiera viajó a Estados Unidos, pero la publicación en ***La Prensa*** tuvo como objetivo ***«hacer creer lo que***

no existía», que **Chamorro** eran tan importante para Washington como **Somoza**. Por supuesto que esa publicación únicamente se hizo una sola y única vez en el diario ***La Prensa*** de Nicaragua, que tenía un extraño lema: ***«Si La Prensa lo dice, es verdad. Si es verdad lo dice La Prensa»***, pero esa falsedad no se publicó en ningún otro medio de Nicaragua ni en ninguna otra parte del mundo.

El sábado 14 de marzo de 1939, la Alemania nazi invadió y ocupó las provincias checas de Bohemia y Moravia en lo que quedaba del estado checoeslovaco, en flagrante contravención al ***Pacto de Munich***. Para expresar su protesta por esta ocupación, el presidente **Roosevelt** envió el mismo 14 de marzo, un mensaje a **Hitler** señalándole que estaba poniendo en grave peligro la paz de Europa y del mundo.

El presidente **Anastasio Somoza** respaldó el mensaje del presidente **Roosevelt**, expresándole: --***«Con viva emoción me he enterado del mensaje que Vuestra Excelencia dirigió el 14 de marzo al canciller del Tercer Reich y al jefe del gobierno italiano. Dentro de las circunstancias que imperan en el mundo, no hay, en efecto, ninguna nación ni ser humano que pueda sustraerse al sufrimiento. Vuestra Excelencia está contribuyendo eficazmente a salvar a los pueblos del dolor, y salvar a la civilización del más tremento fracaso»***. *(f)* ***A. Somoza***.

Los opositores políticos de **Somoza** lo criticaron por ese mensaje, tildándolo de ***«servil de Roosevelt»*** y que el presidente norteamericano no le haría caso al mensaje de **Somoza**; pero la invitación oficial del Presidente **Franklin Delano Roosevelt** al **Gral. Somoza** para visitar Estados Unidos y ser huesped de la Casa Blanca, elevó a **Somoza** a lo más elevado de la cumbre de su poder.

El martes 18 de Abril de 1939 el Presidente de Nicaragua, **Anastasio Somoza García**, cumplió con la formalidad de pedir permiso al Congreso Nacional para viajar a Washington en visita oficial. Los amaestrados parlamentarios, todos bajo el dominio del **Gral. Somoza**, concedieron sin demora el permiso, y además el día martes 25 de Abril el Congreso suspendió las sesiones, y los dinámicos parlamentarios nicaragüenses se recetaron un receso vacacional que duró todo el tiempo que **Somoza** estuvo en su viaje a Estados Unidos, pero sin dejar de cobrar sus salarios.

Capítulo Cuatro.

1939: Somoza invitado oficial del presidente Roosevelt

En 1939 el **Gral. Anastasio Somoza García** realizó el viaje oficial a Washington, D.C., invitado por el Presidente **Franklin Delano Roosevelt**. Esta visita de **Somoza** a **Roosevelt** tuvo una decisiva influencia y profundas consecuencias en la Guardia Nacional de Nicaragua, cambiando radicalmente las estructuras y calidad de los oficiales. Fue a consecuencias de esta visita que se creó la más importante escuela militar para la formación de oficiales de la Guardia Nacional de Nicaragua.

El martes 18 de Abril de 1939, el Presidente **Somoza**, cumplió con la formalidad de pedir permiso al Congreso Nacional para viajar a Washington en visita oficial. Los parlamentarios concedieron sin demora el permiso, y además el día martes 25 de Abril el Congreso decretó la suspensión de las sesiones, en un receso vacacional que duró todo el tiempo que **Somoza** estuvo ausente.

Antes de iniciar su viaje, **Somoza** convocó a conferencia a la prensa nicaragüense y corresponsales extranjeros, destacando en sus declaraciones que aprovecharía su viaje para negociar con el Presidente **Franklin D. Roosevelt** los recursos para la canalización del Río San Juan, sugiriendo, sin ser específico, que se trataba de la realización del viejo sueño nicaragüense del Canal Interoceánico, y esto se publicitó como una alta probabilidad de convertirse en realidad, gracias a las magníficas relaciones de **Somoza** con el gobierno de Estados Unidos. Pero eso fue exceso de optimismo eufórico y desconocimiento de **Somoza** del costo de un canal interoceánico, sin reflexionar que para 1939 la canalización del río San Juan no era suficiente para hacer una vía interoceánica, debido a que los barcos para ese año ya eran de gran tamaño y mayor calado.

Por otra parte, los Estados Unidos jamás construirían otro canal que compitiera con el Canal de Panamá, obra que era del máximo interés estratégico norteamericano.

Desde la primera presidencia de **Roosevelt**, que había comenzado en 1933, el mismo año en que **Somoza** comenzó a ejercer como Jefe Director de la Guardia Nacional, y fue el mismo año que nació ***La Era de los Tres Somoza***.

Somoza designó a dos oficiales de la Guardia Nacional para que viajaran con él a Estados Unidos en calidad de sus edecanes: el **Tnte. Octavio Sacasa Sarria**, **G.N**., graduado con honores en la Academia Militar Politécnica de Guatemala e incorporado a la Guardia Nacional, y el **Tnte. Pedro Nolasco Romero**, **GN**. También designó para llevarlo al viaje como Ayudante de Cámara al joven **Guillermo *«El Chato»* Lang**, que era comprador oficial del gobierno. El **Tnte. Sacasa Sarria**, años después, en 1965, ya retirado de la Guardia Nacional, fue el presidente, principal propietario accionista, gerente general y fundador del ***Canal 2 de Televicentro de Nicaragua***.

El **Gral. J. Rigoberto Reyes**, de la Guardia Nacional, fue designados por **Somoza**, mediante un acuerdo del Ministerio de Gobernación, para que trasladara su vivienda y despachara los asuntos oficiales en la Casa Presidencial. También nombró como asistentes del **Gral. Reyes Aráuz**, al **Gral. Gustavo Abaúnza** y al **Cnel. Camilo González Cervantes**. Los tres altos oficiales de la Guardia Nacional deberían permanecer en Casa Presidencial debidamente uniformados y no podrían ausentarse de la ciudad de Managua, mientras el Presidente **Somoza** estuviera realizando su viaje por Estados Unidos, que tuvo una duración de más de un mes.

El miércoles 26 de abril de 1939, el **Gral. Somoza** acompañado de su esposa **Salvadora Debayle Sacasa de Somoza**, iniciaron su peregrinación en un vuelo especial de Managua a Puerto Cabezas en un avión Ford trimotor de Pan American Airways. En Puerto Cabezas abordaron un barco que llevó a la pareja y su séquito a Estados Unidos. Una multitud de funcionarios del gobierno, diplomáticos, militares, políticos, empresarios y amigos se apretujaron en la pista del ***Aeropuerto Xolotlán*** para despedir a **Somoza**, su esposa y comitiva.

El lunes 1ro. de mayo desembarcaron en New Orleans y fueron recibidos por una delegación encabezada por el Embajador **Phillips**, representante del Presidente **Roosevelt**; el Gobernador del Estado de Louisiana **Richard Webster Leche** y un nutrido comité. Se interpretaron los himnos nacionales de Estados Unidos y Nicaragua, sonaron 21 cañonazos en honor a **Somoza**. La Universidad Estatal de Luisiana le concedió con un Doctorado Honoris Causa en Leyes. Le ofrecieron un almuerzo en el restaurante ***Antoine***, un coctel en el ***Country Club*** y un banquete en el ***Hotel Roosevelt***. La siguiente escala fue Baton Rouge, capital de Louisiana, donde continuaron los banquetes y agasajos del gobernador y la cámara de comercio. En Baton Rouge, **Somoza** y sus acompañantes abordaron el ferrocarril rumbo a Washington, D.C.

El viernes 5 de mayo de 1939 el Presidente **Roosevelt** recibió personalmente a **Somoza** en el Salón de Recepciones de la Union Station de Washington, D.C., terminal del ferrocarril, en una ceremonia que se inició con los himnos de EE.UU. y Nicaragua interpretados por la Banda de la Infantería de Marina. De la histórica estación ferroviaria partió una caravana de automóviles que desfilaron hasta el Capitolio. El trayecto fue recorrido por **Roosevelt** y **Somoza** en un auto descapotado desde donde saludaron a las multitudes que aplaudían en las aceras. Luego se realizó la parada militar en honor al **Gral. Somoza**. Himnos y marchas, piezas de artillería de 75 mm dispararon 21 cañonazos, un desfile militar de 6,000 ***marines*** presentaron armas al presidente **Somoza**, en esta parada participaron especialmente batallones de los ***marines*** que habían estado en la ocupación de Nicaragua y en la guerra contra las columnas guerrilleras del **Gral. Sandino**, saludando al hombre que, sin ser general de verdad, había logrado con artimañas liquidar a **Sandino**, algo que los batallones desfilantes no lograron en más de cinco años de guerra. 30 tanques de guerra estremecieron las calles, cuerpos de caballería, caballos percherones tirando cureñas con artilleros y cañones, 42 aviones de caza y 10 fortalezas volantes completaron el espectáculo del pomposo protocolo militar.

Un comité de las esposas nicaragüenses casadas con ***marines*** durante la ocupación militar, invitó al **Gral. Somoza** y señora, a un almuerzo con comidas típicas nicaragüenses preparadas por ellas. También se reportó un incidente: un hombre de pantalón kaki y camisa azúl que estaba entre el público, fue capturado manipulando un fusil, el individuo fue arrestado por el Servicio Secreto. Se informó que el fusil no tenía munición. Información obviamente destinada minimizar el hecho y calmar los ánimos.

El Departamento de Estado se encargó de distribuir las invitaciones a diplomáticos, funcionarios de gobierno, empresarios, personalidades e invitados especiales al banquete oficial de estado en honor al **Gral. Somoza**. La pareja presidencial nicaragüense pernoctó en la Casa Blanca, privilegio que no se le concedió a los príncipes de Dinamarca por

El 1ro. de Mayo de 1939, **Somoza**, su esposa y comitiva desembarcaron en New Orleans y fueron recibidos por el Embajador **Phillips**, representante del Presidente **Roosevelt**; el Gobernador del Estado de Louisiana **Richard Webster Leche** y un nutrido comité. Sonaron los himnos de EE.UU. y Nicaragua, y 21 cañonazos en honor a **Somoza**. Le ofrecieron un almuerzo en el restaurante ***Antoine***, un coctail en el ***Country Club*** y un banquete en el ***Hotel Roosevelt***. En Baton Rouge, capital de Louisiana, continuaron los banquetes y agasajos del gobernador y la cámara de comercio. En Baton Rouge, **Somoza** y su comitiva abordaron el ferrocarril rumbo a Washington, D.C. En la foto el **Gral. Somoza** atendido en Louisiana acompañado por su edecán, el **Tnte. G.N. Octavio Sacasa Sarria** (a izquierda en la foto).

no ser jefes de estado, que llegaron días después. Durante varios días se sucedieron homenajes en honor a **Somoza**, en diferentes ámbitos: una sesion especial de la Junta Directiva de la Unión Panamericana presidida por el Secretario de Estado **Cordell Hull**. Un homenaje en Quantico, Cuartel General de la Infantería de Marina que incluyó otra parada militar. En Jersey City el Presidente **Somoza** y toda su comitiva fueron embarcados en el destroyer ***SS Ellet US Navy*** que atracó en el puerto de Nueva York donde fueron recibidos por el Alcalde **Fiorello LaGuardia**, célebre personalidad en cuyo honor se bautizó el ***Aeropuerto LaGuardia*** de Nueva York. En una caravana se dirigieron al City Hall y seguidamente al ***Hotel Waldorf Astoria*** donde se ofreció un banquete al Presidente **Somoza**, su señora y séquito. Después el Alcalde **LaGuardia** acompañó personalmente al Presidente **Somoza** y a sus acompañantes a visitar la ***Exposición Mundial*** donde recibieron a **Somoza** con otros 21 cañonazos y otra parada militar.

El 8 de mayo el Presidente **Somoza** fue invitado al Capitolio por la Cámara del Senado donde pronunció un discurso. Igualmente invitado por la Cámara de Representantes, siempre en el Capitolio, **Somoza** pronunció otro discurso el mismo día. El 13 de mayo el Presidente **Somoza** visitó a ***La Salle Military Academy*** en Oakdale, Long Island, Nueva York, donde sus dos hijos varones adolescentes, **Luis Somoza** y **Anastasio Somoza Jr.**, estudiaban su secundaria como cadetes. desde 1937. **Somoza** llegó acompañado de su esposa **Salvadora de Somoza**, madre de los jóvenes, y de su hija primogénita **Lilliam Somoza Debayle**, hermana mayor de los dos cadetes. El Presidente **Somoza** fue atendido por el Director de la Academia, **Hermano Ambrose**. El cuerpo de cadetes ejecutó una parada mili-

Los ojos del mundo vieron con asombro, a través de los periódicos en todos los idiomas y los noticieron de cine --como ***Movietone*** y ***Pathe***--, la pompa conque el Presidente **Roosevelt**, en hombre más poderoso del planeta, rendía tributo a **Somoza**, el presidente de la pequeña Nicaragua, y todos concluyeron que la única razón era premiar el asesinato de **Sandino** que convirtió a **Somoza** en el vengador de los ***US Marines*** muertos combatiendo a **Sandino** en la Guerra de las Segovias. Ese premio lo reveló el Ministro de EE.UU. en Nicaragua, **Boaz Long**, en una comunicación oficial al Secretario de Estado **Cordell Hull** en 1936.

El General y Presidente **Somoza García** no esperaba tantos oropeles, homenajes y lucimiento ofrendados en Washington, y menos de la mano del propio Presidente **Franklin Delano Roosevelt**; pero la política norteamericana, heredera de la política británica y en general de la política sajona, no actúa por casualidades ni emociones, sino con propósitos que beneficien sus intereses muy bien calculados, y la espectacular recepción a **Somoza García** fue un muy calculado mensaje a todos los pueblos y gobiernos latinoamericanos, mostrándoles el modelo ideal de lo que debían ser los aliados de Estados Unidos en el Continente. En esta foto ambos mandatarios recorriendo las calles de Washington.

En el portal del Capitolio, mientras escuchaban los himnos nacionales de Estados Unidos y Nicaragua, y antes de comenzar el gran desfile de las fuerzas armadas en honor al **Gral. Somoza García**. Nunca antes --ni después--, se rindieron en Estados Unidos tantos y tan brillantes honores a ningún jefe de estado de América Latina, como los que se ofrendaron al **Gral. Somoza García** en 1939. Con ello el gobierno norteamericano estimuló la lealtad de todos los regímenes latinoamericanos a Estados Unidos, tanto demócratas como dictadores, que anhelaban una oportunidad como la que le brindaron a **Somoza**, y también la envidiaban. El **Gral. Somoza** quedó consagrado como ***«el hijo predilecto de Roosevelt»*** y don **Franklin** asumió el papel de ***padrino*** del que llamaron ***«our son of a bitch»***. Se identifican en la foto con el **No.1**-**Eleonor Roosevelt**, Primera Dama de Estados Unidos. **No.2-Salvadora de Somoza**, Primera Dama de Nicaragua. **No.3-Gral. Anastasio Somoza García**. Presidente de Nicaragua. **No.4-Franklin Delano Roosevelt**, Presidente de Estados Unidos. **No.5-**Fornido y grande militar, especialmente escogido para sostener en pie al Presidente **Roosevelt**, que era paralítico y no podía sostenerse de pié por sí mismo, por eso la rara postura de sus pies. **Nos.6-**Agentes norteamericanos del Servicio Secreto. 19 meses después de esta foto, tras el ataque japonés a Pearl Harbor, Hawaii, **Roosevelt** declaró la guerra a Japón, Alemania e Italia, incorporando a EE.UU. a la Segunda Guerra Mundial; pero Nicaragua, por orden de **Somoza**, declaró la guerra al Japón 48 horas después que EE.UU.

tar en honor del visitante, dirigida por los rectores militares del centro de estudios, **Mayor Krigth** y el **Mayor Harris Harrington**. Al terminar las ceremonias, los dos adolescentes cadetes **Somoza Debayle** fueron autorizados para reunirse privadamente con sus padres y su hermana mayor. Nadie sospechaba que ambos jovencitos cadetes serían presidentes de Nicaragua en su adultez, como herencia dinástica de su padre.

El periódico ***The Washington Post*** informó el 16 de mayo que el Presidente **Somoza**, después de regresar de Nueva York, continuaría a finalizar su agenda en Washington. Fue especialmente invitado a visitar la ***Academia Militar de EE.UU.*** en West Point donde se le tributó una parada y un almuerzo. En Filadelfia fue homenajeado por el Alcalde y se le ofreció un banquete en el ***Bellevue Strattford Hotel***. En Filadelfia también visitó ***Pierce School***, donde **Somoza** en su juventud había estudiado teneduría de libros (***bookkeeping***) cuando residía en esa ciudad siendo joven y soltero; y donde ***Tacho*** y **Salvadora** se conocieron, se enamoraron y realizaron la boda civil en 1919, sin consentimiento de los padres de ella. **Somoza** depositó una ofrenda floral en Independence Hall. Asistió a una parada militar más y otro almuerzo en su honor tributado por la ***Valley Forge Military Academy*** en Wayne, Pensilvania. **Somoza** recibió y honró numerosas invitaciones de gremios industriales, bancarios y empresariales en una serie de visitas a Chicago, Baltimore, Detroit, Filadelfia y otras importantes urbes donde muchos ejecutivos norteamericanos querían estrechar la mano y tomarse fotos con el vengador de más de un

El 8 de Mayo de 1939 el Presidente **Somoza**, invitado por la Cámara del Senado y la Cámara de Representantes del Congreso de Estados Unidos, pronunció discursos exponiendo las seguridades de lealtad y aprecio del gobierno de Nicaragua a la Nación norteamericana. **Somoza** cumplió un extenso programa protocolar.

centenar de ***marines*** que murieron en la guerra contra el **General Sandino**.

Porque de eso se trató toda esa ***tournée*** oficial, regia recepción digna de un monarca, honores suntuosos, gran pompa, todo tuvo como trasfondo la muerte de **Sandino**. Desde la sorpresiva invitación del Presidente de los Estados Unidos al Presidente de Nicaragua para rendirle honores y glorificarlo, convertirlo en el ejemplo a seguir de todos los mandatarios latinoamericanos. Todo tuvo un propósito: **gratitud norteamericana al hombre que ejecutó la venganza de los marinos muertos en Nicaragua en la guerra contra el Gral. Sandino; y convertirlo en ejemplo de lo que Estados Unidos esperaba de todos los jefes de estado latinoamericanos, tanto dictadores como demócratas.**

El 21 de mayo de 1939 casi finalizando la visita, **Roosevelt** y **Somoza** firmaron un acuerdo en el despacho del presidente **Roosevelt** en la Casa Blanca que incluyó: **1.-**Crédito para Nicaragua por 2 millones de dólares para maquinaria y equipos para construcción de carreteras e infraestructura productiva. **2.-**Enviar a Nicaragua un grupo de ingenieros militares para ***«estudiar la posibilidad»*** de habilitar una vía acuática para fines militares y comerciales (en ningún momento se dijo ***canal interoceánico***). **3.-**Medio millón de dólares del Eximbank para fortalecer el sistema monetario y crediticio de Nicaragua. **4.-**Estudiar préstamos para el cultivo de productos agrícolas ***no competitivos***, como hule y cáñamo manila. **5.-**Nombrar a un Oficial norteamericano para la creación, organización y dirección de una ***Academia Militar en Nicaragua***, con entrenamiento y programas de estudio similares a la Academia Militar de Estados Unidos en West Point, con el propósito de formar Oficiales para la Guardia Nacional de Nicaragua. La creación de una academia militar fue el verdadero asunto importante para la Guardia Nacional de Nicaragua que se produjo como fruto de la visita de **Somoza** al presidente **Roosevelt**.

Al concluir su visita a Washington, **Somoza** y su comitiva viajaron a San Francisco de California llegando el 2 de junio, donde los agasajos, banquetes y honores continuaron a cargo del Alcalde **Rossi** que le acompañó a la ***Exposición Golden Gate***.

Durante 50 días, desde el 1 de mayo cuando fue recibido en New Orleans, hasta el 20 de junio fecha en que fue despedido en San Francisco, diferentes instituciones del go-

Al honrar la invitación del Congreso de Estados Unidos y pronunciar su discurso en el Capitolio de Washington, el Presidente **Somoza García** fue objeto de más honores militares al salir del Capitolio, rumbo a la Casa Blanca donde fue huesped del Presidente **Roosevelt**. El **Gral. Somoza** quedó deslumbrado y ensoberbecido.

bierno de Estados Unidos e instituciones privadas rindieron honores, oropeles y homenajes al **Gral. Somoza García**, especialmente los tributados por el Presidente **Franklin Delano Roosevelt**, en una campaña de gratitud por la eliminación del **Gral. Augusto C. Sandino**, el nicaragüense que retó al imperio norteamericano y lo enfrentó con las armas en la mano durante 5 años y 5 meses, en una guerra en la que murieron oficialmente en combate más de un centenar de ***marines*** norteamericanos. Esa era la gratitud que le expresaron a **Somoza** el Presidente **Roosevelt** y decenas de altos funcionarios públicos y privados de todos los niveles a lo largo y ancho de la Unión Norteamericana.

Cuando los adversarios de **Roosevelt** le reprocharon por los excesivos honores tributados a **Somoza**, tratándose de un ***«son of a bitch»*** (***hijo de puta***), el presidente norteamericano ripostó: --***«Somoza may be a son of a bitch, but he's our son of a bitch»*** (***Somoza puede ser un hijo de puta, pero es nuestro hijo de puta***).

Mayo 13, 1939. El Presidente **Somoza** visitó ***La Salle Military Academy*** en Oakdale, Long Island, New York, escuela católica privada donde sus dos hijos adolescentes, **Luis Anastasio Somoza Debayle** y **Anastasio Somoza Debayle Jr.**, estudiaban secundaria desde 1937. **Somoza** llegó acompañado de su esposa **Salvadora**, madre de los jóvenes, y de su primogénita **Lilliam Somoza Debayle**. Con los años, y al morir su padre, los dos muchachos se convirtieron en presidentes de Nicaragua, constituyendo la dinastía de ***La Era de los tres Somoza*** que duró 46 años, de 1933 a 1979.

Después de fallecido el Presidente **Roosevelt** se trató de hacer desaparecer la prosaica --pero sincera-- frase y fue removida de todos los documentos oficiales y de la ***Biblioteca Presidencial Franklin D. Roosevelt, FDR***; pero la frase ya había sido sólidamente documentada por varios prestigiosos medios periodísticos, especialmente publicada, discutida y analizada el 15 de noviembre de 1948 por ***Time Magazine***. Y vuelta a presentarse y discutirse en un programa especial de radio y televisión por ***CBS Report***, cuando ya había aparecido la televisión en Estados Unidos.

El 20 de junio, en su viaje de regreso a Nicaragua navegando por el Océano Pacífico, **Somoza** hizo un alto en Guatemala, desembarcando en el puerto San José y en tren especial se trasladó a la capital donde lo recibió en la estación el **Gral. Jorge Ubico Castañeda**, Presidente de Guatemala, que le atendió con honores militares, banquete y discursos, pues **Somoza** venía con todo el aroma a la ***«bendición»*** del imperio norteamericano, que era el anhelo de todos los gobernantes democráticos y dictadores de América Latina. Un grupo de partidarios somocistas llegó a Guatemala para acompañar el retorno del **Gral. Somoza**, entre esos estuvieron **José Benito Ramírez**, **Gabry Rivas Navas**, **Luis Felipe Hidalgo**, **Jesús Sánchez** y otros. **Somoza** compartió un almuerzo con los periodistas guatemaltecos y colocó una ofrenda floral en la tumba del **Gral. Justo Rufino Barrios**. El 23 de junio el **Gral. Somoza** partió de Guatemala por el puerto San José y el 25 desembarcó en el puerto de Acajutla en la República de El Salvador donde fue recibido y agasajado por el Presidente **Maximiliano Hernández Martínez**, un dictador de mano fuerte.

Seguidamente **Somoza** viajó a Tegucigalpa, Honduras donde fue recibido y homenajeado por el dictador hondureño **Gral. Tiburcio Carías Andino**, quien dos años antes estuvo a punto de hacer la guerra contra Nicaragua por el diferendo limítrofe del ***Territorio en litigio***, una crisis durante la cual varios ciudadanos nicaragüenses fueron ultrajados e incluso asesinados en Honduras; pero ahora **Somoza** llegaba glorificado por **Roosevelt** y el **Gral. Carías** le recibió con abrazos, relumbrantes honores, banquetes y... envidia.

En lo concerniente a la Guardia Nacional de Nicaragua, el acto más importante fue la firma de la creación de la ***Academia Militar de Nicaragua*** el 21 de Mayo de 1939, cuando **Roosevelt** y **Somoza** firmaron un acuerdo que incluyó aspectos financieros, estudiar ***la posibilidad*** de habilitar la navegación de naves mayores en el río San Juan de Nicaragua y enviar a un Oficial norteamericano para la creación, organización y dirección de la ***Academia Militar de Nicaragua,*** similar a la Academia Militar de Estados Unidos en West Point, para la formación de Oficiales al servicio de la Guardia Nacional. En la foto se firma ese convenio, y se identifican: **1-Franklin Delano Roosevelt**, Presidente de Estados Unidos. **2-Gral. Anastasio Somoza García**, Presidente de Nicaragua. **3-Cordell Hull**, Secretario de Estado. **4-Henry Morgantheu**, Secretario del Tesoro. **5-Manuel Cordero Reyes**, Ministro de Relaciones Exteriores de Nicaragua y **6-León Debayle Sacasa**, Embajador de Nicaragua en Washington, y cuñado de **Somoza García**. El acto se realizó en el despacho del presidente **Roosevelt**.

Apoteósico recibimiento a Somoza en Managua

El 30 de junio de 1939, a las 10:30 de la mañana aterrizó el **Gral. Somoza García** con su esposa y comitiva en el Aeropuerto Xolotlán de Managua, procedentes de Tegucigalpa, Honduras (repetimos que actualmente no existe ese aeropuerto que estuvo en los terrenos donde ahora está Catastro-Ineter, Migración y una clínica del Seguro Social que fundó **Hope Somoza**).

Cuando **Somoza** y su esposa salieron del avión de la Panaire, se encontraron un cuadro propio de una producción cinematográfica a lo **Cecil B. DeMille** o **Steven Spielberg** de alto presupuesto: una interminable multitud que cubría los tres kilómetros desde la pista del aeropuerto Xolotlán hasta la Casa Presidencial en la cima de la Loma de Tiscapa. 23 arcos triunfales erigidos por múltiples instituciones del estado, comerciales, privadas y --naturalmente-- de la Guardia Nacional de Nicaragua. Y una caravana de automóviles que congestionó el tránsito por toda la calle 15 de Septiembre, que era la principal arteria vial urbana de Managua, prestigiada como ***la calle más larga de Centroamérica***, en cuyo extremo oriental estaba ubicado el campo de aterrizaje Xolotlán.

El principal titular del diario ***La Prensa***, propiedad de la **Familia Chamorro**, los

En Jersey City el Presidente **Somoza** y comitiva fueron embarcados en el destroyer ***Ellet US Navy*** que atracó en el puerto de Nueva York donde fueron recibidos por el célebre Alcalde **Fiorello LaGuardia**. Se dirigieron al City Hall y al Hotel Waldorf Astoria donde se ofreció un banquete al Presidente **Somoza**, su señora y comitiva. Después el Alcalde **LaGuardia** acompañó personalmente al Presidente **Somoza** a la Exposición Mundial donde les recibieron con 21 cañonazos y otra parada militar. La foto registra la llegada a Nueva York e identificamos: **1-Dr. Luis Manuel Debayle**, cuñado de **Somoza**; **2-Dr. Guillermo Sevilla Sacasa**, futuro yerno de **Somoza**. **3-Gral. Anastasio Somoza García** y **4-Fiorello LaGuardia**, Alcalde de Nueva York, en cuyo honor se bautizó con su nombre al primer aeropuerto moderno de Nueva York: ***LaGuardia New York Airport***.

subtítulos y crónica del viernes 30 de junio de 1939, destacaron: --«***A las 10 y 30 de la mañana ingresó a la capital el Presidente Somoza. •En imponente manifestación fue conducido a la Casa Presidencial. •Alrededor de setenta mil personas ovacionaron al mandatario nicaragüense en el trayecto del campo aéreo al Palacio de Tiscapa. •23 arcos triunfales se levantaban en el trayecto. •Cuerpos motorizados, de caballería, carrozas, de bandas escolares, militares, etc., formaban un desfile interminable. •Los trenes de oriente y occidente se detenían cada 15 minutos en el boulevard de la Aviación para descargar a los centenares de gentes que venían de todos los pueblos conectados por ferrocarril y vapores. •A las nueve de la mañana llegaron al campo Aéreo los cuerpos de la Banda de la Guardia Nacional, de Artillería y de Infantería con cascos de acero. •A las diez de la mañana la flotilla de aviones de la Guardia Nacional se levantó del campo en rigurosa formación de guerra y después de hacer un vuelo en redondo sobre la capital, se perdió por los caminos del aire en dirección a la frontera con Honduras por donde se acercaba a Managua el poderoso avión trimotor de la Panaire que traía al Presidente Somoza, a su distinguida señora esposa doña Salvadora de Somoza, a Lilliam, la bella***

MR-MR
876959..WATCH YOUR CREDIT..INTERNATIONAL NEWS PHOTOS
SLUG..(LA GUARDIA GROUP)

MAYOR WELCOMES NICARAGUAN PRESIDENT TO FAIR.

NEW YORK..... MAYOR FIORELLO LA GUARDIA OF NEW YORK WELCOMES ANASTASIO SOMOZA, PRESIDENT OF NICARAGUA TO THE WORLD'S FAIR. THE MAYOR GREETED THE NICARAGUAN PRESIDENT WITH ONE WORD "WELCOME". LEFT TO RIGHT..ARE. MRS. WHALEN; MAYOR LAGUARDIA; MRS. SOMOZA; PRESIDENT SOMOZA; MRS. LAGUARDIA AND GROVER WHALEN, PRESIDENT OF THE NEW YORK WORLD'S FAIR. THE [illegible] PRESIDENT OF THE CENTRAL AMERICAN REPUBLIC ARRIVED HERE TODAY, ABOARD THE DESTROYER ELLET, FROM WASHINGTON, WHERE HE WAS ACCORDED A RECEPTION BY PRESIDENT ROOSEVELT.
M-5-11-39..510P

Los cables de las agencias de noticias norteamericanas cubrieron profusamente cada paso de la visita de **Somoza** a Estados Unidos. Durante 50 días el presidente nicaragüense fue la noticia más publicada en los periódicos y radios norteamericanos. Todavía no existía la televisión en el mundo tecnológico de los medios.

hija de los esposos Somoza Debayle y a la Comitiva. •Los tres kilómetros de calles entre el Campo Aéreo y la Presidencial, en forma de una gran escuadra, por donde pasaría el Gobernante, estaban bellamente adornados con palmas, arcos, banderas, gallardetes y flores... •A las 10 y 35 minutos de la mañana apareció en el cielo de Managua uno de los aviones de la Guardia Nacional indicando la llegada del Gobernante». Y continúa la crónica del diario ***La Prensa*** en su edición del viernes 30 de junio de 1939: --«***...se produjo un murmullo enorme en las multitudes y momentos después el trimotor de la Panaire descendía sobre el campo. •Un clamoroso viva saludó al Gral. Somoza. El cañón saludó con 21 salvas y las bandas tocaban el Himno Nacional cuando el Gral. Somoza bajaba del avión. •Venía trajeado con un terno*** (pantalón, chaleco y saco) ***de casimir azul rayado ténuemente con blanco, sombrero de fieltro azul oscuro, corbata del mismo color rayada en blanco y con bastón de madera clara. Una lluvia de flores cayó sobre él en este momento. •A continuación descendió del avión doña Salvadorita vestida con traje sastre, blanco y negro, sombrero negro con velo azúl y tintes blancos. •Se repite una lluvia de flores que la dama agradece con leves gestos y suaves sonrisas. Le seguía su bella hija Lilliam y se oye en la multitud una exclamación admirando su admirable belleza*** (sic). ***•Ya en la sala de las oficinas de la Panaire el Gral. Somoza se encuentra con su señora madre doña Julia García viuda de Somoza, se abrazan mútuamente*** (sic) ***y entre los sollozos de doña Julia se le oye decir con terneza: "mi muchachito". •Doña Salvadorita se encuentra también con su señora madre, doña Casimira Sacasa viuda de Debayle y de igual manera se abrazan con ternura. •Cuando el Presidente revistó algunas compañías de la Guardia Nacional, antes de tomar su automóvil, se le vio sacar su pañuelo varias veces para enjugarse más de una lágrima de emoción. •Una multitud se avalanzó sobre el Presidente para saludarlo, en tal apretujamiento, que por largo rato le fue imposible dar un paso hacia su carro***». Y agrega el reportaje del diario ***La Prensa*** del 30 de junio de 1939: --«***Los aviones de la Guardia Nacional dejaron caer pequeños paracaídas con paquetes de confites de la Fábrica Patiño, como obsequio del cuerpo de aviación de la Guardia Nacional a los niños de la capital***». El desfile se realizó en el orden en que estaba programado, encabezado por el automóvil convertible descapotado del **Gral. Somoza** que se desplazó a baja velocidad para que el Presidente pudiera responder a los saludos de las multitudes que abarrotaban las aceras, y también para que **Somoza** tuviera tiempo de leer los saludos, alabanzas y peticiones escritos en los arcos triunfales erigidos en las calles del trayecto, algunos de ellos tenían estas leyendas: --*«San Marcos te saluda felicidad de Nicaragua. Unión Panamericana. Prosperidad, Trabajo»*. --*«Bienvenido seas. La Colonia China os saluda»*. --*«Por tu triunfo avasallador que ha conquistado el corazón de los nicaragüenses, el Ferrocarril del Pacífico de Nicaragua te consagra este homenaje»*. --*«Paz, Trabajo. Francisco Pérez A. saluda al señor Presidente Gral. Somoza y Señora»*. --*«El Departamento de Chontales os saluda cordialmente. Os recuerda que tiene oro, plata, maderas preciosas, maderas duras, tierras feraces, climas variados, caídas de agua. Chontales necesita Ferrocarriles, Carreteras, explotar sus minas de petróleo, hierro, cobre, piedras preciosas, etc. Apoyo al pequeño agricultor»*.

--*«Jinotega. Gratitud al reformador de Nicaragua, Excelentísimo señor Presidente Mayor General don Anastasio Somoza. Jinotega necesita protección a la agricultura. Jinotega necesita caminos y escuelas»*. --*«Los pueblos costeños están con Usted de corazón y aplauden su patriótica actitud»*. --*«Carazo saluda al General Somoza al regresar a Nicaragua después de su jira triunfal y patriótica»*. --*«León en la paz, en la guerra y en el progreso nacional está con el General Somoza. León con afecto saluda al Presidente General Somoza y a su digna compañera»*. La crónica de ***La Prensa***, propiedad de la familia **Chamorro** fue exactamente como las crónicas que el diario ***Novedades*** de la familia **Somoza**, publicaría años después, pero en 1939 no existía el diario ***Novedades*** y ***La Prensa*** tenía mucho que agradecerle a **Somoza**. En resumen, el diario ***La Prensa*** de la familia **Chamorro Cardenal**, era el periódico somocista de esa época, y lo siguió siendo hasta 1944, cuando el **Gral. Chamorro** y el **Gral. Somoza** rompieron definitivamente sus relaciones políticas y **Chamorro** le ordenó al diario ***La Prensa*** que se convirtiera en periódico opositor a **Somoza**.

El arco triunfal de Corinto se cayó estrepitosamente y el tránsito de la caravana estuvo detenido por varios minutos. Lo mismo ocurrió con otro arco que se desplomó a la altura del sector llamado ***El Pateón*** en el barrio Santo Domingo.

Varios miles de escolares portando banderitas azul y blanco, hicieron valla desde la esquina del colegio ***La Inmaculada*** hasta el primer codo de la entrada a la Loma de Tiscapa. En la esquina de La Inmaculada, una niña se adelantó al paso del auto presidencial y entregó un bouquet al Presidente **Somoza**. La inspectora de Instrucción Pública, señorita **Sara Barquero** y el profesorado se distinguieron por el orden, disciplina y vistosidad de los miles de escolares que participaron en el evento. Antes de entrar a la Casa Presidencial, el Presidente y la Primera Dama se detuvieron en las gradas para escuchar un ***Te Deum*** oficiado por el Arzobispo de Managua, **Mons. José Antonio Lezcano y Ortega**, que fue acompañado por el coro dirigido por el **Prof. Gilberto Vega Miranda**. El Presidente **Somoza** hizo su ingreso al Palacio Presidencial bajo una ***bóveda de acero*** formada por los sables de la oficialidad de la Guardia Nacional de Nicaragua. Instalado en el Salón de las Banderas de Casa Presidencial, el **Gral. Somoza** recibió al Ministro de Instrucción Pública **Dr. Hildebrando A. Castellón**, a las señoritas **Sarita Barquero** y **Lolita Soriano**, acompañadas de una delegación de niños con la misión de condecorar al Presidente con una medalla de oro que ostentaba esta inscripción: --*«Los niños de Nicaragua al Presidente General Somoza»*. **Somoza** se arrodilló para recibir la medalla diciendo estas palabras: --*«Hay que arrodillarse ante la niñez nicaragüense»*, simultáneamente la señorita **Soriano** pronunció una alocución alusiva a los méritos del Presidente.

«Fuí, volví y traje»

Somoza fue interrogado *«a quema ropa»* por el reportero del diario ***La Prensa Pimpinela Ecarlata***, y el **Gral. Somoza**, eufórico y heráldico, dijo: --***«Para La Prensa quiero decir: "FUÍ, VOLVÍ Y TRAJE"»***, que sonó como una parodia de la frase escrita por el Cónsul Romano **Julio César**: ***"Veni, vidi, vici"***, que se traduce al español: ***"Vine, vi y vencí"***, queriendo significar la rapidez conque se logra una victoria aplastante. La respuesta de **Somoza** que fue muy celebrada y repetida por sus partidarios, e impresa en un titular a todo lo ancho de la primera página del diario ***La Prensa***. Así se manifestaron los homenajes y oropeles dedicados a **Somoza** por el Presidente **Roosevelt**.

La invitación a recibir honores en Washington no la esperaba ni el mismo **Somoza**, pero para la política continental de Estados Unidos era importante demostrar gratitud a quien había vengado la muerte de más de un centenar de ***US Marines*** por los fusiles y machetes de las columnas del **Gral. Sandino** durante los 510 combates en los 5 años y 5 meses que duró la Guerra de las Segovias. (Ver los Capítulos 8, 12 y 13 del **Tomo Uno de *La Historia de la Guardia Nacional de Nicaragua***).

Premiar a **Somoza García** por la eliminación de **Sandino**, entregándole la Guardia Nacional de Nicaragua y el poder sobre toda la República de Nicaragua, es un concepto que ya había sido expresado por el Ministro de Estados Unidos en Nicaragua **Boaz Walton Long** en una comunicación oficial dirigida al Secretario de Estado **Cordell Hull** el primero de mayo de 1936, escribiéndole literalmente que: --***«...el Gral. Somoza no quiere esperar el año 1940 para lanzar su candidatura a la presidencia. De todos modos en Nicaragua y resto de América Latina, prevalecerá la idea de que la presidencia de Nicaragua es el premio que Estados Unidos le da al General Somoza por haber matado al Gral. Sandino. Como de todas maneras esa será la opinión generalizada, es preferible que se crea y se propale esa idea y se critique a los Estados Unidos ahora*** (en 1936) ***cuando tenemos la oportunidad de controlar esa situación, y no esperar hasta 1940»***.

Cuando **Somoza García** regresaba de Estados Unidos, ungido y consagrado con la ***bendición*** de la gran potencia mundial, fue recibido con triunfal hipocresía y mayor envidia por los colegas dictadores militares centroamericanos: **Jorge Ubico Castañeda** de Guatemala; **Maximiliano Hernández Martínez** de El Salvador y principalmente por el **Gral. Tiburcio Carías Andino** de Honduras. Cada uno ostentando un oscuro prestigio. Pero faltaba a **Somoza** recibir el homenaje de la democrática y culta Costa Rica..., la invitación del Presidente **León Cortés Castro** llegó presta el 1ro. de julio de 1939:

--***«Excelentísimo Señor Presidente de Nicaragua, General Anastasio Somoza... Es mi más sincero deseo, así como el de mi Gobierno y pueblo costarricense, que nuestra Nación pueda disfrutar el alto honor y la íntima satisfacción de recibir la visita de usted y de su muy distinguida señora esposa, haciéndole al efecto cordial invitación, en la seguridad de que al ser aceptada como lo espero, será esa la mejor ocasión para testimoniarle la estima muy especial que le profesamos, y en la persona del progresista Gobernante poder patentizar al pueblo nicaragüense el sentimiento de nuestro intenso afecto. Muy afectísimo amigo, León Cortés»***. **Somoza** inició su viaje de cuatro días a Costa Rica el sábado 12 de agosto de 1939 y firmó con el Presidente **Cortés** un convenio sobre la canalización del río San Juan de Nicaragua, proyecto que nunca se realizó.

El **Gral. Somoza** estaba en el pináculo de su gloria gobernando con el enorme apoyo popular y la protección del gobierno norteamericano, como su creación y criatura consentida y mimada, especialmente por ***su padrino***, el presidente **Franklin D. Roosevelt**.

Sustentando su régimen con el control absoluto del poder militar de la Guardia Nacional de Nicaragua, sometiendo a su voluntad e intereses a todos los poderes de la Nación,

El **Gral. Anastasio Somoza García** y su esposa **Salvadora Debayle Sacasa de Somoza**, ha sido la única pareja presidencial de América Latina en ser invitada oficialmente a visitar Estados Unidos y ser huéspedes de la Casa Blanca, como ocurrió en 1939 cuando el presidente **Franklin Roosevelt** invitó a **Somoza** y Sra.

pero al mismo tiempo inició el desarrollo económico de Nicaragua y una prosperidad que cerró los ojos del pueblo nicaragüense, pues en la ***Era de los Tres Somoza*** la economía de Nicaragua fue una de las más sólidas y principales de América Latina, de modo que nadie reclamaba derechos cívicos, ni derechos constitucionales ni derechos humanos, pero casi no se pagaban impuestos tampoco. No existía el IVA y el IBI era prácticamente virtual porque no existían los avalúos catastrales.

Y así gobernó **Anastasio Somoza García** hasta su muerte en 1956, cuando ya había perdido toda la inicial popularidad que no supo preservar, convirtiéndose en un dictador hasta su muerte, entonces surgió el relevo de sus dos hijos que continuaron ***La Era de los Tres Somoza*** por 23 años más.

Capítulo Cinco.

1939: Fundación de la Academia Militar de Nicaragua

El fruto principal del viaje del **Gral. Anastasio Somoza** a Washington, por invitación oficial del Presidente **Franklin D. Roosevelt**, fue la creación de la **Academia Militar de Nicaragua, AMN**, en beneficio de la profesionalización de la oficialidad de la Guardia Nacional de Nicaragua. El **Gral. Somoza** se lo solicitó a **Roosevelt** y éste se lo concedió presta e integralmente.

El Domingo 13 de agosto de 1939 desembarcó en el puerto de Corinto, el Mayor del US Army **Charles L. Mullins Jr.**, acompañado de su esposa **Jane Mullins**. El Mayor **Mullins** llegó a Nicaragua enviado por el Presidente **Roosevelt** para crear, organizar y dirigir la **Academia Militar** con las funciones de educar profesionalmente y entrenar militarmente a oficiales para la Guardia Nacional de Nicaragua, con los programas y métodos similares de la Academia Militar de Estados Unidos en West Point, Nueva York, conforme a la solicitud y acuerdo firmado entre el **Gral. Anastasio Somoza** y el Presidente de Estados Unidos, **Franklin D. Roosevelt**.

El lunes 15 de agosto de 1939 el Mayor **Mullins** fue acompañado por el señor **Meredith Nicholson**, Ministro (Embajador) de EE.UU. en Nicaragua y el Mayor **Julio D'Arbelles, G.N.**, a realizar visitas para presentarlo ante los diferentes Ministerios de Estado de Nicaragua. En esa fecha el Presidente **Somoza** se encontraba en visita oficial en Costa Rica y se reunió con el Mayor **Mullins** a su regreso.

Inmediatamente de su arribo a Nicaragua, el Mayor **Charles Mullins** se dedicó a preparar un documento que sirvió de base para la ***Ley Creadora de la Academia Militar de Nicaragua***. En la sesión del Jueves 9 de noviembre de 1939 se leyó en la Cámara de Diputados el proyecto de la ley creadora de la Academia Militar de Nicaragua. Se dispensaron el trámite de Comisión y el segundo debate --obviamente por órdenes del **Gral. Somoza**--, quedando definitivamente aprobada la ley creadora de la Academia Militar de Nicaragua, AMN, en esta sesión mediante el **Decreto Legislativo No. 35**. La ley facultó al Poder Ejecutivo para la organización, fundación y funcionamiento de la **Academia Militar**.

Ley creadora de la Academia Militar de Nicaragua

El decreto de fundación de la **AMN** fue discutido y aprobado por el Congreso de Nicaragua el 9 de noviembre de 1939 y publicado en La Gaceta, Diario Oficial, el 22 de noviembre de 1939, ya como ley de la República de Nicaragua. El documento dice textualmente:

--«Cuartel General General, Guardia Nacional de Nicaragua. Managua, D.N., Campo de Marte, Nicaragua, 2 de Diciembre de 1939. Orden General No. 45-1939».

--«1ro. Para conocimiento de todos los miembros del Ejército se transcribe el Decreto del Poder Legislativo No. 35:»

--«El Presidente de la República a sus habitantes, Sabed: que el Congreso Nacional ha ordenado lo siguiente: Decreto No. 35. La Cámara de Diputados y la Cámara del Senado de la República de Nicaragua, Decretan:»

--«Art. 1ro. Créase en la Capital de la República una Escuela Militar que se

Gral. Charles L. Mullins Jr., G.N., fundador y primer Director de la ***Academia Militar de Nicaragua***, ***AMN***, enviado por el Presidente de EE.UU., **Franklin Delano Roosevelt**, a solicitud del **Gral. Anastasio Somoza García** y conforme al convenio firmado por ambos en 1939, durante la visita de **Somoza** a Washington, D.C.

llamará "Academia Militar de Nicaragua"».

--«Art.2do. La Academia Militar de Nicaragua tendrá por objeto preparar a los nuevos Oficiales de la Guardia Nacional de Nicaragua, por medio de cursos reglamentarios de la carrera, no menores de dos años».

--«Art. 3ro. Para el mejor funcionamiento de la Academia Militar de Nicaragua, el Poder Ejecutivo queda ampliamente facultado a lo siguiente:

1-A determinar y proporcionar el lugar en que deberá ser instalada la Academia Militar, acondicionándola de la manera más adecuada.

2-A contratar los servicios de militares extranjeros para que sirvan los cargos de Director y profesores de dicha Institución.

3-A dictar los reglamentos y programas de estudios correspondientes».

--«Art. 4to. La Academia Militar de Nicaragua deberá comenzar sus labores en el presente año fiscal y el presupuesto de la misma deberá ser presentado al Congreso para su aprobación en las presentes sesiones ordinarias».

--«Art. 5to. Esta Ley estará en vigor desde su publicación en La Gaceta, Diario Oficial».

--«Dado en el Salón de Sesiones de la Cámara de Diputados. Managua, D.N., nueve de noviembre de mil novecientos treinta y nueve. (f) Aurelio Montenegro, Diputado Presidente. (f) A. Cantarero, Diputado Secretario. (f) Henry Pallais, Diputado Secretario. Al Poder Ejecutivo».

--«Cámara del Senado, Managua, D.N., nueve de Noviembre de 1939. (f) Onofre Sandoval, Senador Presidente. (f) Carlos A. Velásquez, Senador Secretario. (f) Arturo Mantilla, Senador Secretario».

--«Por tanto: Ejecútese. Casa Presidencial, Managua, D.N., trece de noviembre de mil novecientos treinta y nueve. (f) A. Somoza, Presidente de la República. (f) J. Rigoberto Reyes, Ministro de la Guerra».

--«Por orden del Jefe Director, General de División, A. Somoza, G.N., Oficial: León Ortiz V., Tnte. G.N., G.N.-1; J. Rigoberto Reyes, General de Brigada G.N., Jefe del Estado Mayor G.N.»

Fue evidente la premura y acciones preferenciales para establecer la Escuela de Oficiales de la Guardia Nacional de Nicaragua, creada con el nombre de ***Academia Militar de Nicaragua***, donde fueron educados miles de jóvenes que transformaron sus vidas civiles para convertirse en militares profesionales.

Presupuesto de la Academia Militar de Nicaragua

En la misma sesión de la Cámara de Diputados se leyó el proyecto de ley para la creación del presupuesto suplementario para la Academia Militar por la suma de Ciento Treinta y Nueve Mil Seiscientos Ochenta y Tres Córdobas con 58/100 (C$139,683.58) para la instalación y mantenimiento de la Academia Militar, para los meses de Noviembre-1939 a Junio-1940.

Este es el detalle del presupuesto suplementario enviado al Ministerio de Hacienda, conforme al proyecto de ley: **Gastos de Instalación de la Academia Militar:**

Construcciones y Reparaciones de edificios,
hechura de mobiliario, etc. - - - - - - - - - - - - - - - - 40,000.00
Textos, papelería, útiles de oficina, biblioteca - - - - - 8,500.00
Diversiones, radio, victrola, etc. - - - - - - - - - - - - - 2,000.00
Equipos atléticos para baloncesto, fútbol, béisbol
volibol, incluyendo los uniformes de béisbol - - - - - - - 1,660.00
Útiles de cocina y comedor - - - - - - - - - - - - - - - - - 1,539.70
Un automóvil - 5,500.00
2 máquinas de escribir - - - - - - - - - - - - - - - - - - - 1,150.00
Una máquina sumadora - - - - - - - - - - - - - - - - - - - 510.00
Dispensario médico, drogas (medicamentos), etc. - - - 2,000.00
Total: C$ **62,859.78**

<u>Personal Administrativo y Docente:</u>
Director, sueldo de Noviembre 1939 a Junio
de 1940, U$2,058.86 dólares al 500%- - - - - - - - - - - - - - 10,294.80
Secretario, sueldo de Noviembre 1939 a Junio de 1940,
C$200 córdobas mensuales - 1,600.00
Tenedor de libros, sueldo de Febrero
a Junio 1940, C$100 córdobas mensuales - - - - - - - - - - - - 500.00
Personal docente. Maestros civiles. Sueldos de Febrero a Junio de 1940:
Profesor de matemáticas superiores
a C$200 córdobas mensuales - - - - - - - - - - - - - - - - - - - 1,000.00
Profesor de inglés a C$150 córdobas mensuales - - - - - - - - 750.00
Profesor de castellano, geografía e historia
C$100 córdobas mensuales - 500.00
Profesor de dibujo C$100 córdobas mensuales - - - - - - - - - 500.00
<u>Oficiales instructores:</u>
Sobresueldos de Febrero a Junio 1940
Subdirector C$150 córdobas mensuales - - - - - - - - - - - - 750.00
6 profesores a C$60 córdobas mensuales c/u - - - - - - - - - - 1,800.00
Total: C$ **17,694.30**

<u>Gastos de mantenimiento:</u>
Vestuario de 50 cadetes - 24,404.50
Sueldo y raciones de ídem. - 11,375.00
Limpieza y mantenimiento de material
y edificio, 5 meses a C$300 córdobas mensuales - - - - - - - - - 1,500.00
Periódicos y revistas C$10 córdobas por mes-5 meses - - - - - - 50.00
Combustible leña C$60 córdobas por mes-5 meses - - - - - - - - - 300.00

Gasolina, aceite y grasa C$300 córdobas
por mes, en cinco meses - 1,500.00
Para agua, luz y otros gastos imprevistos - - - - - - - - - - - - - 20,000.00
Total: C$ **59,129.50**

El Martes 24 de Enero de 1940, el **Cnel. Charles Mullins, G.N.**, Director de la Academia Militar de Nicaragua, AMN, ya incorporado a la Guardia Nacional de Nicaragua con el rango de **Coronel G.N.**, debidamente autorizado por el Presidente **Somoza**, convocó a los periodistas de todos los medios informativos para una visita a las instalaciones de la **Academia Militar de Nicaragua, AMN** dentro del Campo de Marte. Los representantes de la prensa nacional advirtieron que las instalaciones de la **AMN**, aulas de clase, dormitorios, baños, servicios higiénicos, lavandería, comedor, bodega de víveres, almacén de ropa, laboratorios, enfermería, corredores, campo de parada, campos de deportes, campos de entrenamiento militar, depósitos de armas, salón de actos públicos, jardines, edificios y oficinas, presentaban un aspecto impecable, ordenado y limpio, hasta el punto que uno de los reporteros expresó:

--***«Parece que estamos en Estados Unidos y no en Nicaragua»***.

Sin embargo, casi la totalidad de los edificios e instalaciones eran viejas estructuras que habían sido utilizadas para oficinas y cuarteles de la Infantería de Marina de Estados Unidos durante los años de la ocupación militar en Nicaragua, que en 1931 fueron dañadas por el terremoto y reparadas, pero en 1939 bajo la dirección de **Mullins** las restauraron y reacondicionaron, logrando un aspecto renovado y moderno para la época. También les impresionó la personalidad del **Cnel. Mullins**, un militar profesional, graduado en la Academia Militar de EE.UU. en West Point, New York, a quien calificaron como --***«un hombre culto y severo. Un militar completo»*** que hablaba bastante español, pero prefirió los servicios del traductor don **Alejandro Cousin**, Secretario de la Academia Militar de Nicaragua. Acompañando al **Cnel. Mullins** estuvo siempre el Mayor **Julio D'Arbelles, G.N.**, a quien el Director presentó como el padrino de la **AMN**. El Mayor **D'Arbelles** había servido 12 años en las fuerzas armadas francesas y era veterano de la Primera Guerra Mundial y Caballero de la Legión de Honor de Francia. Al momento de fundarse la Academia Militar de Nicaragua era Inspector General del Ejército, pero un año después fue asignado al servicio de la **Academia** en calidad de Sub Director y Comandante de Cadetes. Al momento de la conferencia y presentación a la prensa nacional, no había ningún cadete en las instalaciones de la **AMN**. Todavía estaban seleccionando a los primeros 50 aspirantes que serían admitidos y la última lista, en manos del **Gral. Somoza**, aún tenía 65 aspirantes. El **Cnel. Mullins** dijo que se mantenía en contacto con los aspirantes, pero no era el momento de presentarlos. Seguidamente dio a conocer la lista de los miembros que integraban la administración a la Academia Militar y sus funciones:

Un Director: Coronel G.N **Charles Mullins**.

Un Subdirector: Mayor **Julio D'Arbelles, G.N.**

Un Comandante de Cadetes, Mayor G.N. **Juan Gómez F.**

Un Ayudante de la Escuela, Cptn. G.N. **Julio C. Morales**.

Tres oficiales tácticos instructores: Tnte. G.N. **Víctor M. Gabuardi**; Tnte G.N. **José María Tercero Lacayo**; y Tnte. G.N. **Guillermo Barquero Puertas** (los tres eran graduados en la Academia Militar Politécnica de Guatemala).

Un Encargado de Abastos, Subtnte. G.N. **Francisco Boza Gutiérrez**.

Un médico encargado de la salud de la AMN, aún no designado.

Un Secretario del estado civil, don **Alejandro Cousin**.

Portón principal de la **Academia Militar de Nicaragua** en el Campo de Marte, la instalación militar más grande de Nicaragua, construido en 1904 por el gobierno del **Gral. José Santos Zelaya López**.

Un Profesor de Matemáticas, **Dr. Arturo Sotomayor**.

Un Profesor de Español, **Pbro. Azarías H. Pallais**.

Un Profesor de Inglés, don **Robert Montgomery Hooker**.

Cincuenta alumnos cadetes.

Un destacamento de Guardia Nacionales para el servicio y orden interno de la Academia Militar de Nicaragua.

Después de tres años de estudios los alumnos saldrían graduados de Subtenientes. Al llegar a este punto de su exposición, el **Cnel. G.N. Mullins** expresó firmemente:

--«***Los oficiales graduados en la Academia Militar de Nicaragua estarán en capacidad de equipararse con los graduados de las mejores academias militares del mundo***».

Concluida la conferencia y visita, los periódicos publicaron fielmente la exposición del **Cnel. Mullins**, con un ánimo de simpatía y aprobación por la nueva institución.

Es meritorio señalar que el Secretario Civil de la AMN, don **Alejandro Cousin**, era descendiente de don **Alejandro José Cousin Jadoul**, nacido en Bélgica, autor del Himno ***Hermosa Soberana***, fue Director de la Banda de los Supremos Poderes y suegro del Presidente de Nicaragua, **Gral. José Santos Zelaya**, precisamente constructor del Campo de Marte en los terrenos de la hacienda de su madre, doña **Juana López de Zelaya**, al Sur de la ciudad de Managua. La otra personalidad que aparece como Profesor de Español de la Academia Militar de Nicaragua es nada menos que el **Pbro. Azarías H. Pallais**, uno de los más excelsos poetas de Nicaragua.

Inauguración de la Academia Militar de Nicaragua

A las 11:00 de la mañana del Jueves 1ro. de Febrero de 1940, día del 44 cumpleaños del **Gral. Anastasio Somoza García**, en la fortaleza del Campo de Marte de Managua se inició la ceremonia de inauguración de la **Academia Militar de Nicaragua**, **AMN**, con una parada militar en la Plaza de Armas de la AMN, realizada por soldados de la Guardia Nacional, pues los cadetes no habían iniciado su entrenamiento. Encabezaron la concurrencia un rebosante Presidente **Somoza** que veía cumplido su sueño de haber logrado crear una escuela militar para formar oficiales capacitados profesionalmente, pero leales a él, salidos de sus manos para comandar a las fuerzas armadas de la Guardia Nacional. El Ministro norteamericano **Meredith Nicholson** fue el prominente invitado que representó al Presidente **Roosevelt**, padrino y protector de **Somoza** y patrocinador de la **AMN**. Los Secretarios de Estado de Nicaragua, alta oficialidad de la Guardia Nacional, el **Cnel. G.N. Charles Mullins**, Fundador-Director de la **AMN** acompañado con todos los miembros militares y civiles de la **AMN**, y periodistas, directores y representantes de todos los periódicos de Nicaragua. Al finalizar la parada militar la concurrencia se trasladó al Salón de Actos de la **AMN**, iniciando la ceremonia el **Cnel. Mullins,** pronunció un breve discurso en perfecto español, indicando las calidades académicas, militares y humanas de los programas educativos que convertirían a los jóvenes nicaragüenses en oficiales militares profesionales del mismo nivel y calidad de las mejores academias militares del mundo, según las propias palabras del **Cnel. Mullins**.

Estos fueron los conceptos pronunciados por el **Cnel. Mullins**: --*«**Muchas cosas buenas se han hecho por Nicaragua el Gral. Somoza y el Presidente Roosevelt, entre ellas, sin ser la última, haber hecho posible la fundación de la Academia Militar de Nicaragua. Quiero rendir mi agradecimiento al Gral. Somoza por el constante apoyo que me ha prestado. Permítaseme también rendir las gracias a los Ministros y Oficiales del Estado Mayor que con su ayuda han hecho más fácil mi tarea. Que la Academia Militar será el corazón de Nicaragua tenemos la convicción todos los que hemos laborado por su establecimiento. Toda mi vida consideré este acto como uno de los más importantes en el desempeño de mis deberes en mi carrera militar. Todo militar al principiar su carrera tiene que jurar lealtad a su Patria, a su Gobierno y a sus oficiales superiores. Hoy tenemos el gusto y el honor de que el Jefe Supremo de la Nación, General Somoza tome el juramento a los nuevos cadetes**»*. Seguidamente el Presidente **Somoza** tomó el juramento a los 48 estudiantes cadetes debidamente admitidos, de los 50 que estaban programados, lo que significó que dos más serían incorporados en los días siguientes. Varios de estos primeros 50 cadetes fueron expulsados de la Guardia Nacional cuando --ya graduados de oficiales-- se opusieron al golpe de estado en 1947.

Juramento a los cadetes fundadores de la AMN

El Presidente de la República y Jefe Director de la Guardia Nacional, **Gral. Anastasio Somoza García**, tomó el juramento a los 48 cadetes fundadores de la **AMN**, con estas palabras:

El 1ro. de Febrero de 1940, en la ceremonia de inauguración de la Academia Militar de Nicaragua, el **Gral. Charles Mullins**, fundador y primer Director de la **AMN**, dio a conocer la insignia y el estandarte de la **AMN**, declarando: *«...**en la insignia hemos conservado los colores azul y blanco*** (refiriéndose a la Academia Militar de **Zelaya** fundada en 1904)***; y como esta Academia ha nacido al calor de un esfuerzo patriótico del Gral. Somoza en armonía con los buenos propósitos de cooperación del Presidente Roosevelt, le hemos agregado el color rojo para que corresponda a los colores de la bandera de Estados Unidos.»***.

--*«¿**Por el presente juramento consiente usted voluntariamente en alistarse como Cadete de la Academia Militar de Nicaragua por el término de tres años, a menos que sea licenciado antes por autoridad competente. Y solemnemente jura que guardará fidelidad y adhesión a Nicaragua; que la defenderá fiel y honrosamente contra todos sus enemigos, cualesquiera que estos sean, y que obedecerá las órdenes del Presidente de la República y las de sus Jefes y Oficiales superiores, de acuerdo con las Leyes y Reglamentos para el Gobierno de la Guardia Nacional de Nicaragua y jura que todo lo dicho por usted y que aparece en esta hoja es correcto. Y también jura que renuncia a toda filiación política y que nunca durante su alistamiento hablará o se asociará a ninguna empresa política?**»*.

--*«¡Si, juro!»*, respondieron en voz alta y con firmeza las 48 voces juveniles.

--*«**Si así lo hiciéreis la Patria os premie, si no, que la Patria os haga responsables**»*.

Los Caballeros Cadetes de la Primera Promoción, ***Promoción Somoza***, Clase 1940-1943, fueron: **01-Fernando Gross Quiroz, 02-Ladislao del C. Guerrero B., 03-José Agurto Robleto, 06-Guillermo Falla L., 07-Carlos Vanegas Avilés, 08-Emilio Lau Rueda, 10-César Augusto Borge Castillo, 11-Juan M. Medina Castellón, 12-Félix P. Gutiérrez Ramos, 13-Segundo Montoya Herrera, 14-Manuel Alfaro Carnevallini, 15-Julio C. Duarte García, 16-Luis A. Balladares Gurdián, 17-Alfonso Pérez Escorcia, 19-Félix R. Avilés Serrano, 20-Pastor A. Toruño Maltez, 21-Róger Bermúdez Balladares, 22-Alvaro H. Pallais Sacasa, 23-Jorge U. Salazar B., 26-Juan Francisco Mena Quiroz, 27-Narciso Torrentes Zúniga, 28- Segundo Astorga Colonje, 29-José Padilla Altamirano, 30-Guillermo Noguera Zamora, 31-Jaime Cuadra Doña, 32-José G. Guillén Martínez, 33-Benjamín Buitrago Reyes, 34-Ernesto Rugama Núñez, 36-Carlos U. Gómez Uriarte, 37-Toribio Lanzas Rocha, 38-José Ubilla Baca, 41-Edmundo Rocha Delgado, 42-Elías Cárcamo Gutiérrez, 43-Jaime Flores Lovo, 44-Federico Prado Espinoza, 46-Samuel Genie Amaya, 47-Noél Bermúdez Lacayo, 48-Guillermo Duarte Pérez, 49-Manuel López Rodríguez, 50-José María Espinoza González.**

A continuación el Presidente **Somoza** pronunció un discurso conceptuoso y de frases patrióticas. Aprovechó para dar a conocer dos nombramientos ministeriales que había hecho esa misma mañana antes de dirigirse a la Academia Militar. Se trató del nombramiento del nuevo Ministro de Relaciones Exteriores, en la persona del **Dr. Mariano Argüello Vargas**, abogado, militante liberal somocista, sustituto del **Dr. Manuel Cordero Reyes** que renunció a mediados de Enero por desacuerdos con la política exterior del Presidente **Somoza**. El otro nombramiento fue del Ministro de Hacienda y Crédito Público, designando al **Ing. José Ramón Sevilla**, padre del **Dr. Guillermo Sevilla Sacasa**, futuro yerno de **Somoza**. Sorpresivamente el **Gral Somoza** anunció que con su autoridad de Jefe Director de la Guardia Nacional de Nicaragua, en este mismo acto, el **Cnel. G.N. Charles Mullins** quedaba ascendido al rango de **General de Brigada G.N.**

Al concluir la ceremonia protocolar, se invitó a un brindis donde todos departieron. Los periodistas aprovecharon para abordar al nuevo **Gral. Mullins** preguntándole detalles sobre la **AMN**. Lo esencial de las declaraciones del **Gral. Mullins** fue la definición de las insignias de la AMN: --*«**Los cadetes usarán dos uniformes. Uno kaki dentro de la Escuela y uno blanco para la calle. Los cadetes recibirán vestido, alimentación, educación y cuanto necesiten para la vida decente que deben llevar, y además recibirán C$15 córdobas mensuales para sus gastos de la calle. Usarán siempre en sus uniformes una insignia formada por tres círculos concentricos: rojo el del centro, rodeado por uno blanco enmedio y azul el círculo externo. Los colores de esta insignia tienen su origen en la insignia que usó la escuela militar muy bien organizada que tuvo Nicaragua a principio del siglo XX y que usaba una insignia similar con los colores azul y blanco.*** (**Mullins** se refería a la Academia Militar de Nicaragua (que muchos llaman ***Politécnica***) fundad por el **Gral. Zelaya** en 1904). ***Para recordar a esa escuela hemos conservado los colores azul y blanco; y como esta Academia ha nacido al calor de un esfuerzo patriótico del Gral. Somoza en armonía con los buenos propósitos de cooperación del Presidente Roosevelt, le hemos agregado el color rojo para que corresponda a los colores de la bandera de Estados Unidos. El estandarte de la Escuela es de color blanco con flecos rojo, azul y blanco o dorado. El lema de nuestra Academia Militar de Nicaragua es "Patria, Honor, Disciplina"***».

Charles L. Mullins estuvo bajo contrato de la Guardia Nacional de Nicaragua durante dos años de 1940-1942, pero en ese corto tiempo estableció todas las bases de los reglamentos, procedimientos, sistemas y usos que imperaron en la Academia Militar de Nicaragua durante los 40 años de existencia de la institución. Pero también impuso la doctrina de la democracia y amor a la patria.

El **Gral. Mullins**, nació en Gretna, Nebraska, EE.UU. el 7 de Septiembre de 1892. Al regresar de Nicaragua a EE.UU. **Mullins** fue ascendido al rango de Brigadier General US Army e integrado a combatir en la Segunda Guerra Mundial contra el Japón. Entre sus compañeros de armas se le conoció con el apodo de *«**Moon**»* y durante la guerra tuvo a su cargo la 25a. División de Infantería llamada *«**Relámpago Tropical**»*, fue condecorado como héroe de guerra y al finalizar el conflicto mundial permaneció en la ocupación de Japón hasta 1948 cuando retornó a Estados Unidos. En 1949 fue asignado como Jefe de la Misión Militar Norteamericana en Brasil, cargo que ocupó tres años. Después de 35 años de entrega al servicio de su Patria, el **Gral. Charles Mullins Jr.** se retiró del servicio militar activo en Enero de 1953 y se trasladó con su esposa **Jane** a Nogales, Arizona donde fue electo Presidente de la Cámara de Comercio de la ciudad. Habitaron en Nogales durante ocho años. En 1961 se trasladaron a San Francisco, California, estableciendo su hogar hasta que el **Gral. Mullins** falleció el 1ro. de Marzo de 1976, a los 84 años de edad. Está enterrado en el Cementerio Nacional Militar de Arlington, Virginia.

Directores de la Academia Militar de Nicaragua

En los cuarenta años de su existencia, la Academia Militar de Nicaragua tuvo 18 Directores, incluyendo a un Director Interino. Los cuatro primeros fueron oficiales norteamericanos graduados en la Academia Militar de Estados Unidos en West Point, enviados por el Presidente **Franklin D. Roosevelt** cumpliendo el acuerdo firmado con el **Gral. Somoza** en 1939 durante la visita del Presidente de Nicaragua. Después del cuarto director norteamericano, asumió interinamente el Mayor G.N. **Julio D'Arbelles** mientras el Presidente **Somoza García** nombraba al quinto director, que fue el primer nicaragüense en el cargo: su hijo, **Anastasio Somoza Debayle**, joven recién graduado en West Point, ascendido a **Coronel G.N.** a los 23 años, por órdenes de su padre, el **Gral. Somoza García**, presidente de la República y Jefe Director de la Guardia Nacional.

La Academia Militar de Nicaragua tuvo dos Directores graduados en el Cuarto Curso de 1932, de la Academia Militar de la Guardia Nacional conocida como ***La Trumble*** y también como ***La Momotombo***, ellos fueron **Francisco Boza** y **Elías Monge**. (Ver Capítulo 15 *«**1931, Academia Militar de la Guardia Nacional**»*, Tomo Uno del libro *«**Historia de la Guardia Nacional de Nicaragua**»*). Todos los demás Directores fueron graduados en la Academia Militar de Nicaragua, **AMN**, sirviendo en su ***Alma Mater***. Estos fueron los Directores de la **AMN**:

1-Gral. Charles L. Mullins Jr., después de organizar y fundar la Academia Militar de Nicaragua, AMN, ocupó el cargo de Director de la **AMN** durante dos años, de 1939 a 1942. Fue llamado por el gobierno de Estados Unidos a incorporarse a la Segunda Guerra Mundial para combatir contra el Japón. **Mullins** tuvo a su cargo la 25a. División de Infantería llamada *«**Relámpago Tropical**»*. Al terminar el conflicto bélico fue condecorado como héroe de guerra y ascendido a Mayor General del Ejército de Estados Unidos, US Army.

2-Gral. Fred T. Cruse segundo Director de la **AMN**. Ocupó el cargo de 1942 a 1943, y también fue incorporado como oficial a la Segunda Guerra Mundial.

3-Gral. LeRoy Bartlett Jr. fue el tercer Director de la **AMN** de 1943 a 1946, permaneció en estas funciones y estaba en Nicaragua cuando ocurrió el final de la Segunda Guerra Mundial y la victoria aliada de 1945.

4-Gral. John F. Greco, fue cuarto Director de la **AMN**, estuvo en el cargo de 1946 a 1947, y pidió su retiro de Director de la **AMN** por instrucciones del gobierno norteamericano, y retornó a Estados Unidos por el desacuerdo con el golpe de estado perpetrado por el **Gral. Somoza García** para derrocar al Presidente **Leonardo Argüello**, como lo estudiaremos en próximo capítulo, pero lo que más irritó al **Gral. Greco** fue la persecución, encarcelamiento y expulsión de la Guardia Nacional de Nicaragua de más de un centenar de jóvenes oficiales graduados en la misma Academia Militar de Nicaragua, que se opusieron al golpe de estado que violentó la Constitución Política de Nicaragua, estando los cadetes y oficiales educados para respetar la Constitución y las leyes de la República de Nicaragua.

5-Ante la renuncia del **Gral. Greco**, fue nombrado interinamente Director de la AMN el **Mayor G.N. Julio C. D'Arbelles**, militar de ascendientes franceses nacido en Nicaragua. El **Mayor D'Arbelles** era el Subdirector de la Academia Militar desde su fundación en 1940, y por ello el **Gral. Somoza García** lo nombró Director Interino de la **AMN**. **D'Arbelles** era un oficial de edad avanzada que había combatido en la Primera

Guerra Mundial en el Ejército de Francia donde sirvió durante 12 años, conquistó el grado de Caballero de la Legión de Honor. Al ser nombrado **Anastasio Somoza Debayle** como el nuevo Director titular de la Academia Militar, el **Mayor D'Arbelles** retornó a su cargo de Subdirector de la AMN hasta su muerte al año siguiente, 1948.

6-Cnel. Anastasio Somoza Debayle fue sexto Director de la **AMN** --y primer nicaragüense en el puesto--, hijo del Jefe Director de la G.N. **Gral. Somoza García**. El 3 de Julio de 1943, de 17 años, ingresó en la Academia Militar de EE.UU. en West Point, N.Y., donde se graduó el 6 de Junio de 1946 como subteniente de infantería e ingeniero hidráulico. El **18 de Noviembre de 1948**, a la edad de 23 años, **Somoza Debayle** fue ascendido a **Coronel G.N.** y ese mismo día fue nombrado por su papá en el cargo de Director de la Academia Militar de Nicaragua. Permaneció en ese puesto durante 8 años, hasta 1956 cuando su padre lo nombró Jefe Interino de la Guardia Nacional para presentarse como candidato a las elecciones presidenciales con el propósito de reelegirse en la Presidencia, pero en septiembre de 1956 el **Gral. Somoza** fue asesinado y el **Cnel. Somoza Debayle** asumió en pleno como Jefe Director de la Guardia Nacional y dejó la dirección de la Academia.

7-Cnel. Francisco Boza Gutiérrez, séptimo Director de la AMN, graduado de Subteniente G.N. el 1ro. de Diciembre de 1932 en el Cuarto Curso de la Academia de la Guardia Nacional, reconocida como ***Academia Trumble*** o ***Momotombo***, organizada por el alto mando de ***US Marines*** norteamericanos para entrenar oficiales nicaragüenses que asumieran los mandos al retirarse los US Marines que ocuparon Nicaragua hasta 1932. El **Cnel. Boza** fue Director de la **AMN** de 1956 a 1958.

8-Cnel. Elías Monge Hernández, octavo Director de la **AMN** también graduado de Subteniente G.N. en el Cuarto Curso de la ***Academia Trumble*** el 1ro de Diciembre de 1932 (ver el Capítulo Quince del Tomo Uno de esta ***Historia de la Guardia Nacional de Nicaragua***). El **Cnel. Monge** fue Director de la **AMN** de 1958 a 1960.

9-Cnel. José Agurto Robleto, noveno Director de la **AMN** y el primero graduado en la misma **AMN**, Cadete #3, Primera Promoción, Clase 1940-1943. Fue Director de 1960 a 1962.

10-Cnel. Guillermo Noguera Zamora, décimo Director de la **AMN**, graduado en la Primera Promoción de la **AMN**, Cadete #30, Clase 1940-1943. Fue Director de 1962 a 1964.

11-Cnel. Edmundo Rocha Delgado El decimoprimer Director de la **AMN**, graduado en la Primera Promoción **AMN**, Cadete #41, Clase 1940-1943. Dirigió la **AMN** de 1965 a 1967.

12-Cnel. César Augusto Borge Castillo, decimosegundo Director **AMN**, graduado en la Primera Promoción de la AMN, Cadete #10, Clase 1940-1943. Fue destacado escritor e intelectual. Director de la **AMN** de 1967 a 1970.

13-Cnel. Ernesto Rugama Núñez, decimotercer Director de la **AMN** graduado en la Primera Promoción de la **AMN**, Cadete #34, Clase 1940 - 1943. Dirigió la **AMN** de 1970 a 1971.

14-Cnel. Adrián Gross Poveda, fue el decimocuarto Director de la **AMN**, graduado en la Segunda Promoción de la **AMN**, Cadete #83, Clase 1941-1944. Fue Director de 1971 a 1973.

15-Cnel. Róger Jerez Alfaro, decimoquinto Director de la **AMN**, graduado en la Segunda Promoción de la **AMN**, Cadete #64, Clase 1941-1944. Fue Director de 1973 a 1974.

16-Cnel. Ariel Argüello Valle fue el decimosexto Director de la **AMN**, graduado en la Cuarta Promoción de la **AMN**, Cadete #209, Clase 1944-1947. Director de la **AMN** de 1974 a 1976. Fue asesinado por los sandinistas en 1979 tras ser hecho prisionero en la ciudad de León, cuando ya estaba en retiro.

17-Cnel. Félix Roberto Guillén Martínez, decimoséptimo Director de la AMN, graduado en la Segunda Promoción, Cadete #54, Clase 1941-1944. Dirigió la **AMN** de 1976 a 1978.

18-Cnel. Miguel Blessing Urroz, decimoctavo --y último efectivo--, Director de la **AMN**, graduado en la Quinta Promoción, Cadete #285, Clase 1946-1950. Fue Director de la **AMN** del 17 de Agosto de 1978 al 18 de Julio de 1979, fecha en que se introdujo en la Embajada de Venezuela en Managua y pidió asilo político. Gracias a las gestiones del Presidente de Venezuela **Carlos Andrés Pérez**, los sandinistas le otorgaron salvoconducto al **Cnel. Miguel Blessing** para viajar a Venezuela, porque su esposa era venezolana.

Ante la ausencia del Director **Blessing**, asumió la Dirección de la **AMN** por algunas horas el Subdirector, **Cnel. Francisco Manzano Reyes**, graduado en la Octava Promoción de la **AMN**, Cadete #401, Clase 1949-1953, pero también se retiró en busca de asilo político en una embajada.

19-Cnel. Ernesto Chavarría Yescas, apareció nombrado Director de la Academia Militar de Nicaragua en la última Orden General No. 14-1979, con fecha 15 de Julio de 1979: --*«**Cuartel General General de la Guardia Nacional de Nicaragua, Managua, D.N., Loma de Tiscapa, Nicaragua, conteniendo una larga lista de nombramientos por orden del Jefe Director Interino Mayor Gral. José R. Somoza, G.N. (sin su firma). Oficial: Armando J. Fernández M.. Mayor General G.N., Jefe del Estado Mayor G.N. (sin su firma). Y lo firmó Noél Aurelio Somarriba M., Coronel (Inf) G.N., Oficial Ayudante GN-1**»*. Esta Orden General **no tiene ningún sello.** La parte pertinente al nombramiento del **Cnel. Chavarría**, dice: --*«**Ernesto Chavarría Y., Coronel (Inf) GN, nombrado a: Comandante del CG. (A-M) GN**»*. (Cuartel General cademia Militar). El **Cnel. Ernesto Chavarría Yescas**, fue graduado en la Novena Promoción **AMN**, Cadete #448, Clase 1950-1954.

A renglón seguido, la misma Orden General No.14-1979 hizo el nombramiento del Oficial Ejecutivo, que literalmente dice: --*«**Vidal Jarquín D., Tnte. Cnel. (Inf) GN. Nombrado a: Oficial Ejecutivo del CG. (A-M) GN**»*. (Cuartel General Academia Militar). Oficial Ejecutivo equivalía a Subdirector de la **AMN**. El **Tnte. Cnel Vidal Jarquín Delgado** fue graduado en la Promoción No.13 **AMN**, Cadete #595, Clase 1954-1958.

Pocas horas después de emitida esta Orden General, los tres Oficiales emisores de la Orden General No.14-1979, **Mayor Gral José R, Somoza**, **Mayor Gral. Armando Fernández** y **Cnel. Aurelio Somarriba** pasaron a retiro y salieron de Nicaragua el 17 de julio de 1979 al exilio en Estados Unidos, acompañando al **Gral. Anastasio Somoza Debayle** y todo el Estado Mayor G.N.

Por su parte, tanto el **Cnel. Ernesto Chavarría Yescas**, nombrado a última hora Comandante Director de la Academia Militar de Nicaragua, como el **Tnte. Cnel. Vidal Jarquín Delgado**, nombrado Oficial Ejecutivo o Subdirector de la Academia Militar de Nicaragua, ninguno de los dos se acercó a las instalaciones de la Academia Militar de Nicaragua en el Campo de Marte y nunca tomaron posesión de sus cargos.

Con este dramático episodio finalizó la existencia de la ***Academia Militar de Nicaragua***, creada para la formación de oficiales profesionales de la Guardia Nacional de Nicaragua. Como escuela de formación militar tuvo un excelente desempeño, pero a los gra-

Galería de Directores de la AMN

1-Gral. Charles Mullins
1939-1942

2-Gral. Fred T. Cruse
1942-1943

3-Gral. LeRoy Bartlett Jr.
1943-1946

4-Gral. John F. Greco
1946-1947

5-Mayor Julio D'Arbelles
Interino 1947-1948

6-Cnel. A. Somoza D.
1948-1956

7-Cnel. Francisco Boza h.
1956-1958

8-Mayor Elías Monge H.
1958-1960

9-Tnte.Cnel. José Agurto R.
1960-1962

10-Cnel. Guillermo Noguera
1943-1946

11-Cnel. Edmundo Rocha
1965-1967

12-Cnel. César A. Borge C.
1967-1970

13-Cnel. Ernesto Rugama
1970-1971

14-Cnel. Adrián Gross P.
1971-1973

15-Cnel. Róger Jerez A.
1973-1974

16-Cnel. Ariel Argüello Valle
1974-1976

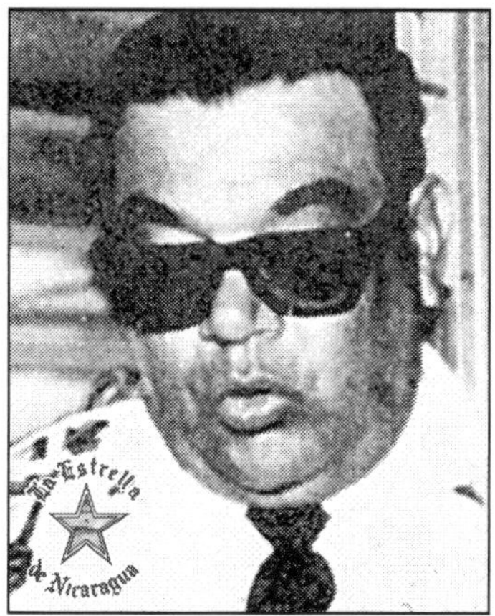

17-Cnel. Félix R. Guillén
1976-1978

18-Cnel. Miguel Blessing
1978-1979

duados se les presentaba una situación distorsionada al ser incorporados como oficiales de la Guardia Nacional, por la presión ambiental que recibían, sin que esto fuese una compulsión, se les inducía a una beneficiosa lealtad política, contraria a la filosofía conque fueron educados en los años de formación de la **AMN**.

La Academia Militar de Nicaragua contribuyó a la profesionalización de los oficiales de la Guardia Nacional; pero tanto la Academia Militar, como las tropas y oficiales fueron víctimas de la política, no solamente de la política interna de Nicaragua, sino también de la geopolítica en que intervinieron principalmente el gobierno de Estados Unidos y un grupo de países controlados por el gobierno norteamericano contra el gobierno del **General Anastasio Somoza Debayle**.

Estudios y Formación de los Cadetes

No obstante las exigencias académicas, la dureza y rudeza de la formación militar durante los años de instrucción en la Academia Militar, en la mente y sentimientos de los jóvenes que cursaron su vida de Cadetes, permanece un profundo amor por esa escuela militar que les cambió la vida y por esos años de aprendizaje y por la transición de jóvenes civiles adolescentes a hombres militarmente formados y graduados como oficiales de la Guardia Nacional de Nicaragua.

Esa pureza juvenil de los Cadetes, contrastó con los claros propósitos políticos utilitarios del **Gral. Anastasio Somoza García**, primero, y de sus hijos **Luis** y **Anastasio**, después.

Como lo expusimos en el ***Tomo Uno*** de esta ***Historia de la Guardia Nacional de Nicaragua***, en su gran mayoría los Oficiales, Clases y Rasos de la Guardia Nacional rechazaron los nombramientos de conveniencia política conque nombraron a 42 civiles en 1933, totalmente ajenos a la Guardia Nacional, para ocupar los más altos rangos de la Guardia y conformar con los civiles el nuevo Estado Mayor G.N., cuando quedó vacante todo el alto mando que ejercieron los militares norteamericanos del ***US Marines Corp*** al salir de Nicaragua en Enero de 1933, pero antes de salir organizaron un Estado Mayor en el que ignoraron a los oficiales de la Guardia Nacional, cumpliendo los intereses políticos del gobierno de Estados Unidos. Y a la cabeza de todos colocaron al civil **Anastasio Somoza García** nombrado Jefe Director de la Guardia Nacional, sin haber sido nunca militar ni nada parecido.

Fue tal el rechazo a esta estructuración que los Oficiales de la Guardia organizaron dos atentados contra la vida del **Gral. Somoza García**, pero ninguno se realizó. Este rechazo y antipatía de los Oficiales G.N. creó una grande y lógica desconfianza de **Somoza** en esa oficialidad anterior a su nombramiento de Jefe Director, no obstante que muchos se sometieron a la autoridad de **Somoza**. De esta desconfianza surgió el afán de **Somoza García** de formar nuevas generaciones de Oficiales surgidos de sus manos, estableciendo la ***Academia Militar de Nicaragua*** con excelente preparación técnica, pero procurando de ellos lealtad y gratitud.

Lealtad y gratitud para el jefe no fue la doctrina que le imprimió el Director Fundador de la Academia Militar de Nicaragua, **Gral. Charles Mullins**, a las promociones de cadetes, sino lealtad y servicio a la Constitución, a la ley y a la Patria, que era lo opuesto a los propósitos del **Gral. Somoza García**. Y esto desembocó en conflictos entre **Somoza** y la nueva oficialidad, hasta la crisis de 1947, y aún con promociones posteriores, como lo estudiaremos adelante.

Capítulo Seis.

«Patria, Honor, Disciplina». Educación y entrenamiento de los cadetes en la AMN.

Treinta y siete grupos de jóvenes aspirantes ingresaron e iniciaron sus estudios académicos y entrenamiento castrense en la Academia Militar de Nicaragua, AMN.

Esos treinta y siete grupos correspondieron al mismo número de Promociones de la AMN, de las cuales se graduaron treinta y cuatro (34) Promociones, las últimas tres Promociones, 35, 36 y 37, iniciaron sus cursos académicos y militares, pero no pudieron completar su formación ni graduarse, porque en julio de 1979, con el derrocamiento del gobierno del **Gral. Anastasio Somoza Debayle** y la salida de éste al exilio junto con todo el Estado Mayor de la Guardia Nacional, la Academia Militar de Nicaragua dejó de existir.

Detalles del derrocamiento del gobierno de **Somoza Debayle** serán estudiados en futuros Tomos de esta Historia de la Guardia Nacional de Nicaragua.

Consecuentemente, treinta y cuatro (34) Promociones de la Academia Militar de Nicaragua hicieron los estudios y entrenamientos completos hasta la graduación de la mayoría de los Cadetes que culminaron sus cuatro años de duros, estrictos y severos estudios de bachillerato y cursos militares que requerían el cumplimiento de formación intelectual y resistencia física, hasta que los jóvenes conquistaban su diploma de bachillerato, su título de oficiales graduados y su rango de Subtenientes de Infantería para incorporarse como Oficiales de la Guardia Nacional de Nicaragua.

La Academia Militar de Nicaragua, un mundo aparte

Para la formación de los cadetes de la AMN existió un programa técnicamente diseñado para transformar la personalidad de los jóvenes cadetes, una transformación que fue una realidad para los muchachos que fueron sometidos a ese entrenamiento múltiple, un fenómeno casi totalmente desconocido para la población que vivía su existencia civil fuera de los muros del Campo de Marte. Dentro de esos muros los cadetes se formaron en ***«un mundo aparte»***. La Academia Militar de Nicaragua fue una escuela transformadora, que aplicaba a los jóvenes las prácticas universales de las mejores academias militares del mundo, pero especialmente de las prácticas y doctrinas militares de la Academia Militar de Estados Unidos en West Point, Nueva York, que incluían exigentes estudios intelectuales y académicos, intensos ejercicios y esfuerzos físicos obligatorios; el entrenamiento militar teórico y práctico, desde tácticas y estrategias de combate hasta el uso técnico de toda clase de armas de guerra, y todo dentro de un marco de severa disciplina militar. Principalmente se consagraba la asimilación de una doctrina de servicio y lealtad a la Patria, a la ciudadanía, a la Constitución y las Leyes, cumpliendo el lema de ***Patria, Honor, Disciplina***.

Esta doctrina que se impregnaba en las mentes y los corazones de los jóvenes cadetes, contrastaba negativamente con las prácticas politizadas cuando los cadetes graduados ingresaban como Suboficiales al servicio de la Guardia Nacional, donde prontamente muchos aprendían, sin ser obligados, que la única lealtad posible era para con el **Gral. Anas-**

tasio Somoza García, Jefe Director de la Guardia Nacional desde 1933, y al morir éste en 1956, le sucedió en el cargo su hijo menor, **Anastasio Somoza Debayle**, padre e hijo, los dos únicos Jefes Directores que tuvo la Guardia Nacional de Nicaragua desde 1933 hasta 1979, ante quienes se trasladaron todas las lealtades, y en ambos casos sin otras opciones, excepto cumplir sus deberes con un bajo y discreto perfil, o pedir la baja del servicio o la rebelión, como ocurrió en numerosos casos.

La imposición de lealtad total ***«al jefe»*** creó entre gran parte de la oficialidad de la Guardia Nacional concursos de servilismo, hipocresía y oportunismo, sórdida competencia que ganaban los más avispados aunque fuesen los menos capacitados o los más deshonestos, alcanzando más rápidamente los altos rangos, la obtención de prebendas, privilegios y oportunidades de enriquecimiento, producto de la corrupción, precisamente fomentada por ***«el jefe»***, que hacía mejores concesiones a los más leales. Esto produjo lealtades falsas y enfermizas que no solamente era estimulada entre los oficiales de la Guardia, sino también premiada por ***el jefe*** al que muchos también llamaban ***«el patrón»***, reflejando una indigna sumisión.

Pero no es justo generalizar, pues un mayoritario número de oficiales tuvieron un comportamiento altamente digno y profesional, conforme a la formación y educación recibida en la Academia Militar de Nicaragua.

Total contraste con el mundo idealista del joven cadete formado en la Academia Militar de Nicaragua, AMN, heredera de la doctrina de la Academia Militar de los Estados Unidos, que trasladó a Nicaragua y se imprimió en el alma de los cadetes el fundador de la AMN, **Gral. Charles Mullins**, enviado a fundar la AMN por el Presidente **Franklin D. Roosevelt** a solicitud del Presidente de Nicaragua y Jefe Director de la Guardia Nacional, **Gral. Anastasio Somoza García** en 1939.

Igual que la Academia Militar de los Estados Unidos, la misión de la Academia Militar de Nicaragua fue: --***«Educar, entrenar e inspirar al cuerpo de cadetes para que cada graduado represente el compromiso de carácter con los valores de Servicio, Honor, Patria y Disciplina, y esté preparado para una carrera profesional de excelencia y servicio a la nación como oficial de la Guardia Nacional de Nicaragua»***. Valores y principios que en gran medida fueron desvirtuados por la política de los gobernantes de ***La Era de los Tres Somoza***.

De jóvenes civiles a Cadetes AMN

Miles de jóvenes nicaragüenses fueron atraídos para ingresar a la Academia Militar motivados por diversas causas: tradición militar de la familia, por vocación o aspiración profesional, la búsqueda de un mejor futuro económico-social, porque los padres aspiraban a tener un militar en la familia, y entre otras varias causas, por el lucimiento marcial y popularidad entre las jovencitas. Hubo casos en que los padres procuraban corregir la conducta descarriada o desordenada de sus hijos enfocando a la Academia Militar como una institución correccional, pero esto no siempre funcionó.

El hecho fue que cada año la AMN recibía cientos de solicitudes de jóvenes aspirantes al ingreso. Los formularios de solicitudes eran distribuidos por el mismo cuartel general de la Academia Militar ubicado en el Campo de Marte de Managua y también en los Comandos Departamentales de la Guardia Nacional. Las solicitudes debían retornarse acompañadas de certificados de aprobación del segundo año de bachillerato, con buenas calificaciones; dos cartas de recomendación de ciudadanos destacados, prioritariamente oficiales o clases de la Guardia Nacional o miembros del Partido Liberal Nacionalista, que fue

Las 7 de la mañana del primer día de ingreso de los jóvenes aspirantes a cadetes de la Academia Militar de Nicaragua. La escena se repitió todos los años durante 39 años, desde 1940 a 1979. Minutos después se les asignaban sus Números de Cadetes y comenzaba la novatada que duraba cerca de tres meses, pero desde este primer día a primeras horas eran obligados por los cadetes antiguos a ponerse en ***«culiche»*** (cuclillas), ***«culucas»*** (saltar estando en cuclillas), andar en ***«paso de pato»*** (desplazarse estando en cuclillas) y hacer ***«pechadas»***. A la hora del ***«rancho»*** (la comida), eran obligados a comer en escuadra y en abecedario.

presidido sucesivamente por **Somoza García** y sus dos hijos **Luis** y **Anastasio**.

Por un código no escrito, pero de estricto cumplimiento, no se permitía el ingreso a la Academia Militar de Nicaragua a los hijos de las familias de la oligarquía liberal o conservadora, aunque esos jóvenes cumplieran todos los requisitos. Fueron muy pocos los jóvenes oligarcas admitidos, aunque sí lo fueron --tras una depurada selectia-- en las primeras cuatro promociones de la AMN, cuando los Directores norteamericano participaban en la selección de las admisiones.

Tras una primera selección, se citaba a las instalaciones de la AMN a cerca de doscientos o más jóvenes aspirantes, escogidos en primera instancia, a someterse a exámenes de conocimientos escolares equivalentes al nivel del segundo año de bachillerato, a exámenes físicos y médicos muy estrictos, rechazando a los aspirantes que no cumplieran los requisitos y condiciones médicas, intelectuales y físicas que les impidiera resistir el intenso entrenamiento.

Finalizado este primer contacto con la AMN, los jóvenes civiles regresaban a sus hogares en todos los departamentos de Nicaragua a esperar el telegrama que citaba a los aprobados para admisión. La cantidad de jóvenes aceptados raramente superó los cincuenta aspirantes para cada promoción anual.

El telegrama de admisión les citaba para una fecha que oscilaba entre finales de abril y principios de mayo para que se presentaran al recinto de la Academia Militar de Nicaragua, con el telegrama de aceptación en mano. Los citados llegaban en su mayoría con mucho nerviosismo, pero al mismo tiempo con grandes esperanzas de superar los retos.

Testimonio del Cptn. Jaime Bustamante Torres

El **Cptn. (Inf) Jaime Bustamante Torres**, **G.N.**, Cadete 890, graduado en la 21 Promoción, Clase 1962-1966, escribió un magnífico relato testimonial desde su primer día de ingreso en la Academia Militar de Nicaragua, cuando él y sus 47 compañeros comenzaron la transformación de la vida civil a la militar como Cadetes de la AMN. Es una narración que se aplica a todos los muchachos de las 37 promociones que ingresaron como aspirantes a cadetes de la AMN desde 1940 a 1978.

Pedimos disculpas a los lectores civiles en nuestro nombre y en nombre del **Cptn. Bustamante**, por algunas frases y palabras prosaicas que son rutinarias en el lenguaje cuartelario en todo el mundo. Este es el relato de su obra ***«Desde el fondo de mi mochila, recuerdos del ayer»***, de su primer día en la Academia Militar de Nicaragua:

--***«Era la mañana fresca y nublada del martes primero de mayo de 1962, un día en que se cruzaron los destinos de una legión de jóvenes llenos de ideales, ambiciones y avidez de traspasar el umbral de las puertas de hierro de la Academia Militar de Nicaragua, dizque en busca del honor y la gloria. Ese día, desde temprano, de todos los rincones de Nicaragua se dirigían hacia Managua, llenos de confianza y orgullo, toda una pléyade de jóvenes que habían sido aceptados para ser Cadetes de la Academia Militar. Con avidez y fruición leían y releían el telegrama de admisión que tan ansiosamente esperaron por semanas que les llegara a sus hogares. Muchos no daban crédito a sus ojos cuando leyeron la tan ansiada noticia de aceptación: "Telegrama. Cuartel General General Guardia Nacional de Nicaragua. Academia Militar de Nicaragua, Campo de Marte, 15 de marzo de 1962. Señor Reynaldo Téllez G., León, de la Iglesia Zaragoza ½ cuadra al Norte: El Director de la Academia Militar de Nicaragua se complace en anunciarle que habiendo sido aceptado como cadete de la Academia Militar de Nicaragua, Clase 1962-1966, se sirva presentarse con su equipo correspondiente el Primero de Mayo de 1962 a las 7:00 AM en la Sala de Guardia de la AMN. Atentamente, Julio Gutiérrez Rivera, Director AMN (Actuando), Teniente Coronel (Inf) GN"».***

El Examen de Admisión con rigurosos niveles educativos equivalentes a segundo año de bachillerato, era el primer filtro para seleccionar a los más aptos aspirantes a ingresar a la Academia Militar de Nicaragua. Los que aprobaban este examen, eran citados para el segundo examen Médico y Físico. Los aprobados en este segundo examen ingresaban como Aspirantes a Cadetes de la Academia Militar.

--«Y ahora, viajando hacia Managua se daban cuenta que todo era real y ya no un sueño que estaban viviendo. Se hacían muchas conjeturas y se imaginaban mil cosas más de las mil y una que ya habían oído sobre cómo era la vida en la Academia Militar y, especialmente, cómo era el primer día en que uno llegaba y cambiaba su vida de civil a militar. Desde tempranas horas en Managua se encendieron muchas luces en los hogares de los privilegiados que habían sido aceptados. Se podían ver sus caras asustadas, llenas de incertidumbre y de ojeras por el desvelo de la ansiedad, sabiendo que el día tan deseado había llegado. Ellos eran de los pocos escogidos que semanas atrás habían recibido el telegrama de admisión a la AMN y hoy era el día en que sabían les cambiaría el curso de sus vidas».

--«Padres y madres, preocupados y orgullosos, apresuraban a sus hijos para que se levantaran y se dieran un baño bien frío para "despercudirse". En la cocina la madre terminaba de preparar "el café" para que el orgulloso, nervioso y ansioso futuro cadete "le echara aunque fuera un bocadito al estómago" antes de irse a la Academia. El resto de la familia, que también ya se habían levantado, ayudaban a que el futuro cadete tuviera lista la valija con todos los artículos que el prospecto de admisión indicaba que había que llevar. De pronto alguien tocó a la puerta y al abrir apareció la novia que venía a despedirse. Ella había escuchado que durante los primeros tres meses los cadetes nuevos no podían visitar sus hogares ni podían recibir visitas. Los novios se fundieron en un cálido abrazo, hubo uno que otro beso frugal, palabras de amor y de esperanza de verse tan pronto como fuese posible y... las lágrimas comenzaron a rodar por las jóvenes mejillas. En ese momento entraron algunos parientes y vecinos que conocían desde chavalito al futuro cadete. Venían a despedirse y desearle buena suerte. Una escena emotiva en la que todos lloraban en menor o mayor grado, al tiempo que le daban mil y un consejos: --"Aguantá lo más que podás" --"Hay que ser hombre" --"Tenés que graduarte"... En eso se oyó la bocina de un auto y el padre dijo: --"Ya está aquí el taxi. Son las seis y tenemos que estar en la Academia antes de las siete, apurémonos, dame la valija". Se dieron los últimos besos y abrazos. La madre y el padre desde el taxi le gritaron: --"Apurate pa-

ra que no lleguemos tarde". El taxista preguntó: --"¿Para dónde?" y el padre respondió con alta voz llena de orgullo: --"Llevanos a la Academia Militar, debemos llegar antes de las siete"».

--«*Durante los primeros minutos de marcha se sentía un ambiente de tensión en que nadie se atrevía a decir palabra alguna. De pronto el padre, tomando valor, rompió el silencio y comenzó a darle los últimos consejos a su hijo mayor, le dijo que hubiera preferido que fuese doctor, pero ni modo, él quería ser militar y regresar al barrio convertido en cadete de la Academia Militar, de esos que marchaban bien rectecitos y que las muchachas suspiraran por ellos. Le aconsejó que estudiara bastante, que aguantara lo más que pudiera, que hiciera lo posible por graduarse porque él era la esperanza de la familia*».

--«*De pronto la voz del taxista los devolvió a la realidad y se dieron cuenta que estaban frente al portón de la Academia Militar... la hora había llegado. --"¿Cuánto es la carrera?" preguntó el padre. --"Son cinco córdobas, amigo", respondió el taxista. Los tres cruzaron la Avenida Roosevelt hasta llegar al portón de la Academia. Ahora supieron que sí, que se tenían que despedir. Se fundieron en un solo, prolongado y fuerte abrazo, la madre llorando y el padre respirando hondo para contenerse, pronunció la última recomendación: --"Cuidate hijo, si necesitás algo nos llamás". Acongojado el joven recogió la valija y con paso firme atravesó el portón. El centinela le indicó el camino hacia la Sala de Guardia*».

--«*La Academia tenía un aire espartano, sus edificios bien pintados, las calles internas muy limpias, los árboles y los jardines muy bien cuidados y nítidamente recortados, todo lucía impecable, todo parecía el templo de la disciplina y el orden, como si las cosas marcharan al compás de un péndulo eterno. Aquél primero de Mayo fue un día especial en la Academia, fue el día de admisión de los cadetes de la clase 1962-1966. La mañana estaba fresca y en el aire se sentía un ambiente de frenesí. Se miraban por las calles internas de la Academia grupos de cadetes marchando marcialmente, las filas de cadetes se miraban como en las películas de guerra, todos bien alineados marcando el paso, marchaban con el pecho resaltado, espigados, enérgicos, sin volver a ver hacia los lados, sus rostros se notaban serios y de miradas inescrutables. El 1-2-3 de la cadencia era interrumpida de vez en cuando por alguna voz de mando del jefe del grupo. Por otra de las calles corrían más cadetes en formación precisa y coordinada, siempre bajo la voz de mando de un cadete que era el jefe del grupo. De pronto sonó un clarín enfrente de la Sala de Guardia seguido de órdenes impartidas a gritos por un cadete que se distinguía de los demás por ser el Oficial del Día Cadete, quien sobre su uniforme kaki llevaba una banda roja que le cruzaba el pecho, se juntaba al costado izquierdo de la cintura de donde la banda le colgaba a lo largo del pantalón junto a una especie de espada delgada con empuñadura dorada, su cabeza tocada con un kepis, las botas negras brillaban como si fuesen de charol, cubiertas casi todas con una especie de cubierta blanca llamada polaina, todo aquello lucía muy impresionante, muy elegante, muy marcial*».

Continúa el testimonio muy bien escrito por el **Cptn. (Inf) Jaime Bustamante G.N.**: --«*Todos los que habíamos sido aceptados como cadetes de la Clase 1962-1966 estábamos reunidos en una pequeña plazoleta enfrente del Casino de Cadetes, había algunos que se encontraban dentro del casino y conversaban animadamente, talvez para no parecer nerviosos, pero la gran mayoría estábamos afuera tratando de entablar amistad con cualquiera que se nos acercara. Fue interesante ver a tantos desconocidos procurando romper el hielo. --"¿Cómo te llamás?", --"¿De dónde sos?", --"¿Conocés a alguno de los cadetes?", --"¿Dónde estudiabas?". Eran preguntas sencillas, talvez para*

Desde los primeros minutos del día en que los jóvenes civiles ingresaban a la Academia Militar de Nicaragua como aspirantes a cadetes, eran fuertemente hostilizados y presionados por los Cadetes Antiguos, era su privilegio, pero tal fustigación tenía un límite que no permitía atentar contra la dignidad de los Cadetes Nuevos.

ocultar los nervios, pero también ansiábamos saber algo de los tripulantes de la misma barca que compartíamos. Entre los que estábamos afuera tratando de romper el hielo, había un grupo de muchachos hablando a grandes voces y parecía que tenían conocimientos militares, pues hablaban con propiedad y usaban palabras propias de la Guardia Nacional, ellos se conocían entre sí, indagué y me informaron que ese grupo provenía del Colegio Primero de Febrero, un instituto ubicado en Managua principalmente para educar a los hijos de militares».

--«***Los 47 que fuimos escogidos nos considerábamos dichosos, pues al examen de admisión se presentaron más de 300 aspirantes, y nosotros representábamos los mejor calificados. Éramos una amplia variedad de los hombres jóvenes nicaragüenses, la mayoría procedía de Managua, pero habíamos de casi todos los departamentos y algunos extranjeros de Panamá y Guatemala»***.

El vívido relato testimonial del **Cptn. Jaime Bustamante**, continúa así: --«***Eran las siete en punto de la mañana cuando sonó el clarín. El Oficial del Día Cadete llegó a la Sala de Guardia, se cuadró y saludó militarmente a un oficial que le decían el Mayor de Campo, luego le rindió un informe sobre la cantidad de cadetes que estaban en los salones de clase. El Mayor de Campo le devolvió el saludo y el cadete se retiró. En la Sala de Guardia, además del Mayor de Campo estaban otros oficiales que eran los instructores de la Academia Militar y ya les conocíamos porque eran los mismos que habían estado a cargo de realizarnos los exámenes de admisión, ellos eran los Tenientes Bermúdez, Po-***

Tres Cadetes Nuevos (camisetas blancas) soportando la ceremonia de ser rapados por los Cadetes Antiguos convertidos en «**barberos**». Los dos nuevos son pelados en posición de «**culiche**» mientras el tercero --de pie-- luce la cabeza rapada. Los antiguos decían que sus pelados eran «**obras de arte**». Estas novatadas fueron una tradición que todos recuerdan de sus años de cadetes nuevos en la Academia Militar de Nicaragua, pero se debe exponer que estas novatadas se practican en todas las academias militares del mundo.

rras, Manzano y Molieri. A esa hora el Mayor de Campo, que era el Teniente Federico Mejía González, ordenó a grandes voces que los civiles que estábamos alrededor del Casino de Cadetes pasáramos a formar enfrente de la Sala de Guardia, que dejáramos las valijas en el suelo de la misma plazoleta y que formáramos cuatro filas por orden de estatura. Como yo he sido siempre chaparro, casi estaba en la cola de la fila, pero no me sentí tan desconsolado porque había otros compañeros mucho más bajos que yo».

--«El Tnte. Mejía comenzó a arengarnos, nos felicitó por ser los miembros de la nueva clase de cadetes y nos instó a que siguiéramos y observáramos las tradiciones de la Academia Militar de Nicaragua, que cumpliéramos fielmente los reglamentos de la AMN, pero que por sobre todas las cosas tuviéramos siempre presente la trilogía sagrada de "Patria, Honor y Disciplina". Nos continuó hablando de disciplina, de responsabilidades y de lo que se esperaba de nosotros. Luego con voz grave nos dijo: --"A partir de este momento ustedes ya no son civiles, ustedes pasan a formar parte del cuerpo de caballeros cadetes de la Academia Militar de Nicaragua, serán Cadetes de Cuarta Clase y como tales van a gozar de las prerrogativas de su clase". Había un silencio absoluto en la formación, la mayoría teníamos caras de asustados, todos aquellos que hacía unos pocos momentos hablaban hasta por los codos, ahora tenían ceños fruncidos y rostros lúgubres».

--«A continuación el Tnte. Mejía anunció que iba a leer la lista oficial por orden

Cadetes antiguos hostigando a los cadetes nuevos, conforme a la tradicional novatada a que eran sometidos principalmente durante los primeros tres meses y todo el primer año, como ocurre en las academias militares.

de antigüedad de cada uno de nosotros, que la antigüedad era por números que reflejaban el resultado de los puntos obtenido en los exámenes de admisión y que los números de esa antigüedad duraría por toda nuestra vida en la Academia. Seguidamente y alzando la voz fue llamando: --"888 Zapata R. Oscar; 889 Prado H. Arturo; 890 Bustamante T. Jaime; 891 Ortiz R. Eulogio"... y así sucesivamente leyó hasta el último número del cadete más nuevo: --"934 Anrria L. Próspero". Después que todos estuvimos sabidos de nuestros números, nos pusieron en otra formación conforme al orden de la antigüedad que teníamos. Yo quedé en el grupo de los más antiguos, éramos como unos 25, íbamos en tres filas y habían dos cadetes del último año encargados de nosotros. Estos cadetes eran grandulones, a uno le decían "El viejo Reyes", pero se llamaba Humberto Reyes Fisher y el otro le llamaban "Vladimir", pero su nombre era Vladimir Hernández Flores. Tan pronto el Tnte. Mejía dejó de hablar, el Tnte. Manzano le ordenó a los cadetes con mi grupo que nos llevaran a los más antiguos al abasto para entregarnos el equipo. "El viejo Reyes" nos dijo que íbamos a ir a paso doble, o sea corriendo, y que cuidadito alguien se quedaba retrasado porque "lo iba a hacer mierda". Comenzamos a correr y ¡claro! no podíamos ir alineados ni teníamos ningún sentido de como hacerlo; nos empujábamos unos a otros, se oían maldiciones, hijueputazos, y entonces la voz de Reyes y de Vladimir tronaban diciéndonos toda clase de improperios a los que después me acostumbré. Nos gritaban: --"¡Animales, bestias, civiles, si no procuran ir alineados les vamos a sacar la mierda!" Y así llegamos al abasto en donde el Tnte. Manzano nos entregaría el equipo de cadetes. Abastos de la AMN estaba situado en el lado norte del Campo de Marte, vecino a las instalaciones de la llamada Misión Militar Americana, era un viejo galerón de madera que también albergaba al destacamento de Guardias de la Acade-

Las novatadas continuaban durante todo el primer año de los cadetes nuevos. El siguiente año --el segundo--, los cadetes pasaban a la categoría de *«**neutrales**»*, en el que no eran objeto de hostigamiento, pero no les correspondía aplicar novatadas a los nuevos, que era privilegio de los cadetes del tercer año o *«**antiguos**»*.

mia y a la Banda de Guerra de la AMN. Llegamos todos jadeantes y sudados. "El viejo Reyes" nos ordenó: --"Para que descansen pónganse en culiche", o sea que nos hizo que quedáramos en cuclillas. Reyes entró a la oficina del Tnte. Manzano y Vladimir se quedó a cargo de nosotros. El sol comenzaba a sentirse fuerte y a darnos de lleno en la cara. El sudor nos corría a chorros y después de estar en culiche por más de 15 minutos las rodillas y las piernas nos comenzaron a temblar, no podíamos mantener el equilibrio y nos caíamos, éramos como las fichas del dominó, el de atrás caía y empujaba al de adelante, y así caímos todos. Vladimir comenzó a gritarnos que éramos unos inútiles, flojos, todavía civiles, y para que no repitamos la caída en serie, nos ordenó separarnos más, pero teníamos que seguir en culiche. Como a la media hora de estar en esa dolorosa posición, sentí que las tabas se me quebraban, pero en eso aparecieron en la puerta del Abasto el Tnte. Manzano y el cadete antiguo Reyes. Manzano ordenó a Reyes que nos pusiera en una sola fila en orden de antigüedad. Entonces Reyes y Vladimir nos hicieron avanzar, así como estábamos en cuclillas. A eso le llamaron "caminar en paso de pato". Yo tuve la suerte de que mi suplicio acabara temprano, pues era de los más antiguos en la lista y enseguida me llamaron para que recibiera mi equipo. Mientras estaban haciendo la lista de lo que me iban a dar, Reyes me ordenó que para descansar del culiche me pusiera a hacer "culucas" o sea que estando el culiche debía repetidamente saltar hacia arriba y caer en la misma posición de cuclillas. Las culucas se suspendieron cuando me llamaron a recibir mi equipo de cadete: --Un casco de acero, un casco de fibra, un cinturón de los que usaba la Guardia para portar las balas, una bayoneta, una cantimplora, unos

Los cadetes de nuevo ingreso realizando fatigosos ejercicios sobre la grama del Campo de Paradas de la Academia Militar de Nicaragua, durante los primeros tres meses de entrenamiento y acondicionamiento físico, considerados los más fatigosos del programa del primer año de formación.

uniformes verde olivo, un paquete de primera ayuda y unos costales verdes para guardar todo lo que me habían dado. Con mano temblorosa y sudada firmé un papel de responsabilidad con la lista de lo que había recibido. A eso que me dieron le llamaban "propiedad del gobierno" y al papel que firmé, una "1603". Después de la entrega del equipo regresamos a paso doble, jadeantes y con la lengua de fuera a otra plazoleta enfrente de los edificios en donde vivían los cadetes. Me asignaron el edificio o "cuadra" donde viviríamos. Me asignaron la "cuadra" correspondiente a los más bajos de estatura, era el edificio que estaba cerca del portón de entrada de la AMN y que le llamaban "El Toruño".

(El nombre de este edificio se dio en honor al **Tnte. Pastor Toruño Maltez**, brillante instructor de la Academia Militar, graduado en la Primera Promoción, Cadete No.20, Clase 1940-1943, muerto por un compañero, también instructor, por asuntos de faldas. Nota del autor).

--«***Al sólo entrar en el "Toruño" veo que hay dos hileras de catres de hierro nítidamente arreglados, las sábanas y almohadas bien alineadas y las frazadas que cubrían el colchón bien estiradas; detrás de cada catre y casi pegado a la pared estaban unos roperos metálicos para guardar las pertenencias y "la propiedad del gobierno"; luego veo que a varios de los que estuvieron conmigo recibiendo equipo en el abastos los tienen en el centro del edificio en culiche, haciendo culucas y pechadas. Los cadetes de promociones más viejas eran los que estaban al mando de todo, nos gritaban y nos decían toda clase de improperios, aquello parecía un manicomio, todos ellos gritaban órdenes contradictorias, hacían preguntas estúpidas. Los que hasta hacía unos momentos éramos civiles parecíamos venados asustados, la adrenalina y demás combustibles del cuerpo ya habían agotado su capacidad de circulación en las venas y arterias, así lo creíamos, también pensamos que en ese momento algunos estaban decididos a salirse de la Academia, escapar de aquello que en ese momento considerábamos que era la antesala de infierno: --"¡Saltá animal, no te detengás!, ¡¿quien te dijo que te pararas, civil abusivo?!, ¡hacé*** *pechadas no culiadas!, ¿de dónde sos, de León? Oí, este animal dice que es de León". --"¿De dónde sos, de Managua, de qué barrio, de Altagracia? Oí, este animal dice que es de Managua y de tu barrio". Y así, de esta manera me dí cuenta que mi novatada estaba comenzando en la Academia Militar de Nicaragua. Me sentía aturdido, confuso, mi facultad de pensar estaba como aletargada por aquel torbellino de emociones tan apabullantes, me sentí maldecir mi decisión de querer ser oficial de la Guardia Nacional, que hubiera sido mejor decisión haber continuado mi carrera de leyes, pero mi voluntad se rebelaba y me sobreponía diciéndome que si otros lo habían logrado, ¿Por qué yo no lo iba a lograr?»*

--«No supe a qué horas se aparecieron otros cadetes de esas promociones más viejas con tijeras de barbería en mano y comenzaron a cortarnos el pelo a como se les antojaba, chas, chas, chas, y a cada tijeretazo caía un moño de pelo. Como estábamos en cuclillas, sudados y hechos un desastre, los moños de pelo se nos pegaban en la cara sudada o en los brazos o se nos metían en los ojos causando una sensación horrible de ardor por el pelo empapado de sudor... chas, chas, chas, más pelo cortado. Las risotadas de los cadetes viejos eran incontenibles al ver las expresiones que poníamos en nuestros rostros cuando más de un copete a lo Elvis Presley o Paul Anka era desbaratado a tijeretazos. Ellos decían que sus pelados eran "obras de arte"...»

--«Dimos un respiro de alivio cuando sonó un clarín y nos gritaron que saliéramos a formar, pues íbamos para el "rancho", así le llamaban al almuerzo. Cómo había pasado el tiempo, ya era el mediodía. Nos llevaron formados y a paso doble al comedor, al nomas entrar se podía sentir el olor a comida, pero creo que lo que menos teníamos era hambre, lo que teníamos era una sed espantosa. Nos sentaron en unas mesas para 6 cadetes, 4 éramos nuevos y los otros 2 eran antiguos. Inmediatamente el cadete antiguo que era el jefe de la mesa nos ordenó que separáramos las sillas de la mesa y nos sentáramos en el borde de la silla, luego nos explicó que tendríamos que aprender a comer en escuadra y comer en abecedario. Fue torturante aprender a hacer la escuadra y acostumbrarse a comer en orden alfabético los ingredientes del plato de comida: agua, arroz, carne, frijoles, guiso, tortilla, etc.»

Estamos presentando el testimonio escrito por el **Cptn. Jaime Bustamante Torres, G.N.**, de su obra titulada ***«Desde el fondo de la mochila, recuerdos del ayer»***, que continúa así:

--«Al regreso del comedor nos formaron de nuevo en el centro del edificio para hacer aseo, el encargado fue un cadete al que le decían "cuartelero" y era de menos antigüedad que los cadetes que nos gritaban en la mañana. A esta hora se pudo notar cierto cambio, pues todos los cadetes antiguos estaban haciendo sus siestas acostados en los catres, y aunque las puertas del edificio estaban cerradas, se podía notar que había un cadete "neutral" (así le llamaban a los cadetes que tenían un año de estar en la Academia), vigilando a través de las persianas de la entrada. El cuartelero nos indicó que teníamos que hacer aseo y que esa era una tarea diaria después de cada tiempo de comida; que había que barrer, lampacear, secar los baños, secar los lavamanos, luego nos asignó tareas específicas y comenzamos a "volar" escoba y lampazo. Pasamos el resto de la tarde en nuestro edificio y algunos de los cadetes viejos, que ya a estas alturas sabíamos que eran los cadetes de Primera Clase, los "antiguos", de la Clase 1959-1963, quienes todavía no habían ido a Panamá, nos estuvieron enseñando ciertas facetas de la vida de los cadetes nuevos, tales como doblar la ropa, cómo arreglar la cajilla, cómo limpiar los zapatos, cómo limpiar y hacer brillar la hebilla de la faja militar, nos comenzaron a indoctrinar en los fundamentos básicos de la disciplina militar, a obedecer sin preguntar, a decir "¡sí señor!" o "¡no señor!" o "¡no hay excusa señor!" A no contestar lo que no se nos

Estas fotografías corresponden a dos épocas diferentes de las clases de matemáticas, geometría y trigonometría, ambas impartidas por el insigne profesor **Rafaél Carrillo Díaz** a los Cadetes en las aulas de la Academia Militar de Nicaragua. El nivel de disciplina y atención de los Cadetes, fue el factor determinante que contribuyó a un alto nivel de asimilación y aprendizaje de los cadetes de las materias y ciencias enseñadas en el programa de bachillerato de la Academia Militar de Nicaragua y de los conocimientos militares. El **Prof. Rafaél Carrillo Díaz** dictó cátedras de matemáticas a veintidós (22) promociones de Cadetes de la Academia Militar de Nicaragua, durante el mismo número de años que impartió clases en la AMN. Fue también profesor de las mismas materias en los más prestigiosos institutos y colegios de bachillerato de Managua. La proverbial y legendaria capacidad, paciencia y disciplina del **Prof. Carrillo**, logró que aún los Cadetes y alumnos que no tenían vocación por las ciencias fisico-matemáticas se interesaran en estos estudios hasta dominarlos. Muchos de los alumnos Cadetes del **Prof. Rafaél Carrillo**, ya graduados como Oficiales, fueron destacados profesores de matemáticas.

preguntaba, a no caminar por las calles internas de la Academia y andar a paso doble todo el tiempo, parecía que nos estaban preparando mentalmente para ser "robots humanos", que nos estaban despersonificando a través de la obediencia ciega y así aprender a ser los futuros líderes de la Guardia Nacional de Nicaragua».

--«*Esa noche, después de la cena y de haber vuelto a barrer y lampacear en el edificio, nos llevaron a un salón de clases en el que había varios cadetes de Primera Clase que continuaron con la sesión de indoctrinamiento sobre la vida militar, trataban de darnos estímulo y ánimo para que comprendiéramos que todo comienzo era duro para un cadete nuevo. Como el salón de clases en que estábamos no tenía aire acondicionado y éramos demasiados cadetes encerrados en el local, el ambiente se fue haciendo progresivamente muy sofocante, había demasiada humedad y el sudor de 47 cuerpos deshidratados manó abundantemente y el aire se hizo pesado, irrespirable, a veces se sentía el mal olor característico de un pedo silencioso de autor desconocido porque nadie le reconocía paternidad, solamente se escuchaba el nariceo de los más cercanos al donante anónimo. Esa noche comenzamos a conocernos por nombres y apellidos todos aquellos desconocidos que hacía sólo una pocas horas habíamos cruzado nuestros destinos. Esa noche del primero de Mayo de 1962 comenzamos a formar vínculos fraternales que durarían por toda la vida*». (Esos vínculos fraternales que refiere el **Cptn. Bustamante**, fueron bautizados con la denominación de «***Chambelanes***» y/o «***Chambelán***», para tratarse entre sí. Nota del autor).

--«*A las nueve de la noche se oyó que el clarín tocó retirada del estudio y los cadetes antiguos encargados de los cadetes nuevos nos dieron una cuenta de "¡tres para desaparecer y estar en la cuadra!". Salimos en un solo tropel y corriendo nos dirigimos a nuestros edificios, unos fueron para el "Mullins" donde vivían los cadetes más altos, y los otros para el edificio "Toruño", donde vivíamos los cadetes más bajos de estatura. Al solamente entrar al "Toruño" comenzó la parafernalia de los gritos de mil órdenes: --"Vení para acá, nuevo, andá decile a aquél cadete que anduviste con su novia antes de entrar". --"Decile a ese cadete que es muy feo", y así, en medio de todo aquél absurdo estábamos como azorados, desconcertados, no sabíamos qué hacer, corríamos de un lado para el otro, íbamos a cumplir una orden cuando venía otra orden y contraórdenes y tratábamos de cumplirlas todas. El cadete antiguo David Tejada Peralta, con el rostro ceñudo, con gestos de pocos amigos, nos prevenía de que no cumpliéramos la orden que "el burro Eduardo Fonseca" daba en su contra, a lo que Fonseca nos advertía que mejor cumpliéramos su orden o... --"Te va a pesar, nuevo, si no me cumplís la orden". Y por fin, en medio de aquel pandemonium, el cuartelero pudo conseguir, con mucha dificultad, que algunos cadetes nuevos formaran en el centro de la cuadra para hacer el aseo, desde ese día comprendimos porqué el piso de las cuadras de los cadetes estaban siempre tan brillantes. Cuando, por fin, sonó de nuevo el clarín enfrente de la Sala de Guardia, el cuartelero gritó en el edificio que ese era el toque de silencio y todos debían acostarse. Se apagaron las luces y en medio de aquella penumbra repentina, le dí gracias a Dios de que la pesadilla de aquél largo día había terminado. En ese momento no pensé en nada más, ni en el día de mañana ni en ningún otro día, sólo pensé en que aquél primero de Mayo de 1962 era ya punto y aparte, era historia. Me acosté presuroso, cerré los ojos con mucha fuerza, como temiendo despertarme y esperé que esa noche fuese la noche más larga de mi vida*».

--«*Dedico estas memorias a mi linda tierra, Nicaragua, y su gente buena. Y con especial cariño de chambelanes, a mis hermanos caídos de la clase 1962-1966, que nunca más verán la luz del sol y que gozan de la Paz Eterna. Asimismo a mis compañeros de promoción de la Academia Militar de Nicaragua, quienes el primero de Mayo de 2022*

Los profesores militares y civiles que impartieron clases a los Cadetes de la Academia Militar de Nicaragua, constituyeron un selecto grupo de profesionales que fueron garantía de una enseñanza de calidad. Por su parte, los alumnos Cadetes recibían los conocimientos bajo una estricta disciplina, donde no existía espacio para distracciones o bromas que perjudicaran la atención de los estudios.

El Laboratorio de Química, aquí ilustrado, y el Laboratorio de Física, contaban con todos los reactivos, instalaciones y equipos para la adecuada enseñanza de estas materias esenciales para el conocimiento científico de los Cadetes. Laboratorios y clases que se establecieron en 1940, los primeros laboratorios que existieron en Nicaragua en las clases de bachillerato, se instalaron en la Academia Militar de Nicaragua.

Los más calificados y prestigiosos profesores de Nicaragua impartieron sus materias y especialidades en las aulas de clases a los cadetes de la Academia Militar de Nicaragua, en un ambiente de estricta disciplina.

cumplimos 60 años de haber escogido la noble carrera de las armas, promoción que dio miembros que combatieron con entereza, valor y convicción, y resistieron sufrimiento hasta lo indecible, los flajelos, torturas y muertes a manos de los verdugos sandinistas. ¡Salud compañeros, honor a quien honra merece. Le cumplimos a Nicaragua con Patria, Honor y Disciplina!»

Así concluye este escrito testimonial del **Cptn. (Inf) Jaime Bustamante Torres, G.N.**, Cadete No.890, Promoción 21, Clase 1962-1966, radicado en Milpitas, California, que es parte de su obra titulada ***«Desde el fondo de la mochila, recuerdos del ayer»***.

Testimonio del Cptn. Ronald Sampson Osorio

Otro testimonio que complementa el relato de las vivencias en la formación de los Cadetes de la Academia Militar de Nicaragua, desde el día de su ingreso, nos lo narra el **Cptn. (Inf) Ronald Enrique Sampson Osorio, G.N.** (qepd), Cadete No.950 de la 22va. Promoción, Clase 1963-1967. Este testimonio es parte de su libro ***«La gran traición»***, subtitulado ***«Mis vivencias»***, destacando en la portada su seudónimo ***«Comandante India 50»***. Este es un estracto que transcribimos. Así lo escribió el **Cptn. Sampson**:

--***«El 10 de Marzo de 1963 recibí una carta de la Academia Militar de Nicaragua notificándome que había sido seleccionado como aspirante a Caballero Cadete. Asimismo, en dicha correspondencia, venía incluida la lista de utensilios que tenía que llevar y presentar a mi ingreso: 2 pijamas, 3 fundas para almohadas, 4 sábanas, 8 camisetas, 8 pares de calcetines negros, 8 calzoncillos, 1 pasta para lustrar zapatos, 1 tubo de pasta dental, 1 cepillo de limpieza dental, 1 loción o agua de colonia y 2 sacos de tela para la ropa sucia. Esto representaba para mi y para mi madre un gasto superior a nuestras posibilidades económicas, por lo cual acudí donde mi tía Rosa Sampson Gaithe, le mostré la admisión y la lista de artículos. Mi tía Rosa me dijo: --"Vamos hijo", y me llevó a la Tienda Récord en la Calle 15 de Septiembre de la vieja Managua. Me compró todo y le pregunté cuánto había pagado y me respondió: --"Más le debo a Dios", y se lo agradecí inmensamente»***.

--***«Por fin llegó el día tan esperado, el Lunes 25 de Marzo de 1963 y a las 7:00 de la mañana el grupo de aspirantes civiles ya estábamos en formación frente a la Sala de Guardia. A las 8:00 de la mañana un oficial comenzó a llamar por apellidos y nombres con un número al final: --"Barquero Brockman, José Dolores, número 497 (jamás se olvida ese número); Parrales Sánchez, Félix, número 948; Torrealba Prado, Renato Francisco, número 949; Sampson Osorio, Ronald Enrique, número 950...", (de mi número derivé mi nombre de guerra "India 50") y así llegó hasta el número 1005 que correspondía a un panameño que no dio la talla. Al finalizar de mencionar nombres y números comenzó lo bueno: ejercicios físicos hasta dejar a los aspirantes totalmente agotados. Los Cadetes Antiguos nos llevaron al Campo de Parada a hacer ejercicios y hacernos la vida "de cuadritos". Fueron 90 días de resistir el novatado al que éramos sometidos. En esos amargos tres meses en donde desaparecen los resabios de la vida civil. Tanto los oficiales, pero especialmente los caballeros Cadetes Antiguos, nos hacían la vida "de cuadritos" a todos los nuevos aspirantes a Cadetes que hicimos esfuerzos para aguantar la dureza de la educación militar. Poco a poco esa vida nueva fue penetrándose en nuestro ser, obteniendo un cambio en las actitudes y estableciendo la disciplina, pues para poder mandar, primero hay que saber obedecer»***.

--***«La educación en la Academia fue de cuatro años que al final se premian con un ser humano que será oficial del ejército, con una nueva personalidad porque en su corazón, su alma y su piel, se ha calcado la sacrosanta trilogía: Patria, Honor, Discipli-***

Los Cadetes de la AMN recibiendo clases de táctica y estrategia militar en el *«Cajón de Arena»*, escenificando la reproducción de batallas históricas, bajo la supervisión del **Cnel. Julio C. D'Arbelles**.

Desde las primeras promociones, los Cadetes de la AMN fueron entrenados en el correcto manejo de subametralladoras Schmeisser, Thompson y --al final--, Uzi; lo mismo que ametralladoras de mayor calibre.

El entrenamiento en el manejo, control, técnicas y mantenimiento de los diferentes tipos de artillería, desde morteros, hasta cañones de 105 mm, incluyendo unidades antiaéreas, antitanques, bazookas, antiguos cañones de montaña, lo mismo que el manejo de tanques Sherman y otros blindados, fue un riguroso entrenamiento impartido a los cadetes de la Academia Militar de Nicaragua.

Cadetes AMN de las primeras promociones en entrenamiento de Esgrima de Bayoneta.

Cadetes de la AMN realizando prácticas militares acuáticas diurnas y nocturnas.

La Compañía de Caballeros Cadetes de la Academia Militar de Nicaragua realizaba entrenamiento y prácticas militares en diferentes parajes rurales, algunos de ellos eran haciendas propiedad de la Guardia Nacional de Nicaragua, preparadas e idóneas para realizar maniobras con armas reglamentarias, con todas las precauciones que garantizaban la seguridad de los Cadetes, de los vecinos y las propiedades.

na».

--«Mi gloriosa Academia Militar de Nicaragua, de cinco minutos antes de las 5 de la mañana, hasta 2 minutos antes de las 10 de la noche, en 17 horas, se dio tiempo para formar oficiales para la garantía de la ciudadanía, salvar su patrimonio e integridad personal. Durante esas 17 horas mi gloriosa Academia Militar se tomaba el tiempo para impartirnos las materias militares y liberales, a fin de que el caballero cadete, al graduarse, obtuviera el diploma que lo acreditaba como Bachiller en Ciencias, Letras y Filosofía, y Oficial de la Guardia Nacional de Nicaragua».

--«Una vez cumplido el ciclo de materias liberales, fuimos enviados al Fuerte Gulick, en la Zona del Canal de Panamá, a fin de reforzar la instrucción militar recibida de los oficiales instructores de servicio en nuestra Alma Mater: Cptn. (Inf) Rafaél Adonis Porras, Cptn. (Inf) Miguel Blessing Urroz, Cptn. (Inf) César Asdrubal Briceño, Cptn. (Inf) Francisco Manzano, Tnte. (Inf) Abel Ignacio Céspedes, Tnte (Inf) Antonio de Jesús Villalta Zelaya. Agradecimiento especial a cada uno de ellos, a los que viven y a los ya han sido llamados por el Ser Supremo».

--«Así también a nuestros profesores de materias liberales: Dr. Ulises Fonseca Talavera (que también fue mi profesor en el Instituto Nacional Central Ramírez Goyena antes de mi ingreso a la AMN); John O'ffenburge Pier, profesor de francés; Lic.Anibal Fonseca Talavera, profesor de matemáticas; Dr. Justo Pastor Fernández, profesor de química; Dr. Mauricio Pallais, profesor de física y Lic. José A. Duarte, profesor de Constitución Política».

--«Nuestra 22va. Promoción fue transportada a la Zona del Canal de Panamá para realizar el curso de 42 semanas. Curso básico de preparación de oficiales de infantería. Tuvimos como compañeros de ese curso a los Cadetes de la Academia Militar de Bolivia, y fuimos las primeras escuelas militares de América en realizar el Curso Balboa cruzando el Istmo de Panamá del océano Atlántico al océano Pacífico por la agresta jungla panameña. Asimismo fuimos las dos primeras escuelas militares en ser invitadas por el Ejército Norteamericano a visitar escuelas e instalaciones militares de Estados Unidos. Visitamos la gran Academia de la Fuerza Aérea en Colorado, el Fuerte Benning, el Fuerte Bragg, la Academia Militar de EE.UU. en West Point, la Academia Naval de Annápolis. Regresamos a Nicaragua poco después de las fiestas de fin de año de 1966. En la segunda semana de Enero de 1967 comenzamos el Curso de Orientación Agropecuaria en la Escuela Nacional de Agricultura ubicada cerca del aeropuerto internacional Las Mercedes, donde adquirimos conocimientos de Biología, Anatomía Animal, Zootecnia, Análisis de Suelos, Cultivos Frutales, cultivo y proceso del Algodón, de la Caña de Azúcar, proceso de Lácteos, cultivo de Cítricos y otros cultivos y técnicas agropecuarias».

--«Concluido el Curso Agropecuario nos dedicamos al proceso de los trámites para la guaduación de nuestra promoción número 22 de la Academia Militar de Nicaragua, la elección del grabado de los anillos, el color de la piedra, el modelo, la guerrera kaki, la práctica de la ceremonia en el Salón de Actos. Llegó el día: el 4 de Julio de 1967 en una solemne ceremonia en nuestro humilde Salón de Actos, el Presidente de la República nos entregó el diploma como Oficiales de Infantería y Bachilleres en Ciencias, Letras y Filosofía. Y la imposición del anillo de graduación de la Academia Militar de Nicaragua, acto emotivo que correspondió a cada madre de los cadetes graduandos. Terminada la ceremonia comenzó la algarabía, el festejo. Celebré mi graduación con mi madre y mi familia en el restaurante El Eskimo, ubicado en la Calle Candelaria, esquina opuesta al Teatro Salazar».

«El 15 de Julio de 1967, los graduados once días atrás nos presentamos en la oficina del oficial ayudante GN-1, que para entonces era el Cnel. (Inf) Manuel López Ro-

Cadetes del último año de la AMN entrenan con cañón 75 mm en la Zona del Canal de Panamá.

Cadetes de la Academia Militar de Nicaragua entrenando tiro de precisión con el Brownie Automatic Rifle, BAR, apoyados por instructores norteamericanos en la Zona del Canal de Panamá.

Los Cadetes AMN en su cuarto y último año viajaban a las instalaciones del US Army en la Zona del Canal de Panamá para varios entrenamientos, incluyendo supervivencia y combate en la selva.

dríguez G.N. Su asistente fue llamando uno a uno a los nuevos oficiales de la Guardia Nacional de Nicaragua, juramentándonos: --"¿Promete usted cumplir y hacer cumplir las leyes escritas en la Constitución de la República de Nicaragua?" --"¡Sí, señor!", respondimos todos. --"Si así lo hiciéreis la Patria os premie, si no la Patria os lo demande"».

--«***Concluida la juramentación, el Cnel. López nos indicó que debíamos llevar el Diploma de Graduación y la Hoja de Cambio ante el Ministro de Guerra, Marina y Aviación, que entonces el titular era el Gral. Alfonso Mejía Chamorro. El Oficial Ayudante GN-1 después de la juramentación nos proporcionó a los nuevos Oficiales el destino de servicio. Este servidor, Sub-Tnte (P-Inf) Ronald Enrique Sampson Osorio G.N., junto con el Sub-Tnte. (P-Inf) Juan Francisco Rivera Aguirre y el Sub-Tnte. Isidoro López Prado, fuimos asignados al Cuartel General de la Policía de Managua. Aquí hago un paréntesis para afirmar y reafirmar, que tanto el Oficial Ayudante GN-1 Cnel. (Inf) Manuel López GN, como el Ministro de Guerra, Marina y Aviación, Gral. Alfonso Mejía Chamorro GN, en ningún momento nos insinuaron que debíamos ser leales, ni lealísimos, a la familia Somoza. Nuestra obligación era con la Patria***».

Hasta aquí lo que transcribimos del libro ***La gran traición***, escrito por el **Cptn. (Inf) Ronald E. Sampson Osorio G.N.**, Cadete 950 (***India 50***), de la 22va. Promoción, Clase 1963-1967 AMN, relativo a su ingreso y formación militar y educativa en la Academia Militar de Nicaragua.

Testimonio del Dr. y Tnte. Cnel. José W. Mayorga D.

El **Dr.** y **Tnte. Cnel. José Wenceslao Mayorga Donaire, GN**, Cadete 620, de la 13ava. Promoción, Clase 1954-1958 de la Academia Militar de Nicaragua, es uno de los muchos oficiales de la Guardia Nacional que alcanzaron un alto nivel educativo e intelectual. Ingresó a la AMN el 11 de Junio de 1954 y egresó graduado el 4 de Julio de 1958 como Subteniente de Infantería. Obtuvo su título de Abogado y Notario y ha ejercido la carrera de derecho con mucha capacidad profesional logrando excelente éxito y gran prestigio como jurisconsulto. Ha escrito libros y numerosos artículos para revistas y periódicos. Entre sus escritos se encuentra esta ***Memoria*** de sus vivencias en la Academia Militar de Nicaragua que parcialmente reproducimos como testimonio que refleja aspectos importantes de la formación de un Cadete de la AMN:

--«***Por una Orden General que dictó la Jefatura Suprema de la Guardia Nacional de Nicaragua, Ejército de la República, y refrendada por la Presidencia de la República en 1955, determinó declarar a las primeras seis promociones egresadas de la Academia Militar de Nicaragua, como Promociones Fundadoras de la AMN y determinó a la vez que a partir de esa misma fecha los Cadetes en vez de salir graduados como Tenientes Primeros, saldrían graduados como Subtenientes de Infantería***».

--«***Con largos años de vida fructífera, la Academia Militar de Nicaragua (1939-79) ya incorporados sus graduados a la Guardia Nacional de Nicaragua, ésta se dedicó a tecnificar aún más al cuerpo castrense y no sólo tecnificó a sus excelentes oficiales, sino que también lo hizo con los jóvenes que engrosaban las filas de la Guardia Nacional, sin pasar estos por la Academia, tales como los Oficiales incorporados al servicio militar, a los Clases y Soldados, distinguiéndose cientos de ellos realizando estudios especiales en diferentes fuertes militares de muchos países y en especial en la famosa Escuela de las Américas ubicada en los Fuertes Gulick, Clayton y Sherman en la Zona del Canal de Panamá donde se recibían cursos de Policía Militar, Radio Operadores, Mecánicos de Aviación, técnicos en mantenimiento de vehículos y motores; artilleros, ingenieros militares o zapadores, cursos de armas pesadas y armeros especializados en armas de pequeño calibre. También muchos otros oficiales lograron profesionalizarse como pilotos mi-***

litares, administradores y mecánicos de aviación en prestigiosas Instituciones tales como las Universidades del Aire en Alabama: Embry Riddle Aeronautical Institute. En la eficiente Escuela de Pilotaje de la Fuerza Aérea del Ejército de los Estados Unidos, haciendo Cursos Superiores de Infantería en el prestigiado Colegio Interamericano de Defensa en Fort Benning en Columbus, Georgia.- Otros en el Colegio de Infantería de Fort McNaiar de Washington D.C. En la Escuela de Estado Mayor del Ejército de El Salvador. En la Escuela Naval de Venezuela, del Brasil y de Italia; en la Escuela de Policía de Chorrillos del Perú.- En Academia Militar de Agujas Negras del Brasil. En la École Spéciale Militaire de Saint Cyr de Francia.- En la Escuela de los Carabineros de Chile.- En la Escuela Militar General José de San Martín de Argentina.- En la Academia de Ingenieros Militares de Burgos, España.- En el Heroico Colegio Militar de México.- En la Escuela Naval de Veracruz, México.- En la Brigada de Fuerzas Especiales Kaibil de Guatemala y en muchos otros centros de entrenamiento de especialidades militares de América y Europa. La mayoría de los soldados de la Guardia Nacional, asistían constantemente a realizar cursos a Fuertes Militares, tales como la Escuela de las Américas en Fort Gulick, Zona del Canal de Panamá; por ese fuerte de especialización militar pasaron más de diez mil militares nicaragüenses de todas las generaciones realizando importantes estudios desde el año 1949 época de su fundación, durante existió en todo su apogeo la institución militar, Guardia Nacional».

--«La famosa Escuela de las Américas, creada para sustituir a la Usarcarib School, fue sin duda conceptuada como forjadora de la mayor parte de los Oficiales, Clases y Soldados de los diferentes países de América Latina, graduándolos como expertos líderes en diferentes estudios, pero en especial en el "arte de la guerra" y muchos Oficiales de alta graduación estudiaron cursos superiores de Comando y Estado Mayor y Cursos avanzados de Infantería, muchos de ellos llegaron a ser Jefes de los ejércitos de sus países y, algunos otros, Presidentes de sus países. Y nuestra institución castrense, la Guardia Nacional, contando con la promoción de Oficiales Académicos, siguió siendo también un semillero fecundo en Centroamérica, forjando en sus aulas a muchos jóvenes, incluyendo a muchos de los países de Centro América y Panamá, esforzados para convertirlos en capacitados militares de carrera, lo que se reconfirmó por el Ejército Norteamericano en revistas y libros militares, y asímismo lo certificaron brillantes Oficiales, tales como lo dijo el Gral. Lionell McGarr que fue Comandante en Jefe del Ejército de los EE.UU. en el Caribe, lo confirmó cuando estuvo en Nicaragua por el mes de Diciembre de 1959 en visita de inspección que realizo a Nicaragua, lo que fue reconfirmado por otros distinguidos Jefes de delegaciones extranjeras, y en especial jefes del Grupo Militar U.S. acantonados en Nicaragua tales como el recordado Coronel Christopher Pompelli (wespointniano) que asistía a visitar las prácticas y los estudios de nuestros Cadetes considerando también que su hijo había ingresado en la promoción XIII. Cadete #629 de nuestra Academia Militar de Nicaragua, y el Coronel Trevor Sweet, quienes comprobaron y confirmaron que la preparación brindada por la Academia Militar de Nicaragua a sus educandos, era tan buena o similar a la brindada en la Academia Militar de Estados Unidos en West Point, New York, donde ambos se habían graduado, declaraciones que fueron refrendadas por muchos otros expertos y experimentados militares de alta graduación de diferentes países de América Latina en su calidad de Agregados Militares en Nicaragua».

--«Durante el transcurso de la vida de la Guardia Nacional, a muchos oficiales se nos dio la oportunidad de asistir a las Universidades civiles a estudiar diferentes carreras profesionales, tales como Medicina, Ingeniería Civil, Ingeniería Mecánica, Ingeniería Naval, Derecho, Economía, Odontología, Arquitectura y otras especialidades, los

que una vez graduados nos poníamos al servicio de la Guardia Nacional y del pueblo de Nicaragua. Pero hay mucha más historia que debemos conocer sobre lo antes manifestado, porque históricamente no podemos negar o tratar de ocultar la verdad de los muchos beneficios que brindó la Guardia Nacional a los jóvenes nicaragüenses que se les dificultaba estudiar, tales como lo hizo con la creación del Instituto Primero de Febrero, institución con alto grado de educación secundaria de calidad, donde estudiaban no solamente los hijos y familiares de los Guardias Nacionales, sino que también tenían acceso a sus aulas, miles de hijos de civiles nicaragüenses, sin discriminación alguna, para ver a sus hijos gozando de las oportunidades brindadas por el Colegio Primero de Febrero».

Estamos transcribiendo la ***Memoria*** sobre la Academia Militar de Nicaragua, AMN, escrita por el **Doctor en Derecho** y **Tnte. Cnel. José Wenceslao Mayorga Donaire, G.N.**, oficial graduado en esa institución y continúa: --*«Revisando la historia de la Academia Militar de Nicaragua, podemos evaluar que durante su existencia, pudo la Academia graduar completamente 34 promociones de cadetes y graduarlos de oficiales, quedando pendientes de finalizar sus cursos las últimas tres promociones, 35, 36 y 37, que estaban por concluir sus estudios militares, muchos de ellos eran Cadetes extranjeros que llegaron a estudiar y a prepararse militarmente, en especial jóvenes panameños y hondureños, que gozaron de sus enseñanzas y el afecto de sus compañeros nicaragüenses brindado durante su vívida gestión educativa la que finalmente, obligados por las pasiones políticas de la llamada junta de gobierno identificada con el comunismo internacional, dejó injustamente inconclusa la carrera de estos jóvenes que aspiraban y estaban listos a graduarse y prestar sus servicios militares en Nicaragua o en sus respectivos países de origen».*

--*«Debemos manifestar que el Arte de Mandar que asimilamos en la Academia Militar de Nicaragua, nos fue infundido por nuestros instructores durante los cuatro años completos de estudio en que vivimos acuartelados y dedicados al aprendizaje y entrenamiento en nuestro recordado centro castrense. Durante ese tiempo, nuestros instructores nos enseñaron que el fundamento principal, para saber mandar, consiste en primer lugar, en saber obedecer disciplinadamente, y ese significado era el mejor camino que debíamos emprender para lograr nuestros propósitos, cual era la responsabilidad de formarnos como buenos soldados y ponernos a la orden de la Patria. La Academia Militar sembró en nosotros las semillas del saber para poder asimilar las enseñanzas necesarias como futuros soldados, para lograr construir el edificio que teníamos dentro de nosotros mismos, es decir asimilar las bases teóricas y prácticas que con el tiempo nos daría la suficiente experiencia para poder convertirnos en firmes conductores de las tropas que tendríamos bajo nuestra responsabilidad. Al egresar graduados salíamos altamente preparados y conscientes de nuestras responsabilidades como oficiales del ejército y aptos para el desempeño como instructores en la vida de los cuarteles. Debíamos trasmitir, por lo tanto, a nuestros subordinados, todo el bagaje aprendido con firmeza, responsabilidad y paciencia».*

--*«Como futuros jefes no podíamos cometer "plancheradas", errores, descuidos o demostrar incompetencia. Como Oficiales académicos debíamos enseñar a la tropa ciertas virtudes necesarias para lograr alcanzar el éxito propuesto, tales como principios de lealtad, interés, capacidad, patriotismo y abnegación. Los cuatro años en que permanecimos recluidos en la Academia no fueron en vano, trabajamos y estudiamos muy duramente para poder adquirir los conocimientos técnicos suficientes para ser considerados conductores y modeladores del carácter del soldado que sin lugar a dudas una vez asimilados tales principios, constituiríamos conjuntamente el pedestal sólido que daría la seguridad integral al Estado Nicaragüense».*

--«*Al egresar de la Academia Militar nos sentíamos hombres suficientemente capacitados y tan sólo era necesario el realizar algunos esfuerzos para obtener la eficiencia necesaria en el Arte de Mandar. Para mandar y dirigir con éxito a la tropa era necesario ser poseedor de un adiestramiento consciente de dotes especiales, tales como la voluntad, imaginación y agilidad mental. El saber mandar no bastaba con llamarse conductor, era necesario hacer el estudio, la reflexión y la repetición cotidiana de conocimientos prácticos que ocurrían diariamente en los cuarteles y cuya solución nos ayudaría a desarrollar la habilidad de mando. Para efectuar el correcto mando, no era sólo necesario demostrar dicha habilidad superior, sino también debíamos llevar una vida austera, para dar el buen ejemplo y poder alcanzar a comprender los altos conceptos de justicia e imparcialidad al momento de responsabilizarnos de la tropa bajo nuestro mando, así de sencillo*».

--«*La Academia Militar de Nicaragua fue sin duda para nosotros, una fuente inagotable de enseñanzas eficaces en nuestro diario vivir, donde aprendimos los mejores ejemplos de nuestros instructores, fuesen estos militares o bien profesores civiles. Fue así como pudimos formar nuestro carácter juvenil en esa querida escuela llena de disciplina y rígida enseñanza diaria, con muchas aspiraciones en el porvenir de nuestra profesión. Y aunque ahora ya no exista la Academia Militar de Nicaragua físicamente en nuestra patria, en el lugar donde funcionó, seguirá siempre presente en nuestros recuerdos y en nuestros corazones de soldados profesionales agradecidos por todo lo bueno que ella nos inculcó*».

--«*Finalmente, a mis queridos compañeros de armas, los insto a todos para que sigamos mentalmente recorriendo los caminos que vivimos como Cadetes y logremos conducirnos siempre como buenos ciudadanos, manteniéndonos firmes en el deber e inmortales en el valor y para dar el mejor ejemplo a nuestros hijos, para que ellos puedan sentirse orgullosos de sus padres y sigan los derroteros donde nosotros marchamos con gallardía y apegados a los preceptos y principios que un día guiaron nuestros destinos con amor a la Patria, al Honor y a la Disciplina, bases en que los hijos de Marte sustentamos y forjamos siempre nuestro espíritu de soldados forjados en la Academia Militar de Nicaragua*». **José Wenceslao Mayorga Donaire, Teniente Coronel Cuerpo de Leyes G.N., Doctor en Derecho**.

Así finaliza el tercer testimonio. Relatos que nos permiten conocer las interioridades de la vida, el espíritu, sentimientos y formación de los Cadetes de la AMN, que era un misterio para los ciudadanos civiles del mundo externo a los muros del Campo de Marte. Son testimonios que coinciden en su esencia material, psíquica y en la mística de los oficiales graduados en la Academia Militar de Nicaragua, la desaparecida escuela para la formación de oficiales de la Guardia Nacional de Nicaragua.

En estos testimonios --y hay cientos más muy semejantes--, se evidencia el profundo amor de los cadetes por su Academia Militar, su Alma Mater, y por sus vivencia en esos años formacionales, no solamente de los tres oficiales que testificaron en estas páginas con sus escritos, sino de una gran mayoría, que puede aproximarse a la totalidad de los adolescentes que invirtieron sus años juveniles en lograr la conquista de la carrera militar. Todos ellos, de todas las edades, promociones y rangos alcanzados, se expresan con una especial religiosidad, con sagrada memoria nostálgica por su Academia Militar de Nicaragua y por sus años de Cadetes, con profundo sentido de compañerismo, que aún, 43 años después, continúan llamándose sus ***«chambelanes»***, aunque sus criterios, ya como oficiales en servicio de la Guardia Nacional, crearon en ellos opiniones diversas y en muchos casos severos en sus juicios, como lo veremos adelante.

El pensum de la Academia Militar de Nicaragua

El Plan de Estudios de la Academia Militar de Nicaragua era muy riguroso y extenso, combinaba las materias y prácticas militares, conjuntamente con los estudios de bachillerato, y para que un cadete fuese promovido al año superior, necesariamente debía aprobar todo el pensum con buenas calificaciones. El programa académico era una copia fiel del pensum de la Academia Militar de Estados Unidos en West Point, Nueva York, desde la fundación de la AMN, que fue establecido por el **Gral. Charles L. Mullins**, director fundador de la AMN en 1939. El Plan de Estudios era de cuatro años, excepto las primeras tres promociones que se graduaron con tres años de estudios. La rutina de los Cadetes comenzaba a las 4:45 de la mañana y concluía a las 21:45 horas de la noche. Tenían períodos de vacaciones en los que podían ausentarse del plantel de la Academia en el Campo de Marte de Managua. En Semana Santa tenían 10 días de vacaciones; en las Fiestas Patrias, 13 días de vacaciones y para Navidad 9 días de vacaciones. Pero un Cadete de vacaciones, fuera del plantel, estaba obligado a un comportamiento y decoro acorde a su condición Caballero Cadete de la AMN.

El Plan de Estudios

PRIMER AÑO: Durante los primeros 90 días del primer año, aproximadamente, los nuevos eran aspirantes a Caballeros Cadetes de Cuarta Clase y no podían tener contacto ni comunicación con ninguna persona ajena a la Academia Militar, ni siquiera con sus padres ni familiares, aunque fuesen militares. Este período inicial se llamaba de **Adaptación Militar**. Se les llamaba ***«Nuevos»*** y solamente usaban uniformes de fatiga. Cumplidos esos aproximados 90 días, el primero de junio se iniciaban las clases académicas y militares. Y el 4 de Julio, se convertían en Caballeros Cadetes de 4ta. Clase. Entonces se les entregaban uniformes caqui, uniformes blancos con guerrera blanca, hechos a la medida. En las últimas promociones se agregó al uniforme blanco de gala, un segundo uniforme de gran gala de pantalón crema y guerrera azul. En este Primer Año hacían sus estudios militares que incluía: Orden Cerrado, Orden Abierto, Exploración y Patrulla, Higiene Personal y Sanidad, Lectura de Cartas Topográficas, Balística y Características de las Armas de Infantería, Tiro y Puntería con Rifle de Guerra y Pistola, Tiro de Galería con Rifle .22, Táctica Elemental, Fortificaciones de Campaña (nociones elementales), Ametralladoras Pesadas y Ligeras, Rifles Automáticos, Primeros Auxilios, Guardia Interior, Cultura Física.

SEGUNDO AÑO: En el Segundo Año, los Caballeros Cadetes eran llamados ***«Neutrales»*** y las materias de estudios militares incluían: Ejercicios de Orden Cerrado y Orden Abierto, Exploración y Patrulla II, Fortificaciones de Campaña II, Cañón de 37mm, Cañón de 75mm, Cañón 105mm, Mortero de 60mm, Mortero de 80mm, Mortero de 120-mm, Granadas de Mano y de Rifle, Táctica, Guerra en las Selvas, Contrainsurgencia, Lectura de Mapas Militares, Ingeniería Militar, Vehículos de Motor, Comunicaciones, Explosivos y Demoliciones, Esgrima de Bayoneta, Mimetismo, Higiene Personal y Sanidad, Cultura Física.

TERCER AÑO: Al iniciar su Tercer Año en la Academia Militar los Cadetes se convertían en ***«Antiguos»*** y asumían el mando de la Compañía de Caballeros Cadetes, en la Plana Mayor o en el Cuadro de Organización de Clases de la Compañía, en consonancia con el don de mando, espíritu militar y capacidad profesional, y continuaban sus estudios militares que incluían: Orden Abierto y Orden Cerrado, Blindados, Topografía, Ingeniería Militar II, Construcciones Militares, Guerra Química, Información y Contrainformación de Guerra, Guerra en las Selvas y Contrainsurgencia, Organización y Transporte, Abastecimiento de Unidades Particulares de Combate, Defensa Contra Tropas Mecanizadas, Cooperación Aérea y Defensa Aérea Pasiva, Administración Militar, Leyes y Códigos Militares, Planes de Instrucción y Oficiales Instructores, Repaso de las Principales Asignaturas, Entrenamiento Físico.

BACHILLERATO: El curso académico para el diploma de bachillerato comprendía las siguientes materias que se distribuían con diferentes niveles progresivos en los tres años de estudios: Aritmética Razonada, Algebra, Geometría Plana y Analítica, Trigonometría, Química, Física, Gramática Española, Literatura, Historia, Geografía, Constitución Política, Moral, Urbanidad y Cívica, Economía Política, Francés, Inglés.

CUARTO AÑO: El cuarto y último año de estudios en la Academia Militar estaba dedicado a la especialización militar que los Cadetes hacían en el extranjero, principalmente en las escuelas e instalaciones del Ejército de Estados Unidos en la Zona del Canal de Panamá, donde cursaban materias como Ingeniería Militar, Marina, Aviación, Mecánica, Mantenimiento y Reconstrucción de Motores, Armas, Radio Comunicaciones, Topografía, Inteligencia Militar y otras materias. Al concluir los cuatro años como Cadetes de la Academia Militar de Nicaragua, tenían la oportunidad de mejorar sus conocimientos con becas en el exterior financiadas por la Guardia Nacional de Nicaragua para cursos militares superiores o en facultades liberales universitarias en diversas partes del mundo. Al graduarse de Oficial, el Caballero Cadete recibía el Diploma de Oficial y el Diploma de Bachiller en Ciencias, Letras y Filosofía, y habilitado para figurar en el Escalafón de Oficiales de la Guardia Nacional, percibiendo el sueldo correspondiente a Subteniente G.N.

Símbolos de la Academia Militar de Nicaragua

Los principales símbolos de la Academia Militar de Nicaragua lo constituyeron Insignias, Estandartes, Banderas, Himno y Marcha. Al 2022 han transcurrido 43 años de la desaparición de la Academia Militar de Nicaragua, el más joven de los graduados acaricia los sesenta años de edad, pero sin excepción, todos preservan, coleccionan y atesoran insignias, reliquias y toda clase de objetos que contengan grabados, imágenes de los símbolos de la Academia Militar de Nicaragua.

El **Himno de la Academia Militar de Nicaragua**, es una obra musical del **Cptn. (Inf) León Ortiz V., G.N.** y la letra es obra del **Cadete Manuel Agustín Alfaro Carnevallini**, No.15 de la Primera Promoción, Clase 1940-1943. La letra y el pentagrama del **Himno de la AMN**, está en página separada adelante.

El **Tnte. Manuel Agustín Alfaro Carnevallini**, autor de la letra del Himno de la AMN fue expulsado de la Guardia Nacional en 1947 por no manifestar lealtad al **Gral. Somoza** en el golpe de estado contra el presidente **Leonardo Argüello**. En Abril de 1954 el **Tnte. Alfaro Carnevallini, G.N.** fue asesinado por oficiales y soldados de la Guardia Nacional de Nicaragua, tras ser capturado junto con otros exoficiales de la Guardia, al fracasar un intento de emboscar y matar al **Gral. Anastasio Somoza García** y sus hijos **Luis** y **Anastasio Jr.**, como lo estudiaremos en un capítulo específico más adelante.

Datado en 1942, el pentagrama musical, posiblemente copiado por el **Sgto. Eduardo Martínez**, contiene la música del Himno de la Academia Militar de Nicaragua, compuesta por el **Cptn. León Ortiz V. GN** y la letra del **Tnte. Manuel Agustín Alfaro Carnevallini**, Cadete #14, Primera Promoción, Clase 1940-1943. Preservar los pentagramas del Himno y de la Marcha de la Academia Militar de Nicaragua, permitirá y facilitará que, en el futuro, algún investigador musical interesado o alguna asociación de graduados en la Academia Militar de Nicaragua, pueda interesarse en rescatar la música de Himno y Marcha, para interpretar, reproducir y grabar la música de estas obras, pues no existen grabaciones de tales melodías. Con el propósito de preservar los pentagramas --que equivale a preservar la música-- los hemos reproducido en esta obra.

«Firmes en el Deber» Marcha de la AMN

La Marcha de la Academia Militar de Nicaragua, ***Firmes en el Deber***, fue mucho más representativa y amada por los Caballeros Cadetes de todas las promociones. Cuando en la actualidad cuando se reunen oficiales graduados en la Academia Militar de Nicaragua en festejos familiares o conmemoraciones, al calor de las fiestas cantan ***«Firmes en el deber»***, no importan los 43 años transcurridos desde la desaparición de la AMN, ellos llevan esa Marcha de la Academia en sus mentes y en sus corazones.

De acuerdo con la copia del pentagrama hecha por el **Sgto. Ed. Martínez**, la música y letra de esta marcha, es obra del **Dr. Juan Velásquez Prieto**, profesor de la AMN, pero existe otra versión que asegura que el **Dr. Velásquez** es el autor de la letra y el autor de la música es un filarmónico de Masaya de apellido **Miranda**. Una tercera versión asegura que el **Dr. Velásquez** es coautor de la música junto con **Miranda**.

El **Dr. Juan Velásquez Prieto**, seguro creador de la letra de la ***Marcha de la Academia Militar de Nicaragua***, nació en la ciudad de Chinandega el 26 de febrero de 1912 y falleció en Managua el 3 de noviembre de 1956. Abogado y Notario, músico, caricaturista, guitarrista, radiodifusor, docente, Juez Segundo Civil de Distrito de Managua. Bachiller del Instituto Nacional de Occidente y Abogado de la UNAN, León, graduado en 1940, redactor del diario ***El Centroamericano*** de León. Vivió una infancia difícil por padecer poliomielitis y en su adolescencia fue testigo de la Guerra de Las Segovias, 1927-1933. Tras graduarse de abogado trabajó como Fiscal del Ministerio de Hacienda. Desde 1946 fue profesor de Literatura e Inglés de la Academia Militar de Nicaragua hasta su fallecimiento en 1956; apreciado por los Cadetes desde las primeras promociones, el **Dr. Juan Velásquez Prieto** fue el autor de la letra de la **Marcha de la Academia *Firmes en el Deber***, que perdura hasta el final de la AMN. También fundó ***La Voz de Nicaragua***, radio precursora de la cultura; caballero y popular hombre de la farándula y muy respetado en el foro nacional.

La Compañía de Caballeros Cadetes de las Promociones 11va., 12va., 13va. y oficiales graduados en promociones anteriores, que fueron alumnos del **Dr. Juan Velásquez Prieto**, condujeron a hombros su féretro desde la Academia Militar de Nicaragua donde le rindieron honores, hasta el Cementerio General de Managua, donde la Compañía de Caballeros Cadetes le tributó honores militares y tres descargas de fusilería para despedirle. A los cadetes y oficiales se unió una multitud de ciudadanos principalmente abogados, periodistas y artistas, tal era la admiración, respeto y reconocimiento al hombre culto y culturizante por su gran labor artística, jurídica, social y educativa del **Dr. Velásquez Prieto**, que aún se le recuerda y se guarda su memoria.

La marcha de la AMN ***Firmes en el deber*** y el ***Himno de la AMN***, eran interpretados por la Banda de Guerra de la AMN y cantados a coro por los Caballeros Cadetes.

La Bandera Tricolor de la AMN

La insignia icónica de la Academia Militar de Nicaragua es la bandera tricolor, A-zul, Blanca y Roja, diseñada en 1939 por el **Gral. Charles Mullins**, inspirada en la bandera de la Academia Militar de Nicaragua fundada en 1904 por el **Gral. Zelaya**.

Dr. Juan Velásquez Prieto, autor de la letra de la ***Marcha de la AMN*** y coautor de la música.

Letra de la Marcha, *FIRMES EN EL DEBER*

Firmes en el deber
Inmortales del valor
los que saben tener
Patria, Disciplina, Honor

Para vencer hay que luchar
mejor morir que desertar..!
Suene el clarin de la gloria
llegue el laurel de la victoria

Brille la espada al sol
por la Patria hay que luchar
viva los valientes Cadetes
de la Academia Militar.

Viva el blasón Rojo ideal
Azul de amor, Blanco inmortal
viva el emblema de los soldados
de la Academia Militar.

Himno de la Academia Militar de Nicargua

Coronada de lauros desciende
La Victoria en su áureo dosel
y se hermanan ideales, marciales,
con el libro, la espada y la Fe.

Academia, en tus hijos se enciende
una antorcha de luz y amor;
por la Patria la vida te ofrendan
en las aras que forja el Valor.

Academia, gloriosa Academia
de la cumbre do vamos en pos,
surje limpia, brillante y serena,
tu consigna de Patria y Honor.

Pentagrama del Himno AMN

Pentagrama de la Marcha *Firmes en el Deber*

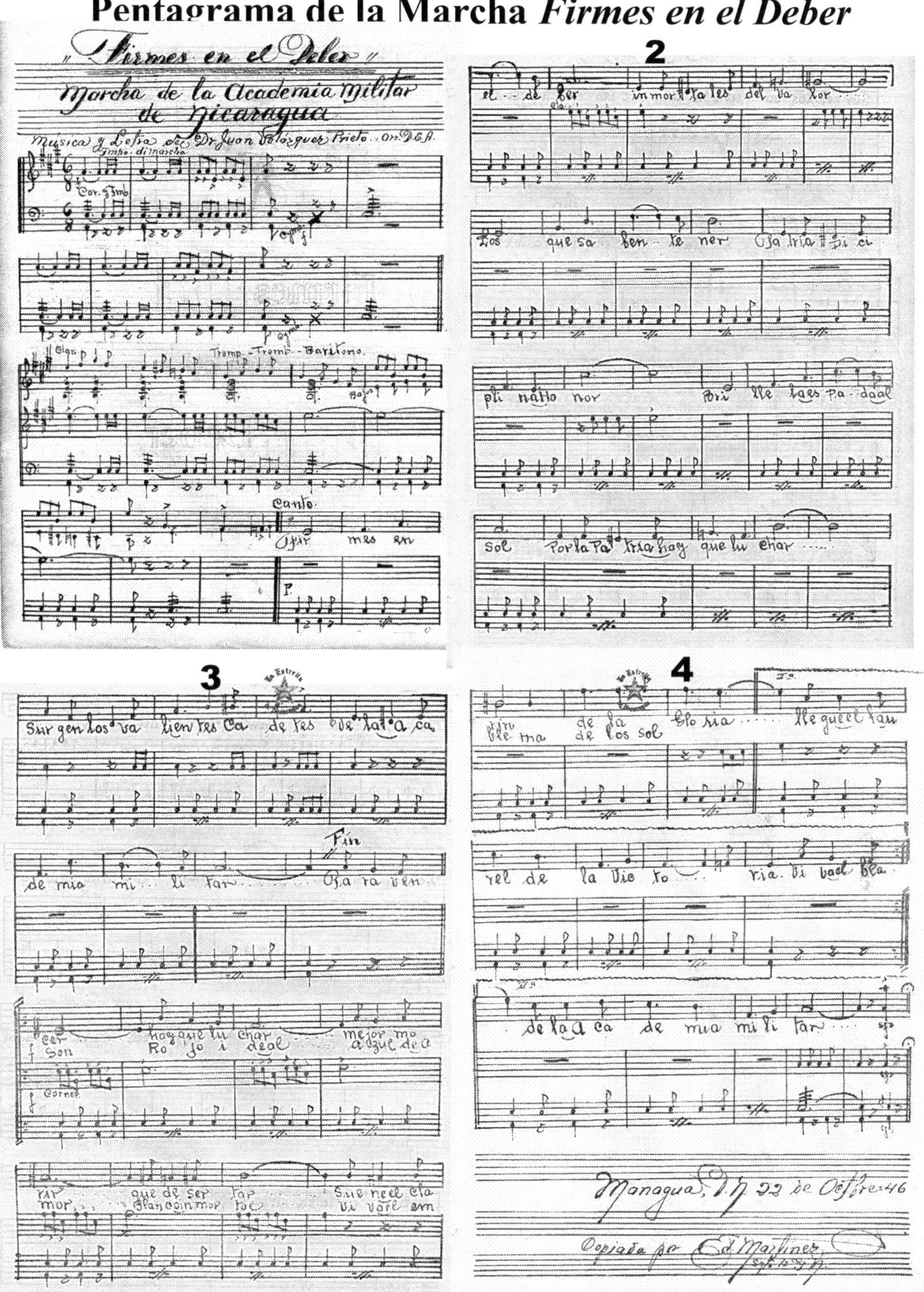

Firmes en el Deber. Así tituló la ***Marcha de la Academia Militar de Nicaragua*** el **Dr. Juan Velásquez Prieto**, autor de la letra de esta Marcha que fue predilecta de los cadetes de todas las promociones. El **Dr. Velásquez Prieto** fue un destacado abogado y jurisconsulto nicaragüense, profesor de la AMN y versado como compositor e intérprete musical. El autor de la música de la Marcha fue un filarmónico de Masaya de apellido **Miranda**, pero todos atribuyeron también al **Dr. Velásquez** la coautoría de la música.

La Bandera Tricolor de la AMN

Sin ninguna duda, la insignia más recordada, respetada y amada por los cadetes de la Academia Militar de Nicaragua es la bandera tricolor, pues siempre fue un honor pertenecer a la escuadra de abanderados de la AMN en paradas y desfiles. Fue establecida por el **Gral. Mullins** en 1939 y como él lo explicó en el inicio de este capítulo, ostenta tres franjas horizontales iguales, la superior es azul, la del centro blanca y la inferior roja. En el centro tiene el escudo de la AMN con los círculos concéntricos de los mismos colores.

Las cinco fotos de esta página confirman el respeto y el amor de los cadetes por su Bandera Tricolor, y el orgullo y honor de los cadetes por ser los abanderados en las ceremonias y desfiles a través de los años, desde la Primera a la última Promoción.

Los uniformes de los Cadetes de la AMN

Los uniformes que vistieron los Cadetes de la AMN fueron bastante estables durante la mayor parte de los 40 años de la existencia de esta escuela militar. La mayor variación de diseño se experimentó en la última década cuando se agregó un segundo uniforme de Gran Gala consistente en guerrera azul con pantalón ligeramente crema-amarillo con una raya dorada lateral y kepis azul tocado con una pluma blanca al frente, pero se siguió utilizando el tradicional uniforme de Gala blanco, según el tipo de ceremonias.

De las ***Memorias*** escritas por el **Tnte. Sergio Caldera Avilés, G.N.**, oficial graduado en la 31va. Promoción de la Academia Militar de Nicaragua, Caballero Cadete No. 1393 y Capitán Cadete de su promoción, Clase 1972-1976, tomamos estos datos y descripciones de los uniformes reglamentarios usados por los Cadetes de la AMN:

--«***El uniforme verde olivo era llamado "uniforme de fatiga", y usado para todo tipo de entrenamiento, ya sea practicando para ceremonias, para las paradas militares, para entrenamiento de manual de armas, y también se usaba para "pagar" los castigos llamados "horas de fatiga", de donde proviene el nombre de "Uniforme de Fatiga", pero es un uniforme cómodo para los trabajos pesados, para los entrenamientos intensos en los que se emana abundante sudor. El Uniforme de Fatiga está destinado a ensuciarse en el lodo o el polvo cuando los cadetes se entrenan inclusive arrastrándose***».

--«***El uniforme color kaki o caqui, era el uniforme de diario para clases y además se convertía en uniforme para ciertas ceremonias agregándole los arneses blancos. Esos arneses no se usaban diario, solamente para ceremonias. Los arneses se cruzaban delante del pecho, prensados con el chapetón de bronce y un cinturón también blanco con hebilla dorada de bronce, ambos, el chapetón y la hebilla, lucían dorados y brillantes debido a que se pulían con líquidos o pastas pulidoras de metales. Para los desfiles o paradas y ceremonias, se utilizaba el casco de fibra con una banda blanca. Parte de este uniforme caqui en ceremonias eran las botas negras con cordones blancos. Los cadetes que en las fotos se ven con espadín, eran los cadetes de mayor rango que usaban espadín en vez de fusil***».

--«***El uniforme de guerrera blanca y pantalón blanco fue el tradicional Uniforme de Gala, que siempre se usó en la Academia Militar de Nicaragua para ceremonias importantes desde la Primera Promoción de los Cadetes fundadores en 1940. El color blanco era adecuado por su frescura, pero requería un meticuloso cuidado que el cadete prodigaba a su atuendo de gala, porque el color blanco es fácil de ensuciarse por cualquier roce accidental, pero como eso no es excusa, el cadete debía pagar fatiga por "planchero"***».

--«***El uniforme de guerrera azul y pantalón beige-amarillo, arneses con chapetón y cinturón blancos con hebilla, kepis azul tocado con una pluma. Este fue el uniforme de Gran Gala, introducido y estrenado el 1ro. de Diciembre de 1974, para la ceremonia de la toma de posesión de la segunda presidencia del Gral. Anastasio Somoza Debayle. El uniforme de Gran Gala tiene parecido al uniforme de gala de los cadetes de la Academia Militar de Estados Unidos en West Point, New York.***

El uso del uniforme azul ó blanco se determinaba de acuerdo al tipo de ceremonia ó acontecimiento en cual los cadetes participaban.

Las fotos que ilustran los uniformes verdeolivos de fatiga, caqui, blanco de Gala y azul de Gran Gala, fueron tomadas durante ceremonias reales, por eso se ve en las fotografías que los cadetes tienen los arneses y demás arreos que usaban en ese momento específico».

Uniforme Verdeolivo o Uniforme de Fatiga

Uniforme Khaki con arneses, cinturón, chapetón y hebilla; y casco de fibra

Exceptuando el Uniforme de Fatiga, todos los otros uniformes eran confeccionados a la medida para cada uno de los cadetes, por sastres experimentados. Se ponía mucho cuidado y meticulosidad en las botonaduras, que debían ser removibles cuando los uniformes se enviaban a la lavandería. Los galones de rangos debía ser de excelente calidad, pues una calidad mediocre podría soltar el color y manchar al uniforme.

Los cadetes eran entrenados para mantener el porte militar en cualquier circunstancia, tanto en ceremonias, desfiles y paradas, como cuando tenía que salir individualmente a la calle, de hecho, cuando caminaba solo, parecía estar marchando, incluso con el mentón o *«barba»* hacia adentro, como se les exigía desde los primeros albores de los entrenamientos cuando eran *«nuevos»*.

Tres imágenes de los Caballeros Cadetes de la Academia Militar de Nicaragua, para finalizar el segmento de los uniformes que vistieron durante los cuarenta años de existencia de la AMN.

Los Deportes en la Academia Militar de Nicaragua

La Academia Militar de Nicaragua conquistó un gran prestigio en todos los deportes, compitiendo contra equipos nacionales y extranjeros de todas las disciplinas deportivas en las que ganó innumerables campeonatos, victorias y preseas de todo tipo y tamaño. La participación de los Cadetes en los programas deportivos de la Academia Militar de Nicaragua era obligatorio, como parte de la educación física y la superación de la salud de los jóvenes académicos.

La perseverancia en la práctica de los deportes en la AMN produjo gran cantidad de jóvenes atletas que se destacaron en competencias olímpicas nacionales y regionales, lo mismo que en torneos deportivos, ganando muchos campeonatos y galardones.

Los Cadetes y sus Instructores hicieron suya la cita latina de Juvenal: ***«Orandum est ut sit mens sana in corpore sano»*** (***Se debe orar para que se nos conceda una mente sana en un cuerpo sano***).

En la Academia Militar de Nicaragua se cultivaron y practicaron todos los deportes conocidos y practicados en Nicaragua: Beisbol, Baloncesto, Futbol, Softball, Volleyball, Boxeo, Natación y también las diez disciplinas del Decatlón Masculino: Carrera de 100 metros planos, de 400 metros planos, de 1,500 metros planos, de 110 metros con obstáculos (vallas), Carrera de Marathon (42 kilómetros), Salto de longitud, Salto alto, Salto de garrocha, Lanzamiento de bala, Lanzamiento de Disco y Lanzamiento de Jabalina.

Precisamente la imposición de las ***fatigas***, más que castigo, era un ***deporte*** obligado que consistía en correr con mochila cargada con equipo completo a la espalda y portando fusil, durante una cantidad de vueltas en la periferia del Campo de Parada.

Esta práctica le proporcionaba al cadete una envidiable resistencia física, pero se imponía cuando el cadete cometía faltas o ***«plancheradas»***, o se las inventaban sus jefe, y en su calidad de ***«planchero»*** tenía que correr dando varias vueltas al campo de parada con toda la carga a sus espaldas y vistiendo el muy sudado uniforme de fatiga.

Los deportes fueron practicados en la AMN desde la Primera Promoción, lo mismo que la participación de los cadetes en las competencias contra otros equipos deportivos de nivel nacional.

En la Academia Militar de Nicaragua se mantenía a los cadetes en constante movimiento físico, evitando la vida sedentaria, creando conciencia de que la falta de movilidad es súmamente perjudicial para la salud. Hacer ejercicio de manera regular ayuda a prevenir enfermedades, a controlar el sobre peso y el porcentaje de grasa corporal. Además fortalece los huesos, aumentando la densidad ósea y mejora la capacidad para hacer esfuerzos sin fatigarse. Por si fuera poco fomenta la maduración del sistema nervioso motor y aumenta las destrezas motrices.

Todo lo anterior es de primordial importancia para un militar que debe estar física y mentalmente preparado para someterse a compulsiones que le obliguen a resistir situaciones que requieren capacidad física, con o sin peligro. Por ello en la Academia Militar de Nicaragua se mantenía constantemente programas de deportes y de disciplinas de resistencia física.

Evaluado de esta manera, los cadetes de la Academia Militar de Nicaragua llevaban ventaja en las competencias deportivas, porque difícilmente encontraban competidores que mantuvieran la calistenia diaria y constante que era obligatorio a los cadetes de la AMN, donde cada uno de los atletas ya tenía la formación psicosomática del esfuerzo para conquistar las metas y la disciplina para mantenerlas.

Superar retos y problemas, fue parte del espíritu que aprendieron en la AMN.

El boxeo fue una de las especialidades preferidas de la comunidad de Cadetes de la AMN

Cadete **Jaime Flores Flovo**, campeón de jabalina

Cadete **Luis Adolfo Ruíz Dávila**, campeón de disco

Equipo de Volibol AMN 1942. De pie. Izq. a der.: **Alberto Montealegre H.**, **César Napoleón Suazo**, **Samuel Cárcamo Gutiérrez**, **Noél Bermúdez Lacayo**, **Luis Benavides**, **Federico Prado Espinoza** y **Pedro Matus González**. De rodillas: **Alfonso Pérez Escorcia**, **Franklin Weelock García**, **Renato Lacayo Guilchrist**, **César A. Borge Castillo** y **Félix Roberto Guillén M**.

Equipo de **Beisbol AMN 1942**. De pie. Izq. a der.: **Napoleón Ubilla Baca**, **Juan Brenes Luna**, **Luis Adolfo Ruíz Dávila**, **Narciso Torrentes Zúniga**, **Carlos Vanegas Avilés**, **Jorge Salazar B.**, **Pastor Toruño Maltez**, **Segundo Montoya Herrera**, **Adrián Gross Poveda** y **Pedro Pablo Bodán Gómez**. De rodillas, izq. a der.: **Juan Angel López Pineda**, **Raúl Jiménez Argüello**, **Miguel Mena Quiroz**, **Emilio Lau Rueda**, **Roberto Avilés Serrano**, **Fernando Saballos**, **Manuel Medina Castellón** y **Arturo Pallais Calero**.

Equipo de **Baloncesto AMN 1942.** Del frente hacia el fondo: **José Agurto Robleto**, **Miguel Cifuentes Zapata**, **Manuel Agustín Alfaro Carnevallini**, **Guillermo Noguera Zamora**, **Guillermo Quintana Campos**, **Elías Cárcamo Gutiérrez**, **Samuel Genie Amaya**, **Ernesto Rugama Núñez**, **Jorge Salazar B.**, **Luis Balladares Gurdián**, **Jaime Flores Lovo** y **Jorge Arellano Cuadra**.

Salto a la Garrocha. Ernesto Rugama Núñez, Cadete No.34 Primera Promoción de la Academia Militar de Nicaragua, Clase 1940-1943, conquistó el campeonato en el Salto a la Garrocha, igualando el record nacional de Nicaragua de 1942. Los atletas de la Academia Militar tenían la ventaja del disciplinado entrenamiento físico que era práctica diaria, incluso pagando fatiga en el Campo de Paradas.

Selección de futbol de la AMN de 1942 integrada por Cadetes de la 1ra. y 2da. promociones que ganó el campeonato nacional 1942. De pie, izq. a der.: **Félix Roberto Guillén**, **Félix Gutiérrez Ramos**, **Róger Jerez Alfaro**, **Pedro Matus**, **Edwin Saino Morgan**, **Samuel Cárcamo Gutiérrez** y **Jorge Cárdenas Díaz**. De rodillas: **Edmundo Rocha Delgado**, **Francisco De Franco**, **Enrique Alegría**, **Alvaro Valle Salinas** y **Joaquín Cortés**. El primero a la izquierda de rodillas, **Edmundo Rocha Delgado**, alcanzó el rango de General, fue Director de la Academia Militar de 1965 a 1967. En su retiro fue Director Nacional de Deportes de Nicaragua, y fue incluido en el Salón de la Fama del Deporte Nicaragüense.

Las Novias de la Academia Militar de Nicaragua

Tradición y alegría significaba para los jóvenes Cadetes la elección, coronación y fiesta de las Novias de la Academia Militar de Nicaragua. Este evento era un bálsamo que compensaba la dura rutina y enclaustramiento que significaban los rigurosos estudios, el entrenamiento militar y la disciplina transformadora en los cuatro años de profesionalización. Una vez al año los Cadetes experimentaban la alegría de este festivo evento cultural perfumado con la juvenil belleza femenina de las Novias de la AMN.

Dos históricas fotos: A la izquierda el desfile de la Primera Novia AMN-1940, señorita **Julia Sánchez Róiz**, ver su rostro en recuadro. A la derecha, la última Novia AMN-1977 **Sabine Lang Lander** acompañada por los Cadetes **Walter Duarte** y **Ruperto Moreno** de la 34 Promoción, Clase 1975-1979.

El **Gral. G.N. Anastasio Somoza García (1)** saluda a la Novia de la Academia Militar de Nicaragua el 27 de Mayo de 1951, señorita **Olga María Bolaños Ibarra (2)**. Atrás del Presidente, sonríe su hijo, el entonces **Cnel. G.N. Anastasio Somoza Debayle (3)**, que era el Director de la Academia Militar. A su lado, con un elegante traje, su esposa **Hope Portocarrero Debayle de Somoza Debayle (4)**. Con una bella sonrisa la Novia de la AMN 1950-1951, señorita **Olga María Bolaños Ibarra**, era hija de don **Guillermo Bolaños Avilés**, funcionario del desaparecido Banco Nacional de Nicaragua, y de doña **Clarisa Ibarra Góngora de Bolaños**. La Novia está custodiada por el Capitán Cadete de la 7ma. Promoción, Clase 1948-1952, **Nicolás Valle Salinas**, que alcanzó el rango de General G.N. y conquistó el título de Doctor en Derecho con honores en la Universidad Centroamericana (UCA). **Valle Salinas** fue hijo del **Gral.** e **Ingeniero Alfonso Valle Candía**, uno de los héroes de la Batalla de Namasigüe y de la Guerra de 1907, y de doña **Javiera Salinas Chamorro de Valle Candía**. Tres hijos del matrimonio **Valle-Salinas** fueron altos oficiales de la Guardia Nacional de Nicaragua.

Se evidencia la alegría juvenil que la celebración a las Novias de los Cadetes de la AMN. A la izquierda, la Novia desfila bajo una bóveda de acero de fusiles y bayonetas y la Compañía de Cadetes viste el uniforme de Gran Gala. A la derecha el Capitán Cadete con Guerrera Blanca de Gala desfila con la Novia, que viste elegante traje a la moda de la época.

El Día de la Graduación

Después de cuatro años de duro entrenamiento y severa formación militar, educativa e intelectual, los jóvenes cadetes conquistaban su ansiado nivel de graduados militares profesionales con un alto sentido de la disciplina, don de mando, carácter de responsabilidad y orden. Así se incorporaban al cuerpo de Oficiales de la Guardia Nacional de Nicaragua, iniciando su carrera militar con el rango de Subtenientes de Infantería y la determinación de conquistar los más altos rangos militares y carreras profesionales. Culminaba su vida de cadetes en la fecha 4 de Julio cuando llegaba el **Día de la Ceremonia de Graduación**. Aquel grupo de muchachos civiles procedentes de diversos pueblos y ciudades que un día se presentaron a la Sala de Guardia vistiendo ropa de paisanos, cargando una valija y un sueño, se graduaron completamente transformados, pero no todos los muchachos que iniciaron la epopeya lograron llegar al final, algunos quedaron en el camino, por eso resultaba de gran orgullo el haber superado todos los retos y sacrificios durante los cuatro años, habiendo llegado a la conquista de la graduación, que era una victoria y orgullo personal.

El Salón de Actos de la Academia Militar de Nicaragua no fue precisamente un lujoso auditorio, sino este largo salón, sencillo y sobrio; pero en el **Día de la Graduación de los Cadetes** se convertía en un templo sagrado. Cadetes, autoridades de la AMN y la participación del Presidente de la República. Era el día que se coronaban los sueños de cuatro años de estudios, sacrificios y anhelos para una promoción de jóvenes nicaragüenses.

Frente a la tarima del presidium, los Cadetes aguardan el momento de subir a recibir sus diplomas de graduados de manos del Presidente de la República. Las familias también estaban presentes, especialmente las madres que tenían la honrosa y emocionante misión de imponer los anillos de graduación a sus hijos triunfantes.

ARRIBA: Los Cadetes graduandos desfilaban en la ceremonia con sus madres, que orgullosas tenían el ganado privilegio de imponer los Anillos de Graduación a sus hijos. AL CENTRO: El Presidente, **Dr. René Schick Gutiérrez**, entregó los títulos de graduación a las Promociones de Cadetes que concluyeron sus estudios durante su gobierno. ABAJO: Al Presidente de la República, **Gral. Anastasio Somoza Debayle**, le correspondió entregar los títulos a las últimas Promociones. Con la graduación culminaban cuatro años de esfuerzos, disciplinado sacrificio, lucha y la conquista del anhelado nivel de militar profesional. Días después los graduados eran incorporados a la Guardia Nacional de Nicaragua con el rango de Subtenientes de Infantería.

Capítulo Siete.

1940: Caída del Gral. J. Rigoberto Reyes

José Rigoberto Reyes Aráuz, fue un exitoso agricultor de Matagalpa, dueño de la hacienda ***Rancherías***, herencia de sus padres. También fue un sobresaliente militar. Por su experiencia como combatiente en el Ejército de Nicaragua del gobierno del **Gral. Zelaya** contra la Revolución de la Costa en 1909 y posteriormente como ofical en la Guerra Constitucionalista de 1926-1927, su nombre fue propuesto para integrar el Estado Mayor de la Guardia Nacional de Nicaragua al retirarse las fuerzas militares de la Infantería de Marina de EE.UU. El 25 de Noviembre de 1932 fue incorporado al Estado Mayor G.N. con el rango de Coronel G.N.

Solamente seis civiles recibieron el rango de Coroneles G.N.: **Gustavo Abaúnza**, **Samuel Santos**, **Sebastián Poveda**, **Arturo S. Cruz Hurtado**, **J. Andrés Urtecho** y **José Rigoberto Reyes Aráuz**. Rango superior a estos séis le fue concedido solamente a uno: **Anastasio Somoza García**, único que fue nombrado Mayor General G.N. y designado para el cargo de Jefe Director de la Guardia Nacional de Nicaragua. Complementando al nuevo Estado de Mayor que sucedió a los norteamericanos, fueron nombrados 13 civiles con el rango de Mayores G.N. y 23 con el rango de Capitanes G.N.

(Todos los detalles de la conformación del Estado Mayor G.N. que hizo el alto mando militar de la Infantería de Marina al retirarse todas las tropas norteamericanas de Nicaragua, están en el Capítulo 17 de ***La Historia de la Guardia Nacional de Nicaragua, Tomo Uno***, primer libro de esta colección).

El **Cnel. José Rigoberto Reyes** se convirtió en el principal asistente y asesor del **Gral. Somoza García** y su hombre de confianza con amplios conocimientos y experiencia militar en dos guerras civiles, condiciones de las que **Somoza** carecía. **Reyes** tuvo a su cargo las principales acciones militares durante el golpe de estado para atacar a las tropas del presidente **Juan B. Sacasa** que estaban atrincheradas en la Casa Presidencial. Las tropas de la Guardia Nacional bajo el mando del **Cnel. Reyes Aráuz**, ametrallaron y cañonearon la Casa Presidencial en la Loma de Tiscapa desde la fortaleza del Campo de Marte, mientras **Somoza** se fue a León a atacar el Fortín de Acosasco, que era un objetivo fácil y sencillo, además muy mal comandado. Durante las acciones del golpe de estado conque fue derrocado el presidente **Juan Bautista Sacasa** en Mayo de 1936 la mayor responsabilidad ofensiva la tuvo el **Gral. J. Rigoberto Reyes**.

El 6 de Noviembre de 1936, **Somoza** ***«renunció»*** a la jefatura de la Guardia Nacional porque era requisito impuesto por ley para participar como candidato en las elecciones presidenciales. Para depositar el máximo cargo militar de Nicaragua, escogió a **J. Rigoberto Reyes** como Jefe Director de la Guardia Nacional, demostrando la plena confianza que tenía **Somoza** en **Reyes**. Pero inmediatamente después de las elecciones presidenciales --en las que **Somoza** resultó triunfador porque fue candidato único-- convirtieron a **Somoza** Presidente Electo, al día siguiente recuperó el cargo de Jefe Director de la Guardia Nacional el 8 de Diciembre de 1936, de modo que el **Cnel. Reyes** fue Jefe Director de la Guardia Nacional por **un mes y dos días**, no obstante quedó demostrada la confianza que el **Gral. Somoza** tenía en **J. Rigoberto Reyes**.

Somoza tomó posesión de la presidencia el 1ro. de Enero de 1937 y el **Cnel. Reyes**

Gral. José Rigoberto Reyes Aráuz, Jefe del Estado Mayor de la Guardia Nacional, fue destituido en Noviembre de 1940 por una maniobra perversa del **Gral. Anastasio Somoza** y dado de baja ***«Por conveniencia del gobierno»***. El **Gral. Somoza** estaba evidentemente celoso de la popularidad en la Guardia Nacional del **Gral. Reyes Aráuz**.

que era el segundo jefe de la Guardia Nacional, fue ascendido al rango de General de Brigada y Jefe del Estado Mayor, mientras **Somoza** se elevó al rango máximo de General de División, no obstante que la Guardia Nacional no la constituía ni una sola División con sus escasos 2,000 soldados. Una División la integran entre 10,000 y 15,000 soldados y oficiales o más.

Entretanto **José Rigoberto Reyes**, por su don de gentes, educación y experiencia militar había conquistado, involuntariamente, la simpatía de los oficiales, de los soldados, clases y de la mayoría de los ciudadanos.

Pero **Reyes** no tenía mayores pretenciones y seguía siendo el oficial eficiente, sencillo, disciplinado y muy leal al **Gral. Somoza García**.

Durante los primeros tres años de la presidencia de **Somoza**, el **Gral. Reyes** tuvo un eficiente desempeño como asistente y asesor al servicio fiel del presidente **Somoza**, como se comprueba en su trabajo mencionado en los capítulos anteriores.

El domingo 4 de Febrero de 1940, el Ministro de Relaciones Exteriores, **Dr. Mariano Argüello Vargas** ofreció un almuerzo en el exclusivo ***Club Azotea*** a los comandantes y oficiales de los guardacostas ***Itasca*** y ***Pandora*** de Estados Unidos anclados en el puerto de Corinto, que llegaron a Nicaragua en un recorrido de visitas de buena voluntad a varios países Latinoamericanos. Al almuerzo fueron invitados ministros y funcio-narios del gobierno del presidente **Somoza García**. Y naturalmente también fue invitado el Jefe del Estado Mayor de la Guardia Nacional, **Gral. José Rigoberto Reyes**. Durante el almuerzo y la recepción, tanto el Embajador de EE.UU. **Meredith Nicholson** como los funcionarios de la embajada y los Comandantes homenajeados, **Roger C. Helmer** y **Ellis Reed Hill**, se relacionaron y compartieron con mucha deferencia con el **Gral. J. Rigoberto Reyes**, lo cual no pasó inadvertido para los otros personajes nicaragüenses invitados, principalmente de los parientes cercanos al **Gral. Somoza** que estaban presentes como el **Dr. Mariano Argüello Vargas**, Ministro de RR.EE.; **Ing. J. Ramón Sevilla Castellón**, futuro consuegro de **Somoza**; el **Dr. y Cnel Luis Manuel Debayle Sacasa**, Director de Sanidad y cuñado preferido del presidente **Somoza**, **Dr. Henry Debayle Sacasa**, cuñado del presidente **Somoza**; **José Benito Ramírez**, Ministro de la Secretaría Privada Presidencial; **Dr. Luis Mena Solorzano**, Ministro de Nicaragua en Costa Rica; **Gral. José Ma. Zelaya**, Ministro de Agricultura; **Gral. José Ma. Moncada**, expresidente de Nicaragua, primo y consejero del presidente **Somoza** y el **Dr. Guillermo Sevilla Sacasa**, futuro yerno del **Gral. Somoza**. También estuvieron presentes como invitados especiales el **Gral. Charles Mullins**, Director de la Academia Militar de Nicaragua; **Mayor Julio D'Arbelles**, Subdirector de la Academia Militar; el **Cptn. Guillermo Rivas Cuadra**, Comandante de la Fuerza Aérea, FAN; **Dr. Emilio Borge**, Director del Ceremonial Diplomático; el **Dr. Alejandro Argüello Montiel**, el **Dr. Manuel Cordero Reyes**, Ex Ministro de RR.EE.; el **Dr. Carlos Morales** y otros. Las deferencias norteamericanas con el **Gral. Rigoberto Reyes**, a los ojos del somocismo, lo percibieron como un elemento competidor peligroso para **Somoza**, dado el poder que **Reyes** tenía en la Guardia Nacional y a esto se sumó el aprecio demostrado por los norteamericanos. Rápidamente estas percepciones llegaron a los oídos del **Gral. Somoza**, porque no era lo mismo que **J. Rigoberto Reyes** fuese una figura popular entre los nicaragüenses civiles y militares, y otra muy diferente que cultivara amistades con los norteamericanos, pues esas relaciones eran territorio exclusivo del **Gral. Somoza**.

La noche del mismo domingo 4 de febrero, el Ministro de Guerra, Marina y Aviación, y Jefe del Estado Mayor de la Guardia Nacional, **Gral. J. Rigoberto Reyes Aráuz**, ofreció una elegante cena en el ***Chalet de Las Piedrecitas*** a los Comandantes y Oficiales de los Guardacostas norteamericanos visitantes, con la asistencia del Embajador **Meredith Nicholson** y de funcionarios de la Embajada norteamericana y los mismos invitados del gobierno de Nicaragua que estuvieron en el almuerzo, donde se repitieron las deferencias norteamericanas para el **Gral. José Rigoberto Reyes Aráuz** y también se repitieron las murmuraciones de los parientes y allegados al presidente **Somoza**, tomando esa buena relación de los norteamericanos con el **Gral. Reyes**, como la peligrosa personalidad que podía llegar a ser el sucesor si algo le ocurrieta al **Gral. Somoza**, pues era el gobierno norteamericano el que decidía sobre el orden de los poderes en Nicaragua y otros países.

Ese mismo año, en Noviembre de 1940, el gobierno de Estados Unidos convocó a los gobiernos de América Latina a una conferencia en Washington, D.C. para el establecimiento de capacidad defensiva de cada República del Continente Americano, y la creación de tácticas y estrategias conjuntas para derrotar una posible agresión de las potencias totalitarias contra uno o varios países del Continente Americano.

La conferencia estaba evidentemente motivada porque ya la Alemania de **Hitler** había invadido y ocupado territorios desde 1935 cuando recuperó el Territorio de la Cuenca del Sarre. En marzo de 1938 se anexionó Austria y en octubre hizo lo mismo con la región checoslovaca de los Sudetes. En 1939 **Hitler** invadió el resto de Checoslovaquia. Y el 1ro. de septiembre invadió Polonia, lo que no fue tolerado por otras naciones, dando inicio a la Segunda Guerra Mundial con la declaratoria de guerra de Inglaterra y Francia contra Alemania por la invasión a Polonia.

No obstante la invasión a Polonia, Estados Unidos continuaba declarándose neutrales, sin participar directamente en la guerra, estas agresiones de Alemania preocuparon a EE.UU. y por ello citaron a los gobiernos latinoamericanos a la conferencia en Washington para realizarse en noviembre de 1940.

El **Gral. Somoza** designó al **Gral. J. Rigoberto Reyes** para que asistiera a la conferencia convocada por Estados Unidos para representar a Nicaragua.

Antes de realizar su viaje a Estados Unidos, el **Gral. Reyes Aráuz** presentó un mensaje a los oficiales y soldados de la Guardia Nacional que no le gustó a **Somoza**.

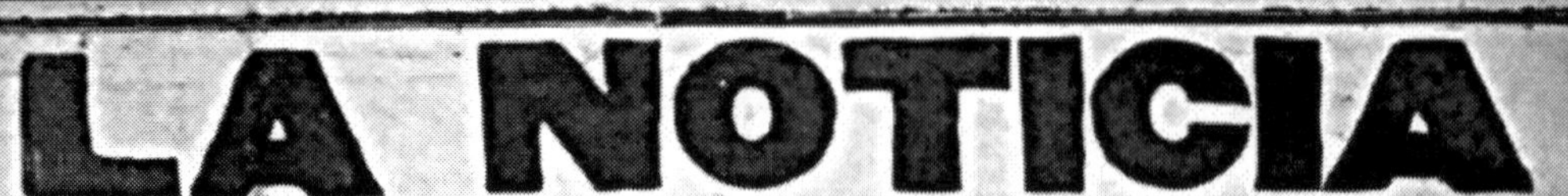

LA NOTICIA

DIARIO INDEPENDIENTE Y DE INTERESES GENERALES

Director: JUAN RAMON AVILES — Gerente: HORACIO E. PÉREZ

SUSCRIPCION MENSUAL 2.50 Córdobas — DECIMA EPOCA — 2a. Avenida Sur Este y 1a. Calle Sur Este—No 203 — CUATRO PAGINAS 10 Centavos

Editado en "Editorial Atlántida" — AÑO XXV-Managua, Martes 6 de Febrero de 1940-No 6.274 — Teléf. No 60

Homenajes en honor de los Comandantes y Oficiales de los guardacostas «Itasca» y «Pandora»

Antier domingo a la una de la tarde en el Club Azotea el Ministro de Relaciones Exteriores, doctor Mariano Argüello Vargas obsequió con un lunch a los Comandantes y Oficialidad de los Guardacostas «Itasca» y «Pandora». Se sentaron a la mesa los siguientes:

Comandantes Roger C. Helmer y Ellis Reed Hill; Teniente C H Hilton; Teniente A. W. Johnson; Ensión O R Smeder; Mr. La Verne Baldwin, Secretarios de la Legación Americana, Sr William E. Flournoy y Sr H Bartlett Wells; Gral. J. Rigoberto Reyes; Dr. Mariano Argüello V., Ministro de Relaciones Exteriores; Ingeniero don J. Ramón Sevilla; Coronel Luis Manuel Debayle; Dr. Henri De Bayle; Mayor Julio D'Arbelles; Coronel Charles Mullins, Director de la Academia Militar; Capitán David son Blanco; Capitán Espinosa Altamirano; Dr. Manuel Cordero Reyes; don Arturo Mollieri; don José Benito Ramírez, Ministro de la Secretaría Privada; Dr. Luis Mena Solórzano, Ministro de Nicaragua en Costa Rica; Dr Jesús Sánchez R.; Dr. Alejandro Argüello Montiel; Gral José María Zelaya, Ministro de Agricultura; Gral José María Moncada; Mayor A. Medina; Cap Guillermo Rivas Cuadra; Dr. Emilio Borge, Jefe del Departamento Diplomático y Encargado del Protocolo; Dr. Carlos Morales; Dr. Guillermo Sevilla Sacasa.

Cena en las Piedrecitas

La noche del mismo domingo en el Chalet de Las Piedrecitas, el Ministro de la Guerra, Marina y Aviación, General J. Rigoberto Reyes, obsequió con una cena a los mismos visitantes, asistiendo los citados anteriormente, Altos Oficiales de la Guardia Nacional.

Se fueron ayer en la mañana

Ayer a las 8 am en tren especial partieron para Corinto los Comandantes y Alta Oficialidad a embarcarse nuevamente en sus respectivos guardacostas. Fué acompañándolos el doctor Emilio Borge, Jefe del Departamento Diplomático y actual Encargado del Protocolo.

A este almuerzo ofrecido el domingo 4 de febrero de 1940 por el Ministro de Relaciones Exteriores, **Dr. Mariano Argüello Vargas** a los comandantes y oficiales de los guardacostas ***Itasca*** y ***Pandora*** de Estados Unidos surtos en el puerto de Corinto, fueron invitados varios ministros y funcionarios del gobierno del presidente **Anastasio Somoza García**. También fue invitado el Jefe del Estado Mayor de la Guardia Nacional, **Gral. José Rigoberto Reyes**. Durante la recepción, tanto el Embajador de EE.UU., **Meredith Nicholson**, como los funcionarios de la embajada y los Comandantes homenajeados, **Roger C. Helmer** y **Ellis Reed Hill**, se relacionaron y compartieron con mucha deferencia con el **Gral. J. Rigoberto Reyes**, lo cual no pasó inadvertido para los otros personajes nicaragüenses invitados, principalmente de los parientes cercanos al **Gral. Somoza** como el **Dr. Mariano Argüello Vargas**, Ministro de RR.EE.; **Ing. J. Ramón Sevilla Castellón, Dr. y Cnel Luis Manuel Debayle Sacasa**, Director de Sanidad y cuñado del presidente **Somoza, Dr. Henry Debayle Sacasa**, cuñado del presidente **Somoza**; **José Benito Ramírez**, Ministro de la Secretaría Privada Presidencial; **Dr. Luis Mena Solorzano**,Ministro de Nicaragua en Costa Rica; **Gral. José Ma. Zelaya**, Ministro de Agricultura; **Gral. José Ma. Moncada**, Expresidente de Nicaragua y primo del presidente **Somoza** y el **Dr. Guillermo Sevilla Sacasa**, futuro yerno del **Gral. Somoza**. También estuvieron presentes como invitados el **Gral. Charles Mullins**, Director de la Academia Militar de Nicaragua; **Mayor Julio D'Arbeles**, Subdirector de la Academia Militar de Nicaragua; **Cptn. Guillermo Rivas Cuadra**, Comandante de la Fuerza Aérea, FAN; **Dr. Emilio Borge**, Director del Ceremonial Diplomático **Dr. Alejandro Argüello Montiel**, **Dr. Manuel Cordero Reyes**, Ex Ministro de RR.EE. el **Dr. Carlos Morales** y otros. Las deferencias norteamericanas con el **Gral. Rigoberto Reyes**, a los ojos del somocismo, lo percibieron como un elemento peligroso para **Somoza**, dado el poder que **Reyes** tenía en la Guardia Nacional y a esto se sumó el aprecio demostrado por los norteamericanos, rápidamente estas percepciones llegaron a los oídos del **Gral. Somoza**. El diario ***La Noticia*** informó todo detalladamente como lo demuestra el recorte facsímil superior.

1938. Estado Mayor de la Fuerza Aérea Nicaragüense, FAN-GN. De izquierda a derecha: Capitán PA-GN **Edmundo Vargas Vásquez**; Capitán PA-GN **Rafaél Espinosa Altamirano**, Subcomandante de la Fuerza Aérea FAN-GN; General G.N. **José Rigoberto Reyes Aráuz**, Jefe del Estado Mayor G.N.; General G.N. **Anastasio Somoza García**, Jefe Director de la Guardia Nacional de Nicaragua y Presidente de la República; Capitán PA-GN **Guillermo Rivas Cuadra**, primer Comandante de la Fuerza Aérea FAN-GN; Capitán PA-GN **Juan García Saldaña** y Capitán PA-GN **Rafaél Avence Benítez**, paraguayo veterano de la guerra de El Chaco, fue incorporado a la Guardia Nacional. Atrás, a la izquierda de kepis blanco, aparece el Sargento **Carlos Reina**, ayudante personal del **Gral. Rigoberto Reyes Aráuz**. El **Gral Somoza García** siempre se hacía acompañar del **Gral. J. Rigoberto Reyes**, porque era su principal asesor, consejero y leal subalterno. Pero en 1940 hubo intrigantes que sembraron en **Anastasio Somoza** celos contra **J. Rigoberto Reyes**.

Mensaje del Gral. J. Rigoberto Reyes a la Guardia Nacional

En 1940 antes de viajar a Washington, D.C. como delegado a la ***Conferencia de Jefes de Estados Mayores de los Ejércitos de las Repúblicas Americanas***, el **Gral. J. Rigoberto Reyes** envió este mensaje a los oficiales, clases y soldados de la Guardia Nacional.

Este fue su mensaje:

--«***Soy miembro activo de la Guardia Nacional desde su reorganización con elementos nicaragüenses. Comprendiendo el alto objeto para que ha sido creada he puesto todo mi empeño en identificarme con ese objetivo para cumplir, en mi esfera de acción, los propósitos que animan al Comandante General y Jefe Director de la G. N., General de División Anastasio Somoza, de cristalizar en el alma de la Institución las cualidades de disciplina, sobriedad y pundonor militares. Del ejército depende siempre la eficacia del Poder Ejecutivo, porque es su fuerza y su verdadera capacidad de mando. Si en nosotros descansa tan delicada responsabilidad es necesario que seamos dignos de ella, no permitiendo que se alteren las labores administrativas, por ninguna causa, ni con ningún pretexto. La Guardia Nacional ha demostrado en horas de peligro y de dolor sus cualidades de lealtad, de valor, de responsabilidad y de sacrificio, limpiando de malezas***

Gral. J. Rigoberto Reyes

el sendero y propagando el amor al trabajo y a la vida civil, que nacen de la seguridad de la paz. La Guardia Nacional, fiel a su razón de existencia, ha respetado la voluntad del electorado nicaragüense y la libertad del pensamiento escrito, cuando esta no ha pretendido saltar al campo de lo prohibido por la ley. Al ingresar a la Guardia cada uno de nosotros dejó en el recuerdo el color de la bandera partidarista y se ha convertido en el centinela exclusivamente alerta para que no se empañen los colores de la Bandera Nacional con perturbaciones intestinas, ni violaciones internacionales. El estancamiento de la cultura y del progreso de la República reconoce, como causa primaria, el encono conque en todos los tiempos se han planteado y resuelto sus problemas vitales. Ahora la Guardia constituye una clase orientada a muy altos destinos, porque, al renunciar a la facultad de deliberar, ha fortalecido el espíritu de cuerpo, haciéndose respetable y fuerte, por la obediencia y ejecución inmediata de las ordenes superiores. En la Guardia Nacional descansa la seguridad del Estado y de sus leyes fundamentales. Por eso cada uno de los miembros que la integran debe comprender que hay más sacrificio que provecho en el ejercicio de sus funciones; y que la abnegación, la lealtad y el honor no constituyen virtudes, sino condiciones indispensables para figurar dignamente en sus filas. Oficiales y alistados de la Guardia Nacional: He estado y estaré con vosotros en los días difíciles y en las horas de justo regocijo. Comparto con vosotros las responsabilidades del estado militar y quiero que vuestra conducta se ciña al Reglamento para el Gobierno y Disciplina de la Guardia Nacional y al debido acatamiento a las leyes de la República, porque en esa forma cumpliréis con vuestro deber y ayudaréis al desarrollo del programa administrativo que el Excelentísimo Señor Presidente General Somoza, ha iniciado, a la sombra de la paz, para bien de Nicaragua. Habéis sabido corregir en gran parte los defectos motivados por los antecedentes de nuestra organización. Siendo fieles al juramento prestado satisfaréis los anhelos de nuestro Jefe Director y lograréis obtener sin reservas la confianza de los nicaragüenses».

J. Rigoberto Reyes, General de Brigada G. N., Jefe del Estado Mayor G. N.

En noviembre de 1940 el **Gral. José Rigoberto Reyes Aráuz, G.N.**, Jefe del Estado Mayor de la Guardia Nacional de Nicaragua, viajó a Estados Unidos a la Conferencia de Jefes de Estados Mayores de los Ejércitos de las Repúblicas Americanas como estaba programado.

En cada ocasión pertinente, el **Gral. Somoza** pedía que los participantes posaran con él para las fotos. Y siempre el **Gral. José Rigoberto Reyes** estuvo a su lado como en esta y otras decenas de fotos. Pero en la mente de **Somoza** se fue incubando la idea de que el **Gral. Reyes** podía convertirse en un peligroso competidor de su poder, idea que fue magnificada por los intrigantes que nunca faltan alrededor de los poderosos.

Al regresar a Nicaragua el **Gral. Reyes** fue sorpresivamente destituido del cargo de Jefe del Estado Mayor de la Guardia Nacional, la más alta jerarquía de la Guardia, después del Jefe Director, y sumariamente fue dado de baja en un acto perverso.

La destitución del **Gral. J. Rigoberto Reyes** causó conmoción y estupor en todos los niveles de la Guardia Nacional y de la sociedad nicaragüense, porque se le reconocía una alta calidad humana y profesional que le había ganado el aprecio, admiración y simpatía de prácticamente todos los nicaragüenses, y especialmente de todos los niveles de los soldados y oficiales de la Guardia Nacional. Precisamente estas virtudes generaron los celos en la mente del **Gral. Anastasio Somoza**, único superior del **Gral. Reyes Aráuz**.

Esos celos de **Somoza** fueron estimulados y magnificados por intrigas de sus parientes cercanos, amigos y oficiales envidiosos de la Guardia que tenían acceso a hablarle al oido a **Somoza**

Pero el detonante final fue el mensaje que el **Gral. Reyes** envió a los oficiales y soldados de la Guardia antes de su viaje a Washington que no fue del agrado de **Somoza** y magnificado en contra de **Reyes** por los intrigantes. No cabe duda que los personajes del círculo cercano a **Somoza García**, los principales de los cuales eran parientes y aristócratas, no podían soportar que el segundo hombre con mayor poder militar en la Guardia Nacional, fuese una persona ajena a ese grupo de parientes y aristócratas. Estos influenciaron a **Somoza** advirtiéndole de lo peligroso que era el poder del **Gral. José Rigoberto Reyes**, para perpetrar un posible golpe de estado, considerando su fuerte influencia en las tropas y oficiales de la Guardia Nacional, algo sobre lo que al mismo **Somoza** venía incomodando.

Como efectivamente, el **Gral. Reyes** era sumamente apreciado por oficiales, clases y soldados de la Guardia Nacional, aprecio que se había ganado por su carácter respetuoso, amable y considerado con todos los militares bajo su mando. Además del poder militar como segundo de la Guardia, el **Gral. Reyes Aráuz** --sin proponérselo--, había conquistado un gran poder moral y psicológico en las filas de la Guardia Nacional, pero al

La numerosa familia **Reyes Aráuz-Valenzuela Zeledón**. Fila delantera, sentados: **Luz Marina**, **Nena**, doña **Dolores *«Lolita»* Valenzuela Zeledón de Reyes**, **Chepita** (en brazos); **Mauricio**, **Gral. José Rigoberto Reyes Aráuz**, **Margarita** y **Leticia.** De pie fila trasera: **Armando**, **Rigoberto Jr.**, **Horacio**, **Enrique** y **Oscar**. El **Gral. Reyes** y **Doña Lolita** contrajeron matrimonio el 23 de Abril de 1912.

mismo tiempo era muy leal al **Gral. Somoza**, aunque esto no lo supo o no lo quiso percibir ni valorar el gran jefe.

Al regresar a Nicaragua el **Gral. Reyes**, fue destituido sin darle tiempo de rendir informe sobre su misión a Washington. La Comandancia General, o sea el mismo **Gral. Somoza**, expuso como causa de tan sorpresiva como drástica destitución, el ***«hallazgo»*** de una red subterránea de líneas telefónicas que le permitían al **Gral. Reyes Aráuz** interceptar y escuchar las comunicaciones directas entre la Casa Presidencial y la Legación de Estados Unidos, o sea entre el Presidente de la República **Anastasio Somoza** y el Embajador norteamericano, exponiendo al **Gral. Reyes** como un desleal espía inescrupuloso.

Lo perverso es que la existencia de ese sistema de intercepción telefónica la conocía muy bien el **Gral. Somoza** porque el mismo **Somoza** la había instalado y había creado una clara maniobra truculenta, un burdo pretexto, un grotesco montaje como causal para la destitución de un hombre intachable, pues realmente esa línea telefónica --de vieja existencia--, la había instalado el mismo **Gral. Anastasio Somoza** para interceptar y escuchar las conversaciones del Presidente **Juan B. Sacasa** con el Ministro norteamericano y cualquier otra comunicación, pues el **Gral. Somoza** tenía intervenido el teléfono del Presidente **Sacasa**, lo que le permitió espiarle antes de darle el golpe de estado en 1936.

La línea telefónica quedó en la oficina que **Somoza** ocupó cuando ya era el Jefe Director de la Guardia, y esa misma oficina es la que ocupaba el **Gral. Reyes**. No pudo **Somoza** presentar pruebas --ni nadie lo hizo-- ni testigos al respecto. No hubo un proceso ni siquiera administrativo, simplemente **Somoza** destituyó al **Gral. J. Rigoberto Reyes** y le dio de baja de la Guardia Nacional ***«por conveniencia del gobierno»***.

Dos aspectos de la marcha de las tropas de la Guardia Nacional en los funerales de doña **Lola Valenzuela Zeledón de Reyes Aráuz**, esposa del **Gral. Reyes** al salir del Campo de Marte. **Doña Lola** falleció de cáncer el 26 de septiembre de 1937. El **Gral. Somoza** pronunció un discurso en honor a la dama fallecida. Estas imágenes denotan cierto grado de apoteósis de ese funeral cuando **Somoza** y **Reyes** compartían total armonía.

Militares y civiles se percataron que la destitución y humillación que el **Gral. Somoza** cometió contra el **Gral. Reyes** y comprobaron que fue una palurda patraña motivada por celos de poder típicos de la política universal. Pero varios oficiales, clases y soldados renunciaron a la Guardia Nacional por la destitución del buen jefe. Por su parte **Somoza** siempre estuvo claro que el **Gral. Reyes** tenía amplia experiencia militar, mientras que él --**Somoza**--, jamás tuvo participación en ningún combate ni escaramuza siquiera.

Izq.: Boda de **Horacio Reyes Valenzuela**, hijo del **Gral. J. Rigoberto Reyes**, con la señorita **Octaviana Cisne.** Los novios están sentados. De pie desde la izq.: el **Gral. Reyes** y su segunda esposa **Sarita D'Arbelles. Rigoberto**, **Luz Marina**, **Armando**,**Nunis**, **Marina Cisne**, **doña Octaviana Cisne**, madre de la novia y otros miembros de la acaudalada familia **Cisne** de Matagalpa. En la foto de la derecha el **Gral. Reyes** con su segunda esposa **Sarita D'Arbelles** que le fue presentada por **doña Salvadora Debayle de Somoza**.

Somoza ingresó a la Guardia el 14 de noviembre de 1932 con el rango de Mayor General y Jefe Director de la Guardia. Once días después, el 25 de noviembre ingresó **J. Rigoberto Reyes** con el rango de Coronel G.N., en el grupo de civiles que fueron incorporados como Estado Mayor en sustitución de los oficiales norteamericanos que salieron de Nicaragua en enero de 1934.

El entonces **Cnel. José Rigoberto Reyes** aceptó y se sometió con lealtad al nombramiento de Jefe Director del **Gral. Somoza**, y obedeciendo sus órdenes, el **Cnel. Reyes Aráuz** tuvo un eficiente desempeño en la guerra contra el **Gral. Sandino**, así se convirtió en el principal aliado para perpetrar el golpe de estado para derrocar en 1936 al **Dr. Juan Bautista Sacasa**, Presidente Constitucional de Nicaragua y tío político de **Somoza**. El **Gral. Reyes** se encargó de comandar el ataque a la Casa Presidencial de Managua, que fue el principal bastión que defendió personalmente el **Dr. Sacasa**, en verdaderos combates, mientras **Somoza** se fue a León a dirigir el ataque al Fortín de Acosasco comandado por el **Mayor Ramón Sacasa**, primo doble del Presidente **Sacasa**, que no disparó ni un solo balazo. El **Gral. Reyes** llegó a ser el oficial de mayor confianza de **Somoza**, sirviéndole con suma lealtad y eficiencia, pero al mismo tiempo --por su eficiencia-- había acumulado un gran poder, solamente superado por el **Gral. Somoza**.

Tras su destitución el **Gral. Reyes** se retiró a su hacienda ***Rancherías*** en Matagalpa y se dedicó a la producción agropecuaria que era muy exitosa porque se trataba de una hacienda de bastante magnitud, que era lo que hacía antes de ingresar a la Guardia Nacional en 1932.

El 4 de Noviembre de 1940 **Somoza** nombró al **Cnel. Adán Medina, G.N.** en el cargo de Jefe del Estado Mayor de la Guardia Nacional, en sustitución del **Gral. José Rigoberto Reyes Aráuz**, pero **Medina** nunca logró, ni remotamente, el grado de poder que tuvo **Reyes Aráuz**.

Nunca más en toda la ***Era de los Tres Somoza***, se le dio oportunidad a ningún otro oficial de la Guardia Nacional de alcanzar los niveles de mando, poder y simpatía que ostentó el **Gral. José Rigoberto Reyes Aráuz**. Mucho se cuidó **Somoza** de no elevar a altos niveles de posición ni mando a ningún otro oficial. Solamente concedió ilimitados poderes a sus dos hijos varones cuando estos alcanzaron la edad para ejercer funciones.

¿Remordimiento de Somoza?

Somoza no era un individuo con remordimientos ni cargos de conciencia, pero fue presionado por su esposa **Salvadora Debayle** para que de algún modo compensara a **Rigoberto Reyes** por la injusticia cometida, no solamente una tremenda injusticia, sino también una acción perversa contra el hombre que tan fielmente le había servido. Por ese reproche de su esposa, en 1945 **Somoza** llamó al **Gral. J. Rigoberto Reyes** y le ofreció el cargo civil de Administrador del Puerto de Corinto, explicándole que necesitaba de sus eficientes servicios. El **Gral. Reyes** con toda humildad aceptó el nombramiento de Administrador del Puerto de Corinto, cargo que ejerció por algo más de un año, pues en 1946 **Somoza** le nombró Ministro de Obras Públicas. Cargo que entregó cuando terminó la presidencia de **Somoza** en 1947.

Cuando ascendió a la presidencia el **Dr. Leonardo Argüello**, nombró al **Gral. Reyes Aráuz** en el cargo de Director Nacional de Comunicaciones, puesto que solamente ejerció por 26 días por el golpe de estado que perpetró **Somoza**. Agobiado por tanta inestabilidad el **Gral. Rigoberto Reyes**, finalmente le pidió la baja de G.N. a **Somoza**, porque todavía estaba en la nómina de la Guardia, y **Somoza** le concedió la baja. Así pudo retirarse definitivamente a su hacienda ***Ranchería*** donde existía una crianza de centenares de cabezas de ganado y su producción de café se contaba con decenas de miles de quintales que se procesaban para la exportación.

El **Gral. Somoza** sabía en su conciencia que la destitución del **Gral. Reyes** y su expulsión de la Guardia Nacional había sido una maniobra baja y sucia, motivado por celos y las intrigas de los parientes cercanos a **Somoza**, por ello doña **Salvadora** propugnaba compensarle debidamente, pero **Somoza** solamente le ofreció posiciones de menor cuantía sin autoridad militar.

¿Quién fue el Gral. J. Rigoberto Reyes?

José Rigoberto Reyes Aráuz nació el 4 de Enero de 1892 en la ciudad de Matagalpa, hijo de **Celestino Reyes Vega** y **Dolores Aráuz Cantarero de Reyes**. Hizo sus estudios primarios en su ciudad natal. Para sus estudios secundarios fue enviado al Instituto Nacional de Occidente en la ciudad de León. En 1909, al estallar la guerra de los norteamericanos contra el gobierno del **General José Santos Zelaya**, el jovencito estudiante **José Rigoberto Reyes**, de 17 años, se presentó ante el **Gral. Fernando María Rivas**, destacado liberal de León y afamado como militar valiente y experimentado. Frente al militar leonés, el joven **Reyes Aráuz**, le dijo:

--«***General Rivas, sé que usted saldrá para el frente de guerra. Yo deseo combatir en defensa del Liberalismo, pero quiero hacerlo bajo sus órdenes***».

--«***¿Cómo te llamás, qué edad tenés, de dónde sos?***».

--«***Me llamo Rigoberto Reyes, tengo 17 años y soy de Matagalpa***».

--«***¿Y por qué querés irte conmigo y no con otro jefe?***».

--«***Porque usted tiene fama de ser muy liberal, muy valiente y es de los que nunca se corren***».

--«***Te vas conmigo. Preparate y nos vemos en la estación. Salimos para Managua en el tren de las cuatro***».

El **Gral. Rivas** salió en tren de León con su columna militar, pasó por Managua y continuó a Granada a embarcarse con su tropa rumbo a la Costa Atlántica vía río San Juan. Después del primer combate contra las tropas conservadoras y mercenarias de Guatemala y Estados Unidos manipuladas por los norteamericanos, el **Gral. Rivas** observador de la conducta y desempeño de sus soldados, llamó a **Rigoberto** y le preguntó:

--«***¿Dónde aprendiste a manejar el rifle?***».

--«***En la finca de mis padres, cuando salíamos de cacería***».

--«***Lo hiciste muy bien, te vi que no desperdiciabas municiones y te portaste sereno en el combate. Pasate inmediatamente a mi campamento. Te nombro mi primer ayudante***».

Rigoberto Reyes participó exitosamente en varias acciones de combate, pero la guerra terminó sin derrota de los liberales, sino porque el gobierno norteamericano envió al Presidente **Zelaya** la ***Nota Knox***, amenazándole con invadir Nicaragua si no se retiraba del poder. **Zelaya** salió al exilio rumbo a España vía Corinto-México y finalmente a Francia. El Congreso eligió al **Dr. José Madriz** para suceder al Presidente **Zelaya**. El Presidente **Madriz** continuó la guerra, pero los norteamericanos le obligaron a salir del poder en 1910 y entregaron el gobierno a los conservadores que fue un régimen incapaz. Eso motivó que en 1912 Nicaragua fuese invadida por tropas de la infantería de marina norteamericana como si se tratase de un país enemigo vencido en guerra.

Rigoberto regresó a Matagalpa a trabajar en la hacienda ***Ranchería*** al lado de sus padres. El 23 de Abril de 1912, a los 20 años de edad, se casó con **Dolores (*Lolita*) Valenzuela Zeledón**, ante los oficios del Juez **José Rosa Rizo**. Y el 8 de Mayo de 1912 celebraron el matrimonio eclesiástico con los oficios del sacerdote católico **Eusebio R. Zelaya**, quien les suministró el sacramento.

En 1926 **Rigoberto Reyes**, de 34 años, volvió a tomar las armas para incorporarse a la ***Revolución Constitucionalista Liberal***. Las tropas liberales que venían victoriosas desde la Costa Caribe (Atlántica), llegaron a la jurisdicción de Muy Muy y escogieron como cuartel general la hacienda ***Ranchería*** de la familia **Reyes**. Y desde ***Ranchería*** fueron conquistando victorias hasta ganar el departamento de Matagalpa para la revolución liberal. El **Gral. José María Moncada** estableció una Jefatura Política en el pueblo de San Ramón, y nombró a **Rigoberto Reyes** a cargo de esa Jefatura Política.

Recién nombrado **Rigoberto** a cargo de la autoridad liberal revolucionaria en San Ramón, de pronto fueron rodeados por tropas conservadoras que andaban como desbandadas, pero sabían que San Ramón no contaba con suficientes fuerzas militares. **Reyes**, que ya tenía experiencia militar, preparó la defensa con las pocas fuerzas que estaban en San Ramón. Cuando la embestida de los conservadores estaba a punto de comenzar, se escucharon clarines de fuerzas liberales llamando a combate. Al sentirse rodeados, los conservadores huyeron despavoridos escondiéndose en las montañas. Las tropas liberales bajaron de las colinas aledañas, y de pronto el **Gral. Augusto C. Sandino** se apareció con unos pocos soldados por la Jefatura Política y se abrazó con **Rigoberto Reyes**, y le explicó que eran solamente una avanzada, pero que había ubicado a los clarines en tres posiciones diferentes para hacer creer a los conservadores que estaban siendo rodeados por una gran fuerza de liberales.

En Enero de 1933, cuando las tropas norteamericanas se retiraron de Nicaragua dejaron organizado el Estado Mayor de la Guardia Nacional, con el **Gral. Anastasio Somoza García**, como Jefe Director y nombraron 43 oficiales nuevos, extraídos de la vida civil. **José Rigoberto Reyes Aráuz** fue incorporado al Estado Mayor el 25 de Noviembre de 1932 con el rango de Coronel G.N.

El **Cnel. Rigoberto Reyes** no tuvo ninguna participación en el asesinato del **Gral. Sandino**, pues **Somoza** sabía que entre **Reyes** y **Sandino** existía una buena relación y una cierta amistad o al menos mucho respeto mutuo.

Después del asesinato de **Sandino**, el **Cnel. Reyes Aráuz** fue el jefe expedicionario que cumplió la misión de atacar la ***Cooperativa de Sandino en Wiwilí***, coordinando tropas de la Guardia Nacional que **Reyes** ordenó salir de Ocotal y de Jinotega para reunirse y juntas llegar a la Cooperativa que encontraron **vacía** el 26 de Febrero de 1934, pues todos los sandinistas y sus familias habían escapado en pipantes hacia Honduras por el río Coco como era de esperarse de experimentados guerrilleros de **Sandino** no se iban a quedar inmóviles esperando que la Guardia Nacional los masacrara, pero los comunistas inventaron que la Guardia masacró a los soldados de **Sandino** como si estos fueran estúpidos.

El 26 de Septiembre de 1937 falleció de cáncer su esposa **Dolores** (***Lolita***) **Valenzuela Zeledón**. En los funerales participaron prácticamente todos los oficiales y gran cantidad de clases y alistados. **Somoza** pronunció un discurso fúnebre.

En 1941, cuando el **Gral. Rigoberto Reyes Aráuz** estaba confinado a su hacienda ***Rancherías***, contrajo segundo matrimonio con la señorita de ancestros franceses, **Sarita D'Arbelles**, una refinada damita que le había presentado tiempo atrás doña **Salvadora de Somoza**.

El **Gral. J. Rigoberto Reyes** fue condecorado en distintas ocasiones por oficiales y soldados de la Guardia Nacional, por entidades políticas, por diplomáticos y por el mismo **Somoza** que le otorgó la ***Cruz del Valor*** en Septiembre de 1936 y con la ***Medalla del Mérito Presidencial*** en Enero de 1937. ***Certificado de Honor*** y ***Medalla de Oro*** de los Oficiales de la Guardia Nacional en Marzo de 1936; Recibió la ***Órden Vasco Núñez de Balboa*** de la República de Panamá; la ***Medalla de la Sinceridad***, entregada por la 2da Compañía G.N. de la Costa Atlántica en 1933; ***Medalla de Oro*** de los Alistados de la Guardia Nacional en Enero de1939; ***Medalla de la Liga Militar Liberal*** y la ***Cruz del Escuadrón de Fuego*** de los veteranos norteamericanos de la Primera Guerra Mundial.

Pasaron los años, **Somoza García** fue asesinado en 1956. Asumió la presidencia su hijo **Luis Somoza** y la Jefatura de la Guardia su hijo menor **Anastasio Somoza Debayle**. Fue electo presidente el **Dr. René Schick** y tomó posesión en 1963, murió en el cargo en 1966 y le sucedió en la presidencia el **Dr. Lorenzo Guerrero**. En 1967 murió **Luis Somoza** estando su hermano **Anastasio** en campaña para presidente y ganó las elecciones. Con el rango de General, **Anastasio Somoza Debayle**, igual que su padre gobernó como presidene y Jefe Director de la Guardia Nacional de 1967 a 1972.

Tras un pacto con el Partido Conservador representado por el **Dr. Fernando Agüero Rocha**, convinieron en redactar una nueva constitución y se organizó una Asamblea Nacional Constituyente y una Junta de Gobierno formada por dos liberales, **Roberto Martínez Lacayo** y **Alfonso Lovo Cordero**, y un conservador, **Fernando Agüero Rocha**, que renunció y fue sustituido en la Junta por **Edmundo Paguaga Irías**.

Entre los legisladores de la Asamblea Constituyente, el **Gral. Anastasio Somoza Debayle** incluyó al **Gral. José Rigoberto Reyes Aráuz**, para compensarlo de la injusticia y grosería de su padre, que ya narramos. Al concluir las funciones de la Asamblea Constituyente, emitió su último decreto No. 702 del 11 de noviembre de 1974 que proclamó: ***«Considerando que ya fue dictada la nueva Constitución Política, así como también las leyes constitucionales y considerando que ya se cumplieron las disposiciones de la Constitución Política, previas a la organización del Poder Legislativo, Decreta: Art. 1.- Háse por concluidas las funciones de la Asamblea Nacional Constituyente; la que se constituye en Congreso Ordinario dividiéndose en dos Cámaras»***.

La Cámara del Senado quedó integrada por los Senadores Propietarios: **Pablo Rener Valle, Gustavo Raskosky Páez, Dr. Constantino Mendieta R., Dr. Humberto Castrillo Morales, Ing. Luis H. Pallais Debayle, Gral. Gustavo F. Chávez, Dr. Ramiro**

Granera Padilla, Dr. Francisco Urcuyo Maliaño, Dr. Francisco Machado Sacasa, Gral. J. Rigoberto Reyes Aráuz, Silvio Morales Etienne, Luis Felipe Hidalgo, **Dr. Alceo Tablada Solís, Dr. J. David Zamora Pastora, Adolfo Altamirano Dfarghe, Napoleón Tapia Pérez, Ralph Moody Taylor, Rigoberto García Reyes, Dr. Manuel Sandino Ramírez, José Ma. Zavala Abaúnza, Dr. Carlos José Solórzano Rivas, Dr. Uriel Herdocia Argüello, Dr. Adán Solórzano Cardoza, Dr. Julio Icaza Tigerino, Dr. Julio César Avilés Aburto, Prof. Stanford M. Cash Dash, Mariano Correa Lacayo, Dr. Guillermo Pasos Montiel, Lic. Roberto Vélez Bárcenas** y **Arnulfo Rivas Solórzano**.

El Decreto No. 702 de 11 de Noviembre de 1974 fue Publicado en La Gaceta No. 270 de 26 de Noviembre de 1974 consolidando la legitimación del nuevo Congreso Nacional.

El **Gral. J. Rigoberto Reyes Aráuz** fue Senador Propietario hasta Julio de 1979 cuando tuvo que salir al exilio tras la caída del **Gral. Somoza Debayle**, estableciéndose en Miami en el hogar de su hija, **Luz Marina Reyes de Lang**, esposa de **Guillermo *El Chato* Lang**, por muchos años Cónsul de Nicaragua en Nueva York y funcionario de mucha confianza del presidente **Gral. Somoza Debayle**.

El **Gral. Reyes Aráuz** vivió en el hogar de su hija **Luz Marina**, ubicada en las conocidas Residencias de Fontainebleau Park de Miami-Dade.

El **Gral. José Rigoberto Reyes Aráuz** fue miembro fundador de la Comunidad Nicaragüense de Miami-Dade. Falleció exiliado en la ciudad de Miami el **24 de Diciembre de 1984**. Sus restos permanecen todavía en el cementerio de Miami.

Capítulo Ocho.

1941: Coronación de Lilliam I, Reina de la Guardia Nacional de Nicaragua.

El amor y predilección del **Gral. Anastasio Somoza García** por su hija primogénita, fue bien conocido, muy evidente y comentado durante la ***Era de los Tres Somoza***.

Lillian Ada de la Cruz Somoza DeBayle, conocida en familia como ***Lilly*** y ***Lilita***, nació en la ciudad de León, Nicaragua, el 3 de mayo de 1921. Y nació en León porque era la ciudad del hogar de su madre, **Salvadora Debayle Sacasa**, y por ello en esa ciudad se radicó también el hogar del joven matrimonio de sus padres **Somoza García-Debayle Sacasa**. La familia **Debayle-Sacasa**, era de la más encumbrada alcurnia leonesa, pero no disfrutaba de gran fortuna, y tenía como patriarca al afamado médico **Dr. Luis Henry Debayle Pallais**, hijo del soldado francés **Louis DeBayle Montgolfier** y de la dama leonesa **Salvadora Pallais Bermúdez**. El **Dr. Debayle** fue llamado ***El Sabio Debayle***, y como matriarca a doña **Casimira Sacasa Sacasa**, hija del Presidente conservador **Roberto Sacasa Sarria** (1889-1893), hermana del Presidente **Juan Bautista Sacasa** (1933-1936), y por el matrimonio de su hija **Salvadora** con **Anastasio Somoza García**, doña **Casimira** fue suegra del Presidente **Somoza García** y abuela de los Presidentes **Luis Somoza Debayle** y **Anastasio Somoza Debayle**.

Todos esos presidentes fueron parte de los ancestros de **Lilliam Somoza Debayle** y habría que agregar algunos otros presidentes que tuvieron parentesco con ella, como el Presidente **José María Moncada Tapia**, que fue su tío en tercer grado porque era primo segundo de su padre, el **Gral. Somoza García**. El Presidente **Víctor Manuel Román y Reyes** fue tío en cuarto grado de **Lilliam**, porque era tío segundo de su papá, el **Gral. Somoza**. Toda esta parentela presidencial gravitó en la conducta y personalidad de **Lilliam Somoza**, también influyó en sus dos hermanos menores; pero sobre todo **Lillian** heredó de su madre el caracter fuerte y dominante, y de su padre el sentido de autoridad. Por línea paterna, sus raíces provenían de la clase media rural de San Marcos, Carazo, de sus esforzados abuelos **Anastasio Somoza Reyes** y **Julia García Alfaro de Somoza**, dueños de cuatro fincas dedicadas a café y ganado, pero no eran latifundios, sino medianas propiedades: ***El Porvenir***, 124 manzanas; ***La Pita*** 121 manzanas; ***El Bosque*** de 92 manzanas y ***El Llano***, 40 manzanas. Don **Anastasio Somoza Reyes** heredó en testamento fechado el 20 de Febrero de 1925 las 4 fincas a sus cuatro hijos: **Josefina** (***Pina***), **Anastasio** (***Tacho***), **Amalia** y **Julio**..

Su abuelo paterno, **Anastasio Somoza Reyes** fue Senador conservador en el Congreso Nacional, miembro del tradicionalista Partido Conservador de Nicaragua, fue también Alcalde de San Marcos y hacendado de la región de Carazo. Descendientes del primer **Somoza** en arribar a Nicaragua en el siglo XVII, el Capitán de Lanceros **Francisco Somoza**, de origen gallego, su bisnieto, el hacendado **Fernando Somoza Robelo**, se radicó en San Marcos, en el actual departamento de Carazo.

Por el lado materno **Lillian** descendió de su abuelo **Louis Henry DeBayle Pallais**, hijo del militar dragón francés **Louis Enmanuel DeBayle Montgolfier**, quien llegó a

Lilliam Somoza Debayle, probándose la corona de ***Reina de la Guardia Nacional de Nicaragua***. La corona fue objeto de polémicas, curiosidades y especulaciones. Esta foto fue tomada por el periódico norteamericano ***The Baltimore Sun***, que hizo un par de reportajes sobre la coronación de **Lilliam**, obviamente a solicitud de funcionarios del Presidente **Somoza**, padre de ***La Reina G.N. Lilliam Primera.***

Nicaragua a mediados del siglo XIX, en misión del Emperador de Francia **Napoleón III Carlos Luis Napoleón Bonaparte**, que reinó de 1852 a 1870. El **Dragón DeBayle** llegó a Nicaragua como prospector de la posible ruta del canal interoceánico que desembocaría en el Puerto de El Realejo. Concluida su misión regresó a Francia y volvió a Nicaragua radicándose en León para contraer matrimonio con **Salvadora Pallais Bermúdez**. Posteriormente vino su hermano menor, que no era militar, **Henry DeBayle Montgolfier**, que no dejó descendencia reconocida, pero disfrutó de una vida parrandera y nunca aprendió a hablar en español.

Desde que nació **Lillian** vivió en la casa solariega de su familia en León. En 1933, cuando **Lilliam** tenía 12 años, toda la familia **Somoza-Debayle** se trasladó al Campo de Marte de Managua, cuando su padre, el **Gral. Anastasio Somoza García** fue nombrado Jefe Director de la Guardia Nacional de Nicaragua. En el Campo de Marte hubo una hermosa residencia construida por el Presidente **Gral. José Santos Zelaya** en 1904 como su primera Casa Presidencial. Esa casa fue después el Cuartel General de los ***US Marines***, durante los años de la ocupación militar norteamericana. Al retirarse los norteamericanos la habitó el **Gral. Somoza** y su familia desde Enero de 1933. En 1936 **Lillian** fue enviada a estudiar a EE.UU. en una escuela de monjas dos años en Miami, después se trasladó a vivir

En 1940 el **Gral. Somoza** emitió la primera serie de billetes de un córdoba con la imagen idealizada de su hija predilecta **Lillian Somoza**. El artista le puso aretes con el Escudo de Nicaragua y una pluma en su cabeza que complementaba su traje supuestamente indígena. **Somoza** escogió que fuesen los billetes de un córdoba porque eran los de mayor circulación y que todos pudieran verla. El genio popular creó la frase ***«Te crees la de a peso»***, para significar que alguna dama era engreída. En el mismo año 1940 el presidente **Somoza García** recuperó el Banco Nacional de Nicaragua que estaba en manos norteamericanas. En 1941 se emitió otra serie de billetes y una tercera serie en 1960 por el gobierno de **Luis Somoza**, con la misma foto de su hermana de **Lillian.**

a Tampa, Florida con su tía **Blanca Debayle Sacasa** y su esposo el **Dr. Néstor Portocarrero**, médico que ejercía en Tampa, padres de su prima **Hope Portocarrero Debayle**. De Tampa se trasladó a Washington a residir con sus tíos, el entonces Embajador de Nicaragua **León Debayle Sacasa** y su esposa **Ena**. En Washington **Lillian** ingresó a estudiar Economía del Hogar y Protocolo Doméstico en la escuela ***Gunston Hall Academy***, una escuela muy exclusiva para hijas de embajadores, de presidentes y de millonarios, donde compartió estudios y se hizo muy amiga **Margaret Truman**, hija del que después fue electo presidente norteamericano **Harry S. Truman**.

En 1940 fue escogida para ser ***Reina del Shenandoah Apple Blossom Festival***, en Winchester, Virginia. Ése fue uno de los 37 reinados otorgados en diferentes colegios e instituciones a **Lilliam Somoza**, hija del **General Anastasio Somoza**.

El Lunes 14 de Julio de 1941, **Lillian Somoza Debayle** regresó a Nicaragua en el vuelo cotidiano de la Panaire (o Pan American), con 20 años de edad. El diario ***La Prensa*** de Managua, que en esa época era radicalmente somocista, publicó su foto de gran tamaño en primera página con un mensaje de bienvenida el Martes 15 de Julio de 1941. Este fue el texto del mensaje de ***La Prensa***: --***«Lillian Somoza Debayle, hija del Presidente de la República General Anastasio Somoza y de su señora doña Salvadorita Debayle de Somoza. En el avión ordinario de ayer regresó Lillian de los Estados Unidos siendo recibida por una manifestación social de simpatía. Viene Lillian Somoza Debayle a constituir un prestigio de nuestra sociedad por sus notables cualidades de virtud, belleza y encanto. En la misma noche Lillian fue presentada en sociedad en un suntuoso baile que se efectuó en la residencia de sus padres. La Prensa le presenta un saludo de bienvenida»***. Esta nota con foto en la primera página de ***La Prensa***, confirma la gran amistad que existía entre el **Dr. Pedro Joaquín Chamorro Zelaya**. director de ***La Prensa***, y el **Gral. Anastasio So-**

Esta foto fue publicada en la primera página del diario *La Prensa* el Martes 15 de Julio de 1941, año XVI, edición No.4,438 con este texto que literalmente copiamos: --*«Lillian Somoza Debayle hija del Presidente de la República General Anastasio Somoza y de su señora doña Salvadorita Debayle de Somoza. En el avión ordinario de ayer regresó Lilliam de los Estados Unidos siendo recibida por una manifestación social de simpatía. Viene Lilliam Somoza Debayle a constituir un prestigio de nuestra sociedad por sus notables cualidades de virtud, belleza y encanto. En la misma noche Lilliam fue presentada en sociedad en un suntuoso baile que se efectuó en la residencia de sus padres. LA PRENSA le presenta un saludo de bienvenida»*.

moza García, de quien el **Dr. Chamorro Zelaya** era partidario, aunque prominente conservador. Inmediatamente después de su regreso a Nicaragua se iniciaron los preparativos para la coronación de **Lillian Somoza**, como ***Lilliam I, Reina de la Guardia Nacional***.

Lillian I, Reina de la Guardia Nacional de Nicaragua

Para convertir en ***«Reina de la Guardia Nacional de Nicaragua»*** a su hija **Lillian**, se organizó un evento que involucró a todos los departamentos de Nicaragua, activando una operación que estuvo a cargo de los Comandos Departamentales de la Guardia Nacional, para realizar la elección de bellas jovencitas locales ganadoras del título de ***«Novias Departamentales de la Guardia Nacional»***. El conjunto de triunfadoras de todos los departamentos conformaron la ***«Corte Juvenil de Damas de Honor»*** de la ***Reina Lillian I***. La percepción popular al ver la instalación de símbolos propios de la realeza y monarquía, se transformó en la ***vox populi*** señalando a los **Somoza** con pretensiones de ser la ***«familia imperial de Nicaragua»***.

Oficialmente se informó que la iniciativa de elegir ***«Reina del Ejército»*** a **Lillian**, fue idea de los Cabos y Sargentos de la Guardia Nacional y se escogió el **viernes 14 de Noviembre de 1941** para la coronación, coincidiendo con la fecha conmemorativa en que **Anastasio Somoza García** fue transformado de la vida civil a jefe militar con el rango de Mayor General G.N. y Jefe Director Interino de la Guardia Nacional, por mes y medio, en un acto de malabarismo político, casi mágico, ordenado por el **Cnel. Henry L. Stimson**, Secretario de Estado y enemigo acérrimo del **Gral. Sandino**, sin nunca haberlo conocido ni visto. El ejecutor de las órdenes del poderoso **Cnel. Stimson**, fue el **Gral. Calvin Bruce Matthews, G.N.** (Tnte. Coronel USMC), último norteamericano que estuvo en el cargo de Jefe Director de la Guardia Nacional, que se encargó de entrenar a **Somoza García** en los asuntos de la jefatura G.N., labor muy difícil que fue incompleta porque mes y medio más tarde todos los militares norteamericanos que invadían Nicaragua desde 1912, salieron de Nicaragua, incluyendo al **Gral. Calvin Bruce Matthews**.

El dos de Enero de 1933 **Somoza García** dejó de ser jefe interino y fue juramentado como Jefe Director de la Guardia Nacional. Pero el gran impacto emocional ocurrió el lunes 14 de Noviembre de 1932, cuando casi mágicamente fue convertido en Mayor General, G.N. sin tener ninguna experiencia militar ni haber participado en ninguna acción de guerra ni militar en ninguna época; ese sorpresivo alto rango y cargo de jefe militar le cambió la vida a **Somoza** y comenzó el fin de la vida del **Gral. Sandino**.

LAS GRANDES FIESTAS DE CORONACION HOY, DE LA REINA DEL EJERCITO, SEÑORITA LILLIAM SOMOZA DEBAYLE

Publicación del diario ***Novedades*** anunciando las grandes fiestas de coronación de **Lilliam Somoza Debayle** como Reina del Ejército, con todas las fotos de las catorce ***Novias Departamentales de la Guardia Nacional de Nicaragua***.

Por eso escogió el **14 de Noviembre de 1941** para coronar a su hija **Lillian** como ***Reina de la Guardia Nacional***.

Para los vistosos preparativos, muy al estilo hollywoodense o circense, el **Gral. Somoza** ordenó --y se cumplió-- que desfilaran los alistados de la Guardia vistiendo uniformes de ***soldados romanos*** con lanzas, armaduras de cartulina y cascos dorados de cartón, para desfilar por las principales calles de Managua custodiando a la carroza de la Reina con espadas de madera, con el siguiente orden: ***Heraldos*** a pie, ***Pregoneros*** a caballo, valla formada por la ***Guardia Imperial***, a los lados del carruaje de **Su Majestad Lillian I**. Detrás de la carroza, marchó la Banda de la Guardia Nacional, seguida por Escuadrones de soldados en uniformes de campaña. Fue un espectáculo histriónico de gran diversión para las multitudes que se reunieron en las aceras de la vieja Managua que en el año 1941, contaba con solo cien mil habitantes.

El desfile salió a las 4:30 de la tarde del 14 de Noviembre de la Casa Presidencial en la cima de la Loma de Tiscapa, encabezada por los ***Heraldos***, seguido por los ***Pregoneros*** en sus corceles, la valla de la ***Guardia Imperial***, la Carroza llevando a **Lillian I**, y toda la parafernalia descrita. Multitudes se aglomeraron en las aceras para contemplar el paso de aquella marcha al estilo de princesas de cuentos de hadas. El desfile recorrió las calles principales, bajó de la Casa Presidencial se dirigió al norte sobre la Avenida Bolívar hasta llegar al Parque Darío, pasando frente al parque Central y la Catedral para tomar la Primera Avenida Este (después bautizada como Avenida del Centenario) hacia el sur, hasta la cúspide de la Loma de Tiscapa de donde se había originado el desfile. Por la noche, las calles y parques, especialmente iluminados para la ocasión, volvieron saturarse de público; en las cuatro esquinas alrededor del Palacio Nacional se establecieron puestos de cerveza gratuita que lógicamente tuvieron mucha demanda. A las 9:00 la noche el desfile regresó por la Avenida Central (todavía no se llamaba Roosevelt) y con las notas del Himno Nacional hizo su ingreso al Palacio Nacional por la puerta principal frente al Parque Central

Monseñor José Antonio Lezcano y Ortega, Arzobispo de Managua, coronando a **Lillian Somoza Debayle** como ***Lillian I, Reina de la Guardia Nacional de Nicaragua***, el viernes 14 de Noviembre de 1941 en la Catedral de Managua que está hoy en ruinas frente a la Plaza de la República. Plaza que no existía en 1941.

(la Plaza de la República tampoco se había construido todavía). El **Presidente Somoza** y la Primera Dama **Salvadora de Somoza**, papá y mamá, seguidos de las abuelas de la Reina, doña **Julia García v. de Somoza Reyes** y doña **Casimira Sacasa v. de Debayle Pallais**, situándose todos en la entrada del recién construido Palacio Nacional, acompañados de las Novias Departamentales, para recibir a la Soberana. Cuando llegó la carroza de la ***Reina*** y resto del desfile, se dirigieron a la Catedral de Managua. A las 9:30 de la noche en el carruaje imperial tirado por dos adornados caballos, hizo **Lillian** su entrada triunfal, seguida de la carroza por sus Damas de Honor: la Novia de la Guardia Nacional de Managua, señorita **Lillian Molieri** y la Novia de la Guardia Nacional de Carazo, señorita **Isabel Genie**. Ambas iban sobre asientos decorados de azul y blanco y las ruedas del carruaje adornadas con rosas. Al descender de su carroza en el atrio de la Catedral, la Reina fue estruendosamente aplaudida, siendo recibida por su padre, quien la condujo hasta el Altar Mayor, donde el Arzobispo de Managua, **Monseñor José Antonio Lezcano y Ortega**, acompañado del Vicario **Monseñor Vélez**, el párroco **Presbítero Manuel Argüello** y el **Padre Carranza**, realizaron la coronación, al estilo de las antiguas monarquías europeas, cuando la más alta dignidad eclesiástica imponía las coronas a reyes y emperadores.

Esta ceremonia de coronación fue la evidente demostración de la armonía --o contubernio-- que existía entre la jerarquía de la Iglesia Católica Romana de Nicaragua y el poder político-militar ejercido por el **Gral. Somoza García**.

La celebración continuó con una gala en el Palacio Nacional con tres mil invitados de lo más representativo y selecto de Nicaragua, una exagerada cantidad de asistentes para aquella pequeña sociedad de entonces. El **Gral. Somoza** condujo a su coronada hija, acompañada por las catorce ***Novias Departamentales de la Guardia Nacional***, por los corredores de Palacio Nacional hasta su trono rojo y plata, situado en el jardín occidental, es-

Lillian Somoza Debayle, ***Lillian I***, Reina de la Guardia Nacional de Nicaragua, coronada recibiendo el cetro de mando que le entrega **Monseñor José Antonio Lezcano y Ortega**, Obispo de Managua, después de coronarla e impartirle su bendición. Así era la armonía y asociación entre la Iglesia Católica y el gobierno de **Somoza**.

cuchando las notas del ***Himno a la Reina de la Guardia Nacional***, obra musical especialmente compuesta para la coronación.

Cuatro orquestas amenizaron la fiesta que duró hasta las 4:00 de la mañana del sábado 15 de Noviembre. Dos orquestas fueron situadas en la planta baja y otras dos en la planta alta del Palacio Nacional. En la planta baja estuvieron la ***Orquesta Típica de la Guardia Nacional*** y la ***Orquesta Black Cat***; en el segundo piso actuaron la ***Orquesta Vega Matus*** y la ***Orquesta GNOW*** de los artistas **Urroz**. El jefe de meseros al que llamaban cariñosamente ***Toñito*** logró recaudar una importante suma en propinas. Más tarde los periodistas le preguntaron a ***Toñito*** cuánto y cuales licores se consumieron en la fiesta del Palacio Nacional, y el interpelado respondió: --«***No hubo límite, nadie llevó la cuenta de la cantidad de cajas de whisky, brandy, coñac*** (cognac) ***y champaña*** (champagne) ***que se consumieron. Casi nadie pidió Ron Nica ni Ron Campeón, que son nacionales. Varios meseros lograron "apartar" cajas de licores que se llevaron a sus casas...***», concluyó ***Toñito*** con la mayor naturalidad y así lo publicaron los periódicos.

Las costosas extravagancias de la coronación de **Lillian I, Reina de la Guardia Nacional** no terminaron con lo mencionado. A ello se debe agregar que el traje de reina que

Lillian Somoza Debayle, ***Lillian I, Reina de la Guardia Nacional de Nicaragua***, luciendo su corona de diamantes y su exclusivo traje **Balenciaga**. **Lillian** fue la predilecta hija del **Gral. Anastasio Somoza García**.

vistió **Lillian I**, fue diseñado exclusivamente para ella por el modisto español de fama internacional **Cristóbal Balenciaga Eizaguirre**. El precio del regio traje no se logró saber ni cuanto cobró **Balenciaga** por su ***alta costura***.

Como nunca falta una controversia, los enemigos políticos echaron a rodar la especie de que **Lillian I** sería coronada con la corona de oro de la Virgen de la Candelaria y --por supuesto-- que muchos nicaragüenses ingenuos, que siempre siguen existiendo, se dieron por ofendidos. Cuando salieron las fotos de la coronación todos se dieron cuenta que el cuento de la corona de la virgen era inventado; aún así la controversia continuó impulsada por los opositores políticos al somocismo, cambiaron ***«la noticia»*** diciendo que la corona era diseñada por la joyería **Van Cleef-Arpels Jewelry** de Nueva York y que había costado Cien Mil Dólares de la época. La realidad fue que la Corona de oro y plata, fue elaborada por **Antonio Moritoy**, orfebre de Masaya. La corona tenía 52 piedras brillantes, zafiros y rubíes. En el centro un escudo nacional de oro, con fusiles cruzados. El mismo orfebre **Moritoy**, fue quien elaboró el Cetro de oro y plata de 12 pulgadas, con cuatro pétalos, cada uno de ellos con 33 piedras brillantes, laureles de oro y un escudo de Nicaragua también de oro. El anillo de oro de 21 kilates lo hizo el joyero **Miguel López M.**, orfebre de Managua, el anillo llevaba montado sobre su mesa dos zafiros azules y una perla blanca, simbolizando

A la izquierda el recién nombrado General **Somoza**, Jefe Director G.N. con su hija primogénita y predilecta **Lillian Somoza Debayle**, de 16 años, aparecían juntos en muchos eventos oficiales. La expresión del rostro de **Lillian** reflejaba desde su adolescencia su carácter autoritario. A la derecha, el 1ro. de febrero de 1943 el **Gral. Somoza García**, a la izquierda --que no se ve muy contento--, lleva a su hija **Lilliam** al altar de la Catedral de Managua para entregarla en matrimonio con el divorciado **Dr. Guillermo Sevilla Sacasa**. La novia **Lilliam Somoza** escogió esa fecha para su matrimonio por ser el cumpleaños de su papá.

la bandera de Nicaragua. **Lillian I** recibió de obsequio varias joyas, entre ellas un brazalete con incrustaciones de diamantes colocados en forma de corona, compuesta por 11 diamantes grandes y 24 pequeños, le fue tributado por la Alta Oficialidad de la Guardia Nacional y se lo entregó una comisión integrada por el **Cnel. Alberto M. Baca**, el **Doctor** y **Mayor Hermógenes Prado** y el **Capitán Roberto Martínez Lacayo** con acordes y fanfarrias de la Orquesta de la Guardia Nacional, llamada ***La Típica***. Otro joyero de Masaya: **Adán Cárdenas**, le ofreció una medalla de oro en forma de guirnalda de laureles y una pequeña corona del reino con la letra «L» de **Lillian**.

Seis años después, en 1947, tras el golpe de estado de **Somoza** contra el Presidente **Leonardo Argüello**, dos miembros de la comisión del brazalete, el **Cnel. G.N. Alberto M. Baca** y el **Doctor y Mayor G.N. Hermógenes Prado**, fueron expulsados de la Guardia Nacional por el **Gral. Somoza**, debido a que estos dos oficiales no le apoyaron en el golpe de estado.

El Trono de la ***Reina de la Guardia Nacional*** fue elaborado por el artista **Ernesto Brown** y el cordelero **José Esteban Flores**, fue el encargado de fabricar las alfombras que se colocaron en el Palacio Nacional. No faltó la gracia real de la amnistía a los Guardias presos por faltas leves que se encontraban guardando prisión en las ***bartolinas*** de varios cuarteles, dirigieron una petición a ***Su Majestad Lillian I*** para que intercediera ante su padre para salir libres y --¡claro!--, fueron puestos en libertad... como estaba programado.

Por su parte la **Reina Lillian I** hizo entregas de condecoraciones de oro y piedras preciosas a los oficiales de la Guardia Nacional organizadores del evento y acto seguido se anunció que ***La Reina de la Guardia Nacional de Nicaragua, Lillian I***, abriría el baile danzando con su padre, el **Gral. Somoza**, afamado como experto bailarín.

Consumado el matrimonio religioso, los recién casados encabezaron el cortejo nupcial pasando bajo una ***bóveda de acero*** formada por los fusiles y bayonetas de los Caballeros Cadetes de la Academia Militar de Nicaragua, y se dirigieron a la Casa Presidencial para la recepción, banquete y baile.

Un año después de la coronación, en Enero y Febrero de 1942, la ***Reina de la Guardia Nacional*** participó en las ***Fiestas Darianas***, entregando los ***Premios Rubén Darío***. En 1943 volvió a participar en las ***Fiestas Darianas***, y su papá le construyó un parque al pié oriental de la Loma de Tiscapa y lo bautizó ***Parque Lillian***, que la gente del pueblo le sigue llamando así en 2022, aunque los gobiernos del inicio del siglo 21 le cambiaron el nombre. También bautizó la ***Avenida Lillian***, la que sigue al Oeste después de la Avenida Bolívar, pero el nombre de la avenida fue rápidamente olvidado.

Lillian Ada de la Cruz Somoza DeBayle, ***La Reina de la Guardia Nacional de Nicaragua***, con 22 años de edad contrajo matrimonio el **lunes 1 de febrero de 1943** (día del cumpleaños de su padre) con su pariente, el abogado de 35 años **Dr. Guillermo Sevilla**

Dr. Guillermo Sevilla Sacasa, esposo de **Lillian** y padre de la familia; **Salvadora Debayle v. de Somoza García**, suegra, madre y abuela; **Lillian Somoza Debayle**, madre de la familia. En esta foto aparecen **ocho** de los nueve hijos que tuvo **Lillian** con su marido son: **1-Guillermo Anastasio**, **2-Lillian Salvadora**, **3-Luis Ramón** (no está en la foto), **4-Edda María**, **5-Julia Dolores**, **6-Lorena Isabel**, **7-Eduardo José**, **8-Alejandro Javier** y **9-Bernardo David**, todos de apellidos **Sevilla-Somoza**, todos nacidos en Estados Unidos.

Sacasa, divorciado y 13 años mayor que ella. Para el novio fueron segundas nupcias. La boda de gran pompa tuvo como padrino al presidente de Costa Rica **Rafael Ángel Calderón Guardia** y su esposa belga **Yvonne Clays Spoelders** quienes le regalaron a los novios cuantiosos presentes, lo mismo que amigos y funcionarios. El valor total de los regalos se valoró en cerca de medio millón de dólares de 1943, cifra que sin duda está claramente exagerada y es de esos mitos muy del gusto de los populacheros nicaragüenses.

El **Dr. Rafaél Ángel Calderón Guardia**, padrino de la boda de **Lilliam**, regresó a Nicaragua en 1948, pero en calidad de exiliado, tras ser derrocado por **José Figueres**.

La decoración de la nave central de la catedral, desde el Presbiterio y del Altar Mayor, fue magnífica obra del artista de Masaya **Frutos Alegría**, que la obsequió como regalo de bodas. Una blanca alfombra se extendía desde la puerta principal del Palacio Nacional, entraba a la Catedral y se extendía hasta el Altar Mayor.

El matrimonio civil se realizó en el Palacio Nacional a las 9:30 de la noche con los oficios notariales del **Dr. Luis Zúniga Osorio** (posteriormente el **Dr. Zúniga Osorio** fue nombrado Ministro del Trabajo). A las 10:00 de la noche se inició el desfile saliendo del Palacio Nacional precedido por **Mons. Tijerino y Loáisiga**, Obispo de León; **Mons. Reyes y Balladares**, Obispo de Granada; **Mons. González y Robleto**, Obispo Coadjuto de Managua, y **Mons. Lezcano y Ortega**, Arzobispo de Managua, que fueron los oficiantes del sacramento de la boda religiosa. Detrás de los Obispos seguía el novio, **Dr. Sevilla Sacasa** del brazo de su madre doña **Lola Sacasa de Sevilla**. Después la novia **Lillian Somoza Debayle** del brazo de su papá el **Gral. Anastasio Somoza García,** y finalmente parejas de caballeros y damas parientes e invitados.

A las diez de la noche el Cortejo Nupcial y cerca de mil invitados desfilaron del Palacio Nacional a la Catedral de Managua. Cuando la novia desfiló del brazo de su padre hacia el altar, la orquesta de la Guardia Nacional interpretó la Marcha Nupcial de **Félix Mendelssohn** y una Marcha especial escrita para la boda **Sevilla-Somoza** por el compositor **Tnte. G.N. Félix Vega Miranda**.

Concluida la Ceremonia Religiosa, los esposos **Sevilla-Somoza**, al salir de Catedral, pasaron bajo una ***Bóveda de Acero*** formada por los sables de la Compañía de Caballeros Cadetes de la Academia Militar de Nicaragua, uniformados con trajes de gala. El Cortejo Nupcial se dirigió hacia la Casa Presidencial en la Loma de Tiscapa donde fue celebrada la recepción y el gran baile. La ***Orquesta Ramírez Velázquez*** de Masaya y la ***Orquesta Típica*** de la Guardia Nacional amenizaron la cena y el baile que finalizó a las tres de la mañana. Periodistas de todo el continente llegaron a Managua para cubrir la noticia de la boda, incluyendo el principal noticiario del cine de EE.UU. ***Universal Newsreel***. Al finalizar la fiesta los recién casados se trasladaron en la Hacienda Montelimar, propiedad del **Gral. Somoza**, para una luna de miel que duró tres meses.

Como el mejor regalo de bodas, el **Presidente Somoza García** nombró a su yerno, **Guillermo Sevilla Sacasa**, en el cargo de Embajador de Nicaragua en Washington, D.C. Los tres meses de luna de miel fueron necesarios porque estuvieron esperando el ***plácet*** diplomático del gobierno de EE.UU. para la aprobación del **Dr. Sevilla Sacasa** como Embajador Plenipotenciario de Nicaragua en Washington, D.C., una vez recibido el ***plácet*** el matrimonio **Sevilla-Somoza** instaló su hogar en la capital norteamericana. El nuevo diplomático y embajador nicaragüense, **Dr. Guillermo Sevilla Sacasa** presentó credenciales ante el Presidente **Franklin Delano Roosevelt**, el viernes 30 de Julio de 1943, desde esa fecha el Embajador **Sevilla Sacasa** fue inamovible del cargo durante 36 años (1943 a 1979) y por tan prolongada permanencia alcanzó el título de ***Decano del Cuerpo Diplomático de EE.UU.*** y por el mismo extenso tiempo de servicio, fue reconocido como ***«el embajador más condecorado en el mundo»***.

Lillian Somoza fue conocida en Washington D. C. como la ***Ambassadress*** por ser la esposa del embajador decano del cuerpo diplomático. Ella estaba a cargo de las relaciones públicas de la embajada y de la preparación de cenas y galas en su mansión, a las que concurrían decenas de invitados, entre funcionarios norteamericanos, diplomáticos y millonarios.

Durante sus 36 años como embajador de Nicaragua, el **Dr. Sevilla-Sacasa** fue un elemento omnipresente en los eventos diplomáticos. Era conocido como encantador e inteligente. A lo largo de los años, **Sevilla-Sacasa** recibió 50 condecoraciones internacionales y acumuló miles de fotografías con dignatarios visitantes, Pontífices, estrellas de cine y presidentes de EE. UU. Durante 36 años 8 presidentes estadounidenses y 11 secretarios de estado trabajaron con **Sevilla Sacasa**. Fue el firmante por Nicaragua por la fundación la Carta de las Naciones Unidas. Su ejecutoria fue singular, única y sin precedentes, hasta el día de su destitución. Colegas de todo el mundo elogiaron a **Sevilla-Sacasa** por su amplia memoria, resistencia y ***disposición infinita*** para realizar las tareas que conllevaba su título de decano del cuerpo diplomático de los Estados Unidos.

El **Dr. Guillermo Sevilla Sacasa** nació el 11 de septiembre de 1908 en la ciudad de León, misma ciudad de nacimiento de su esposa **Lillian**, fue hijo del **Ing. José Ramón Se-**

villa Castellón y **Dolores Sacasa Sacasa**, y nieto del Presidente **Roberto Sacasa y Sarria**, que gobernó del 5 de agosto de 1889 hasta el 1°. de enero de 1891, cuando fue destituido de la presidencia por una rebelión líbero-conservadora en la que participó el **Gral. José Santos Zelaya**, y fue obligado a entregar el cargo al senador **Eduardo Montiel De La Cerda** que asumió la presidencia interinamente. **Roberto Sacasa Sarria** fue el último presidente de los llamados ***«30 Años conservadores»*** o ***«Primera república conservadora»***.

El mismo presidente **Dr. Roberto Sacasa Sarria** fue también bisabuelo de **Lilliam Somoza Debayle**, por tanto fue prima de su esposo **Guillermo Sevilla Sacasa**, pues los **Somoza-Debayle** pertenecieron al ***Clan Sacasa***, no así el **Gral. Somoza García** que pertenecía a la clase media rural sin pretensiones de aristocracia.

El matrimonio **Sevilla-Somoza**, procreó nueve hijos, todos nacidos en Estados Unidos: **1-Guillermo Anastasio**, **2-Lillian Salvadora**, **3-Luis Ramón**, **4-Edda María**, **5-Julia Dolores**, **6-Lorena Isabel**, **7-Eduardo José**, **8-Alejandro Javier** y **9-Bernardo David**.

Luis Ramón Sevilla Somoza, tercer hijo de **Lillian Somoza Debayle** y **Guillermo Sevilla Sacasa** falleció el 14 de septiembre de 2019 en Managua, su nacimiento fue el 5 noviembre de 1946 en Washington, D.C., pero sus restos no fueron trasladados a Estados Unidos, sino que su sepelio se realizó en el cementerio Sierras de Paz de Managua.

Rehén en el asalto a la casa de *Chema* Castillo

El 27 de diciembre de 1974 un grupo del frente sandinista comandado por **Eduardo Contreras Escobar**, asaltó la casa en el reparto Los Robles en Managua, hogar del **Dr. José María Castillo Quant**, expresidente del Banco Nacional de Nicaragua, cuando se desarrollaba una fiesta privada en honor al embajador de Estados Unidos en Nicaragua, **Mr. Thurner B. Shelton** a la que asistió un selecto grupo de invitados entre quienes estaban el **Gral. José R. Somoza**, Inspector General de la Guardia Nacional y el **Dr. Guillermo Sevilla Sacasa**, embajador de Nicaragua en Washington, D.C.

A las 10:30 de la noche se retiró de la fiesta el embajador **Shelton** acompañado de sus custodios. Pocos minutos después se despidió el **Gral. Joé R. Somoza** y su grupo armado de protección. Todos los demás invitados ciudadanos civiles con sus esposas, empresarios, profesionales y amigos del anfitrión, entre quienes estaba el periodista **Laszlo Pataky Frommer**, continuaron disfrutando de la fiesta con bar abierto e ilimitado, casi todos acercándose o viviendo la tercera edad.

A las 11:00 de la noche irrumpió violentamente el comando sandinista asesinando a los chóferes civiles que estaban en la acera, ninguno de los cuales estaba armado, irrumpieron en la casa del **Dr. Castillo Quant** y capturaron a todos los invitados haciéndolos rehenes. El dueño de casa, **Dr. Castillo**, que también estaba con sus tragos, se fue a su dormitorio y buscando una escopeta en el closets, estaba de espaldas abriendo la puerta del ropero, cuando uno de los asaltantes de nombre **Joaquín Cuadra Lacayo** le disparó una ráfaga por la espalda y cayó instantáneamente muerto. El jefe del comando, **Eduardo Contreras**, ordenó que metieran el cadáver en una mantenedora y que hicieran una lista de los rehenes, descubriendo que tenían --como joya del secuestro-- al **Dr. Sevilla Sacasa**. Al saberlo **Lillian Somoza** salió de Washington hacia Managua, y enérgicamente le ordenó a su hermano menor, el presidente **Anastasio Somoza Debayle** que cediera a todas las demandas de dinero y políticas que exigían los asaltantes, incluyendo la liberación de los presos del frente sandinista y publicar un comunicado del comando que leyó en cadena radial el insigne locutor de la Radiodifusora Nacional **Dr. José Archibaldo Aróstegui**. También

Una de las últimas fotos del matrimonio **Sevilla-Somoza**. El **Dr. Sevilla Sacasa** falleció el 16 de diciembre de 1997 y **Lillian Somoza de Sevilla** falleció el 14 de mayo de 2003, ambos en Washington, D.C. donde realmente desarrollaron sus vidas, tuvieron y criaron a sus hijos.

Lillian le ordenó a su hermano que retirara a las patrullas de la Guardia Nacional que estaban preparadas a realizar un asalto y acabar con todos los miembros del comando sandinista. Cumplidas todas las demandas **Guillermo Sevilla Sacasa** fue liberado, también todos los rehenes y regresó a Washington junto a su esposa **Lillian Somoza de Sevilla**.

El 16 de diciembre de 1997 falleció el embajador **Guillermo Sevilla Sacasa** en Potomac, Maryland, Estados Unidos. Seis años después, el 14 de mayo de 2003 falleció ***La Reina de la Guardia Nacional***, **Lillian Somoza de Sevilla Sacasa** en el Hospital Central de Washington, D.C. a la edad de 82 años. Para entonces ya no existía la Guardia Nacional de Nicaragua.

Capítulo Nueve.

1941: Nicaragua en guerra contra Japón, Alemania e Italia

La noche del 7 de diciembre de 1941, mientras en Nicaragua el pueblo celebraba la tradicional fiesta religioso-folklórica de ***La Gritería***, 353 aviones de guerra japoneses bombardeaban la base norteamericana de ***Pearl Harbor*** en Hawaii, océano Pacífico, hundiendo barcos de guerra anclados en los muelles y matando a miles de soldados estadounidenses. Providencialmente no estaba ni un solo portaaviones en ***Pearl Harbor***.

En Nicaragua el pueblo y los medios de comunicación no se dieron cuenta del ataque, pero el gobierno del **Gral. Somoza García** fue informado por la Embajada de Estados Unidos e inmediatamente fue alertada la Guardia Nacional de Nicaragua. El **Tnte. G.N. Jorge Cárdenas Díaz** (qepd), era cadete de la Academia Militar de Nicaragua y escribió un artículo en ***La Estrella de Nicaragua Newspaper*** de Miami, narrando como fue movilizada la ***Compañía de Cadetes*** que tenía a su cargo la defensa del ***Aeropuerto Internacional Las Mercedes*** de Managua. Esta es la narración del **Tnte. Cárdenas**:

--«¡Atención! ¡Atención!: Todos los cadetes de la Academia Militar de Nicaragua deben reconcentrarse a su cuartel, al término de la distancia».

«Eran las 7 de la noche del 7 de Diciembre de 1941. Los cadetes gozábamos de "libertad", asueto que nos habían dado para que disfrutásemos de La Gritería, la celebración tradicional de Nicaragua con gran pompa, entusiasmo, pero sobre todo con mucha alegría en las calles, en honor a la Inmaculada Concepción de María».

«Llegamos al cuartel en el Campo de Marte a eso de las 9 de la noche, justo a tiempo para recibir el equipo completo de combate: arma de reglamento, dotación total de munición viva (antes usábamos tiros de fogueo), casco de acero que nos pusimos sobre el casco de baquelita, bolsa de primeros auxilios colgando del cinturón verdeolivo con la munición, cantimplora para un litro de agua, calcetines de lana, botas especiales de combate y, por último, la cajita de betún para tiznarnos la cara, cuando fuera necesario. El entusiasmo de todos los cadetes era grande. Creíamos que se trataba de un ejercicio más de los muchos que hacíamos periódica y sorpresivamente para cronometrar la rapidez conque podríamos estar listos para el combate».

«La Compañía de Cadetes completa y sus Oficiales Instructores abordamos los "jeepones" que nos condujeron al Aeropuerto Internacional Las Mercedes. Nos posesionamos de las estribaciones al Oeste de la pista de aterrizaje, justo donde comienzan unas pequeñas colinas. Antes de la medianoche quedaron instalados 12 nidos de ametralladoras calibre .30 de trípode, con sus zonas de fuego bien definidas --sin ángulos muertos-- y cubriendo con lo que sería un fuego cruzado de los cañones de nuestras baterías, hasta la última pulgada de la amplia explanada».

«Pasaron las horas y nos fuimos dando cuenta que «la cosa» era de verdad. El frío de diciembre empezó a calar nuestros huesos. Los cigarrillos se nos agotaron».

«El Cnel. Julio D'Arbelles, Subdirector de la Academia y Comandante de Cadetes, y el Gral. Mullins, a cierta distancia de nosotros, se detuvieron a conversar en inglés y en voz baja».

«Mi compañero, el Cadete Franklin Wheelock y yo logramos descifrar que los japoneses habían destruido sorpresivamente la importantísima base naval Pearl Harbor en el Pacífico, y que la Embajada Norteamericana en Managua había alertado al go-

Todavía en el año 2022 al sur de la pista de aterrizaje del ***Aeropuerto Las Mercedes*** y paralelas a lo largo de la pista, están visibles los ***bunkeres*** de concreto para nidos de ametralladoras para la defensa del aeropuerto, que fueron construidos por la Guardia Nacional de Nicaragua en 1942, previniendo posibles ataques japoneses que se esperaba en la histeria de la II Guerra Mundial.

bierno de Nicaragua, porque frente a Puerto Limón, en Costa Rica, se había avistado un submarino sospechoso, del que hasta ese momento no se sabía si era alemán o japonés. Nos dimos cuenta hasta entonces del por qué estábamos en alerta de combate, conforme al Plan de Defensa de Managua, a la Academia Militar de Nicaragua le correspondía la defensa del Aeropuerto Internacional Las Mercedes. Llegaron más noticias a Nicaragua y las perspectivas se fueron aclarando».

«Como a las diez de la mañana del 8 de Diciembre de 1941 nos reconcentraron en Managua y pudimos desayunar».

«Desde ese mismo día todo cambió. Nuestro entrenamiento normal pasó a ser de carácter extraordinariamente intensivo, lo que se conoce como «entrenamiento de combate», que es muy riguroso. Nuestra jornada diaria comenzó a las cuatro y media de la madrugada (hasta el día anterior comenzaba a las cinco y media), y era --además-- una jornada corrida, con intervalos de minutos, hasta las nueve y media de la noche. Dormíamos después «como un tronco», según nuestro decir, y solamente nos incorporábamos al sonar las notas electrizantes de los clarines y tambores de la estupenda banda de guerra de la Academia Militar. En aquellos tensos momentos, el sorpresivo e implacable ataque del Japón tenía al mundo desconcertado... y se esperaba todo, de todo, cualquier cosa, de parte de la impredecible e indescifrable mente japonesa. Ya nos parecía ver caer paracaidistas nipones sobre el cielo de Las Mercedes para establecer lo que en el argot militar se llama «una punta de lanza» en esta estratégica área centroamericana».

Tnte.G.N. Jorge A. Cárdenas (qepd), graduado en la 2da. Promoción de la Academia Militar de Nicaragua, Caballero Cadete No.**62**, Clase **1941-1944**, narró su experiencia militar como cadete, del primer día que Nicaragua declaró la guerra al Japón en 1941.

«El gobierno de Estados Unidos le ordenó al Gral. Charles Mullins, nuestro Director de la Academia Militar, que se reportara a su cuartel en EE.UU., Después fue enviado a combatir a los japoneses en el Pacífico y desde su Cuartel General en Las Filipinas, el Gral. Mullins le envió un mensaje al Gral. Somoza, pidiéndole, en solicitud escrita, que le enviara a cinco oficiales voluntarios, de los que él había formado en la Academia Militar de Nicaragua, para que combatieran junto a él contra los japoneses. Todos queríamos ir a pelear al Pacífico. Todos queríamos ser escogidos entre los cinco (yo entre ellos, pues en mis casi 20 años creía que la guerra era como se veía en las películas de Hollywood...)».

«El Presidente Somoza se opuso rotundamente a enviar a ninguno de sus Oficiales a la guerra. El Gral. Mullins había hecho la solicitud porque sabía la calidad de oficiales que había formado --a su plena satisfacción-- en las dos primeras promociones de la Academia Militar de Nicaragua: fuimos oficiales profesionales, privilegiados con un esmerado entrenamiento y preparación».

El ataque japonés a ***Pearl Harbor*** en Hawai fue devastador para la base naval y la flota de barcos norteamericanos bombardeados por 353 aviones japoneses. Por suerte no se encontraba en la base ningún portaaviones. El ataque sorpresivo fue calificado por el pueblo norteamericano como una traición y clamó por venganza. Esto motivó a Estados Unidos a entrar a combatir en la II Guerra Mundial, pues tras este ataque Estados Unidos le declaró la guerra al Japón, y Alemania le declaró la guerra a Estados Unidos. Nicaragua, solidario con EE.UU. le declaró la guerra a Japón, Alemania, Italia, Hungría, Rumania y Bulgaria.

Fracasaron las negociaciones entre Estados Unidos y Japón

Desde mucho antes del ataque japonés a ***Pearl Harbor***, la situación entre Estados Unidos y Japón venía deteriorándose progresivamente. El 27 de julio de 1941 Estados Unidos impuso un embargo de gasolina, de mineral de hierro y congelado los fondos japoneses en Estado Unidos en protesta por la guerra de expansión que libraba Japón en China e Indochina (Vietnam). Esta medida significaba en sí un estrangulamiento económico y militar, porque el Japón no disponía de materias primas para su industria. El presidente **Franklin D. Roosevelt** exigía que el Japón detuviera y revirtiera sus acciones militares expansionista y desocupara los territorios absorbidos por la fuerza.

En busca de solucionar las tensas relaciones con Estados Unidos, el gobierno japonés acreditó en Washington al veterano embajador **Saburu Kuruso** en noviembre de 1941, para establecer negociaciones en apoyo a las gestiones que ya realizaba ante Estados Unidos el embajador **Almirante Nomura**. Lo que pedía el gobierno de Japón es que se reconociera los que consideraba sus legítimos intereses de las conquistas que había realizado en Asia, algo que los Estados Unidos, Gran Bretaña, la Unión Soviética y sus aliados interpretaban como una amenaza, lo cual hacía imposible reconocer las demandas del gobierno del Primer Ministro **Hideki Tojo**, fueron llamados ***Puntos de Guerra***. Los territorios conquistados por Japón en China e Indochina fueron con una violencia tal que **Hideki Tojo** fue procesado como criminal de guerra al finalizar la II Guerra Mundial, pero **Tojo** insistía en preservar esos territorios porque Japón necesitaba de las materias primas que obtenía de ellos, sin las cuales la industria de guerra de Japón se paralizaría.

El ataque japonés a Pearl Harbor

Estados Unidos no cedió a las demandas japonesas gestionadas por los embajadores que envió el Primer Ministro de Japón **Hideki Tojo**. El Embajador **Kuruso** declaró en Washington: ***«Las pláticas van muy mal»***. Ante el fracaso de las negociaciones y unos breves días de silencio, en la mañana del **7 de diciembre de 1941** a las 7:48 a.m. sorpresivamente comenzó el ataque con **353** aviones japoneses, que incluían cazas de combate, bombarderos y torpederos que despegaron de seis portaaviones. El ataque causó gran conmoción en el mundo, porque la guerra que ya estaba intensa en Europa, con este ataque se ampliaba a Estados Unidos contra Japón en el océano Pacífico.

En Nicaragua, se conoció la noticia el mismo domingo 7 de diciembre por la tarde gracias las trasmisiones de radio de onda corta que miles de nicaragüenses escuchaban todo el día todos los días y a toda hora, monitoriando el desarrollo de la guerra en Europa. El día y la hora en que se conoció el inicio de la guerra en el Pacífico, no detuvo la fervorosa celebración de ***La Gritería*** con todas sus características populares. Hasta el martes 9 de diciembre los periódicos publicaron detalladas informaciones del ataque japones a ***Pearl Harbor*** ubicado en **Hawaii**, océano Pacífico, que todavía no era estado norteamericano, pero si territorio controlado por Estados Unidos. Después de la guerra **Hawaii** fue proclamado Estado de la Unión Americana.

El lunes 8 de diciembre Estados Unidos declaró formalmente la guerra al Japón e informó a los gobiernos de América. La mayoría se declararon a favor de Estados Unidos, pero hubo países que se declararon neutrales como Argentina, Brasil y Chile. El presidente **Anastasio Somoza García** comenzó a movilizarse para tomar decisiones con respecto al ataque japonés y a la guerra mundial.

Nicaragua declaró la guerra a Japón, Alemania e Italia

El mismo domingo 7 de diciembre de 1941, por la tarde, el Presidente **Somoza** en Consejo de Ministros, tomó las medidas previstas para una situación de guerra y convocó al Congreso Nacional para sesionar con urgencia el día martes 9 de diciembre. En esa misma sesión con toda premura el Congreso de Nicaragua en Cámaras Unidas declaró por unanimidad la guerra al Japón ese mismo 9 de diciembre a las 5:00 de la tarde un día después de la declaratoria de Estados Unidos.

Simultáneamente el **Gral. Somoza** ordenó estado de alerta para toda la Guardia Nacional de Nicaragua.

El jueves 11 de diciembre, Alemania le declaró la guerra a los Estados Unidos, e inmediatamente Estados Unidos ripostó declarando la guerra a Alemania e Italia. En cuanto el **Gral. Somoza** se enteró, también declaró la guerra a Alemania e Italia, emitiendo el siguiente Decreto: --«***Declárase la guerra a los gobiernos de Italia y Alemania. Decreto Ejecutivo aprobado el 11 de diciembre de 1941. Publicado en La Gaceta, Diario Oficial No.270 del 12 de diciembre de 1941: El Presidente de la República en Consejo de Ministros; Considerando: Que por acuerdos internacionales que obligan a la Nación, se reafirma la solidaridad continental y se establece que cualquier atentado de una potencia no americana contra un Estado americano será considerado como un acto de agresión contra los otros; Considerando: Que el Gobierno de Nicaragua se halla en el deber de defender el régimen democrático como base de sus Instituciones; Considerando: Que los Gobiernos de Alemania e Italia han declarado la guerra a los Estados Unidos de América, consecuentes con su política contraria a la ideología democrática que sustenta la República; Por Tanto: De acuerdo con el Artículo 2º de la Resolución No.35 del Congreso Nacional, de fecha 9 del corriente mes, que autoriza al Poder Ejecutivo para declarar la guerra a cualquier potencia no americana que cometa actos de agresión contra alguna de las Repúblicas americanas o les declare la guerra. DECRETA: Artículo Único:- Desde esta fecha la República de Nicaragua se considera en estado de guerra con Alemania e Italia. Publíquese. Casa Presidencial. Managua, D.N., 11 de Diciembre de 1941.- A. SOMOZA.- El Ministro de Gobernación y Anexos, LEONARDO ARGÜELLO.- El Ministro de Relaciones Exteriores, MARIANO ARGUELLO. El Ministro de Hacienda y Crédito Público, J. RAMÓN. SEVILLA. El Ministro de Instrucción Pública y EducaciónFísica, G. RAMÍREZ BROWN.- El Ministro de Fomento y Obras Públicas, ANTONIO FLORES VEGA. El Ministro de Agricultura y Trabajo, JOSÉ M. ZELAYA C.- El Ministro de la Guerra, Marina y Aviación, por la ley, BENJ. ARGUELLO. - JOSÉ BENITO RAMÍREZ, Secretario Privado.*** (NOTA: Se respeta el contenido original del

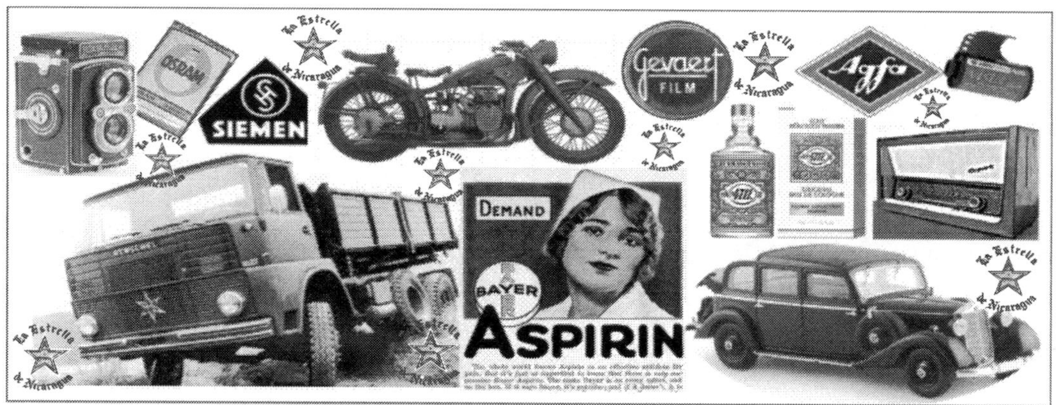

Cientos de productos, principalmente alemanes estaban disponibles en el comercio de Nicaragua antes de la guerra y eran considerados los de mejor calidad, como los automóviles ***Mercedes Benz***, los farmacéuticos ***Bayer*** (inventores de la Aspirina y la Cafiaspirina), los camiones ***Henschel***, las motocicletas ***BMW*** y ***Durkopp Adler***, los radioreceptores ***Telefunken*** y ***Blaupunkt***, que en Nicaragua les llamaron ***Punto Azul***. Las llantas ***Continental***, la colonia **4711**, cámaras fotográficas ***Rolleiflex***, ***Voigtländer*** y ***Linhof Technika***. películas fotográficas ***Agfa*** y ***Gevaert***. Al quedar prohibida la importación y exportación de Alemania, quedaron miles de equipos que no podrían recibir repuestos, pero la habilidad de los mecánicos y técnicos nicas se las ingenió para que camiones, autos, radios y otros equipos se mantuvieran en servicio varios años después de la guerra,

texto, conservando la ortografía, gramática y redacción de la época en que fue elaborado).

Las declaratorias de guerra de Nicaragua no concluyeron con esas contra Alemania e Italia. El viernes 19 de diciembre Nicaragua le declaró la guerra a Hungría, Bulgaria y Rumanía, por ser aliados de Alemania. Como consecuencia de estas declaratorias de guerra contra las Potencias del Eje y sus aliados, Nicaragua quedó alineada con Estados Unidos y el presidente **Somoza** preparó a Nicaragua para una situación de guerra aplicando las medidas internas y externas en materia militar, económicas y diplomáticas contra los que en ese momento eran ***«países enemigos»***, aunque pocos días antes eran amigos y hasta socios comerciales.

Antes de la guerra Nicaragua importaba manufacturas de Alemania que eran predilectas de los nicaragüenses, como ejemplo mencionamos los productos farmacéuticos **Bayer** (inventores de la Aspirina y la Cafiaspirina), los autos **Mercedes Benz**, los camiones **Henschel**, las motocicletas **BMW** y **Durkopp Adler**, los radioreceptores **Telefunken** y **Blaupunkt**, que en Nicaragua les llamaron ***Punto Azul***. Las llantas **Continental**. La **Colonia 4711**. Cámaras fotográficas **Rolleiflex**, **Voigtländer** y **Linhof Technika**. películas fotográficas **Agfa** y **Gevaert**, bombillos **Osram**, los equipos electricos **Siemens** y cientos de otros productos. La importación de todas las manufacturas alemanas y de los otros paises ***enemigos*** quedaron prohibidas.

Suspensión de Garantías Constitucionales y Ley Marcial

El gobierno de Nicaragua decretó la noche del domingo 7 de diciembre de 1941, en medio de la tradicional ***Gritería***, la suspensión de Garantías Constitucionales y la Ley Marcial. El decreto fue leído en las radiodifusoras y también mediante Bandos callejeros, al estilo de la edad media, por pequeñas patrullas de la Guardia Nacional acompañadas de tambores que en cada esquina hacían redobles para llamar la atención y después un Oficial G.N. leía el decreto.

La suspensión de garantía incluyeron suspender artículos de la Constitución: Art.-109: Suspensión de la garantía de la libertad individual. Arts.110, 111, 112 y 119, que se refieren a la detención con mandato judicial, proceso público, ley de amparo, libertad o juicio en término de 24 horas. Al suspender estos derechos ciudadanos constitucionales, el gobierno asumió la facultad de capturar a cualquier ciudadano y retenerlo sin explicaciones a nadie por el tiempo que juzgara necesario.

Quedaron suspendidos los Art.120: Suspensión de la libre circulación y libre migración e inmigración. Art.128: Suspensión de la inviolabilidad del hogar, por esto cualquier hogar podía ser allanado sin ninguna orden judicial. Arts.124 y 125: Suspensión del derecho de reunión. Art.126: Suspensión del derecho de asociación. Arts.128 y 129: Suspensión de la libertad de pensamiento y de la libertad de expresión. Art.131: Suspensión de la inviolabilidad de la correspondencia.

Todas estas suspensiones de los derechos ciudadanos procuraban fortalecer al gobierno para que pudiera establecer acciones en defensa de la nación en Estado de Guerra. Sin embargo, le facilitaron al presidente **Somoza** controlar a los opositores con acciones de intimidación y cárcel. En resumen, con el pretexto legal de la suspensión de garantías y Ley Marcial el gobierno adquirió mucho más poder para aprovechar todas las oportunidades políticas y económicas que se presentaban con el pretexto del Estado de Guerra.

Al mismo tiempo que se suspendían las garantías a los nicaragüenses, se estimulaban y convocaban manifestaciones públicas siempre y cuando fuesen en contra de las potencias enemigas. El lunes 8 de diciembre de 1941 el gobierno organizó una multitudinaria marcha por las calles de Managua que salió del ***Boulevard Somoza***, con múltiples oradores que pronunciaron heráldicos discursos en contra de las potencias del ***Eje Berlin-Roma-Tokyo***. Entre los que tomaron la palabra se destacaron el Embajador de EE.UU. **Pierre de Boal**; el Encargado de Negocios de Gran Bretaña, **Mr. Goodden** y el Ministro de Relaciones Exteriores de Nicaragua, **Dr. Mariano Argüello Vargas**. No solamente hubo expresiones contra los enemigos, sino que proliferaron las alabanzas al gobierno y a la persona del **Gral. Somoza**, que es la forma de hacer política en Nicaragua, incluso en el presente siglo XXI.

El diario ***La Noticia***, decano entonces del periodismo nicaragüense, publicó una extensa y detallada crónica que tituló: --«***La gran manifestación contra el Japón ayer tarde en Managua***». El miércoles 10 de diciembre de 1941 el diario ***La Prensa*** destacó en su titular: --«***El Ejecutivo acordó ayer retirar al Club Social de Managua el caracter de persona jurídica***». Esta fue una de las primeras acciones basadas en la suspensión de garantías. El gobierno explicó: --«***Se suspendió la personería jurídica al Club Social de Managua por actividades político partidarias de oposición sistemática al gobierno de la República, con manifiestas tendencias subversivas***».

¿Qué asunto peligroso y subversivo podrían haber hecho los socios del Club Social de Managua, reunidos en una mesa de tragos, fumando puros y cigarrillos, aristócratas y burgueses, conservadores en su mayoría, hablando nimiedades sobre la guerra y contra el gobierno?, pero la Ley Marcial facultaba a la Guardia Nacional para proceder con energía para disolver a ***grupos sediciosos*** potencialmente capaces de causar problemas.

Los estudiantes del Instituto Nacional Central Ramírez Goyena y de la Escuela Normal se manifestaron el día 10 de diciembre, portando banderas de Nicaragua, de los EE.UU. y retratos del **Gral. Charles De Gaulle** de Francia. En Matagalpa hubo una manifestación de tres mil personas expresando su adhesión al Presidente **Somoza** ***«por su bello gesto de solidaridad americana al declarar la guerra al agresor japonés»***. León también se manifestó el domingo 14 de diciembre en la que participaron funcionarios norteamericanos, británicos, de la Francia Libre y de China. El Cuerpo Diplomático se destacó en la manifestación de Granada el 28 de diciembre. Los estudiantes del Colegio Bautista soli-

Conforme el ***Tratado Chamorro-Bryan*** firmado en 1914, Estados Unidos tenía el derecho de establecer instalaciones militares ***«en cualquier parte del territorio de Nicaragua»***, y en las circunstancias de la II Guerra Mundial, EE.UU. previó la posibilidad de un ataque japonés al Canal de Panamá. Por eso estableció una serie de Bases Navales desde Ecuador hasta Nicaragua, para vigilar y repeler cualquier ataque japonés. En Nicaragua el gobierno norteamericano estableció la ***Base Naval de Corinto***, en un considerable sector del puerto de Corinto, departamento de Chinandega, como se ve en la foto derecha. Desde esta base salían constantemente en misiones de vigilancia los hidroaviones ***PB2Y Coronado*** de 4 motores y el famoso ***PBY Catalina*** bimotor que acuatizaban en las aguas de Corinto. Después de terminar la guerra los EE.UU. se llevaron todas las maquinarias, equipos y armamentos, pero dejaron toneladas de herramientas en desuso y todos los edificios que entregaron al gobierno de Nicaragua, pero el **Gral. Somoza** se declaró propietario de todo el ***surplus*** de la Base.

citaron que la Guardia Nacional les diera entrenamiento militar para la guerra. Gremios, sociedades, grupos de toda clase continuaron manifestándose en esos mismos tonos.

Así fue el ambiente en Nicaragua tras las declaratorias de guerra.

La Base Naval de Corinto

Por su parte el **Gral. Somoza** demostraba una gran satisfacción por ser aliado de Estados Unidos y expresaba la importancia de Nicaragua en su apoyo a la guerra. Destacaba lo vital de las materias primas que Nicaragua producía y exportaba para la industria de guerra de EE.UU., tales como oro, caucho, maderas, aceites vegetales. Lo cual era verdad, Nicaragua llegó a ser el séptimo productor de oro del mundo y posiblemente en el presente mantenga esa categoría o muy cercana y tiene un inventario en el 2022 de más de 300 minas de oro en reserva. Pero **Somoza** ofreció más: ofreció el territorio soberano de Nicaragua para establecer bases militares para la defensa del Canal de Panamá, que era un objetivo lógico para ser atacado por Japón o Alemania. De todas maneras desde 1914 Nicaragua le había cedido a Estados Unidos los derechos del territorio de Nicaragua mediante el infame ***Tratado Chamorro-Bryan*** para ocuparlo en defensa del Canal de Panamá o para lo que les conviniera. Eso se materializó con el establecimiento de una Base Naval en el Golfo de Fonseca en 1941, pero esta Base no resultó funcional y Estados Unidos decidió trasladar esa operación al Puerto de Corinto en Chinandega. La ***Base Naval*** de Estados Unidos en el puerto de Corinto, inició operaciones en septiembre de 1942 con una flota de hidroaviones ***PB2Y Coronado*** cuatrimotores y el muy famoso ***PBY Catalina*** bimotores, naves torpederas y un personal militar y civil de 1,300 hombres, resultó muy exitosa para el patrullaje y vigilancia con aviones y naves de guerra en una extensa área del Pacífico que comenzaba con bases navales desde Ecuador hasta Nicaragua.

Esa fue la famosa la ***Base Naval de Corinto***, que solamente funcionó cuatro años, fue clausurada oficialmente en 1946, llevándose todo lo útil en armas, municiones y maquinaria, pero dejando toneladas de materiales sobrantes y edificios, valorados en varios millones, que fueron donados a Nicaragua, pero el **Gral. Somoza** se declaró dueño de todo el ***«surplus»*** de la ***Base Naval de Corinto*** y lo tomó como un ***botín de guerra***. Algunos beneficios para muchos nicaragüenses heredó la ***Base Naval de Corinto***, el primero fue que centenares trabajaron en actividades auxiliares civiles en la Base; el segundo beneficio fue que en esos cuatro años trabajando en la Base muchos corinteños aprendieron inglés, una educación colateral que en sus vidas les rindió beneficios.

La guerra económica en Nicaragua

El gobierno de Nicaragua, por indicaciones u ordenanzas de Estados Unidos, estableció medidas económicas que afectaron a la economía nicaragüense y también a la economía internacional, causando impacto en los mercados externos e internos de Nicaragua. El primer impacto económico lo estableció el presidente **Roosevelt** al crear la ***«Lista proclamada de ciertos nacionales bloqueados»*** en la que se incluyeron no menos de 1,800 empresas y personas de América Latina, en la que aparecieron varias empresas y personas de Nicaragua. Casi nadie denominó a esa lista con su largo nombre oficial, sino que se viralizó con profusión el nombre popular de ***«Lista Negra»*** que tenía el primordial propósito de bloquear el envío o exportación a las potencia del ***Eje Berlín-Roma-Tokyo*** y a sus países aliados. **Roosevelt** emitió la lista antes del ataque japonés a Pearl Harbor, cuando todavía EE.UU. se proclamaba neutral de la guerra que ya azotaba a Europa desde 1939 y por ese asunto Alemania envió una formal protesta a EE.UU.

La lista ordenaba que no podía exportarse nada producido por Estados Unidos a ninguna empresa o individuo citados en la lista. Las empresas o individuos incluidos en la ***Lista Negra*** serían tratadas como si fueran parte de las potencias enemigas y serían congelados sus fondos bancarios y créditos en Estados Unidos. La ***Lista Negra*** no fue rígida sino que fueron agregando más empresas y personas en la medida en que se descubrían sus actividades o sospechas, también fueron eliminados varios de la lista conforme lo comprobaban las investigaciones.

Hubo protestas y oposiciones a la ***Lista Negra*** proclamada unilateralmente por Estados Unidos, Los países del **ABC** de Sur América: **A**rgentina, **B**rasil y **C**hile fueron los mayores opositores a la lista de **Roosevelt**, porque esos países tenían gran comercio, relación con Alemania e Italia, y además fuertes colonias de población de alemanes e italianos.

Pero **Somoza** en Nicaragua proclamó la magnificencia de la ***Lista Negra*** y determinó hacerla respetar y cumplirla al pie de la letra.

El 26 de julio de 1941 el Encargado de Negocios de la Embajada de EE.UU. en Nicaragua, **Mr. Fiournoyse**, leyó en conferencia de prensa la ***Lista Negra*** que incluyó a cincuenta empresas y personas de **Managua**, **León**, **Granada**, **Matagalpa y Bluefields**. Se destacó el caso don **Carlos Solórzano** supuestamente por ser testaferro del alemán **Hugo Danckers**, que le había traspasado sus bienes y valores para evadir el bloqueo. Las protestas y reclamos por aparecer en la ***Lista Negra*** fue inmediata e intensa, pero todo fue inútil, la Embajada de EE.UU. lo único que prometió fue investigar cada reclamo. A los nicaragüenses que aparecían en la ***Lista Negara*** se les consideró simpatizantes de las potencias enemigas y se les denominó ***Quinta Columna***, capaces de hacer sabotajes a favor de Alemania y Japón. Como siempre pasa en Nicaragua, todo esto era la comidilla folklórica, típico del carácter mitómano de gran porcentaje de nicaragüenses.

Persecución, confiscación y cárcel para Alemanes, Japoneses e Italianos

LA PRENSA

Vale 15 Cts.

Continúan las detenciones de alemanes e italianos

Escenas patéticas y problemas que se suscitan

La súbita persecución de alemanes e italianos causó conmoción en Nicaragua, casi en su totalidad eran personas conocidas y apreciadas por su calidad humana y su ejemplo de trabajo y disciplina que tuvo como resultado la generación de grandes fortunas y empresas bien organizadas. Eso se refleja en esta primera página del diario ***La Prensa*** del 14 de diciembre de 1941.

Tras el ataque japonés del 7 de diciembre a Pearl Harbor y las declaratorias de guerra de EE.UU. y de países latinoamericanos, el 11 de diciembre de 1941 Japón congeló los fondos de **Nicaragua** depositados en bancos japoneses, también los de Brasil, Perú, Costa Rica, Guatemala, Honduras, Cuba y República Dominicana. El 18 de diciembre de 1941 el gobierno de Nicaragua publicó en La Gaceta No.275 los Decretos No.70. No.71 y No.72, prohibiendo la actividad comercial con los países y sus nacionales con los que se encontraba en estado bélico, congelando sus fondos e interviniendo sus propiedades.

Desde el siglo XIX Nicaragua había fomentado la inmigración de europeos, principalmente alemanes, para que contribuyeran al desarrollo económico y difundieran mejores prácticas agropecuarias, principalmente de café. Estos inmigrantes efectivamente mejoraron la ganadería y la agricultura en los departamentos del norte, principalmente Matagalpa y Jinotega donde crearon y desarrollaron la excelencia en la producción de café. Muchos de los inmigrantes europeos jóvenes solteros contrajeron matrimonio con damas nicaragüenses formando honorables hogares y fundando familias ejemplares con descendencia que continúa existiendo y multiplicándose en el presente.

Pero los decretos del gobierno convirtió en enemigos de guerra a todos los alemanes, italianos y japoneses residentes en Nicaragua y por tanto fueron perseguidos, muchos fueron confiscados arbitraria e ilegalmente y gran cantidad fueron encarcelados y de-portados a campos de concentración en Estados Unidos.

Nicaragua tuvo que reprogramar sus exportaciones, porque en buen porcentaje se exportaba café, maderas, algodón, cueros y otros se destinaban principalmente a Estados Unidos, pero también a Alemania y en menor cuantía a Italia y Japón. Y de esos países, ahora enemigos en guerra, se importaban maquinaria, vehículos, tractores y otros productos industriales. El Decreto 70 bloqueó todos los fondos y valores de alemanes, japoneses e italianos depositados en los bancos de Nicaragua y para mantener en operación las empresas intervenidas autorizaba a la Superintendencia de Bancos ***«el pago de cheques o giros contra los fondos bloqueados por aquellas cantidades que sean indispensables para satisfacer necesidades vitales urgentes y otras impostergables debidamente comprobadas»***. Un tercer decreto, el No.72, establecía como serían administradas las propiedades incluidas en la ***«lista proclamada por los Estados Unidos de América»***.

Los anteriores decretos, además de su impacto en modificar el comercio exterior de Nicaragua, colocaban a muchas empresas y propiedades agropecuarias en situación de intervención por el estado, paralizando sus operaciones.

El miércoles 5 de agosto de 1942, se produjo el caso emblemático de los abusos que ocurrieron contra los alemanes e italianos que tenían muchos años de trabajar y con-

La ***Quinta Eitzen*** propiedad usurpada al alemán **Ulrico Eitzen** fue el único campo de concentración que existió en Nicaragua, donde internaron a alemanes, italianos y un japonés. Estaba bastante aislada en el sector sureste de Managua. Además de la mansión que se ve en la foto, tenía jardines y patios en 8 manzanas. Después de la guerra la ***Quinta Eitzen*** apareció como propiedad de **Luis Somoza Debayle** y fue reconocida como ***La Mansión Luis Somoza*** que fue referencia para las direcciones del sector (***«De la Mansión Luis Somoza 4 cuadras al sur y media arriba»***). Cientos de alemanes, italianos y el japonés **David Yokota** fueron prisioneros en esta quinta. En la era sandinista fue sede de ministerios y oficinas públicas. En 2022 el edificio está rodeado por el Mercado Oriental.

tribuir al bienestar y progreso de Nicaragua, cuando el Banco de Londres presentó un juicio contra la ***Casa Bahlcke*** en el Juzgado de Civil presidido por el juez **Dr. Luis Zúniga Osorio**, exigiendo créditos vencidos por dos millones de córdobas. El juez ordenó el embargo de todas las propiedades de la ***Casa Bahlcke*** que tenían un valor muy superior a la deuda, pero don **Julio C. Bahlcke**, propietario de la corporación ***Bahlcke*** había sido declarado enemigo alemán y se encontraba prisionero. Entre las propiedades embargadas estaban las haciendas de café en las Sierras de Managua, ***Alemania***, ***El Guapinolar*** y en Managua la hacienda ***Santa Feliciana***, donde hoy está el nuevo estadio de beisbol, la Catedral y Metrocentro, y la hacienda ***El Retiro***, donde el **Gral. Somoza Debayle**, construyó su residencia y actualmente está una base del ejército sandinista y las instalaciones del ministerio de deportes que incluyen estadios y pistas deportivas. El embargo incluyó más de otras valiosas haciendas y propiedades en Managua, León, Matagalpa. También las oficinas en la Avenida Central de Managua, el ***Taller Bahlcke*** en la Calle 15 de Septiembre y una serie de terrenos en Managua.

Como por ley de la guerra contra Alemania el gobierno congeló todas las cuentas bancarias a don **Julio C. Bahlcke** y estando prisionero y congelados sus fondos bancarios, no le fue posible pagar la deuda al Banco de Londres y todas las propiedades y valores se programaron para ser subastadas.

El sábado 22 de agosto de 1942 se realizó la subasta de las bienes de la ***Sucesión Bahlcke*** para pagar los dos millones de córdobas al Banco de Londres. A la subasta se presentó el **Cnel. G.N. Camilo González Cervantes**, en representación del **Gral. Somoza García** dos maletines negros y escoltado por alistados de la Guardia Nacional. El **Cnel. Gonzalez** pujó en la subasta hasta llegar a la oferta de C$410.000 mil córdobas, y por esa ínfima cantidad todas las propiedades de don **Julio C. Bahlcke** pasaron a la propiedad del **Gral. Anastasio Somoza García**, en una maniobra que obviamente fue preparada previamente, aprovechándose del ***Estado de Guerra***.

Otro caso famoso fue el de la ***Quinta Eitzen*** propiedad del alemán **Ulrico Eitzen**, una hermosa y millonaria propiedad que estaba entonces en las afueras de Managua, al sureste, cerca del afamado ***gancho de camino***, aunque actualmente esa zona está invadida por el Mercado Oriental y el crecimiento de Managua. La ***Quinta Eitzen*** aún tiene dos pisos, tenían amplios y bien cuidados jardines en sus ocho manzanas de terreno. Esta quinta fue convertida en ***campo de concentración*** para los ciudadanos de los países en guerra con Nicaragua. Años después de la guerra la ***Quinta Eitzen*** apareció comprada o heredada por **Luis Somoza Debayle** y por la siguiente generación de managuas fue reconocida y afamada como ***La mansión Luis Somoza*** que al ser usurpada por el sandinismo le cambiaron el nombre por ***Casa Ricardo Morales Avilés*** y ha sido la sede del Ministerio de Cooperación Externa y del Ministerio de Energía y Minas.

En octubre de 1941 los trabajadores del ***Taller de Mecánica Yokota*** de Managua, presentaron denuncia ante la Guardia Nacional contra su empleador japonés **David Yokota**, acusándolo de golpear a un obrero. La realidad fue que ya se rumoraba que las propiedades de los japoneses, alemanes e italianos pasarían a poder del estado y brotó en las mentes oportunistas de los trabajadores la idea de que el ***Taller Yokota*** pasara a manos de ellos. **David Yokota** era el único japonés que vivía en Nicaragua. **Yokota** llegó a Nicaragua en 1928 y con mucho esfuerzo, disciplina y capacidad estableció y desarrolló un excelente taller de mecánica, torno, fresa y fundición que fue una verdadera escuela donde aprendieron y se formaron varias generaciones de mecánicos nicaragüenses. **Yokota** se casó con la joven nicaragüense **Petronila Peralta**, pero fue citado a comparecer por la denuncia en su contra, con la sorpresa que la gran mayoría de sus trabajadores declararon a su favor; pero como era japonés fue capturado y por orden de la Embajada de EE.UU. fue deportado e internado en uno de los diez campos de concentración ubicados en los estados de Texas, Arizona, Utah y California. En plena guerra fue canjeado por soldados norteamericanos prisioneros en Japón. Después de permanecer varios años en Japón, regresó a Nicaragua en 1952 a su hogar con **Petronila Peralta**.

Los nicaragüenses convertidos en cazadores de enemigos de guerra denunciaron a un ***japonés*** de apellido **Hisi**, y fue inmediatamente capturado por la Guardia Nacional, pero éste alegó que no era japonés sino coreano y por tanto enemigo de los japoneses que habían invadido su patria. El señor **Hisi** demostró que tenía 25 años de haberse nacionalizado mejicano y que estaba casado con una dama nicaragüense desde hacía 20 años. **Hisi** fue puesto en libertad pocos días después.

Alemanes e italianos recluidos en la Quinta Eitzen

Las patrullas de la Guardia Nacional comenzaron la guerra contra Alemania e Italia desde dentro de Nicaragua. La noche del jueves 11 de diciembre numerosas patrullas de la Guardia Nacional fueron movilizadas en todo Nicaragua y enérgicamente allanaron los hogares de los ciudadanos alemanes e italianos y los condujeron arrestados a las diferentes prisiones. En el caso de Managua los capturados fueron encarcelados en la fortaleza de ***El Hormiguero***, cuartel central de la Policía de Managua, bajo el comando del **Mayor G.N. Luis Balladares Torres**, Director de Policía de Managua. La cantidad de sometidos a prisión fue numerosa de personajes muy conocidos y por muchos años muy respetados como profesionales, comerciantes, industriales y productores agropecuarios. La lista de capturados parecía interminable, entre ellos a **don Eugenio Lang** dueño de Ferretería Lang. **Ernesto Hammer**, **Francisco Bunge** de Ferretería Bunge. **Fritz Morlock** propietario de la mejor relojería de Nicaragua. **Guillermo Fietcher**, **Capitán Meyer**, **Franz** y **Walter Puschendorff**, **Imme Bohemer**, **Guillermo**, **Lolo** y **Ernesto Brockmann**, **don Enrique Zons** propietario de la emblemática ***Cafetería Matagalpa*** de Managua, único que elaboraba una vez a la semana el ***sauerkraut***, para su numerosa clientela alemana, con salchichas que él mismo preparaba. **Harry Benck**, **Ulrico Eitzen**, dueño de la ***Quinta Eitzen*** que fue utilizada como campo de concentración para él mismo y para cientos de alemanes e ita-

En Estados Unidos se establecieron diez campos de concentración para alemanes. italianos, japoneses, entre ellos los denominados ***Kenedy***, ***Seagoville*** y ***Crystal City***, éste ubicado al sur de la ciudad de San Antonio, Texas. Principalmente en **Crystal City** fueron internados los llegados de Nicaragua. Como los familiares de miles de presos llegados de América Latina solicitaron acompañar a sus presos en los campos de reclusión, el gobierno norteamericano construyó el enorme campo ubicado en el poblado de ***Crystal City***.

lianos. **Julio C. Bahlcke** uno de los alemanes más acaudalados de Nicaragua que fue totalmente despojado de todas sus propiedades; **C.H. Eyl**, **Hanz Langswaver**, **Carlos Huberger**, **Carlos Brechtl** y **Fritz Finlander**. También los italianos **Pietro Brigneti**, **Alfonso**, **Antonio** y **Mario Salvo** de los restaurantes y sorbeterías ***Salvo***; **Adolfo** y **Domingo De Franco**, **Luis**, **Alfredo** y **Enrique Palazio**, agentes navieros; **Francisco** y **Felipe Mántica** que después fueron los creadores de los ***Supermercados La Colonia***, **Gerónimo Duzzi**, **Ernesto Andrea** y muchos más, solamente en la noche del 11 de diciembre de 1941.

La redada continuó el viernes 12 de diciembre y los días que siguieron. Las patrullas de la Guardia Nacional actuaban como en las películas utilizando tácticas de combate, pero ninguno les hizo resistencia, pues se trataba de gente muy civilizada y pacífica. A los capturados se agregaron **Guillermo Lang**, **H. Geerz**, **Juan Raven**, **Eugenio Green**, **Guillermo Schoeneck**, **Victor** y **Luis Picasso** y **Nardino Giusto**. En el tren llegaron presos de Granada **Otto Arnold**, **Mario Favilli** y **Carcil Vogel**. De León, **Jorge Fielders**, **Otto Fritz**, **Doctor Morgan**, **Enrique Ascali**, **Victor Balinet**, **Rodolfo Manzoni** y **Enrique Mántica**.

La lista de los presos en la ***Quinta Eitzen*** aumentó con el encarcelamiento de **Carlos Hayn**, **Hans Ketelhohn**, **Georg Fiedler**, **Oskar Friedlander**, **Luis Frenzel**, **Ernest Hammer**, **Wilhelm Hüper**, **Hermann Bornemann**, **Gustavo Stelzner**, **Hans Rudolph Wettstein**, **Adelbert Linnet**, **Carlos Roesler**, **Guillermo** y **Francisco Brockmann**, **Carlos Hueberger**, **Hans Bodo Raven**, **Otto Dorn**, **Guillermo Nordalm**, **William H. Vogts**, **Adolfo Schulze**, **Carlos Schultz**, **Otto Meyer**, **Helmut Linner**, **Will Riedel**, **Enrique Ascoli**, **Franz Riedel**, **Paul Richter**, **Günther Gustav**, **Hans Stein**, **Ernesto Roghr**, **Fritz Fuchs** de Bluefields, **Felix Asher** (alemán que vivía en Estelí), **Karl Steimer**, **August Rosmann** y **Otto Meisser** (capturados en la costa del Caribe). Los italianos **Francisco** y **Roberto Conti**; **Juan** y **Carlos Caligaris**; **José** y **Francisco Java**; **Leo Alexander**, **Neo Bellini**. La ***Quinta*** se sobresaturó de prisioneros y varios quedaron en ***El Hormiguero***, entre ellos **Hermann Egner**, **Inmo Bohemer**, **Hans Stein**, **Julio Fischer**, **Erich Puschendorf**, **Guillermo Pentzke**, **Julio Peters**, **Piero Brigneti**, **Max Kreimann**, **Jorge Friedlander**, **Enrique Zons**, **Oscar Veit**, **Walter Puschendorf**, **Ernesto Brockmann**, **Ernesto Andres**, **Eric Hollmann**, **Pablo Ritz**, **Hans Strip**, **Carlos Decker**, **Walter Jacques** y otros

De Matagalpa y Jinotega, donde el diario ***La Noticia*** señaló que ***«la colonia nazi-***

fascista es numerosa», fueron trasladados bajo arresto **Guillermo Hüper**, **Carlos Heine**, **Otto Khül** (padre e hijo), **Franz Riedel**, **Germann Barnemann**, **José Vita hijo**.

De Jinotepe llegaron presos **Frade Dolfo Thomas** y **Guillermo Johanes**. De Tipitapa **Ernesto Röghr** y **Leo Alexander**. De Masaya **Carlos Roonor**, **Salomón Joseph** y **Alberto Wogl**. El sacerdote católico **Rafaél Lippo**, súbdito italiano, fue notificado por la Guardia Nacional que se le imponía por consideración ***casa por cárcel***. El cura **Lippo** fue un conocido promotor de las turbas somocistas ***Los Camisas Azules***, que en 1936 fueron aliados del **Gral. Somoza**, incluso fueron armados por la Guardia Nacional para combatir en el ***golpe de estado*** contra el presidente **Sacasa**, en Managua y en León, pero eran autoproclamados ***fascistas*** y Nicaragua, al declarar la guerra ahora contra las potencias fascistas, los ***Camisas Azules*** fueron vistos como partidarios de **Adolf Hitler** y **Benito Mussolini**. En la realidad **Somoza** aprovecho esa circunstancias para quitárselos de encima, desarmarlos y desecharlos porque ya no los necesitaba. El **Padre Lippo** de Masaya apostó mal por los ***Camisas Azules***.

Ernesto Mántica, como ciudadano italiano, se presentó y se entregó voluntariamente a la Guardia Nacional para demostrar que no era parte del enemigo, pero lo dejaron preso porque tres de sus hermanos ya estaban en prisión

El 16 de diciembre de 1941 el diario ***La Noticia*** publicó en su titular principal: --***«Súbditos alemanes e italianos han sido conducidos al único campo de concentración en Nicaragua: la Quinta Eitzen»***. Algunos encarcelados en la ***Quinta*** y en ***El Hormiguero*** fueron liberados cuando se comprobó que eran hijos de alemanes o italianos casados con damas nicaragüenses, entre otros **Luis Frenzel Centeno**, **Otto** y **Klaus Kühl Baldizón** y **Alfonso Eger Zelaya**.

El 17 de diciembre de 1941 el Congreso de Nicaragua emitió el decreto para que el gobierno del **Gral. Somoza** asumiera el control de las propiedades de los alemanes, italianos y japoneses capturados en Nicaragua, y también las propiedades de algunos que no fueron capturados, lo cual abrió las puertas para usurpaciones ilegales a los más poderosos y a los corruptos más cercanos al poder. Como era de esperarse por la tradición nicaragüense, las empresas intervenidas y confiscadas fueron víctimas de verdaderas ***meriendas de caníbales***, saqueadas más nunca bien administradas. Los negocios comerciales de **Arnold**, **Münkel**, **Eitzen**, **Zons**, **Hüper**, **Möller** y todas las fincas, ganaderías, almacenes, fábricas, talleres, etc., nunca fueron administradas sino abusadas por los interventores y cuando, años después, los dueños regresaron en busca de sus propiedades al terminar la guerra, se encontraron conque sus negocios estabas saqueados y quebrados o ya vendidos a precios de ***huate mojado***. El negocio ***Gülke & Wettstein*** que estaba en la Avenida Central frente al Gran Hotel, fue expropiado y desapareció. El caso del **Francisco Bunge**, empresario ferretero y antiguo cónsul Alemania, relató su yerno **Frank Richardson Bunge** que: ***«Cuando Somoza intervino las propiedades de los alemanes, don Francisco Bunge se salvó debido a que tenía un yerno norteamericano. Sin embargo, le impusieron casa por cárcel y así estuvo durante toda la guerra»***.

En base al Decreto del 17 de diciembre, el Gobierno clausuró los clubes alemanes de Managua y Matagalpa, y también la Escuela Alemana de Managua donde estudiaban los infantes hijos de los alemanes como **Carlos Roessler**, **Hugo Wettstein**, **Gloria Wettstein**, **Hannelore Morlock**, **Liesel Arnold**, **Fritz Morlock**, **José Brockmann**, **Adelbert Linnet**, **Jorge Kettelhohn**, **Eddy Kühl Aráuz** y otros se trasladaron al Instituto Pedagógico La Salle. Las mujercitas, entre quienes estaban **Hannelore Morlock**, **Gloria Kühl** y **Liesel Arnold** se trasladaron al Colegio La Asunción.

El cónsul alemán **Hugo Danckers** fue declarado ***Non-Grato*** y regresó a Alema-

La escasez de productos importados obligó al pueblo nicaragüense a desarrollar manufactura artesanal, miles de talleres de costura, camiserías, sastrerías, zapaterías, carpinterías, mecánica y muchas otras actividades económicas, que si bien ya existían en menor nivel, ante la carencia y crisis por la guerra, se potencializaron de tal manera que desde la guerra hasta 1979.

nia, fue dueño de la ***Tienda 5-95*** en Managua. Su único hijo, **Ulrich Danckers**, nació en Jinotega en 1927, pero fue deportado a los dos años de edad. Regresó a Nicaragua de 70 años, médico jubilado y le pidió a **Eddy Kühl** en ***Selva Negra*** que la ayudara a encontrar la tumba de su madre en el cementerio de Jinotega. Otro caso fue el del renombrado economista **José Vicente Vita Rodríguez** fue exento del arresto por sus servicios extraordinarios en la restauración del Banco Nacional de Nicaragua, era hijo del italiano **Giuseppe Vita**. El caso de don **Julio Fischer**, un alemán casado con **Zoraida Sánchez**, antes de la guerra era el ingeniero mecánico del ***Ingenio Santa Isabel***, en León. Cuando Nicaragua le declaró la guerra al ***Eje***, el **Ing. Julio Fischer** fue arrestado y llevado a la ***Quinta Eitzen***. El **Gral. Somoza** había importado toda la maquinaria para instalar un ingenio azucarero en la hacienda ***Montelimar***, y le hacía falta un técnico que construyera el ingenio. Preguntó si entre los alemanes presos no habría un ingeniero que supiera construir el ingenio azucarero. Localizado el prisionero **Julio Fischer**, fue excarcelado por órden directa de **Somoza**, pero no fue enviado a su hogar con su familia, sino llevado siempre bajo arresto a la hacienda ***Montelimar*** donde lo esperaba el **Gral. Somoza** para proponerle que le construyera el ingenio azucarero, le armara la maquinaria y echara a funcionar la producción de azúcar. En cambio quedaría con el territorio de la hacienda ***Montelimar*** por cárcel, con vivienda para toda su familia y además recibiría un salario (que fue simbólico). **Don Julio Fischer** aceptó la propuesta porque eso le impidió ser deportado a los campos de concentración de Estados Unidos. Al terminar la guerra se trasladó a México hasta su fallecimiento en 1950. Su hijo **Róger Fischer Sánchez** regresó a su natal Nicaragua y se convirtió en uno de los principales publicistas, compositor musical notable y escritor.

Un caso que causó sensación fue el de joven de origen alemán **Rolf Bunge**, quien se declaró públicamente miembro de la ***Juventud Hitleriana*** y a pesar de los ruegos de sus familiares decidió no dejarse capturar por la Guardia Nacional y se refugió en el edificio de la sede del Consulado Alemán en Managua. Cuando el gobierno expulsó a la representación consular tras declararla ***Non Grata***, el joven **Rolf Bunge** se fue con ellos a Alemania.

Hubo casos de anécdotas tragicómicas, como el caso del alemán don **Eugen Grimm**, que se casó con **Luisa Amanda Lacayo Sacasa** y tuvieron un hijo único, **Eugenio Grimm Lacayo** que se casó con **María Haydeé Bonilla Solórzano**, hermana de **Matilde Bonilla Solórzano**, esposa del **Dr. Luis Manuel Debayle**. cuñado predilecto del **Gral. Somoza**. Un día **Eugenio Grimm** le regaló una cocina a su esposa **María Haydee Bonilla**, pero a ella no le gustó el regalo. **Eugenio** se puso furioso y rompió la cocina en pedacitos, así de furioso estaba. Por esa razón **María Haydee** se quejó con su cuñado **Luis Manuel Debayle** y le pidió que encarcelara a su marido. **Luis Manuel** habló con **Somoza** pidiéndole que lo metiera preso ***por alemán***. Estando **Eugenio** en la prisión su esposa lo llegaba a visitar y en esa situación hicieron las paces, entonces ella promovió con **Luis Manuel** revertir el caso y que dejaran en libertad a su marido, alegando que no era alemán sino hijo de alemán con nica y que era casado con una nicaragüense. **Eugenio** aprendió a ser feliz con su esposa y aprendió a no romper cocinas.

La capacidad de la oficina de inteligencia de la Guardia Nacional de Nicaragua no era muy desarrollada, al contrario era muy deficiente y por esa razón capturó y encarceló a muchos ciudadanos que a los oficiales de la Guardia les pareció que eran alemanes o italianos, pero realmente no lo eran sino suizos, judíos, noruegos y de otras naciones europeas. A esto se agregaba el hecho de que las persecuciones y capturas se hacían por denuncias de cualquier vecino al que *«**le parecía**»* que en su barrio vivía un alemán o un italiano.

Así fue encarcelado don **Salomon Joseph**, acusado de ser alemán. Entrar a la cárcel o a los campos de concentración era facil y rápido, pero salir siempre fue muy difícil. Para la esposa de don **Salomon**, doña **Chepita Abaúnza de Joseph** fue un calvario demostrar que su esposo no era alemán sino **israelita**, y que en 1938 la familia **Joseph** había estado recluida en un campo de concentración nazi en Alemania, logrando finalmente la libertad de su esposo.

Circuló una información delatando que el ***«El joven reaccionario nicaragüense Joaquín Pasos Argüello había sido detenido para investigar si el alemán Geertz le había traspasado sus bienes para librarse de las medidas decretadas por el Gobierno sobre los bienes y propiedades de los totalitarios»***. Aparte del rumor, que llegó a los periódicos, no se volvió a saber del caso.

Los dramas vividos por muchas familias alemanas-nicaragüenses fueron innumerables. Alrededor de los presos se produjeron especulaciones, rumores, sospechas, venganzas, maledicencias, envidias, incluso ***«por joder»***. y se generó una fuerte conmoción social porque los alemanes e italianos arrestados habían estado en Nicaragua por muchos años, contrajeron matrimonio con damas nicaragüenses, engendraron hijos que eran nicas y habían dado ejemplo de trabajar con inteligencia y disciplina para crear empresas exitosas que proporcionaron trabajo a miles de obreros nicaragüenses. Por todo eso se puso en riesgo la estabilidad de las familias, de las empresas y de la economía de Nicaragua, pero fue inevitable la destrucción de hogares y empresas.

El gobierno anunció que habían sido puestos en libertad algunos detenidos: **Hanz Reener** de Diriomo, casado con una nicaragüense; los hermanos **Antonio**, **Mario**, **Humberto** y **Alfonso Salvo**; el Ing. Topógrafo **Julio Peters**, los hermanos **Ernesto**, **Francisco**, **Felipe** y **José Mántica**; **Roberto Conti**, quien probó haber sido miembro de la Guardia Nacional de Nicaragua y del Ejército de EE.UU. También el coreano **Juan Hisi**, detenido por error el 8 de diciembre, al día siguiente del ataque a ***Pearl Harbor***, porque algunos celosos nicaragüenses en guerra, lo creyeron japonés porque nunca habían visto un coreano y lo denunciaron ante la Guardia Nacional.

Muchos alemanes, italianos y japoneses de Nicaragua y de América Latina, fueron llevados a campos de concentración en Estados Unidos, especialmente al Campo de concentración para alemanes e italianos en ***Crystal City*** (***Texas***). Hubo un campo de concentración en Brasil, dada la enorme cantidad de alemanes, italianos y japoneses que habitaban en Argentina, Brasil y Chile, eran grandes colonias con millones de personas, colonias que todavía existen.

Cientos de familiares detenidos hicieron intensas gestiones para liberar a sus deudos, especialmente ante las oficinas diplomáticas de Estados Unidos en Managua, basados en que la Lista Proclamada de ciertos nacionales bloqueados o ***Lista Negra*** que se

El alemán **Fred Delfs Ritz** con su esposa, hijos, nueras y nietos. **Delfs** llegó de Hamburgo, Alemania a Bluefields en 1918. Estuvo 4 años en la ciudad y luego se trasladó a Bonanza. Durante la II Guerra Mundial, cuando Nicaragua declaró la guerra a Alemania, **Fred Delfs Ritz** fue capturado. Cuando el **Gral. Somoza** expulsó a 36 alemanes, **Delfs** fue incluido y lo enviaron al campo de concentración en ***Crystal City***, **Texas**. El gobierno de Nicaragua le expropió todos sus bienes obtenidos en una vida de duro trabajo. En 1946 regresó a Nicaragua, a Bonanza, donde lo esperaba toda su familia, su fiel esposa y 4 generaciones de descendientes.

aplicaba en Nicaragua fue elaborada por el gobierno norteamericano y también porque Nicaragua había declarado la guerra a consecuencias de que Japón, Alemania e Italia se la habían declarado a los Estados Unidos.

Pero estas gestiones y peticiones ante Legación de Estados Unidos encolerizó al **Gral. Somoza**, presentándose con ardor nacionalista, expresó: --*«**Estoy sorprendido y condeno la actitud de los que van a la Legación de los Estados Unidos a hacer solicitudes que corresponde conocer y resolver a la autoridad del Gobierno Nacional de Nicaragua, y recuerden los malos patriotas que Nicaragua es y seguirá siendo un estado libre y soberano. Resulta intolerable que ningún ciudadano nicaragüense suponga la influencia de la Legación de los Estados Unidos por encima de mi soberano ejercicio de mandatario y de Jefe de Estado***

Finalmente, la mayoría de los detenidos fueron liberados, a excepción de 39 súbditos alemanes, italianos y el único japonés en Nicaragua, que en marzo de 1942 fueron despachados hacia los Estados Unidos en un barco de guerra que expresamente pasó por los países centroamericanos recogiendo a los prisioneros de guerra, quienes fueron recluidos en los campos de concentración de **Kenedy** y **Seagoville**, ubicados en Texas.

Como los familiares de miles de presos llegados de América Latina solicitaron acompañar a sus presos en los campos de reclusión, el gobierno norteamericano construyó un nuevo y enorme campo ubicado en el poblado de **Crystal City**, al sur de la ciudad de San Antonio, Texas, para alojar a los presos con sus familias.

La economía de guerra afectó a los nicaragüenses

El investigador **Márvin Saballos Ramírez**, estudió los negativos efectos de la guerra que perjudicaron a la población nicaragüense que sufrió de escasez, carestía y racionamientos tanto de productos de consumo como de insumos industriales, agropecuarios y los publicó en ***Temas Nicaragüenses***. El editorial del diario ***La Noticia*** del 9 de di-ciembre de 1941, presentó con bastante claridad la previsión de lo que estaba por ocurrir e hizo un llamado al ***sacrificio patriótico*** de los nicaragüenses, señalando en parte: --«***Como se puede ver, a la par de prever las situaciones de escasez y carestías, las principales preocupaciones se dirigen hacia la pérdida de los mercados de café y algodón resultante de la declaración de guerra contra Alemania, Japón e Italia, expresándose las esperanzas de que la producción nacional sea colocada en los Estados Unidos; a partir de este momento se inició un período de completa dependencia de la economía nicaragüense al mercado y políticas norteamericanas***».

A la par de la declaración de guerra, los precios de los artículos de consumo básico iniciaron el alza, como ejemplos: Masaya sufrió con el incremento del precio del agua vendida por cántaros en las calles. En Managua se reportan subidas del precio del ***pan*** de jabón (llamaban así a la pastilla o taco de jabón) de la marca ***América*** que aumentó el precio de 2 a 5 centavos. El pie de cuero ***Cóndor*** subió de C$2.60 a C$3.15, material muy demandado por la enorme cantidad de zapaterías artesanales que hacían zapatos a la medida, pues no existían ni se conocían zapatos industriales importados. No existían telares en Nicaragua en 1940, todas las telas eran importadas, pero la manufactura de ropa también era artesanal y se elaboraba la ropa en millares de camiserías, costureras y sastres, por lo que no era necesario importar ropa, pero las telas importadas escasearon y subieron de precio considerablemente. En León la libra de goma laca, tintura para muebles, subió de C$4.00 a C$8.00 córdobas. Los precios de los alimentos, medicinas, vestuarios, se dispararon hacia el alza en todo Nicaragua. Lógicamente apareció un ***mercado negro*** donde se podían conseguir innumerables productos, pero a precios más elevados. **Somoza** declaró que **--«*impedirá el alza de los precios y que su gobierno tomaría todas las medidas del caso para castigar a los comerciantes acaparadores y todos los que eleven los precios*»**.

El 19 de diciembre el **Gral. Somoza** nombró una ***Junta de Control de Precios y Comercio***, dependiente del Ministerio de Hacienda, designándose como su presidente al **Mayor G.N. Francisco Mendieta**. La Junta de Control de Precios convocó a una asamblea con los comerciantes para buscar soluciones al alza de los precios. La Cámara de Comercio de Managua pidió facilidades para la importación de los artículos de primera necesidad y rebaja de impuestos para beneficiar al consumidor, poniendo de ejemplo que medidas similares se estaban aplicando en Costa Rica. Los comerciantes de todos los departamentos de Nicaragua enviaron sugerencias, pidiendo se consideren las características de los diferentes negocios para establecer precios que estimularan el comercio y precios justos al público aunque formalmente se seguía el diálogo con los comerciantes, en una medida típica de gobiernos autoritarios. **Somoza** suspendió al Art.62 de la Constitución Política que garantizaba la libertad de contratación, comercio e industria, mediante una ampliación el Decreto de Suspensión de las Garantías Constitucionales.

Entre las medidas adoptadas se estaban el control y la restricción de las importaciones, fijación de un 5% de ganancia para los productos de primera necesidad y el establecimiento de precios topes para algunos de ellos, los alquileres fueron congelados al precio en que se encontraban en agosto de 1939, se instituyó el monopolio estatal para la importación de medicamentos básicos. A pesar de estas medidas y del establecimiento de la ***Junta de Control de Precios y Comercio***, los precios promedios a lo largo de los años de la guerra **casi se triplicaron**, siendo los alimentos los que tuvieron mayor incremento cuadruplicando su valor, a pesar de ser alimentos de producción local, no importados. Este sólo índice nos indica de las penurias pasadas por el consumidor de bajo ingreso, que era la mayor parte de la población. El índice del costo de la vida en Managua, 1940-1945, aumentó considerablemente. Muchos bienes de consumo sufrieron restricciones y controles. A mediados de mayo de 1942, la gasolina fue restringida mediante tarjetas de racionamiento entregadas a los propietarios de automotores; para suplir a sus aliados, Nicaragua incluida, Estados Unidos estableció un plan de asignaciones de materias como hierro, cemento, combustibles; también se anunció que compraría todo el excedente del algodón nicaragüense.

La producción bananera en la Costa Atlántica nicaragüense fue suspendida en 1943, como consecuencia de que la flota de barcos bananeros fue reorientada hacia el transporte de tropas de EE.UU. hacia Europa, lo que constituyó un rudo golpe para la economía de los costeños que dependía también de las importaciones de artículos de consumo provenientes de Estados Unidos. La reactivación de la producción hulera, ante las demandas de la industria bélica fue el paliativo que ayudó un poco a resolver la situación; la bonanza del caucho fue también aprovechada por el gobierno del **Gral. Somoza** que dividió el territorio cauchero entre sus amigos, a quienes el Banco Nacional adelantaba dinero para sus operaciones, éstos compraban el caucho a los pequeños recolectores de la montaña a C$60.00 y lo vendían para exportación a C$130.00

Igualmente, otras materias primas requeridas para los abastecimientos de guerra, como el algodón incrementaron su precio, después de estar sufriendo de bajas, para el 21 de diciembre de 1941 su cotización en Nueva York había subido de 15 a 18 dólares.

La Conferencia de la Comisión Interamericana de Desarrollo, realizada en Washington en 1944, que refiriéndose al desarrollo económico y las inversiones en Nicaragua, señaló para el período 1940-1944: --«***El crédito y el financiamiento se priorizaron o concedieron en exclusividad para las exportaciones agrícolas y para las materias primas para la industria de guerra***».

No obstante las dificultades que produjo la guerra, la economía de guerra produjo un efecto estimulador a la economía de Nicaragua, debido a que la restricción de importaciones obligó al establecimiento de empresas locales que utilizaban insumos locales para sustituir las importaciones, se desarrolló la exportación de productos no tradicionales, sobre todo el caucho y la minería, dándose también un crecimiento notable del sector obrero urbano. **Anastasio Somoza García** maniobró con habilidad para aprovechar las circunstancias de la guerra. Los poderes legalmente dictatoriales que le concedieron los Decretos de Emergencia, Ley Marcial y de Suspensión de las Garantías Constitucionales para establecer un férreo control político y militar sobre sus opositores y el país en general, a la vez que convertirse en proveedor de oportunidades para sus aliados, amigos y parciales con lo que cimentó sólidas bases para su régimen.

Nicaragua no envió tropas de la Guardia Nacional de Nicaragua a ninguno de los frentes de la Segunda Guerra Mundial; pero contribuyó con Estados Unidos y los Aliados aportando las materias primas que ya hemos señalado. Después la Segunda Guerra Mundial, Nicaragua tuvo impactos relevantes para el desarrollo político y socioeconómico a nivel interno e internacional.

Otro resultado fue que el **Gral. Somoza** y la Guardia Nacional de Nicaragua se fortalecieron grandemente en todos los estamentos que da el ejercicio del poder casi sin límites... casi...

Capítulo Diez

1941-1944
Fundación y cierre de la Universidad Central
Somoza: *«Dos hijas tuve, pero una me salió prostituta»*.

El **Gral. Somoza García** se jactaba de sus obras sociales, pero no toleraba la resistencia de una oposición beligerante aunque fuese cívica y pacífica, mucho menos si había actos multitudinarios reclamantes de derechos ciudadanos de los opositores.

Estaba muy orgulloso de la creación de la Academia Militar de Nicaragua, sobre todo porque era una obra suya conjuntamente con su *«**padrino**»*, el presidente estadounidense **Franklin Delano Roosevelt**. Pretendía el **Gral. Somoza** que todos los oficiales que se graduaran en la Academia Militar fuesen leales a su persona y su liderazgo.

Con esa misma pretensión concibió la creación de la ***Universidad Central de Nicaragua*** y la estableció en la ciudad de Managua para facilidad de los estudiantes capitalinos y departamentos cercanos sin tener que viajar a estudiar a la ***Universidad Nacional*** en la ciudad de León, pero también tenía la franca intención y propósito de competir a la universidad establecida en León, donde los estudiantes universitarios frecuentemente se manifestaban contra su gobierno, eso incluía esperar que los estudiantes universitarios de la ***Universidad Central de Nicaragua*** en Managua, al menos la mayoría, fuesen agradecidos y fieles al **Gral. Somoza**.

La ***Universidad Central de Nicaragua*** fue creada por el **Decreto-Ley No.1, aprobado el 24 de agosto de 1941**, publicado en ***La Gaceta***, Diario Oficial No.185 del 29 de agosto de 1941. Decreto que inició diciendo: --*«**El presidente de la República, considerando: Que los tiempos actuales, plenos de inquietud espiritual y de renovación en todos los aspectos de la vida humana, exigen tanto de los ciudadanos como de los Gobiernos, espíritu de comprensión y amplitud de criterio par ajustar con acierto la realidad circundante a las solicitudes cotidianas de la doctrina y la Filosofía;***

Considerando:

***Que es de imprescindible necesidad que Nicaragua como Nación amante del progreso, se incorpore definitivamente a dicho movimiento y mantenga su posición decorosa, dentro del concierto de los pueblos civilizados, como factor de cultura y de cooperación al acervo espiritual de la humanidad...**»*

Y adelante, en más considerandos agregaba:

--*«**Considerando: Que si bien la tradición universitaria ha sido consustancial con la expresión cultural de la Nación, ya que arranca desde la Colonia y se ha mantenido en el venerable monumento de la Universidad de León y en las Escuelas Universitarias que han venido funcionando en Managua y Granada, no puede el Estado, suprema autoridad docente dentro de la Enseñanza Nacional, desentenderse de la urgencia social que demanda la creación de una Institución de Cultura superior que, como unidad orgánica, difunda el cultivo de las grandes disciplinas de la Ciencia, las Letras y el Arte, conforme a una acción pedagógica, homogénea que, además de asegurar la realización de las altas finalidades que se persiguen coordine la cooperación que se persiguen coordine la cooperación que necesariamente deben prestarle los centros de***

El **Dr. Salvador Mendieta Cascante**, Rector fundador de la Universidad Central de Nicaragua, fue un intelectual de alta calidad escogido por el presidente **Anastasio Somoza** para el cargo.

tipo similar ya existentes en el país...»

Después de los Considerandos, el Decreto-Ley exponía:

--«***DECRETA:*** ***Artículo 1.- Se crea en Managua, capital de la República, un Centro de estudios superiores que llevará por título Universidad Central de Nicaragua.***

Artículo 2.- A esta Universidad Central de Nicaragua, quedarán anexadas las Facultades de Derecho y Notariado e Ingeniería y la Escuela de Bellas Artes, que actualmente funcionan en la capital de la República; y las Facultades de Medicina, y Cirugía y Farmacia, que se establece por el presente decreto; y como la tendencia de este organismo, al nacer es la de llegar a abarcar todas las actividades de la vida intelectual, en su máximo grado, quedan previstas las posibilidades de instalación de las Facultades de Odontología, Agronomía y Veterinaria, Filosofía y Letras, Ciencias exactas, Ciencias Físico-Químicas, Pedagogía y Estudios económicos y sociales.

Artículo 3.- Dicha institución de altos estudios científicos, artísticos y pedagógicos, tendrá por misión fundamental la de preparar para el ejercicio de las profesiones liberales y la de cultivar el Estudio de las Ciencias puras, fomentando la investigación científica, por medio de la extensión universitaria y los Seminarios. Su representación jurídica la ejercerá un Patronato.

Artículo 4.- La Dirección técnica de la Universidad estará a cargo del Rector de la misma, auxiliado por la Junta Universitaria, integrada por el Rector y los Decanos de cada una de las Facultades que la componen.

Artículo 5.- Para la organización técnica y pedagógica en general, tanto el Rector como la Junta Universitaria, integrada ésta por la Junta, el Profesorado de todas las Facultades y un representante del alumnado universitario.

Artículo 6.- La Dirección administrativa, esto es, la organización del patrimonio universitario, la llevará el Patronato que menciona el artículo 3º de este Decreto y que estará integrado por un Presidente, un Vicepresidente, un Secretario, un Tesorero y cinco vocales. El Presidente de la República será el Presidente del Patronato; el Vicepresidente será el Ministro de Instrucción Pública y Educación Física; el Primer Vocal será el Rector de la Universidad; y el nombramiento del Secretario, del Tesorero y de los otros cuatro vocales, que será hecho por el Presidente de la República, y recaerá sobre personas destacadas en la vida nacional y que desempeñen funciones de gran responsabilidad en organismos de tipo cultural, benéfico, económico o judicial».

En otras palabras, **el Presidente Somoza se constituyó en la máxima autoridad**

de la Universidad Central. Continuaban otros artículos señalando las atribuciones del Rector, de la Junta Universitaria, de la Asamblea Universitaria y del Patronato Universitario.

Finalizaba el Decreto-Ley:

--«***Comuníquese.- Casa Presidencial- Managua, D. N., veinticuatro de Agosto de mil novecientos cuarenta y uno.- El Presidente de la Repúblioca, A. SOMOZA.- El Ministro de Instrucción Pública y Educación Física.- Gerónimo Ramírez Brown***».

En resumen era una universidad pública del Estado bajo el control de las autoridades educativas del Poder Ejecutivo e incluso con atribuciones máximas de autoridad del presidente de la República para el nombramiento de funcionarios de la universidad.

El primer Rector, obviamente nombrado por el **Gral. Somoza**, fue el **Dr. Salvador Mendieta Cascante**, un intelectual de alto nivel y prestigio, filósofo del liberalismo, prócer unionista centroamericano nacido en Diriamba, departamento de Carazo en 1879, era un destacado literato y líder de la unión y restauración de la República Federal de Centroamérica. Precisamente **Somoza** escogió al **Dr. Mendieta** por su gran prestigio, pero apostando que su neutralidad política sería garantía de estabilidad, no obstante era una personalidad imposible de ser manipulada.

La ***Universidad Central de Nicaragua*** no contaba con autonomía, al igual que tampoco la tenían las universidades de León y Granada, y la Universidad Central dependía en gran medida del presupuesto del Estado y la administración y hasta la rectoría, eran controlados por el Ministerio de Instrucción Pública.

De hecho, la ***Universidad Central de Nicaragua*** era manejada como una institución del Poder Ejecutivo. Los Oficiales de la Guardia Nacional que estudiaban en la Universidad llegaban armados y se producían roces con los estudiantes civiles. En los pizarrones aparecían consignas contra el gobierno de **Somoza**. Un año después de su nombramiento, el **Dr. Salvador Mendieta** renunció al cargo de Rector de la Universidad Central.

No obstante la renuncia del **Dr. Mendieta**, la Universidad Central de Nicaragua continuó su funcionamiento con normalidad y éxito. Centenares de estudiantes se inscribieron en las diferentes carreras y todo marchó satisfactoriamente, especialmente para orgullo de su creador, el **Gral. Somoza García**, que se sentía tan seguro y exitoso que comenzó a mencionar su reelección.

Durante el año 1942 todo estaba bajo control del régimen y la Universidad Central se desarrollaba con mucha normalidad, pero para los ciudadanos alemanes, italianos y japoneses residentes en Nicaragua todo el panorama se oscureció gravemente, cuando el gobierno de Estados Unidos le ordenó a **Somoza** reprimir, encarcelar y despojar a los empresarios alemanes, italianos y japoneses, principalmente contra los que se sospechara ser partidarios del Tercer Reich liderado por **Adolf Hitler** con quien Estados Unidos estaba en guerra, como lo expusimos detalladamente en el capítulo anterior.

El año 1943 cuando la II Guerra Mundial estaba en su plenitud, el gobierno del **Gral. Somoza** marchaba con todo esplendor. El Día de la Independencia de Estados Unidos, 4 de Julio de 1943 el presidente **Somoza García** inauguró el entonces moderno ***Aeropuerto Internacional Las Mercedes*** en el kilómetro 11 de la carretera norte. En la ceremonia hubo una parada militar de los cadetes de la Academia Militar de Nicaragua, AMN, con la asistencia del Cuerpo Diplomático, el gabinete ministerial del gobierno, alta oficialidad de la Guardia Nacional, y la destacada asistencia del Embajador de Estados Unidos en Nicaragua, **Mr. James Bolton Stewart**, del **Gral. Adlai Howard Gilkeson**, Jefe del Co-

El 4 de Julio de 1943, Día de la Independencia de EE.UU., el presidente **Somoza García** inauguró el Aeropuerto Internacional Las Mercedes en el kilómetro 11 de la carretera norte. En la ceremonia hubo una parada de la Academia Militar de Nicaragua, con la asistencia del Cuerpo Diplomático, el gabinete del gobierno, alta oficialidad de la Guardia Nacional, la asistencia del Embajador de EE.UU., **Mr. James Bolton Stewart**, del **Gral. Adlai US general Adlai Howard Gilkeson**, Jefe del Comando Sur del Ejército de EE.UU. y ejecutivos de la ***Pan American Airways***, que aportó fondos para la construcción del edificio de la terminal del Aeropuerto Las Mercedes, de arquitectura estilo ***Art-Deco***. Ese histórico edificio en 2022 está abandonado y ruinoso.

mando Sur del Ejército de Estados Unidos y altos ejecutivos de la ***Pan American Airways***, conocida también como ***Panaire***, la más poderosa empresa de aviación de la época, que contribuyó fuertemente para la construcción del edificio terminal del ***Aeropuerto Internacional Las Mercedes***, estilo ***Art-Deco***, que en 2022 está abandonado y ruinoso.

El turbulento año 1944

Los estudiantes de la Universidad Central de Nicaragua seguían con atención los eventos políticos que estaban ocurriendo en El Salvador contra el régimen del presidente **Gral. Maximiliano Hernández Martínez** con protestas y rebeliones que comenzaron el Domingo de Ramos, **2 de abril de 1944**, encabezada por un sector del Ejército de El Salvador, molestos porque no se les había pagado. A los militares que se declararon en rebelión se unieron estudiantes universitarios, intelectuales, líderes empresariales y segmentos opositores de las fuerzas armadas de infantería y artillería de la guarnición de San Salvador y Santa Ana se tomaron la estación de radio estatal, tomaron el control de la Fuerza Aérea y se tomaron el cuartel general de la policía de Santa Ana, el telégrafo y oficinas públicas. Santa Ana fue bombardeada por aviones militares leales a **Hernández Martínez**.

Los universitarios y civiles se unieron a los militares rebeldes, derrocaron y reemplazaron a los funcionarios del ayuntamiento de Santa Ana. Sin embargo, el **Gral. Maximiliano Hernández Martínez** logró sofocar la rebelión con las unidades militares leales que le quedaban. La ley marcial, con toque de queda fue declarada y se hizo cumplir salvajemente. Más de 100 ciudadanos civiles murieron en manifestaciones callejeras bajo las balas de las tropas de la policía salvadoreña.

El 5 de Mayo de 1944 se organizó una huelga ciudadana general y una original ***Huelga de Armas Caídas*** liderada por estudiantes que tuvo gran éxito. El 7 de Mayo la policía disparó contra un grupo de estudiantes y golpeó fatalmente a un joven de 17 años

La ***Universidad Central de Nicaragua***, creada el **24 de Agosto de 1941** por el Decreto del gobierno del presidente **Anastasio Somoza**, fue cerrada por orden presidencial del mismo **Gral. Somoza** el **28 de Junio de 1944**. La vida efímera de la ***Universidad Central***, tuvo vigencia menos de tres años. **Somoza** supuso que el cierre de la Universidad acabaría con las manifestaciones de protesta de los estudiantes contra la reelección de **Somoza**, pero la reacción fue todo lo contrario, a los universitarios enardecidos se sumaron políticos y el pueblo urbano. Tropas de la Guardia Nacional fueron lanzadas a reprimir a los estudiantes, pero la idea de la reelección presidencial de **Somoza** comenzó a perder fuerza.

que resultó ser ciudadano norteamericano, por lo que el gobierno de Estados Unidos protestó al régimen de **Hernández Martínez**

El **Gral. Hernández** intentó negociar una fecha de varios días para salir del gobierno, pero fue compulsado a renunciar el **9 de mayo de 1944**, y designó **Andrés Ignacio Menéndez** como presidente provisional. El 11 de mayo de 1944 el **Gral. Maximiliano Hernández Martínez** huyó a exiliarse a Guatemala y terminó la huelga.

La revuelta se extendió luego a Guatemala, donde los universitarios, al ver la exitosa caída del régimen salvadoreño comenzaron a hacer fuertes y multitudinarias manifestaciones contra la reelección del presidente de Guatemala, **Gral. Jorge Ubico Castañeda**, quien en un intento de eliminar las protestas, ordenó la clausura de la histórica Universidad San Carlos, la reacción fue que las manifestaciones de protestas se intensificaron y a los estudiantes se unió la población urbana guatemalteca.

El 27 de junio de 1944, estudiantes universitarios de la ***Universidad Central de Nicaragua*** al ver los hechos de la caída de **Hernández Martínez** de El Salvador y las protestas contra **Ubico** en Guatemala, inmediatamente se organizaron esperanzados en que se produciría el ***efecto dominó*** para la caída sucesiva de los tres gobiernos dictatoriales: El Salvador, Guatemala y Nicaragua, con esa idea en mente organizaron y realizaron una multitudinaria y dinámica manifestación, no solamente para demostrar su solidaridad con los

El **2 de Abril de 1944** comenzó la caída del **Gral. Maximiliano Hernández Martínez**, dictador de El Salvador. Los primeros en protestar fueron tropas del ejército a los que se unieron los estudiantes, hubo enfrentamientos armados, bombardeos aéreos y masacres, pero la rebelión logró la caída de **Hernández Martínez** que escapó con su familia a exiliarse en Guatemala el **11 de Mayo de 1944**. El éxito de las protestas en El Salvador fueron ejemplo para los universitarios de Guatemala y las manifestaciones se produjeron en Guatemala pidiendo la caída de la dictadura del **Gral. Jorge Ubico**, las protestas aumentaron a nivel de insurrección popular que el **1 de Julio de 1944** obligaron a **Ubico** a entregar el poder a un triunvirato que nombró presidente al **Gral. Federico Ponce**, pero las protestas se convirtieron en la Revolución del **20 de octubre de 1944** que derrocó al presidente **Ponce Vaides**, y el expresidente **Ubico** y su familia escaparon a Nueva Orleans, Estados Unidos donde murió el 14 de junio de 1946 a la edad de 67 años. El derrocamiento de esas dos dictaduras inspiró a los estudiantes y al pueblo nicaragüense para aumentar las protestas y manifestaciones que fueron reprimidas por la Guardia Nacional hasta ahogar las protestas, pero debilitaron a **Somoza** y afectaron la idea de la reelección.

estudiantes de Guatemala por el cierre de la tricentenaria Universidad San Carlos, fundada en 1676, sino programaron las protestas contra la reelección anunciada por el **Gral. Somoza**. En el trayecto de la manifestación se fueron sumando ciudadanos, políticos opositores y estudiantes de secundaria. Hubo fuertes discursos de varios universitarios contra el dictador **Jorge Ubico**, entre los estudiantes que hablaron en la manifestación se destacaron los estudiantes **Francisco Frixione**, **Luis Andara Ubeda**, **Eduardo Conrado Vado**, **Luis Pasos Argüello**, **Fernando Agüero Rocha**, **Rafaél Córdoba Rivas**, **Eduardo Pérez Valle**, **Jorge Ampié**, **Alejandro Dávila Bolaños**, **Julio Ycaza Tijerino**, **Carlos Báez Díaz**, **Arturo Velásquez**, **Gustavo Manzanares**, **Octavio Caldera**, *Calderita*; **Carlos Santos Berroterán**, **Pedro Joaquín Chamorro Cardenal** (a pesar que su padre, **Chamorro Zelaya** era conservador somocista, en su discurso llamó a **Somoza**, ***«El Chacal de Tiscapa»***), también hablaron varios más. En los candentes discursos fueron ***in crecendo*** las protestas por la anunciada reelección presidencial del **Gral. Anastasio Somoza García**. El primer orador de barricada fue el universitario **Francisco Frixione**, que al llegar la manifestación a la esquina del edificio ***Guerrero Montalván***, ubicado en la intersección de la Avenida Bolívar y la 1ra. calle N.O., sede de la Embajada de Guatemala, sacó un barril de

La dirigencia estudiantil de la Universidad Central de Nicaragua que condujo las protestas y la rebelión. De pie, izq-der.: **Octavio Caldera**, **Francisco Frixione**, **Rafaél Córdoba Rivas**, **Luis Andara Úbeda**, **Carlos Santos Berroterán** y **Reinaldo Antonio Téfel**. Sentados: **Armando Arce Páiz**, **Eduardo Pérez-Valle**, **Rodolfo Emilio Fiallos** y **Arsenio Alvarez Corrales.** Posteriormente casi todos fueron encarcelados y la mayoría aparece en las listas de los confinados y los desterrados, pero iniciaron la lucha por sus convicciones democráticas.

una casa comercial y lo utilizó como tribuna, pronunciando un encendido discurso subido en el barril que --a partir de ese sitio-- el barril fue llevado por los manifestantes y fue sirviendo de tribuna ambulante para cada orador, prácticamente en cada esquina. El impacto de tan colosal manifestación llenó de pánico e iracundia al **Gral. Somoza**, obviamente temeroso que en su territorio se produjera el fenómeno que había ocurrido en El Salvador y estaba a punto de derribar a la dictadura de **Jorge Ubico** en Guatemala.

El **28 de Junio de 1944**, **Somoza** tomando acción con el propósito de parar las manifestaciones, decretó el cierre de la ***Universidad Central de Nicaragua***, pero el efecto fue totalmente a la inversa, porque el cierre de la Universidad Central enardeció multiplicadamente la ira de los estudiantes. Ese mismo día 28 de Junio de 1944 llegó a Managua la noticia que las manifestaciones en Guatemala habían llegado al nivel de insurrección popular. El **Gral. Jorge Ubico Castañeda** tras la serie de grandes protestas de parte de la población urbana guatemalteca contra su gobierno, se vio obligado de renunciar el **1 de julio de 1944**, dejando en su lugar a un triunvirato militar formado por los generales **Eduardo Villagrán Ariza**, **Buenaventura Pineda** y **Federico Ponce Vaide**s.

Jorge Ubico y su esposa **Marta Lainfiesta** se refugiaron en su residencia en el centro de la ciudad de Guatemala, pero tras la Revolución del 20 de octubre de 1944 que

Los confinados en Corn Island, aunque es una isla paradisíaca, en 1944 estaba casi totalmente aislada y se les decía que había abundancia de tiburones. Pero el verdadero castigo es que las familias no podían visitarlos ni saber de sus condiciones. Corn Island fue una *«**prisión tropical con abundantes palmeras y bellas playas**»*, pero siempre fue para ellos una cárcel.

Un contingente de soldados de la Guardia Nacional bajo el mando de un oficial, estuvo a cargo de la vigilancia y del régimen carcelario. Ningún preso murió en el confinamiento, pero ninguno dejó de ser opositor.

derrocó al presidente **Ponce Vaides**, el expresidente **Ubico** y su familia escaparon a Nueva Orleans, Estados Unidos donde murió el 14 de junio de 1946 a la edad de 67 años.

El 29 de junio de 1944, ahora con la doble motivación para protestar: el cierre de la Universidad Central y contra la reelección de **Somoza**, se lanzaron en una continua agitación de masas y manifestaciones de protesta. Dos mil manifestantes universitarios y pueblo contra el cierre de la Universidad y contra la reelección, recorrieron las calles del centro de Managua. Dos mil manifestantes fue un número considerable si tenemos en cuenta que el total de estudiantes universitarios no pasaba de 600 estudiantes y los habitantes de toda la República de Nicaragua apenas sumaba 900 mil habitantes. **Guillermo Sánchez**, **Emilio Cuadra**, **Macario Estrada**, **Donoso Montealegre**, **José Ortega Chamorro**, entre otros fueron los organizadores y participantes de esta marcha. ***«¡Muera Somoza!»***, era la consigna que los estudiantes proclamaron a gritos.

Al pasar la manifestación, ya engrosada por clientes y comerciantes de los mercados por la Avenida Central, entre los cuarteles de el Campo de Marte y la fortaleza de El Hormiguero, del portón del Campo de Marte salieron los Cadetes de la Academia Militar con sables y fusiles, repartiendo culatazos en cuerpos y cabezas universitarias y sablazos a granel, distinguiéndose por la violencia de esta represión los cadetes **Carlos Wheelock Páiz**, Cadete No.116; **René Somoza Zelaya**, Cadete No.145; **Carlos Malespín Artola**, Cadete No.156, los tres de la Tercera Promoción, Clase 1943-1946, y otros que no fueron identificados. Uno de los estudiantes de la Universidad Central que resultó con una seria herida en la cabeza fue el jovencito **Orlando Montenegro Medrano**, dejándole en su frente una cicatriz visible y permanente, y quien por esos vericuetos de la vida y de la política criolla, se convirtió al somocismo, logrando escalar en el devenir del tiempo, las posiciones de Presidente del Congreso Nacional y Alcalde de Managua por el Partido Liberal Nacionalista que presidía también el **Gral. Somoza**.

Por la retaguardia de la manifestación aparecieron tropas de la Guardia Nacional primero disparando fusiles y metralletas al aire, lanzándoles bombas lacrimógenas y después cargando a culatazos contra los manifestantes. La Guardia Nacional capturó a más de 600 manifestantes que introdujeron a las celdas, corredores y patios de la fortaleza de ***El Hormiguero***, cuartel Central de la Policía de Managua. Al día siguiente, en protesta por el enorme número de estudiantes y manifestantes presos, las madres, hermanas, amigas y voluntarias, organizaron una manifestación de ***mujeres enlutadas*** que fue atacada por una turba somocista de mujeres armadas de palos y piedras. A esa misma hora, **Anastasio Somoza García** organizó una contramanifestación con sus propios partidarios, pero **Somoza** resultó frustrado y alarmado al comprobar la escasa participación de su contramarcha. Su reacción ante esta correlación de fuerzas fue mantener definitivamente cerrada la Universidad Central.

Entre los estudiantes encarcelados de la Universidad Central estaban **Luis Humberto del Palacio**, **Octavio Caldera**, **Reynaldo Antonio Téfel**, **Pedro Joaquín Chamorro Cardenal** (que cursaba segundo año de Derecho), y otros que sumados a la lista anterior de los oradores, conformaron la llamada ***Generación del 44***. Al día siguiente la mayoría de los manifestantes presos fueron liberados, pero quedaron encarcelados los que la Guardia Nacional consideró con más responsabilidad.

El 1 de julio de 1944, el **Gral. Somoza** convocó una conferencia de prensa en la que detallaba que los manifestantes que aún estaban en la cárcel tendrían derecho a audiencias civiles, porque creía que sus acciones perturbaban el orden público lo suficiente como para justificar un proceso judicial. Mientras **Somoza** estaba exponiendo esos criterios en la conferencia de prensa, llegó una noticia que perturbó visiblemente a **Somoza** y llenó de esperanzas a todo Nicaragua, la noticia anunciaba la caída del dictador **Jorge Ubico** de Guatemala.

El 2 de julio de 1944, **Somoza** liberó a los estudiantes encarcelados. Tras su liberación, habló con ellos diciéndoles que le parecía imprudente criticarlo personalmente cuando había dedicado tanto esfuerzo a la construcción de la Universidad Central en la que ellos estudiaban.

El 3 de julio, el ministro de Educación, **Gerónimo Ramírez Brown**, que era uno de los principales partidarios de **Somoza**, renunció a su cargo en protesta por la represión contra los estudiantes y por el cierre de la universidad, pero sobre todo porque presumía que el gobierno del **Gral. Somoza** estaba apunto de caer, como los de El Salvador y Guatemala. Varios otros funcionarios del gobierno también renunciaron a sus cargos.

El mismo 3 de julio, la dirección de lo que se comenzaba a llamar ***Partido Liberal Independiente***, ***PLI***, se reunió para determinar su curso de acción. Algunos miembros de la dirección querían seguir presionando a **Somoza** para que suspendiera su campaña para extender su presidencia, mientras que otros alentaban la moderación.

En la mañana del 4 de julio de 1944, los manifestantes celebraron una reunión frente a la embajada de Estados Unidos. El **Gral. Carlos Pasos** pronunció un discurso ante más de 20.000 manifestantes mientras la Guardia Nacional realizaba una contramanifestación en una demostración de fuerza militar. **Somoza** deseaba dirigirse a la multitud desde el

¡DESTERRADOS!

LOS DIPUTADOS ELIGEN NUEVA DIRECTIVA

LA PRENSA

Vale 20 Cts.

¡Confinados a Corn Island!

La Carta del Atlántico se rubrica en Corn Island

El diario ***La Prensa*** publicó gran reportaje de los desterrados y de los confinados. El propio dueño y director del diario ***La Prensa***, **Dr. Pedro Joaquín Chamorro Zelaya** se autoexilió en México con todos sus hijos, el mayor, **Pedro Joaquín Chamorro Cardenal** se matriculó en la Facultad de Derecho de la Universidad de México. Al regresar a Nicaragua y desde 1944 el diario ***La Prensa*** se tornó radicalmente opositora a los **Somoza**.

balcón de la embajada de Estados Unidos, pero el Embajador le negó permitirle hacerlo; en cambio, **Somoza** habló desde una tribuna cercana. Tanto él como la Guardia Nacional fueron abucheados por los manifestantes. Luego, los manifestantes marcharon durante varias cuadras antes de que la Guardia Nacional dispersara a la multitud. Los manifestantes estaban frente a la embajada de México cuando la Guardia Nacional comenzó a disolver la protesta; unos 500 manifestantes buscaron refugio en la embajada mexicana. Después de que se disolvió la manifestación, **Somoza** dejó salir en paz a la mayoría de los manifestantes refugiados en la embajada mexicana.

El 4 de julio de 1944, en Managua y León se produjeron manifestaciones encabezadas por universitarios con participación de estudiantes de secundaria del ***Instituto Miguel Ramírez Goyena***. Fueron reprimidos por Guardias montados a caballo que lanzaron bombas lacrimógenas. Días antes, el 28 de junio, jóvenes mujeres vestidas de negro marcharon en León contra la reelección presidencial de **Anastasio Somoza García**.

Al día siguiente, 5 de julio, los comerciantes de Managua amenazaron con cerrar sus establecimientos en protesta por la represión del gobierno a la manifestación del día anterior. La Junta de Control de Precios y Comercio del gobierno advirtió a los empresarios que cualquier negocio cerrado el día 5 estaría sujeto a incautación y liquidación por parte del gobierno. Además, advirtieron a los comerciantes extranjeros que se arriesgaban a ser deportados si no abrían sus comercios.

Somoza los amenazó de aplicar los decretos y leyes de la situación de guerra que se aplicaron a los ciudadanos alemanes, italianos y japoneses, considerados enemigos, porque Nicaragua había declarado la guerra a las potencias del Eje.

Por esta época, dos importantes periódicos nicaragüenses, **La Prensa** y **La Noticia**, cerraron en protesta por los arrestos de muchos de los miembros del personal del periódico.

El 7 de julio de 1944, **Somoza** declaró que no buscaría la reelección y que vetaría el proyecto de ley de la Asamblea que le permitiría postularse para la reelección. También afirmó que después de esta concesión, cualquier otra protesta sería completamente injustificada y recibida con dureza por parte del gobierno, concluyó **Somoza**.

El 10 de julio de 1944, **Leonardo Arguello,** ministro de Gobernación y **Alberto Reyes,** alcalde de León, renunciaron en protesta por los procesos autocráticos de toma de decisiones de **Somoza** después de las manifestaciones. A raíz de estos hechos, el **Gral. Carlos Pasos** se reunió con **Somoza** para discutir una ***«reconciliación liberal»*** entre el **PLI** y **Somoza**, pero no llegaron a ningún acuerdo. Continuaron pequeñas protestas en las calles de Managua y León.

Confinados en Corn Island

Los estudiantes universitario de la Universidad Central y los políticos conservadores y liberales independientes que fueron capturados en las manifestaciones y encarcelados en las celdas de la Dirección de Policía en la fortaleza de ***El Hormiguero***, y en las cárceles de ***La Aviación***, por órdenes del **Gral. Somoza**, quien también ordenó que todos los prisioneros fuesen transportados a Corn Island en el Caribe sur en calidad de ***confinados*** y así se cumplió.

La Constitución exigía que este tipo de decisiones las debía tomar formalmente el presidente de la República en Consejo de Ministros, pero se procedió ***manu militari*** ejecutado por oficiales y soldados de la Guardia Nacional cumpliendo órdenes del Jefe Director.

El 13 de Julio de 1944, los presos políticos que estaban en la Central de la Policía ***El Hormiguero*** y en las cárceles de ***La Aviación***, fueron trasladados a sus hogares para que se despidieran de sus familias y después llevados al aeropuerto a abordar un avión fletado a Taca que los llevó a Bluefields y luego embarcados a Corn Island. Este fue el primer grupo de confinados a esa entonces remota isla, pero paradisíaca, convertida en cárcel tropical: **Dr. Salvador Buitrago Aja**, **Dr. Guillermo Areas Rojas**, **Dr. Ulises Terán**, **Dr. Gustavo Manzanares**, **Dr. Eduardo Conrado Vado**, don **Ernesto Bunge** (***Mr. Hit***), **Dr. Luis Martínez Reyes**, don **Edgardo Prado**, **Gral. Adán Vélez**, don **Rito Jiménez Prado**, don **Abel Gallard**, **Dr. Raúl Lacayo Montealegre**, **Dr. Leonte Pallais Tiffer**, **Dr. José Antonio Tijerino** y el **Dr. Fernando Núñez Matus**.

Después le correspondió al segundo grupo igualmente sacados de las celdas de ***El Hormiguero*** y ***La Aviación***, llevados a sus hogares para despedirse de sus familias, y después transportado igualmente el segundo grupo que lo integraron: don **Mariano Estrada Díaz**, **Br. Francisco Frixione**, don **Napoleón Amador Enríquez**, **Luis Andara Úbeda**, **Br. Fernando Agüero Rocha** (presidente del Centro Universitario de la Universidad Central), **Dr. Manuel Morales Cruz**, **Dr. Luis Pasos Argüello**, **Dr. Luis Ortega Sáchez**, **Dr. Alejo Icaza Icaza**, don **Horacio Fernández** y el **Dr. Macario Estrada**.

Era una pléyade de hombres inteligentes, educados, profesionales y estudiantes universitarios, pero opositores firmes, algo que el **Gral. Somoza** no podía ignorar ni dejar de castigar, como lo hizo.

Otro grupo expulsado al exilio

Los confinados a Corn Island no constituían todos los castigados por el **Gral. Anastasio Somoza**, hubo otro grupo que recibió la pena mayor del destierro. El 14 de julio de 1944 fueron expulsados de Nicaragua, unos para Costa Rica, otros para El Salvador y Honduras. Este fue el grupo de los desterrados: **Gral. Carlos Pasos**, **Gral. Carlos Castro Wassmer**, **Br. Octavio A. Caldera**, **Lic. Luis de León Román**, **Dr. Francisco Ibarra Mayorga**, **Dr. Arturo Velásquez Alemán**, el periodista **Carlos A. Montalbán**, don **Eloy Sánchez**, don **José Salinas Salazar**, don **Luis Scott**, **Dr. Virgilio Argüello**, **Gral. Alfonso Estrada**, don **Faustino Arellano**, don **Felipe Mántica**, don **Luis Cifuentes** y don **Leonidas Abaúnza**.

La paradisíaca ***Corn Island*** en el Caribe Sur de Nicaragua fue convertida por el **Gral. Somoza García** en una cárcel tropical en 1944 para medio centenar de opositores a su régimen que estuvieron controlados a régimen carcelario por un contingente de la Guardia Nacional de Nicaragua. A los presos confinados en ***Corn Island*** no se les permitió visita de sus familiares. En la actualidad las islas ***Corn Island*** son un apreciado destino tirístico nacional e internacional y nadie --o casi nadie recuerda-- que fue una extraña prisión tropical.

El 15 de julio de 1944 el **Gral. Somoza** realizó una rueda de prensa indicando que los disidentes exiliados podrían regresar pronto, *«**una vez que la situación política se enfríe**»*.

Tras el cierre de la ***Universidad Central de Nicaragua***, toda la actividad universitaria se trasladó a León, encareciendo los estudios a miles de estudiantes de Managua que se quedaron sin universidad en la capital por más de 20 años.

En Noviembre de 1944 el presidente **Franklin D. Roosvelt** fue reelecto por cuarta vez y esto llenó de gozo y esperanzas a **Somoza** porque **Roosevelt** era su gran padrino, pero ya se hablaba de que la salud de **Roosevelt** estaba muy mal. El **12 de Abril de 1945** murió el presidente **Roosevelt** de una hemorragia cerebral masiva. En homenaje, **Somoza** le entregó el ***Monumento a Somoza*** que esta al pie de la ***Loma de Tiscapa*** y lo rebautizó con una placa que decía *«**Rosevelt**»*, los sandinistas le volvieron a cambiar el nombre por *«**monumento al soldado de la patria**»*. **Somoza** también bautizó la Avenida Central con el nombre de *«**Avenida Roosevelt**»* que desde el terremoto de 1972 ya no existe.

Reunidos en mesa de amigos, el **Gral. Anastasio Somoza** platicaba en su estilo que muchos llamaron ***campechano***, diciendo: --*«**Dos hijas tuve en mi gestión de gobierno: la Academia Militar de Nicaragua y la Universidad Central de Nicaragua. A las dos consideré las niñas de mis ojos. Pero la segunda me salió puta**»*.

Capítulo Once

1947: Elecciones presidenciales Argüello vs Aguado

Presionado por las protestas, la insurrección universitaria y popular que se generó por el cierre de la ***Universidad Central de Nicaragua***, más el anuncio de su reelección presidencial y la muerte del presidente **Roosevelt**, que fue sucedido por el vicepresidente **Harry S. Truman**, que no simpatizaba con **Somoza**, se vió obligado a informar que renunciaba a su reelección, aunque esa renuncia no era su decisión firme y definitiva. Anunció su renuncia como una táctica para calmar los ánimos, pero el nuevo presidente **Truman**, continuó presionando y tomó muy en serio la renuncia de **Somoza** a reelegirse.

El **6 de julio de 1944** apareció publicado en todos los medios de comunicación el comunicado de **Somoza** anunciando que no sería candidato del Partido Liberal Nacionalista en las elecciones de 1947. En la parte esencial de su anuncio, dijo: --*«**Sacrifico con gusto la oportunidad que la reforma constitucional me ha brindado para que mi nombre pudiera figurar como candidato a la Presidencia de la República**...»*.

Mientras tanto el **Gral. Somoza** seguiría siendo presidente de la República hasta el 1ro. de mayo de 1947. A lo que nunca renunciaría jamás, ni por táctica, era al cargo de Jefe Director de la Guardia Nacional de Nicaragua, su verdadera fuerza político-militar a la que no solamente nunca renunciaría sino que no permitiría que ningún otro oficial de la Guardia Nacional aspirara a convertirse en Jefe Director, cargo que fue vitalicio para **Somoza**, y lo ocupó como su propiedad personal hasta el día de su muerte.

No renunció totalmente a ser candidato presidencial y lograr su reelección, por momentos aseguraba que no se reeligiría y por momentos hablaba de su reelección.

Al iniciarse el año 1945 **Somoza** experimentó dos vivencias negativas que le deparó el destino y que le afectaron gravemente. La primera ocurrió el **28 de febrero de 1945**, cuando su primo y consejero, el **Gral. José María Moncada Tapia** falleció de un derrame cerebral. El gobierno del **Gral. Somoza** decretó ocho días de duelo con bandera a media asta y honores funerarios de presidente de la República, como le correspondía al **Gral. José María Moncada Tapia**.

El segundo golpe fue mayor: el **12 de abril de 1945** falleció el presidente **Franklin D. Roosevelt**, el gran padrino de **Somoza**, a la temprana edad de 63 años, al sufrir una hemorragia intracraneal masiva, ostentando el cargo de presidente de los Estados Unidos de América mientras se encontraba en Warm Springs, Georgia, reposando de sus dolencias en la ***Little White House Historic Site*** (***la pequeña Casa Blanca***, un sitio histórico). **Roosevelt** fue el único presidente norteamericano que ganó cuatro elecciones consecutivas y fue reelecto cuatro veces. Nació en Nueva York el 30 de enero de 1882 y falleció el 12 de abril de 1945. **Somoza** decretó ocho días de duelo nacional en Nicaragua, le endosó su monumento erigido al pie de la Loma de Tiscapa en 1941, quitándole la placa que decía ***Somoza*** y colocó una nueva placa que decía ***Roosevelt***, y bautizó la Avenida Central de Managua con el nombre de ***Avenida Roosevelt***. La generación de capitalinos que vivió el crecimiento y modernización de la ciudad de Managua antes del terremoto de 1972, olvidó que esa principal avenida por más de un siglo se llamó ***Avenida Central*** y por más de medio

El **Dr. Ildefonso Palma Martínez**, fue una personalidad tan culta y capacitada que fue propuesto por los dos bandos para candidato presidencial, pero **Somoza** lo rechazó porque en 1924, como diputado, se había opuesto a conceder amnistía a los asesinos del **Gral. Sandino** y pidió castigo a los culpables, entre ellos **Somoza**. La amnistía se produjo contrariando al diputado liberal, **Dr. Palma Martínez**.

siglo fue llamada ***Avenida del Campo***, cuando el presidente **Zelaya** construyó el Campo de Marte en 1902.

Conforme a la ley, el sucesor de **Roosevelt** en la presidencia de EE.UU. fue el vicepresidente **Harry Salomon Truman** que no tenía simpatías por **Somoza** y su gobierno presionó para no permitir la reelección de **Somoza**, eliminándole cualquier pretensión.

Sin embargo **Somoza** actuó como un candidato en campaña presidencial, el 6 de diciembre de 1945 organizó un comité de oficiales y sargentos de la Guardia Nacional para hacerle un gran homenaje militar al que concurrieron más de 500 uniformados, desde los más altos rangos hasta los más humildes Clases que llegaron a Managua de todos los departamentos de Nicaragua.

Con este homenaje **Somoza** hizo sentir al pueblo nicaragüense y a sus opositores. que la Guardia Nacional era monolítica bajo su liderazgo y que su poder, con presidencia o sin ella, era omnímodo en Nicaragua.

En el oficialista Partido Liberal Nacionalista, PLN, comenzó una efervescencia lógica de los muchos cuadros que aspiraban a la candidatura presidencial, una vez que estaba confirmado que **Somoza** no sería el candidato a la reelección, pero el poder de **Somoza** incluía la potestad de elegir quien sería el candidato y quien ganaría las ***elecciones***, sin importar quién sería el candidato de la oposición.

En la sorda guerra de intrigas de los posibles elegidos del Partido Liberal para la candidatura se barajaban muchos nombres en las manos de **Somoza** para ser escogidos por su gracia y conveniencia. Entre esos sordamente precandidatos estaban autopromoviéndose, **Alejandro Abaúnza**, por Masaya; **Luis Manuel Debayle**, cuñado predilecto de **Somoza**; **Mauro Vílchez**, por Ocotal; **Ildefonso Palma Martínez**, por Chinandega y **Lorenzo Guerrero Gutiérrez**, por Granada, entre quienes **Somoza** --por debajo de cuerda--, promovía que los aspirantes se mantuvieran en pugilato.

El Estado de Sitio, la Suspensión de Derechos Constitucionales y la Ley Marcial decretados en diciembre de 1941 por la entrada de Nicaragua a la II Guerra Mundial, fueron suspendidos en noviembre de 1945, dando lugar a los derechos electorales de los partidos políticos. Pero **Somoza** reformó la Ley Electoral de 1923, y estableció el requisito del 10% de votos de la elección anterior, para poder inscribir partidos políticos en las elecciones programadas para 1947. En las elecciones anteriores solamente habían participado dos partidos, el Partido Liberal Nacionalista (PLN) y el Partido Conservador de Nicaragua (PCN), partidos que eran llamados ***Las Paralelas Históricas***.

A la nueva fuerza emergente surgida en 1944 que era el ***Partido Liberal Inde-***

Alejandro Abaúnza Espinosa (izq) y **Lorenzo Guerrero Gutiérrez** (der), dos precandidatos presidenciales del PLN que estuvieron a punto de ganar la candidatura en la Convención, pero **Somoza** declaró un empate y propuso elegir a un candidato de consenso, proclamando ganador a **Leonardo Argüello**. Don **Alejandro Abaúnza** de Masaya, fue el padre de **Lila T. Abaúnza de Bolaños** primera dama del gobierno de **Enrique Bolaños**.

pendiente (PLI), con gran popularidad y relevancia, no se le permitió inscribirse y en toda la ***Era de los Tres Somoza*** al PLI nunca se le concedió personería jurídica. El Partido Conservador de Nicaragua que lideraba **Emiliano Chamorro**, que se sabía con poca fuerza y no tenía un candidato que pudiera ganarle las elecciones al candidato que eligiera **Somoza**, negoció intensamente con el ilegal Partido Liberal Independiente, PLI, para integrar una alianza que presentó como candidato al **Dr. Enoc Aguado Farfán**, uno de los principales miembros del Partido Liberal Independiente, abogado con mucha experiencia jurídica, muy culto y educado, con la experiencia de haber sido el vicepresidente del gobierno del **Gral. José María Moncada**.

Somoza se dio cuenta de la fortaleza del **Dr. Aguado** y del PLI que no tenía legalidad, pero se garantizaba la participación por su alianza con el Partido Conservador de Nicaragua que tenía en regla su personería jurídica, aunque no tuviera candidato propio, se la jugó con el candidato liberal independiente **Enoc Aguado**. Las elecciones enfrentarían a dos candidatos liberales.

El 6 de enero de 1946 camiones con pipas de agua regaron un gran sector de la Explanada de la Loma de Tiscapa para aplacar las polvaredas y ahí se instalaron mesas para al aire libre para acomodar a más de mil quinientos invitados liberales somocistas procedentes de todos los departamentos a participar en un gran banquete a cielo abierto por invitación del Partido Liberal Nacionalista, para aclamar al **Gral. Anastasio Somoza** como el gran líder del PLN. **Somoza** pronuncio un discurso melodramático haciendo referencia a que al concluir su presidencia dejaba buenos recuerdos, buenas obras y no dejaba enemigos, por lo menos eso es lo que **Somoza** pretendía hacer creer.

Somoza intentó reconciliarse con el PLI

En el primer semestre de 1946, y con el manido argumento de unificar a todos los liberales, **Somoza** intentó reconciliarse con el PLI. Las pláticas no avanzaron porque el PLI, en primer lugar desconfió de **Somoza** y en segundo porque el PLI estaba interesado en impulsar la candidatura del **Dr. Ildefonso Palma Martínez**, un jurisconsulto de elevada cultura, gran escritor de más de doce libros de variados temas, principalmente de jurisprudencia, pero también de historia, de prosa y poesía. Periodista y director del diario ***El Eco Nacional***, cargo que dejó en 1933 cuando el **Dr. Palma Martínez** fue electo diputado liberal del Partido Liberal Nacionalista por León. Tras el asesinato del **Gral. Augusto C. Sandino** en 1934, se opuso tenazmente a que se concediera la amnistía a favor de quienes asesinaron a **Sandino** y abogó para que se castigara a los responsables. En esa situación, el **Dr. Ildefonso Palma Martínez** pronunció una frase que tuvo gran repercusión en todos los ámbitos: ***«Más miedo hay que tenerle a la Guardia Nacional en la paz, que en la guerra»***.

Finalmente la amnistía fue aprobada y entre los principales beneficiados estaba el propio **Gral. Somoza**, pero desde entonces quedó enemistado con **Palma Martínez**.

La precandidatura del **Dr. Palma Martínez** que estableció unánimemente el Partido Liberal Independiente. PLI, no solamente no le agradó a **Somoza**, sino que la rechazó radicalmente, y por ello las negociaciones para la reunificación y reconciliación de todos los liberales, fracasó.

Finalizadas las pláticas para la muy problemática reconciliación del PLI con **Somoza**, los liberales independientes profundizaron el diálogo con el Partido Conservador de Nicaragua.

Somoza impuso a Argüello como candidato

Al **Gral Somoza** le interesaba que su sucesor presidencial fuese el **Dr. Leonardo Argüello Barreto**. No por sus altas calidades profesionales, políticas, académicas y morales que tenía, sino porque lo consideraba manipulable. **Somoza** sabía que **Argüello** no estaba bien de salud a sus 71 años, que en aquella época esa edad se consideraba decadente ancianidad. Pero **Somoza** se cuidó de no revelar su interés en la candidatura de don **Leonardo** para no anular el entusiasmo de los otros precandidatos liberales. Por su parte **Leonardo Argüello** ya había cedido ante **Somoza** cuando le aceptó el nombramiento de Ministro de Gobernación, cargo al que renunció en la agitación política de las protestas de 1944 por el cierre de la Universidad Central.

Pero **Leonardo Argüello** no figuraba como un precandidato con apoyo para ganar, en realidad no figuraba del todo.

En la Gran Convención del Partido Liberal Nacionalista en Agosto de 1946 en el Teatro González de la ciudad de León, donde tradicionalmente se efectuaba la Convención, después de las primeras votaciones de los convencionales que representaban a todos los departamentos de Nicaragua, fue surgiendo la preferencia para dos precandidatos: **Lorenzo Guerrero Gutiérrez** de Granada con 46 años de edad, y **Alejandro Abaúnza Espinosa** de Masaya. Entre ambos aspirantes a la candidatura del PLN se creó una contienda

Los dos candidatos presidenciales electos para competir cívicamente por la presidencia de la República de Nicaragua, el **Dr. Leonardo Argüello Barreto**, candidato oficial, y el **Dr. Enoc Aguado Farfán**, candidato de la oposición, pero ambos liberales doctrinarios y filosóficos y ambos fundadores en 1944 del Partido Liberal Independiente, partido que estaba participando en las elecciones sin personería jurídica, pero en alianza con el Partido Conservador. El **Gral. Emiliano Chamorro** declaró que ***«Estoy seguro que el Gral. Anastasio Somoza como presidente de Nicaragua realizará unas elecciones limpias, justas y transparentes»***.

luchando por ganar más votos en cada votación de los convencionales, pero ninguno lograba obtener los dos tercios de los votos que era el requisito para ganar la elección y la candidatura presidencial. Las votaciones continuaban, **Lorenzo Guerrero** llegó a estar a tres votos de la victoria que le faltaban para los dos tercios. La situación en la Convención se volvió exasperante. En ese momento el **Gral. Anastasio Somoza** tomó el micrófono y dijo que para resolver el ***empate*** entre **Guerrero** y **Abaúnza**, él propuso escoger un candidato de ***consenso*** para lo cual propuso una terna formada por **Benjamín Lacayo Sacasa**, **Fernando Delgadillo Cole** y **Leonardo Argüello Barreto**. Pero de los tres propuestos **Somoza** habló en apoyo de **Argüello** y todos los convencionales comprendieron y aceptaron que **Leonardo Argüello** era el elegido por ***«El gran elector»***, y a nadie se le iba a ocurrir apoyar a otro.

En una sola votación **Leonardo Argüello** supero los dos tercios de los votos, quedando electo como Candidato oficial del Partido Liberal Nacionalista para las elecciones presidenciales de 1947, algo que ni el mismo **Argüello** se lo imaginó.

El más afectado y molesto fue **Lorenzo Guerrero Gutiérrez**, pues se sintió traicionado y convencido que le habían arrebatado el triunfo para la candidatura.

A partir de la elección de **Leonardo Argüello** se inició su campaña electoral con la característica en que **Somoza** siempre estuvo a su lado y siempre pronunciaba discursos apoyándole con el propósito de ***hacer sentir*** que él lo haría presidente, y que nadie tuviera duda al respecto, lo que significaba que **Somoza** sería ***«El poder detrás del trono»***. **Argüello** aceptaba todo lo que **Somoza** le proponía sin contradecirle y las más de las veces guardaba silencio, pero en su mente ya fraguaba su propio y sorpresivo proyecto.

Somoza acompañó al candidato **Argüello** a ciudades, pueblos y departamentos, como una candidatura bicéfala.

La oposición eligió al Dr. Enoc Aguado como su candidato

Ocurrió el fenómeno de que el candidato del gobierno y el de la oposición eran fundadores del ***Partido Liberal Independiente, PLI***, en 1944. Y los dos tenían altas calificaciones para ser verdaderos estadistas conductores de pueblo y generadores de democracia y progreso.

El curioso fenómeno fue que ambos candidatos pertenecían al ***Partido Liberal Independiente***, que no tenía personería jurídica, legalidad que **Somoza García** siempre les negó, pero ese partido sin legalidad presentaba a los dos candidatos que compiteron en las elecciones de 1947.

La ***Alianza del Partido Liberal Independiente, PLI*** con el ***Partido Conservador de Nicaragua, PC***, lanzaron la candidatura presidencial del **Dr. Enoc Aguado** el 21 de diciembre de 1946, en la ciudad de Ocotal.

El **Dr. Enoc Aguado Farfán** había sido el vicepresidente del **Gral. Moncada**, y Director del Consejo Nacional de Elecciones. Nació en León, el 28 de agosto de 1883. Falleció en Managua, el 23 de mayo de 1964 de 80 años de edad. Se graduó de abogado en la Universidad Nacional con sede en León.

Enoc Aguado se afilió al Partido Liberal Nacionalista, PLN, fundado en 1913, cuando **Somoza** estaba muy lejos de aparecer en la escena política. **Aguado** muy pronto se destacó en el PLN a tal punto, que formó parte de la delegación liberal en las famosas ***Conferencias del Denver*** en 1926, cuando liberales y conservadores en plena Guerra Constitucionalista conferenciaron a bordo del buque de guerra norteamericano ***USS Denver*** anclado en el puerto de Corinto buscando la paz o el final de la guerra, actuando como mediador **Mr. Lawrence Dennis**, Encargado de Negocios de Estados Unidos en Nicaragua. Las conferencias del Denver fracasaron rotundamente, la guerra continuó hasta terminar en el ***Pacto del Espino Negro*** en mayo de 1927.

Febrero 1947: elecciones y fraude

El domingo 2 de febrero de 1947 el candidato opositor **Dr. Enoc Aguado Farfán** se enfrentó a su correligionario y amigo el **Dr. Leonardo Argüello Barreto**, candidato impuesto por **Gral. Somoza**.

Desde el comienzo de las votaciones se hizo sentir la preferencia del electorado por el **Dr. Aguado**. La Ley Electoral vigente en Nicaragua desde que fue proclamada en 1923 redactada por el jurista norteamericano **Dr. Harold Willis Dodds**, que imperó desde las elecciones presidenciales de 1928, los votantes debían colocarse en filas separadas en los cantones conforme el partido por el que llegaban a votar. No había ***voto secreto***, sino que la Junta Electoral del Cantón marcaba las boletas y era público saber por cuál candidato votaba cada ciudadano.

En todos los cantones la fila que votaba por **Aguado** la formaban varios votantes,

En plena campaña electoral, el candidato presidencial **Dr. Leonardo Argüello** (sombrero y traje claro) saliendo de un evento en la plaza del ***Aeropuerto Las Mercedes*** encabeza una caravana de pie en un carro descapotado y a su lado el **Gral. Somoza García** (sobrero y traje gris), rodeados de numerosos oficiales de la Guardia Nacional y una multitud de funcionarios y partidarios políticos. Atrás, al lado izquierdo del edificio se vislumbra la compañía de Caballeros Cadetes de la Academia Militar de Nicaragua. En todas las jiras y eventos de la campaña electoral de **Argüello**, siempre le acompañó **Somoza**, porque realmente él también estaba en campaña, demostrando que él era ***«el poder tras el trono»***. **Argüello** toleró todo eso con resignación, esperando su momento.

en contraste con la fila que votaba por **Argüello** que la formaban dos o tres o nadie, porque **Argüello** era el candidato del **Gral. Somoza**.

Resultó sencillo y visible para todos darse cuenta que **Aguado** ganaría de las elecciones. Cuando **Somoza** recibió informes de los que estaba pasando, decidió encaminarse a depositar su voto ciudadano en su cantón, que ese era entonces el nombre de los centros de votación, y se llevó la sorpresa que le causó un fuerte disgusto: él era el único que estaba en la fila de los votantes por **Argüello**.

Somoza regresó a la Casa Presidencial y llamó al **Dr. Modesto Salmerón**, presidente del Censejo Nacional de Elecciones. Cuando llegó **Salmerón**, con mucha preocupación **Somoza** le planteó su temor de que **Argüello** perdiera las elecciones, y le preguntó:

--***«¿Qué podemos hacer en este caso?»***

Y el **Dr. Modesto Salmerón**, muy calmado, pero muy seguro, le respondió:

--***«No se preocupe General, déjelos que voten como quieran, eso no tiene importancia porque yo cuento los votos»***.

--***«Entonces*** --le ordenó **Somoza**-- ***hacete cargo de que Argüello gane. Cuando terminen de votar yo voy a mandar a recoger todas las urnas electorales y te las van a llevar a los sótanos del Palacio Nacional, bajo custodia de la Guardia Nacional, para que contés los votos a tu gusto»***.

Los perpetradores del fraude electoral más escandaloso y descarado del siglo XX: El **Gral. Anastasio Somoza García**, presidente de Nicaragua (izq), y el **Dr. Modesto Salmerón**, presidente del Consejo Nacional de Elecciones (der). Apoyado por las armas y los hombres de la Guardia Nacional, despojaron al **Dr. Enoc Aguado Farfán** de un claro triunfo electoral para presidente de la República, y entronizaron al **Dr. Leonardo Argüello Barreto**, convirtiéndolo en presidente de Nicaragua después de una total derrota electoral.

Inmediatamente el **Gral. Somoza** despachó una circular a todos los Comandos Departamentales de la Guardia Nacional, ordenándoles que a las cinco de la tarde recogieran todas las urnas electorales y las enviaran al Palacio Nacional de Managua y las entregaran al **Dr. Modesto Salmerón**, pidiéndole un recibo por la cantidad de cajas con los votos.

Así se hizo a las cinco de la tarde de aquel domingo 2 de febrero de 1947. En Managua fue notoria la febril actividad de las patrullas de la Guardia Nacional recogiendo todas las urnas electorales en todos los cantones y transportándolas en camiones y otros vehículos militares a los sótanos del Palacio Nacional. Un contingente de soldados de la Guardia Nacional fue colocado en cada una de las cuatro entradas al edificio del Palacio Nacional y en la entrada a los sótanos.

En veinte grandes mesas, cerca de cincuenta empleados del Consejo Nacional de Elecciones abrieron los candados de las cajas, y fueron extrayendo las boletas y separando las marcadas a favor de **Aguado** y las marcadas a favor de **Argüello**. El **Dr. Salmerón** estuvo todo el tiempo, con mucha tranquilidad, supervisando y controlando el conteo. Al final de cada día le comunicaba un reporte detallado de cómo iba el conteo y --claro– informándole al **Gral. Somoza** la cantidad de votos que habían contado de cada candidato y que los votos por **Aguado** estaban superando --por mucho-- a los de **Argüello**... y por ello **Somoza** estaba inquieto y procupado.

--«Pero no hay problema, jefe. Cuando terminemos yo se lo voy a resolver "como Dios manda"», calmadamente le ripostaba **Salmerón**.

Tardaron diecinueve días en contar todas las boletas de la votación y las colocaron

El **Dr. Leonardo Argüello Barreto**, fue uno de los principales fundadores del ***Partido Liberal Nacionalista, PLN, en 1913***, pero en ese entonces el gobierno conservador y el gobierno de Estados Unidos no le concedieron personalidad jurídica al **PLN**, porque lo consideraron partido sucesor del Partido Liberal de **Zelaya**, y todo lo que pareciera ***zelayista***, estaba proscrito. Cuando apareció el poder de **Somoza** y se apropió del **PLN**, el grupo que conformaban al **PLN** se aisló de **Somoza** y fundaron el ***Partido Liberal Independiente, PLI***, y nuevamente **Leonardo Argüello** estuvo entre los fundadores del **PLI** al que tampoco le dieron legalidad.

en dos grupos de mesas separadas con los votos físicos de cada candidato en cada grupo de mesas.

Terminado el conteo y antes de hacerlo público, el **Dr. Salmerón** subió a la Casa Presidencial a informar los verdaderos resultados finales al **Gral. Anastasio Somoza**, quien le preguntó a **Salmerón**:

--«***Decime la verdad sin tapujos ¿Cómo quedaron las elecciones, ganamos o perdimos?***».

Y el **Dr. Salmerón**, escuetamente le respondió la verdad:

--«***Aguado gana y Argüello pierde, pero eso nadie lo sabe, yo no he informado nada en público ni a nadie, usted es el único que lo sabe, nadie más. Ahora dígame con cuantos votos quiere usted que gane Argüello***».

Somoza antes de responderle le dijo:

--«***Primero dame las cifras verdaderas***».

--«***Leonardo Argüello Barreto, del Partido Liberal Nacionalista (PLN), en alianza con el Partido Conservador Nacionalista (PCN), tuvo 64,904 votos válidos que representan el 38.24%. y Enoc Aguado Farfán, del Partido Conservador Tradicionalista (PCT), en alianza con el Movimiento llamado Partido Liberal Independiente (PLI), tuvo y ganó con 104,804 votos válidos, que representan el 61.76%***».

Somoza no lo pensó mucho y le ordenó a **Modesto Salmerón**, presidente del Consejo Nacional de Elecciones de Nicaragua:

--«***Mirá Salmerón, dale vuelta a eso y que gane Argüello. Nosotros no podemos perder***».

El **Dr. Modesto Salmerón** bajó rápidamente a redactar las Actas Oficiales y el Decreto declarando triunfador en las elecciones presidenciales al **Dr. Leonardo Argüello Barreto**.

Estos diálogos de **Somoza** con **Salmerón** fueron escritos por el **Cnel. G.N. Agustín Peralta Ruíz**, ayudante militar del **Gral. Somoza** que estuvo presente todo el tiempo en todas las reuniones de **Somoza** con **Salmerón** y así lo testifica en su libro de «***Memorias***» el célebre ***Gato Peralta***.

Ese mismo domingo 23 de febrero de 1947, el **Dr. Modesto Salmerón**, leyó el Decreto, proclamando:

--«***Se declara Presidente Electo de Nicaragua al Dr. Leonardo Argüello Barreto, que obtuvo un total de 104,804 votos que representan el 61.76 por ciento. Contra 64,904 votos obtenidos por el Dr. Enoc Aguado Farfán, que representan el 38.24 por ciento de la votación final***».

El **Dr. Leonardo Argüello** fue electo con 104, 804 votos fraudulentos, votos arrebatados al **Dr. Enoc Aguado**, obteniendo así la mayoría de los sufragios para ser electo al alto cargo de Presidente de la República para período constitucional de 1947 a 1953, así fue publicado en el ***Diario Oficial La Gaceta***, No.58/03/1947, página 500. El fraude electoral más colosal y descarado del siglo XX en Nicaragua, estaba consumado. Pero el **Gral. Anastasio Somoza** quedó satisfecho, pero no por mucho tiempo.

Las elecciones del domingo 2 de febrero de 1947 se realizaron con un padrón electoral de 221,590 votantes, casi igual al padrón de las elecciones de 1936 que tenía 219,668 votantes. Estas cifras electorales de 1947 lucen minúsculas en el año 2022 del siglo XXI, pero debe considerarse que la población total de Nicaragua era de solamente 980,000 habitantes.

Cumpliendo el ritual de los políticos nicaragüenses inconformes, el **Dr. Enoc Aguado Farfán** dirigió sus pasos a Washington, D.C. a plantear sus quejas por el despojo, pero igual que le había ocurrido al **Dr. Juan Bautista Sacasa** en 1936, nadie le hizo caso en el Departamento de Estado, lo cual era previsible y por ello es inexplicable la razón de por qué todos los políticos nicaragüenses van al Distrito de Columbia, con o sin razón, a quejarse como si el gobierno norteamericano fuese un ***Muro de los Lamentos***.

Era obvio que el gobierno de Estados Unidos quería una transición ordenada, y esperaba que ese rol lo jugara el gobierno de **Leonardo Argüello**, pero el **Gral. Somoza** pensó y actuó diferente, sin embargo, para el gobierno del presidente **Harry Truman**, fue suficiente que **Somoza** no continuara como Presidente de Nicargua.

Capítulo Doce

Mayo 1947: Golpe de estado. Argüello Presidente por 26 días.

Jueves primero de Mayo de 1947: toma de posesión presidencial del Dr. Leonardo Argüello Barreto. La ceremonia de traspaso del mando presidencial se realizó el jueves 1 de Mayo de 1947. El escenario fue la recién construida Tribuna Monumental que fue erigida al costado Nor-Oeste de la Explanada de la Loma de Tiscapa, sobre la extensión oriental de la calle Colón de Managua.

Los embajadores y delegaciones extranjeras asistentes a la ceremonia fueron ubicados en un palco de honor en la zona con sombra de la Tribuna. La Primera Dama **Salvadora Debayle Sacasa de Somoza**, ingresó de primero a ocupar el palco presidencial. Seguidamente arribó bajo una ***bóveda de acero***, formada por sables de oficiales de la Guardia Nacional, el Presidente saliente **Gral. Anastasio Somoza García**. El mismo honor de la bóveda de sables militares se le tributó al ingresar el Presidente Electo, **Dr. Leonardo Argüello Barreto**, acompañado de su esposa **Haydee Baca de Argüello** y sus familiares **Claudio** y **Jaime Argüello**, actuando como edecanes.

El primero en ascender a la plataforma del traspaso fue el Presidente del Congreso Nacional, **Benjamín Lacayo Sacasa**, seguidamente el **Gral. Somoza** subió al estrado acompañado de los ministros de su gabinete y el Estado Mayor de la Guardia Presidencial. Inmediatamente después ascendió el **Dr. Argüello** y sus dos edecanes.

Sin muchos preámbulos el **Gral. Somoza** leyó su discurso con visible emoción, nerviosismo y malestar, pues mientras **Somoza** leía su mensaje, desde el anonimato de la multitud, individuos previamente colocados al efecto, comenzaron a cantar el porro colombiano ***«Se va el caimán»***, una tonada popular que se puso de moda en Nicaragua con la llegada de la película mexicana ***«Pasiones tormentosas»*** en 1945. El autor del porro fue **José María Peñaranda** y en la película es cantada por **Kiko Mendive** (***Canillita***) y su orquesta Tropical. En pocos minutos eran miles las voces que cantaban la tonadilla: --***«Se va el caimán, se va el caimán, se va para Barranquilla...»***, una clara referencia a --***«Se va Somoza»***.

Concluido su discurso **Gral. Somoza** entregó la banda presidencial al Presidente del Congreso **Benjamín Lacayo Sacasa** e inmediatamente **Lacayo** colocó la banda presidencial en el pecho del **Dr. Argüello**, cuando eran las **10:45** de la mañana. Seguidamente firmó el Acta de Toma de Posesión en el libro que le sostuvo el Presidente de la Corte Suprema de Justicia, **Dr. Anibal García Largaespada**. Formalmente terminaron así los diez años de la primera presidencia del **Gral. Anastasio Somoza García**.

Al concluir el traspaso del poder, **Somoza** se acercó a **Argüello** y se abrazaron muy protocolariamente. La multitud que se aglomeraba en la Explanada de la Loma de Tiscapa, fue calculada por los periodistas entre 4 y 5 mil personas. Hasta ese momento casi todo el pueblo nicaragüense calificaba a **Argüello** como un títere de **Somoza**, y evidentemente **Somoza** también lo consideraba manejable y sometido a su voluntad, por la precaria salud y los 72 años de edad de **Argüello**.

Minutos antes de dar inicio a la ceremonia de traspaso de mando, el Presidente y General **Somoza García** refleja en su rostro la amargura de despojarse del poder presidencial y la posibilidad de perder el poder sobre la Guardia Nacional de Nicaragua. El gobierno de Estados Unidos obligó a **Somoza** a realizar elecciones sin su candidatura personal. Tras un monumental fraude impuso como Presidente al **Dr. Leonardo Argüello**, que se ve muy sereno en esta foto al lado de **Somoza**. El general luce una constelación de medallas, condecoraciones y la banda presidencial que momentos después entregó a **Argüello** esa mañana del jueves 1ro. de Mayo de 1947. Detrás del **Dr. Argüello** se ve con expresión severa a **Mons. Alejandro González y Robleto**, Arzobispo de Managua. En esta ceremonia del traspaso del mando presidencial se inauguró la Tribuna Monumental, construida frente a la entonces amplia ***Explanada de la Loma de Tiscapa***, Tribuna hoy en ruinas ahogadas por múltiples construcciones militares de mal aspecto que hicieron desaparecer la Explanada.

El discurso del entrante presidente **Leonardo Argüello** fue el elemento inesperado que causó sorpresa y conmoción a Nicaragua entera.

El sorpresivo discurso del Presidente Argüello

Estos son los más importantes fragmentos del discurso del **Dr. Leonardo Argüello Barreto** al tomar posesión: --«***Antes de iniciar mi mensaje, he de presentar un saludo atento y respetuoso al más alto Poder de la República, así como felicitar cordialmente al General Anastasio Somoza, exJefe del Ejecutivo, a quien mucho agradezco sus amables frases al hacer alusión a mi persona. Me es grato ofrecerle mis cumplimiento por el número crecido de obras de positivo progreso administrativo, hecho que todos reconocen alejando prejuicios; y, muy particularmente por haber dado lleno en plena tranquilidad en este instante, a una fundamental obligación como es la de descender de la Jefatura del Estado de conformidad con las prácticas de la Constitución de la República y de la Democracia...***».

El **Gral. Anastasio Somoza García** leyendo su discurso de entrega del poder presidencial. Fue el primero en hacer uso de la palabra la mañana del jueves 1 de Mayo de 1947 estrenando la ***Tribuna Monumental***. Mientras **Somoza** leía su discurso, la multitud popular aglomerada en la Explanada de la Loma de Tiscapa comenzó a cantar el porro colombiano *«**Se va el caimán...**»*, haciendo burla a **Somoza**, pues significaba: *«**Se va Somoza**»*.

--*«**Me empeñaré en que no se propague la arriesgada impostura democrática que lleva al descrédito a los partidos liberales de gobierno y eliminaré de mi gestión gubernamental los intereses creados. Pondré punto final al ejercicio de fuerzas imbuidas de ensañamiento y desatadas por la ambición de los caudillos a fin de prolongar sus empíricos e infundados predominios políticos...**»*.

En referencia a la Guardia Nacional de Nicaragua, el Presidente **Argüello** dijo: --*«**La Guardia Nacional debe ser garantía de la paz, orden y seguridad, desvinculada de las contiendas políticas...**»*.

--*«**Mi programa en síntesis es una invitación solemne a prepararse en todos los órdenes de actividad humana. El ambiente de la escuela, de la biblioteca, de los laboratorios y del trabajo, es propicio para el fin propuesto, a la vez que es sedante para los instintos y pasiones, serena la mentalidad y el hombre busca el conocimiento y se eleva...**»*.

Seguidamente **Argüello** pronunció la frase que conmocionó a todos, pero especialmente al **Gral. Somoza**. Dijo **Argüello**:

--*«**Yo no seré, tenedlo por seguro, un simple presidente de turno, arrastrado por el manso llevar de la corriente de la costumbre y la tradición...**»*.

El **Gral. Somoza García** (**1**) entregando la Banda Presidencial al presidente del Congreso **Benjamín Lacayo Sacasa** (**2**). Con el No.**3**-El **Capitán GN Francisco Aguirre Baca** y con el No.**4**-el **Dr. Leonardo Argüello Barreto**, Presidente de la República entrante. En el fondo se bosquejan el recién construido edificio de ***La Curva***, Cuartel General de la Guardia Nacional y el puesto fortificado que se llamó ***Cantagallo***.

Al concluir el discurso del Presidente **Argüello**, bajó junto con **Somoza** al terreno de la explanada para recibir el saludo de la Guardia Nacional de Nicaragua mediante una parada militar, pero el rostro del **Gral. Somoza** estaba visiblemente descompuesto, enojado y sus movimientos eran incómodos.

Mientras tanto **Nicolasa Sevilla**, junto con su grupo, gritaba estridentes consignas a favor del **Gral. Somoza**. En respuesta, de la multitud comenzaron a gritar vivas al Presidente **Argüello** y levantaban sus manos haciendo la ***«V de la victoria»***, señal que había puesto de moda el Primer Ministro británico **Wiston Churchill** en la II Guerra Mundial. Antes de cumplirse el programa, los eventos fueron suspendidos por el acaloramiento de la multitud. **Argüello** y **Somoza** se despidieron y cada uno tomó direcciones opuestas. **Argüello** hacia la Casa Presidencial y **Somoza** hacia el cuartel de ***La Curva***, imponente fortaleza recién construida, que **Somoza** fabricó apresuradamente en 1943, como su centro de mando militar, ubicada también en la cima de la Loma de Tiscapa, en posición simétrica a la Casa Presidencial. El edificio de ***La Curva***, era el cuartel general de la Guardia Nacional de Nicaragua y centro de mando del Jefe Director G.N.

Testificó el **Cnel. G.N. Francisco Boza Gutiérrez** en su libro ***Memorias de un soldado***: --***«El Gral. Somoza ordenó, desde el día de la toma de posesión del Dr. Argüello, trasladar todo el armamento que estaba depositado en los sótanos de la Casa Presidencial, a los depósitos que se habían preparado en el edificio llamado La Curva en el***

El Presidente del Congreso Nacional, **Dr. Benjamín Lacayo Sacasa**, imponiendo la banda presidencial al **Dr. Leonardo Argüello Barreto**, que desde ese momento se convirtió en Presidente de la República de Nicaragua. Observa la escena el Primer Arzobispo que tuvo Nicaragua, **Mons. José Antonio Lezcano y Ortega**. Inmediatamente después el **Dr. Leonardo Argüello** pronunció su sorpresivo discurso en el que prácticamente rompió toda dependencia y relación con el **Gral. Anastasio Somoza García**.

extremo oriental de la Loma de Tiscapa. Este traslado duró tres días y aún durante la celebración de una gran recepción en Casa Presidencial los camiones y personal militar no se detuvieron en el movimiento de vaciar todas las bodegas donde se encontraba acumulado el arsenal militar».

O sea que cuando el Presidente **Argüello** celebraba la fiesta de su toma de posesión en los salones Casa Presidencial con sus invitados oficiales, delegaciones extranjeras que llegaron a la toma de posesión, diplomáticos y familiares, el personal de la Guardia Nacional, por órdenes del **Gral. Somoza**, se estaba vaciando esa noche todo el arsenal de las bodegas presidenciales, dejando al Presidente **Argüello** sin acceso a los armamentos.

El **Cnel. Boza Gutiérrez** era el Intendente de Casa Presidencial y fue el responsable de hacer entrega de todo el contenido de las bodegas de Casa Presidencial, de modo que fue el más calificado testigo del traslado de las armas, por órdenes del **Gral. Somoza**, hacia la fortaleza de ***La Curva***, que era el Cuartel General de la Guardia Nacional, recién construidas instalaciones que estaban bajo el mando absoluto del **Gral. Somoza**.

Esto es una evidencia de que la Casa Presidencial y la Guardia Presidencial que protegería al nuevo Presidente de la República, quedaba desarmada --inerme-- y, por tanto, vulnerable.

El testimonio escrito y publicado en su libro, el **Cnel. Francisco Boza Gutiérrez**, dice que él entregó todos los enseres y mobiliarios de Casa Presidencial a una delegada de la nueva Primera Dama. Cuando finalizó la entrega, el **Dr.** y **Cnel. Benjamín Argüello Barreto**, hermano del Presidente **Argüello**, le propuso continuar en el cargo de Intendente de Casa Presidencial, pero el entonces **Tnte. G.N. Francisco Boza** le respondió que iba a pen-

El discurso sorpresivo del **Dr. Leonardo Argüello** al recibir la presidencia, cambió el panorama político de Nicaragua. Todo lo que se criticaba de **Argüello** lo cambió con una sola frase: --«***Yo no seré, tenedlo por seguro, un simple presidente de turno, arrastrado por el manso llevar de la corriente de la costumbre y la tradición...***». A **Somoza** no solamente lo sorprendió el discurso rebelde de **Argüello** sino que visiblemente lo llenó de iracundia. En la foto están identificados: **1-Dr. Leonardo Argüello** leyendo su discurso. **2-Mayor G.N. Luis Somoza Debayle**, hijo del **Gral. Somoza**. **3-Benjamín Lacayo Sacasa**, Presidente del Congreso. **4-Cptn. G.N. Francisco Aguirre Baca**, Ayudante del **Gral. Somoza** y **5-Gral. Anastasio Somoza García**, Jefe Director de la Guardia Nacional y Presidente Saliente de Nicaragua.

sarlo. Inmediatamente se dirigió a ***La Curva***, y estas son sus palabras testificales publicadas en su libro «***Memorias de un soldado***» editado en 2002: --«***...de inmediato me dirigí a la Oficina del general Somoza y le informé de la entrega de mis obligaciones en Casa Presidencial, y él --en broma-- me dijo: "los dos estamos caídos, yo de la Presidencia y vos de la Intendencia", los oficiales que estaban presentes soltaron la carcajada***». Después de ese chascarrillo de **Somoza**, el **Tnte. Boza** no se atrevió a decirle que el nuevo presidente le había propuesto continuar en el cargo de Intendente de Casa Presidencial.

Somoza quedó desde el primero de Mayo de 1947 sin el poder formal de la presidencia, pero en posesión de todas las armas de la Guardia Nacional, la autoridad del mando a todos los militares de Nicaragua y siguió ostentando el cargo de Jefe Director de la Guardia Nacional, que era el poder real --y único-- de Nicaragua. No obstante, tras el discurso de **Argüello**, la jefatura militar del **Gral. Somoza** estaba insegura y pendiente de que el Presidente **Arguello** lo confirmara o lo removiera del cargo de Jefe Director, y eso causó una visible preocupación en **Somoza**. Mientras eso se definía en los primeros días, **Somoza** se autopromocionó para presionar a **Argüello** y obtener la confirmación como Jefe Director de la Guardia Nacional. Reunió a sus oficiales más fieles y organizó con ellos una celebración --que ellos llamaron «***una tenida***»-- en el salón principal del Gran Hotel festejando la continuación en el cargo de Jefe Director G.N. y nombró a su hijo, **Luis Somoza Debayle** que tenía el rango de Mayor G.N., como su Ayudante.

El Viernes 2 de Mayo de 1947 se desató una guerra de rumores y de nervios contra el presidente **Argüello**. Oficiales de alto rango de la Guardia Nacional afirmaban en diferentes círculos de opinión, que ya el **Gral. Somoza** había sido confirmado como Jefe Director G.N. En una rueda con periodistas en el Casino Militar, el propio **Somoza** dijo: --«***Me quedo como Jefe Director de la Guardia Nacional en virtud de un nombramiento***

En los primeros días de su presidencia el **Dr. Leonardo Argüello** ordenó una auditoría de los diez años del gobierno del **Gral. Anastasio Somoza**, descubriendo cuantiosos abusos, corrupción y robos en el tesoro nacional, especialmente robos y abusos en el Ferrocarril del Pacífico de Nicaragua, la empresa más importante de Nicaragua. En esta foto, tomada en los pocos actos públicos en que concurrieron juntos, el Presidente **Argüello**, escribe seriamente algo, mientras **Somoza** lo ve con cierto sarcasmo. A los 26 días de su presidencia, **Somoza** derrocó a **Argüello** con un incruento --pero efectivo-- golpe de estado militar. Contra la fuerza militar de **Somoza**, lo que oponía **Argüello**, esgrimiendo un ejemplar que agitaba en el aire, era la Constitución Política de Nicaragua.

que existe a mi favor, expedido por el Presidente Carlos Brenes Jarquín en 1936», y agregó: --*«**Durante mi gobierno no tuve odios para nadie y hasta mis adversarios me harán justicia y me pedirán que vuelva a la Presidencia, cargo que yo aceptaría siempre que mis amigos me aclamen por unanimidad**»*.

Todo el interés del **Gral. Somoza** y sus partidarios militares y civiles se centraba en mantener el control y mando de la Guardia Nacional, y al mismo tiempo trataban de hacer prevalecer la idea de que **Somoza** era el poder detrás de la Presidencia de **Argüello**: --***«Fue Somoza el que lo hizo presidente»*** era la frase que circulaba en todo Nicaragua. Lo cual era totalmente cierto. En la parte contraria, los allegados y familiares del Presidente **Argüello** propalaban la especie de que de ninguna manera **Somoza** quedaría como Jefe Director G.N.

El mismo Viernes 2 de Mayo el Presidente **Leonardo Argüello** ofreció un banquete en el Gran Hotel a las 33 Misiones Extranjeras y Especiales --entre ellas la de El Vaticano-- que llegaron invitados a la toma de posesión. El Presidente llegó acompañado solamente por su esposa doña **Haydee Baca de Argüello**, Primera Dama de Nicaragua, sin ninguna escolta militar. Por un breve tiempo estuvo presente el Capitán G.N. **Francisco Aguirre Baca** en su calidad de Miembro del Estado Mayor Presidencial y se retiró. No estuvo presente ningún otro oficial de la Guardia Nacional.

Mientras el Presidente se encontraba en el banquete, comenzó una actividad intensa en el Cuartel General de ***La Curva*** a la que concurrieron numerosos oficiales de la Guardia Nacional, con la intención de organizar una manifestación de fuerza y solidaridad a favor del **Gral. Somoza**, que programaron realizar el Domingo 4 de Mayo; pero el Presidente **Argüello**, ejerciendo su autoridad de Comandante General del Ejército, prohibió la manifestación de fuerza calificándola de ***acto desacertado***. En los círculos políticos y militares surgió la especie de que **Somoza** viajaría a Estados Unidos. El asunto llegó a las páginas de los periódicos detallando que --«***El exPresidente Somoza ha resuelto su viaje a Estados Unidos en todo este mes de Mayo, con el propósito de hacerse un chequeo general de su salud en la Clínica Ochsner Health Center de New Orleans***», pero **Somoza** nunca confirmó tal viaje que definitivamente no realizó, obviamente fue un rumor echado a rodar por los partidarios del Presidente **Leonardo Argüello**.

El Martes 6 de Mayo se informó que la alta dirigencia del Partido Liberal Independiente, PLI, que no tenía personería jurídica, pero que había sido adversario del **Dr. Leonardo Argüello** en las elecciones, se reunieron en casa del **Gral. Carlos Pasos**, para considerar darle apoyo al Presidente **Argüello** y hacer una manifestación para pedirle la separación de **Somoza** de la Guardia Nacional. Estuvieron en esa asamblea del PLI, los dirigentes **Fernando Saballos**, **Enrique Lacayo Farfán**, **Arturo Velásquez Alemán**, **Alejo Icaza Icaza**, **Rosendo Argüello**, **Alejandro Zúñiga Castillo**, **Roberto González**, **Nicolás Osorno**, **José Antonio Cerna**, **Raúl Mayorga**, **Enrique Cerda**, **José Argüello Cervantes** y **Horacio Espinosa Vado**, nombres todos de ilustres prohombres del liberalismo doctrinario que mantuvieron la lucha contra **Somoza** por largos años.

El Miércoles 7 de Mayo el nuevo gobierno informó los nombramientos del Gabinete de Ministros del Presidente **Argüello**, de esta forma:

Ministro de Gobernación, **Dr. Enrique Chamorro**; Viceministro, don **Ernesto Baca Torres**. Ministro de Relaciones Exteriores, **Dr. León Debayle Sacasa** (cuñado de Somoza, pero no su partidario); Viceministro, **Dr. Jesús Aguilar Cortés**. Ministro de Hacienda, don **Guillermo Argüello Vargas**; Viceministro, **Dr. Enrique Delgado**. Ministro de Fomento, don **Eduardo Bernheim**. Viceministro, **Dr. Mariano Vega Bolaños**. Ministro de Educación Pública, **Dr. Ildefonso Palma Martínez**; Viceministro, **Dr. Federico Arana**. Ministro de Agricultura, don **Enrique María Sánchez**; Viceministro don **Adán Palacios**. El Ministerio de Guerra quedó a cargo del Comandante General, **Dr. Leonardo Argüello**; y como Viceministro, **Gral. Francisco Parajón**. Director General de Sanidad, **Dr. Jacinto Alfaro**; Subdirector, **Dr. Tomás Pereira**. Secretario de la Presidencia, **Dr. Onés Rizo Gadea**. Secretario Privado de la Presidencia, **Dr. Alfonso Romero Martínez**. Secretario de la Comandancia General, **Cnel. Benjamín Argüello Barreto**, hermano del Presidente **Argüello**.

Estos miembros del Gabinete de Ministros del Presidente **Argüello**, en su mayoría, eran adversarios políticos del **Gral. Somoza**, pero cumplidamente concurrieron al despacho del Presidente de la República donde fueron juramentados la tarde del Martes 6 de Mayo de 1947.

El Presidente **Argüello** designó como Ayudantes Presidenciales a los oficiales de la Guardia Nacional, **Segundo Astorga Calonje**, **Noél Bermúdez**, **Raúl Jiménez Argüello**, **Rafaél Valle Roa**, **Pastor Toruño Maltez** y **Benjamín Campos**, todos graduados en las primeras promociones de la Academia Militar de Nicaragua, durante la rectoría de los cuatro directores norteamericanos de la Academia, que inculcaron profesionalismo, apoliticidad de los militares y el respeto a la Constitución y las Leyes, estos valores cívicos de alto valor moral y patriótico fueron asimilados por los Caballeros Cadetes de las primeras promociones de la Academia Militar de Nicaragua. Esa doctrina inculcada por los Directores Norteamericanos, fue la clave del conflicto de cientos de oficiales con **Somoza** que esperaba lealtad de todos los oficiales, clases y alistados de la Guardia Nacional.

Somoza confirmado como Jefe Director G.N. Reorganización del Estado Mayor de la Guardia Nacional

El Jueves 8 de Mayo, por fin se hizo oficial y pública la ratificación del nombramiento del **Gral. Somoza**, confirmándolo como Jefe Director de la Guardia Nacional, y él mismo, con euforia triunfalista, declaró a los periodistas en su oficina de la fortaleza de ***La Curva***, que también era su residencia:

--«***Soy el Jefe Director de la Guardia Nacional de Nicaragua. Tengo aquí el nombramiento que para ese cargo me hizo el señor Presidente de la República y Comandante General***».

Efectivamente el Presidente confirmó a **Somoza** como Jefe Director G.N., pero la Orden General de **Argüello** era más amplia además del nombramiento de **Somoza**, pues incluyó la reorganización total del Estado Mayor de la Guardia Nacional. Esta es la transcripción de la Orden General:

--«***Comandancia General de la República. - Orden General No. 16, 1947. El Presidente de la República y Comandante General del Ejército, en uso de sus facultades, ORDENA:***

1o. - Asumir, de acuerdo con los Artos. 214, 218, 339 y 340 Cn. Decreto Ejecutivo No. 258, Orden General No. 3 (1934) y Orden General No. 33 (1940) el Mando Supremo de todas las Fuerzas Armadas de la República.

2o. - Reorganizar el Estado Mayor de la Guardia Nacional de Nicaragua, en la siguiente forma:

Jefe Director G.N.: General de División A. Somoza G.N.
Jefe del Estado Mayor G.N.: General de Brigada Adán Medina G.N.
Jefe de Operaciones e Inteligencia: Anexo a la Jefatura del Estado Mayor.
Encargado General de Abastos: Coronel Alfonso Mejía Chamorro G.N.
Médico Director G.N.: Coronel Alejandro Sequeira Rivas, G.N.
Pagador General: Coronel Aristides García Otolea, G.N.
Oficial de Leyes y Relaciones: Capitán Rafaél Moreno, G.N.
Inspector General del Ejército: Coronel y Dr. Hermógenes Prado, G.N.
Secretario de la Comandancia General: Cnel. Benjamín Argüello (hermano del Presidente).
Oficial Ayudante G.N. 1: Mayor Ernesto Portillo G.N.

3o. - Nombrar Oficial Comandante del Primer Batallón G.N. al Coronel Luis A. Balladares Torres, G.N. en sustitución del Mayor Anastasio Somoza h. G.N. Relevado.

4o. - Nombrar al Coronel Alberto M. Baca G.N. Comandante de la Policía Urbana G.N. de Managua en sustitución del Coronel Alfonso Mejía Chamorro. Relevado.

5o. - Nombrar al Mayor Anastasio Somoza h. G.N. Comandante Departamental de León en sustitución del Coronel Luis A. Balladares Torres G.N. Relevado.

Todo lo anterior efectivo desde el 2 de Mayo de 1947. Comuníquese para su debido cumplimiento. Casa Presidencial, Managua, D.N., 2 de Mayo de 1947. Leonardo Argüello B., Comandante General. Benjamín Argüello, Coronel G.N., Secretario de la Comandancia General».

En los medios de comunicación y otros foros de opinión se debatió acerca de la legalidad del nombramiento de **Somoza** como Jefe Director de la Guardia Nacional. Tuvo fuerte impacto en estas discusiones la ponencia del **Dr. Gerónimo Ramírez Brown**, exMinistro de Educación Pública demostrando jurídicamente que el **Gral. Somoza**, como Senador Vitalicio conforme le confería la Constitución por haber sido Presidente de la República, estaba inhibido de ocupar cualquier otro cargo público, por tanto no podía ser nombrado Jefe Director de la Guardia Nacional de Nicaragua, pero este precepto jurídico constitucional, muy correcto y válido, no se aplicó.

El Jueves 8 de Mayo a las 8:00 de la noche el **Gral. Somoza** llegó a Casa Presidencial acompañado de su hijo **Luis Somoza**. Era su primera visita a la Casa Presidencial, desde su último día como Presidente de la República y haberse trasladado a su nueva residencia en ***La Curva***.

Somoza fue llamado por el Presidente **Argüello** para conferenciar. Estuvieron dialogando por una hora y cuarto, pero el contenido de la conferencia no fue dado a conocer. El Presidente **Argüello** también llamó a conferenciar al **Gral. G.N. J. Rigoberto Reyes Aráuz** el 7 de Mayo y aunque no hubo una comunicación oficial del Presidente, se filtró que el Presidente le propuso el nombramiento de Director General de Comunicaciones. El **Gral. Reyes** fue el oficial de mayor confianza y ejecutoria dentro de las acciones de la Guardia Nacional de Nicaragua, pero fue expulsado por el **Gral. Somoza** acusándole de conspiración, sin aportar pruebas. El **Gral. J. Rigoberto Reyes** era muy estimado por oficiales y tropas de la Guardia Nacional y esto creó celos al **Gral. Somoza** y por ello lo expulsó en forma injusta y arbitraria en 1940, como lo expusimos en capítulo anterior. Para el **Gral. Somoza** era una bofetada a su ego e imagen que el Presidente **Argüello** incorporara como oficial activo de la Guardia Nacional al **Gral. J. Rigoberto Reyes Aráuz**, que muy complacido aceptó el cargo de Director General de Comunicaciones. Precisamente **Somoza** había acusado al **Gral. J. Rigoberto Reyes** de haber instalado un sistema clandestino para escuchar las llamadas telefónicas de **Somoza**, pero el sistema estaba instalado desde que **Somoza** escuchaba y espiaba los telefonemas del Presidente **Sacasa**.

Estados Unidos suspendió venta de armas a Nicaragua

El 11 de Mayo de 1947 el Secretario de Estado norteamericano, **Gral. George Marshall** comunicó oficialmente que Estados Unidos no vendería armas a los países latinoamericanos que no tuviesen gobiernos democráticos, mencionando específicamente a Nicaragua, Argentina, Honduras y República Dominicana. No obstante, las armas existentes en 1947 en los arsenales de la Guardia Nacional de Nicaragua, eran suficientes para perpetrar un golpe de estado a un gobierno civil nuevo y desarmado como el encabezado por el **Dr. Leonardo Argüello**. De modo que la negativa de venta de armas del gobierno del Presidente **Harry S. Truman** era ***«cosmética»*** y no afectaría los planes golpistas del **Gral. Somoza**.

Argüello ordenó auditorías a la Administración Somoza

El Presidente **Argüello** ordenó hacer una completa auditoría de los diez años de la Administración del Presidente **Gral. Anastasio Somoza**. La auditoría comenzó en la empresa nacional ***Ferrocarril del Pacífico de Nicaragua*** (*F. C. del P. de N.*), la más grande e importante corporación estatal de Nicaragua, cuyas finanzas estaban en situación precaria, según lo declaró el Administrador del Ferrocarril, don **Manuel Guerrero Parajón**.

El lunes 12 de Mayo se revelaron públicamente los primeros informes de la auditoría donde se dio a conocer que el **Gral. Somoza** aparecía como propietario de algunas locomotoras, una de ellas al servicio del Ingenio Montelimar, propiedad de **Somoza**, y del barco ***Cocibolca***, que se suponía era propiedad del Ferrocarril del Estado. Se reveló también que en fecha reciente comenzó el traslado de materiales de construcción de las bodegas del Ferrocarril hacia la hacienda ***La Favorita***, propiedad del **Gral. Somoza**. Se in-

Cuartel General de la Guardia Nacional de Nicaragua, llamado popularmente ***«La Curva»*** construido en La Loma de Tiscapa, en posición simétrica a la Casa Presidencial, para evidenciar que el poderío militar era superior al poder civil del Presidente de la República. La construcción fue ordenada por el Presidente **Gral. Anastasio Somoza** en 1943, cuando por presiones del gobierno del Presidente **Franklin D. Roosevelt**, que ya estaba muy enfermo, le impidieron a **Somoza** reelegirse. **Roosevelt** era el gran padrino de **Somoza**, pero la reelección de **Somoza** le creaba al padrino inconvenientes a su prestigio político. Al morir **Roosevelt** en 1945, asumió la presidencia **Harry S. Truman**, que presionó más fuertemente a **Somoza** y se empeñó en demostrar que **Somoza** no le simpatizaba. Sabido **Somoza** que no podía reelegirse, se dispuso a entregar la presidencia tras las elecciones de 1947 y construyó ***La Curva*** como la nueva sede de su poder. Desde ***La Curva*** el **Gral. Somoza** dirigió el golpe de estado conque derrocó al Presidente **Leonardo Argüello Barreto**. El acceso principal de ***La Curva*** fue por el ***Parque Lilliam*** en el extremo Este de La Loma de Tiscapa. Este aparentemente monolítico edificio no era tan fuerte como aparente y colapsó en el terremoto de 1972.

formó que la flota de camiones que realizaron el traslado estuvieron dirigidos por el **Tnte. G.N. José R. Somoza**, hijo primogénito del **Gral. Somoza**.

Don **Leonardo Argüello** ordenó la destitución del Administrador del Ferrocarril, **Manuel Guerrero Parajón** y nombró en su lugar al norteamericano **Frank Townsend**, con instrucciones de corregir todos los abusos y corrupción existentes en la más importante empresa del estado. **Townsend** profundizó la auditoría, informando que existía un déficit de medio millón de córdobas, que para la época era una gran fortuna, y anunció que muchos empleados que aparecían en planilla, no pudieron ser localizados en ninguna de las dependencias del Ferrocarril, y por tanto serían borrados del presupuesto. Eso significaba que una enorme cantidad de empleados de las haciendas, negocios y empresas del **Gral. Somoza**, se pagaban en las planillas del Ferrocarril.

En la auditoría practicada en la propia Casa Presidencial, se descubrió que en tiempos de **Somoza** estaban presupuestados C$40,000 córdobas para conservas y licores; C$50,000 para remodelaciones y reparaciones; C$24,000 para servicios eléctricos; C$144,000 para gasolina, aceites y repuestos, todo lo cual representaba cifras exageradas que se gastaban a discreción del **Gral. Somoza**. Para fines comparativos de los valores, un litro de leche costaba cinco centavos en 1947. El Presidente **Argüello** declaró en una entrevista de prensa: --*«En mis investigaciones sobre los gastos del gobierno. Me encontré con la compra de cien tractores a los Estados Unidos. Pregunté por esos tractores. Se me informó que 98 de ellos eran usados en las fincas del Gral. Somoza. Le pedí a Somoza, que era Jefe Director de la Guardia Nacional, que los devolviera al gobierno. Los tractores aún no se habían devuelto cuando examiné los gastos del Ferrocarril del Pacífico de Nicaragua, que es propiedad del Estado. Se me informó que muchos de los que recibían sueldo del Ferrocarril nunca trabajaban allí, sino que trabajaban en las fincas de propiedad del general Somoza. Ordené que se les diera de baja en las nóminas».*

El Presidente **Argüello Barreto** calificó de ***«desleal, brutal y leonina»*** la concesión que el **Gral. Somoza** le había otorgado a su testaferro norteamericano **Joseph Coney**, para invertir U$750 mil dólares en obras para la explotación petrolera en Nicaragua, denunciada el 17 de mayo por la Confederación de Trabajadores de Nicaragua. **Coney** aparecía como el ***«inversionista»*** para la exploración y explotación del petróleo que se descubriera en Nicaragua, proyecto que aparecía manejado por **Miguel Escoto Muñoz**, apodado ***El Conde Escoto***, excéntrico personaje de confianza de **Somoza García**. El ***Contrato Coney*** otorgaba al testaferro norteamericano amplios terrenos para la exploración y explotación petrolera, pagando 5 centavos por hectárea, cuando en países civilizados se pagaba 4 dólares por hectárea, y cuando las concesiones se renuevan, el Estado debería cobrar $8 dólares por hectárea y 40% sobre los ingresos netos, pero el ***Contrato Coney*** establecía solamente el pago al Estado de Nicaragua de $**0.10** centavos por hectárea. Por ello el Presidente **Argüello** calificó el contrato de ***«desleal, brutal y leonino»***, a sabiendas que le estaba afectando los intereses económicos al **Gral. Somoza**.

El entusiasmo por la existencia de petróleo en Nicaragua se originó por una fuente de petróleo que brotaba naturalmente a la superficie cerca de San Rafaél del Sur, departamento de Managua, donde los campesinos lo recogían manualmente para combustible de sus candiles. La conducta independiente y antisomocista de don **Leonardo Argüello** hizo cambiar de opinión a muchos que le habían criticado y denigrado basados --con mucha lógica-- en su fraudulenta elección presidencial. Segmentos importantes de la sociedad y de la política comenzaron a demostrar su apoyo al Presidente; pero otro sector numeroso estaba identificado con el **Gral. Somoza** y apoyaban la idea de perpetrar el golpe de estado, asunto que ya se propalaba por variados e insistentes rumores.

Dos temas comenzaron a discutirse en la Cámara de Diputados del Congreso Nacional: **1**-Investigación de los abusos durante los diez años de la Administración del exPresidente **Somoza**. **2**-Elección de los Designados a la Presidencia si faltare el Presidente.

El Miércoles 14 de Mayo los Diputados opositores a **Somoza** y partidarios del Presidente **Argüello**, fueron agredidos por una turba de hombres y mujeres armados de varillas de hierro, cuchillos y revólveres que irrumpieron violentamente en el recinto de la Cámara de Diputados. Los Diputados, el público presente y los periodistas dijeron haber reconocido entre los atacantes a guardias nacionales vestidos de civil partidarios de **Somoza** --a los que denominaron ***curvistas***, mote derivado del nombre del cuartel de ***La Curva***--, que causaron golpes y heridas a más de diez personas. Los Diputados de la oposición a **Somoza** se retiraron apresuradamente para no resultar víctimas de los agresores, protestando por lo que calificaron un atentado armado y violento de guardias disfrazados de civiles. La trifulca se produjo cuando una numerosa barra aplaudía y lanzaba frenéticamente vivas a los Diputados opositores. Como líder de las agresivas turbas estaba posicionada la entonces joven y atractiva **Nicolasa Sevilla** y sus guardaespaldas, aparentemente tolerando la algarabía de la barra opositora, hasta que llegó el momento de poner a votación la moción de investigar torturas y abusos durante los diez años de la presidencia de **Somoza**. Entre esas investigaciones se incluía el asesinato en 1946 de los opositores **Luis Scott** y **Rito Jiménez Prado**, connotados liberales, muertos estando prisioneros en las cárceles de ***La Aviación*** bajo el comando del entonces Capitán G.N. **Carlos Eddy Monterrey**, uno de los principales ejecutores del **Gral. Sandino**. En ese momento la turba comenzó gritando a la barra opositora y por un momento hubo una guerra de insultos y gritos, cuando de pronto los ***curvistas*** esgrimieron puñales, varillas de hierro y blandieron revólveres amenazantes contra la barra y contra los Diputados opositores que tuvieron que escapar abandonando el salón de sesiones del Congreso, imposibilitándolos para ejercer sus votos. Posteriormente los Diputados opositores y otros políticos denunciaron que entre los violentos agresores había varios guardias nacionales vestidos de civil, pero no se investigó, al contrario se evitó deliberadamente investigarlo.

Aprovechando el retiro forzado del bloque de Diputados opositores, el Presidente de la Mesa puso a votación la denuncia y moción para investigar sobre las torturas, asesinatos y corrupción del régimen somocista presentada por el Diputado **Chester Lacayo**, siendo derrotada la moción por los 25 Diputados somocistas que quedaron en la sala, estando ausentes los Diputados conservadores, en consecuencia los diez años de la administración presidencial del **Gral. Somoza** no serían ni fueron investigados.

Somoza tenía prisa de que el Congreso Nacional eligiera cuanto antes a los Designados a la Presidencia y que fuesen sus partidarios, para que uno de ellos fuese el Primer Designado que asumiera la presidencia en ausencia o falta del Presidente **Leonardo Argüello**, porque ya había intención de golpe de estado.

El Jueves 15 de Mayo reunido el Congreso Pleno --Senadores y Diputados--, el bloque somocista intentó elegir a sus designados a la presidencia, no obstante que la Constitución señalaba que tal elección debía efectuarse un año después de la toma de posesión de los presidentes. La prematura elección no se concretó porque el Senador **Gral. Emiliano Chamorro Vargas** se retiró de la sesión rompiendo el quorum de ley.

El Viernes 16 de Mayo hubo una reunión en Casa Presidencial convocada por el Presidente **Leonardo Argüello** con 26 Diputados para discutir la elección de los Designados a la Presidencia. El Presidente **Argüello** había convenido con sus partidarios elegir a los Senadores **Gral. Camilo López Irías**, **Alejandro Abaúnza** y **Horacio Aguirre Muñóz**. Por su parte, el bloque somocista se comprometió a elegir al **Dr. Lorenzo Guerrero Gutiérrez**, a **Benjamín Lacayo Sacasa** y también a **Horacio Aguirre Muñóz**. En la reunión finalmente se comprometieron elegir a los Senadores **Camilo López Irías**, **Horacio Aguirre Muñoz** y al Diputado **Benjamín Lacayo Sacasa**, en ese orden, como primero, segundo y tercer Designados a la Presidencia. Así lo prometió la mayoría al Presidente **Argüello**, pero el bloque somocista se opuso a respaldar esa fórmula. El bloque de Senadores pro **Somoza** estaba integrado por el **Dr. Lorenzo Guerrero Gutiérrez**, **Dr. Mariano Argüello Vargas**, **Francisco Baltodano**, **Juan José Martínez**, **Onofre Sandoval** y **Fernando Delgadillo Cole**.

El Martes 20 de Mayo de 1947 se efectuó la elección real y definitiva en el Congreso Nacional, en dicha sesión fue totalmente derrotada la fórmula de los Designados a la Presidencia propuesta por el Presidente **Argüello**. En la Cámara de Diputados el bloque pro **Somoza** lo lideraba **Benjamín Lacayo Sacasa** con el apoyo incondicional del **Dr. Manuel F. Zurita**, el **Dr. Julio C. Quintana** y el **Dr. Diego Manuel Sequeira**.

Los bloques pro **Somoza** en ambas cámaras del Congreso eran popularmente denominados ***«la aplanadora curvista»***, en referencia al cuartel de ***La Curva***, comando, oficina y residencia del **Gral. Anastasio Somoza**.

Hubo tres votaciones y en todas figuró como candidato el **Gral. Camilo López**

SOMOZA EXPLOTA NEGOCIO D[E]
CABARETS Y CASAS DE JUEGO

Con girar de ruletas celebra el ex-dictador la ascensión de Argü[ello]

A BE CE de la CIUDAD por CRITICON

MANAGUA, Correo. -- Informando sobre los recientes sucesos ocurridos durante la transmisión de poderes, La Prensa de esta capital dice.

En medio de toda esta excitación y todo este movimiento el general Somoza no descuida su negocio. Para diversión de los diplomáticos se fundo en Tipitapa un cabaret y allí se pusieron ruletas que están funcionando día y noche y que están rindiendo pingües ganancias para el dueño que todo el mundo sabe quien es. Sabemos que uno de los diplomáticos perdió 700 dólares.

No deja de ser un simbolismo que se festeje la toma de posesión del doctor Leonardo Argüello con juegos de ruleta.

Argüello dispuesto a eliminar el somocismo

El general aún controla armas de Nicara[gua]

MANAGUA, Nicaragua. (Correo. -- Un millón de nicaragüenses dentro del territorio nacional y un número quizá mayor residente fuera del país, continúan pendientes de la actitud asumida por el nuevo presidente civil, doctor Leonardo Argüello, médico y estadista leonés de 72 años, quien ha comenzado su carrera presidencial poniendo toda clase de estropiezos a las pretensiones continuistas de Anastasio Somoza.

UN GABINETE FUERTE

Fusilamiento para un peligroso criminal

Los periódicos centroamericanos --como se ve en esta imagen ***La Prensa Gráfica*** de San Salvador--, siguieron con interés y preocupación los acontecimientos de Nicaragua en 1947, con publicaciones más profundas que los periódicos de Nicaragua, porque las crisis y conflictos en cualquier país centroamericano, repercute negativamente en los otros.

Irías apoyado por los Diputados ***argüellistas*** opositores a **Somoza**, principalmente liberales del PLI. Pero el resultado de la elección de los Designados a la Presidencia la determinaron los Diputados y Senadores Conservadores, comandados por el **Gral. Emiliano Chamorro** que, más interesados en dividir a los liberales que en contribuir a la democracia de Nicaragua, votaron junto con los Diputados y Senadores del ***bloque curvista*** pro Somoza. Los hermanos, **Dr. Carlos José Solórzano** y **Dr. Adán Solórzano**, destacados conservadores, votaron a favor de los candidatos a designados del somocismo. Lo mismo hicieron los otros Senadores y Diputados conservadores, cumpliendo órdenes expresas del **Gral. Emiliano Chamorro Vargas**, jefe del ***Clán Familiar Chamorro*** y Caudillo vitalicio del Partido Conservador de Nicaragua, permanentemente interesado en volver a ocupar la presidencia, que era su obsesión, después de haber sido presidente en dos ocasiones. Por ello su afán de dividir a los liberales en busca del resultado de un conservatismo unido y fortalecido.

En tres facciones estaba dividido el liberalismo, según lo expuso el **Dr. Espinosa Sotomayor**: **1)** Los ***argüellistas***. **2)** Los Liberales Independientes y **3)** Los ***somocistas***. Estrictamente analizado, el somocismo no era liberalismo de ninguna manera, y menos en el sentido filosófico y doctrinario, sino que **Somoza** se apoderó de la personería jurídica del Partido Liberal Nacionalista, PLN, pero el mismo **Somoza García** jamás tuvo una conducta que reflejara el más mínimo liberalismo, sino autocracia y franca dictadura. Las raíces políticas del **Gral. Somoza** eran totalmente conservadoras, su padre, don **Anastasio Somoza Reyes** fue alcalde conservador de San Marcos, Carazo y Senador conservador. Esa división de los liberales era ***«música para los oídos»*** del **Gral. Chamorro** y de los conservadores, quienes habían perdido el poder y también el favor del poderío norteamericano, a consecuencias del insensato golpe de estado de ***El Lomazo*** perpetrado en 1925 por el **Gral. Chamorro Vargas** y lógicamente ansiaban volver a las mieles del poder.

En los debates finales para la elección definitiva de los Designados a la Presidencia, el discurso más destacado fue el del **Dr. Enrique Espinosa Sotomayor** que en sus primordiales conceptos dijo: --*«...el liberalismo ha luchado tenazmente contra la intervención extranjera, pero Somoza supo aprovecharse de la herencia de la intervención al quedar al mando de la Guardia Nacional de Nicaragua, un ejército bien entrenado que anteriormente fue una promesa en beneficio del futuro de Nicaragua. Vemos una serie de caracteres encontrados que se predisponen a un Golpe de Estado en el que saldría muy perjudicado el Liberalismo, ya que el Partido Conservador tiene interés en que tal golpe suceda. Entonces el liberalismo quedaría dividido entre argüellistas, somocistas y liberales independientes, mientras el conservatismo quedaría unido y fortalecido. Es una sorpresa que el somocismo trate ahora de apegarse a la Constitución, cuando en diez años que tuvo el poder no hizo ninguna tentativa de corregir sus defectos y más bien se lanzó contra la Constitución... Ahora sólo se espera el Golpe de Estado...»* No se requería ser adivino ni profeta para anunciar la proximidad del golpe de estado, algo que podía verse en los preparativos militares alrededor de la fortaleza de ***La Curva***, pero sobre todo en la actitud del **Gral. Somoza**, sus allegados y subalternos, todos interesados en obtener ventajas y beneficios del control del estado, que propiciaban y propugnaban la corrupción, que ha sido el cáncer de Nicaragua y de muchas repúblicas latinoamericanas.

«Monopolio somocista en 3 Designados a la Presidencia»

Así tituló el diario ***Flecha***, dirigido por el periodista y escritor **Hernán Robleto**, en su edición del miércoles 21 de Mayo de 1947 al informar su principal noticia, detallando: --***«La aplanadora somocista trabajó admirablemente en el Congreso, haciendo elegir como Designados a la Presidencia de la República a tres de sus afiliados, el Diputado Benjamín Lacayo Sacasa y a los Senadores Carmen Noguera y Francisco Navarro»***. **Lacayo Sacasa** era pariente de **Somoza García** y **Francisco Navarro** había sido el vicepresidente del mismo **Somoza** en su primera presidencia en 1937.

El 20 de Mayo de 1947 se anunció que un grupo de oficiales, clases y soldados de la Guardia Nacional de Nicaragua, preparaban un homenaje al Presidente **Leonardo Argüello**, para testimoniarle lealtad y adhesión, al que fue invitado el **Gral. Anastasio Somoza**. El homenaje se programó a realizarse el 27 de Mayo, ***Día del Ejército***; pero ese homenaje no tuvo oportunidad de suceder.

En su libro ***«Memorias»***, el **Cnel. G.N. Agustín *«El Gato»* Peralta Ruíz** (documento original en nuestro poder) que en 1947 era Teniente G.N., está la mejor narración de los acontecimientos previos al golpe de estado, donde confiesa su importante participación. Para ***El Gato Peralta***, fiel y leal al **Gral. Anastasio Somoza**, narra sus ***Memorias*** desde su visión y sentimientos. Para él **Argüello** y los ***argüellistas*** eran ***los malos*** y **Somoza** y los ***somocistas*** eran ***los buenos***. Esta visión y sentimientos se deben considerar al leer la narración de **Peralta** en fragmentos que transcribimos literalmente: --***«...pasan los días, los argüellistas y pseudo amigos del Gral. Somoza se van definiendo. Cuando han pasado veinte días ya el Gral. Somoza casi no tiene amigos o le quedan muy pocos en los departamentos. Muchos oficiales se han pasado a lo que ellos llaman «legal» o sea al bando a favor de Argüello»***.

--***«Al que el Gral. Somoza consideraba su mejor amigo, el Captn. Francisco Aguirre Baca, oficial que fue incorporado por el Gral. Somoza a la Guardia Nacional, viniendo de la vida civil, lo hizo oficial «de dedo», y además fue ascendido por Somoza postergando a oficiales viejos y pasándolo por encima del orden del escalafón, Somoza lo hizo poderoso Jefe de la Defensa Nacional*** (Institución de Seguridad Nacional y Comando de Inteligencia de la Guardia Nacional), ***ahora es correo de Argüello para contactar al Gral. Somoza***».

Es oportuno explicar que el **Cptn. G.N. Francisco Aguirre Baca** y el **Tnte. G.N. Horacio Aguirre Baca**, eran hijos de don **Horacio Aguirre Muñoz**, destacado político liberal que había apoyado al Presidente **Juan B. Sacasa** contra el golpe de estado también perpetrado por **Somoza** en 1936 y ahora, como Senador de la República, que había sido candidato a Designado a la Presidencia, apoyaba al Presidente **Argüello** contra el mismo amenazante **Gral. Somoza**. Por ello no resulta extraño que los hermanos **Aguirre Baca** se hayan inclinado decididamente al bando de **Argüello** donde estaban supuestos a lograr altos rangos y posiciones militares.

Para **Somoza** fue de gran enojo que los hermanos **Aguirre Baca** «***se le hayan volteado***», pues eran sus oficiales predilectos y gozaban de muchos privilegios. El **Gral. Somoza García** les tomó especial aprecio y confianza. A **Horacio** lo graduó en la Tercera Promoción ***Victoria*** de la Academia Militar de Nicaragua, AMN, aunque no era cadete y casi nunca asistió a clases. A **Francisco**, muy conocido como ***Panchito***, le dio el grado de **Teniente, G.N.** ignorando el escalafón, y de inmediato **Somoza** le nombró jefe de los servicios inteligencia y contrainteligencia de la Guardia Nacional, un departamento conocido como ***La Defensa Nacional***, primera oficina de Seguridad Nacional de la Guardia. ***Panchito*** llegó a tener más poder que oficiales de alto rango y era el oficial que transmitía las órdenes personales del **Gral. Somoza**. El **Tnte. Horacio Aguirre**, hermano de ***Panchito*** se desempeñaba como segundo jefe de la Defensa Nacional de la Comandancia General de la República, nadie podía viajar fuera de Nicaragua si ***La Defensa*** no autorizaba la visa.

Cuando ***Panchito*** **Aguirre** fue nombrado por **Somoza** en el cargo de Intendente del Palacio Presidencial, le ascendió al rango de **Capitán G.N.**, tenía a su cargo todas las llaves de las instalaciones presidenciales, pero él mismo era una de las pocas llaves para acceder a **Somoza García**.

Continúa narrando el **Cnel. G.N. Agustín Peralta** en sus ***Memorias***: --«***En el Palacio Presidencial hay un hervidero de consejeros civiles y militares a cual más envenenados contra Somoza, pidiendo su cabeza. Los que tienen puestos públicos ya no obedecen las órdenes de Somoza ni le piden favores, en fin, Somoza está en medio de fieras...***», calificó **Peralta**.

El Miércoles 21 de Mayo de 1947 el **Dr. Enoc Aguado Farfán**, excandidato presidencial al que **Somoza** con la Guardia Nacional le usurparon el triunfo electoral haciendo ganador a **Argüello**, dio declaraciones a la prensa norteamericana en New Orleans antes de salir en su viaje de regreso a Nicaragua. El **Dr. Aguado** venía del Departamento de Estado Norteamericano de cumplir el eterno ritual de los políticos nicaragüenses de llevar sus quejas a Washington, D.C., pero venía descorazonado porque no logró obtener una audiencia en Washington donde exponer su reclamo de que las elecciones en Nicaragua habían sido fraudulentas, deshonestas y ficticias. **Aguado** dijo que esperaría la formación de la Organización Regional Panamericana de la ONU para exponer el caso de Nicaragua ante dicho organismo. Esa organización regional panamericana resultó ser la Organización de Estados Americanos, OEA, que se creó un año después el 30 de Abril de 1948 en Bogotá, Colombia.

En sus declaraciones, el **Dr. Enoc Aguado**, dijo: --«***...voy a Nicaragua a continuar la lucha contra el dictador Somoza y observar el curso que toma el nuevo Presidente Dr. Leonardo Argüello. Nuestra única esperanza es que Argüello rompa el cerco de hierro que tiene Somoza alrededor de Nicaragua y regresemos a las prácticas de democracia, libertad y decencia que se han negado al pueblo nicaragüense por largo tiem-***

po. Nosotros estamos tratando de combatir a la dictadura en nuestro propio país. Los Estados Unidos dicen que luchan contra los dictadores de Europa. Creemos que sería más beneficioso que Norteamérica registrara las pulgas que tiene en su propia barba, antes de atacar las que están en las barbas de otros. Traté de interesar al Comité de Relaciones Exteriores del Senado de Estados Unidos sobre el completo fraude y la pérfida elección presidencial, pero los Senadores norteamericanos son hombres muy ocupados y los problemas de Nicaragua son muy pequeños para ellos».

Refiriéndose a la realidad de Nicaragua con **Somoza** como Jefe Director de la Guardia Nacional de Nicaragua, el **Dr. Aguado**, declaró: --***«El hecho de que Somoza está fuera de la Presidencia no quiere decir de que la dictadura no continuará. Anastasio Somoza tiene a la Guardia Nacional de Nicaragua, una de las mejores maquinas de guerra de América Latina, armada con ametralladoras, tanques, lanzallamas y los últimos equipos militares. ¿Qué puede hacer un pueblo indefenso contra un ejército así? Nosotros tenemos muy poca esperanza de que termine la dictadura y la tiranía. Somoza es todavía el Jefe Director de la Guardia Nacional de Nicaragua, y quien controla a la Guardia controla a Nicaragua»***, concluyó el **Dr. Enoc Aguado**, enfocando con precisa exactitud la realidad de Nicaragua.

Ese ritual de los políticos criollos de viajar a Washington a exponer las quejas y realidades de Nicaragua, es totalmente innecesario. Esos políticos parecen ignorar --y a lo mejor lo ignoran--, que Estados Unidos, como todas las potencias, mantienen en sus embajadas a un importante cuerpo de especialistas en política, espionaje, investigación y análisis, precisamente para conocer a fondo las realidades de cada país donde están acreditados, y muy relativamente toman en cuenta las informaciones publicadas en los medios locales, leen periódicos para conocer las opiniones y advertir errores y aciertos de los nativos. EE.UU. hace sus propias indagaciones y diariamente cada embajada envía un reporte al Departamento de Estado y al Pentágono, de todo lo que ellos investigan y comprueban de las realidades de cada país.

A las 10:00 de la mañana del miércoles 21 de Mayo de 1947 hubo actividad en la Casa Presidencial por la llegada de cerca de 50 oficiales de la Guardia Nacional de Nicaragua proclives al Presidente **Argüello**, entre ellos varios de alto rango como los Generales **J. Rigoberto Reyes** y **Adán Medina**. Coroneles **Alberto María Baca**, **Luis Balladares Torres**, **Policarpo Gutiérrez** y **Hermógenes Prado**. Mayor **Manuel Maradiaga**. Capitanes **Edmundo Vargas Vásquez**, **Antonio Orúe**, **Francisco Aguirre Baca** y varios capitanes y tenientes como **Horacio Aguirre Baca** y otros oficiales. Se organizaron Comités para el festejo de la Guardia Nacional de Nicaragua al Presidente **Argüello** programado para el 27 de Mayo, ***Día del Ejército***, que se iba a celebrar a pesar que esa fecha la escogió **Somoza** por ser el cumpleaños de su esposa **Salvadora**. También se organizaron Subcomités para recorrer los diferentes cuarteles y comandos departamentales llevando esta consigna: ***«Así como la Guardia Nacional le había sido leal al Presidente Somoza, así debería ser leal al Presidente Argüello»***.

La respuesta a la actividad de los oficiales pro**Argüello** se produjo la misma noche del miércoles 21 de Mayo de 1947, cuando se incrementó grandemente la actividad alrededor de ***La Curva*** en la cima de la Loma de Tiscapa. Había concentración de contingentes de ciudadanos civiles partidarios del **Gral. Somoza**. Camiones militares subían a ***La Curva*** descargando grandes cantidades de alimentos y vituallas para almacenarlos en los grandes sótanos. Conjuntamente fueron sacados de sus depósitos piezas grandes de artillería y tanques blindados esgrimiendo sus cañones en dirección de la Casa Presidencial y utilizando ametralladoras en maniobras de combate, creando con su tableteo alarma y pánico y zozobra en la población de Managua cuando la noticia de un inminente golpe de estado se fue divulgando cuadra por cuadra, de boca en boca.

A las 6:15 de la tarde del 21 de Mayo, cuando el ruido parafernálico de las máquinas de guerra había comenzado en la plazoleta y alrededores de ***La Curva***, el **Gral. Somoza** se dirigió a la Casa Presidencial a conferenciar con el Presidente **Argüello**, pero se desconoció los temas que trataron en poco menos de una hora.

Mientras **Somoza** conferenciaba con **Argüello**, salió a circulación el diario ***Novedades***, propiedad del **Gral. Somoza**, desplegando declaraciones del mismo **Somoza** resumidas en la frase: --*«**Nosotros jamás dispararemos el primer tiro**»*, que causó más angustia en la ciudadanía, pues tal frase era un signo seguro de que el Jefe Director de la Guardia Nacional de Nicaragua preparaba el terreno para culpar al Presidente **Argüello** de la violencia que se avecinaba con el inminente golpe de estado. En el editorial de la misma edición de ***Novedades*** se insistía en que el Presidente **Leonardo Argüello** le debía lealtad y gratitud a **Somoza**, o sea que le pedía a **Argüello**, que era el Presidente, lealtad y gratitud para su subalterno, que era todo lo contrario de lo establecido en la Constitución y la lógica. En parte del editorial de ***Novedades***, hizo esta confesión: --*«**...el Doctor Argüello no puede negar que subió al poder en hombros de Somoza, y que fueron las autoridades electorales del régimen anterior las que lo ungieron en su alto cargo después de los comicios libres de Febrero**»*. Y, por tanto, le reclamaba lealtad, gratitud y hasta obediencia a **Somoza** por haber realizado el fraude electoral. El editorialista de ***Novedades*** pedía gratitud y lealtad a **Argüello**, por la comisión de un grave delito. El ambiente creado era de tal tensión, incertidumbre y angustia, que el **Dr. Salvador Mendieta**, Rector de la ***Universidad Libre***, expresó ante un grupo de estudiantes universitarios y periodistas, cuando le preguntaron cómo veía las cosas, y esta fue su respuesta: --*«**Todos esperamos oír de un momento a otro el primer tiro**»*. Tiro se le llamaba a los balazos. Así era la certeza de la inminente violencia militar que presagiaba el golpe de estado.

El Jueves 22 de Mayo de 1947, el **Gral. Somoza** envió un telegrama a todos los oficiales y Comandos, ordenando expresamente que a partir de esta fecha, toda la oficialidad de la Guardia Nacional de Nicaragua obedecería únicamente las órdenes emanadas del Jefe Director de la Guardia Nacional.

Varios oficiales llevaron sus telegramas al Presidente **Argüello** como prueba flagrante de la traición de **Somoza** a la Constitución y al Presidente, compulsando al mandatario que de una vez por todas acabara con **Somoza**; pero **Argüello** se tomó las cosas con calma, llamó al **Gral. Somoza** para reclamarle sobre el telegrama, estando presentes varios de los oficiales leales al Presidente de la República. **Argüello** le reclamó personalmente a **Somoza** por su traición y en forma airada dio golpes en su escritorio con un ejemplar de la Constitución. **Somoza**, que sabía que la Constitución y ese regaño eran solamente palabras y más palabras que él consideró inocuas, admitió su culpa tranquilamente. El **Tnte. G.N. Rafaél H. Somarriba Guevara**, graduado en la en la Segunda Promoción, Cadete #65, Clase 1941-1944 de la Academia Militar de Nicaragua, escribió su libro inédito, *«**Memorias de mi vida revolucionaria**»*, preservado en la colección de libros y documentos de la ***Academia de Geografía e Historia de Nicaragua***, *AGHN*. En esta obra el **Tnte. Somarriba** confirma y amplía el episodio del telegrama de **Somoza** a los oficiales de la Guardia Nacional y el regaño que le endilgó a **Somoza** el Presidente **Argüello**: --*«**...Con este telegrama la evidencia de la traición de Somoza quedó al descubierto. En esa órden estaba toda la clave de lo que seguiría, que sin lugar a dudas el próximo paso sería el Golpe de Estado. Sin pérdida de tiempo nos trasladamos a Casa Presidencial y le mostramos al Presidente Argüello el telegrama de Somoza y le pedimos al Presidente que tomara ac-***

ción inmediata, puesto que ya había un documento escrito donde la prueba de la traición no dejaba lugar a dudas y que, por consiguiente, toda clase de investigación era innecesaria...»

--«...pero el Presidente Argüello nos desoyó una vez más y citó a Casa Presidencial al Gral. Somoza y frente a todos los oficiales le reclamó su traición contra el Presidente de la República y contra la Constitución de Nicaragua. Somoza aceptó los cargos; pero Argüello no tomó una acción inmediata y se conformó con amonestar al traidor golpeando su escritorio con un ejemplar de la Constitución de la República. Se suscitaron varios incidentes entre los oficiales presentes, leales a la República, que opinaron que la supresión física del traidor Somoza debía llevarse a efecto de inmediato»,

Eso significaba matar a **Somoza** en ese momento--. ***«El Presidente Argüello al ver los ánimos alterados y que uno de los oficiales tenía una pistola .45 en la mano y quería matar a Somoza, se interpuso no permitiendo que se consumara la acción».***

(El **Tnte. Rafaél Somarriba** no identificó al oficial de la pistola que quería matar a **Somoza**, pero todo indica que pudo haber sido él mismo).

--«Aún más, el Presidente ni siquiera sancionó la grave falta de traición. Volteándose hacia nosotros repitió la frase que siempre tenía flor de labios: --"Paciencia, todo se arreglará, salvaremos la República". Insistimos nuevamente que se debe eliminar a Somoza, pero Argüello, airado y hablando con voz fuerte, opinó que había que darle una oportunidad para que enmiende su falta. Esta opinión del Presidente nos desconcertó y nos desmoralizó... Todo quería solucionarlo a base de civismo, sin recordar que la fuerza solamente puede repelerse con la fuerza».

La Guardia Nacional se dividió en tres tendencias

La oficialidad de la Guardia Nacional de Nicaragua se fue agrupando en tres diferentes tendencias: **1)** Los que se mantuvieron incondicionales en su lealtad al **Gral. Somoza**. Entre los que habían muchos oficiales, pero sobre todo Clases y Alistados que consideraban al **Gral. Somoza**, más allá que su jefe militar, era su ***«patrón»*** y, para los más antiguos, **Somoza** era ***el héroe*** que había acabado con **Sandino** y su ejército. **2)** Los partidarios del Presidente **Argüello** que pedían la expulsión del **Gral. Somoza** de la Guardia Nacional, presionaban para que se fuera de Nicaragua, condenándole por lo que calificaron de ***«conducta delincuencial y enriquecimiento ilícito»***. **3)** Los que propugnaban la profesionalización de la Guardia Nacional de Nicaragua, su completa restructuración para recuperarla y volverla un ejército y no un conglomerado de gente armada al servicio de una persona y, por tanto, también insistían en el retiro del **Gral. Somoza**. Este tercer grupo tenía su propia agenda y no seguían las consignas del Presidente **Argüello**, que incluso estaba reclutando como oficiales de la Guardia Nacional a personas que no eran militares y reenganchando a otros que ya no pertenecían a la Guardia Nacional, porque habían pasado a retiro, algunos por conflictos con el mismo **Gral. Somoza**. Al reenganchar en la Guardia Nacional a exoficiales que habían sido expulsados por conflictos con **Somoza**, el Presidente **Argüello** manipulaba procurando dar una oportunidad de revancha a los resentidos.

En este tercer grupo estaban principalmente los jóvenes oficiales graduados en las primeras promociones de la Academia Militar de Nicaragua cuando tuvo como Directores a oficiales norteamericanos de alto rango del US Army, que les educaron profesionalmente en el respeto a las leyes, en la apoliticidad constitucional que debía imperar en la Guardia Nacional y sus oficiales, en el honor militar y la dignidad como seres humanos.

«El Gato Peralta» en acción

En 1947 el **Tnte. G.N. Agustín Peralta Ruíz**, apodado *«El Gato Peralta»* en la Guardia Nacional, era uno de los soldados de la mayor confianza de **Somoza**. Pocos sabían que en 1927, muy joven, había sido por algunos meses soldado del **Gral. Sandino**, e incluso participó en la ***Batalla de Ocotal*** como sandinista. Después se incorporó a la Guardia Nacional cuando el alto mando norteamericano ofreció amnistía a los que desertaran de las columnas de **Sandino**. La noche del asesinato de **Sandino**, el hombre al que **Somoza** le tenía confiada la seguridad de su familia y de su hogar, fue al entonces **Sargento Agustín Peralta Ruíz**. En la página 173 de sus ***Memorias***, en el capítulo del golpe de estado de 1947, el ***Gato Peralta*** escribió:

--***«El 22 de Mayo de 1947 me voy a La Curva para hablar con el Gral. Somoza y saber cómo vamos a quedar. El ayudante de Somoza era el Tnte. Heberto Sánchez Barquero. Le pregunté por el jefe y me dijo que estaba con el barbero. Yo, acostumbrado a ver a un Somoza, observador, campechano y platicador, me llevo la sorpresa que encuentro a un hombre con una cara de amargura que en veinte y pico de años de conocerle no le había visto nunca. Cuando salió de la barbería me dijo: "No te vayas que tengo algo que decirte", pero en ese momento llegaron unas personas y no pudimos hablar. Al día siguiente, a las 10:00 de la mañana del 23 de Mayo, volví a llegar donde Somoza, yo apenas estaba llegando, cuando se presentó, con cara sonriente, Panchito Aguirre Baca preguntando por Somoza que estaba en un saloncito privado. Sin anunciarse, Aguirre Baca se metió donde Somoza, estuvo un rato y salió con la misma sonrisita. A continuación salió el General con la vena de la frente alterada, el rostro pálido y con un gesto de rabia. Los presentes nos quedamos impávidos. Somoza habló primero:»***

--***«"Este hijo de puta acaba de traerme una orden del viejo chivo de Argüello, que me da tres días para que entregue el mando de la Guardia Nacional". Nos quedamos mudos los tres presentes: Heberto Sánchez, el Coronel Enrique Alegría y yo. Le pedí que me diera chance de hablarle a solas, pero me contestó:»***

--***«"Esperate que me serene" y se fue a acostar a una hamaca. Un rato después me llamó y me ordenó sentarme junto a la hamaca, inmediatamente me preguntó: --"¿Cómo ves a Francisco Gaitán en Masaya?". El Coronel Gaitán era el Comandante Departamental de la Guardia Nacional en Masaya. Le respondí que con Gaitán yo no tenía ningún contacto, que me dejara ir a Masaya a indagar. Me dio una orden para que me entregaran un camioncito en el Departamento de Carreteras. En el portón estaba Samuel Toruño chequeando a todo el que entraba, y por saludo me dijo: --"¿Ahora que vas a hacer sin tu jefe?, ¡se les acabó el orgullo a los somocistas!". No le contesté. Quiso objetarme la orden, pero le dije que era para llevar provisiones a la fortaleza de El Coyotepe y accedió. Para mis adentros pensé: --"ya están sacando las uñas los que antes habían sido incondicionales de Somoza", este Toruño había sido funcionario de la Casa Presidencial y entraba a la oficina de Somoza sin pedir permiso».***

Continúa ***El Gato Peralta*** narrando en sus ***Memorias***:

--***«El mismo 23 de Mayo me fui con el camioncito a La Curva y le pedí al Gral. Somoza una autorización para sacar armas de los arsenales del Campo de Marte, entonces Somoza me dijo: --"Si te vas al Campo de Marte te amarran, ahora ese lugar es 'tabú' para todos ustedes y para mi. Tomá estas llaves y sacá de los garajes de La Curva todo lo que necesités para la misión en Masaya". Efectivamente el Gral. Somoza se había adelantado apertrechándose de las mejores armas. Saqué de los garajes de La Curva 6 morteros de 81, otros 6 morteros de 60, dos ametralladoras antiaéreas, 4 ametralladoras Brownie enfriadas por agua, 6 subametralladoras Thompson, abundantes municiones,*** *granadas para los dos calibres de morteros. Era suficiente armamento para acabar con el cuartel de Masaya (por si las moscas)».*

--«*Salí para Masaya con un Sargento y 8 alistados. Al llegar al cuartel pregunté por el Cnel. Gaitán y el Tnte. Manuel López me dijo que había salido a la casa de don Alejandro Abaúnza, me fuí a la casa de Abaúnza y tampoco encontré a Gaitán. Aproveché para preguntarle a don Alejandro, que era el líder liberal de Masaya, si estaba dispuesto a ayudarnos, y me respondió con estas palabras: --"Con el Gral. Somoza voy hasta el mismito infierno". Salí de regreso para Managua, pero pasé por la fortaleza de El Coyotepe, siempre buscando al Cnel. Gaitán, pero tampoco lo encontré».*

--«*Regresé a Managua temprano en la noche del 23 y me reporté al Gral. Somoza en La Curva refiriéndole mi búsqueda del Cnel. Gaitán y mi plática con el señor Abaúnza. Para mi satisfacción, Somoza me dijo que el Cnel. Gaitán había venido a verle para darle su lealtad y apoyo». --«Somoza me llevó a un rincón de su oficina y me dijo: --"Tengo otra misión para vos. Necesito que asegurés el apoyo de los Clases de Matagalpa, Jinotega, Estelí y Ocotal. Que estén listos hasta para que nos lancemos a la montaña si hace falta. Cuidate de los oficiales, no te atengás a ellos ni hablés con ellos"».*

--«*El 24 de Mayo, en la madrugada, salí con mi patrulla a cumplir esa misión* --relata en sus *Memorias* el entonces **Tnte. G.N. Peralta Ruíz**--. *El Gral. Somoza ordenó que me entregaran una camioneta Studebaker nuevecita para el viaje a Las Segovias con cinco bidones extra de gasolina. Salimos de Managua como a las dos de la madrugada y llegamos a Matagalpa cuando estaban en formación para ir al 'rancho'* (desayuno). *Hablé con un Sargento Martínez, me contestó con reticencia que él estaría con el que mandara. Una manera muy floja de ser Guardia Nacional. Llegó en mi ayuda el Sargento Rodríguez, viejo soldado de los tiempos duros cuando se perseguía a Sandino. Rodríguez me hizo una lista de los Clases* (Cabos y Sargentos) *y alistados* (guardias rasos) *que se la jugarían toda, irnos a la montaña si era necesario. El Sargento Rodríguez y su gente estaban decididos a acuerparnos y me fui a Jinotega».*

Sigue narrando *El Gato Peralta*: --«*Hablar con los oficiales no valía la pena ni convenía, menos con los graduados en la Academia de los tiempos de Mullins.* (Se refiere **Peralta** al fundador y primer director de la Academia Militar de Nicaragua en 1940, **Gral. Charles Love Mullins Jr.**). *Esos estaban divididos y me podía salir un argüellista, en cambio los Clases y Alistados eran los que de verdad arriesgaban el pellejo a la hora de los plomazos, y la mayoría estaba con nosotros».*

--«*En Jinotega me reuní con el Sargento Primero Castillo que ya me estaba esperando con la lista de los Clases conque se contaría, de modo que no perdí tiempo y salí para Estelí donde llegué como a las tres de la tarde, pero antes de entrar al pueblo, en las rondas de la entrada me esperaba un cabo que me hizo señas con el sombrero, estaba vestido de civil, por lo que me imaginé lo peor, que los argüellistas se hubieran tomado el comando de la Guardia y a todo Estelí. El cabo se me acercó y me dijo que no perdiera tiempo, que todo estaba arreglado. --"Ya hablamos con los de Matagalpa, estamos entendidos, todo lo tenemos 'amarrado' y estamos listos para entrarle". No perdí tiempo y salí para Ocotal. Llegué como a las cinco y media cuando la tropa estaba en formación para el 'rancho'».*

--«*En Ocotal estaba el Sargento Primero Santiago Peralta, pariente mío, era un combatiente nato, fogueado en todos los combates de la Compañía M, muy querido por la tropa. Él era mi mejor ficha por si la cosa se ponía caliente. El Sargento me hizo señas que lo esperara en el Club Social, para que no lo vieran platicando conmigo. Cuando nos reunimos me dijo que tenía a toda la tropa de la Guardia lista para apoyar al Gral.*

Agustín Peralta Ruíz, fue uno de los soldados de la Guardia Nacional más fieles al **Gral. Somoza García**. A la hora del golpe de estado contra **Argüello**, el *«Gato Peralta»* ostentaba el rango de **Tnte. G.N.** Estando en el exilio en Miami en 1986 nos entregó sus ***Memorias*** de donde reproducimos su activa participación en el golpe de estado contra **Argüello**. Apodado en La Guardia Nacional como ***El Gato Peralta***, inició su vida de guerrero en las columnas del **Gral. Augusto C. Sandino** y participó como sandinista en la ***Batalla de Ocotal*** en julio de 1927. El Comando de los ***US Marines*** distribuyeron panfletos desde sus aviones invitando a los guerrilleros de **Sandino** a unirse a la Guardia Nacional de Nicaragua. ***El Gato Peralta*** fue uno de los que se acogió a la oferta de los ***Marines*** y se convirtió en miembro de la Guardia Nacional, donde tuvo mucha participación y eficiencia. Comenzó como soldado raso, pero alcanzó el rango de Coronel G.N.

La **Resolución 112** del 25 de Mayo de 1947 del Congreso Nacional de Nicaragua en Cámaras Unidas, aprobó dos decisiones: declaró «***loco***» al Presidente **Argüello**, para destituirlo, y nombró Presidente de Nicaragua al designado **Benjamín Lacayo Sacasa**. Presidente que no fue reconocido por ningún gobierno, ni por EE.UU. Solamente lo reconoció el gobierno de **Juan Domingo Perón** de Argentina. **Lacayo Sacasa** ni siquiera se trasladó a la Casa Presidencial, sino que permaneció en su hogar en el barrio San Sebastián de Managua.

Somoza, incluyendo a varios oficia-les, menos algunos que parecía estaban con los argüellistas. Terminada mi misión, salí de regreso para Managua. Poco antes de las tres de la mañana del Domingo 25 de Mayo yo estaba entrando en La Curva a rendir informe al Gral. Somoza».

--«Cuando entré a la oficina del Gral. Somoza estaba reunido con un grupo de personajes de todo el país que entraban y salían manifestándole su apoyo. Cuando me vió Somoza, delante todo el grupo me preguntó: --"Ajá Gató, contame ¿cómo te fué?". Le rendí un detallado informe que lo escucharon todos los presentes, civiles y militares. Cuando terminé el reporte exclamó: --"¡Ese es mi Gato, jodido!". Se levantó me pasó su mano por mi hombro, pues él nunca abrazaba y me dio una órden:

--"Andá dormí, pero te venís temprano porque tengo trabajo en puta para vos más tarde. Para que te sintás contento sabé que Chinandega, León, Granada y Masaya están con nosotros..." Me fuí a mi covacha pensando: --"Hoy o mañana aquí vamos a tener el cachimbeo", me acosté y me dormí como un lirón».

Ese mismo Domingo 25 de Mayo de 1947, llegaron a Managua a bordo de un tren expreso los contingentes de la Guardia Nacional de León y Chinandega bajo el mando del **Cnel. G.N. Anastasio Somoza Debayle**, Comandante de la Guardia Nacional de León, acompañado y asistido por su ayudante, el **Tnte. G.N. Jorge Cárdenas Díaz**. Estas tropas, armadas en zafarrancho de combate, se dirigieron a la fortaleza de ***La Curva***, donde se estaba concentrando un verdadero ejército. Oficiales como el **Tnte. Samuel Genie Amaya**, estaban apoyando a **Somoza** en las operaciones militares. En ***La Curva*** solidarizándose con **Somoza** también había una pléyade de políticos como su tío, el **Dr. Víctor Manuel Román y Reyes**. En contraste, en Casa Presidencial todo era silencio. La plazoleta frente al edificio presidencial permanecía vacía y oscura, como preparada esperando el golpe.

El Congreso declaró a Argüello *«incapacitado para gobernar»* y eligió como Presidente a Benjamín Lacayo Sacasa

A las 7 de la noche del Domingo 25 de Mayo de 1947, el Congreso de Nicaragua, sesionando en Cámaras Unidas, abrió a debate la destitución del Presidente **Leonardo Argüello Barreto**, estando el recinto legislativo literalmente invadido por tropas de la Guardia Nacional blandiendo sus armas y ocupando los sitios del público y de los periodistas.

Tanques Sherman, sobrantes de la II Guerra Mundial, comprados por el **Gral. Somoza** para la Guardia Nacional de Nicaragua, fueron colocados frente a la Casa Presidencial provocando la caída del Presidente **Argüello** el 26 de Mayo de 1947. Ningún tanque disparó ni un solitario cañonazo, ni una ráfaga de ametralladora, ni siquiera un balazo de los rifles Krag; pero la sola presencia de tropas, tanques, artillería y el ruidoso sonido de las orugas de los blindados, fue más que suficiente para derrocar al Presidente **Leonardo Argüello**, solamente armado de su ejemplar de la Constitución Política de Nicaragua, una carta magna frecuentemente mancillada.

El diputado **Julio C. Quintana** alegó en los debates la necesidad de destituir a **Argüello** porque era un *«incapacitado irremediable para gobernar»*. Los Diputados antisomocistas **Enrique Espinosa Sotomayor**, **Morales Cruz**, **Adán Solórzano**, **Salvador Buitrago Ajá**, **Miguel Gómez** y **Carlos J. Solórzano**, batallaron con argumentos políticos, jurídicos e históricos en defensa del **Dr. Leonardo Argüello Barreto**.

A la hora de las formalidades, pidió la palabra el Diputado **Adolfo Urrutia**, representante del departamento de Estelí y mocionó para que se declarara ***«mentalmente incompetente al Dr. Leonardo Argüello Barreto para ejercer la presidencia»***.

Antes de las once de la noche el Presidente **Argüello** fue destituido por gran mayoría de votos, pues los Diputados conservadores y los Diputados somocistas se unieron en esa votación, declarando --antojadiza y peyorativamente-- ***«loco»*** al **Dr. Argüello**. Después de la votación los Diputados democráticos liberales se retiraron, pero se mantuvo el quorum para que los Diputados somocistas eligieran como nuevo Presidente al **Dr. Benjamín Lacayo Sacasa**, pero sin los votos conservadores que se abstuvieron de votar, pero se quedaron presentes para no romper el quorum y legitimar la elección de **Lacayo Sacasa**.

Este es literalmente el texto de la **Resolución 112** del domingo 25 de Mayo de 1947 del Congreso Nacional de Nicaragua en Cámaras Unidas:

--***«La Cámara de Diputados y la del Senado de la República de Nicaragua. Considerando: Que el Congreso Nacional como legítimo representante del pueblo, está obligado a velar por sus destinos, por el imperio de la Constitución y de las leyes y por la paz y el orden públicos»***.

--«Considerando: Que el doctor Leonardo Argüello Barreto, en el ejercicio de la Presidencia de la República ha demostrado incapacidad para la administración y gobierno del Estado creando una situación anormal que compromete la tranquilidad interna y el crédito internacional del país».

--«Considerando: Que en distintas ocasiones ha manifestado su propósito de irrespetar y desautorizar los preceptos constitucionales que le son obligatorios, pues existen al respecto hechos evidentes como son: aplaudir públicamente la iniciativa de un periodista para disolver el Congreso Nacional, y los de desoir y no rubricar conforme mandato constitucional al Designado que en defecto del Presidente Argüello debe llenar la vacante del cargo».

--«Considerando: Que la actuación del Presidente de la República es contraria a la unidad y disciplina de la Guardia Nacional de Nicaragua, bases indispensables para mantener incólumes las instituciones fundamentales del Estado y para asegurar la paz social de los nicaragüenses y la seguridad exterior de la Nación, pues ha seguido una labor perturbadora al provocar la división de las fuerzas armadas y sembrar antagonismos y rivalidades en contra de sus legítimos superiores jerárquicos».

--«Considerando: Que esa serie de actos demuestran plenamente incapacidad de sus facultades para ejercer la supremacía de la autoridad y el mando supremo de las fuerzas de la Nación».

--«Considerando: Que estando en presencia del caso referido se necesita de una provisión inmediata, como si se hubiere producido una vacante en la Presidencia de la República; por lo cual el Congreso Nacional se ve en el caso de aplicar las disposiciones pertinentes de la Constitución Política».

--«Resuelven: Arto 1ro. Separar definitivamente del cargo de Presidente de la República al Dr. Leonardo Argüello Barreto, electo para ese cargo en los comicios del 2 de Febrero del año en curso».

--«Arto. 2do. Llamar al ejercicio de la Presidencia de la República, en defecto del Dr. Leonardo Argüello Barreto al designado don Benjamín Lacayo Sacasa...»

Con este **Decreto 112** quedaba defenestrado de la Presidencia el **Dr. Argüello** y en el mismo se ungió como nuevo Presidente de la República al granadino **Benjamín Lacayo Sacasa**, pariente del **Gral. Anastasio Somoza García**.

Inmediatamente el Presidente **Benjamín Lacayo Sacasa** organizó su nuevo gabinete de ministros de estado de esta forma:

Relaciones Exteriores: Ministro, **Dr. Víctor Manuel Román y Reyes**, tío de **Somoza**, que retornó al mismo cargo que tenía 26 días antes, demostrando que el gabinete fue escogido y nombrado por el mismo **Somoza**. Viceministro, **Dr. Alejandro Montiel Argüello**.

Gobernación: Ministro, **Dr. Ulises Irías**.

Fomento: Ministro, **Ing. Constantino Lacayo Fiallos**.

Instrucción Pública: Ministro, **Arnoldo Alemán**.

Agricultura y Trabajo: Ministro, **Francisco Navarro** (exvicepresidente del **Gral. Somoza**). Viceministro, **Dr. Carlos Velásquez**.

Hacienda y Crédito Público: Viceministro, **Vicente Zamora** (el mismo que volvió a su cargo 26 días después). No hubo nombramiento de Ministro todavía.

Distrito Nacional: Ministro, **José Frixione**. Viceministro, **Joaquín Morales**.

Guerra, Marina y Aviación: Anexado al Jefe Director de la Guardia Nacional, **Gral. Anastasio Somoza García**.

Tropas de la Guardia Nacional de Nicaragua leales al **Gral. Anastasio Somoza**, se tomaron el Campo de Marte el 25 de Mayo de 1947 durante el golpe de estado al Presidente **Leonardo Argüello**. En esta foto una patrulla de Guardias comandada por el **Tnte. G.N. Francisco Boza Gutiérrez** (#1), manteniendo el control en el portón oriental del Campo de Marte de Managua.

Secretario Privado de la Presidencia: **Dr. Juan B. Lacayo**.
Secretario de la Presidencia: **Dr. Diego Manuel Sequeira**.
Secretario de la Comandancia General: **Cnel. G.N. Julio Somoza**.

Domingo 25 de Mayo 1947 a medianoche

El **Decreto 112**, despojando al **Dr. Leonardo A**rgüello de la presidencia, fue el verdadero golpe de estado, las acciones militares que siguieron, no fueron más que la ejecución del Decreto. Inmediatamente que se promulgó el **Decreto 112**, destituyendo al **Dr. Leonardo Argüello** de la Presidencia, comenzaron las acciones militares para consumar el golpe de estado, poco antes de la medianoche del **Domingo 25 de Mayo de 1947**.

Faltando pocos minutos para las doce de la noche, del Cuartel General de la Guardia Nacional, ***La Curva***, salieron numerosos vehículos militares de los que entonces llamaban jeeps y ***yipones***, lo mismo que un par de tanques Sherman, camiones repletos de soldados bien armados. Unos se dirigieron a la ciudad de Managua a tomarse y ocupar los edificios públicos claves como el Palacio Nacional, Telégrafos y Correos, Ferrocarril, Aeropuerto, Estación del Ferrocarril, la Escuela de Artes, que eran los talleres y almacenes del Ferrocarril; el Campo de Marte, todos los puestos de entrada a la ciudad de Managua y todas las Secciones o Delegaciones de Policía de Nicaragua y todos los Cuarteles de los Comandos Departamentales fueron ocupados por tropas de la Guardia Nacional de Nicaragua bien armadas, en pie de guerra y leales al **Gral. Somoza**. A la una de la madrugada del lunes 26 de Mayo de 1947, del Campo de Marte, también salieron tropas en zafarrancho de combate, cerraron las principales calles y avenidas y rodearon el edificio de enfrente, que era la Central de Policía, que ocupaba la Fortaleza de ***El Hormiguero***, bajo el comando del Jefe de la Policía de Managua, Mayor G.N. **Alberto M. Baca** que había sido escogido y nom-

CAYO ARGUELLO

La Estrella de Nicaragua

El Diario de Hoy

Circulación durante abril de 1947: Dominical 35098 - Dia de semana 20141

Editor y Propietario N. VIERA ALTAMIRANO — Director-Gerente R. VIERA ALTAMIRANO — Jefe de Redacción R. ALVAREZ MONCHEZ

Año XII - El Salvador, San Salvador, Martes 27 de Mayo de 1947 — No. 4492

PERFORACIONES EN EL LEMPA

¡TRABAJOS PRACTICOS PARA LA ELECTRIFICACION

A. Somoza al mando de la Guardía Nac.

Se apodera nuevamente del Poder en Nicaragua

Gran despliegue de fuerza militar hoy en Managua.- El Dr. Argüello hállase preso en Casa Presidencial.- Declaraciones de viajeros ayer en Ilopango, procedentes de Managua

El ***Diario de Hoy*** de San Salvador, anunció así el final del golpe de estado y la caída del **Dr. Leonardo Argüello Barreto**, asilado en la Embajada de México en Managua desde el 26 de Mayo de 1947. **Somoza** no extendió los salvoconductos para la salida de **Argüello** de Nicaragua sino hasta después de seis meses.

brado por el Presidente **Argüello** en ese cargo, y por tanto se suponía que tanto el Mayor **Baca** como su contingente de Guardias a cargo de la Policía, eran leales al Presidente **Argüello** y se esperaba que podían poner resistencia, algo que no ocurrió. No obstante se corrió el rumor que se había escenificado un enfrentamiento y que el Mayor **Baca** había resultado herido, pero este rumor fue desmentido y aclarado por el propio **Gral. Somoza**, asegurando que todo el contingente de ***El Hormiguero*** había sido sometido a las dos de la madrugada, sin ningún herido que lamentar. El Mayor **Alberto Baca** fue arrestado y encarcelado en ***La Curva***.

El **Gral. José Rigoberto Reyes Aráuz**, Director General de Comunicaciones estuvo en reunión con el Presidente **Argüello** en Casa Presidencial hasta las 11:00 de la noche del Domingo 25 y se retiró a su casa. El **Gral. Reyes** escuchó los ruidos de los tanques, camiones y algunas ráfagas de ametralladoras que fueron disparadas al aire para amedrentamiento. Inmediatamente llamó repetidamente a su oficina de la Dirección de Comunicaciones, pero nadie le respondió el teléfono. Entonces envió a su ordenanza para informarse. Al regresar el ordenanza le comunicó que el edificio de Comunicaciones estaba tomado por numerosos Guardia Nacionales y las calles de acceso bloquedas por vehículos de combate. Para proteger su seguridad, el **Gral. Reyes** se refugió en la Embajada de El Salvador.

En la madrugada del mismo lunes 26 de Mayo, el **Gral. Somoza** envió un ultimátum al Presidente **Leonardo Argüello** exigiéndole que firmara su renuncia a la Presidencia de la República, en cumplimiento del Decreto 112 conque había sido destituido por el Congreso Nacional.

En su testimonio escrito, el **Tnte. Rafaél Somarriba Mendoza** reporta que -- ***«...El Cnel. Luis Balladares Torres, Jefe de la Guardia Presidencial, aconsejó al Presidente que no presentara resistencia y que renunciara. Los otros oficiales quieren luchar y le piden al Presidente que dé las órdenes al respecto. Mientras están en esas discusiones, Balladares Torres formó a la tropa de la Guardia Presidencial y ordenó que***

los Guardias que estén con el Gral. Somoza den un paso al frente. Muchos dieron el paso al frente para irse a las líneas de los Guardias leales a Somoza. La tropa se dividió, sólo una minoría estaba con Argüello. En ese momento el Tnte. Alejandro Selva le dice a Balladares Torres que hay que matar a los Guardias somocistas; pero Balladares Torres insiste en que no hay nada que hacer, excepto rendirse y que el Presidente renuncie, agregando que el Batallón Presidencial carece de alimentos y que no podrían resistir por mucho tiempo un sitio en La Loma. (días antes el Presidente Argüello, previendo esta situación, había ordenado que se llenaran las bodegas, pero no habían comprado los víveres)...».

Pasada la medianoche, primeros minutos del lunes 26 de Mayo, los Guardias Nacionales pertenecientes a la Guardia Presidencial abandonaron con todas sus armas la Casa Presidencial y se trasladaron a ***La Curva*** a unirse a los golpistas, dejando prácticamente desprotegido al Presidente y desmoralizados a los oficiales y guardias que se quedaron apoyando al Presidente. Acto seguido la Casa Presidencial fue rodeada con tanques, piezas de artillería, tropas armadas con muchas y variadas ametralladoras, mientras el Presidente **Argüello** permanecía en el interior del edificio, acompañado por el **Cnel. Balladares Torres**, el **Mayor Claudio Argüello**, el **Tnte. Jaime Argüello**, el **Tnte. Rafaél Valle Roa**, el **Tnte. Noél Bermúdez Lacayo**, **Tnte. Raúl Jiménez Argüello**, **Captn. Francisco Aguirre Baca**, **Tnte. Carlos Correa Reyes**, **Tnte. Horacio Aguirre Baca** y sus edecanes. El Presidente **Argüello** les dió de baja a todos para que buscaran asilo político en las diferentes embajadas acreditadas en Managua.

Argüello dio de baja a sus oficiales para que buscaran refugio diplomático, pero varios de estos oficiales, no buscaron asilo, sino que se congregaron en el Hospital Militar con el propósito de organizar una contraofensiva. El hospital no era un cuartel, sino que lo tomaron como centro de operaciones. Se trataba de un viejo edificio alargado de dos pisos que estuvo ubicado al fondo del campo de beisbol llamado ***Field del Momotombo***, frente a la vieja cervecería Xolotlán, donde en 1950 **Somoza García** construyó el Granero Nacional, rebautizado como ***Enabás*** al finalizar la ***Era de los Tres Somoza***. Este mismo edificio, detrás del granero, había albergado a la Academia Militar de **Zelaya**, también estuvo la Academia **Trumble** (ver el Capítulo 15 del Tomo Uno) y finalmente fue convertido en Hospital Militar de la Guardia Nacional. Ahí estaban, entre otros, el **Tnte. Adolfo Báez Bone**, el **Tnte. Arturo Cruz Porras**, **Tnte. Edmundo Vargas Vásquez**, **Tnte. Carlos Enrique Correa Reyes** y el **Tnte. Virgilio Argüello**. Coordinándose con el **Cptn. Francisco Aguirre Baca**, que era el Comandante del Cuartel de ***La Defensa Nacional*** (seguridad e inteligencia de la Guardia Nacional) ubicado en la Calle Santo Domingo, a media cuadra del Parque Santo Domingo, decidieron hacerse fuertes en este cuartel que era más parecido a una instalación administrativa que a un cuartel militar.

En la mañana del lunes 26 de Mayo, mientras el Presidente **Argüello** estaba sitiado en Casa Presidencial, los oficiales mencionados iniciaron la toma de ***La Defensa***, un edificio de dos pisos.

El **Tnte. Adolfo Báez Bone** tuvo especial participación en esta toma de ***La Defensa***, llegando a pie por la calle Santo Domingo armado con su pistola .45 de reglamento y una subametralladora Thompson, logró tomarse prácticamente solo ***La Defensa***. Inmediatamente ordenó a los pocos guardias que estaban en ese cuartel que pusieran puestos de control y vigilancia en el Parque Santo Domingo y en otros puntos. Tras **Báez Bone** llegaron del Hospital Militar los Tenientes **Virgilio Argüello**, **Arturo Cruz Porras**, **Carlos Correa Reyes** y **Edmundo Vargas Vásquez**.

La toma del Hospital Militar y de ***La Defensa*** fue una noticia que corrió rápida-

El **Dr. Leonardo Argüello Barreto**, en la única fotografía oficial como Presidente de Nicaragua, tomada en la Casa Presidencial. Solamente 26 días pudo ostentar la Banda Presidencial que luce en su pecho en esta foto. Tras el golpe de estado militar perpetrado por el **Gral. Somoza García** con la fuerza de la Guardia Nacional de Nicaragua la madrugada del 26 de Mayo de 1947, el **Presidente Argüello** fue obligado a salir de la Casa Presidencial protegido por el Embajador de México.

En esta foto está a la izquierda el **Tnte. G.N. Horacio Aguirre Baca**, en el centro el padre de los hermanos, don **Horacio Aguirre Muñoz**, y a la derecha el **Cptn. G.N. Francisco Aguirre Baca**. Los hermanos **Francisco** y **Horacio Aguirre Baca**, se asilaron en la Embajada de Panamá, eran hijos del Senador **Horacio Aguirre Muñoz**, varias veces mencionado y enlistado como presidenciable. Los hermanos **Aguirre Baca** obtuvieron rápidamente salvoconducto para salir de Nicaragua al exilio por gestiones de la Embajada de EE.UU. El martes 27 de Mayo de 1947 salieron de la Embajada de Panamá acompañados por el Embajador y un funcionario militar de la Embajada norteamericana. Llegaron al Aeropuerto Internacional Las Mercedes, ingresaron por un portón directamente a la pista hasta la escalinata del avión de la Pan American Airways. Sorpresivamente un oficial de la Defensa Nacional (oficina de seguridad), que había sido subalterno del **Cptn. Francisco Aguirre Baca**, trató de capturar a los hermanos, pero el embajador panameño y el oficial norteamericano se impusieron y los hermanos **Aguirre Baca** volaron sin pasaportes, pero con una carta de la Embajada Norteamericana, así llegaron sin novedad a New Orleans, se les ingresó como asilados políticos. Esto demuestra que cuando los hermanos **Aguirre Baca** estuvieron a cargo de la Inteligencia de la Guardia Nacional, tuvieron fuerte relación con las estructuras de inteligencia norteamericana, que hoy se llama Agencia Central de Inteligencia, CIA.

mente por Managua. **Somoza** se alarmó, pues no se sabía la magnitud de la rebelión. Para conocer la situación del Hospital Militar, envió al **Dr.** y **Cptn. Egberto Bermúdez**, que era su médico personal, en misión de espionaje, pero fue reconocido como leal a **Somoza**, capturado y trasladado como prisionero a ***La Defensa*** y encerrado en una celda junto con **Samuel Somarriba** y **Arnoldo García** (a) ***Realito***, reconocidos leales a **Somoza**.

Se rinde La Defensa. Capturados, fugados y exiliados

Para recuperar ***La Defensa*** el **Gral. Somoza** envió un tanque Sherman surplus de la Segunda Guerra Mundial manejado y comandado por el **Tnte. Samuel Genie Amaya**, seguido de una patrulla de 60 Guardias con cascos de acero que pusieron sitio al edificio de ***La Defensa***. Cuando los cascos de acero tenían rodeada ***La Defensa***, un ciudadano civil, un sastre que vivía en la cuadra de ***La Defensa***, imprudentemente trató de cruzar la línea de los Guardias hacia su casa, pero súbitamente fue derribado a culatazos, y ya caído, fue atravesado por las bayonetas de varios Guardias dejando el cadáver en plena calle hasta que fue rescatado por sus familiares cuando todo habiese pasado. De este cruel episodio fuimos testigos presenciales con solamente siete años de edad, pues nuestro hogar estaba una cuadra ***abajo*** de ***La Defensa***. También vimos pasar más temprano por nuestra acera, a un oficial armado con una ametralladora rumbo a ***La Defensa***, pero entonces no sabíamos que era el **Tnte. Adolfo Báez Bone**. Igualmente vimos la llegada del tanque de guerra, que apareció por el sur en la 6a. avenida SE hasta la esquina de la calle Santo Domingo, dobló hacia el Este hasta colocarse a media cuadra, frente a ***La Defensa***. El tanque llegó con los cascos de acero, no hubo balacera, el tanque disparó un par de ráfagas de sus ametralladoras, pero ningún cañonazo. Los defensores del cuartel de ***La Defensa*** fueron intimidados por el blindado y su capacidad de demoler a cañonazos el edificio y aniquilar a todos sus ocupantes.

El **Tnte. Arturo Cruz Porras**, en entrevista de prensa concedida al escritor **Dr. Jesús Miguel Blandón,** (***Chuno***), narró su parte de la toma de ***La Defensa*** y la llegada del **Tnte. Samuel Genie Amaya** operando el tanque Sherman, diciendo: --«***Estando rodeados y con el tanque enfrente, me mandó a llamar Adolfo Báez Bone y me ordenó que saliera acompañado de un hermano del Tnte. Guillermo Marenco Lacayo para hablar con los atacantes y decirles que teníamos prisioneros. Salimos, les di el mensaje, pero no hicieron caso, no les importaron los guardias rehenes y nos volvimos a meter... En el segundo piso de La Defensa estaba Virgilio Argüello cuando llamó por teléfono Somoza y Virgilio le respondió y solamente le decía: --"¡Sí, mi General! ¡Como no, mi General". Báez Bone, por su parte, le gritaba: --"¡No le hagan caso a ese hijueputa!". Pero Virgilio Argüello se dejó convencer porque Tacho Somoza le dijo: --"Voy a entregarle todo al Presidente Argüello, pero quiero hacerlo en orden. Que los civiles se vayan a sus casas y los militares se entreguen..." Salí disfrazado de civil***», concluyó **Cruz Porras**.

Este insustancial incidente --totalmente irrelevante-- en el cuartel de ***La Defensa***, que es lo menos parecido a una confrontación militar, fue el único intento de oposición a las acciones del golpe de estado contra **Argüello** y su gobierno. En ningún otro cuartel de la Guardia Nacional en Managua ni en los comandos departamentales se produjo ninguna clase de resistencia.

Argüello, sin renunciar, se asiló en la Embajada de México

El Embajador de México en Nicaragua, **Lic. Salvador Martínez Mercado**, por instrucciones de su gobierno, se ofreció como mediador entre **Argüello** y **Somoza**, principalmente para garantizar la seguridad personal del Presidente **Argüello**. Otros embajadores a acreditados en Nicaragua se unieron al mexicano en esas gestiones. Los diplomáticos iban y venían de la Casa Presidencial al Cuartel de La Curva.

Finalmente **Somoza** permitió que **Argüello** y los oficiales de la Guardia Nacional que le eran leales a **Argüello** pudieran salir sin problemas de la Casa Presidencial hacia la Embajada de México en procura de asilo.

El Presidente **Argüello** conminado a abandonar la Casa Presidencial, salió a bordo del automóvil ***Buick*** negro del Embajador de México, escoltado por una caravana de automóviles diplomáticos que pasó en medio de los tanques, cañones y tropas de la Guardia Nacional rumbo a la Embajada de México en Managua a solicitar asilo político junto con varios oficiales de la Guardia Nacional y funcionarios civiles que le acompañaban.

La sede de la Embajada de México en 1947 estaba ubicada a escasos 300 metros de la Casa Presidencial, en un tope del barrio Bolonia, un predio enfrente donde en 2022 se encuentran las oficinas del Instituto de Turismo. El edificio ya no existe, pues colapsó totalmente en el terremoto de 1972 y no se ha construido otra residencia o edificio en el terreno que permanece baldío, donde se levantó un bahareque (***bajareque***) improvisado, con techo de zinc usado como local de un taller de mecánica (ver foto).

El **Dr. Argüello Barreto** llevaba consigo hacia su asilo, los sellos de la nación y cruzada en su pecho la banda presidencial, negándose a renunciar a la Presidencia de la República.

El **Tnte. G.N. Rafaél Somarriba Guevara** escribió años después en sus memorias, aún inéditas, que llamó ***Memorias de mi vida revolucionaria***, cuyo original llegó a manos del **Dr. Jesús Miguel** (***Chuno***) **Blandón** y éste lo entregó al **Lic. Aldo Díaz Lacayo**, Vicepresidente de la ***Academia de Geografía e Historia de Nicaragua*** (***AGHN***), para ser incluida en el patrimonio documental histórico de esta institución.

Retrocediendo cuatro días antes, al 22 de Mayo de 1947, cuando un grupo de oficiales tenían a **Somoza** rodeado y acorralado en el despacho presidencial, reclamándole por el telegrama de la traición, el Presidente **Argüello** amonestó a **Somoza** y un oficial sacó su pistola **.45** para matar a **Somoza**, pero **Argüello** evitó que el oficial disparara su arma contra **Somoza**, según lo narró el **Tnte. Rafaél Somarriba**, pero en sus memorias **Somarriba** no identificó a ese oficial que estaba dispuesto a matar al **Gral. Somoza García**, lo cual deja abierta la posibilidad que haya sido el propio **Tnte. Somarriba** el oficial que desenfundó su pistola con la intención de liquidar a **Somoza**. Si los oficiales leales a **Argüello** hubiesen asesinado a **Somoza** el 22 de Mayo, todavía el 26 de Mayo estuviesen realizándose las ceremonias funerales; pero en cambio el 26 de Mayo los papeles se habían invertido totalmente. El 26 de Mayo fue escogido por **Somoza García** para aniquilar la Presidencia del **Dr. Leonardo Argüello Barreto** y a todos los oficiales que le eran leales al Presidente. Ahora era **Somoza** el que tenía no solamente una pistola **.45**, sino miles de ellas y muchas otras armas mayores, y no dudó en usarlas para defenestrar al Presidente, quien no viviría más allá de unos meses después de la pesadilla angustiante del Golpe de Estado que le demostró a **Argüello** que en Nicaragua el libro de la Constitución Política que él esgrimía como arma superior, era vulnerable, débil y fácilmente violable por las ilegales armas de guerra en manos de soldados de la Guardia Nacional de Nicaragua sometidos a la voluntad e intereses del **Gral. Somoza García**, un caudillo violento, pero carismático.

Por su parte **Somoza** nunca perdonaría al oficial que quiso matarlo, pero además **Somoza** le vio la cara al oficial de la pistola y sus intenciones. Por eso **Somoza** ordenó a sus oficiales capturar al **Tnte. Somarriba**, pero éste logró colarse en la embajada de México y la embajada le dio protección, por orden del gobierno mexicano.

Antes de mediodía del 26 de Mayo, los oficiales y soldados de la Guardia Nacional de Nicaragua, leales al **Gral. Somoza García** tenían el control de todas las guarniciones militares y establecimientos civiles del gobierno, y algo más, tenían encarcelados en los sótanos de la fortaleza de ***La Curva*** a varios los oficiales que habían conformado parte del Estado Mayor General de la Guardia Nacional nombrados por **Argüello**, fueron conducidos prisioneros y encerrados en los sótanos de ***La Curva*** y de la Casa Presidencial que ya estaba en manos de **Somoza**, a los altos oficiales leales al Presidente **Argüello**, como el **Gral. Adán Medina Castellón**, veterano de la Guerra Constitucionalista Liberal; el **Cnel. Luis Balladares Torres**, el **Cnel. Alberto M. Baca**, importante comandante de tropas durante la guerra contra el ejército del **Gral. Sandino**; y el **Dr. y Cnel. Hermógenes Prado**, Ayudante Militar y Médico Personal del **Gral. Somoza**.

A las 7:30 de la mañana del lunes 26 de Mayo el **Dr. León Debayle**, Ministro de Relaciones Exteriores del gobierno de **Argüello**, salió a pie de su casa a realizar una visita a la Embajada Norteamericana, poco tiempo después regresó a su casa donde se reunieron a las 9:00 de la mañana todos los miembros del gabinete de ministros y viceministros de **Ar-**

güello para analizar la situación del golpe de estado y tomar decisiones de seguridad. La reunión se realizaba a puertas cerradas, cuando intempestivamente fueron abiertas violentamente por una fuerte patrulla de la Guardia Nacional bajo el mando del **Cptn. G.N. Nolasco Romero**, vestido con uniforme de camuflaje y con todos los arreos de combate, conminando a todos los ministros y viceministros de **Argüello** a entregarse como prisioneros, conduciéndolos a pie bajo custodia militar hasta el Palacio Nacional y encerrándolos en el Salón Azul utilizado como prisión.

En pocos días más de cien oficiales jóvenes que estaban en servicio activo en la Guardia Nacional, fueron encarcelados, luego fueron expulsados de la Guardia Nacional y muchos se vieron obligados a salir de Nicaragua al exilio a diferentes países. A otros se les dió de baja o ellos mismos la pidieron como los hermanos **Agustín** y **Adolfo Alfaro Carnevallini**, **Policarpo Gutiérrez**, **Manrique Umaña**, **Carlos Ulises Gómez**, **Edmundo Vargas Vásquez** y **Manuel David *Bin* Morales**, este último graduado en la Academia Militar Politécnica de Guatemala e incorporado a la Guardia Nacional y con los años se convirtió en un importante empresario de publicidad en Nicaragua.

De la Segunda Promoción Roosevelt, Clase 1941-1944 de la Academia Militar de Nicaragua, fueron encarcelados, torturados, expulsados y dados de baja de la Guardia Nacional de Nicaragua, los **Tenientes G.N. Joaquín Cortez Cordero**, **Pedro Pablo Bodán Gómez**, **Esteban Palacios Chavarría**, **Vladimir Barquero Sánchez**, **Salvador Argüello Areas**, **Pedro Matus González**, **Edwin Saino Morgan**, **Rafaél Benavides Valdivia**, **Arturo Cruz Porras**, **Arturo Pallais Calero**, **Alejandro Selva Cordero**, **Raúl S. Jiménez Argüello**, **Miguel A. Cifuentes Zapata**, **Alfredo Rosales Bustillo**, **Nicolás Sequeira Olivares**, **Rafael H. Somarriba Guevara**, **Armando Navas Barreto**, **Juan Alberto Ramírez González** y **Luis E. Lezama Picado**.

De la Tercera Promoción ***Victoria***, Clase 1943-1946 de la Academia Militar de Nicaragua, fueron dados de baja los **Tenientes G.N. Guillermo Marenco Lacayo**, que fue encarcelado por varios meses y que tendría un papel muy importante en la muerte de **Somoza García**, como lo veremos en capítulo posterior; **Enrique Castro Casco**, **Mario Alfaro Alvarado**, **Noél Salvatierra Pérez**, **Sergio Benito Martínez Porras**, **Julio César Padilla Altamirano**, **Antonio Canales Collado**, **Víctor Silva López**, **Carlos Correa Reyes** y **Adolfo Báez Bone**, graduado en la Academia Militar Politécnica de Guatemala e incorporado a esta promoción y después integrado como oficial a la Guardia Nacional.

Los hermanos **Francisco** y **Horacio Aguirre Baca**, se asilaron en la Embajada de Panamá. Los hermanos **Aguirre Baca** obtuvieron rápidamente salvoconducto para salir al exilio por gestiones de la Embajada de EE.UU. El martes 27 de Mayo salieron de la Embajada de Panamá acompañados por el Embajador **López Fábregas** y un funcionario militar de la Embajada norteamericana. Llegaron al Aeropuerto Las Mercedes, ingresaron por un portón directamente a la pista hasta la escalinata del avión de la Pan American Airways. Sorpresivamente un oficial de la Defensa Nacional (oficina de seguridad), que había sido subalterno del **Cptn. Aguirre Baca**, trató de capturar a los hermanos **Aguirre Baca**, pero el embajador y el oficial norteamericano se impusieron y no permitieron la captura. El avión de la PAA los llevó a New Orleans, donde los detuvieron dos horas porque no llevaban pasaporte ni visa, pero Migración hizo las consultas y fueron admitidos en EE.UU. como exiliados políticos. Ese mismo día volaron a Washington a presentar documentos que les entregó el **Dr. Argüello** poco antes de abandonar la Casa Presidencial. Como se recordará, el **Cptn. Francisco Aguirre Baca** era el Jefe de la Defensa Nacional, y como todos los jefes de seguridad de América Latina, incluso en el presente, el **Cptn. Aguirre** era informante --o agente-- de la inteligencia norteamericana, hoy denominada Agencia Central de Inteligencia, CIA.

Los Tenientes **Adolfo Báez Bone**, **Arturo J. Cruz Porras**, **Edmundo Delgado**, y el Diputado **Chester Lacayo** se asilaron en la Embajada de Guatemala, obtuvieron salvoconducto y el viernes 30 de Mayo, los cuatro salieron para Nueva Orleans en otro vuelo de la Pan American.

Los militares leales a **Somoza** preguntaban a todos los oficiales que normalmente llegaban a sus cuarteles y oficinas: --*«¿Con quién estas vos?»* y si el oficial interrogado no decía: --*«Con el general Somoza»*, y en cambio respondía: --*«Con la ley y la Constitución»*, inmediatamente era arrestado y conducido a la cárcel, pues se interpretaba que era leal al Presidente **Argüello** y por tanto no apoyaba el golpe de estado.

El drama vivido por más de un centenar de jóvenes oficiales de la Guardia Nacional de Nicaragua, recién graduados en la Academia Militar de Nicaragua en las primeras promociones, se vieron de pronto arrollados por la codicia, la ambición de poder y egolatría de un solo personaje con ínfulas faraónicas: el **Gral. Anastasio Somoza García**, que consideraba a la Guardia Nacional de Nicaragua, como su propiedad y a sus oficiales, clases y soldados, como gente a su servicio, corrompiendo todo el espíritu y valores de un verdadero cuerpo militar institucionalizado al servicio de la República de Nicaragua.

Esos más de un centenar de jóvenes nicaragüenses que destinaron sus vidas a la profesión de las armas y la disciplina con honor de militares, se vieron expulsados de lo que creyeron un formal futuro castrense en sus vidas, lanzados a la calle como desperdicios, mutilando las ilusiones de una carrera, con años de estudios, entrenamiento y de servicio de pronto perdidos.

Y por si eso fuese poco, desterrados, expatriados de su suelo natal, empujados al exilio... Y todo por no haber agachado la cabeza como un esclavo o un siervo para obedecer la voz de un amo y señor, muy lejos de la honorable obediencia a un jefe responsable y digno. Dificil perdonar ofensas de ese nivel que perjudicaron a tantos hombres --hombres de verdad-- y a sus familias, perjudicando a muchas vidas. Dificil perdonar y más difícil quedarse con los brazos cruzados, aceptando con resignación tanta perversidad.

Desde el primer día de sus exilios todos comenzaron de alguna forma a conspirar contra aquel reino de ignominia y opresión. Estos oficiales radicados en diferentes países, planificaron y ejecutaron varias acciones contra la tiranía del **Gral. Anastasio Somoza García**. Varios murieron en esas conspiraciones, principalmente en la de Abril de 1954, como lo estudiaremos en capítulo posterior.

Hasta que --cuando menos lo esperaban-- en 1955 apareció en El Salvador un joven civil, de nombre **Pascual Rigoberto López Pérez**, originario de León, con un proyecto suicida que era su idea, su pasión y su propia inspiración, pero necesitaba apoyo. Jugando beisbol los domingos hizo amistad con otro jugador, el **Tnte. exG.N. Guillermo Marenco Lacayo**, A este militar le confió su proyecto y le pidió que le entrenara en el manejo de un arma de fuego. **Marenco** comenzó a entrenarle con su propia pistola, pero mantuvieron el plan en secreto. Tiempo después revelaron el plan y otros dos de los oficiales exiliados, le proveyeron de una pistola más potente y algún dinero, pero lógicamente tenían dudas y muy pocas esperanzas de éxito, pues era difícil creer que un personaje que nunca había tenido un arma en sus manos, lograra lo que no habían logrado los militares profesionales en varios intentos de conjuras, guerrillas, hasta revoluciones que fracasaron y en la que varios perdieron la vida. En próximo capítulo expondremos esta historia en detalle.

La siguiente galería fotográfica corresponde, muy parcialmente a los oficiales de la Guardia Nacional de Nicaragua que fueron expulsados de las fuerzas armadas, varios

Oficiales expulsados y/o desterrados tras el golpe de estado

Oficiales expulsados de la Guardia Nacional de Nicaragua se asilaron en la Embajada Salvadoreña, obtuvieron salvoconducto y se radicaron en El Salvador en calidad de exiliados. Sentados desde la izquierda: **Tnte. Noél Bermúdez**, **Cnel. Luis Balladares Torres** y **Tnte. Segundo Astorga Calonje**. De pie mismo orden: **David Santamaría Sáenz** y **Raúl Jimenez Argüello.** En El Salvador se radicaron más de cien oficiales y civiles que apoyaron al Presidente **Argüello**. A esta comunidad se acercó el poeta liberal **Rigoberto López Pérez**, que fue entrenado en San Salvador por el **Tnte. Guillermo Marenco Lacayo**.

Oficiales expulsados y/o desterrados tras el golpe de estado

Fco. Aguirre Baca

Adolfo Báez Bone

Manuel David Morales

Agustín Alfaro C.

Noél Bermúdez

Guillermo Marenco

Alberto M. Baca

Policarpo Gutiérrez

Pastor Toruño Maltez

Adolfo Alfaro C.

Víctor Silva López

Horacio Aguirre Baca

Noél Salvatierra P.

Segundo Astorga C.

Arturo Pallais Calero

Arturo Cruz Porras

Pedro P. Bodan G.

Raúl Jiménez A.

Rafaél Somarriba h.

Alfredo Rosales

encarcelados y lanzados al exilio a diferentes países, aunque la mayoría se estableció en El Salvador.

Exilio y Muerte del Dr. Leonardo Argüello

A pesar del aparataje militar y la movilización de tropas y armas, el Presidente **Leonardo Argüello** fue derrocado sin que se disparase ni una sola bala en contra de la Casa Presidencial. Muchas ametralladoras con sus cañones estuvieron apuntando la Casa Presidencial esperando la orden fuego, pero eso no ocurrió. En el barrio Santo Domingo donde estaba el cuartel de ***La Defensa*** se dispararon algunas ráfagas de ametralladoras para intimidar y someter a los oficiales y soldados que se habían tomado el cuartel de ***La Defensa***, pero ninguno de los militares resultó herido o muerto de bala. El que murió cruelmente fue el sastre vecino del que ya dimos noticia.

Argüello, flemático y negándose a renunciar, salió de la Casa Presidencial y bajó de la Loma de Tiscapa a bordo del automóvil ***Buick*** negro del Embajador de México, llevando cruzada en su pecho la banda presidencial y en su cartapacio los sellos presidenciales, seguido de una caravana de vehículos de otros diplomáticos. Así ingresó al recinto de la embajada mexicana iniciando su asilo antes de las **10:00 de la mañana del 26 de Mayo de 1947**. Con el asilo del Presidente **Argüello** el golpe de estado estaba consumado.

La Embajada de México estaba ubicada en una hermosa casa de dos pisos a escasos 300 metros de la Casa Presidencial, enfrente del local que ocupa en 2022 la Dirección de Turismo. Este edificio fue destruido por el terremoto de 1972.

El Embajador de México, **Lic. Salvador Martínez Mercado** concedió asilo al **Dr. Leonardo Argüello**, a su esposa **Haydee Baca de Argüello**, a doce oficiales de la Guardia Nacional leales a **Argüello** y a tres parientes del derrocado Presidente.

Inmediatamente que ingresaron los asilados nicaragüense a la sede de la Embajada, el **Gral. Somoza García** ordenó a oficiales y soldados de la Guardia Nacional que rodearan el local de la embajada, ejecutando un verdadero sitio y acoso a la sede diplomática, con dos propósitos: uno evitar que otros oficiales o civiles ingresaran a pedir asilo, y el otro propósito fue ofrecer a los oficiales asilados que abandonaran la embajada y que regresaran a sus unidades de la Guardia Nacional prometiéndoles la la seguridad con garantía de su palabra.

Los oficiales fueron saliendo poco a poco y efectivamente se les garantizó su seguridad personal, su mismo cargo y el derecho ciudadano a permanecer en Nicaragua, pero ninguno aceptó volver a las filas de la Guardia Nacional. El propósito de halagar a los oficiales asilados fue dejar al **Dr. Argüello** totalmente aislado y solo con sus parientes en su refugio diplomático. Al mismo tiempo **Somoza** le negó al expresidente el salvoconducto para abandonar Nicaragua.

En su libro ***«Memorias de un soldado»,*** el **Cnel. G.N. Francisco Boza Gutiérrez** admite que él fue uno de los oficiales que recibió órdenes de rodear la embajada mexicana, expresando: --***«Nosotros los oficiales en servicio mantuvimos una vigilancia constante en la Embajada de México hasta el día que el Presidente Leonardo Argüello salió fuera Nicaragua»***.

El Teniente **Rafaél Somarriba** narra en sus memorias que él se vistió con su uniforme de Teniente de la Guardia Nacional, incluyendo su pistola de reglamento, y logró pasar inadvertido por los retenes que rodeaban la Embajada de México, hasta que llegó a la propia puerta y meterse a la fuerza, sorprendiendo a los oficiales que estaban en la entrada precisamente para evitar que nuevos oficiales ingresaran; **Somarriba** entró, pero dice él que no fue bienvenido por el Embajador **Martínez Mercado** y que trató de sacarlo de la

En este predio semi vacío en un tope, estuvo la Embajada de México en 1947, era una casa de dos pisos ubicada a escasos 300 metros de la Casa Presidencial, en el barrio Bolonia de Managua, donde el Presidente **Leonardo Argüello** permaneció asilado durante seis meses. El edificio fue destruido por el terremoto de 1972.

embajada negándole el asilo.

Así lo escribió el **Tnte. Rafaél Somarriba** en sus memorias: --«***...Después de discutir, el Embajador me amenazó con permitir que la Guardia Nacional penetrara en el edificio y me capturara. Yo le riposté diciéndole que, si daba la orden o permiso, el primer muerto sería él, ya que yo lo mataría inmediatamente. Después de esta discusión, el embajador fue a hablar con el presidente Argüello que se encontraba en la planta alta del edificio; yo permanecía en las oficinas esperando la resolución, puesto que yo ya tenía la mía: no dejarme agarrar vivo de ninguna manera y pelear hasta disparar el último tiro de mi pistola. En esos momentos tuve mucho ánimo y gran alivio, el secretario de la embajada, señor Carlos Chapoy, me manifestó que él se jugaría la vida a mi lado si cualquier miembro de la Guardia Nacional intentara penetrar al edificio y, al mismo tiempo, me manifestó que él había oído decir a los soldados que estaban afuera que me matarían en cuanto yo saliera. Chapoy me dijo que yo no debía aceptar ningún arreglo y por ningún motivo abandonara el edificio. También me aconsejó que no confiara en ninguna promesa que me hiciera el embajador***».

Uno de los problemas de credibilidad, cuando escriben los protagonistas, es que siempre se autoretratan con cualidades extraordinarias. En este caso del **Tnte. Rafaél Somarriba**, resulta que en sus mismas memorias, nos narra la solución de la crisis que hemos transcrito: --«***...convencido el Embajador que yo no cedería a sus consejos, decidió mandar el telegrama a su gobierno la tarde del 27 de Mayo de 1947. Durante el período de espera, siempre estuve acompañado del señor Chapoy ... Veinticuatro horas más tarde fue recibida la contestación del gobierno de México. La respuesta fue favorable para mi, ordenando, concretamente, que me protegieran la vida ... El 28 de Mayo, a las cuatro de la tarde, el embajador me comunicó que ya podía pasar a la parte interior del edificio ... El Embajador se entrevistó con Somoza García para notificarle que yo gozaba de la protección del gobierno de México como asilado político y, al mismo tiempo, entregarle***

Confinado en un prolongado asilo --casi una prisión--, la salud del Presidente **Leonardo Argüello** fue sufriendo un progresivo deterioro. **Somoza** lo sabía y le negaba el salvoconducto para salir al exilio a México, también le negaba que un médico ingresara a la Embajada de México a atender al **Dr. Argüello**. Las razones por las cuales **Somoza** había perpetrado un gigantesco fraude para hacer ganar las elecciones a **Argüello**, lo planificó con el propósito de ***«mangonearlo»*** en la presidencia por su avanzada edad y por padecer de una enfermedad cardíaca crónica; pero una vez en la presidencia **Argüello** intentó aniquilar el poder de **Somoza** sobre la Guardia Nacional y sobre Nicaragua. **Somoza** reaccionó violentamente derrocándo a **Argüello** con un golpe de estado a los 26 días de instalado. **Argüello** tuvo que asilarse y seis meses después murió en México.

una copia fiel del documento que certificaba que yo había causado baja honorable de la Guardia Nacional por orden del Presidente de la República, Dr. Leonardo Argüello, el día 26 de Mayo de 1947. Al regresar, el embajador Martínez Mercado me hizo saber que Somoza se negaba, rotundamente, a reconocer y respetar mi asilo y que demandaba mi entrega inmediata y que también se negó a reconocer como válido el documento que certificaba mi baja de la Guardia Nacional, habiéndole dicho, en tono alterado, que yo era un desertor y que lo había traicionado a él y a la Guardia Nacional, por tanto tenía que castigarme ejemplarmente para escarmiento ...»

Para el mes de Junio de 1947, un mes después del golpe de estado, todos los oficiales de la Guardia y los parientes del **Dr. Argüello**, habían abandonado el asilo en la Embajada de México, confiando en la promesa de **Somoza** que les garantizaba la vida, su libertad y su reintegro a la Guardia Nacional. Once oficiales aceptaron las garantías y **Somoza** les cumplió, pero los oficiales no se reintegraron a la Guardia Nacional. También los parientes del **Dr. Argüello** aceptaron la promesa de **Somoza** y les cumplió.

El 2 de julio de 1947, **J. Venancio Berríos** y un grupo de leoneses partidarios del exPresidente **Argüello** le propusieron privadamente al **Gral. Somoza García**, estando todavía el **Dr. Leonardo Argüello** asilado en la Embajada de México, un proyecto proponiéndole una ***compactación liberal***. La propuesta incluía que el **Gral. Somoza** volviera colocar en la Presidencia al **Dr. Argüello**, a cambio de garantizarle el cargo de Jefe Director de la Guardia Nacional, y formar un gabinete de ministros integrado por ***amigos de ambos, escogidos entre correligionarios liberales honorables y conciliadores incapaces de dañar la autoridad ni la persona del Gral. Anastasio Somoza García***. Los liberales leoneses agregaban que ***para lograr la compactación liberal, sugerían que se nombrara en el gabinete a ministros del grupo Liberal Independiente que no fuesen enconados contra Somoza***. Al terminar la propuesta de **Berríos** y los leoneses, el **Gral. Somoza** solamente les dijo: --***«Lo voy a pensar, ahí les aviso»***. Después que finalizó la breve reunión, **Somoza** no volvió a decir ni media palabra sobre tal propuesta; porque el resentimiento de **Somoza** contra **Argüello** era de tal magnitud, que en su mente no cabía la idea de que **Argüello** retornara a la presidencia, pues le era imposible perdonar a **Argüello** el hecho de haber intentado arrebatarle a la Guardia Nacional de Nicaragua, que era su verdadero apoyo y sostén en el poder, su verdadero, real y único ***«partido político»***.

En el mes de Agosto de 1947, tres meses después del golpe de estado, quedaban asilados en la Embajada de México solamente tres personas: el **Dr. Leonardo Argüello Barreto**, su esposa **Haydee Baca Obregón de Argüello** y el **Tnte. Rafaél Somarriba Guevara**. Todos los demás, oficiales y parientes, habían abandonado su asilo de la Embajada de México y también habían abandonado al **Dr. Argüello**.

Desde el mismo momento de ingresar **Argüello** a su asilo en la Embajada de México, el edificio de esta sede diplomática fue sitiada por soldados y oficiales de la Guardia Nacional, y también por turbas que gritaban consignas contra **Argüello** y a favor de **Somoza**, que desataron una guerra de nervios contra el exPresidente que incluyó una ***«noche de antorchas»*** cuando la lideresa de las turbas femeninas, **Nicolasa Sevilla**, llegó frente a la embajada mexicana con un grupo de mujeres, todas portando ramas encendidas de ocote (***Pinus montezumae***, pino resinoso), gritando que incendiarían la embajada. Lógicamente que todo fue una histriónica gritazón destinada a perturbar los nervios y afectar la salud del **Dr. Argüello**.

Lo que sí afectó mucho al exPresidente asilado, fue la negativa de **Somoza** de permitir el ingreso de un médico para atenderlo en la Embajada, solicitado por **Argüello** mediante una gestión del Embajador **Martínez Mercado**. Los meses de asilo, los gritos de las turbas y no permitir que lo atendiera un médico, afectó la salud del **Dr. Argüello Barreto**, que desde hacía tiempo estaba delicada y frágil. A insistencias del Embajador mexicano, **Somoza** accedió que ingresara un médico. El embajador temía que el **Dr. Argüello** falleciera en la embajada a su cargo, y esto parece ser lo que el Embajador **Mercado** le alegó a **Somoza**.

El 7 de Septiembre de 1947 un grupo armado atacó las guarniciones de la Guardia Nacional de Nicaragua en la Mina La India, departamento de Chinandega, y en Muelle de los Bueyes, departamento de Zelaya. El movimiento fue organizado por el **Gral. Emiliano Chamorro**, estimulando a otros, pero sin que él se expusiera a riesgos. El movimiento fracasó y el **Gral. Chamorro** tuvo que salir exiliado a México. Detalles de este episodio lo veremos en próximo capítulo. Mientras tanto la Asamblea Nacional Constituyente, totalmente manipulada por el **Gral. Somoza**, promulgó un decreto prohibiendo extender permiso ni salvo conducto alguno para salir de Nicaragua al exPresidente **Argüello**. Este es el texto de ese decreto No.15 aprobado el 13 de Octubre de 1947, publicado en La Gaceta No. 223 del 14 de Octubre de 1947:

--«*El Presidente de la República, a sus habitantes, sabed:*

Que la Asamblea Nacional Constituyente, ha ordenado lo siguiente: La Asamblea Nacional Constituyente de la República de Nicaragua, en Funciones de Cuerpo Legislativo Ordinario,

CONSIDERANDO: Que es notorio que el Ex Presidente de la República Dr. Leonardo Argüello Barreto tiene el deseo de abandonar el territorio nicaragüense alimentado por los elementos directivos de la oposición al Gobierno Nacional;

CONSIDERANDO: Que antes de que el Gral. Emiliano Chamorro saliera de Nicaragua, el Dr. Leonardo Argüello Barreto más bien había rechazado la idea de dejar el asilo otorgado por una Embajada extranjera, con cualquier destino;

CONSIDERANDO: Que estas circunstancias inclinan lógicamente a pensar que el viaje al exterior del Dr. Leonardo Argüello Barreto entraña en estos momentos un serio peligro para la paz nicaragüense, porque forzosamente tiene que relacionarse con las declaraciones bélicas del General Chamorro que ya fracasó en su primer intento de guerra civil;

CONSIDERANDO: Que la Asamblea Nacional Constituyente tiene que velar por la paz como interés primordial del pueblo que representa;

CONSIDERANDO: Que, por otra parte, el Gobierno Constitucional ha declarado recientemente que garantiza en toda forma al ex Presidente Dr. Leonardo Argüello Barreto para que se radique en cualquier lugar del territorio nacional, lo cual demuestra que no hay interés ninguno en privarle de su libertad personal;

DECRETA: Artículo 1.- El Poder Ejecutivo no podrá extender permiso ni salvo conducto para que el ex-Presidente de la República Dr. Leonardo Argüello Barreto salga del territorio nicaragüense, si no es con autorización expresa de la Asamblea Nacional Constituyente a la cual tiene que consultar de previo.

Artículo 2.- El Presente Decreto será efectivo desde su publicación por bando en las cabeceras departamentales y se publicará en La Gaceta, Diario Oficial.

Dado en el Salón de Sesiones de la Asamblea Nacional Constituyente.- Managua, D. N., Octubre 13, 1947.- F. Baltodano C., Presidente.- Aurelio Montenegro, Secretario.- Juan José Lugo Marenco, Secretario.

Por Tanto: Ejecútese.- Casa Presidencial.- Managua, D. N., trece de Octubre de mil novecientos cuarenta y siete.- Víctor Manuel ROMAN, Presidente de la República.- Benjamín Vidaurre, Ministro de la Gobernación y Anexos».

Este decreto de la Asamblea Nacional Constituyente --totalmente cumpliendo las órdenes del **Gral. Somoza**--, tenía como único propósito profundizar la guerra psicológica contra el ex-Presidente **Argüello**. Después de seis meses de mantener el ex Presidente confinado en su asilo en la Embajada de México, el 15 de Noviembre de 1947, el **Gral. Somoza** le solicitó al Embajador de México permiso para que una delegación del gobierno visitara al **Dr. Argüello** en la embajada para tratar de negociar un acuerdo. El Embajador que estaba incómodo con la situación de los asilados, prácticamente convenció al **Dr. Argüello** que recibiera a la delegación. A las once de la mañana se presentó la delegación enviada por **Somoza**, que estaba integrada por el **Dr. Oscar Sevilla Sacasa** y **Andrés Largaespada**. El

Embajador recibió a los dos delegados y el **Dr. Argüello** bajó del segundo piso para escucharlos. Después de los saludos, el **Dr. Sevilla Sacasa**, que portaba un cartapacio, habló directamente en forma familiar, dirigiéndose al **Dr. Argüello**:

--*«**Tío, vengo a cumplir una misión para bien de usted y de Nicaragua. Traigo redactado un documento para que usted lo firme renunciando formalmente a la presidencia de Nicaragua. En compensación, a su renuncia, tengo instrucciones para entregarte un millón de dólares que traigo en este maletín...**»*

El **Dr. Argüello** le interrumpió diciéndole:

--*«**Sos un cerdo, te perdono porque no sabés con quien estás hablando. Estás hablando con Leonardo Argüello Barreto que no se vende**»*.

El **Dr. Argüello** se levantó dificultosamente de su asiento y pidió al Embajador que le ayudara a subir las escaleras. En el reporte que el **Dr. Oscar Sevilla Sacasa** y **Andrés Largaespada** rindieron al **Gral. Somoza** no solamente fue el determinante rechazo del millón de dólares, negándose a firmar la renuncia a la presidencia, sino también hicieron hincapié sobre el estado gravemente deteriorado --y muy visible-- de la salud del **Dr. Argüello**, que era la gran preocupación del Embajador **Martínez Mercado**.

Somoza retiró a las turbas que rodeaban al edificio de la embajada, dejando una reducida vigilancia para que otros oficiales de la Guardia Nacional no accedieran a refugiarse en la Embajada de México. Esta vigilancia se mantenía con efectivos de la Guardia Nacional en varias embajadas acreditadas en Nicaragua, especialmente de los gobiernos latinoamericanos que no comulgaban con **Somoza**. Finalmente, anulando e ignorando el decreto de la Asamblea Nacional Constituyente, el **Gral. Somoza** temeroso de las consecuencias que el **Dr. Argüello** muriera en Nicaragua, el **29 de Noviembre de 1947**, ordenó extender el salvoconducto para que **Argüello** pudiera salir de Nicaragua rumbo al destierro a México. El salvoconducto para que el **Dr. Leonardo Argüello** incluía a su esposa **Haydee Baca Obregón de Argüello** pudieran trasladarse a México vía aérea, pero no incluía salvoconducto para el **Tnte. Rafaél Somarriba**. Por todos los informes recibidos, tanto de sus delegados como de los médicos que tuvieron autorización para examinar al expresidente, el **Gral. Somoza** sabía que las condiciones de salud de **Argüello** eran súmamente precarias, y a **Somoza** no le convenía que **Argüello** falleciera en Nicaragua.

Dice el **Tnte. Rafaél Somarriba** en sus ***Memorias***, que el salvoconducto no le incluyó a él, pero que de todas formas salió junto con el expresidente **Argüello** en una acción que él describe como de gran audacia, viajando en el automóvil del Embajador de México y el expresidente con su esposa, pero que él, **Somarriba**, iba armado y cuando los Guardias vieron el cañón de su pistola desistieron de capturarle. La narración del **Tnte. Somarriba**, es parecida a los capítulos cinematográficos de la serie ***Misión Imposible*** del cine y la televisión.

Para transportar al **Dr. Argüello** a México, el Presidente mexicano **Miguel Alemán Valdés** envió un avión de la Fuerza Aérea Mexicana que aterrizó en el Aeropuerto Las Mercedes de Managua el **29 de Noviembre de 1947**. En esa misma fecha se preparó el viaje del **Dr. Argüello** hacia su exilio en México. A las diez de la mañana se reunió un importante grupo de diplomático de diferentes países en la Embajada de México que conformaron el Encargado de Negocios de la Embajada de Estados Unidos, y los Embajadores de El Salvador, España, Panamá, Argentina y Guatemala. A las 10:30 de la mañana partió la caravana que encabezaron vehículos militares de la Guardia Nacional comandados por los oficiales **Cnel. Francisco Gaitán Carpio**, **Tnte. Guillermo Noguera Zamora** y **Tnte. Samuel Genie Amaya**, enseguida iba el auto del Embajador de México con el expresidente **Argüello**, su esposa doña **Haydee** y el **Tnte. Rafaél Somarriba**, seguido de los au-

A bordo del avión militar enviado por el Presidente de México **Miguel Alemán Valdés**, el Presidente de Nicaragua **Dr. Leonardo Argüello Barreto** (al centro de barba), junto con su esposa **Haydee Baca Obregón de Argüello** y el tercero es el Embajador de México en Nicaragua, **Lic. Salvador Martínez Mercado**. En el fondo se ven soldados de la Fuerza Aérea de México, miembros de la tripulación y del operativo de trasladar al Presidente **Argüello** en calidad de exiliado a México. En el vuelo el **Dr. Argüello** se indispuso y tuvieron que aterrizar en Tapachula, ciudad mexicana donde le atendió un médico, y al día siguiente continuaron hasta la ciudad de México, llegando el 30 de Noviembre de 1947.

tos de los otros diplomáticos formando una caravana que se cerraba con un camión con soldados ***cascos de acero*** de la Guardia Nacional.

La caravana ingresó a la pista del aeropuerto Las Mercedes y se detuvo frente a la escalinata del avión militar mexicano, donde la tripulación hizo una valla en honor al **Dr. Argüello** que subió a bordo con la banda presidencial en su pecho y los sellos de la nación en su maletín. **A las 11:15 de la mañana** la nave mexicana despegó rumbo a México. El **Dr. Argüello**, su esposa y el **Tnte. Somarriba** habían permanecido seis meses asilados en la Embajada de México, pero soportando el poder del **Gral. Somoza** con acciones de ostigamiento, revancha y su capricho, y solamente fueron autorizados a salir de Nicaragua cuando la condición médica del expresidente era muy crítica, casi agónico.

El **Dr. Argüello** se sintió tan indispuesto en el vuelo que parecía se moriría y el avión tuvo que aterrizar en Tapachula, ya en territorio mexicano, donde lo atendió un médico y tuvieron que pernoctar en esa escala. A la mañana siguiente todos volvieron al avión, llegaron sin novedad a México D.F. y fueron trasladados al ***Hotel Gillow*** por disposición y cortesía del gobierno mexicano del Presidente **Miguel Alemán Valdés**.

A la izquierda el **Dr. Leonardo Argüello Barreto**, visiblemente enfermo cuando llegó a México, prácticamente agónico. A la derecha el **Dr. Ignacio Chávez Sánchez**, la máxima eminencia mexicana en cardiología que atendió al expresidente **Argüello** en México, ya no pudo hacer nada más que pronosticar con mucha precisión el día y la hora de su muerte: el **15 de Diciembre de 1947, a las 9:20 de la mañana**.

Recién había llegado el **Dr. Argüello** a la Ciudad de México, cuando se presentó a entrevistarlo **Jules Dubois**, célebre periodista norteamericano, corresponsal latinoamericano para los periódicos ***Chicago Tribune*** y el ***New York Herald Tribune***. Le preguntó **Dubois** al expresidente sobre su confrontación a **Somoza**. El **Dr. Argüello** le respondió: --*«**Recordará usted que en mi discurso de toma de posesión dije que no pensaba convertirme en títere de Somoza. Entonces comencé a hacer investigaciones sobre los gastos del gobierno de Somoza. Me encontré con la compra de cien tractores en los Estados Unidos. Pregunté por esos tractores. Se me informó que 98 de ellos eran usados en las fincas del general Somoza. Le pedí al general Somoza, que era ministro de Guerra, que los devolviera al gobierno**»*.

--*«**¿Se precipitó usted un poco?**»*, más que preguntarle le comentó **Dubois**.

--*«**Puede ser** --contestó el **Dr. Argüello**--, **pero no podía gobernar a conciencia de otro modo**»*.

La verdad es que **Argüello** actuó contra **Somoza** demasiado temprano, le faltó astucia y por ello se precipitó, hombre respetuoso de las leyes y un verdadero prócer de la doctrina e ideología liberal, opuso los principios constitucionales para enfrentar a las armas de la Guardia Nacional de Nicaragua controladas por **Somoza**.

Desde su llegada a México D.F. la salud del **Dr. Argüello** empeoró, entre otras cosas por la altura de la capital mexicana (2, 240 metros sobre el nivel del mar, que hace difícil la respiración a quienes llegan acostumbrados a los 40 metros sobre el nivel del mar de Managua) y fue trasladado al recién inaugurado, en 1944, ***Instituto Nacional de Cardiología de México***, ubicado entonces en la Avenida Cuauhtémoc de la Ciudad de México, donde **Argüello** fue sometido a cuidados intensivos.

Numerosas personalidades hicieron antesala para saludar al expresidente **Leonardo Argüello**, entre ellos el **Gral. Emiliano Chamorro**, exiliado en México tras el fracaso del movimiento armado de Mina La India, y el **Dr. Carlos Prío Socarrás**, Presidente electo de Cuba, y decenas de otros nicaragüenses radicados en México, pero por prescripción médica no se autorizó que recibiera visitas.

El día **15 de Diciembre de 1947** a las siete de la mañana el **Dr. Argüello** recibió la visita del eminente médico cardiólogo mexicano que lo estuvo atendiendo desde su llegada al Instituto, el **Dr. Ignacio Chávez Sánchez**. Al salir del lecho del expresidente el **Dr. Chávez** escribió en el reporte médico: --*«...la condición patológica del paciente Dr. Leonardo Argüello se encuentra en estado terminal y podría fallecer hoy mismo entre nueve y diez de la mañana»*.

A las **9:20 de la mañana del 15 de Diciembre de 1947**, el **Dr. Leonardo Argüello Barreto** expiró. Nunca renunció a la presidencia de Nicaragua. Sus restos aún permanecen en México. Así fue su voluntad, expresada así: --*«No quiero que lleven mi cadaver a Nicaragua, sino hasta que sea libre»*, por eso, aún en 2022, lo que queda de sus restos somáticos siguen en México, esperando la libertad de Nicaragua.

Argüello no pudo comprender por qué un hombre como **Somoza** actuó por encima de la Constitución utilizando la fuerza bruta. El expresidente **Argüello** fue sin duda un doctrinario y filósofo liberal, pero le faltó estudiar la Historia, así con mayúscula, que contiene miles de ejemplos de personajes como **Somoza García**, para quienes las leyes civilizadas son papel mojado, y solamente se someten a la ***ley de la selva***, donde la fuerza se repele con la fuerza y no con leyes democráticas y se vive soportando esas salvajes leyes, donde se impone la fuerza bruta sobre constituciones, doctrinas y filosofías.

En la naturaleza psicosomática del ser humano con elevada dignidad, la ofensa perpetrada por el golpe de estado afectó la ya debilitada salud del **Dr. Leonardo Argüello**, para él fue una ofensa ignominiosa a la luz de todo el pueblo nicaragüense y del mundo. La única acción que estaba al alcance de su cultura civilizada --una acción más espiritual que pragmática--, fue retener los íconos republicanos: la banda presidencial y los sellos de la Nación, todo un simbolismo espiritual y moral, pero totalmente impráctico. Quiso librarse así de la burda y cruel manipulación que **Somoza** le había perpetrado. La Banda Presidencial y los Sellos fueron un paliativo moral que se llevó a la tumba.

Ese fue el epílogo del Presidente **Leonardo Argüello Barreto**, un respetable hombre nicaragüense culto y culturizante, que nació en la ciudad de León de Nicaragua el 29 de Agosto de 1875, hijo de don **Santiago Argüello** y doña **María Iginia Barreto**. Nieto de don **Toribio Argüello Argüello** y de doña **María Francisca Barreto**. Sus bisabuelos fueron don **Santiago Argüello Agüero** y doña **Magdalena Argüello Guerrero**.

El joven **Leonardo Argüello** estudió medicina, graduándose en la Universidad de León de Nicaragua, la misma que hoy tiene por nombre Universidad Nacional Autónoma de Nicaragua. Se dedicó más a la política que a su profesión de médico. Paralelamente se destacó como ensayista, escritor y doctrinario liberal, ideología que practicó con intelectualidad y pasión. Fue delegado del movimiento revolucionario del **Gral. Luis Mena Solórzano**, que fue desconocido como presidente de Nicaragua por el gobierno norteamericano del presidente **William Howard Taft** (1909 - 1913).

En 1913 **Leonardo Argüello** fue uno de los creadores del ***Partido Liberal Nacionalista, PLN***, estando Nicaragua invadida por las tropas norteamericanas que impusieron a un régimen de conservadores sumisos a la política y los intereses de Estados Unidos. El

Partido Liberal Nacionalista, PLN, reorganizó a los liberales nicaragüenses derrotados y dispersos tras la caída de los Presidentes liberales **Gral. José Santos Zelaya** y **Dr. José Madriz**, derrocados ambos por el poder norteamericano. Entre esos liberales estuvo el **Dr.** y **Cnel. Benjamín Zeledón Rodríguez**.

En 1926 con 50 años de edad el **Dr. Leonardo Argüello**, participó como miembro del Gabinete del **Dr. Juan B. Sacasa** durante la Guerra Constitucionalista Liberal.

En 1935, en el inconcluso gobierno del Presidente **Dr. Juan Bautista Sacasa**, el **Dr. Leonardo Argüello** fue nombrado Ministro de Instrucción Pública y después Ministro de Relaciones Exteriores del mismo gobierno constitucional del **Dr. Sacasa**, que fue brutalmente derrocado por un golpe de estado perpetrado por el **Gral. Anastasio Somoza** en 1936. El **Gral. Somoza García** controlaba la política en Nicaragua con la fuerza militar de la Guardia Nacional, combinación que le dio el poder de poner y quitar gobernantes. La historia profusamente detallada e ilustrada del gobierno del **Dr. Juan B. Sacasa** y del golpe de estado están descritas en el ***Tomo I***, de ***La Historia de la Guardia Nacional de Nicaragua***, capítulo 22.

Durante su ejercicio de Ministro de Relaciones Exteriores, **Argüello** se entrevistó con el **Gral. Augusto C. Sandino**, el 20 de Febrero de 1934 (un día antes del asesinato). Representando al presidente **Juan Bautista Sacasa** y ante la presencia del embajador estadounidense en Managua, inició una serie de negociaciones para el desarme del ejército rebelde tras la retirada los infantes de marina. Ese día no se llegó a ningún acuerdo, y al día siguiente por la noche **Sandino** fue asesinado por órdenes del **Gral. Somoza**.

El padre **Federico Argüello Solórzano** (1914-2011), sacerdote jesuita, y sobrino del **Dr. Leonardo Argüello**, rechazó los ataques al Presidente defenestrado. Afirmó el **Padre Argüello**: --*«**La imagen que se tiene de él, con el paso del tiempo, es totalmente absurda. Para mí el presidente Argüello estuvo a punto de salvar a Nicaragua. Si Leonardo hubiera logrado su cometido ¿cuántas cosas no se hubieran evitado? Guerras, comunismo, dictaduras y todo lo que Nicaragua ha padecido. El Dr. Leonardo Argüello fue un hombre honesto, serio, incapaz de robarse un centavo**»*.

Uno de los reclamos a los políticos de Nicaragua expresados por el **Dr. Leonardo Argüello Barreto**: --*«**O practicamos lo que proclamamos, o la prédica es sólo el intento de encontrar en el Estado el bienestar personal**»*.

Capítulo Trece

1947: Ataque a la Mina La India

La historia de ***Santa Cruz de La India*** inició en 1920 cuando el señor **Polo Blanco** descubrió que había oro en ese rincón del departamento de León cerca del límite con el departamento de Estelí. En 1938, la empresa ***Noranda Inc.***, de origen canadiense, inició la explotación de oro en la mina, por ese motivo trabajadores mineros empezaron a llegar a la ***Mina La India*** y se asentaron en sus alrededores dando origen a la comunidad que para 1945 se contabilizaba cerca de cuatro mil personas habitando en el pueblecito o caserío de la ***Mina La India***, dedicados a labores de minería, a servicios accesorios para los mineros y la Guardia Nacional estableció un pequeño cuartel para el Comando.

En mayo de 1947 se conoció con el nombre ***rebelión*** o ***levantamiento*** o ***ataque*** o ***movimiento de la Mina La India***, el mineral ubicado en el departamento de León, donde se escenificó este hecho armados breve, improvisado, pero violento, que pretendió ser el inicio de una conspiración con ramificaciones y acciones armadas en varias partes de Nicaragua contra el poder del **Gral. Anastasio Somoza García**, considerados como una secuela inspirada por el golpe de estado que derrocó al presidente **Dr. Leonardo Argüello Barreto** el lunes 26 de Mayo de 1947, hechos que hemos estudiado en los capítulos anteriores.

El ataque a la ***Mina La India*** fue el primer movimiento armado que tuvo el propósito de asaltar las bodegas de la mina para tomar cajas con candelas de dinamita y las armas del pequeño Comando de la Guardia Nacional del poblado. Fue el primero de una serie de acciones guerrilleras que se extendieron desde 1947, llegaron a un clímax en 1956 con la muerte del **Gral. Somoza García** y continuaron creciendo en magnitud, pero cada rebelión sufrió fracasos frente a las armas y tropas de la Guardia Nacional de Nicaragua. Los movimientos guerrilleros continuaron hasta el derrocamiento del **Gral. Anastasio Somoza Debayle** en julio de 1979.

Los primeros movimientos insurreccionales se caracterizaron por ser auténticamente nicaragüenses, sin apoyo militar ni financiero extranjero. Posteriormente los movimientos militares opositores a los gobiernos de los **Somoza** fueron recibiendo apoyo, entrenamiento, armamento y financiamiento de diferentes gobiernos, entre ellos Costa Rica, Guatemala, Honduras, Cuba y finalmente una guerra casi convencional impuesta integral y totalmente por el gobierno de Estados Unidos, ordenada por el Presidente **Jimmy Carter**, ejecutada por la Agencia Central de Inteligencia norteamericana, con el reclutamiento de miles de mercenarios que fueron calificados de con el eufemista nombre de ***«internacionalistas»***, pretendiendo darles un tinte ***«ideológico»***, apertrechados con armas de guerra de todos los calibres, incluso cañones sin retroceso de 105 mm, con la orquestación de los más poderosos medios de comunicación de Estados Unidos y la participación de prácticamente todos los gobiernos de América Latina instrumentalizados por el poder norteamericano.

Cada guerrilla y movimiento insurreccional lo estudiaremos y presentaremos cronológicamente intercalados con los hechos históricos, y por ello comenzamos con el ataque a la ***Mina La India*** que --aprovechando el clima político--, se derivó del golpe de estado que el **Gral. Anastasio Somoza** perpetró para derrocar al presidente **Leonardo Argüello Barreto**, que **Somoza** presentó como su victoria personal, pero fue uno más de sus muchos errores que al final tuvieron como consecuencia su aniquilación y el final de ***La E-***

ra de los Tres Somoza.

El personaje central y organizador del ataque a ***La Mina la India*** fue el llamado general **Alejandro Cárdenas**, hijo del expresidente **Adán Cárdenas**, uno de los gobernantes de los ***30 Años Conservadores***, era el coordinador o jefe ejecutor del movimiento, fue conocido como el **Gral. Alejandro Cárdenas**, rango obtenido en el ejército gubernamental conservador durante la Guerra o Revolución Constitucionalista Liberal de 1926-1927. Este personaje se movilizó por diferentes partes de Nicaragua organizando el movimiento que estaba supuesto a tener una dimensión nacional. Pero el gran cerebro creador y financiero de esta oportunista aventura fue el **Gral. Emiliano Chamorro Vargas** que vio en la crisis del golpe de estado perpetrado por **Somoza**, una oportunidad ilusa para intentar acabar con el poder de **Somoza**, sabedor que el gobierno norteamericano de **Harry Truman** no comulgaba con el ahijado de **Roosevelt**. Ya **Truman** le había frustrado a **Somoza** su reelección. Estos hechos inspiraron a **Emiliano Chamorro** para lanzarse a esta aventura contra **Somoza**, siempre con la ilusión de recuperar el poder para él y reconquistar el maridaje con Estados Unidos, preferencia que había perdido con la estupidez del golpe de estado perpetrado en 1925 por **Chamorro** --22 años antes-- contra el gobierno del conservador **Carlos Solórzano**, desde esa errónea y funesta acción hecha por **Chamorro** solamente para volver a ser presidente a como diera lugar, Estados Unidos se divorció del régimen conservador y trasladó todas sus simpatías y apoyo a los liberales a partir del ***Pacto del Espino Negro*** de 1927, gracias a la habilidad política del **Gral. José María Moncada**. Desde entonces **Chamorro** buscó como recuperar la alianza con Estados Unidos para él y para su Partido Conservador, pero murió muchos años después --en 1966-- sin lograrlo. Tampoco lo pudo lograr el Partido Conservador, prácticamente inexistente en el siglo XXI.

Posteriormente la inteligencia de la Guardia Nacional reveló que **Cárdenas** había estado en la ciudad de El Rama, parte de Zelaya Central acompañado de **Nemesio Benavides**, exjefe de las columnas de **Sandino**. Pocos días antes del ataque a la ***Mina La India***. **Benavides** se había comprometido a indicar un sitio en las márgenes del río Coco, cercano a Wiwilí, donde las tropas de **Sandino** habían enterrado armas, municiones y pertrechos en considerable cantidad, cuando huyeron de la Cooperativa de Wiwilí, perseguidos por las patrullas de la Guardia Nacional, tras la muerte del **Gral. Augusto C. Sandino**. Para entonces, 13 años después, esas supuestas armas y municiones estarían deterioradas e inútiles.

El sábado 6 de Septiembre de 1947 **Alejandro Cárdenas** reclutó al conservador **José León Montes** y ambos se reunieron con el **Gral. Emiliano Chamorro** en busca del financiamiento del Partido Conservador que controlaba **Chamorro**, y éste les entregó la suma de C$200 córdobas a cada uno como contribución a los gastos de los preparativos para la insurrección del asalto a la ***Mina la India*** y el inicio de las acciones en todo Nicaragua.

El sábado 13 de septiembre **José León Montes**, **Julio Aguilar** y **Manuel Antonio Valle** salieron de Managua rumbo a la ***Mina la India***, llevaban instrucciones de **Alejandro Cárdenas** de unirse al coronel **Asunción Pulido**, conservador de la Guerra Constitucionalista de 1926-1927, para atacar el cuartel de la Guardia Nacional en la Mina con el propósito de obtener dinamita, fulminantes, armas y municiones. Mientras tanto el denominado **Gral. Alejandro Cárdenas** estaría atacando el cuartel de la Guardia Nacional de la ciudad de Matagalpa con la misión final de tomarse la ciudad, lo cual era un proyecto sumamente iluso, pues para esa acción se requería de una numerosa tropa bien entrenada y bien armada, contingentes que no se veían por ninguna parte.

La guarnición de soldados de la Guardia Nacional en la ***Mina la India*** era muy pequeña. El comandante era el sargento **Jorge Jarquín**. Los conspiradores **Montes** y **Valle** se dedicaron a vigilar los movimientos del sargento, quien esa noche fue con su esposa al

IZQUIERDA: Así era el pueblo de ***La Mina la India*** en 1947 cuando fue atacado el cuartel de la Guardia Nacional y asesinados tres Rasos G.N. para apertrecharse de dinamita, fulminantes y las pocas armas del comando.
DERECHA: Así es en 2022 con el desarrollo de las empresas mineras extranjeras que explotan el mineral de oro.

único cine de la población. El comandante salió del cine como a las nueve de la noche y con su esposa se dirigió a su casa. Poco antes de llegar, **Montes** y **Valle** encañonaron en la calle al sargento, lo desarmaron y le exigieron que entregara todas las armas del cuartel. Se dirigían al cuartel cuando se escuchó la balacera provocada por el coronel **Asunción Pulido** atacando al cuartel. Cuando llegaron **Montes**, **Valle** y el sargento, encontraron al cuartel en poder de **Pulido** y sus subalternos. En el piso del cuartel yacían los cadáveres de tres guardias nacionales. Todos los atacantes, incluyendo a **Asunción Pulido**, eran habitantes del pequeño pueblo de la ***Mina la India***.

Tras dañar la pequeña planta del telégrafo y teléfonos, los insurrectos se dirigieron a ciudad Darío, llevando como prisioneros a los Sargentos G.N. **Jorge Jarquín** y **Crecencio Reyes**.

Pero las cosas comenzaron a tornarse mal cuando el grupo llegó a ciudad Darío y no encontraron al **Gral. Alejandro Cárdenas**, como lo habían acordado y supieron que tampoco **Cárdenas** había atacado Matagalpa y mucho menos haberse tomado la ciudad.

Los improvisados ***«revolucionarios»*** **José León Montes**, **Julio Aguilar** y **Manuel Antonio Valle** entraron en pánico, pero el coronel **Asunción Pulido** propuso matar a los dos sargentos que llevaban de rehenes y atacar el cuartel de ciudad Darío; pero **Montes**, **Aguilar** y **Valle** comprendieron que el movimiento estaba fracasado y que la Guardia Nacional se estaría movilizando para aniquilarlos. Buscando alguna protección, los tres se confabularon con los dos sargentos prisioneros y escaparon tanto de la furia de **Pulido** como de las represalias de la Guardia Nacional.

Los dos sargentos G.N. **Jorge Jarquín** y **Crecencio Reyes** se presentaron al Comando G.N. de ciudad Darío donde rindieron un informe sobre los hechos. **Montes**, **Aguilar** y **Valle** huyeron con dirección a León.

Como los dos sargentos **Jarquín** y **Reyes** conocían al coronel **Asunción Pulido** y a los hombres que formaban su tropa, los oficiales de la Guardia Nacional organizaron una operación de rastreo y persecución, logrando dar alcance y capturar a **Pulido** y su gente cuando bajaban la Cuesta El Coyol, y ahí mismo fueron sumariamente fusilados.

El diario ***La Prensa***, que para entonces ya era opositor a **Somoza** --desde 1944-, en su edición del 25 de septiembre de 1947, publicó que: ***«algunas»*** personas llegadas desde el norte informaron que han sido visto ***«numerosos cadáveres»*** de campesinos y gente humilde ***«esparcidos»*** en la Cuesta El Coyol, carretera de Managua a Matagalpa. El **Dr. Pedro Joaquín Chamorro** en su libro ***«Estirpe sangrienta: Los Somoza»***, le agregó condimentos amarillistas al caso escribiendo que eran ***«centenares de cadáveres esparcidos en***

la Cuesta del Coyol sirviendo de comida a los zopilotes».

En otro escenario, **Nemesio Benavides**, exjefe de las columnas de **Sandino**, que también era parte del movimiento creado por **Alejandro Cárdenas**, al mando de su pequeña columna atacó la Oficina de Telégrafos G.N. de ***Muelle de los Bueyes*** en Zelaya Sur, asesinando al **Cabo G.N. Luis Cáliz** e hiriendo al **Raso G.N. Leónidas López**, ambos telegrafista del servicio especial de la Guardia Nacional.

La Oficina de Leyes y Relaciones de la Guardia Nacional emitió un comunicado el domingo 14 de Septiembre de 1947, informando oficialmente: --***«El 13 de septiembre de 1947 a las 9:00 de la noche, individuos desconocidos asesinaron en la Mina La India a los rasos Julio Aguilar, Julio Hernández y Tomás Velásquez, cortaron las comunicaciones, destruyeron propiedades del Estado y capturaron a los sargentos Jorge Jarquín y Crecencio Reyes a quienes se llevaron como rehenes, huyendo con destino desco-nocido...»***

Leyes y Relaciones de la Guardia Nacional emitió otro comunicado tres días después, el miércoles 17 de septiembre de 1947, firmado por el Jefe del Estado Mayor, **Cnel. (Inf) G.N. Francisco Gaitán Carpio**, con relación al ataque en ***Muelle de los Bueyes***: ***«...patrullas de la Guardia Nacional persiguen por estos hechos delictivos a Nemesio Benavides, Emilio Salvador Gutiérrez y Hermógenes Pineda. Ya fueron capturados los individuos Raymundo Benavides y Magdaleno Benavides, ambos hermanos del prófugo Nemesio Benavides...»***

Evidentemente los dos hermanos capturados fueron interrogados y revelaron el nombre de **Nemesio Benavides** y los otros dos mencionados en el comunicado, pero no mencionó la comunicación sobre los fusilados en ***La Cuesta del Coyol***.

El ataque a la ***Mina La India*** dio pretextos al **Gral. Somoza García** para generalizar la represión y encarcelar a sus adversarios políticos, porque eran sus adversarios y no del Presidente **Víctor Manuel Román y Reyes** que había sido designado en el cargo por la Asamblea Constituyente.

El domingo 14 de septiembre de 1947 fueron capturados y encarcelados el **Gral. Carlos Pasos**, uno de los principales generales de la Guerra Constitucionalista Liberal de 1926-1927, pero firme opositor al régimen del **Gral . Somoza**; el **Gral. Adán Vélez**, los exOficiales de la Guardia Nacional **Cptn. (Inf) exGN Ernesto Salazar Amador**, **Tnte. (Inf) exGN Edmundo Delgado Baldizón**, **Tnte. (Inf) exGN Justo Pastor López Rivera**, **Cptn. (Inf) exGN Víctor Manuel Fonseca**, **Tnte. (Inf) G.N. Guillermo Cuadra**, **Raso exG.N. Julio Tapia**, los civiles **Octavio Pasos Montiel**, **Pedro José Zepeda** y **Alfredo Martínez**, que era el cuidador de la casa del **Gral. Emiliano Chamorro** en Managua. Ninguno de estos capturados tuvo nada que ver con el ataque a ***La Mina la India***, pero eran opositores al **Gral. Somoza**. Todos los capturados fueron encerrados en las cárceles de ***La Aviación*** comandada por el alcaide **Cptn. (Inf) G.N. Pablo Rivas**.

Estos oficiales y exoficiales de la Guardia Nacional, no estaban involucrados en el ataque a la ***Mina La India***, pero habían sido convocados a participar y conocían los planes de **Emiliano Chamorro**, así aparecieron en una lista capturada a los insurrectos y eso generó que todos fuesen arrestados y encarcelados en el cuartel de ***La Aviación***, además que todos eran notorios opositores al régimen del **Gral. Somoza**.

Una patrulla de la Guardia Nacional de León trató de capturar al **Gral. Carlos Castro Wassmer**, pero éste --advertido a tiempo--, logró escapar y ocultarse. Otro que se ocultó fue el **Gral. Emiliano Chamorro Vargas** y por varios días se ignoró su paradero.

Varias patrullas de la Guardia Nacional fueron enviadas en persecución de los atacantes de ***Muelle de los Bueyes***. Una de las patrullas bajo el mando del **Cptn. (Inf) G.N.**

El **Gral. Emiliano Chamorro Vargas**, creador de la conspiración de 1947 para atacar la ***Mina la India***, ***Matagalpa*** y ***Muelle de los Bueyes*** y otros importantes lugares, al fracasar el movimiento se ocultó y por varios días no se supo de su paradero, hasta que el **Cptn. G.N. Adolfo Alfaro** dio declaraciones a los periodistas asegurando que los atacantes eran ***«bandoleros sandinistas»***, entonces el diario ***La Prensa*** salió en defensa de **Chamorro** diciendo que el general no tenía nada que ver con los ataques. Tras esa publicación del diario ***La Prensa*** apareció el **Gral. Emiliano Chamorro** refugiado en la Embajada de los Estados Unidos y ese mismo día fue llevado por funcionarios de la embajada norteamericana al aeropuerto ***Las Mercedes*** para abordar un avión de ***Pan American Airways*** rumbo a El Salvador donde **Chamorro** pidió asilo político. En ausencia de **Emiliano Chamorro** y con la necesidad de hacer un pacto político con la oposición, **Somoza** pactó en 1948 con el **Dr. Carlos Cuadra Pasos**, segundo hombre del Partido Conservador, lo cual encolerizó al ausente **Chamorro**.

Adolfo Alfaro Carnevallini fue emboscada por los rebeldes, matando al **Tnte. G.N. Carlos Wheelock**. El jueves 25 de septiembre de 1947 la Oficina de Leyes y Relaciones de la Guardia Nacional emitió un comunicado firmado por el **Gral. Anastasio Somoza García**, en sus calidades de Jefe Director de la Guardia Nacional y Ministro de Guerra, Marina y Aviación del gobierno del Presidente **Víctor Manuel Román y Reyes**, informando que: --***«...en el lugar denominado Los Corrales, situado a la izquierda de la trocha de la carretera al Atlántico, fue emboscada una patrulla de la Guardia Nacional, muriendo en la acción el Tnte. (Inf) G.N. Carlos E. Wheelock Páez, combatiendo contra los bandoleros encabezados por Nemesio Benavides y Hermógenes Pineda, los mismos que atacaron Muelle de los Bueyes el 17 de septiembre»***.

En esa misma fecha del 25 de septiembre, patrullas de la Guardia Nacional allanaron varias casas en Managua y en la requisa del taller de mecánica de **Julio Gutiérrez** fueron encontradas ocho bombas artesanales de ***niples*** (tubos metálicos con dinamita) y 84 candelas de dinamita para la fabricación del mismo tipo de bombas, según informó la Oficina de Leyes y Relaciones de la Guardia Nacional.

En declaraciones periodísticas del **Cptn. G.N. Adolfo Alfaro Carnevallini**, jefe de la patrulla emboscada donde murió el **Tnte. Wheelock**, confirmó que los atacantes de la patrulla eran ***«bandoleros sandinistas»*** (refiriéndose a que **Benavides** había militado en las columnas del **Gral. Sandino**). Estas declaraciones fueron utilizadas por el diario ***La Prensa***, periódico del ***Clan Chamorro***, para argumentar que el **Gral. Emiliano Chamorro** nada tenía que ver con los ataques de ***«los sandinistas»*** a la ***Mina La India***, a ***Muelle de los Bueyes*** ni en la emboscada en ***Los Corrales***, alegando que **Chamorro** no era sandinista.

La Cuesta del Coyol comienza a 56 kilómetros de la ciudad de Managua, en el municipio de Tipitapa en la Carretera Panamericana Norte y se extiende por 8 kilómetros terminando en el departamento de Matagalpa. En 1967 la carretera y la ***Cuesta del Coyol*** fueron remodeladas y reconstruidas con mayor anchura y seguridad, pero en 1947 era muy angosta y con mayor declive. En ese año fueron capturados en la ***Cuesta del Coyol*** por patrullas de la Guardia Nacional y fusilados en la misma cuesta, el coronel **Asunción Pulido**, del antiguo ejército del **Gral. Sandino**, y su grupo, que fueron los atacantes del comando de la Guardia Nacional en ***Mina la India***, donde asesinaron a tres soldados Rasos G.N. En su libro antisomocista ***«Estirpe sangrienta: los Somoza»***, el **Dr. Pedro Joaquín Chamorro**, poniéndole pimienta amarillista a su narrativa, escribió: --***«centenares de cadáveres esparcidos en la Cuesta del Coyol sirviendo de comida a los zopilotes»***, porque así era su estilo. Esta foto corresponde al año 2022.

Después de estas publicaciones en franca defensa del **Gral. Chamorro**, el caudillo conservador y jefe del ***Clan Chamorro***, apareció el sábado 11 de octubre de 1947 refugiado en la Embajada de los Estados Unidos en Managua, pero no como asilado sino en refugio de protección. Ese mismo día el **Gral. Chamorro** fue trasladado al Aeropuerto ***Las Mercedes*** en un vehículo de la Embajada norteamericana acompañado por el Secretario Político de la embajada norteamericana, **Maurice Bemhaum** y por el Embajador de El Salvador, **Lic. Peña Trejos**, seguido de otro vehículo militar con custodios de la Guardia Nacional bajo el mando del entonces **Mayor (Inf) G.N. Anastasio Somoza Debayle**.

Todos se aseguraron que el **Gral. Chamorro** abordara el bimotor de la ***Panaire*** (Pan American Airways) con destino a El Salvador, donde **Chamorro** llegó sin novedad a solicitar asilo político al gobierno del Presidente **Gral. Salvador Castañeda Castro**.

Para las navidades de 1947 todos los presos políticos fueron puestos en libertad, por una amnistía decretada por el presidente **VíctorManuel Román y Reyes**, menos los capturados en acciones militares. De **Nemesio Benavides** y **Hermógenes Pineda** no se conoció de sus destinos, pero se rumoró que lograron refugiarse en Honduras. Así concluyó el primer movimiento armado, conocido como el ataque a ***La Mina La India***, contra el régimen del **Gral. Anastasio Somoza García**, incoado a raíz del golpe de estado contra el Presidente **Leonardo Argüello Barreto**.

Capítulo Catorce

1947: Cuatro presidentes en ocho meses

1947 fue un año de extraña especialidad para Nicaragua. Cuando inició este año el presidente en funciones era el **Gral. Anastasio Somoza García**, que estaba presionado por el gobierno de Estados Unidos para que no intentara reelegirse.

Desde que comenzó en enero el año 1947 hasta el 15 de agosto del mismo año, **en menos de ocho meses**, cuatro presidentes ejercieron el poder ejecutivo, unos menos tiempo que otros.

Somoza fue el primer presidente del año 1947

El primer presidente de esos ocho meses del año 1947 fue el propio **Gral. Anastasio Somoza García** que venía gobernando desde el 1ro. de enero de 1937 sumando diez años de mandato. Los otros tres presidentes de este fenómeno de 1947, fueron fabricados a voluntad y conveniencia del mismo **General Somoza**, en este orden.

Argüello fue el segundo presidente del año 1947

El segundo presidente fue el **Dr. Leonardo Argüello Barreto**, del 1ro. al 26 de mayo de 1947, derrocado por el mismo **Gral. Somoza**. Cuando **Argüello** intentó ser independiente y quiso destituir a **Somoza** del cargo de Jefe Director de la Guardia Nacional.

Lacayo Sacasa fue el tercer presidente del año 1947

El tercer presidente fue **Benjamín Lacayo Sacasa**, pariente de **Somoza**, previamene nombrado por el Congreso Nacional como primer designado a la presidencia, por órdenes del **Gral. Somoza**, y después **Lacayo Sacasa** fue nombrado presidente de la República por la Asamblea Constituyente, ejerció el cargo del 26 de mayo al 15 de agosto de 1947.

Lacayo Sacasa nació en Granada, 27 de junio de 1893 y falleció a los 65 años de edad el 4 de abril de 1959 en Managua

Como presidente de Nicaragua, **Benjamín Lacayo Sacasa** convocó el domingo 3 de Agosto de 1947 a elecciones para otra Asamblea Nacional Constituyente, la segunda en el mismo año. **Lacayo Sacasa** nunca habitó la Casa Presidencial, sino que durante los 84 días que fue presidente permaneció en su casa de habitación en el barrio San Sebastián de la Vieja Managua. ***Renunció*** ante la misma Asamblea Constituyente.

Román y Reyes fue el cuarto presidente del año 1947

El cuarto presidente de 1947 fue el **Dr. Víctor Manuel Román y Reyes**, también pariente de **Somoza**, electo por otra Asamblea Constituyente, ejerció la presidencia de la República del 15 de Agosto de 1947 al 6 de mayo de 1950, fecha en que falleció.

El 15 de Agosto de 1947 cuando fue electo por la Asamblea Constituyente el **Dr. Víctor Manuel Román y Reyes** en el cargo de Presidente de Nicaragua, todo el gabinete de ministros y altos funcionarios fueron nombrados por el **Gral. Anastasio Somoza** y en

Benjamín Lacayo Sacasa disfrutando vacaciones en California, después de su renuncia como presidente de Nicaragua durante 84 días. El ex presidente de Nicaragua **Benjamin Lacayo Sacasa** en Los Angeles, California el 15 de Agosto de 1951. De traje negro su sobrina la señora **Leroy Speed**. Foto de ***The Examiner*** de Los Ángeles.

esas circunstancias nombró en el alto cargo de ***Ministro de Gobernación y Anexos***, al **Dr. Modesto Salmerón**, *«**expresidente del Consejo Nacional de Elecciones, experto en contar votos "a la carta"** »*.

Desde que se convirtió en un ser poderoso para Nicaragua, **Anastasio Somoza** nunca le hacía caso a nadie, excepto al gobierno de Estados Unidos. Por eso tuvo que realizar todo el sainete que produjo cuatro presidentes en ocho meses.

Para satisfacer al gobierno de EE.UU. comenzó por convocar a elecciones presidenciales que se realizaron el miércoles 5 de Febrero de 1947, sin ser **Somoza** candidato. El **Gral. Somoza** hizo sus cálculos para imponer como candidato del Partido Liberal Nacionalista, PLN, al **Dr. Leonardo Javier Argüello Barreto**, con toda la intención manipular las elecciones para hacerlo triunfador y la ulterior y principal intención de continuar ejerciendo toda su fuerza política y militar como *«**el poder tras el trono**»*, pretendiendo manejar a su conveniencia al **Dr. Argüello** que ya tenía 72 años cumplidos y con una enfermedad cardíaca crónica. Por esas condiciones **Somoza** lo consideraba *«**un anciano manipulable**»*, como se lo expresó a su cuñado **Luis Manuel Debayle Sacasa**.

Compitiendo por la presidencia de Nicaragua, el Partido Conservador, que tenía personería jurídica, hizo una alianza con el fuerte Partido Liberal Independiente, PLI, que si bien no tenía personería jurídica, contaba con enorme fuerza política y popular. Por esto el candidato presidencial del Partido Conservador no fue un conservador sino un liberal independiente, el **Dr. Enoc Aguado Farfán**, quien ganó ampliamente las elecciones, pero **Somoza** cometió un descarado fraude electoral, haciendo ganar a **Argüello** con los votos de **Aguado**, como ya lo estudiamos en capítulo anterior.

La gran sorpresa para **Somoza** y para Nicaragua fue que ya siendo presidente de la República, **Argüello** no se dejó manipular por **Somoza** e hizo el intento de anular el poder militar y político de **Somoza**, provocando el golpe de estado a tan sólo 26 días de haber

Cuatro presidentes en el año 1947

Anastasio Somoza

Leonardo Argüello

Benjamín Lacayo

Víctor M. Román

Argüello asumido la presidencia de la República.

Inmediatamente el Congreso Nacional, obediente a las armas de **Somoza**, declaró como ***«mentalmente incapacitado»*** a **Leonardo Argüello** para ejercer la presidencia, pretendiendo darle un tinte de ***legalidad*** al golpe de estado. Ese Congreso Nacional, en su resolución No.112, dijo: --***«Separar definitivamente del cargo de Presidente de la República el Dr. Leonardo Argüello Barreto, y nombrar al Designado a la Presidencia don Benjamín Lacayo Sacasa, mientras se restablece la normalidad y se convoca a nuevas elecciones presidenciales»***. Así fue declarado ***«loco»*** el presidente **Argüello** y así se fabricó como Presidente Interino a **Benjamín Lacayo Sacasa**, de 64 años de edad y pariente del **Gral. Somoza**.

En uno de sus primeros y muy pocos actos de gobierno, el Presidente **Lacayo Sacasa** procedió a nombrar al **Gral. Anastasio Somoza García** en el cargo de ***Ministro de Guerra, Marina y Aviación*** con jurisdicción sobre todas las fuerzas de aire, mar y tierra de la nación, anexándole también el cargo principal de ***Jefe Director de la Guardia Nacional de Nicaragua***.

Benjamín Lacayo Sacasa estaba tan consciente de la realidad y la naturaleza de su ***presidencia*** que nunca visitó su oficina en Casa Presidencial y permaneció residiendo en su casa en el barrio San Sebastián de Managua.

El sábado 5 de julio de 1947, por imposición del **Gral. Somoza García**, el Presidente **Lacayo Sacasa** decretó el confinamiento de los principales dirigentes del Partido Socialista Nicaragüense, PSN, en la isla de Ometepe, bajo los cargos de pertenecer a una agrupación política identificada con la ideología comunista, que estaba prohibida por la Constitución. A partir de ese 5 de julio, el **Gral. Somoza** rompió sus anteriores relaciones con los izquierdista y se acercó a los conservadores en busca de alianzas y convenios o pactos para fortalecer su dominio en el gobierno.

También fue nombrado el nuevo gabinete, dejándose varios cargos vacantes que se proyectaron para ser ofrecidos a representantes de los varios partidos políticos, con el fin de atraer adeptos de otros partidos al poder del **Gral. Somoza**.

Ante tanto ***manoseo*** y la perpetración del golpe de estado, la Organización de los Estados Americanos (OEA) se negó a reconocer al gobierno del **Dr. Benjamín Lacayo Sacasa**.

Tampoco fue reconocido **Lacayo Sacasa** por el gobierno de los Estados Unidos, dirigido por el Presidente **Harry Salomon Truman**, y cuando Estados Unidos no reconoce a un gobierno o régimen, tampoco lo reconocen la gran mayoría de países de América Latina y del Caribe. El subsecretario de Estados Unidos para asuntos Latinoamericanos, **Spruille Braden**, instruyó al Encargado de Negocios de Estados Unidos en Nicaragua, **Maurice Bernbaum**, que no tratara con **Lacayo Sacasa**, sino que continuara tratando con el gobierno derrocado de **Leonardo Argüello**.

El mismo **Spruille Braden** amonestó al Embajador de Nicaragua en Washington, **Guillermo Sevilla Sacasa**, manifestándole el disgusto del gobierno de Estados Unidos por haber utilizado a la Guardia Nacional de Nicaragua, institución de las fuerzas armadas creada por Estados Unidos, para derrocar al gobierno del **Dr. Argüello**.

El **Gral. Somoza** entendió los mensajes de Washington y procedió con cautela.

El gobierno de **Benjamín Lacayo Sacasa** solamente fue reconocido por el gobierno del **Gral. Juan Domingo Perón** de Argentina, que era un gobierno importante, pero solamente era uno, sin embargo muy amigo del **Gral. Somoza**.

Bajo fuerte presión internacional porque su gobierno no fue reconocido, y siguiendo las decisiones de **Somoza**, el presidente **Benjamín Lacayo Sacasa** convocó para el 3 de

El **Dr. Víctor Manuel Román y Reyes**, luciendo la banda presidencial en día de su toma de posesión ante la segunda Asamblea Nacional Constituyente de 1947. A su lado el **Gral. Anastasio Somoza** y a la izquierda el **Dr. Luis Manuel Debayle Sacasa**. El Presidente **Román y Reyes**, permaneció en el cargo hasta el 6 de Mayo de 1950, día cuando falleció en Filadelfia, donde fue trasladado de emergencia por una crisis cardíaca. En esa ciudad norteamericana se había graduado de médico. Sus restos fueron repatriados y depositados en el cementerio de su natal Jinotepe, Carazo.

agosto de 1947, es decir a menos de tres meses de instalado en la presidencia, a la elección de otra --la segunda en los ocho meses-- Asamblea Nacional Constituyente.

En la elección no votó ni el 10% de la población apta para hacerlo. En su propio día de instalación, el 15 de agosto de 1947, la Asamblea Constituyente aceptó la renuncia de **Lacayo Sacasa** y eligió Presidente de la República para un período de cuatro años al anciano médico **Víctor Manuel Román y Reyes**, tío del propio **Somoza García** pues era primo de su padre, don **Anastasio Somoza Reyes**. Y como Vicepresidente la constituyente eligió al **Dr. Mariano Argüello Vargas**.

El cuarto presidente de 1947 fue el **Dr. Víctor Manuel Román y Reyes**, apodado ***TiVi*** que significaba ***Tío Víctor***, porque realmente era tío del **Gral. Anastasio Somoza García** en tercero o cuarto grado de parentela.

El Tío Víctor y el vicepresidente Argüello Vargas, firmaron un Pacto de Honor con Somoza

La filosofía popular nicaragüense, especialmente la campesina, promulga su desconfianza con esta frase: --***«Los quemados con leche, hasta la cuajada soplan»***.

Y **Somoza** habiendo pasado por la angustia de que **Argüello** estuvo a punto de destituirlo del cargo de Jefe Director de la Guardia Nacional y pasarlo a retiro, lo que significaba dejarlo totalmente huérfano de poder, decidió ***«soplar la cuajada»*** obligando a su propio **Tío Víctor** y al Vicepresidente **Mariano Argüello Vargas**, a firmar un ***Pacto de Honor*** por medio del cual ambos se obligaron a garantizarle al **Gral. Somoza** el cargo de Jefe Director de la Guardia Nacional de Nicaragua de forma permanente y perpetua. La razón de obligar al Vicepresidente **Mariano Argüello** de firmar el Pacto de Honor, se basó en que la edad que tenía el **Tío Victor** era ya de 75 años (nacido el 13 de octubre de 1872), pero sobre todo porque padecía de problemas cardíacos crónicos, y en caso de morir, el sucesor legal era el Vicepresidente **Mariano Argüello**.

Pacto de Honor

Bajo mi palabra de honor me comprometo a:

1º.- Nombrar Jefe Director de la Guardia Nacional de Nicaragua y Ministro de Guerra y Anexos al general Anastasio Somoza García, o a la persona que éste designe.

2º.- A orientar la política de mi Gobierno en acuerdo y armonía con el general Anastasio Somoza García.

3º.- A sostener la candidatura presidencial del general Somoza García para el próximo período constitucional o, en su defecto, la candidatura de la persona que designe el general Somoza García.

Tal compromiso de honor lo firmo como un acto de consecuencia y de lealtad política hacia el Jefe del Partido Liberal Nacionalista, general Anastasio Somoza, quien por su fuerza popular ha sido y es factor decisivo de la política que ha mantenido a nuestro Partido en el Poder.

El general Anastasio Somoza García, por su parte, se compromete a prestar a mi Gobierno su concurso popular y su influencia en la Guardia Nacional de Nicaragua a fin de que pueda desarrollar un programa amplio de progreso y de ideología liberal, manteniéndose inalterable la paz de la República.

Firmo en la ciudad de Managua a los doce días del mes de Agosto de mil novecientos cuarenta y siete, en carácter de futuro Presidente de la República, toda vez que cuento con el apoyo e influencia del general Somoza ante los Representantes a la Asamblea Nacional Constituyente. Firma también conmigo el Dr. Mariano Argüello Vargas y el Gral. Anastasio Somoza García, en la parte que les corresponde.- (f.) Víctor Román y Reyes.- (f.) Mariano Argüello.- (f.) A. Somoza.

Tres días después de firmado el ***Pacto de Honor***, el 15 de agosto de1947, la Asamblea Nacional Constituyente eligió a **Victor Manuel Román y Reyes** en el cargo de presidente de la República y al **Dr. Mariano Argüello Vargas**, vicepresidente. Este nuevo gobierno estuvo sostenido por la mano dura de la **Guardia Nacional de Nicaragua**, que se inició desde el día del golpe de estado que derrocó al presidente **Leonardo Argüello**, cuando se decretó el Estado de Sitio que seguía vigente.

El ***Pacto de Honor*** es una prueba fehaciente y una total evidencia de que el **Gral. Somoza** era y actuaba como el ***«cacique que mangoneaba a la tribu llamada Nicaragua a su antojo, capricho y conveniencia»***. A esto es lo que en una ocasión, públicamente, **Luis Somoza Debayle**, hijo del **Gral. Somoza**, calificó diciendo que ***«Los Somoza Debayle nos forjamos en una escuela para presidentes»***.

El Rector vitalicio de esa ***Escuela para Presidentes***, siempre fue el **Gral. Anastasio Somoza García**.

Capítulo Quince

1948: Pacto Cuadra Pasos-Somoza 1950: *El Pacto de los Generales*

El 12 de marzo de 1948 estalló la Guerra Civil en Costa Rica con el liderazgo de **José Figueres Ferrer** contra el gobierno del **Dr. Teodoro Picado Michalski**. Los revolucionarios en pocos días avanzaron ganando terreno a las fuerzas del gobierno.

El **Gral. Somoza** nada tenía que ver con esa guerra civil, pero el 16 de abril de 1948 el presidente **Teodoro Picado** le pidió ayuda militar al gobierno de su amigo, el **Gral. Anastasio Somoza** y al día siguiente, 17 de Abril, la Guardia Nacional de Nicaragua penetró en territorio costarricense ocupando los poblados fronterizos de Los Chiles, La Cruz y Ciudad Quesada, pero bastó un pequeño regaño del gobierno norteamericano del presidente **Harry Truman**, para que **Somoza** retirara a las tropas de la Guardia Nacional del territorio de Costa Rica.

El 19 de Abril de 1948 **Figueres** ganó la última batalla de la guerra en San Isidro del General, al Sur de Costa Rica y con ello triunfó la revolución. **Figueres** instaló como presidente a **Santos León Herrera**, y ordenó expulsar al destierro al expresidente **Dr. Rafaél Angel Calderón Guardia**, y a su aliado **Teodoro Picado**. Nicaragua le dió refugio a **Calderón Guardia** y al derrocado presidente **Picado Michalski** y a numerosos funcionarios del gobierno derrocado y a combatientes derrotados.

Como lo vimos en capítulo anterior, cuando era presidente de Costa Rica el **Dr. Rafaél Ángel Calderón Guardia**, fue el padrino de la boda de **Lilliam Somoza Debaye** con **Guillermo Sevilla Sacasa** el 1° de febrero de 1943. Tras ser desterrado de Costa Rica, **Calderón Guardia** regresó a Nicaragua en calidad de refugiado a solicitarle a **Somoza**, su gran amigo personal, que le concediera asilo político.

En diciembre de 1948, cuando ya no estaba en la presidencia de Estados Unidos **Harry Salomon Truman**, se había establecido una clara enemistad entre **Somoza** y **Figueres**, y tropas de la Guardia Nacional de Nicaragua hicieron una rápida incursión dentro del territorio de Costa Rica en Puerto Soley y en San Carlos. Las tropas de la Guardia Nacional salieron antes de que el nuevo gobierno del presidente norteamericano **Dwight D. Eisenhower** regañara a **Somoza**, pero de todas maneras **Figueres** acusó a **Somoza** de asesinatos y vejámenes cometidos por la Guardia Nacional de Nicaragua en Costa Rica. Aunque el caso no pasó a más, estas acciones armadas y la enemistad entre **Somoza** y **Figueres**, preparó el terreno para una confrontación mayor que ocurrió en 1955, como lo veremos.

Por estos pecados cometidos con Costa Rica, el **Gral. Somoza** necesitó consolidar su gobierno y buscó el apoyo de los conservadores para hacer un pacto que diera visos de gobierno democrático al régimen de **Somoza**.

A raíz del golpe de estado cometido por el **Gral. Somoza** contra el presidente **Leonardo Argüello**, había salido de Nicaragua hacia México en un exilio voluntario, el **Gral. Emiliano Chamorro Vargas**, caudillo y presidente del Partido Conservador, a quien nadie perseguía ni amenazaba, pero era una recurrente táctica política --sobre todo de nostalgia del poder perdido-- de **Chamorro**, en busca de un imaginario regreso triunfante,

En el ***Pacto Cuadra Pasos-Somoza***, identificamos con el **1-Aurelio Montenegro**, Presidente de la Cámara de Diputados, Liberal Nacionalista (somocista). **2-Adolfo Altamirano Browne**, Diputado Liberal Nacionalista (somocista). **3-Gral. Anastasio Somoza García**, Jefe Director de la Guardia Nacional de Nicaragua, verdadero y único poder en la Nicaragua de entonces. **4-Dr. Víctor Manuel Román y Reyes**, Presidente de la República, y tío del Gral. Somoza García a quien llamaban ***«Tío Víctor»*** o simplemente ***«TiVi»***. **5-Dr. Carlos Cuadra Pasos**, líder conservador que actuó independiente del **Gral. Emiliano Chamorro Vargas** para negociar y firmar el ***Pacto Cuadra Pasos-Somoza*** en 1948. **6-Evenor Arévalo**, Director del Ceremonial Diplomático del gobierno de Román y Reyes. El **Dr. Cuadra Pasos**, fue minimizado e insultado y su pacto anulado dos años después, en 1950, por el ***Pacto de los Generales***. firmado entre el **Gral. Somoza** y el **Gral. Emiliano Chamorro**.

multitudinario, pero teatral, que ya no conseguía.

Por su parte el **Gral. Anastasio Somoza** buscaba cómo legalizar al gobierno ante el escenario internacional, especialmente ante Estados Unidos, potencia que no reconoció al presidente transitorio **Benjamín Lacayo Sacasa**, indiscutible títere del **Gral. Somoza García**. Como era lógico, al no reconocer Estados Unidos, tampoco lo reconocieron los demás países de América, solamente la Argentina de **Perón**. Como ya lo vimos, **Lacayo Sacasa** estuvo como presidente solamente 84 días y únicamente sirvió para convocar a una Asamblea Nacional Constituyente que se instaló el 15 de Agosto de 1947, que dejó al presidente fuera del cargo. **Lacayo Sacasa** ni siquiera salió de su casa en el barrio San Sebastián de Managua durante su presidencia interina.

Por el Decreto No.3 de esa Constituyente se designó como presidente de Nicaragua al **Dr. Víctor Manuel Román y Reyes**, alias ***Tío Víctor*** y ***TiVi***, pariente del **Gral. Somoza**, en la misma fecha 15 de Agosto de 1947. Procurando legitimar al gobierno de ***Tío Víctor***, el **Gral. Somoza** envió emisarios y mensajes al **Gral. Chamorro** hasta México proponiéndole alcanzar un ***acuerdo político*** con beneficios para el Partido Conservador, pero **Chamorro** se hizo de rogar y le dio largas a las propuestas y devaneos de **Somoza**, e hizo errados cálculos para ganar una mejor posición y más beneficios frente a **Somoza**. Por su parte el **Gral. Somoza** tenía premura de pactar con el Partido Conservador y en vista de lo irresoluto del **Gral. Emiliano Chamorro**, que se mantenía en México, **Somoza** buscó al

El **Dr. Carlos Cuadra Pasos al momento de firmar el Pacto con Somoza**. Identificamos con el **1-Dr. y Cnel. G.N. Luis Manuel Debayle**, Director de Sanidad (equivalente a Ministro de Salud). **2-Gral. Anastasio Somoza**, Jefe de la Guardia Nacional y Presidente del Partido Liberal Nacionalista. **3-Adolfo Altamirano Browne**, Diputado Liberal Nacionalista (somocista). **4-Evenor Arévalo**, Director del Ceremonial Diplomático (protocolo) del gobierno de Román y Reyes. **5-Dr. Víctor Manuel Román y Reyes**, Presidente de la República. **6-Dr. Carlos Cuadra Pasos**, líder conservador que por primera vez representaba al partido conservador por la ausencia y sin la autorización del **Gral. Chamorro**, Presidente del Partido Conservador, que estaba autoexiliado en México.

segundo hombre de importancia del Partido Conservador para estructurar un pacto político que le diera legitimidad al gobierno de su pariente ***TiVi*** --que también era su títere--. Con el pacto se pretendía una semejanza de pluripartidismo democrático en el gobierno, siempre buscando reconocimiento norteamericano e internacional. El segundo hombre del Partido Conservador era --y lo fue por mucho tiempo--, el **Dr. Carlos Cuadra Pasos**, un prominente abogado, político y afamado de gran tribuno que siempre aspiró a ocupar la presidencia, pero tuvo el gran obstáculo del liderazgo agresivo del **Gral. Chamorro Vargas**, el caudillo que antiguamente movilizaba a las masas del Partido Conservador y también había sido hombre de armas tomar, con fama de estructurar golpes de estado, conspiraciones revolucionarias y guerras, pero todo eso fue neutralizado con la creación de la Guardia Nacional de Nicaragua.

Chamorro esta vez se hizo de rogar y dejó pasar el tiempo y la oportunidad. De modo que cuando el **Gral. Anastasio Somoza**, en su calidad de Presidente del Partido Liberal Nacionalista, PLN, le propuso al **Dr. Carlos Cuadra Pasos** hacer un pacto político, éste no lo pensó dos veces e inmediatamente inició las conversaciones secretas con **Somo-**

za con la mejor voluntad y mayores ganas que le fueron posibles.

El **26 de Febrero de 1948**, el **Gral. Anastasio Somoza García** y el **Dr. Carlos Cuadra Pasos** se reunieron en la Casa Presidencial de Tiscapa para firmar el Pacto Político siendo cada uno de ellos los representantes del Partido Liberal Nacionalista y del Partido Conservador de Nicaragua, que por muchos años conformaron lo que se dio en llamar ***Las Paralelas Históricas***.

El **Dr. Carlos Cuadra Pasos** firmó el pacto con el **Gral. Somoza**, especificando en el texto del documento que lo hacía --*«**En representación de un grupo considerable de miembros del Partido Conservador**»*, porque el eterno presidente del Partido Conservador siempre lo fue el **Gral. Emiliano Chamorro**, y éste se había llevado la presidencia partidaria con los sellos, a México. Con el ***Pacto Somoza-Cuadra Pasos***, los dos líderes acordaron que se reconocía al **Dr. Víctor Manuel Román y Reyes** como legítimo Presidente de la República de Nicaragua, aceptando que la finalización del período presidencial del **Dr. Román y Reyes** debía concluirse el primero de Mayo de 1951, tal como lo había establecido la Asamblea Constituyente.

Acuerdos suscritos en el Pacto Cuadra Pasos-Somoza

En el ***Pacto Somoza-Cuadra Pasos*** que fue firmado el **26 de febrero de 1948**, se aprobaron los siguientes acuerdos:

1.- Convocar a elecciones libres y generales de Autoridades Supremas, en un plazo no mayor de tres años a partir del 1 de Mayo de 1948, aplicando la Ley Electoral Dodds de 1928. (Esta Ley Electoral fue redactada por el **Dr. Harold Willis Dodds**, de la Universidad de Princeton, para las elecciones presidenciales de Nicaragua en 1928 que ganó el **Gral. José María Moncada**).

2.- Garantizar la condición apolítica y neutral de la Guardia Nacional de Nicaragua, mencionada en el Pacto como «El Ejército de la República», que guardará estricta neutralidad política y permanecerá ajena al proceso electoral.

3.- Restablecer y garantizar la libertad de prensa mediante la proclamación de una ***Ley de Imprenta*** (así llamaban al Derecho de Informar o Libertad de Prensa), --*«**que garantizando la libertad, eleve la cultura de la prensa nacional. En esa Ley se creará un Alto Tribunal que conozca los juicios que hayan de seguirse por asuntos de prensa. El proyecto de esta Ley será redactada por una Comisión General formada por el Gral. Anastasio Somoza García, el Dr. Carlos Cuadra Pasos y los Directores de periódicos de Managua, León y Granada que tengan más de dos años de constituir una empresa formal**»*.

4.- Decretar una amplia amnistía por delitos políticos y comunes conexos. El Convenio especificaba: --«Se dictará un decreto de amplia e incondicional amnistía para todos los delitos políticos y comunes conexos que hubiesen sido cometidos hasta la fecha de este convenio. El Poder Ejecutivo pondrá especial cuidado en que se cumpla ese decreto de amnistía con la libertad de todos los individuos que guarden prisión por tales causas. El cumplimiento de esta cláusula será el punto de partida de la validez de este convenio».

5.-Integrar al Congreso Nacional siete (7) Diputados del Partido Conservador y 4 Senadores del Partido Conservador. El texto del Pacto especificó: ***--«El Poder Legislativo seguirá ejercido por tres años por el actual Congreso. Siete Diputados y cuatro Senadores que faltan conforme a disposiciones transitorias de la Constitución, serán elec-***

Con este entusiasta apretón de manos entre los Generales **Emiliano Chamorro Vargas**, el legendario político y militar conservador llamado ***«El Cadejo»*** y **Anastasio Somoza García**, creador de la ***Dinastía de los Somoza*** y de la ***Era de los Tres Somoza***, forjaron la consolidación en el poder sobre Nicaragua del **Gral. Somoza** y la consoli-dación del liderazgo del **Gral. Chamorro** en la cima del poder del Partido Conservador, que a partir del pacto que estaban a punto de suscribir, ese ***Partido Conservador Chamorrista*** se convirtió en el primer ***partido zancudo*** en la historia política de Nicaragua, oficialmente llamado ***Partido Conservador de Nicaragua.*** También con este apretón de manos **Somoza** le dio la bienvenida a Nicaragua a **Chamorro**, que a sus 79 años terminó de andar en busca de asilo político en el extranjero, especialmente en México, para convertirse en el mejor socio político de **Somoza**, aunque en 1954 --cuatro años después de este apretón de manos--, **Emiliano Chamorro** se involucró en la última aventura conspirativa fracasada contra **Somoza**; pero con este apretón de manos el **Gral. Somoza** se garantizó la presidencia de Nicaragua en los últimos años de su vida. Todo eso estuvo involucrado en este apretón de manos que no fue sincero, pero si muy necesario para los protagonistas.

tos únicamente del Partido Conservador de la oposición. El Partido Liberal Nacionalista se abstendrá de participar, para garantizar la elección de los Conservadores».

6.-Completar las vacantes de la Corte Suprema de Justicia y de las Cortes de Apelaciones con miembros militantes del Partido Conservador. En el texto del Convenio se lee: ***--«El Partido Liberal Nacionalista dejará vacante un puesto en cada una de las salas de la Corte Suprema de Justicia y de la Corte de Apelaciones de la República, para que sean ocupadas dichas vacantes por abogados conservadores de la oposición».***

7.-Integrar en las Directivas de los Bancos del Estado, Entes Autónomos, Comisiones de Vigilancia y Control, autoridades locales municipales y departamentales a miembros militantes del Partido Conservador, así como participación en las misiones plurales y conferencias internacionales.

8.- Preparar el anteproyecto de una nueva Constitución Política consensuada por los Partidos Liberal Nacionalista y Conservador de Nicaragua.

9.-Obtener el reconocimiento de los gobiernos del Continente Americano para el gobierno del Dr. Victor Manuel Román y Reyes.

A punto de firmar el ***Pacto de los Generales***, el **Gral. Emiliano Chamorro Vargas**, de 79 años; y el **Gral. Anastasio Somoza García**, de 54 años, posan satisfechos y tranquilos, rodeados de los principales personajes de los partidos Conservador y Liberal Nacionalista. Con este pacto nació el primer ***partido conservador zancudo***, con la misión de mantenerse sometido al Partido Liberal, pero recibiendo un pequeño porcentaje de diputados y funcionarios en el gobierno escogidos por el **Gral. Emiliano Chamorro**, lo que le dio poder en su Partido.

10.-«El Dr. Cuadra Pasos se empeñará en que el Partido Conservador, íntegro, sea oficialmente parte en el Convenio. Pero si esto no se logra, el considerable grupo que representa se compromete a colaborar con el gobierno del Dr. Víctor Manuel Román y Reyes».

Firmaron el Pacto el **26 de febrero de 1948** el **Gral. Anastasio Somoza García** y el **Dr. Carlos Cuadra Pasos**.

Desde México el **Gral. Emiliano Chamorro Vargas**, muy alarmado y más encolerizado, movilizó a sus partidarios conservadores ortodoxos, fanáticos partidarios del que llamaban ***«El último caudillo de América»***, criticaron fuertemente al **Dr. Cuadra Pasos** llamándole ***«traidor»*** por aliarse con **Somoza**. Pero en la realidad el **Dr. Carlos Cuadra Pasos** tenía ahora la oportunidad y el poder de repartir cargos importantes en el gobierno a los miembros del Partido Conservador en el Congreso, en los Ministerios, en la Corte Suprema, en los Poderes del Estado y en los Entes Autónomos del Estado, y nombrar a importantes conservadores seleccionados a su criterio, y durante casi dos años así lo hizo.

En su civilizada defensa el **Dr. Carlos Cuadra Pasos**, redactó un manifiesto que circuló en los siguientes días, explicando las razones que tuvo y los propósitos que lo animaron a firmar el ***Pacto de Conciliación Nacional*** con el **Gral. Anastasio Somoza**. En dicho documento se señaló que si bien el Pacto no era nacional en cuanto a los factores políticos que lo suscriben, que no eran la cifra de la unanimidad del pueblo; es nacional por el contenido de sus cláusulas, que según el **Dr. Cuadra Pasos** tendía a la realización de los reclamos y aspiraciones del pueblo nicaragüense, expresadas durante los últimos acontecimientos políticos. Afirmaba que Nicaragua no se arreglaría mientras el odio y el miedo mutuo sean la determinación de los movimientos y acciones de los partidos históricos de Nicaragua. Señalaba como cláusula central del pacto, la celebración de unos libres comi-

A punto de firmar ***El Pacto de los Generales*** el 3 de Abril de 1950, **Somoza García** y **Chamorro Vargas** sonríen complacidos. La expresión de **Somoza** no puede ser más feliz. En las fotos **Somoza** siempre reflejó su estado de ánimo. Identificamos algunos de esta Foto Histórica: **1-Cnel. Francisco Gaitán Carpio**. **2-Gral. Anastasio Somoza García**. **3-Cnel. Anastasio Somoza Debayle**. **4-Gral. Emiliano Chamorro Vargas**. **5-Dr. y Cnel. Luis Manuel Debayle Sacasa**. Detrás del **Dr. Debayle** está parcialmente visible el **Ing. Arnoldo Ramírez Eva**.

cios garantizados con elementos nacionales. Finalmente, el **Dr. Cuadra Pasos** estimaba que el ***Pacto de Conciliación Nacional*** era un estatuto a la organización de la democracia continental.

Para satisfacción de muchos conservadores --sobre todo los beneficiados como diputados, senadores y funcionarios con excelentes sueldos, el pacto comenzó a cumplirse. Como se esperaba con toda seguridad el presidente **Román y Reyes** otorgó su plena aprobación al Convenio y lo suscribió en Casa Presidencial. Además de lo especificado en este acuerdo, también se esperaba frustrar posibles conspiraciones promovidas por el caudillo conservador, **Emiliano Chamorro**, muy propenso a estructurar y promover insurrecciones armadas que en el remoto pasado le habían dado resultado. El pacto permitió al Partido Conservador participar de la red patrimonial de **Somoza** y del Estado. Al mismo tiempo el **Gral. Somoza** consolidó su poder manteniendo el control del Estado, gracias a esta Convención. Poco tiempo después de haberse promulgado la Constitución de 1948 y firmado el ***Pacto Somoza-Cuadra Pasos***, varios opositores todavía estaban condenados en la cárcel por delitos políticos o conexos, y otros se habían tenido que ir al exilio pues se sentían amenazados.

En el ***Pacto Somoza-Cuadra Pasos*** se insistió en la necesidad de dictar un decreto de **amplia amnistía** y se especificó que el Pacto determinaba ***«El cumplimiento de esta cláusula será el punto de partida de la validez de este Convenio»***.

Antes de un mes de firmado el ***Pacto Somoza-Cuadra Pasos***, el presidente **Víctor Manuel Román y Reyes**, reunido en Consejo de Ministros, decretó la amnistía amplia e incondicional para todos los reos de delitos que se hayan ***«cometido antes de la fecha de***

El **lunes 3 de abril de 1950**, **Chamorro** y **Somoza** escuchan la lectura del pacto. Se nota más atento del contenido a **Chamorro**, en cambio **Somoza** está un tanto distraído como si el contenido del pacto no es determinante para sus acciones. El notario lee que se convocará a una Asamblea Nacional Constituyente en sustitución de la Constituyente de 1948 --de hacía apenas dos años--, y que no habrá reelección, algo que el **Gral. Somoza** no cumplió y eso le causó un problema serio en abril de 1954, pero logró superarlo.

hoy», sin fijar desde cuánto tiempo antes, porque hacía muchos años que no había habido ninguna amnistía, y los últimos años habían sido propicios para las rebeliones y consecuentes encarcelamientos, confinamientos y deportaciones. Por tanto, se comprende que la amnistía era absolutamente para todos cuantos estuvieran pendientes por juicios o amenazas de juicio de cuanto hubieran hecho con cualquier anterioridad en materia política, quedaban amnistiados, incluyendo a los estudiantes y políticos de los movimientos de 1944 iniciados en la Universidad Central, los militares, exmilitares y civiles que directa o indirectamente habían participado en el ataque a la ***Mina La India*** y todos los implicados en los diferentes sucesos que se fueron dando después del golpe de Estado contra el presidente **Leonardo Argüello**, incluyendo a los oficiales de la Guardia Nacional que fueron encarcelados por negarse a participar en el golpe de estado. El beneficio de la amnistía también cubría a los militares y civiles que estaban en el exilio, aunque la gran mayoría, especialmente los exoficiales de la Guardia Nacional que estaban en El Salvador, no tenían confianza en la amnistía porque sabían que el **Gral. Somoza** en cuanto le conviniera, encarcelaba o desterraba a sus enemigos políticos.

La firma del ***Pacto Cuadra Pasos-Somoza*** escandalizó a **Chamorro**, quien de pronto se vió sustituido e ignorado en su relación con el poder real que representaba **Somoza García**. Fingiendo que se amparaba en la amnistía otorgada por el presidente **Román y Reyes** --en cumplimiento del Pacto con **Cuadra Pasos**--, regresó a Nicaragua el **Gral. Emiliano Chamorro Vargas**, dispuesto a imponer su liderazgo sobre el Partido Conservador y arrollar al **Dr. Carlos Cuadra Pasos** para anularlo y bajarlo al segundo nivel del Partido Conservador, donde siempre lo había ubicado.

El Pacto sirvió para activar al **Gral. Chamorro** que de regreso en Nicaragua, inició comunicación directa con el **Gral. Somoza**, que pronto se transformaron en conversaciones políticas y posteriormente en pláticas conducentes a un nuevo pacto ***«más completo»*** decía **Chamorro**. Todas las acusaciones de ***traidor*** que **Chamorro** endilgó a **Cua-**

Consumado el pacto, brindan con champaña los generales **Chamorro** de 79 años y **Somoza** de 54 años. EE.UU. y América Latina reconocieron al gobierno del **Dr. Víctor Manuel Román y Reyes**. El Partido Conservador y la ***Familia Chamorro*** lo celebraron con júbilo como si se tratase del mejor pacto de la historia.

dra Pasos, le cayeron multiplicadas a **Chamorro**.

Por supuesto que al **Gral. Somoza** le pareció excelente firmar un nuevo pacto con la máxima autoridad conservadora de Nicaragua, personaje reconocido internacionalmente. Así comenzó a tomar forma el famoso ***Pacto de los Generales***. El **Gral. Chamorro** insistió en no reconocer e incluso anular al ***Pacto Somoza-Cuadra Pasos*** en la nueva negociación entre **Somoza** y **Chamorro**.

«El Pacto de los Generales»

Somoza y **Chamorro** se reunieron dos veces para dialogar y establecer los temas del pacto, antes de firmarlo. Las reuniones se realizaron en la casa del **Dr. Alejandro Stadtaghen** en el barrio San Antonio de Managua, la primera reunión tuvo lugar el martes 28 de marzo y la segunda reunión, que fue la definitiva, se realizó al día siguiente miércoles 29 de marzo de 1950, que culminó con un armonioso, fuerte y fraterno abrazo de los dos Generales pactantes.

El diario ***La Prensa***, propiedad de la ***Familia Chamorro***, que había atacado fuertemente al **Dr. Cuadra Pasos** por ***traidor***, cuando el nuevo pacto con **Somoza** lo hacía su líder, jefe y pariente **Emiliano Chamorro**, con gran entusiasmo publicó una edición ***Extra*** alabando el Pacto, con estos grandes titulares: ***«A. Somoza y E. Chamorro entendidos»***. ***«Habrá elección sin O.E.A. El 21 de Mayo»***. ***«Un abrazo político cambia todo el país»***. ***«Casa del Dr. Stadthagen es la tumba de la intransigencia»***. Como se trataba de un Pacto entre un **Somoza** y un **Chamorro**, todo era una maravilla ***«patriótica»***. Pero veinte años después, otro **Somoza** firmó otro pacto con un **Agüero**, no con otro **Chamorro**, por tanto el mismo diario ***La Prensa***, propiedad de la ***Familia Chamorro***, calificó el pacto, sin el ingrediente **Chamorro**, como una infamia antipatriótica, con estos títulos: ***«Con el Pacto acabó por fin... la farsa!!»***. ***«Vívido relato de una entrega paso a paso»***. ***«Grito contra Aguero fue: Traidor»***. Tan traidor fue el conservador **Fernando Agüero** en el ***Pacto Ku-***

El ***Pacto de los Generales*** fue celebrado por los protagonistas en diferentes oportunidades, cada partido político invitó al otro a festejar. Desde la izq. en esta foto, **José Frixione**, del Partido Conservador; el **Gral. Emiliano Chamorro**, el **Gral. Anastasio Somoza García** y su hijo **Luis Somoza Debayle**, en la Fiesta de Gala en la celebración del Pacto. A la derecha, en varios eventos, los dos generales sonrientes asistían juntos.

pia Kumi del 28 de marzo de 1971, como traidor fue **Emiliano Chamorro** en el ***Pacto de los Generales*** del 3 de Abril de 1950.

Listo y preparado para firmar el pacto, **Emiliano Chamorro** se dispuso a recuperar el máximo poder del Partido Conservador, y aplastar al ***«traidor»*** **Carlos Cuadra Pasos** y se despojó ***«hasta del último trapo»*** para tributárselo --en una entrega total-- a los pies del **Gral. Somoza**. El **3 de Abril de 1950** se firmó ***El Pacto de los Generales***, **Somoza García** estaba feliz de firmar un nuevo pacto con el verdadero líder conservador, **Gral. Emiliano Chamorro**. El acuerdo político bipartidista ***Pacto de los Generales***, fue determinante para el surgimiento de una nueva ley electoral y la aprobación de nuevas reformas a la Constitución. De este modo, finalmente, el Partido Liberal Nacionalista de **Somoza** compartió el poder con los conservadores y éstos aplacaron sus ánimos, a cambio de jugosas prebendas. Así nació el primer ***«partido zancudo»*** en la política nicaragüense. Entre tanta maraña, el **Dr. Carlos Cuadra Pasos** fue minimizado hasta la humillación y gracias a su elevada cultura se sumergió en la más absoluta discreción y silencio. El **Gral. Chamorro** le agregó el calificativo de ***«usurpador»*** a **Cuadra Pasos**, pero fue gracias al ***Pacto Cuadra Pasos-Somoza*** que el **Gral. Chamorro** (a) ***El Cadejo***, regresó de su exilio, acogiéndose a la amnistía del pacto con **Cuadra Pasos**.

El **3 de Abril de 1950**, dos viejos amigos y aliados, ambos conservadores --porque **Somoza** era de casta y sangre conservadora--, se reconciliaron tras un período de alejamiento político, más virtual que real, y coronaron el histórico ***Pacto de los Generales***.

En 1936, cuando el **Gral. Somoza** dio el golpe de estado al presidente liberal **Dr. Juan Bautista Sacasa**, y **Somoza** repartió el poder haciendo presidente transitorio al **Dr. Carlos Brenes Jarquín**, ignoró al **Gral. Chamorro** y al Partido Conservador a la hora de esa repartición, después que tanto **Chamorro** como su partido habían apoyado a **Somoza** y combatido a **Sacasa**, incluso con las armas en manos de los jóvenes conservadores llamados ***Camisas Azules***; y políticamente con los intelectuales que integraron el llamado ***Grupo de los Reaccionarios de Granada***, quienes en sus proclamas decían: --***«...Apoyamos al Gral. Anastasio Somoza, entre otras razones, para que pueda perpetuarse en el poder.***

EXTRA! **LA PRENSA** EXTRA!

Al Servicio de la Verdad y la Justicia

A. SOMOZA Y E. CHAMORRO ENTENDIDOS

HABRA ELECCION SIN O.E.A. EL 21 DE MAYO

UN ABRAZO POLITICO CAMBIA TODO EL PAIS

CASA DEL DR. STADTAGHEN ES LA TUMBA DE LA INTRANSIGENCIA. - DIRECTIVA DEL P. C. CONOCERA HOY EL ACUERDO EFECTUADO

VESTIDO DE CAMPO ASISTE SOMOZA. - LOS CONSEJEROS DE CHAMORRO EN UN CARRO

La casa del doctor Alejandro Stadthagen, sobre la Segunda Calle Sureste (media cuadra al occidente de la iglesia de San Antonio) quedó consagrada a las ocho de la noche de ayer como el lugar histórico donde se concertó la conciliación entre los partidos Conservador y Liberal, despues de una prolongada 'guerra fría' que hasta pocas horas antes no hacía sospechar la proximidad de un arreglo definitivo.

El general Somoza llegó poco despues de las tres de la tarde, vistiendo pantalón de fina gabardina kaki y camisa deportiva amarilla, envuelto el cuello en vistosa pañuelo de seda que completaba la indumentaria con que acostumbra permanecer en sus haciendas. Contra su costumbre general, el caudillo conservador llegó vistiendo traje combinado: saco blanco sobre pantalón plomo gris. El general Chamorro parecía indicar con el tono de su traje la misión de paz que lo llevaba hasta la reunión decisiva con el general Somoza.

VAPOR NICARAO SE SALVA DE NAUFRAGIO

VACUNACION CONTRA LA VIRUELA SERA EFECTIVA PRONTO

LLEGA EL TRIO DE CONSEJEROS.

"ESTAN SERVIDOS, SEÑORES"

"QUE NO ME MOLESTEN LOS REPORTEROS"

UN ABRAZO POLITICO CAMBIA EL PAIS

El General Emiliano Chamorro y el General Anastasio Somoza, ambos con el respaldo de un pasado militarista, sellaron sus pláticas en casa del Dr. Alejandro Stadthagen con un abrazo conciliatorio saliendo cada cual, luego, por diferentes puertas de la residencia personal que habían escogido como lugar de cita para consumar sus pláticas.

EL PACTO

La firma del tratado de conciliación que-

Pasa a la Sexta Página Nº 8--

VALE 25.Ct.

VOTO FEMENINO EN ELECCIONES

LA COSA COMENZO EL MARTES PASADO

AJONJOLI TUVO MALA COSECHA

RIO DE JANEIRO ES ALARMADO POR UN FENOMENO CELESTE

Los preparativos para la firma del ***Pacto de los Generales***, comenzaron el martes 28 y el miércoles 29 de marzo de 1950, cuando **Chamorro** y **Somoza** se reunieron en la casa del **Dr. Alejandro Stadtaghen** que estaba ubicada en el barrio San Antonio de Managua, donde ambos líderes acordaron firmar el pacto. En esas reuniones, los partidos políticos contratantes establecieron el contenido de cada una de las cláusulas del pacto, hasta culminar el **lunes 3 de abril de 1950** cuando **Chamorro** y **Somoza** suscribieron y celebraron el ***Pacto de los Generales***. Al día siguiente de la reunión y el acuerdo de los dos generales en la casa de **Stadtaghen**, el diario ***La Prensa*** celebró el acuerdo para la firma del ***Pacto de los Generales*** como un grande y positivo acontecimiento, así lo proclamó el director del periódico, **Dr. Pedro Joaquín Chamorro Zelaya**, que hasta 1944 había sido un colaborador y partidario somocista, publicó esta edición extra, apoyando la futura firma del pacto exaltándolo como *«**la tumba de la intransigencia**»*. A partir de ese ***Pacto***, el Partido Conservador fue *«**zancudo**»* y tuvo acceso al presupuesto de la nación con buena cantidad de funcionarios conservadores recibiendo jugosos salarios.

Apoyamos su candidatura para que sea la última candidatura, así como votaremos para dejar de votar...» A la cabeza de esos líderes reaccionarios intelectuales conservadores, estuvieron eminencias como **Pablo Antonio Cuadra Cardenal** y **José Coronel Urtecho**.

Al no recibir nada de **Somoza**, en 1936, ni siquiera gratitud, y en el nuevo gabinete transitorio de Ministros de Estado no fueron nombrados ninguno de los miembros del Partido Conservador, el **Gral. Emiliano Chamorro** reaccionó airadamente y en un acto histriónico se declaró perseguido político y se asiló en la Embajada de México.

El derrocamiento de **Sacasa** había sido una tarea exclusiva de la Guardia Nacional con el apoyo --más simbólico que real--, de los jóvenes conservadores somocistas ***Camisas Azules*** y de los igualmente conservadores somocistas llamados ***Reaccionarios de Granada***, de modo que **Somoza** consideró que nada le debía al **Gral. Emiliano Chamorro**.

Chamorro alegó que necesitaba protegerse. En realidad buscaba desligarse del golpe de estado perpetrado por **Somoza**, por si ese golpe de estado producía reacción negativa principalmente de Estados Unidos, pero nada ocurrió. **Chamorro** no supo leer que el gobierno de **Roosevelt** le había regalado y facilitado ese golpe de estado a **Somoza**.

Chamorro rápidamente recibió salvoconducto para salir de Nicaragua a México donde permaneció 10 años esperando la oportunidad de regresar con el mayor decoro, y de ser posible, con ventajas.

En 1947, cuando **Somoza García** cometió el otro Golpe de Estado contra el presidente **Leonardo Argüello**, controlando al Congreso que declaró ***«loco»*** al presidente e instaló como Presidente a **Benjamín Lacayo Sacasa**, actos ambos que fueron muy mal vistos y peor calificados por el Departamento de Estado norteamericano, lo cual eso sí era preocupante para **Somoza**.

Sin embargo **Lacayo Sacasa** decretó una amnistía y **Emiliano Chamorro** regresó a conspirar contra **Somoza** con los ataques a ***La Mina la India*** y a ***Muelle de los Bueyes***, cuando fracasó en ambos, la embajada de EE.UU. le ayudó a volver al exilio donde ignoró las propuestas y llamados que le hizo **Somoza** para firmar un pacto. Por eso **Somoza** tuvo que pactar con **Cuadra Pasos**.

Con otra Asamblea Constituyente más, **Somoza** destituyó a **Benjamín Lacayo** el 15 de Agosto de 1947, esa Constituyente el mismo día nombró como presidente al jinotepino **Víctor Manuel Román y Reyes** quien sí fue reconocido por EE.UU. y consecuentemente por muchos países latinoamericanos. Todavía le quedaban problemas que resolver al **Gral. Somoza**, el principal era demostrar que el gobierno de su ***Tío Víctor*** tenía la anuencia y aceptación del partido de oposición, o sea del Partido Conservador, pero como **Chamorro** se encontraba voluntariamente exiliado en México. El 15 de Agosto de 1947 el **Gral. Somoza** le envió emisarios y mensajes al **Gral. Chamorro** hasta México, proponiéndole alcanzar un ***acuerdo político*** con beneficios para el Partido Conservador, pero **Chamorro** le dio largas a las propuestas y devaneos de **Somoza**, o hizo errados cálculos para hacerse de rogar y ganar una mejor posición y más beneficios frente a **Somoza** y su poder, pero **Somoza** tenía premura para legitimar al gobierno del ***Tío Víctor***, y en vista de lo irresoluto y la ausencia de **Chamorro**, tomó la segunda opción y se arregló **Somoza** con el segundo hombre de importancia del Partido Conservador para estructurar el pacto político que le diera legitimidad al gobierno de su pariente. El segundo hombre del Partido Conservador era --y lo fue por mucho tiempo--, el **Dr. Carlos Cuadra Pasos**.

El **26 de febrero de 1948** se firmó el ***Pacto Cuadra Pasos-Somoza*** que alarmó al **Gral. Chamorro** al verse desplazado por su subalterno y --algo peor--, que su autoridad estaba siendo sustituida por **Cuadra Pasos**, eterno anhelante de la presidencia del Partido Conservador y de Nicaragua, pero también eternamente bloqueado por **Chamorro**.

Al regresar **Chamorro** demostró la disposición de hacer cualquier cosa que **Somoza** le pidiera. Esta actitud de **Chamorro** complació a **Somoza**. Con los auspicios del presidente **Román y Reyes** se hicieron las negociaciones y se firmó el ***Pacto de los Generales*** el **3 de Abril de 1950**.

Gracias al pacto la ***Familia Chamorro*** y la ***Familia Somoza***, recuperaron su vieja armonía, sobre todo armonía para repartirse los poderes del Estado y sus recursos, pero el 90% del pastel le correspondió al **Gral. Somoza**, porque tenía el control absoluto de la Guardia Nacional de Nicaragua, que conforme a la tradición nicaragüense, ***«quien tiene las cañas huecas es el que manda»***, porque en la cultura (o anticultura) de Nicaragua, los políticos no son los que administran el Estado y la Nación, sino los que ***«mandan»*** al amparo de las armas que --según pregonan los ***caudillos criollos***--, ***«las cañas huecas son la verdadera constitución»***, y eso incluye corrupción, represión y enriquecimiento ilícito mediante el saqueo abierto o solapado del tesoro que pertenece al pueblo nicaragüense.

El pacto se realizó bajo la gestión del presidente **Dr. Víctor Manuel Román y Reyes**, con sus 75 años de edad en 1948. Se convocó a una Asamblea Constituyente que contenía el camino que --al final-- le dió de nuevo acceso a la presidencia a **Somoza García**.

El Pacto de los Generales en su parte medular estableció:

--***«El General Emiliano Chamorro Vargas, delegado plenipotenciario de la Junta Directiva Nacional y Legal del Partido Conservador de Nicaragua y el General Anastasio Somoza García, con iguales poderes y facultades de la Junta Directiva Nacional y Legal del partido Liberal Nacionalista, inspirados en comunes propósitos nacionalistas, alentados por el respaldo de opinión popular y aprovechándose de la determinación públicamente expresada por los órganos del gobierno, convienen en el siguiente acuerdo político:***

I. Entienden ambas partes de ideas, sentimientos y principios que comparten los nicaragüenses --conservadores y liberales-- en la comunidad democrática de los pueblos libres de América, se encuentran amenazados por el peligro comunista que tiende a la dominación universal.

II. Entienden ambas partes que es una nueva y pronta apelación al pueblo, como fuente de todo poder y compendio de la soberanía en comicios libres, que produzcan firmeza del que gane y conformidad democrática del que pierda, lo que puede conseguir en términos de paz y democracia, la tranquilidad nacional a que aspiran y es indispensable en estos momentos especiales del mundo.

III. Que es hora, por lo tanto, de construir un gobierno dentro del cual los dos partidos que han militado históricamente en la nación y representan la casi totalidad de la opinión pública, asuman las responsabilidades del estado en la proporción que corresponda a las fuerzas populares y se promulgue una constitución política que refleje el pensamiento coordinado o por lo menos ampliamente debatido de los dos grandes conglomerados.

IV. Entienden ambas partes, en representación ya expresada del liberalismo y conservatismo histórico, que este ensayo que auspician prepara un gran porvenir nicaragüense de coincidencias patrióticas y representación total del pueblo en las cosas del Estado dentro de las discrepancias ideológicas de los dos partidos.

V. Que como base y fundamento de tan patrióticas aspiraciones convienen en echar un velo al pasado a fin de procurar la mayor tranquilidad social, se establece la conveniencia de dictar nuevamente la amnistía absoluta de todo delito político y conexo y de reiterar la invitación de retornar a su patria a todos los nicaragüenses que por motivos políticos se encuentren en el exterior, los dos partidos convienen en dirigir una ex-

posición al Congreso Nacional para que dicte tal decreto a la brevedad posible y se promulgue con solemnidad en todas las cabeceras departamentales del país. Y en ese entendimiento y en base a las resoluciones por las Juntas Directivas Nacionales y Legales de ambos partidos políticos actuando de acuerdo con sus respectivos partidos políticos, dan su aprobación al contenido del presente documento, las dos partes han convenido y convienen en que los dos partidos que representan concurran a elecciones de Presidente de la República y de representantes a una Asamblea Nacional Constituyente en elecciones que se efectuarán antes de las fechas normales y de acuerdo con el proyecto decretado por el poder legislativo».

El Decreto Legislativo para la amnistía fue promulgado el **15 de Abril de 1950** y en él se establecieron legalmente las intenciones del ***Pacto de los Generales***, que tomando como base la ***«amenaza del comunismo»***, se repartieron el poder entre los dos partidos, pero el principal motivo fue el acceso a la presidencia del **Gral. Anastasio Somoza García**, que tras la Constituyente se convocó a elecciones presidenciales que **Somoza** las ganó al conservador **Emilio Chamorro Benard**, que era políticamente un ***palomito inofensivo***.

El **Gral. Chamorro** aceptó la derrota graciosamente y obtuvo una significativa representación en el ***nuevo*** gobierno del presidente **Gral. Anastasio Somoza**.

El **Gral. Somoza** gobernaría constitucionalmente durante un período de seis años, que comenzaron el **1ro. de Mayo de 1951** y deberían finalizar el **30 de Abril de 1957**. En septiembre de 1956 **Somoza García** ya estaba en campaña electoral para reelegirse en 1957 para otros seis años que habrían de finalizar en 1963. En esa campaña reeleccionista se produjo la Gran Convención Liberal en la ciudad de León el **20 de Septiembre de 1956**, Convención que proclamó a **Somoza** como Candidato del Partido Liberal Nacionalista para las elecciones de 1957.

Al día siguiente de la Gran Convención Liberal, los obreros de la ciudad de León le tributaron una fiesta popular al **Gral. Somoza**, pero dentro del Club le esperó el poeta **Rigoberto López Pérez** que le acertó cuatro balazos de cinco que le disparó, antes de caer abatido por culatazos y decenas de balazos. **Somoza** --herido de muerte-- fue llevado a Panamá donde murió el **26 de Septiembre** (no el 29 como oficialmente se informó), el 29 se comunicó la muerte, pero desde el 26 se hicieron todos los preparativos para que su hijo **Luis Somoza Debayle** asumiera la presidencia de Nicaragua.

Ejerciendo la presidencia, el ***Tío Víctor*** sufrió un infarto en Managua, fue trasladado a un hospital norteamericano de Filadelfia, donde murió el 6 de Mayo de 1950 siendo Presidente de Nicaragua. El **Gral. Somoza** ante el ataque cardíaco sufrido por el presidente **Román Reyes** le pidió al vicepresidente, **Dr. Mariano Argüello Vargas**, que renunciara a su derecho de asumir la presidencia.

Ante esa renuncia el Congreso designó al Senador vitalicio, **Gral. Anastasio Somoza García** como Presidente de la República, para llenar las vacantes del **Dr. Víctor Manuel Román y Reyes**, y del **Dr. Mariano Argüello Vargas**, y gobernar para concluir el período del presidente fallecido.

El **Dr Víctor Manuel Román y Reyes** nació en Jinotepe el 13 de junio de 1873 y murió siendo presidente de Nicaragua en un hospital de Filadelfia, ciudad donde se había graduado de médico y cirujano. Padeció un fulminante infarto al miocardio el 6 de mayo de 1950, muriendo a la edad de 77 años. Su cadáver fue trasladado a Nicaragua donde recibió honores de Jefe de Estado y esta sepultado en el Cementerio de su Jinotepe natal.

Capítulo Dieciséis

1951: El Gral. Somoza otra vez Presidente de la República

Cuando se tiene el poder total, sobre todo en las manos de una sola persona, en países como Nicaragua, que aún están en gestación, lejos de llegar a ser Repúblicas o Estados de Derecho, los poderosos inventan cualquier maraña para mantenerse en esos territorios ***«mandando»*** a perpetuidad, si eso fuese posible. Se llegan a enviciar del mando a tal grado, usufructuando ese poder omnímodo, que no pueden concebir su existencia fuera del ejercicio del poder. Y los habitantes de Nicaragua, que todavía en el 2022 están muy lejos de conformar un **pueblo consciente** y mucho más lejos de constituir una **nación**, y a mayor distancia de constituir un **Estado de Derecho**, su gente continúa viviendo en un estado de pesadilla onírica, inmersos en una crónica ignorancia, esperanzados en pensamientos mágicos, en busca de prebendas del poderoso, adorando supersticiones que creen religiones, conduciendo sus vidas con siglos de retraso, son --lamentablemente-- conglomerados humanos que están reducidos a ser las víctimas de los poderosos que se amparan en la violencia, en el poder militar y aplican el terrorismo para domeñar a los habitantes del territorio que dominan, territorio y gente inmersos en ignorancia y miseria.

Según la Constitución vigente de 1948, el presidente **Román y Reyes** debía concluir su período el 1º de mayo de 1952 (Doc. 104, Disposiciones transitorias 1ª). Antes de concluir su mandato, los generales **Anastasio Somoza García** y **Emiliano Chamorro** firmaron, el **3 de abril de 1950**, el famoso ***«Pacto de los Generales»*** una maraña para repartirse el presupuesto público de Nicaragua: **Somoza**, dueño de las armas y el poder, tomó el 90%; y a **Chamorro**, ex dueño de las antiguas armas y expoderoso, el otro le concedió el 10% y por este porcentaje, a sus 79 años, viudo y pobre, se puso de rodillas ante **Somoza**... en ese momento.

En la firma del pacto, el **Gral. Somoza** adelantó las elecciones al 21 de mayo de 1950 (arto. 4º) y decidió que quien resultara electo asumiera la presidencia el 1º de mayo de 1951 (arto. 9º).

Pero había un pequeño problema: la constitución de 1948 prohibía la elección de un militar en servicio activo para el cargo de Presidente de la República, a no ser que hubiere renunciado a su cargo 60 días antes de la elección (Cn. 1948, arto, 171, 2º).

¿Entonces, para qué es el poder? Este impedimento fue suprimido en las cláusulas del pacto y en el decreto del 15 de abril de 1950 fue, de hecho, una reforma constitucional.

El ***Pacto de los Generales*** fue la puerta para las futuras elecciones, en su artículo 4, b), ya no mencionaba como impedimento la elección de un militar en servicio activo, por lo que el **Gral. Anastasio Somoza García** podía ser elegido varias veces Presidente de la República sin ningún problema, ***¡para eso es el poder!***

El pacto estableció que solamente los dos partidos de los firmantes podían participar en las elecciones y presentar candidatos, el Partido Liberal Nacionalista (PLN) de **Somoza** y el Partido Conservador de Nicaragua (PCN) de **Chamorro** (arto. 4, a-b).

Los Generales **Anastasio Somoza García** y **Emiliano Chamorro Vargas**, representaron dos épocas. **Chamorro** en su juventud como líder conservador combatió militarmente al gobierno del Presidente **Gral. Zelaya**, tomó preponderancia cuando Estados Unidos derrocó a **Zelaya**. Llegó a la cumbre cuando fue presidente de Nicaragua de 1917 a 1920. Cometió un suicidio político al perpetrar el golpe de estado contra el presidente **Solózano**, fue defenestrado por Estados Unidos y nunca más volvió a dirigir tropas ni a gobernar, pero se mantuvo vigente firmando pactos y forjando conspiraciones que nunca triunfaron. El **Gral. Somoza**, antes de ser general se comprometió con el **Cnel. Henry Stimson** a liquidar al **Gral. Sandino**. Para ello el gobierno norteamericano lo convirtió en militar, lo hizo general y Jefe Director de la Guardia Nacional y desde esa posición cumplió con el compromiso adquirido de matar a **Sandino**. A partir de entonces, Estados Unidos le dio todos los poderes civiles y militares, lo respaldó, le permitió perpetrar golpes de estado, se hizo presidente y nunca más se quiso ***«bajar de esa mula»***, como él mismo lo expresó. Cuando más poderoso y feliz estaba en su imperio, apareció un poeta solitario que le cobró todas las facturas pendientes desde 1933 a 1956. **Somoza** y **Chamorro** fueron los firmantes del famoso e histórico ***«Pacto de los Generales»*** el 3 de abril de 1950. Un pacto estructurado por la Agencia Central de Inteligencia de Estados Unidos (CIA).

En el ***Pacto de los Generales*** se prohibía la reelección (arto. 18, 2º), pero esta prohibición era decorativa sólo para ese momento. Si en el futuro hacía falta reelegirse, se hacía un nuevo pacto y se convocaba a otra Asamblea Nacional Constituyente y se redactaban las cláusulas que fuesen necesarias en la siguiente Constitución, permitiendo la **reelección**... ***¡Para eso era el poder y el control de la Guardia Nacional!***

En este pacto se aprobó la repartición de los cargos públicos entre ambos partidos (90% para el que tenía a la Guardia Nacional y el 10% al que no tenía fuerzas armadas). Después de firmado el pacto, el Congreso Nacional promulgó el Decreto del 15 de abril de 1950, que reforzó lo firmado por los generales en el pacto, estableció las bases para las futuras elecciones y para la promulgación de la nueva Constitución, que se sumaría a las numerosas constituciones que había tenido Nicaragua por más de dos siglos.

El pueblo nicaragüense que casi en su totalidad nunca ha leído una Constitución, tiene pereza mental para concebir, asimilar y analizar esos textos constitucionales, sus reformas, sus cláusulas transitorias y lo que expresan las Asambleas Constituyentes.

El **Gral. Somoza García** ya estaba tan acostumbrado a tomar posesión de la presidencia que ya era algo crónico. El 1° de Mayo de 1951 tomó posesión para un período que terminaría el 1° de mayo de 1957, pero él no sabía que esta era su última toma de posesión y que nunca se despojaría de su banda presidencial. En esta última ocasión tenía derecho doble a tomar posesión, una como Senador Vitalicio por haber sido electo por el Congreso designado a la presidencia tras el fallecimiento del presidente **Román y Reyes** y el otro derecho por haber ganado las elecciones con más del 75% de los votos al conservador granadino **Emilio Chamorro Benard**. El **Gral. Chamorro** reconoció el triunfo como legítimo. Esta última fue una elección limpia, legal y transparente.

Somoza García nuevamente en la presidencia

Con el Decreto Legislativo del 15 de Abril de 1950 se facilitó la candidatura presidencial para el **Gral. Anastasio Somoza García**.

Con el *«Pacto de los Generales»* y el refuerzo del decreto del 15 de abril de 1950 la candidatura del **Gral. Somoza García**, militar en servicio activo, quedó garantizada en las elecciones inmediatas.

Para el **Gral. Somoza** la situación fue mucho más fácil y accedió a la Presidencia de la República sin esperar a ganar las elecciones. **Somoza**, como Senador Vitalicio que le correspondía por ley por ser expresidente de la República, fue electo por el Congreso como **primer designado** a la presidencia para suceder al presidente fallecido, **Dr. Víctor Manuel Román y Reyes**, sin necesidad de elecciones.

Como ya se había reformado el artículo 171 de la constitución de 1948, el general y presidente **Anastasio Somoza García**, tenía el derecho de presentarse como candidato del Partido Liberal Nacionalista a las elecciones del 21 de mayo de 1950. Y se presentó como candidato a esas elecciones y se las ganó al insulso candidato conservador granadino ortodoxo ***«cachureco»*** **Emilio Chamorro Benard**, escogido para perder las elecciones.

El **Gral. Anastasio Somoza García**, dueño de todos los poderes sobre Nicaragua, fue Presidente de la República desde el 1º de Enero de 1937 hasta el 26 de septiembre de 1956, pero desde 1932, cuando fue ungido como Jefe Director de la Guardia Nacional de Nicaragua por orden del poder imperial de Estados Unidos, comenzó su poder omnímodo, basado siempre en su obediencia a los intereses norteamericanos, que fue el prístino origen de su maravillosa suerte, pero esta suerte no fue eterna.

Antes de que **Chamorro** aceptara firmar el pacto, **Somoza** le envió un mensaje: --*«Decile a Emiliano que yo lo he querido mucho desde "cipote", para mi era "El Hombre"... pero este negro quiere apearme de esta mula, eso no será posible porque su tiempo ya pasó y yo no me "apello"* (sic) *así nomás. Aquí en Nicaragua la única Constitución que vale es la que dice: "aseguratam reatam"... y lo demás son babosadas»*. Eso se puede traducir a lo nica: *«agarrarse duro el jinete de la reata para que no lo bote la mula»*.

Estas elecciones se disputaron con un total de votantes inscritos de 202,692. **Somoza** las ganó en buena ley con más del 75% de los votos. **Chamorro Benard** aceptó la derrota con menos del 25%, pero el que aceptó la derrota de su partido con mucha satisfacción fue el propio líder conservador **Gral. Emiliano Chamorro**.

El **Gral. Somoza** tomó posesión de la presidencia --otra vez-- el día 1º de mayo de 1951 para un período de seis años que terminaría el 1º de Mayo de 1957. Todo esto fue posible con la realización de ***El Pacto de los Generales***.

Cómo surgió y se estructuró el *Pacto de los Generales*

De Costa Rica llegó a Managua el abogado nicaragüense con ciudadanía norteamericana **Roberto Gutiérrez Silva**, que también era abogado de la ***United Fruit Company***, y además era un agente de la ***Agencia Central de Inteligencia, CIA***, de los Estados Unidos.

Gutiérrez Silva tuvo la misión de estructurar y presentar a **Somoza** y sus asesores, y a **Chamorro** y sus asesores el proyecto del ***Pacto de los Generales***, pero era requisito ***sine qua non*** que el pacto incluyera en sus cláusulas algo claramente escrito sobre ***«la lucha contra el comunismo»***.

Gutiérrez Silva estuvo reunido dos veces con los equipos de **Somoza** y **Chamorro** en la casa del **Dr. Alejandro Stadtaghen** en marzo de 1950. Como ninguno de los convocados conocía al abogado **Roberto Gutiérrez Silva**, éste llegó acompañado de dos funcionarios políticos (CIA) de la Embajada de Estados Unidos en Managua, aparte de que el Embajador **Capus M. Waynick**, citó a ciertos conservadores y liberales de los equipos políticos, para presentarlo y respaldar a la misión de **Gutiérrez**.

Después de la segunda reunión en casa de **Stadtaghen**, el miércoles 29 de marzo, los dos generales y los dos equipos de asesores aceptaron el plan creado por **Gutiérrez** y fue cuando el director del diario ***La Prensa***, publicó una edición extra, dando la sensacional noticia que tituló ***«A. Somoza y E. Chamorro entendidos, habrá elección sin OEA el 21 de mayo. Un abrazo político cambia todo el país»***. Facsímil de esa primera página de la extra del diario ***La Prensa*** puede verse en el capítulo anterior.

Antes de esas reuniones con el abogado **Roberto Gutiérrez** en la casa de **Stadtaghen**, este agente de la CIA se reunió tres veces con **Somoza**, a quien le urgía que **Chamo-**

Todo el interés del **Gral. Somoza García**, desde 1933, fue ejercer el poder total sobre Nicaragua y conservar ese poder a cualquier costo. **Somoza** disfrutó de ese poder que le permitió gozar de privilegios, placeres y --sobre todo--, el deleite embriagante de la *«**droga**»* del poder total. ***«De esta mula yo no apello»***, decía **Somoza.**

rro firmara el pacto para legitimar al gobierno del **Dr. Román y Reyes** y lograr su reconocimiento internacional. Estados Unidos lo reconocería hasta después que se firmara el pacto. Habiendo entrado en confianza con **Roberto Gutiérrez**, el **Gral. Somoza** le pidió hablar con **Emiliano Chamorro**, diciéndole: --***«Decile a Emiliano que yo lo he querido mucho desde "cipote", para mi era "El Hombre"... pero este negro quiere apearme de esta mula, eso no será posible porque su tiempo ya pasó y yo no me "apello"*** (sic) ***así nomás. Aquí en Nicaragua la única Constitución que vale es la que dice: "aseguratam reatam"... y lo demás son babosadas».*** ***Aseguratam reatam*** puede traducirse libremente en nicaragüense como ***«agarrarse duro el jinete de la reata para que no te bote la mula»***.

Así logró don **Anastasio Somoza** mantenerse ***«en el macho»*** ejerciendo con sumo placer, satisfacciones y beneficios todos los néctares de placer y poder, estado del cuerpo y la mente que no son eternos... pero cuando se están gozando esos deleites, eso ni se piensa...

Mientras se consumaba la sucesión de la presidencia por el fallecimiento del presidente **Víctor Manuel Román y Reyes** y la toma de posesión como Presidente de la República por el rotundo triunfo en las elecciones, fue promulgada el 1° de noviembre de 1950 la nueva Constitución que era hija del ***Pacto de los Generales***, redactada en las partes más importantes por el Presidente del Congreso, **Dr. Manuel F. Zurita**, uno de los políticos liberales que más amó al **Gral. Somoza**, adaptó todo el tejido de la Constitución a lo convenido por **Somoza** y **Chamorro** en el pacto, que era lo que la Agencia Central de Inteligencia norteamericana, CIA, había estructurado y ordenado.

Capítulo Diecisiete

1952: Delicada cirugía intestinal a Somoza

1953: La *tournée* de Somoza por América del Sur

Aparentemente no hubo causa importante para que el **Gral. Somoza** decidiera emprender un recorrido por algunos países de América del Sur. Para que los gobiernos y gobernantes de los países visitados recibieran a un jefe de estado, se requiere una coordinación previa, que el país visitado extienda una invitación y programar las ceremonias protocolarias adecuadas con un estricto calendario. Algunos otros países deben haberse excusado de no extender invitaciones argumentando pretextos válidos.

Se debe considerar que el año anterior, el 12 de mayo de 1952, el **Gral. Somoza** había sido sometido a una delicada operación intestinal que le provocó una incómoda situación permanente y ese recorrido suramericano podría haberse planificado como una especie de reposo o distracción del ***strees*** del trabajo cotidiano presidencial y de la Jefatura de la Guardia Nacional, lo cual no deja de ser contradictorio, pues una jira de esta naturaleza requiere cumplimiento estricto, premuras, desvelos, parrandas protocolarias, exageradas comilonas de lujo, abundancia de licores actividades que no son propicias para el reposo y al contrario podrían ser fatigosas y estresantes para la patología que le afectó el resto de su vida. Todo indica que los gobiernos de los países visitados por el **Gral. Somoza**, recibieron la recomendación de EE.UU. para invitar y homenajear a **Somoza**.

La operación intestinal a que fue sometido **Somoza** fue un hecho muy importante porque su salud quedó vulnerable, por esa razón exponemos los detalles de esa intervención quirúrgica:

La complicada operación intestinal de Somoza

El lunes 28 de abril de 1952, el **Gral. Somoza** y su esposa **Salvadora Debayle**, salieron de Managua en viaje hacia Miami, que era su primera escala. Como era de esperarse, cerca de dos mil personas estuvieron en el aeropuerto ***Las Mercedes*** a despedirlos, incluyendo a sus dos hijos **Luis** y **Anastasio**, incluso el **Gral. Emiliano Chamorro** que llegó a despedir a **Somoza** con un fuerte abrazo. La compañía de cadetes de la Academia Militar de Nicaragua ejecutó una parada militar en honor al presidente y a la primera dama, con marchas de la Banda de la Guardia Nacional.

Para los dos hijos que llegaron a despedir a su padre y su madre no fue una ocasión de alegría, los Coroneles **Luis** y **Anastasio Somoza Debayle** estuvieron en el aeropuerto visiblemente sombríos y preocupados, porque ellos conocían la verdad del viaje de sus pa-

IZQUIERDA: El **Gral. Somoza** y su esposa **Salvadora Debayle** siendo despedidos por sus hijos **Anastasio Somoza Jr.** (***Tachito***) y **Luis Somoza** en el ***Aeropuerto Las Mercedes*** de Managua el 28 de abril de 1952 rumbo a los Estados Unidos. Los padres y los hijos saben que la razón del viaje es que la madre y el padre van a ser sometidos a importantes operaciones quirúrgicas por sus graves padecimientos. El **Gral. Somoza** saluda sonriente, pero los rostros de **Salvadora** y de los dos hijos contrastan, pues denotan preocupación por el peligro de las cirugías. DERECHA: **Somoza** y **Salvadora** siendo recibidos por el Subsecretario de Estado **Edward G. Miller** y su esposa al llegar a Washington. El gobierno norteamericano sabía el motivo médico del viaje de los **Somoza**, pero el presidente de Nicaragua no mencionó ni una palabra a los periodistas nicaragüenses. Al parecer todos temían un desenlace fatal. A eso se debieron los rostros taciturnos de los hijos en la despedida de los padres.

dres. Sabían que su padre, el **Gral. Somoza** sería sometido a una peligrosa cirugía y esa era la causa de la perturbación de los dos hijos en medio de la algarabía de dos mil funcionarios y partidarios ignorantes de la realidad del viaje del gran jefe. Pero los dos hijos principales se tenían que quedar en Nicaragua para sostener el poder de la familia **Somoza**.

A las once de la mañana abordaron un avión el presidente **Somoza**, su señora y su comitiva integrada por el **Dr. Manuel F. Zurita** como secretario particular; el **Dr.** y **Cnel. Egberto Bermúdez**, médico personal del presidente; el **Cptn. G.N. José R. Somoza**, hijo primogénito del presidente, y el **Cptn. G.N. Luis Ocón**, jefe de ayudantes del presidente. La primera dama llevó como ayuda de cámara a la señora **Andrea Palacios**.

El avión ***Convair*** de ***Pan American Airways***, bautizado ***Borinquen***, comandando por el **Cptn. Richard W. Vinal**, el **Cptn. Douglas Sexto** de copiloto y a **Michael Mari** como sobrecargo. El vuelo duró cuatro horas en llegar a Miami, lo que entonces era un record, donde el **Gral. Somoza** y comitiva fueron recibidos por el **Dr. Guillermo Sevilla Sacasa**, embajador de Nicaragua en EE.UU.; el **Gral. Jack Beam**, amigo personal de **Somoza**; el **Dr. J. M. Renedo**, cónsul de Nicaragua en Miami y el señor **Walter Walters**, representante del Departamento de Estado. Todos los visitantes fueron hospedados en el ***Hotel Saxony*** de Miami Beach. Por la noche el **Gral. Somoza** compareció en una televisora para una entrevista. El martes 29 de abril el **Gral. Somoza** ofreció un banquete a las personalidades mencionadas y a las autoridades del Condado Dade y a sus numerosos amigos. Después que la orquesta interpretó los himnos de EE.UU. y de Nicaragua, la cena fue servida y todos brindaron por la salud del presidente **Somoza.**

El miércoles 30 de abril, el Vicepresidente de la ***Pan American World Airways***, **Mr. Wilbur Morrison** y su esposa **Pat**, ofrecieron una cena en honor del presidente **Somoza** y señora a la que asistieron numerosos empresarios, banqueros y periodistas, incluyendo al director de ***The Miami Herald***.

El jueves 1º de mayo de 1952 **Somoza** y su comitiva partieron de Miami a Washington, D.C. en un avión rentado a la ***Pan American*** para un vuelo privado que salió a las 2:30 p.m. y aterrizó a las 7:30 p.m. en la capital norteamericana, fueron recibidos por el Se-

El Secretario de Estado, **Dean Acheson** se reunió con el **Gral. Somoza** y se mostró muy interesado en la salud del presidente de Nicaragua y su cirugía, evidenciando que el gobierno de EE.UU. tenía pleno conocimiento de la verdadera razón de su visita. **Somoza** le agradeció su interés. El Secretario de Estado es la segunda posición de poder de EE.UU. después del presidente. A la derecha el presidente **Somoza** colocando una corona en la tumba de su gran padrino, el presidente **Franklin Delano Roosevelt**, fallecido en 1945.

cretario de Estado Adjunto, **Edward G. Miller**, el expresidente de Colombia **Alberto Lleras Camargo** que era el secretario general de la OEA; el vicealmirante **Clark Woodward**, que estuvo al mando de las fuerzas navales norteamericanas durante la ocupación de Nicaragua en 1927; el embajador de EE.UU. en Nicaragua **Thomas E. Whelan**, muy amigo de **Somoza** y el embajador de Nicaragua en Washington **Guillermo Sevilla Sacasa**, yerno del presidente **Somoza**.

El **Gral. Somoza** declaró a los medios de prensa norteamericanos: --***«Me satisface grandemente estar en Estados Unidos. Me siento como en mi casa, Siempre he considerado a los Estados Unidos como mi segunda patria»***. El viernes 2 de mayo **Somoza** se reunió temprano en la mañana con el Secretario de Estado, **Dean Acheson** y el subsecretario **Edward G. Miller**. Después se dirigió al Cementerio Nacional de Arlington y depositó una corona de flores en la tumba del ***Soldado Desconocido***, en unión de su esposa **Salvadora**, de su hija **Lilliam** y su yerno **Sevilla Sacasa**. A medio día el presidente de EE.UU., **Harry Salomon Truman** ofreció un almuerzo en honor a **Somoza** con la asistencia de numerosas personalidades y congresistas. En forma privada el presidente **Truman** y el presidente **Somoza** conversaron sobre la importancia de concluir la carretera al Rama en Nicaragua. **Truman** expuso después a la prensa que esa carretera era de estratégica importancia para Estados Unidos, porque si fuese atacado el Canal de Panamá, la carretera al Rama en Nicaragua sería la ruta para transportación entre ambos océanos.

Por la noche **Somoza** fue agasajado por el Secretario de Estado Adjunto **Edward G. Miller** y señora en el ***Hotel Carlton*** a la que asistieron 350 invitados.

El viaje y la presencia de **Somoza** en Estados Unidos se presentaba como una visita de acercamiento político y nadie mencionaba el problema patológico del presidente nicaragüense. No obstante el gobierno norteamericano estaba muy bien enterado de la verdadera razón del viaje de **Somoza** en busca de recuperar o mejorar su salud, y a eso se debieron las consideraciones y deferencias que le tributó el Presidente **Truman** a **Somoza**, deponiendo el presidente norteamericano sus frecuentes críticas a **Somoza**.

En estos últimos eventos la primera dama de Nicaragua no estuvo presente porque

El **Gral. Somoza** durante su convalecencia después de operado por el **Dr. Frank Lahey**, rodeado de su esposa **Salvadora**, de su yerno **Guillermo Sevilla** y dos de sus nietos. En la operación donde le removieron divertículos, formaciones anormales en los intestinos, le cortaron el tubo intestinal y sus evacuaciones quedaron realizándose en forma anormal, con una terminal externa abdominal por donde salían sus excretas a una bolsa plástica cuyo cambio estuvo a cargo del **Cptn. G.N. Luis Ocón**. Esta situación quedó permanente y su organismo debilitado se sumó a su hipertensión crónica. El **Somoza**, nació en 1896, tenía 56 años cuando fue operado.

se encontraba en Boston, donde fue operada por el **Dr. Frank H. Lahey** el jueves 2 de mayo con la asistencia de los hermanos de la paciente, doctores **Luis Manuel** y **Henry Debayle Sacasa**, y el **Dr.** y **Cnel. G.N. Egberto Bermúdez**. No se informó de qué padecimiento fue operada **Salvadora de Somoza**, solamente se informó vagamente que --***«La operación fue realizada felizmente con el mejor de los éxitos por el eminente y renombrado maestro del bisturí, Dr. Lahey, y las condiciones de doña Salvadorita resultaron inmejorables, inmediatamente después de la intervención quirúrgica»***. La primera dama quedó hospitalizada hasta el 27 de mayo --día de su cumpleaños--, cuando fue dada de alta después de 25 días internada. Hubo información filtrada, pero no completamente comprobada, de que la operación de **Salvadora de Somoza** fue una **histerectomía total**, cirugía que consiste en extirpar el útero, las trompas de falopio e incluso los ovarios si fuere necesario, cuando hay síntomas de posible cáncer o inicios de un cáncer que generalmente se manifiesta en el cuello del útero, según los médicos especialistas, y por eso fue necesario una hospitalización post-operatoria de 25 días.

El sábado 3 de mayo **Somoza** colocó una corona de flores en la tumba de **George Washington**. El lunes 5 de mayo **Somoza** amaneció padeciendo un fuerte resfrío, al menos eso fue lo que se informó, pero todo indica que tuvo una crisis dolorosa abdominal, probablemente provocada por el abuso de banquetes de excesiva comilona y licores. Los demás agasajos fueron cancelados y el gobierno dispuso enviarlo a Boston a bordo del famoso avión *«Vaca sagrada»*, que utilizaba el fallecido presidente **Roosevelt**. Sin duda que el gobierno norteamericano estaba informado de la real patología que padecía el **Gral. Somoza** y lo trató como un paciente. El martes 6 de mayo **Somoza** y comitiva fueron alojados en el ***Hotel Somerset*** de Boston. El 7 de mayo fue a la visita programada al consultorio del **Dr. Frank H. Lahey** una autoridad mundial en cirugía abdominal. Aunque el comunicado emitido por el gobierno y la familia de **Somoza** trataron de minimizar el padecimiento del **Gral. Somoza**, la verdad es que su caso era de verdadera gravedad y asomaba la posibilidad de un cáncer de colon a sus 56 años de edad. El domingo 11 de mayo de 1952 **Somoza** fue internado en el ***Hospital Bautista de Nueva Inglaterra*** en Boston y el lunes 12 de mayo fue intervenido quirúrgicamente por el **Dr. Frank H. Lahey** realizándole una delicada **colostomía transversa**, cortándole el intestino grueso, desviándolo y sacando el extremo cortado por una apertura del abdomen, colocándole una bolsa plástica externa para la recolección de los desechos fecales, bolsa que tenía que ser reemplazada todos los días o cada vez que hiciera una deposición. Esta colostomía no era temporal, sino permanente. El encargado de atender diariamente a **Somoza** en el cambio de bolsa para los desechos, fue siempre el **Cptn. G.N. Luis Ocón**, por esa responsabilidad este oficial estuvo al lado de **Somoza** todo el tiempo, hasta su muerte.

El **Dr. Lahey** le prohibió a **Somoza** en forma absoluta y estricta, el consumo de cualquier licor. A partir de esa severa prohibición, muy disciplinadamente **Somoza** se convirtió en un total abstemio. El mismo lunes 12 de mayo de 1952 la oficina de prensa de la presidencia de Nicaragua emitió un comunicado informándole a la ciudadanía con esta nota que tiene todas las características de buscar no alarmar a la población sino al contrario, calmarla porque algo se había filtrado de la gravedad que padecía **Somoza**, y eso había desatado muchos rumores y especulaciones, propaladas y magnificadas por los opositores. Este fue el texto del comunicado: --***«Como se había contemplado, el Excelentísimo Señor Presidente General A. Somoza, fue sometido hoy, a las ocho de la mañana, a una intervención quirúrgica abdominal en el Hospital Bautista Nueva Inglaterra, Boston. Practicó la operación con feliz éxito el eminente cirujano Dr. Lahey, estando presente el Dr. Luis Manuel Debayle. Hoy mismo el Coronel Luis Somoza D. y el Coronel Anastasio Somoza h. se comunicaron por radioteléfono con el Dr. Lahey, quien les informó que el estado de salud del Señor Presidente es completamente satisfactorio»***.

El **Dr. Frank H. Lahey** expidió la misma noche el siguiente boletín: --***«El Presidente Somoza de Nicaragua fue operado por mi con todo éxito esta mañana de una operación intestinal en el New England Baptist Hospital. Su estado de hoy por la tarde es de los más satisfactorio y estoy seguro que su convalecencia será completamente normal»***. Obviamente la familia le había pedido al cirujano que hiciera esta comunicación para tranquilidad general de los interesados y tranquilizar al pueblo de Nicaragua, procurando anular los rumores y especulaciones. Pero nada se informó oficialmente de los detalles de la operación a **Salvadora de Somoza**.

El 14 de mayo **Somoza** recibió una canasta de flores enviada por el presidente **Harry Salomon Truman** y señora. Muchos otros funcionarios y amigos enviaron flores hasta saturar el cuarto del enfermo y los corredores adyacentes. El presidente de Nicaragua permaneció hospitalizado hasta el 26 de mayo cuando regresó al ***Hotel Somerset***. Pero evi-

La jovencita **Rita Amanda D'Escoto Brockman**, fue la anfitriona de la fiesta en homenaje al **Gral. Anastasio Somoza** y **Salvadora de Somoza**, ofrecida en la fastuosa residencia de su padre en la Quinta Avenida de N.Y. con más de 300 invitados. **Rita Amanda** era hija de **Miguel D'Escoto Muñoz**, ***El Conde Escoto***, cónsul de Nicaragua en Nueva York y de **Rita Brockman de D'Escoto**. Durante todo el tiempo que duró la fiesta la jovencita **Rita Amanda** se dedicó a atender personalmente al **Gral. Somoza** y éste se vio muy complacido de las atenciones y la simpatía de la hija del cónsul. Ella le sirvió la comida y el ginger ale con hielo que tomaba el presidente. Las atenciones de **Rita Amanda** a su marido le parecieron excesivas a **Salvadora de Somoza** y adoptó una actitud severa. Todo esto se refleja con mucha claridad en esta foto del momento en que **Rita Amanda** le sirve la comida a **Somoza** y él muy sonriente dedicado a departir con la jovencita, mientras **Salvadora** lo tiene sostenido del brazo con una expresión en su rostro nada agradable. En la escena están desde la izquierda: **Miguel D'Escoto Muñoz**, **Rita Amanda D'Escoto Brockman**, el **Gral. Anastasio Somoza**, **Salvadora de Somoza**, el **Dr. Luis Manuel Debayle** y su esposa **Matilde Bonilla Solórzano de Debayle**.

dentemente el **Dr. Frank Lahey** le pidió permanecer accesible por si se presentaba alguna complicación, razón por la cual **Somoza** retrasó su regreso a Nicaragua.

Somoza conmemoró las Bodas de Plata de la Guardia Nacional

El 1º de junio de 1952 la ***Compañía de Artillería del Estado de Massachusetts*** condecoró a **Somoza** con una Medalla de Honor. Como todavía no podía regresar a Nicaragua por la orden médica del **Dr. Lahey**, el mismo 1º de junio **Somoza** envió un largo mensaje a los Oficiales, Clases y Alistados, conmemorando las ***Bodas de Plata*** de la Guardia Nacional de Nicaragua, utilizando un lenguaje novelesco como si hubiese sido testigo de la Guerra de las Segovias, lo cual no fue cierto porque para esa guerra **Somoza** no era miembro de la Guardia Nacional, ni estuvo en la zona de guerra. **Somoza** fue incorporado a la Guardia Nacional desde la vida civil y fue nombrado ***Mayor General*** y ***Jefe Director*** de la Guardia Nacional interinamente, el 14 de noviembre de 1932, por imposición del gobierno de Estados Unidos para tener la posición y autoridad para eliminar al **Gral. Sandino**, misión que una vez cumplida fue el origen de todo su poder, porque él asumió la autoría intelectual del asesinato de **Sandino**, lo cual no era cierto, pero efectivamente fue el autor material. Tomó posesión pleno del cargo de Jefe Director de la Guardia Nacional de Nicaragua el 1º de enero 1933.

En el ***Waldorf Astoria Hotel*** de Nueva York posaron para esta foto: **1-Alfonso González Cervantes**. **2-Dr. Luis Manuel Debayle**, cuñado predilecto del general. **3-Miguel D'Escoto**, el ***Conde Escoto***, cónsul de Nicaragua en N.Y. **4-Dr.** y **Cnel. G.N. Egberto Bermúdez**, médico personal del general. **5-Adriana Salinas**. **6-Nina Moncada**. **7-Dr. José María Moncada**, vicecónsul de Nicaragua en N.Y. **8-Guillermito Anastasio Sevilla Somoza**. **9-Miguel D'Escoto Jr.**, hijo del ***Conde***, futuro Sacerdote Maryknoll y futuro Canciller del FSLN. **10-Rita Brockman Meléndez de D'Escoto**. **11-Rita Amanda D'Escoto**. **12-Salvadora de Somoza**. **13-Gral. Anastasio Somoza**. **14-Rosa Aura Salinas** y **15-Amalia Brockman**. Hubo intento de colocar a **Rita Amanda** junto al general, pero en medio de ambos se sentó **Salvadora de Somoza** que luce sonriente, junto a los dos serios. La foto se organizó como despedida por el próximo retorno a Nicaragua del **Gral. Somoza** y **Salvadora de Somoza**.

Este es el paternal mensaje melodramático que el recién operado **Somoza** envió a la Guardia Nacional de Nicaragua, que en sus partes principales dijo: --«***Al celebrarse hoy las "Bodas de Plata" de la Guardia Nacional de Nicaragua, dirijo un emocionado y afectuoso saludo a sus oficiales, clases y soldados... /... la Guardia Nacional es la historia del progreso de la Patria. Juntos sus soldados y yo, que me cuento entre ellos con orgullo, hemos realizado una jornada trascendental en los destinos de Nicaragua... /...Yo vuelvo los ojos al ayer y contemplo a la Guardia Nacional en los días aciagos que le tocó pacificar pródigas zonas que el bandolerismo había convertido en campos de muerte y de ruina; recuerdo los desvelos; las marchas interminables por bosques y ásperas serranías, bajo lluvias inclementes y la amenaza constante de pérfidas emboscadas; los padecimientos de mis soldados y su denodado pelear.../...manteniendo el orden en días difíciles siempre decidida y valiente, siempre leal a su Jefe.../...Yo adivino en el breve espacio de una conversación, toda la intensidad de sus problemas íntimos y aunque a veces la natural altivez del militar lo encubra, leo sus congojas y sus preocupaciones.../...Ellos también me quieren, me comprenden y retribuyen con creces la cordial sinceridad de mi afecto.../...Inclinemos ante la Patria los pabellones de la Guardia Nacional, que en otros tiempos agujerearon las balas y ennegrecieron el humo de la pólvora.../...reitere-***

El sábado 14 de junio, en víspera del regreso a Nicaragua, en el ***Salón de Honor del Hotel Somerset***, se realizó la ceremonia por la cual el presidente **Anastasio Somoza**, en su propio nombre y el de su esposa **Salvadora**, condecoró al eminente cirujano, **Dr. Frank H. Lahey**, con la ***Medalla Presidencial al Mérito***, como una evidente demostración de gratitud por las intervenciones quirúrgicas al **Gral. Somoza** y a su esposa **Salvadora**. Nunca se mencionó ni se conoció el monto de los honorarios del **Dr. Lahey** por los tratamientos a esas dos personalidades, pero el costo tiene que haber sido considerablemente elevado, considerando a las personalidades operadas.

mos ante la Patria las promesas de nuestra fe cívica y de nuestra devoción por el derecho y por la paz. 1º de junio de 1952. A. Somoza».

Solamente uno de los miembros del séquito que acompañaba a **Somoza** era capaz, calificado y competente para escribirle ese mensaje a su jefe, y ese único era el **Dr. Manuel F. Zurita**, ese era su inconfundible estilo de redacción y creación. Por muchos años fue quien le redactó cientos de discursos al **Gral. Anastasio Somoza García**.

Cuatro millones para la carretera al Rama

El martes 11 de junio de 1952 el Congreso de EE.UU. aprobó cuatro millones de dólares (U$4,000,000) para terminar la construcción de la carretera al puerto fluvial de El Rama, ubicado en el centro del departamento de Zelaya. Desde donde la transportación de carga y pasajeros se continúa por barcos navegando por el río Escondido hasta el puerto y ciudad de Bluefields.

Somoza envió un mensaje radiográfico a su hijo **Coronel Luis Somoza Debayle**, que era el presidente del Congreso de Nicaragua:

«Boston. Junio 11.- Señor Presidente del Congreso Nacional, Managua Nicaragua.- El Embajador doctor Guillermo Sevilla Sacasa está informándome que hoy, en una nueva votación, el Senado favoreció ampliamente la aportación de cuatro millones de dólares para la Carretera al Rama. Esta grata noticia para el patriotismo nicaragüense viene a confirmar mi fe y mi optimismo en la justicia de esta gran nación, sentimientos en que me acompaña el pueblo de Nicaragua y el Liberalismo. Pronto veremos

realizado uno de los aspectos fundamentales de mi programa de Gobierno, consolidando nuestra nacionalidad. He querido que el Congreso de mi país comparta mi alegría. Saludos. Afmo. A. Somoza».

Al día siguiente el embajador de Nicaragua **Sevilla Sacasa** visitó al Secretario de Estado Adjunto, **Edward G. Miller** para agradecer la valiosa colaboración que el Departamento de Estado gestionó para conseguir la aprobación por el Congreso, de la partida de cuatro millones de dólares para la Carretera a El Rama. Años después, en 1968, ya terminada la Carretera a El Rama, se culminó la construcción con un puente de considerables dimensiones, quizás el más grande de Nicaragua, obsequio de la compañía ***US Steel Corp.*** que tiene su base de operaciones en la ciudad de Pittsburgh, Pennsylvania. Con este puente de acero se concluyó la Carretera al Rama. Ese puente que todavía existe, fue inaugurado durante la presidencia del **Gral. Anastasio Somoza Debayle**,

El Dr. Lahey autorizó a sus pacientes regresar a Nicaragua

El sábado 14 de junio, en víspera del inicio del viaje de regreso a Nicaragua, en el Salón de Honor del ***Hotel Somerset***, se realizó la ceremonia por la cual el presidente **Anastasio Somoza**, en su propio nombre y el de su esposa **Salvadora**, condecoró al eminente cirujano, **Dr. Frank H. Lahey**, con la ***Medalla Presidencial al Mérito***, como una evidente demostración de gratitud por las intervenciones quirúrgicas al **Gral. Somoza** y a su esposa **Salvadora**, que culminó con un elegante banquete. Nunca se mencionó ni se conoció el monto de los honorarios del **Dr. Lahey** por las cirugías y los tratamientos a esas dos personalidades de Nicaragua, pero el costo tiene que haber sido considerablemente elevado.

El domingo 15 de junio, el **Gral. Somoza** y su comitiva aterrizaron en el aeropuerto ***LaGuardia*** de Nueva York y fueron hospedados en el icónico ***Waldorf Astoria New York Hotel***, donde iniciaron más homenajes, agasajos, banquetes y festejos en los que participaron ejecutivos de grandes corporaciones, ***Western Union***, ***Tropical Radio***, editores de las revistas ***Time*** y ***Life***, pero **Somoza** fingía tomar whisky, cuando solamente tomaba ***ginger ale soda***, respetando la prohibición médica. **Somoza** visitó las oficinas de las Naciones Unidas, le mostraron la maqueta del entonces imponente futuro edificio.

El 18 de junio **Somoza** fue condecorado por la ***Sociedad Panamericana de Nueva York***. Los cónsules generales centroamericanos le confirieron la ***Medalla de Primera Clase al Mérito Bolivariano***. En todos los eventos y reuniones **Somoza** en sus discursos de agradecimiento, también insistía en promover las inversiones en Nicaragua:

--***«Yo invito a los inversionistas norteamericanos y de otros países y al capital en general, invito a todos cuantos me escuchan a visitar Nicaragua, los invito a invertir sus capitales en Nicaragua, que está por desarrollarse y tiene oportunidades para todos»***.

El jueves 19 de junio asistió a dos eventos importantes, el primero fue un almuerzo con el ***Overseas Press Club*** con la concurrencia de más de 200 periodistas, donde **Somoza** propuso la idea de crear una ***Conferencia de Presidentes de todas las repúblicas del Continente Americano***, que podría realizarse en las Naciones Unidas. El Departamento de Estado reaccionó con entusiasmo calificando la idea de **Somoza** de un proyecto nuevo e interesante, que se implementó felizmente y que hoy se llama ***Cumbre de las Américas***.

El segundo evento fue su comparecencia en la potente cadena de radiodifusoras de las Naciones Unidas, donde fue entrevistado y expuso sus ideas y saludos que fueron escuchados en todos los países del continente, incluyendo Nicaragua donde tuvo muchos radioescuchas.

El mismo jueves 19 de junio por la noche, la señorita **Rita Amanda D'Escoto**

El **Gral. Somoza** depositó la presidencia en la persona de su hijo, el diputado **Luis Somoza Debayle**, primer designado electo por el Congreso Nacional y por un Decreto Presidencial. Su otro hijo **Coronel Anastasio Somoza Debayle** quedó a cargo de la jefatura de la Guardia Nacional, durante el tiempo que duró su jira por América del Sur. La casa quedó asegurada.

Brockman, hija del cónsul de Nicaragua en Nueva York, **Miguel D'Escoto**, reconocido como ***El Conde Escoto***, de quien se decía ***«Ni esconde ni es coto»*** y su hijo **Miguel D'Escoto Jr.** (que fue Canciller del FSLN), le ofrecieron al presidente **Somoza** y a su esposa **Salvadora**, en su residencia de la Quinta Avenida de Nueva York, una fiesta con más de 300 invitados con destacadas personalidades de Nueva York.

Rita Amanda D'Escoto fue el alma de la fiesta, la verdadera anfitriona que atendió personalmente con exquisito esmero al presidente **Somoza** y éste le correspondió manifestándole gratitud y simpatía, inocentes devaneos que no fueron secundados ni del agrado de **Salvadora de Somoza**.

El viernes 20 de junio **Somoza** fue condecorado por el Alcalde de Nueva York **Vincent Impelliteri** en un evento público en la ***Plaza del Ayuntamiento*** donde el Alcalde ponderó ***«el espíritu panamericanista del presidente Somoza»***, así estaba escrito en el pergamino que le entregó.

El domingo 22 de junio los esposos **Somoza** asistieron a misa a la Catedral de San Patricio y por la tarde fueron a Hyde Park a visitar la tumba del presidente **Franklin Delano Roosevelt** y colocar una corona de flores al gran padrino que tuvo **Somoza**. Seguidamente recorrieron el ***Museo Roosevelt*** guiados por la señora **Eleanor Roosevelt**, viuda del presidente.

El lunes 23 de junio la pareja presidencial de Nicaragua abordó el tren expreso rumbo a Austin, Texas. El miércoles 25 de junio llegaron a Austin siendo recibidos por el Alcalde **Mr. S. Drake** y el representante del Gobernador del Estado, **Vaugham Gruant** y fueron llevados al ***Commodore Perry Hotel***. El señor **Carlos Pérez Zelaya** viceconsul de Nicaragua le ofreció una espléndida fiesta en el ***Cliff Club*** frente al Lago de Austin. Hicieron una visita a la Universidad de Austin y por la noche partieron a San Antonio, Texas, por avión y se hospedaron en el ***San Antonio Hotel***. Le tributaron un almuerzo en la ***Base Aérea Kelly***, ofrecido por el **Gral. Clements McMullen**. Fue invitado a visitar el ***Fuerte Sam Houston*** donde recibió un homenaje militar. Luego le llevaron a visitar el famoso ***King Ranch***, la mayor organización ganadera del mundo con un millón de acres de extensión, propiedad de los hermanos **Robert** y **Richard Kleberg**, conocedores de la preferencia que **Somoza** tenía por la ganadería. Los hermanos **Kleberg** le despidieron con una elegante cena.

El 1º de julio de 1952 **Somoza** y su comitiva partieron hacia Houston, Texas, invitado a compartir en la reunión de los Gobernadores de la Unión Americana, donde el **Gral. Somoza** departió con varios gobernadores y después fue presentado en televisión junto a los gobernadores.

El viernes 4 de julio, en un lujoso avión privado propiedad de los hermanos **Kle-**

En el ***Palacio de Catete*** de Río de Janeiro, se efectuó la ceremonia de intercambio de condecoraciones entre el presidente **Getulio Vargas** de Brasil y el presidente **Somoza** de Nicaragua que le impuso el ***Gran Collar de la Orden Rubén Darío*** al brasileño. **Somoza** y su comitiva fueron hospedados en el ***Palacio de las Laranjeiras***.

berg, todo el grupo de nicaragüenses de la comitiva volaron a Miami con el **Gral. Somoza**.

Todo indica que los hermanos **Kleberg** interesaron a **Somoza** para la compra de costosos ejemplares de ganado de raza, especialmente de sementales. **Somoza** y comitiva celebraron en Miami con los funcionarios locales la fiesta de la Independencia de EE.UU. el 4 de julio de 1952.

El domingo 6 de julio, en un avión del gobierno de Estados Unidos brindado por el presidente **Harry Truman**, el **Gral. Anastasio Somoza** y su comitiva volaron de regreso a Nicaragua después de 70 días de ausencia en que ambos esposos **Somoza** fueron operados.

De doña **Salvadora** nunca se supo su diagnóstico ni tratamiento. Del **Gral. Somoza** si se comprobó que se le hizo una ***colostomía transversa***, lo que apuntaba a un posible cáncer de colon que fue extirpado o por lo menos una obstrucción intestinal en desarrollo. En todo caso tuvo que usar una permanente bolsa plástica para los desechos fecales que salían por una apertura del abdomen para el resto de su vida .

La *tournée* de Somoza por América del Sur

Sin explicar ni justificar los motivos o razones que tuvo para realizar su jira por varios países suramericanos, el **Gral. Somoza García** formalizó su ***tournée*** con un Decreto Presidencial con fecha 19 de Septiembre de 1953, que literalmente copiamos:

--Depositase el ejercicio de la Presidencia de la República, en el designado Coronel Luis A. Somoza Debayle. No. 675, Aprobado el 19 de Septiembre 1953. Publicado en La Gaceta No. 216 del 19 de Septiembre de 1953. El Presidente de la República, Considerando: Que ilustrados gobiernos amigos de diversos países de la América del Sur han honrado a Nicaragua invitándola para que el Presidente Somoza los visite, en jira de fraternidad interamericana; Considerando: Que habiendo aceptado dichas invitaciones, el Presidente Somoza necesita ausentarse del país por un lapso no mayor de tres

IZQUIERDA: El **Gral. Somoza**, su esposa **Salvadora** y comitiva, hicieron el recorrido por Sur América a bordo de un avión cuatrimotor alquilado a ***Pan American Airways***, con un escudo de Nicaragua y rotulado ***Clipper Momotombo***. DERECHA: El presidente de Brasil, **Getulio Vargas**, posando con los oficiales de la Guardia Nacional que integraron la comitiva del presidente de Nicaragua: **1-Mayor G.N. Francisco Boza**, primer ayudante del presidente. **2-Getulio Vargas**, presidente de Brasil. **3-Cptn. G.N. Luis Ocón**, edecán especial del presidente **Somoza**. **4-Cptn. G.N. Heberto Sánchez Barquero**, segundo ayudante del presidente. Toda la delegación nicaragüense fue muy bien atendida en Brasil, e incluso visitaron la ***Academia Militar de las Agujas Negras***.

meses, y de acuerdo con lo dispuesto en los Artículos 160, inciso 3,187 y 188 de la Constitución Política; Considerando: Que conforme Acuerdo de las once de la mañana del día de ayer, que consta al pié de la nómina que al efecto envió el diecisiete del mes en curso la Honorable Junta Directiva del Congreso Nacional, fue rubricado el nombre del Honorable Designado Diputado Coronel Don Luis A. Somoza Debayle; Decreta: Artículo Único.- Deposítase el ejercicio de la Presidencia de la República, mientras permanezca ausente del territorio nacional el Presidente de la República, en el Designado debidamente rubricado, Coronel Don Luis A. Somoza Debayle.

Dado en Casa Presidencial.- Managua, Distrito Nacional, a los diez y nueve días del mes de Septiembre de mil novecientos cincuenta y tres.-A. Somoza.-El Ministro de la Gobernación y Anexos, por la ley, M. Buitrago Aja.

El **Gral. Anastasio Somoza** alquiló a la compañía ***Pan American Airways*** un avión cuatrimotor Douglas DC-6B con experimentada tripulación para su jira suramericana. Al avión alquilado le pintaron un escudo de Nicaragua y el nombre de ***Clipper Momotombo***.

Fue evidente que el Departamento de Estado le arregló las visitas estableciendo un calendario, pues todos se vieron en el compromiso de recibir y atender al **Gral. Somoza**, aunque algunos lo hicieron de mala gana como fue el caso del **Dr.** y **Gral. Velazco Ibarra** de Ecuador.

Somoza estaba muy claro que todos los países que visitó en su ***tournée*** por América del Sur, eran gobernados por dictadores que él consideraba, no solamente sus amigos, sino también sus ***pares*** o colegas, que como él, ***«sonaban la misma música y bailaban el mismo son»***.

La comitiva escogida para viajar con el **Gral. Somoza** y la primera dama **Salvadora de Somoza**, la integraron el Canciller **Dr. Oscar Sevilla Sacasa**, **Mayor G.N. Francisco Boza**, primer ayudante del presidente; las señoritas **Martha Debayle** y **Liana Debayle**, damas de compañía de doña **Salvadora**; **Cptn. G.N. Heberto Sánchez Barquero**, segundo ayudante del presidente; **Cptn. G.N. Luis Ocón**, asistente personal de **Somoza**, encargado de atender la intimidad del cambio de bolsa tras la operación de ***colostomía transversa***; y **Dr. Leonte Herdocia**, director del Ceremonial Diplomático. Un sargento de la Guardia Nacional también viajó en todo el recorrido, su función era de servirle de ***valet*** a

Recorriendo las calles de Lima, Perú, el presidente **Gral. Manuel Odría** con el presidente **Anastasio Somoza** rumbo al ***Palacio de Pizarro*** donde la delegación fue hospedada. En el asiento delantero va el **Mayor G.N. Francisco Boza**. El presidente **Odría** era muy impopular, de modo que la gente no aplaudía al paso de la caravana, al contrario, le daban la espalda. El **Gral. Manuel Arturo Odría Amoretti**, era militar de carrera graduado en la famosa ***Escuela Militar de Chorrillos*** y se distinguió combatiendo en la guerra peruano-ecuatoriana. En contraste **Somoza** no era militar de carrera, no era graduado en nada militar y nunca combatió en ninguna parte, pero era la personificación del ***Güegüense***, sabía vestir el uniforme y saludaba mejor que muchos graduados.

Salvadora de Somoza para sostenerle sombreros, carteras. abrigos u otras prendas mientras ella estaba sentada en los banquetes y agasajos. El anónimo sargento, sin uniforme, permaneció de pie en todos los eventos, solamente atento a los requerimientos de la primera dama.

Orinando en rueda de caballeros

El lunes **21 de septiembre de 1953**, tras la despedida de numerosas personalidades que le desearon buen viaje al presidente **Somoza** y a su esposa, despegó el avión hacia América del Sur. La primera etapa del viaje la nave voló frente a la costa Caribe de Colombia, Venezuela y la isla de Aruba, aterrizando a las seis de la tarde en la isla de Trinidad de soberanía británica. El gobernador recibió a **Somoza** y comitiva, todos fueron hospedados en el Palacio del Gobernador y por la noche el gobernador ofreció un banquete de gala en honor de los visitantes, donde se brindó por la reina de Inglaterra **Isabel II** y por su padre fallecido en 1952, el rey **Jorge VI**, por el consorte de la reina, el **Duque Felipe de Edimburgo**, y por el general **Somoza** y su esposa **Salvadora**.

La reina **Isabel II** fue coronada pocos meses antes, en junio de 1953 con 25 años de edad y es la misma monarca que falleció en septiembre de 2022, ya viuda con 96 años.

Al finalizar el banquete, todos los hombres realizaron un extraño rito machista popularizado por **Sir Winston Churchill**, en que los varones formaban un círculo en la semioscuridad del jardín y todos orinan hacia el centro de la rueda, compitiendo entre ellos y ganaba el que llegara más lejos con sus líquidos vesicales. El presidente **Somoza**, para no faltar a la cortesía del anfitrión, flemáticamente aportó su meada y, aunque no ganó, fue a-

Para **Somoza**, la visita culminante de su jira, fue ser recibido y agasajado en la república Argentina por el presidente **Gral. Juan Domingo Perón Sosa**, fundador del ***peronismo***, la política populista que impactó a la Argentina y ha permanecido hasta el presente 2022. **Perón** fue tres veces presidente y dictador de Argentina, pero más popular fue su esposa **Eva María Duarte de Perón**, que falleció el 26 de julio de 1952 a la edad de 33 años. Cuando **Somoza** le comentó que no lo veía acongojado por la muerte de **Evita**, **Perón** le respondió con picardía: --«***Si estoy muy acongojado, pero recibo el consuelo de dos damitas de 16***», haciendo referencia a los 33 años de **Evita**. Los dos se rieron de la ocurrencia de **Perón** que ya tenía fama de su preferencia de adolescentes.

El **Gral. Somoza** demostró una gran felicidad el 17 de octubre de 1953, cuando **Perón** lo invitó a acompañarle a salir al balcón de la ***Casa Rosada***, la casa presidencial de Argentina, en esa ocasión había en la plaza una enorme concentración de partidarios. **Perón** presentó a **Somoza** ante la multitud: ***«Deseo que mis primeras palabras sean para rendirle un homenaje sincero al excelentísimo señor presidente Somoza, que nos acompaña»***. Y **Somoza** pronunció un largo discurso ponderando a **Perón**, en su alocución le dijo a la gran muchedumbre de peronistas: --«***Yo quisiera que la oposición a Perón, si es que existe, porque lo dudo, porque no creo que pueda haber oposición al general Perón en la Argentina, se acercara a él, conversara con él, para que se contagie de eso que yo estoy contagiado, de ese peronismo sincero. Argentinos todos rodead a Perón, pensad que Perón es la reencarnación de la patria, que Perón lleva a la Argentina a pasos agigantados, a ser la mejor patria del mundo. Pueblo argentino: ¡cuidad a Perón, porque cuidando a Perón estáis cuidando vuestro destino!***». Un año después el **Gral. Somoza** recibió en Managua, un obsequio de **Perón**: dos costosísimos caballos de pura raza que personalmente **Somoza** fue a traerlos al aeropuerto ***Las Mercedes***. Ese día no fue a la hacienda ***Montelimar***, y la llegada de esos caballos le salvaron la vida el 3 de abril de 1954, pues le estaban esperando con una emboscada en la carretera panamericana sur para matarlo. En capítulo específico presentaremos la historia de esos días trágicos de abril de 1954.

plaudido. El Canciller de Nicaragua, **Dr. Oscar Sevilla Sacasa**, no le gustó el extraño ritual ni quiso mostrar su miembro por razones que solamente él sabía, y se retiró del círculo de caballeros, con su ***portañela*** cerrada.

Volando hacia Río de Janeiro

Al día siguiente, 22 de septiembre, **Somoza** y su grupo se despidieron del gobernador agradeciéndole sus atenciones. A las diez de la mañana abordaron el ***Clipper Momotombo*** y volaron rumbo rumbo sur con destino a la ciudad de Belén, ubicada en la desembocadura del río ***Amazonas***, en el Estado de Pará, Brasil, donde aterrizaron sin novedad a las seis de la tarde.

El gobernador del Estado de Pará tenía preparada una cena de gala que tuvo que concluir a las dos de la madrugada, hora programada para continuar el viaje hasta Río de Janeiro. Abordaron la nave desvelados, aterrizando a las diez de la mañana del 23 de septiembre en el aeropuerto ***Santos Dumont***, donde esperaba a **Somoza** el presidente de Brasil, **Gral. Getulio Vargas**, su esposa, su gabinete de ministros, Cuerpo Diplomático, una compañía militar con su banda musical que hicieron los honores protocolarios y un cuerpo de artilleros disparó 21 cañonazos. Todos fueron hospedados en el ***Palacio de las Laranjeiras*** (de las naranjas), un elegante y grande edificio especialmente construido y dedicado al alojamiento de los visitantes distinguidos, resguardados por una estricta y numerosa vigilancia militar que se denomina ***seguridad por saturación***.

El presidente **Getulio Vargas** había establecido su dictadura desde 1930, cuando coqueteaba con los regímenes totalitarios y fascistas de Italia y Alemania; pero después, con la presión norteamericana, declaró la guerra al Eje y envió tropas brasileñas a combatir junto con los Aliados en la II Guerra Munidial.

El primer evento en Río de Janeiro fue en la Embajada de Nicaragua, donde el embajador **Justino Sansón Balladares** ofreció una recepción y almuerzo. Todos los caballeros invitados colocaron sus sombreros en una mesa redonda antes de sentarse a almorzar. Hubo brindis y discursos. Al terminar cada uno fue a tomar su sombrero, pero el sombrero del **Gral. Somoza** no estaba porque alguien se lo había robado. Posiblemente el ladrón, sin duda uno de los caballeros invitados, se robó el sombrero de **Somoza** para su colección de ***souvenires***, pero el sentirse robado puso colérico a **Somoza**, pero se contuvo y no quiso pedir una investigación, sin embargo comentó: --***«Si llego a encontrar al jodido que me robó el sombrero... pero mejor me callo, porque después dicen que la Guardia es mala»***.

El jueves 24 de septiembre de 1953, el **Gral. Somoza** visitó el presidencial ***Palacio Catete***, para la programada reunión con el presidente de Brasil, **Getulio Vargas**, donde realizaron un protocolario de intercambio de condecoraciones, brindis, sonrisas, chistes y cordial despedida.

El viernes 25 de septiembre, todo el grupo nicaragüense fue recibido por el Ministro de Relaciones Exteriores de Brasil en el ***Palacio Itamarití***, donde el **Gral. Somoza** recibió otra alta condecoración. Por la noche la Cancillería ofreció una recepción y cena de gala en el mismo palacio. Al concluir todos los invitados fueron conducidos a una galería junto a un gran espejo de agua en cuyo extremo se erigía un formidable y grande escenario donde actuó con coloridas y bellas danzas folclóricas el magnífico ***Ballet Nacional de Brasil***, que fue muy aplaudido.

El sábado 26 de septiembre el **Gral. Somoza** y su comitiva fueron recibidos en la famosa ***Academia Militar de las Agujas Negras***, ubicada en la ciudad de Resende, donde

El dictador progresista de Venezuela, **Gral Marcos Pérez Jiménez**, recibió muy bien al **Gral. Somoza**. El anfitrión era un militar graduado en la ***Escuela Militar de Chorrillos*** en Perú, universidad castrense de mucho prestigio. En un vasto y muy moderno polígono de tiro bajo techo, **Pérez Jiménez** tomó un fusil, se tiró al suelo e hizo una serie de disparos a los blancos acertando en la totalidad con gran precisión. El **Gral. Somoza** lo aplaudió y lo abrazó felicitándolo; pero no se le ocurrió imitarlo porque hubiera hecho el ridículo. ***«Todos los edecanes militares teníamos el temor que tambien el Gral. Somoza quisiera imitar al presidente venezolano, porque ni siquiera se hubiera podido levantar de lo gordo que estaba»***, escribió el **Mayor Francisco Boza**. Pero ambos presidentes se entendieron muy bien e intercambiaron condecoraciones.

En Colombia el **Gral. Somoza García** fue recibido por el **Gral. Gustavo Rojas Pinilla**, con el mismo protocolo de los otros países. Fue notorio que el presidente colombiano actuó mecánicamente para cumplir con un compromiso, pero todo lo hizo diplomáticamente correcto.

se posgraduaron numerosos oficiales de la Guardia Nacional de Nicaragua.

El domingo 27 visitaron la Ciudad Imperial de Petropolis, llamada así porque en ella vivieron los emperadores portugueses cuando huyeron de la invasión napoleónica a Portugal, y se refugiaron en Brasil, que era la más importante colonia portuguesa en América.

En los días siguientes visitaron el ***Museo de Ruy Barbosa***, redactor de la Constitución de Brasil. En la isla Piraqué les ofrecieron una recepción y baile.

El lunes 28 de septiembre fue **Somoza** el anfitrión que ofreció una fiesta de despedida de Río de Janeiro en el ***Palacio de Laranjeiras***.

Al día siguiente 29 de septiembre partieron para la ciudad de Salvador, fueron alojados en el Palacio del Gobernador y agasajados. Visitaron después la ciudad de San Pablo donde les ofrecieron recepción y banquete en la residencia del Gobernador. La jira continuó a San Pablo y al Puerto de Santos, que fue el final de la visita a Brasil.

Somoza en Perú con Odría y en Argentina con Perón

En el vuelo hicieron una escala técnica en Santa Cruz, Bolivia y luego cruzaron los Andes en la provincia de Oruro, Bolivia y enrumbaron hacia Perú, aterrizando a las cinco de la tarde del martes 6 de octubre de 1953 en el ***Aeropuerto de Limatambo*** de Lima, Perú, donde el presidente peruano **Gral. Manuel Arturo Odría Amoretti**, el militar y político peruano que gobernó Perú entre 1948 y 1956. **Odría**, militar verdadero, graduado en la ***Escuela Militar de Chorrillos Coronel Francisco Bolognesi***, fue Jefe del Estado Mayor en la guerra peruano-ecuatoriana, y combatió en la batalla de Zarumilla. En contraste, el **Gral. Somoza** no era militar graduado en ninguna academia, el rango de general se lo regalaron los EE.UU. y nunca combatió en pleito alguno; pero en cambio tenía toda la astucia del ***güegüense*** y una mujer que tenía la audacia y el coraje de una tigresa. **Somoza** pudo constatar que el pueblo peruano repudiaba al **Gral. Odría** y a su régimen dictatorial, cuando desfiló en auto descapotado por las calles de Lima, la gente no saludaba el paso de **Odría** con **Somoza** a su lado. Por supuesto que hubo homenajes, cenas, banquetes, fiestas, como ocurrió en cada país. **Somoza** y comitiva fueron alojados en el ***Palacio de Pizarro***. En la ceremonia protocolar **Somoza** condecoró a **Odría** con la ***Gran Collar de la Orden Rubén Darío*** y el presidente nica recibió la ***Condecoración El Sol de Perú***. En honor al **Gral. Somoza** hubo una parada militar en el ***Campo de Marte*** con desfile de infantería, caballería y armas acorazadas. Luego visita a la Base Naval en el puerto de El Callao. El 9 de octubre fueron las fiestas y cenas de despedida.

El mismo 9 de octubre a las doce de la noche el grupo nicaragüense abordó la aeronave ***Clipper Momotombo*** y voló paralelo a la Cordillera de los Andes hacia el sur buscando una parte de baja altura del coloso geográfico, era necesario encontrar esa pasada de menor altura para el cuatrimotor que no tenía cabina presurizada y eso lo limitaba para remontarse a grandes alturas de la cordillera de los Andes.

Volaron sobre territorio de Chile hasta la famosa pasada del monumento ***Cristo de los Andes*** y cruzaron los Andes a las ocho de la mañana del 10 de octubre entrando a los cielos de Argentina. Aterrizaron en la ciudad de Mendoza, donde los recibió el Gobernador. Fueron alojados en el ***Hotel Plaza*** solamente para el aseo y cambiarse ropa y salieron a visitar una enorme destilería de vinos y más tarde **Somoza** dedicó unas horas a visitar una crianza de finos caballos, que era una de sus debilidades. Por la noche el Gobernador ofreció una suculenta cena amenizada con espectáculos de bailes folclóricos de gauchos con sus boleadoras. Al día siguiente, temprano en la mañana del 11 de octubre volaron para Buenos Aires llegando a medio día a aterrizar al Aeroparque donde los recibió el presidente **Gral. Juan Domingo Perón** dándose un gran abrazo con el **Gral. Somoza**.

El 12 de octubre **Somoza** y su comitiva se personaron en la célebre ***Casa Rosada***, sede oficial de la presidencia de Argentina. **Perón** invitó a salir al balcón para apreciar el desfile de los españoles inmigrantes que estaban celebrando ***El Día de la Raza***, con ese impresionante desfile que era como un carnaval pletórico de arte, música, cantos y bailes.

En Argentina hubo toda clase de homenajes, recepciones, comilonas de asados, visitas a las estancias de las Pampas, demostraciones de las ***boleadoras*** en rodeos argentinos, fiestas con tomas de yerba mate, carreras en el hipódromo, juegos en casinos en la bella ciudad Mar de Plata, donde **Doña Salvadora** hizo algo que provocó carcajadas de las damas y caballeros que estaban en la mesa de la ruleta, cuando la primera dama nica quiso apostar y metió su mano en el interior de su busto y sacó un pañuelo hecho un motetito y lo desamarró para sacar un rollito de billetes para comenzar a apostar en la ruleta. --***«A mi me dió vergüenza aquella escena ridícula de nuestra primera dama»***, escribió el **Mayor G.N. Francisco Boza**, quien además testificó que era notorio que **Perón** tenía un molesto tic nervioso guiñando un ojo y simultáneamente movía la cabeza hacia un lado, aquello era tan constante que llamaba poderosamente la atención y de lo cual los biógrafos no mencionan para nada. El momento cumbre de la visita de **Somoza Garcia** fue el 17 de octubre de 1953, en la ***Plaza de Mayo***, cuando **Perón** lo invitó a compartir los festejos de la fecha partidaria peronista. En lugar del histórico balcón tenía cubierta toda la fachada del edificio con inmensos telones. Cerca del mástil con la bandera argentina, en lo más alto, resaltaba un gigantesco escudo del Partido Peronista y a los costados dos grandes retratos de **Perón** y la

El encuentro menos grato --por decir lo mínimo-- de su jira por América del Sur, lo tuvo **Somoza** con el presidente de Ecuador, el **Dr. José María Velasco Ibarra**, pues hizo sentir que recibir a **Somoza** era un compromiso solicitado por EE.UU. El caso es que **Velasco Ibarra** era un doctor en derecho internacional graduado en la ***Universidad Sorbona*** de París y en filosofía del arte en el ***Colegio de Francia***. Fue catedrático de derecho internacional en universidades de Argentina, Venezuela, Colombia y Ecuador. Cinco veces presidente de Ecuador, dos de ellas autoproclamándose dictador y tres de ellas por elección popular. Considerado un libertador de su país. Por esas calidades académicas, políticas y culturales no podía dejar de levantar su nariz frente a **Somoza**; pero el **Gral. Somoza** tenía un doctorado en las ciencias del ***güegüense*** que lo convirtieron en el mimado y consentido de los gobiernos norteamericanos, algo que **Velasco Ibarra** nunca pudo lograr.

difunta **Evita**.

Allí estuvieron **Perón** y **Somoza**. Debajo de ellos las banderas y los escudos de Argentina y Nicaragua. Una ovación los saludó apenas aparecieron. **Perón** dijo: ***«Deseo que mis primeras palabras sean para rendirle, desde lo más profundo de nuestros corazones, un homenaje sincero y argentino al excelentísimo señor presidente Somoza, que nos acompaña»***. Instó a la multitud a gritar ***«¡Viva el general Somoza!»*** y luego lo abrazó efusivamente.

Somoza agradeció con estas palabras: ***«Yo quisiera que la oposición a Perón, si es que existe, porque lo dudo, porque no creo que pueda haber oposición al general Perón en la Argentina, se acercara a él, conversara con él, para que se contagie de eso que yo estoy contagiado, de ese peronismo sincero. Porque cuando uno se acerca a Perón, se acerca al corazón noble de un hombre cuyo magnetismo es algo maravilloso. Argentinos todos: rodead a Perón, pensad que Perón es la reencarnación de la patria, que Perón lleva a la Argentina a pasos agigantados, a ser la mejor patria del mundo. Pueblo argentino: ¡cuidad a Perón, porque cuidando a Perón estáis cuidando vuestro destino!»***.

Regocijado por los titulares en todos los diarios, **Somoza** partió el 18 de octubre de 1953 y se despidió de su anfitrión con esta frase: ***«¡La vida por Perón!»***. **Somoza** dejó a la Argentina celebrando un clásico asueto de entonces.

Con la visita al presidente de Panamá **Antonio Remón Cantera** finalizó la ***tournée*** suramericana del **Gral. Somoza**. El presidente **Remón** tuvo grandes cortesías y le rindió grandes homenajes y agasajos a **Somoza**. Cuando finalizó el tiempo programado para la visita, **Remón** le pidió a **Somoza** que se quedara tres días más en Panamá, y conocedor de la afición por los caballos del presidente nicaragüense, le invito a una carrera en su honor en el hipódromo de Panamá que apreciaron desde el palco presidencial. Ambos mandatarios conversaron sobre futuros proyectos conjuntos mientras se divirtieron en las carreras. Los proyectos nunca se lograron realizar porque dos años después, el 2 de enero de 1955, el presidente **Remón Cantera** fue asesinado en el mismo palco presidencial donde había estado en compañía del **Gral. Anastasio Somoza**.

En un aparte privado, **Somoza** se refirió a la grandeza de **Evita María Duarte de Perón**, fallecida el 26 de julio de 1952 a los 33 años de edad, y contó el **Mayor G.N. Francisco Boza**, edecán de **Somoza**, que escuchaba la conversación, cuando **Somoza** le comentó a **Perón**: ***«General, no lo veo acongojado por la ausencia de Evita»***. Y **Perón**, pícaramente le respondió: --***«Es que me han consolado dos de dieciséis»***, haciendo una referencia a los 33 años de edad de **Evita**. Era ***vox populi*** en Argentina que **Perón** se ***«consolaba»*** con muchachitas adolescentes.

Fue tan buena la amistad de estos dos hombres fuertes, paladines de dos dictaduras, que **Juan Domingo Perón** le envió varios meses después, dos costosos caballos de raza muy pura, como regalo al **Gral. Anastasio Somoza García**. Este par de corceles le salvaron la vida a **Somoza** en abril de 1954.

Somoza en Venezuela con Marcos Pérez Jiménez y en Colombia con Gustavo Rojas Pinilla

El 19 de octubre de 1953 el **Gral. Somoza** y su comitiva aterrizaron en la isla ***La Trinidad*** de Venezuela, esa misma noche llegaron de Caracas el **Dr. René Schick Gutiérrez**, embajador de Nicaragua en Venezuela y el periodista **Samuel Toruño**, y se unieron al séquito.

El martes 20 de octubre por la mañana partieron de La Trinidad y a las doce del medio día aterrizaron en el aeropuerto ***Maiquetía*** que sirve a Caracas, donde los esperaba el presidente **Gral. Marcos Evangelista Pérez Jiménez**, progresista dictador de Venezuela, que realizó la bienvenida al **Gral. Somoza** con todo el protocolo de funcionarios, diplomáticos y militares. Luego fueron trasladados al ***Hotel El Avila*** con hermosa vista panorámica de Caracas. Luego hubo una recepción en la casa de gobierno ***La Casona***. El miércoles 21 de octubre el **Gral. Somoza** y su delegación nicaragüense visitaron el panteón donde está sepultado ***El Libertador*** **Simón Bolívar** e hicieron guardia de honor en su tumba. En la Cancillería fueron condecorados todos los varones de la de-legación. Se

Durante los 50 días que el **Gral. Somoza** estuvo ausente de Nicaragua, desde el 19 de septiembre hasta el 8 de noviembre de 1953, no tuvo ninguna inquietud, pues el gobierno y la Guardia Nacional quedaron en poder de sus dos hijos, **Luis Somoza** como presidente interino y **Anastasio Somoza Jr.** como Jefe de la Guardia Nacional. Ninguno de los tres imaginó que esos 50 días de 1953 fueron una premonición y un ensayo para lo que ocurrió el 21 de septiembre de 1956.

visitó el ***Parque Rubén Darío***, la estatua de ***El Libertador*** y las modernas obras de edificios, autopistas, pasos a desnivel, la gran avenida y otras monumentales obras de progreso. Almuerzo en la Alcaldía de Caracas. Cena en la Cancillería. El jueves 22 de octubre fue la parada militar en honor al **Gral. Somoza** en la Avenida de Los Próceres, con una demostración espectacular del moderno armamento liviano y pesado que solamente la riqueza producida por el petróleo venezolano era capaz de comprar.

Llamó la atención de los nicas visitantes que en todos los automóviles de la caravana había ametralladoras, magazines y municiones colocadas en el piso de cada auto, doña **Salvadora** se mostró incómoda y molesta de llevar como alfombras tantas armas. El **Gral. Somoza** no hizo ningún comentario, pero ese asunto demostraba el temor de un atentado y se extremaba la seguridad para protección del presidente **Marcos Pérez Jiménez**, para sus huéspedes y sus acompañantes habituales. Por la noche el presidente de Venezuela ofreció una colosal recepción y banquete en el ***Club de Oficiales***, que era el mejor de América del Sur, con una arquitectura modernísima, gran amplitud y un hotel dentro para los oficiales que llegaban de visita a Caracas procedentes de sus servicios en otras provincias.

El viernes 23 de octubre toda la delegación nica fue invitada a Puerto Cabello, donde el presidente de Venezuela inauguró una gigantesca planta petroquímica productora de fertilizantes. El **Gral. Pérez Jiménez** ofreció un almuerzo en una fastuosa mansión campestre cerca del puerto nutridamente arborizada. El sábado 24 de octubre la visita fue al Cuartel General de la Guardia Nacional de Venezuela que en sus modernas instalaciones contaba con un enorme polígono de tiro bajo techo. **Pérez Jiménez** que era un militar graduado en la ***Escuela Militar de Venezuela***, con estudios especializados en la ***Escuela Militar de Chorrillos*** en Perú, se acostó con un fusil en mano en el polígono de tiro e hizo una impresionante demostración de acertados tiros de precisión. Al presidente **Somoza** no se le ocurrió imitar a su colega, porque no hubiera podido levantarse del suelo debido a su obesidad y a la bolsa plástica de la operación de ***colostomía transversa***, hubiera hecho el ridículo, pero cortes y diplomáticamente **Somoza** aplaudió y abrazó al presidente **Pérez Jiménez** por su excelente demostración de tirador de precisión.

La noche del viernes 23 el **Gral. Somoza**, para despedirse de Venezuela, ofreció una espléndida fiesta en el ***Country Club de Caracas*** ofrecida al presidente venezolano **Marcos Pérez Jiménez** y a los miembros de su gobierno, amigos y cuerpo diplomático. La fiesta duró hasta las cinco de la mañana. Nadie de la delegación nicaragüense durmió porque a las 9:00 a.m. del sábado 24 de octubre todos estaban en el aeropuerto de ***Maiquetía*** para abordar el ***Clipper Momotombo*** y volar durante tres horas rumbo a Bogotá, Colombia.

A la una de la tarde aterrizó con sus acompañantes **Tacho** en el aeropuerto ***Techo*** de Bogotá y se repitió todo el ceremonial iniciado con el recibimiento que hizo el **Gral. Gustavo Rojas Pinilla** con un abrazo al **Gral. Somoza**. Después de las ceremonias fueron hospedados en el ***Hotel Tequendama***. Dos horas después **Somoza** y su delegación visitaron al Presidente de la República de Colombia en el Palacio de Gobierno. El 25 de octubre de 1953 la delegación nicaragüense fue invitada a la ciudad de Sapacuirá para visitar la Catedral construida en una mina de sal. Por la noche el **Gral. Rojas Pinilla** ofreció una recepción en el ***Palacio de San Carlos*** que incluyó un baile de gala que concluyó en la madrugada.

Somoza en Ecuador con Velazco Ibarra y en Panamá con Remón Cantera

El martes 27 de octubre de 1953, poco después de medio día el ***Clipper Momotombo*** aterrizó en el ***Aeropuerto Internacional Mariscal Sucre*** de Quito, Ecuador, con el **Gral. Anastasio Somoza** y su corte a bordo, que fueron recibidos por el presidente de Ecuador, **Dr. José María Velasco Ibarra** con la fanfarria protocolaria propia de estas ocasiones. El **Gral. Somoza**, su esposa **Salvadora** y el **Cptn. G.N. Luis Ocón** fueron hospedados en la modesta residencia del Ministro de Relaciones Exteriores, el resto de la comitiva fue acomodada en dos hoteles de Quito. El **Cptn. Ocón** necesariamente tenía que estar junto a **Somoza** para atenderle la bolsa plástica de sus desechos fecales, como ya explicamos.

Por la noche el presidente **Velasco** ofreció una recepción en el antiguo Palacio de Gobierno a la que concurrió el mundo oficial y el cuerpo diplomático. El **Gral. Somoza** casi no pudo contener la risa cuando en los altavoces se fueron presentando los nombres de los funcionarios ecuatorianos, muchos de ellos descendientes de los conquistadores españoles, que ostentaban apellidos como **Barriga**, **Cabeza de Vaca**, **Rajado**, **Pieldelobo**, **Pechoabierto**, **Cojes**, **Piernavieja**, **Seisdedos**, **Parada** y otros raros para los oídos nicaragüenses. La fiesta y banquete finalizó en la madrugada.

El miércoles 28 de octubre el **Gral. Somoza** y su delegación fueron llevados al ***Obelisco del Ecuador***, monumento que se erigió en el punto donde se dividen los hemisferios norte y sur del planeta y que le dio el nombre al país: **Ecuador**. Al retornar a la ciudad de Quito, se sirvió un exquisito almuerzo en una finca campestre, rociado de finos licores. Se hizo evidente para los nicas del séquito del **Gral. Somoza**, que para el presidente nicaragüense no hubo disfrute de su estada en Ecuador. La actitud del presidente **Velasco Ibarra** fue de cumplimiento de una cortesía por compromiso. Los hospedajes no fueron de la calidad esperada. Posiblemente --y casi seguramente-- esta frialdad se debió a que el **Dr. José María Velasco Ibarra**, era un doctor en derecho internacional graduado en la ***Universidad Sorbona*** de París y en filosofía del arte en el ***Colegio de Francia***. Fue catedrático de derecho internacional universidades de Argentina, Venezuela, Colombia y Ecuador. Cinco veces presidente de Ecuador, dos de ellas autoproclamándose dictador y tres de ellas por elección popular. Considerado un libertador de su país. Por esas calidades académicas, políticas y culturales no podía dejar de levantar su nariz frente a **Somoza**.

Como en una reacción de resentimiento, **Somoza** no ofreció ninguna fiesta de despedida en Ecuador y limitó su visita a dos días.

El jueves 29 de octubre el **Gral. Somoza** y su equipo salieron de Ecuador con destino a Panamá. En el ***Aeropuerto Internacional de Tocumen*** recibió al **Gral. Somoza**, a su esposa **Salvadora** y su comitiva, el presidente **Antonio Remón Cantera** y su esposa, su gabinete de ministros y cuerpo diplomático. Desde el primer momento hubo un clima y una simpatía muy armoniosa entre ambos mandatarios, que contrastó con el ambiente anterior que duró 48 horas en Ecuador.

Toda la delegación nicaragüense fue hospedada en el modernísimo --entonces-- ***Hotel El Panamá***, propiedad del gobierno. Una guarnición de soldados se instaló para seguridad del hotel y sus huéspedes, y un grupo de varios oficiales panameños fueron designados para edecanes del **Gral. Somoza**. Algunos de esos oficiales panameños eran graduados en la Academia Militar de Nicaragua. Por la tarde del 29 de octubre, el **Gral. Somoza** y sus acompañantes hicieron una visita de cortesía al presidente **Remón** en ***El Palacio de las Garzas***, casa presidencial de Panamá. Por la noche, en este mismo palacio el presidente de Panamá ofreció una solemne recepción, donde pronunció un discurso ponderando la personalidad del **Gral. Somoza**.

El viernes 30 de octubre la delegación nica fue invitada al ***Hipódromo Juan Franco***, a una carrera en honor del **Gral. Somoza**, pues era sabida la afición de **Somoza** por los caballos. En su palco especial fue colocado un surtido bar y aún más surtida mesa de bocadillos. El presidente **Remón** era aficionado a tomar champaña, pero el **Gral. Somoza** no podía tomar licores. Por razones médicas el cirujano **Dr. Lahey** se lo tenía estrictamente prohibido por su condición intestinal y para disimular su edecán personal, el **Cptn. Luis Ocón** siempre le servía ***ginger ale*** con hielo y al momento en que **Ocón** le entregaba el vaso le decía de modo que todos le escucharan: --«***Su whisky señor presidente***».

El sábado 31 de octubre de 1953 fue una fecha muy especial, pues Panamá celebró su ***50 Aniversario de Independencia***, pero no independencia de España, sino de Colombia. Cuando el 31 de octubre de 1903 el presidente **Theodore Roosevelt** creó la República de Panamá diciéndole a Colombia y al mundo: --«***¡I took Panama!***» y Colombia perdió su provincia sin poder hacer nada contra las cañoneras norteamericanas colocadas en los dos mares panameños. Estados Unidos necesitó crear la República de Panamá para continuar la construcción del Canal de Panamá, comenzada por los franceses, pero además para crear la ***Zona del Canal de Panamá***, territorio bajo la soberanía norteamericana, a lo cual Colombia se había opuesto.

La celebración del ***50 Aniversario*** estuvo a cargo de la Alcaldía de Panamá y declaró al **Gral. Somoza** huésped de honor al aniversario de la independencia, honrándole con una condecoración especial conmemorativa. Todos los miembros de la delegación recibieron condecoraciones con el mismo motivo. Por la noche la celebración continuó con una fastuosa recepción en el salón magno del ***Hotel El Panamá*** que terminó a las tres de la madrugada. **Somoza** se fue a reposar visiblemente fatigado, pero a las cinco de la mañana la ***Banda Musical de la Policía de Panamá*** se ubicó frente a la ventana del presidente **Somoza** y comenzó a brindarle una cariñosa serenata con atronadores ***tamboritos panameños*** que despertaron al presidente cuando apenas acababa de reconciliar su sueño. Súbitamente se despertó **Somoza** y llamó a su edecán personal, el **Cptn. Ocón**, para que le atendiera su bolsa plástica y con la confianza que tenían, **Ocón** le comentó: --«***Jefe, estos panameños o lo quieren mucho o no lo quieren del todo***». Y **Somoza**, resignado le respondió: --«***¡Ay Luisito!, tenemos que tolerarlo, Remón es buen amigo mío y también de Nicaragua***». Acto seguido **Somoza** salió al balcón con su esposa a saludar y agradecer la estruendosa serenata de la Banda Musical de la Policía panameña.

El domingo 1° de noviembre de 1953 los dos presidentes salieron de pesca cerca de la isla ***Taboga***, después de no pescar nada, desembarcaron en ***Taboga*** donde esperaba toda la delegación e invitados con grandes mesas surtidas de licores y bocadillos, finalmente se sirvió un almuerzo típico de características pantagruélicas, pero en los enormes galerones de la isla, herencia de la segunda guerra mundial que dejaron las fuerzas armadas norteamericanas, estaban instaladas más de 200 hamacas donde todos se echaron instintivamente a una siesta necesaria para ***bajar el almuerzo*** con un prolongado sueño.

Por la noche la invitación fue al Teatro Nacional para apreciar el ***Ballet Nacional de Panamá***. El presidente **Remón** estuvo acompañando en el balcón principal a doña **Salvadora**, y el presidente **Somoza** a la primera dama **Cecilia de Remón**, patrocinadora del ballet que se la pasó explicándole al **Gral. Somoza** los pormenores y virtudes de la organización, el significado de las danzas, la calidad de las bellerinas, etc., etc. La dulce voz de doña **Cecilia** fue dormitando al **Gral. Somoza** que comenzó a cabecear. El **Mayor G.N. Francisco Boza**, que estaba al lado del presidente, le tocaba el hombro para que no se durmiera, pero la primera dama panameña era interminable en sus explicaciones y el general volvía al cabeceo, y **Boza** insistía en tratar de que no se durmiera. A la enésima vez de este dinámico esfuerzo para evitar que **Somoza** se durmiera, **Boza** ya no solamente tuvo que tocarle el hombro a su jefe, sino que se atrevió a sacudirlo. Y el **Gral. Somoza** abrió los ojos y regañó a su edecán: --*«¡Qué jodés!»*, imprecasión que se escuchó en otros balcones, pero doña **Emilia** no se inmutó y continuó con su disertación ponderando lo artístico de su ballet, como si **Somoza** no hubiera dicho nada.

El lunes 2 de noviembre la visita fue a la ciudad de Colón, la segunda de Panamá, donde el Alcalde **José Dominador Bazán** ofreció una recepción con almuerzo y baile de cumbias y tamboritos. El **Gral. Somoza**, consagrado bailarín, asombró a todos cuando se lanzó a la pista para bailar sin parar con las más agraciadas jovencitas panameñas, demostrando su perfección danzable, pero muchos volvían a ver a doña **Salvadora** atentos a su reacción de los coqueteos bailables de su esposo. Las acompañantes de doña **Salvadora**, señoritas **Martha** y **Liana Debayle**, alarmadas por los arrebatos de **Somoza**, le dijeron: --***«Tía, dígale al general que se siente»***, pero ella flemáticamente les respondió: --***«Déjenlo que se divierta, para eso es hombre, pero yo estoy aquí vigilando y de bailar no va a pasar»***. Por la noche **Somoza** ofreció la fiesta de despedida en el ***Hotel El Panamá*** con cena y alegre baile que terminó a las dos de la mañana.

El martes 3 de noviembre **Somoza** recibió dos noticias. La primera: el presidente **Remón** le invitó para que se quedara tres días más en Panamá. Y la segunda que el presidente electo de Costa Rica, **José Figueres Ferrer** le invitaba a su toma de posesión. Aceptó la invitación de **Remón** para quedarse tres días más en Panamá. A **Figueres**, que no era santo de su devoción, ni éste de aquél, le envió una delegación integrada por el Canciller de Nicaragua, **Dr. Oscar Sevilla Sacasa**; el Director de Protocolo de la Cancillería, **Dr. Leonte Herdocia** y en carácter de Ministro de Guerra en Misión Especial al **Mayor G.N. Francisco Boza**. Los tres eran miembros de la comitiva que acompañó a **Somoza** en toda la ***tournée***. Esta delegación fue recibida en Costa Rica por el Embajador de Nicaragua, **Dr. Lorenzo Guerrero**. El presidente **Figueres** sentó a su lado al Canciller de Nicaragua, **Dr. Oscar Sevilla**, como un gesto de reconciliación. Después de la toma de posesión de **Figueres** los delegados nicas regresaron a Nicaragua. El miércoles 4, jueves 5 y viernes 6 de noviembre de 1953 **Somoza** y **Remón** departieron y conversaron de muchos temas políticos e hicieron planes conjuntos que no pudieron cumplirse porque el presidente **José Antonio Remón Cantera** fue asesinado el de 2 enero de 1955 en el hipódromo de Panamá, precisamente en el palco presidencial donde estuvo acompañado por el **Gral. Somoza**.

La mañana del sábado 7 de noviembre de 1953 el **Gral. Somoza** se despidió muy efusivamente del presidente **José Antonio Remón** y de su esposa. Abordaron el ***Clipper Momotombo***, en su último vuelo y aterrizaron en el ***Aeropuerto Las Mercedes*** de Managua a medio día y recibidos por una considerable multitud que encabezaron sus dos hijos **Luis** y **Tacho Jr.** llamado entonces ***Tachito***.

Somoza reasumió la presidencia

El General de División **Don Anastasio Somoza García** reasumió el ejercicio de la Presidencia de la República por el decreto del Decreto Presidencial No. 692. Aprobado el domingo 8 de Noviembre de 1953. Publicado en ***La Gaceta*** No. 258 del lunes 9 de Noviembre de 1953.

«El Presidente de la República, Considerando: Que habiendo cesado su ausencia del territorio nacional, por haber efectuado su regreso de la jira de fraternidad interamericana realizada a la América del Sur, llevada a cabo de conformidad con lo dispuesto en los artículos 160, inciso 3, 187 y 188 de la Constitución Política, y en el Decreto No. 675, de 19 de Septiembre del año en curso. DECRETA: Artículo Único.-Reasume desde esta fecha el ejercicio de la Presidencia de la República, que fue depositado durante el término de su ausencia del territorio nacional, en el Designado debidamente rubricado, Coronel don Luis A. Somoza Debayle, a quien se dan las gracias más expresivas por su atinada gestión gubernativa. Dado en Casa Presidencial.- Managua, Distrito Nacional, a los ocho días del mes de Noviembre de mil novecientos cincuenta y tres.- Anastasio Somoza.-El Ministro de la Gobernación y Anexos, Modesto Salmerón.

El Ministro de Gobernación firmante del Decreto, **Dr. Modesto Salmerón**, era el mismo expresidente del Consejo de Elecciones que fue el rector del fraude que hizo presidente al **Dr. Leonardo Argüello** en 1947. A **Salmerón** le apodaron, entre otras denominaciones sarcásticas, *«**Míster fraudes a la carta**»*.

Por su parte el **Gral. Somoza** regresó tan fatigado y exhausto de su ***Jira de Fraternidad Interamericana***, que retiró una semana a reposar a su paradisíaca hacienda balneario ***Montelimar***.

Capítulo Diecinueve

1954: Abril 3 y 4. Conspiración y masacre en los cafetales

En los días 3 y 4 de Abril de 1954, culminó el fracaso de la conjura muy mal preparada para asesinar al **Gral. Anastasio Somoza García** y a sus dos hijos, los **Coroneles G.N. Luis** y **Anastasio Somoza Debayle**. Desde el inicio el plan no tenía una meta concreta y solamente estaba basada en improvisaciones y la promesa oral del **Gral. Emiliano Chamorro Vargas** de aportar a 300 combatientes que solamente existieron en su anciana imaginación, pero todos los conjurados le creyeron sus fantasías a **Chamorro**.

Los confabulados pretendían realizar ataques militares al Cuartel General de la Guardia Nacional ***La Curva***, en la cima de la ***Loma de Tiscapa***, para matar al **Cnel. G.N. Anastasio Somoza Debayle**, Jefe del Estado Mayor de la Guardia Nacional, y un asalto simultáneo a la Casa Presidencial para matar al **Gral. G.N. Anastasio Somoza García**, presidente de la República y Jefe Director de la Guardia Nacional de Nicaragua.

Para lograr ese ataque a los dos edificios ubicados en la cima de la ***Loma de Tiscapa***, contaban con **300** hombres armados que había prometido aportar el **Gral. Emiliano Chamorro Vargas**. En caso de fracasar y no teniendo una retaguardia, se asilarían en algunas embajadas previamente seleccionadas que representaban a gobiernos adversarios o no simpatizantes del régimen del **Gral. Somoza**.

Las armas fueron proveídas en suficiente cantidad y calidad por el expresidente de Costa Rica **José Figueres Ferrer**, pero éste puso como absurda condición previa que el jefe de la conjura no fuera ningún militar sino un civil, y para eso impuso a **Pablo Leal Rodríguez** como único jefe, que no tenía ninguna experiencia militar ni siquiera teóricamente, que además estaba supuesto a ser el presidente de Nicaragua una vez que la conspiración lograra éxito.

El **Tnte. exGN Guillermo Duarte Carrión** atribuyó el fracaso total del complot a esta jefatura civil sin experiencia militar. **Duarte Carrión** estaba de servicio en el aeropuerto ***Las Mercedes***, era uno de los participantes en la conjura y al conocer las primeras noticias del fracaso se asiló en la embajada de Guatemala.

Pero la causa principal del fracaso y que sembró las bases de los 22 asesinatos de los prisioneros, fue la delación que realizó **Fernando Solórzano Chamorro** alias ***«Tío Sebo»*** que al conocer que los **300** combatientes que enviaría el caudillo conservador **Gral. Emiliano Chamorro** no se aparecieron porque era una fantasía y un burdo engaño, desertó del cuartel general de los conjurados en la quinta ***La California*** en la carretera sur de Managua, propiedad de **Faustino Arellano**, que arriesgó su vida al convertir su quinta en la base o cuartel principal de la insurrección.

Fernando Solórzano Chamorro, un aristócrata vinculado con las familias de la oligarquía, no solamente desertó, sino que se fue directamente a delatar todo el movimiento, reveló sus propósitos, dio la lista de todos los conjurados, las posiciones de cada uno en el movimiento, la cantidad y calidad de las armas, su origen y cómo habían ingresado clandestinamente a Nicaragua.

Parte de los jefes conjurados para matar al **Gral. Anastasio Somoza García** y a sus dos hijos, los **Coroneles G.N. Luis Somoza Debayle y Anastasio Somoza Debayle**, de izq. a der.: **Pablo Leal Rodríguez**, jefe de la conjura; **Adolfo Zamora, Juan Ruiz Traña, Cnel. exG.N. Manuel Gómez Flores**, **Optaciano Morazán y Luis F. Gabuardi**, de todos, solamente sobrevivió el **Cnel. Gómez Flores**.

Por razones de sus nexos familiares y clase social, los parientes con gran influencia en los medios de comunicación, principalmente con la familia propietaria del diario ***La Prensa***, el medio más poderoso en esa época, se ha disimulado en los periódicos, libros y crónicas, la acción criminal y cobarde de **Fernando Solórzano Chamorro**, principal responsable que dio lugar a los 22 asesinatos en los cafetales de Carazo y otros dos asesinatos más, dos años después de dos condenados por conspiradores, que estaban prisioneros.

Otro importante culpable fue el **Gral. Emiliano Chamorro Vargas**, que nunca aportó ni uno sólo de los 300 hombres armados que había prometido, pero que solamente existían en su nostálgica mente, no obstante ingenuamente todos cometieron el error de creerle y en toda la planificación del asalto a la Casa Presidencial y al Cuartel de ***La Curva***, contaban con los 300 fantasmas armados de **Emiliano Chamorro**.

Ante el total fracaso de la conspiración por la mentira de los ***«300 combatientes del Gral. Emiliano Chamorro»***, el **Tnte. exG.N. Adolfo Báez Bone**, graduado con honores en la Academia Militar Politécnica de Guatemala, exoficial de la GN y ex miembro de la Legión del Caribe, fue quien más impulsó la idea de matar al **Gral. Somoza García** mediante una emboscada en el kilómetro 18 de la carretera sur de Managua, para matar al

Gral. Somoza García en su paso en ruta a la ***Hacienda Montelimar*** el domingo 4 de Abril de 1954. Personalmente **Báez Bone** estuvo en la emboscada, ametralladora en mano, esperando la pasada de **Somoza**. Pero el **Gral. Somoza** no pasó, porque en vez de ir a ***Montelimar*** se fue al aeropuerto ***Las Mercedes*** a recibir dos yeguas de pura raza que le envió de regalo su colega argentino **Gral. Juan Domingo Perón Sosa**. La llegada vía aérea de las dos yeguas argentinas, le salvaron la vida al **Gral. Somoza García**.

Como ingresaron a Nicaragua las armas para la conjura

Todas las armas para ejecutar las acciones para asesinar a los tres **Somoza**, fueron compradas en México con dinero aportado por el presidente de Costa Rica, **José Figueres Ferrer** quien impuso como jefe de la insurrección al civil **Pablo Leal Rodríguez**. Las armas fueron embarcadas en Acapulco, México, dentro de un autobús verde que tenía el letrero ***«El caballo de Troya»***. Autobús que fue desembarcado en el puerto de Puntarenas, Costa Rica. De Puntarenas a San José ***El Caballo de Troya*** fue manejado por **Rómulo Betancourt**, exiliado venezolano en Costa Rica que después fue presidente de su país. El bus entró después con las armas a Nicaragua y las depositó entre Cárdenas y Sapoá. De ese punto fueron embarcadas por el lago Cocibolca hasta la cercanías del ***Charco de Tisma***, y finalmente transportadas en un camión que pasó cargado de armas y municiones por el centro de la ciudad de Managua hasta la quinta ***La California*** en la carretera sur sin ser detectado. Cuando los asaltos y la emboscadas ya eran un fracaso, los conjurados se reconcentraron en la quinta ***La California***.

La criminal delación de Fernando Solórzano Chamorro alertó a los Somoza y a la Guardia Nacional

La noche del sábado 3 de Abril de 1954, el **Gral. Somoza García** asistió a ***La Casona*** de la Embajada de EE.UU. en el cerro ***Las Piedrecitas*** acompañado de sus dos hijos **Luis** y **Anastasio**, de ministros, diplomáticos, senadores, diputados y altos oficiales de la Guardia Nacional, a la recepción que el Embajador de Estados Unidos **Thomas E. Whelan** le ofreció al **Gral. Wislock**, Jefe del Comando Sur del Ejército de EE.UU que llegó a Nicaragua para firmar un tratado de ayuda militar al gobierno de **Somoza** para la Guardia Nacional. Entre los oficiales presentes en la recepción al **Gral. Wislock** estaban el **Cnel. G.N. Anastasio Somoza Debayle**, Director de la Academia Militar de Nicaragua; el **Cnel. G.N. Humberto González**, Subdirector de la Academia Militar y su Oficial Ayudante, el **Tnte. G.N. Jorge Cárdenas Díaz**, todos con sus esposas. Como a las 8:30 de la noche, el **Gral. Somoza García** recibió una llamada telefónica que contestó en el dormitorio del Embajador **Whelan**. Terminada la llamada se vió salir apresuradamente al **Cnel. G.N. Carlos Silva**, Secretario Militar de la Comandancia. Poco menos de una hora después entró al salón el **Cptn. G.N. José R. Somoza**, hijo primogénito del presidente **Somoza**, portando ostentosamente una subametralladora Thompson calibre .45, vistiendo uniforme kaky que contrastaba con los uniformes blancos de gala de los oficiales. El **Cptn. José Somoza** cruzó todo el salón a grandes pasos para hablarle a su padre al oído. El **Gral. Somoza García**, sin vacilación, se despidió del **Embajador Whelan** y del **Gral. Wislock**, bajó rápidamente las escalinatas de la mansión, abordó su ***limousine*** y desapareció en silencio acompañado de una numerosa caravana con soldados armados --en silencio porque se fueron rápidamente sin sonar las sirenas--.

El **Cptn. G.N. Gustavo Montiel**, Jefe de la Policía de Managua, recibió la inesperada visita del traidor y delator **Fernando Solórzano Chamorro** para denunciar y relatar con todos los detalles de la conspiración y los nombres y posiciones de todos los conspiradores. El **Cptn. Gustavo Montiel** dejó detenido a **Solórzano Chamorro** e inmediatamente informó al **Gral. Somoza**. A la derecha la papeleta, con fotos y la lista de los conspiradores, ofreciendo recompensa, que fue lanzada por aviones, hacerla posible fue gracias al delator, **Fernando Solórzano Chamorro** ***«Tío sebo»***, que le dio toda la lista de los conjurados cuando no habían capturado a ninguno. La traición que condujo a la masacre y la cobardía de **Fernando Solórzano Chamorro**, se mantuvo por mucho tiempo oculta y en silencio por tratarse de un individuo ligado a familiares con influencias en los principales medios de comunicación de la Nicaragua de entonces.

Lo que estaba ocurriendo era que **Somoza** había recibido una llamada telefónica del **Cptn. G.N. Gustavo Montiel**, jefe de la policía de Managua, para informarle que a su cuartel de ***El Hormiguero*** se había presentado el señor **Fernando Solórzano Chamorro** para denunciar un complot para atentar contra la vida del **Gral. Anastasio Somoza** y sus dos hijos. **Somoza** ordenó al **Cnel. Carlos Silva** que se fuera a preparar todas las medidas de seguridad para retirarse de la residencia de la embajada y que le llevaran al delator **Fernando Solórzano Chamorro** a la Casa Presidencial, porque el **Gral. Somoza** quería interrogarlo personalmente. Cuando las medidas de seguridad estaban preparadas, llegó el **Cptn. José Somoza**, hijo primogénito de **Somoza**; el presidente se despidió de **Whelan** y de **Wislock** y se dirigió a la Casa Presidencial, donde ya el **Cptn. Montiel** tenía bajo custodia a **Fernando Solórzano Chamorro**, para que lo interrogara el **Gral. Somoza** quien escuchó toda la inesperada y sorprendente delación del desertor y traidor informando a **Somoza** todos los datos con profusión de los detalles completos de la conspiración.

Cuando los conjurados que estaban en la quinta ***La California*** notaron la ausencia de **Solórzano Chamorro**, sospecharon lo peor y optaron por abandonar la quinta en un tremendo desorden de ***«sálvese el que pueda»***.

El grupo principal decidió tomar un camión de caja con una lona que tapaba la apertura trasera y trasladarse a la frontera con Costa Rica para pedir asilo, cometiendo el error de no refugiarse en las embajadas, como estaba planificado, porque supusieron que todas las embajadas estarían vigiladas y rodeadas por la Guardia Nacional.

En su huida hacia la frontera de Costa Rica a bordo del camión, subiendo por la carretera sur. Al pasar por el sector de ***Las Cuchillas***, dos motociclistas de la Policía de Transito G.N. en un recorrido de rutina se colocaron detrás del camión de pura casualidad, pero los que iban huyendo creyeron que los estaban persiguiendo y cometieron la estupidez de abrir la lona y dispararle a los dos policías matándolos con ráfagas de ametralladoras. Grave error, no solamente el doble asesinato de los patrulleros motociclistas sino el otro error de ponerse al descubierto al matar a los dos policías G.N., revelando la dirección y ubicación de su fuga. Hasta entonces comprendieron que se habían auto delatado y buscaron como esconderse en los cafetales de Carazo.

El **Cnel. G.N. Agustín Peralta Ruíz** (***El Gato Peralta***) narra en sus memorias, con todo detalle, la masacre cometida por el **Cnel. G.N. Carlos Silva** asesinando a los prisioneros en los cafetales de Carazo en 1954.

Con toda la información en poder de **Somoza** y de la Guardia Nacional, y el asesinato de los dos Guardias de la Policía de Tránsito, procedieron a buscar fotos en los archivos de los nombres informados por el delator **Fernando Solórzano Chamorro** y elaboraron una papeleta con diez fotos de los comprometidos y una lista del resto, ofreciendo recompensa por información que condujera a la captura de los conjurados. Lanzaron miles de copias de las papeletas o volantes por avionetas con este título --***«Reclamados por el asesinato de dos Guardias Nacionales. C$10,000 Córdobas de recompensa por cada uno»***. Diez mil Córdobas de 1954 equivalen a más de Cien Mil Córdobas de 2022.

Las papeletas con fotos y nombres les confirmaron a los fugitivos que los estaban buscando por las patrullas de la Guardia Nacional y que el delator era el desertor **Fernando Solórzano Chamorro**. Los rebeldes habían decidido buscar refugio en Costa Rica, pero con esa situación tenían que recorrer más de 100 kilómetros para llegar a la frontera. El único que se asiló en la embajada de Guatemala fue el **Tnte. G.N. Guillermo Duarte Carrión** que abandonó su puesto en el aeropuerto ***Las Mercedes*** y se fue directo a la embajada.

El sistema de inteligencia de la Guardia Nacional ya tenía indicios de los movimientos de los insurrectos, pero con el asesinato de los dos policías las pistas fueron abundantes sobre el rumbo de los rebeldes.

El entonces **Capitán G.N. Agustín Peralta Ruíz**, apodado ***El Gato Peralta***, era el Comandante de la 3ra. Compañía G.N. y su cuartel estaba en ***Las Esquinas***, sobre la Carretera Panamericana Sur, muy cerca de la ciudad de Diriamba, en el punto de donde sale la carretera a ***Los Pueblos*** (San Marcos, Masatepe, Niquinohomo, Catarina) En sus Memorias obsequiadas en Miami a ***La Estrella de Nicaragua Newspaper***, el **Cptn. Agustín Peralta** relata: ***«El sábado 3 de Abril de 1954 llegó a mi despacho José R. Somoza, hijo del Gral. Anastasio Somoza García, a decirme que se tenían informes fidedignos que de Costa Rica habían salido 15 hombres hacia Nicaragua con la misión de matar al Presidente Somoza García. Me prometió volver con más información, pero pasaron las horas, amaneció y no me llevó ninguna otra información»***.

Continuó **Peralta**: ***«El 4 de Abril llegó un señor a mi Cuartel que dijo ser empleado de la hacienda Santa Anita, una finca lechera propiedad del General Somoza, para poner en mi conocimiento que en la Quinta donde había residido el Embajador de El Salvador un tiempo atrás y que estaba vacía, habían dormido varios hombres de aspecto extranjero, pero que ya habían salido en dirección a Casa Colorada (Sur) en un camión rojo»***. El **Capitán Peralta** fácilmente asoció esta información con la que le había dado **José Somoza**, y se fue inmediatamente a hablar con el presidente **Anastasio Somoza**, quien no solamente le autorizó a tomar acción, sino que ordenó que además le asignaran un camión militar blindado.

Peralta movilizó a la tropa bajo su mando y al requisar el sitio sospechoso denunciado por el campesino, encontró cajas vacías de diferentes clases de municiones, restos de comida y zapatos viejos que se habían cambiado. Tres Oficiales iban bajo las órdenes del **Capitán Peralta**, los Tenientes **Vicente Zúniga**, **Rafaél Mejía** y **Antonio Rivas**. Después se le agregaron **José Somoza** y **Juan Angel López**. Cada uno de estos Oficiales con sus respectivas patrullas de combate cerraron todos los accesos --entradas y salidas-- de los cafetales de Carazo, en donde tenían información que se habían internado los rebeldes.

Somoza y sus oficiales llevaban la lista completa de los conjurados que había entregado **Fernando Solórzano Chamorro** a la Guardia Nacional durante los interrogatorios. En los cafetales los rebeldes fueron copados por las patrullas de combate de la Guardia Nacional que el **Capitán G.N. Agustín Peralta Ruíz** había enviado tras los insurrectos. Esta es la lista de los confabulados: **1-Adolfo Báez Bone**, Tnte. exG.N. graduado en la Academia Militar Politécnica de Guatemala, incorporado a la Guardia Nacional cuando no se había fundado la Academia Militar de Nicaragua, y exmiembro de la Legión del Caribe. **2-Amado Soler**, dominicano. **3-Antonio Velásquez**. **4-Apolonio Martínez**. **5-Amadeo Baena Laso**, exTnte. GN, que antes había sido combatiente en la Guerra Constitucionalista de 1926 a 1927. Renunció a la Guardia y salió exiliado a Colombia, luego se integró a la Legión del Caribe y se unió a la conspiración de Abril contra los **Somoza**. **6-Carlos Ulises Gómez**, Tnte. exGN, graduado y primer puesto de la primera promoción de la Academia Militar de Nicaragua 1940-1943, expulsado por apoyar al presidente Leonardo Argüello en 1947. **7-Carlos Prado Corroto**. **8-Carlos Sequeira**. **9-Edgard Gutiérrez**. **10-Ernesto Peralta**. **11-Felipe Peña**. **12-Francisco Caldera**. **13-Francisco Granillo**. **14-Guillermo Gutiérrez**. **15-Gustavo Adolfo Zavala**. **16-Humberto Ruíz**. **17-José María Tercero Lacayo**, Cptn. exG.N. graduado en la Academia Militar Politécnica de Guatemala e incorporado a la Guardia Nacional, fue expulsado por apoyar al presidente Argüello en 1947. **18-Juan Ruíz Traña**. **19-Juan Martínez Reyes**. **20-Jorge Ribas Montes**, Coronel hondureño graduado en la Academia Militar Politécnica de Guatemala y exmiembro de la Legión del Caribe. **21-Julián Salaverry**. **22-Jorge Guerrero**. **23-Luis F. Báez Bone**, opositor civil, hermano de Adolfo Báez Bone. **24-Luis Felipe Gabuardi Lacayo**. **25-Manuel Agustín Alfaro Carnevalini**, Tnte. exGN, graduado en la primera promoción de la Academia Militar de Nicaragua, siendo cadete fue el autor de la letra del Himno de la Academia Militar de Nicaragua y hermano del Cptn. G.N. Adolfo Alfaro Carnevallini. **26-**

Manrique Umaña. **27-Miguel Ramírez**. **28-Maximiliano Martínez**. **29-Manuel Gómez Flores**, Cnel. exGN, que fue el único que logró escapar por la frontera con Honduras. **30-Optaciano Morazán**, hondureño. **31-Pablo Leal Rodríguez**, civil, jefe del movimiento, fue el primero en ser asesinado por el **Cnel. G.N. Carlos Silva M.** estando prisionero, era hijo del alcalde de Managua en 1927, Pablo Leal Von Headmann. **32-Pedro José Reyes**. **33-Rafaél Choiseul Praslín**, Tnte. exGN. graduado en el Cuarto Curso de la Academia Militar de la Guardia Nacional o ***Academia Trumble***, en 1932. **34-Roberto Montenegro**. **35-Francisco Madrigal**. **36-Luis Morales Palacios**. **37-Segundo Flores Vega**.

El **Cnel. G.N. Carlos Silva** fue el sicario principal de los asesinatos de los prisioneros rebeldes cometidos en los cafetales de Carazo el 4 de Abril de 1954. Dos años después, el mismo **Cnel. Carlos Silva** le narró a un grupo de oficiales cómo había sacado de la cárcel y asesinado al prisionero **Cnel. Jorge Ribas Montes**.

Entre el grupo de políticos civiles que apoyó la rebelión, estuvieron principalmente: **1-Emiliano Chamorro Vargas** que garantizó aportar 300 hombres armados, que solamente estaban en sus sueños, porque no aportó ni uno solo. **2-Pedro Joaquín Chamorro Cardenal**, que se opuso al asesinato de los Somoza por razones religiosas. **3-Emilio Stadthagen**. **4-Emilio Alvarez Montalván**. **5-Francisco Ibarra Mayorga**. **6-Rafaél Gutiérrez Gavarrete**. **7-Virgilio Vega Miranda. 8-Enrique Lacayo Farfán**. **9-Fernando Solórzano Chamorro** (***Tío Sebo***), el traidor que delató a todos los conspiradores y dio la lista completa y todos los detalles del plan directamente ante el **Gral. Aastasio Somoza García**. **10-Carlos Montalbán** y **11-Alberto (*Tito*) Chamorro Zinc**.

Hubo algunos enfrentamientos armados en los cafetales de Carazo contra las patrullas de la Guardia Nacional. Dos Tenientes exG.N., prefirieron morir peleando: **Agustín Alfaro Carnevalini** y **Manrique Umaña**, murieron con sus armas en la mano peleando. El resto del grupo fue neutralizado por las patrullas perseguidoras de la Guardia, los capturaron y los sacaron a la carretera que va hacia Masachapa. En ese lugar los recibió el **Tnte. GN José María Moncada**.

Al respecto de esos hechos, el **Coronel Agustín Peralta Ruíz**, textualmente relata en sus ***Memorias***: --«***El Teniente Moncada, en un acto de exhibicionismo, los paseó por todo Diriamba, dándoles vueltas por las calles, afín de que toda la población les reconociera. No sé cuál sería su intención al actuar de esta manera. Sabía que eran botín de guerra. Ellos venían a matar a un Presidente de la República***».

La intención del **Tnte. G.N. José María Moncada** era que la población viera que los rebeldes se habían rendido y estaban capturados y vivos, con la idea que eso les salvaría la vida, pero eso no logró evitar el sangriento desenlace.

Continúa relatando **Peralta** en sus *Memorias*:

--*«Al recibirlos en Las Esquinas, donde yo tenía mi Puesto de Mando --tomando todas las precauciones debidas-- instalé a los prisioneros en un saloncito de la casa y les advertí que cualquier movimiento salido de lo común, les traería problemas. Que, por favor, se dieran cuenta que eran mis prisioneros. Este momento lo aprovechó Adolfo Báez Bone para hacerme la siguiente pregunta:»*

--*«Agustín: decime la verdad, ¿nos van a matar?»*

--*«La razón por la que me llamó confianzudamente "Agustín" era porque nos unía una amistad casi familiar, por el vínculo amistoso que yo tenía con el ingeniero Emilio Contesty, esposo de doña Tita, hermana de la madre de Adolfo. Esa familia me trataba como su propia familia desde cuando nos conocimos en el mineral de La Bonanza; de modo que Adolfo debía estar seguro que de mi no iba a salir una orden contra su vida y eso le dio esperanzas».*

«De las patrullas recibí siete prisioneros: Pablo Leal Rodríguez --que venía a tomar la Presidencia en caso de éxito--; un fulano Soler (**Amado**) *de nacionalidad cubana; un fulano mulato de apellido Morazán* (**Optaciano**) *de nacionalidad hondureña; un costarricense --que decían era piloto aviador--; Adolfo Báez Bone, Luis Báez Bone (hermano de Adolfo), y el Teniente exGN de la Primera Promoción de la Academia Militar de Nicaragua, Carlos Ulises Gómez, más conocido como "El Petacón"».*

El **Capitán Agustín Peralta Ruíz** fue llamado a Casa Presidencial. El **Gral. Somoza García** quería hablar con él personalmente, darle instrucciones y felicitarle por el buen éxito de sus operaciones que culminaron con la captura de los militares rebeldes.

Peralta sintetizó en su libro la entrevista con su Jefe, así:

Somoza: --*«¿Has interrogado a los prisioneros?»*

Peralta: --*«No señor. No tuve tiempo».*

Somoza: --*«¿Tenés suficiente gente para enviarlos, pero que no los vean en su traslado a Managua?»*

Peralta: --*«Sí Señor, porque el peligro ya pasó, solamente queda Manuel Gómez, pero ese debe ir corriendo quién sabe por dónde».*

Somoza: --*«Dale instrucciones al que venga hecho responsable de ellos, que procure llegar a Casa Presidencial por donde no los vean. Quiero interrogarlos personalmente porque hay varios Oficiales comprometidos que están en servicio, que iban a agregárseles la noche del 3 de Abril, pero ya fueron descubiertos y no saben que Báez Bone y los otros están capturados. Es necesario que entren a Managua oscureciendo para que no los vean».*

Después de este diálogo y esas instrucciones, el **Cptn. G.N. Agustín Peralta** siguió relatando:

--*«Llegué a mi cuartel en Las Esquinas como a las 4 de la tarde; pero no había pasado ni una hora, cuando llegó el Coronel G.N. Carlos Silva con el Capitán G.N. Luis Ocón y el Capitán G.N. Arnoldo García, conocido como "Realito"».*

--*«Silva me llamó afuera, sacó un memorandum de la bolsa y cuál no sería mi sorpresa cuando leí: "Sírvase entregar los prisioneros que tiene en su poder al Coronel Carlos Silva, quien va acompañado de los Capitanes Luis Ocón y Arnoldo García, para que los trasladen a Managua. Firmado: A. Somoza"».*

--*«Examiné cuidadosamente la firma... tenía mis dudas porque hacía menos de una hora había hablado con el Gral. Somoza García. Yo ya tenía lista la custodia para enviar a los prisioneros a Managua --conforme a la orden verbal que había recibido directamente del Presidente Somoza-- y me parecía mentira que el General hubiera*

1-Pablo Leal Rodríguez, jefe de la conspiración, fue impuesto por el presidente **Figueres** de Costa Rica,que no quiso que el jefe fuese un militar. Fue el primer asesinado por el **Cnel. G.N. Carlos Silva M.** **2-Cptn. exG.N. José María Tercero Lacayo**, graduado en la Escuela Militar Politécnica de Guatemala, expulsado de la Guardia Nacional por apoyar al presidente **Argüello** en 1947, fue asesinado en los cafetales de Carazo por el **Cnel. G.N. Carlos Silva M. 3-Tnte. ex-G.N. Guillermo Duarte Carrión**, graduado en la Academia Militar de Nicaragua, era el segundo al mando en el aeropuerto Las Mercedes, cuando salió la noticia de que **Fernando Solórzano Chamorro** había delatado la conspiración para matar a los **Somoza**, inmediatamente se fue a pedir asilo a la embajada de Guatemala.

1-Tnte. G.N. CARLOS ULISES GOMEZ, Primer Puesto de la Primera Promoción de la Academia Militar de Nicaragua, asesinado en los cafetales de Carazo en 1954, por el **Tnte. G.N Vicente Zúniga** de la Guardia Nacional de Nicaragua. **2-Tnte. G.N. ADOLFO BÁEZ BONE**, graduado en la Escuela Militar Politécnica de Guatemala e incorporado a la Guardia Nacional, asesinado por el **Cnel. G.N. Carlos Silva** junto con su hermano civil **Luis Báez Bone** también por el mismo **Cnel. G.N. Carlos Silva M.** en los cafetales de Carazo el 4 de abril de 1954. Ninguno de los muertos en los cafetales fue fusilado, sino que fueron arrodillados y les pegaron los balazos en la nuca --al estilo chino-- o en la cabeza. **3-Tnte. G.N. MANUEL AGUSTIN ALFARO CARNEVALINI**, graduado en la Primera Promoción de la Academia Militar de Nicaragua, autor de la letra del Himno de la Academia. No fue capturado y asesinado, sino que murió combatiendo junto con **MANRIQUE UMAÑA**, también **Tnte. exG.N.**, ambos enfrentándose a las patrullas de la Guardia Nacional en los Cafetales Carazo el 4 de abril de 1954. Esta frustrada insurrección inspiraron al joven poeta leonés **Rigoberto López Pérez**, que era un ciudadano civil que decidió cambiar su vida por la vida de **Somoza García**. Esta rebelión también el inicio de una serie de rebeliones que se sucedieron en cascada después de la muerte del **Gral. Anastasio Somoza García**.

IZQUIERDA: **Amadeo Baena Laso**, exTnte. G.N., antes fue combatiente en la Guerra Constitucionalista de 1926 a 1927. Renunció a la Guardia Nacional y salió exiliado a Colombia, luego se integró a la Legión del Caribe y finalmente se unió a la conspiración de Abril de 1954 contra los **Somoza**. DERECHA: El **Cnel. Jorge Ribas Montes**, oficial hondureño graduado en la ***Escuela Militar Politécnica de Guatemala*** y miembro de la ***Legión del Caribe***, combatió contra la fuerza superior de la Guardia Nacional en los cafetales de Carazo, pero negoció su rendición con el **Cptn. G.N. Juan José Rodríguez Somoza**, su compañero de promoción en Guatemala. Ambos fueron juzgados en Consejo de Guerra y ambos condenados. **Amadeo Baena** fue favorecido por una amnistía del presidente **Luis Somoza** tres años después. En cambio **Ribas Montes**, fue juzgado, condenado y encarcelado, pero ***«por orden superior»*** lo sacó de la cárcel dos años después el **Cnel. G.N. Carlos Silva M.** y lo llevó a la ***Hacienda El Mango*** donde lo asesinó, y cínicamente lo contó a un grupo de oficiales en el ***Casino Militar***.

cambiado de un momento a otro».

--«Entregué los prisioneros a Silva porque me entregó el memorandum y el portador era un Coronel que era el Secretario de la Comandancia General. Apresuradamente salieron en dirección hacia Diriamba, lo cual aumentó mi preocupación, porque primero había ordenado al chofer ir hacia San Marcos... y para colmo, Silva me pidió un "Chane" (baqueano) ***para que le enseñara cómo salir a San Marcos por los cafetales. Le dí al "Chane" que antes nos había conducido exitosamente al lugar donde estaban los revolucionarios».***

«El Teniente G.N. Vicente Zúniga se ofreció voluntario para acompañarlos, con 3 alistados que le proporcioné».

El asunto de ese memorandum es importante e interesante, porque la firma del **Gral. Somoza García** era casi idéntica a la de su hijo el **Cnel. Anastasio Somoza Debayle**, quien se propuso hacer su firma igual a la de su padre, tanto, que era dificil distinguirlas. Por las propias palabras del **Gral. Somoza García** narradas por **Peralta Ruíz**, se evidencia que el memorandum y la órden de asesinar a los prisioneros provino del autor del memorandum que era el **Cnel. G.N. Anastasio Somoza Debayle** y no su padre.

Uno de los alistados que le dio **Peralta** al **Tnte. Zúniga** era el **Cabo G.N. Castillo**, quien más tarde fue quien le relató a su Jefe, el entonces **Capitán Agustín Peralta**, la

Reunión con fines de recopilaciones históricas en 1992 en casa de **Nicolás López Maltez**, en Miami. Con el **Tnte. exG.N. Abelardo Cuadra Vega** (izq.), autor de ***Hombre del Caribe*** fue oficial de la ***Legión del Caribe***, el militar que le enseñó a manejar armas a **Fidel Castro**; y a la derecha el **Cnel. G.N. Agustín Peralta Ruíz**, «***El Gato Peralta***», que capturó a los conjurados y se los entregó al **Cnel. G.N. Carlos Silva** por orden escrita en un memorándum firmado por ***A. Somoza***, pero no era del **Gral. Somoza García**, sino del otro ***A. Somoza***, el hijo, con firma casi idéntica. El **Cnel. Silva** y su tropa asesinaros a todos los presos. En esta reunión el **Cnel. Peralta** nos obsequió sus ***Memorias***.

En la Avenida Roosevelt de la Vieja Managua, el **Gral. Somoza García** instaló en 1954 en una vidriera comercial la exposición de un lote de «***armas rusas***», sugiriendo que los conjurados de Abril de 1954 tenían nexos con el comunismo y que Rusia les había suplido las armas capturadas por la Guardia Nacional en un playa de Masachapa y supuestamente «***desembarcadas por un submarino soviético***». Pero las armas rusas se las envió al **Gral. Somoza** la CIA norteamericana para atribuírselas al gobierno de **Jacobo Árbenz** de Guatemala y señalarlo de comunista. En la foto los curiosos se detenían a ver la docena de fusiles rusos.

masacre de los prisioneros. Así lo refiere **Peralta** en su libro de *Memorias*:

--«***Se metieron por unos cafetales de los Baltodano, donde Carlos Silva empezó a matarlos uno por uno. Primero a Pablo Leal, quien suplicaba que no lo matara, que era inocente, culpando a varios políticos que lo habían embaucado diciéndole que todo el ejército estaba listo a sumarse al movimiento; no quiso o no pudo mencionar nombres, sólo dijo que estaban en Managua, y les creyó. Silva le puso la pistola en la nuca y le disparó. Siguió con Soler*** (**Amado**), ***a quien Silva solamente le preguntó: "¿Dónde querés que te la ponga?" Y Soler le contestó: "Si me vas a matar, que sea ya; no me torturés haciéndome preguntas pendejas"... Silva le pegó el tiro en la nuca --al estilo chino--, solazándose con su obra. Por insinuación de Silva, Arnoldo García "Realito" se estrenó con Morazán*** (**Optaciano**)».

El **Capitán G.N. Luis Ocón** estaba de observador, pero **Silva** le dijo: --«***Estrenate con ese jodido que no tenía nada que venir a hacer aquí» (se refería al ti-***

Las armas rusas que el gobierno del **Gral. Somoza** aseguró que estaban destinadas a los insurrectos de Abril de 1954, y que un ***submarino*** de la Unión Soviética las había desembarcado en las costas de Masachapa, donde fueron localizadas y capturadas. La idea de **Somoza** era demostrar que los insurrectos tenían conexión con el comunismo. Un soldado de la Guardia Nacional estuvo custodiando las armas rusas en la Avenida Roosevelt de la Vieja Managua.

Los principales jefes de la insurrección de Abril-1954, cuando el éxito parecía asegurado, hasta que se acobardó el desertor **Fernando Solórzano Chamorro**, alias ***Tío Sebo***, y fue donde **Somoza García** a delatar todo el movimiento y a todos los participantes con la lista completa de nombres, armas y planes. Con la acción de este traidor, toda la conspiración se desplomó en un fracaso total que culminó con la masacre de 21 asesinados. Sentados: **Dr. Enrique Lacayo Farfán**, condenado por el consejo de guerra. **Dr. Francisco Ibarra Mayorga**, don **Pablo Leal Rodríguez**, civil, jefe del movimiento impuesto por el presidente **Figueres**, fue el primer asesinado por el **Coronel G.N. Carlos Silva M.** en los cafetales de Carazo. **Rodolfo Zamora**, civil que se abstuvo de participar. De pie: **Luis Felipe Gabuardi**, asesinado en los cafetales. Semisentado: **Cnel. Manuel Gómez Flores**, único que escapó y logró cruzar la frontera con Honduras y de pie el **Cnel. Jorge Ribas Montes**, juzgado, condenado y sacado de la cárcel por el **Cnel. G.N. Carlos Silva M.** para asesinarlo dos años después.

co). Ocón lo puso boca abajo y le dió el tiro en la cabeza».

--«***El Cabo Castillo dijo que se horrorizó cuando vió la muerte de Luis Báez Bone. El Coronel Silva le había pegado tres tiros en la cabeza y aún no moría; fue entonces que Adolfo le gritó: "¡No seas cobarde, matame a mi de una sola vez y no te ensañés con mi hermano! ¡Pero no me desfigurés la cara, para que te quede grabada hasta que te murás, asesino hijueputa!" Entonces Silva arrodilló a Adolfo Báez Bone y le pegó un tiro en la frente. Después volvió donde Luis Báez Bone, que no moría, hasta que lo remató Vicente Zúniga, quien también se ofreció para matar al Teniente Carlos Ulises Gómez, que había sido el mejor alumno de la Primera Promoción de la Academia Militar de Nicaragua. Se escucharon las últimas palabras de Carlos Ulises Gómez --me siguió narrando el Cabo Castillo-- que le dijo a Zúniga: "¡Te salvaste, y ahora nos matás!"***»

Todo parece indicar que **Vicente Zúniga** estaba implicado en el complot. El **General Somoza García** había instruido al **Capitán Peralta**, desde antes, que vigilara los movimientos del **Tnte. G.N. Vicente Zúniga**.

Sigue relatando el **Coronel Peralta** sobre el reporte del **Cabo Castillo**:

--«***El "Chane" estaba arrimado a un árbol observando la matanza... Silva, viendo lo desalmado que era Zúniga, le ordenó que matara al Chane para que no hubieran testigos. No valieron las protestas de los demás Guardias que explicaban que ese era el "vaqueano". Zúniga cumplió la orden y asesinó al Chane***».

Otra fotografía de los insurrectos de Abril-1954, se identifican: **1-Tnte. exGN Manuel Agustín Alfaro Carnevallini**, murió combatiendo a las patrullas de la Guardia Nacional en los cafetales de Carazo; **2-Cnel. Jorge Ribas Montes**, hondureño, asesinado dos años después de estar condenado y en prisión; **3-Pablo Leal Rodríguez**, civil, jefe del movimiento; **4-Cnel. exGN Manuel Gómez Flores**, el único que logró salir por la frontera con Honduras y escapar de la matanza; **5-Luis Felipe Gabuardi Lacayo**, asesinado en los cafetales siendo prisionero; **6-Virgilio Vega Fornos** y **7-Horacio Chacón**.

Los masacradores se fueron a cenar y celebrar la orgía de sangre; pero dejando flotar en el ambiente que la responsabilidad recaía sobre el **Capitán Agustín Peralta**, Jefe del Teatro de Operaciones.

Aproximadamente a las siete de la noche, tan pronto como recibió el reporte verbal del **Cabo Castillo**, el **Capitán Peralta** llamó por teléfono al **General Somoza García**, y antes de que ***El Gato Peralta*** empezara a hablar, el Presidente le preguntó si ya había enviado a los prisioneros.

Tremenda fue la sorpresa de **Somoza García** cuando le dijo que:

--«***De acuerdo a su memorándum se los había entregado al Coronel Carlos Silva***».

--«***¿¡Qué memorándum!? Yo no he firmado ningún memorándum*** --dijo **Somoza**, y preguntó --: ***¿para dónde los llevaron?***»

Peralta contestó tajantemente: --«***¡Para el otro mundo!***»

Somoza le ordenó a **Peralta** que se presentara a verle al día siguiente. Así fue. Estando frente a frente los dos, **Somoza** le conminó:

--«***Decime todo como sucedieron los hechos, sin omitir nada***».

Peralta le explicó que todo lo que el **Cabo Castillo** le había informado. Dice **Pe-**

El **Tnte. G.N. Rafaél Lola**, de uniforme oscuro, con su patrulla de Guardia Nacionales y baqueanos de la zona, muestran el 10 de mayo de 1954, el lote de armas rusas que según el **Gral. Somoza**, fueron depositadas por un submarino soviético en una playa solitaria entre Montelimar y El Tamarindo. Todos los políticos en el poder o fuera del poder, inventan estas mentiras en el supuesto de que ***«la gente es pendeja y todo lo cree»***. De modo que la idea era hacer creer que la masacre del 4 de abril era un combate ***«contra el comunismo»***.

ralta en sus ***Memorias*** que **Somoza** se enfureció; y más se enfureció cuando supo lo del ***"Chane"***, fusilado por **Carlos Silva** para que no hubieran testigos.

--***«Me has dado una prueba de lealtad que no olvidaré nunca»*** --le dijo **Somoza** al **Capitán Peralta** y **Somoza** agregó algo insólito:

--***«Yo voy a hacerme responsable de la firma de ese memorándum, porque de lo contrario pondría en peligro la vida de mi hijo. Esto es una conjura internacional... te vas a sorprender cuando veas la cantidad de rifles y ametralladoras rusas encontradas en la costa del mar...»***

¿Quién trajo esas armas rusas? He ahí la incógnita, pues todo quedó en un raro misterio que tuvo ribetes de invento para justificar la sangrienta represión, pero las armas rusas se las había enviado la Agencia Central de Inteligencia al **Gral. Somoza**, como parte de las acciones para derrocar al presidente **Jacobo Árbenz** de Guatemala y las armas rusas servirían para hacer creer que el gobierno de **Árbenz** era un régimen comunista apoyado por la Unión Soviética, pero las armas rusas no demostraron nada y **Somoza** se quedó con las armas que atribuyó a los conjurados de abril de 1954 para calificarlos de comunistas.

El **Cnel. Ribas Montes** había salvado la vida al rendirse ante el **Coronel G.N. Juan José Rodríguez Somoza** que había sido su compañero de promoción en la ***Academia Politécnica de Guatemala***, una de las académias militares de mayor prestigio y antigüedad en Centroamérica. **Ribas Montes** se entregó a su compañero de promoción **Rodríguez Somoza**, cuando combatía en los cafetales de Carazo a la patrulla de la Guardia Nacional bajo el mando de **Rodríguez Somoza**, que era sobrino del **Gral. Somoza García**.

En ese momento se le respetó la vida al **Cnel. Jorge Ribas Montes**, pero fue llevado prisionero a las cárceles del ***Campo de Marte*** de Managua, donde fue compañero de celda del **Tnte. G.N. Jorge Cárdenas Díaz** que fue capturado, encarcelado y torturado, solamente porque a los conjurados les pareció buen prospecto para ponerlo en una lista de los oficiales que podían ser reclutados para la insurrección, sin haber hablado con él ni haberle pedido su consentimiento, pero **Fernando Solórzano Chamorro**, conocía esa lista.

En su testimonio publicado en Miami por ***La Estrella de Nicaragua Newspaper*** el **Tnte. exG.N. Jorge Cárdenas**, escribió:

--***«Estando presos en las mazmorras del Campo de Marte, mi compañero de celda, el Coronel Jorge Ribas Montes me habló de fugarnos, yo inmediatamente le hice la siguiente pregunta: ¿Por qué querés fugarte? Ya tenemos varios meses de estar prisioneros y parece que todo lo peor ya pasó. Tenemos muy bueos abogados defensores. Los medios de comunicación tienen acceso al proceso que nos hacen...»***

«Rivas Montes me interrumpió y me dijo:»

--***«Yo fuí torturado personalmente por Luis Somoza, por Anastasio Somoza Debayle y por Teodoro Picado hijo. Ellos no me dejarán vivo para que cuente que me torturaron en los baños de los alistados del Batallón Presidencial»***.

--***«Aunque las palabras de Ribas Montes denotaban sinceridad y lógica, me parecían increíbles. Una madrugada del mes de Octubre de 1956, poco más de un mes después de la muerte del Gral. Anastasio Somoza García, escuché voces susurrantes que pude identificar: eran las del Coronel G.N. Manuel Antonio Román, Comandante del Campo de Marte, y la del Capitán G.N. José Luis Aguado, en ese entonces Jefe de la Oficina de Leyes y Relaciones Públicas de la Guardia Nacional»***.

--***«El Coronel Román le decía al Capitán Aguado: José Luis, me acaba de llamar don Luis Somoza y me pide que le envíe a Jorge Ribas Montes y a Luis Morales Palacios, y vos sabés lo que significa que te pidan a dos prisioneros a estas horas, ¿qué hago?»***.

--***«José Luis Aguado le respondió: Que te lo pidan por escrito»***.

--***«Luis Somoza no firmó esa orden, quien la firmó fue el Coronel Carlos Silva, que era Secretario General de la Comandancia»***.

--***«Jorge Rivas Montes fue asesinado por el Coronel Carlos Silva el 20 de Octubre de 1956 y según el mismo Silva lo relató y lo confesó en el Casino Militar diciendo: Fue por órdenes de "arriba"»***.

Explicó el **Tnte. exG.N. Jorge Cárdenas:** --***«Esas "órdenes de arriba" se produjeron cuando Luis Somoza Debayle era ya el Presidente de la República por sucesión dinástica, después de la muerte del Gral. Anastasio Somoza García»***.

El alumno del **Tnte. Cárdenas** en la Academia Militar de Nicaragua, el cadete No.298, después Oficial de la 6ta. Promoción y Abogado graduado en España con beca de la Guardia Nacional, el **Teniente G.N. Agustín Torres Lazo**, en su libro ***«La saga de los Somoza»*** relata la forma en que el **Coronel G.N. Carlos Silva**, la tarde del 31 de Diciembre de 1957 --en una mesa de tragos en el ***Casino Militar***-- contó con lujo de detalles la forma en que ***«ejecutó»*** al **Cnel. Jorge Ribas Montes**:

Esto fue lo que narró en el Casino Militar el **Cnel. G.N. Carlos Silva M.** en mesa de tragos a varios oficiales: --***«El Consejo de Guerra condenó Ribas Montes a un montón de años de cárcel, pero para nosotros estaba claro que tarde o temprano lo teníamos que matar. Era sólo cuestión de tiempo. El 20 de Octubre de 1956 recibí la orden "de arriba" para proceder. Esa noche, como a las dos de la madrugada me fui a buscarlo al Campo de Marte donde estaba preso. Con tres Guardias lo fuí a sacar, lo montamos en la camioneta y salimos para el lado de la Quinta El Mango. A pocas cuadras Ribas Montes me dijo:»***

--*«Compadre, esto me huele a chamusquina»*.

--*«Y yo le dije: Si compadre, esto es chamusquina»*.

El **Coronel Silva** continuó su relato, reproducido en el libro de **Agustín Torres Lazo**:

--*«Y no me lo van a creer, pero el hijueputa se puso a tararear una canción hasta que llegamos a la Quinta El Mango. Entonces me lo llevé a un cerrito, saqué la pistola y le pegué un tiro detrás de la cabeza. El cabrón ni se movió, sólo pujó para afuera como si estuviera cagando, entonces le metí el segundo tiro y el hombre no cayó y me volvió a hacer lo mismo, pujar para afuera. No tuve más remedio que írmele de frente y ponerle el cañón de la pistola en medio de los dos ojos que los tenía abiertos, pero ya sin mirar ni mierda... Allí sí, se desplomó como costal de papas, sin quejidos ni aspavientos»*.

Así finalizó la confesión de un asesino, el **Cnel. G.N. Carlos Silva M**.

Ninguno de los cronistas que han escrito sobre ***La masacre del 4 de abril de 1954***, ni el diario ***La Prensa***, ni siquiera el **Tnte. exG.N. Arturo Cruz Porras** que estuvo involucrado en la conspiración y escribió todo un libro sobre el tema, **no menciona ni una sola vez que Fernando Solórzano Chamorro,** ***Tío Sebo***, fue el traidor y delator que al fin y al cabo generó todos los asesinatos, se limitó a mencionar a **Solórzano Chamorro** como un conspirador más. **Cruz Porras** culpa a **Somoza** y a la Guardia Nacional, pero no menciona al **Cnel. G.N. Carlos Silva** como el sicario. Esos ocultamientos por compromisos familiares o de clase social o de amistad, son faltas a la moral y la objetividad de los escritos, pero para la investigación histórica objetiva, no hay nada que se pueda ocultar.

Militares y civiles que participaron en la conspiración

Había dos ***cuarteles*** o escondites en la carretera sur, el principal fue la ***Quinta La California***. Ahí el grueso de los complotados esperaron un par de días a que se les uniera el frente interno que eran los 300 combatientes prometidos por la imaginación del **Gral. Emiliano Chamorro**.

En el grupo estaban: **Pablo Leal Rodríguez**, el **Cnel. exG.N. Manuel Gómez Flores**, el **Cnel. Jorge Ribas Montes**, hondureño; el **Cptn. exG.N. José María Tercero Lacayo**, **Cptn. G.N. Adolfo Alfaro Carnevallini**, **Tnte. exG.N. Adolfo Báez Bone**, **Tnte. exG.N. Rafaél Choiseul Praslin**, **Tnte. exG.N. Amadeo Baena Laso**, **Tnte. exG.N. Carlos Ulises Gómez**, **Tnte. exG.N. Joaquín Cortés**, **Tnte. exG.N. Manuel Agustín Alfaro Carnevallini**, **Tnte. exG.N. Manrique Umaña**, **Tnte. G.N. Gustavo Zavala**, **Tnte. G.N. Guillermo Duarte** y el excadete AMN **Luis Felipe Gabuardi Lacayo**.

En el grupo de civiles figuraron **Luis Morales Palacios**, **Edgard Gutiérrez**, **Humberto Reyes**, **Optaciano Morazán**, **Francisco Caldera**, **Amado Soler**, **Miguel Reyes Ramírez**, **Francisco Madrigal**, **Ernesto Peralta**, **Eduardo Granillo**, **Fernando Solórzano Chamorro,** ***Tío Sebo*** (nadie sospechaba que este sería el traidor), **Julián Salaverry**, **Rafael Cabrera Chamorro**, **Emilio Stadthagen Vogel**, **Manuel Álvarez Henríquez**, **Humberto Chamorro**, **Tito Chamorro Zink**, don **Carmen Ruíz** y sus hijos **Juan** y **Bayardo**, **Edmundo Campos**, **Gonzalo Ruíz** y **Luis Báez Bone**, hermano de **Adolfo.**

Por aparecer en las listas de los posibles a ser reclutados para la conspiración, pero sin avisarles ni pedirles consentimiento, fueron encarcelados, torturados y expulsados de la Guardia Nacional el **Tnte. G.N. Víctor M. Silva** (***El Cura Silva***), **Tnte. G.N. Jorge Cárdenas Díaz** y **Tnte. G.N. Guillermo Aburto**.

Lograron asilarse **Fernando Agüero Rocha** y **Ernesto Solórzano Thompson**.

IZQUIERDA: **Cnel. exGN Manuel Gómez Flores**, el único que logró escapar a la matanza de los cafetales de Carazo en abril de 1954, saliendo por la frontera con Honduras. DERECHA: **Tnte. exGN Manuel Agustín Alfaro Carnevallini**, murió combatiendo a las patrullas de la Guardia Nacional en los cafetales de Carazo el mismo abril de 1954. Cuando era cadete de la Primera Promoción fue el compositor de la letra del ***Himno de la Academia Militar de Nicaragua***. Su hermano **Cptn. exGN Adolfo Alfaro Carnevallini** era casado con una sobrina del **Gral. Anastasio Somoza García**.

Fueron capturados y encarcelados los liberales independientes **Carlos H. Montalván**, **Enrique Lacayo Farfán** y **Lizandro Ramírez**. Y los conservadores **Joaquín Zavala Urtecho** y **Horacio Rappaccioli.** También capturaron a **Domingo Sánchez**, ***Chagüitillo***, líder socialista a quien siempre encarcelaban para dar a creer que los ***comunistas*** estaban involucrados.

Pasaron saludando a **Pablo Leal** por la ***Quinta La California*** sus amigos **Joaquín Cuadra Chamorro**, **Luis Pasos Argüello**, **Chico Zamora** y **Francisco Ibarra Mayorga**, éste fue incluido en las recompensas por su captura.

A la noche del sábado 3 de abril, cuando **Fernando Solórzano Chamorro** se fue a delatar toda la conspiración, el estado de fuerzas en su punto máximo había alcanzado solamente a 98 individuos, la mayoría civiles sin ninguna experiencia militar y que no estaban entre los combatientes. Ahí empezó el desastre que culminó con la deserción y delación del apodado ***Tío Sebo***.

Thomas Whelan, embajador de Estados Unidos en Nicaragua y muy amigo del **Gral. Somoza García**, comentó con sarcasmo: --«***Too many Indian chiefs and very few Indians***» (***Demasiados caciques y pocos indios***).

El 4 de Marzo de 1955 **Somoza** publicó una notificación fechada el 4 de Marzo de 1955, dándole a conocer a los Senadores **Emiliano Chamorro** y **Abel Gallard**; y al Diputado **Raúl Arana Montalván**, la sentencia de sus condena de **8 años** de confinamiento en la ciudad de Bluefields por participar en la conjura de Abril de1954. Los condenados

En una de las celebraciones de ***su triunfo*** sobre la conspiración del 4 de abril de 1954, el **Gral. Somoza** festejando a bordo de uno de sus barcos mercantes de su compañía ***Mamenic Line***, posaron para esta foto proyectando una imagen de triunfalismo y seguridad. **1-Dr. José María Castillo Quant**, abogado y economista que fue Gerente del Banco Nacional de Nicaragua y del Instituto de Fomento Nacional, Infonac. **2-Dr. Guillermo Sevilla Sacasa**, Embajador de Nicaragua en Washington y yerno del Gral. Somoza. **3-Manuel F. Zurita**, intelectual y escritor liberal que le hacía los discursos a Somoza. **4 Gral. Heberto Sánchez Barquero**, uno de los oficiales de mayor confianza del Gral. Somoza, fue Ministro de Defensa. **5-Lázaro García Espinoza**, oficial de la G.N. de la mayor confianza durante la gestión del Gral. Somoza. **6-Gral. Anastasio Somoza García**, Presidente de la República y Jefe Director de la Guardia Nacional de Nicaragua, que escapó a la conspiración para matarle en 1954. **7-Francisco Fiallos Gil**, Director del Ceremonial Diplomático y amigo personal de Somoza García; su hermano **Mariano Fiallos Gil** fue el Rector de la Universidad Nacional. **8-Dr. Marcos A. Miranda**, Magistrado de la Corte Suprema de Justicia y directivo del Partido Liberal Nacionalista, PLN. **9-Dr. Oscar Sevilla Sacasa**, Ministro de Relaciones Exteriores de Nicaragua.

fueron trasladados bajo custodia de la Guardia Nacional a la ciudad de Bluefields y hospedados en el hotel Hollywood.

Los que murieron el 4 de abril de 1954

ASESINADOS: 01-Pablo Leal Rodríguez. 02-Amado Soler. 03-Rafaél Choiseul Praslín. 04-Carlos U. Gómez Ugarte. 05-José María Tercero Lacayo. 06-Luis Felipe Báez Bone. 07-Francisco Caldera. 08-Luis Felipe Gabuardi Lacayo. 09-Eduardo Granillo. 10-Edgard Gutiérrez. 12-Francisco Madrigal. 13-Juan Martínez Reyes. 14-Optaciano Morazán. 15-Ernesto Peralta. 16-Pedro José Reyes. 17-Miguel Reyes Ramírez. 18-Juan Ruíz. 19-Antonio Velásquez. 20-Adolfo Báez Bone.

MURIERON COMBATIENDO: 01-Manuel Agustín Alfaro. 02-Manrique Umaña.

Los civiles fueron juzgados por encubridores

Los civiles que participaron en las reuniones de la quinta ***La California***, fueron capturados por la Guardia Nacional gracias a los detallados informes del delator **Fernando Solórzano Chamorro**, que reveló toda la lista de los implicados, y todos fueron juzgados en los tribunales civiles y después a un Consejo de Guerra.

Los resentimientos por los asesinados en la matanza en los cafetales, continuó

El reo político Arturo J. Cruz, cuñado del ex-Teniente Báez Bone, dió declaración ayer ante el Juez respecto a la reunión para el complot en la quinta "La California"

El Juez Segundo del Crimen de Distrito de Managua, Dr. Arnoldo Alemán Sandoval ayer continuó levantando la instructiva sobre los reos políticos puestos a su orden. Ellos son hasta ahora, los señores Faustino Arellano, Tito Chamorro, Fernando Solórzano, Dr. Samuel Santos, Edmundo Campos Guzlamuz y Arturo J. Cruz.

DECLARACION AYER DEL JOVEN CRUZ

El Juez Dr. Alemán Sandoval ayer recibió declaración al reo Arturo J. Cruz, cuñado del ex-Teniente Adolfo Báez Bone, quien dijo que está detenido por los sucesos políticos recientes; que es cuñado de Báez Bone quien como cuatro días antes de los sucesos, le dijo que tenían armas y el apoyo del Partido Conservador y el Partido Liberal Independiente para hacer una revolución; que iban a reunir en una quinta para discutir el plan que iban a poner en práctica; que el sábado tres como a las siete de la noche, él salió en carro con el Dr. Pedro Joaquín Chamorro Cardenal, Manrique Umaña y Carlos Ulises Gómez y llegaron a la finca "La California" donde estaban Faustino Arellano, Dr. Ernesto Solórzano Thompson, Rafael Cabrera Chamorro, el Coronel Manuel Gómez, Dr. Francisco Ibarra Mayorga, el Coronel hondureño Rivas Montes, el Capitán Gustavo Zavala y otros que no recuerda; que allí discutieron los planes, pero que el Dr. Chamorro Cardenal y el declarante se opusieron al atentado personal, pues esto iba contra la moral del declarante y del Dr. Chamorro Cardenal; que luego se fueron a otra quinta cercana y allí estaba un grupo de campesinos entre ellos, Juan Ruiz, el cobrador del "Victory Club" y don Emilio Stadthagen; que también entraba y salía de la quinta el señor Tito Chamorro; que se regresó con el Dr. Chamoro Cardenal, en su carro, a Managua, habiéndolo dejado Chamoro, por el Centro Médico; que el doctor Chamorro le dijo que se iba a volver a Casa Colorada porque allí estaba su señora; que al día siguiente, entre 9 y media y 10 de la mañana, llegó el doctor Chamorro Cardenal a la casa del declarante y le dijo que sentía haberse venido de la reunión porque talvez iban a creer que era cobarde, y lo invitó a volver a-

Doctor PEDRO J. CHAMORRO CARDENAL, de quien el declarante Cruz dice que "se opuso al atentado personal" en la reunión que celebraron los complotistas en la quinta "La California".

ARV. Sucesos del 4 de Abril de 1954

El propósito de esta publicación del diario ***La Prensa***, fue defender al **Dr. Pedro Joaquín Chamorro Cardenal** con la declaración del **Tnte. exGN Arturo Cruz Porras** ante el Juez Segundo del Crimen de Managua, **Dr. Arnoldo Alemán Sandoval** (padre del expresidente **Arnoldo Alemán Lacayo**), exponiendo que él, **Arturo Cruz** y **Pedro Joaquín Chamorro Cardenal** estuvieron en las reuniones de ***La California***, pero que ambos de opusieron al plan de asesinar a los tres **Somoza**, por razones de principios. La publicación es una confesión de que **Pedro Joaquín Chamorro** y **Arturo Cruz Porras**, aunque se hayan opinado contra el asesinato de los tres **Somoza**, eran parte de la conspiración y aunque no tomaron las armas, fueron participantes con voz y voto, por tanto encubridores. En la publicación de ***La Prensa*** se advierte el miedo por la suerte de **Pedro Joaquín Chamorro**, debido al estado de terror que se creó por la masacre en los cafetales de Carazo. **Chamorro Cardenal** fue condenado por un Tribunal Militar a dos (2) años de cárcel por encubridor, pero no los cumplió porque fue beneficiado por una amnistía. Entre los juzgados por el juez **Alemán Sandoval** aparece el traidor y delator **Fernando Solórzano Chamorro** (***Tío Sebo***) y otros implicados que están en el texto de la noticia del diario ***La Prensa***.

creando enemigos al **Gral. Anastasio Somoza García**, como la comunidad de militares exOficiales de la Guardia Nacional de Nicaragua exiliados en El Salvador que realizaron otros varios intentos de rebeliones armadas sin obtener éxito.

Cuando se presentó ante estos exOficiales G.N. en El Salvador el joven **Rigoberto López Pérez**, solicitando entrenamiento en el manejo de armas de fuego al **Tnte. exG.N. Guillermo Marenco Lacayo**, encontró terreno abonado para su proyecto de matar al **Gral. Anastasio Somoza** al costo de su propia vida, dispuesto a inmolarse en el intento de acabar con la existencia de **Somoza García** y de la dictadura somocista.

El **Cnel. Jorge Ribas Montes** era hijo de don **Mario Ribas de Cantruy**, guatemalteco que llegó a Honduras huyendo de la dictadura del **Lic. Manuel Estrada Cabrera**, era periodista y escribió la única crónica del sitio de Tegucigalpa en 1924. Su hijo, el **Cnel. Jorge Ribas Montes** fue un militar profesional graduado en la Academia Militar Politécnica de Guatemala. Tenía una sólida cultura. Hablaba español, inglés y francés. Fue un lector perseverante, tenía como entretenimiento la escultura y el dibujo. Obtuvo a los 30 años el rango de Coronel en Honduras. Fue asesinado en Nicaragua el 20 de octubre de 1956 por el **Cnel. Carlos Silva** de la Guardia Nacional de Nicaragua ***«por órdenes superiores»***, según confesó el mismo **Silva**.

Los militares exiliados, todos profesionales graduados en la Academia Militar de Nicaragua, que fueron expulsados de la Guardia Nacional de Nicaragua por el **Gral. Anastasio Somoza García** cuando se declararon contrarios al golpe de estado que el **Gral. Somoza** perpetró para derrocar al presidente **Leonardo Argüello** en mayo de 1947. **Somoza** encarceló, a muchos los torturó y a todos los expulsó de la Guardia Nacional --más de cien expulsados--, jóvenes que por sus arrebatos políticos **Somoza** les cortó su carrera, con la intención de castigarles la falta de lealtad a su persona, obligándolos a salir al exilio, desterrándolos y generando en sus mentes y en sus almas un odio profundo y clamor de venganza contra el régimen del **Gral. Somoza**, que no fue capaz de tener la perspicacia de comprender que con cada una de sus arbitrariedades y caprichos rayanos en la egolatría, estaba multiplicando a sus enemigos.

Estos militares profesionales exiliados en El Salador no le concedieron casi nada de crédito, mucho menos posibilidades de éxito, al suicida proyecto de **Rigoberto López Pérez**, razonando que se trataba de un civil inexperto, medio periodista, medio poeta y muy soñador romántico, pero el **Tnte. exGN Guillermo Marenco Lacayo**, durante los nueve meses de en entrenamiento que le dio al joven suicida, fue descubriendo en él a un hombre sencillo pero muy decidido y poseedor de una mística inspiradora para acometer el magnicidio.

La acción del medio periodista,medio poeta y total soñador **Rigoberto López Pérez**, que aprendiz de sastre, se graduó de contador pero nunca ejerció la contabilidad, un simple joven nativo de la ciudad de León, habitante del barrio ***El Calvario*** junto con su madre y hermanos en una casa sencilla, enamorado de su vecina **Amparito Zelaya Castro**, era un personaje del que nadie esperaría capaz de cambiar la historia de Nicaragua, pero la cambió y se introdujo en la historia nicaragüense, tal vez en un intento de demostrar que el ***karma*** existe para pretender la justicia de tantas víctimas, justicia que anidaba en la mente de **López Pérez** como una compulsión pasional o como una locura al disparar cinco certeros balazos de su revolver ***Smith & Wesson*** modelo 442, calibre .38 especial, gato escondido...

Capítulo Diecinueve

1954: Somoza contra Arbenz. Visitas de Magloire y de Nixon La estatua de Somoza. Conflicto con Figueres. Más armas para la Guardia.

El **Cnel. Jacobo Arbenz Guzmán** tomó posesión como Presidente de Guatemala el 15 de marzo de 1951. **Arbenz** ganó las elecciones en forma rotunda y limpiamente.

Juan Jacobo Árbenz Guzmán fue un militar graduado en la ***Academia Militar Politécnica*** de Guatemala y político guatemalteco de ascendencia suiza, que desempeñó como presidente de Guatemala de 1951 a 1954, anteriormente fue ministro de la Defensa Nacional de 1945 a 1950 del gobierno del **Prof. Juan José Arévalo** de tendencia socialista, pero no comunista. El **Cnel. Árbenz** pertenecía al grupo de militares que protagonizaron la Revolución de 1944. **Árbenz** explicó en su discurso inaugural que su plan de gobierno se basaba en tres objetivos fundamentales, el primero convertir a Guatemala de un país que era dependiente y de economía semicolonial, y transformarlo en un país económicamente autosuficiente; y de un país atrasado y de economía predominantemente feudal y convertirlo en un país moderno y ***con economía de mercado***, que es lo contrario a la economía comunista.

La ***United Fruit Company*** (***UFCO***) era dueña de más del 50 % de las tierras cultivables de Guatemala, de las que únicamente cultivaba el 2.6 %. Por otra parte, desde el gobierno de **Manuel Estrada Cabrera** a finales del siglo XIX, existían monopolios estadounidenses de empresas subsidiarias de la ***UFCO*** y que se dedicaban al transporte de carga por ferrocarril y vapores, los que salían de Puerto Barrios, Izabal, puertos controlados por la ***UFCO***. Asimismo, controlaban la generación de la electricidad, los teléfonos y telégrafos de Guatemala. Estas empresas no pagaban ningún tipo de impuesto por el uso de los recursos guatemaltecos, gracias a las generosas concesiones otorgadas por **Estrada Cabrera**, y ratificadas por los gobiernos de **José María Orellana** y **Jorge Ubico**. Incluso, **Ubico** promulgó leyes que permitían a los terratenientes castigar severamente e incluso ejecutar a sus colonos. El hecho es que el 22% de la población poseía el 70% de las tierras cultivables.

Ejecutando su plan de gobierno, **Árbenz** tomó las siguientes medidas: **1-**Presentó al Congreso la iniciativa de Ley de la Reforma Agraria, misma que fue promulgada por el Congreso de la República, mediante el ***Decreto 900***, para expropiar los terrenos ociosos (incluyendo los de la ***UFCO***). **2-**Inició la construcción de la carretera que conduce de la Ciudad de Guatemala al Atlántico (desde 2012 lleva el nombre de ***«Carretera Jacobo Árbenz»***). **3-**Comenzó la construcción del puerto ***Santo Tomás de Castilla***, donde se encuen-

El **Cnel. Jacobo Arbenz Guzmán**, nació Quetzaltenango, Guatemala el 14 de septiembre de 1913 y murió exiliado en la Ciudad de México el 27 de enero de 1971, fue un militar y político guatemalteco de ascendencia suiza, que desempeñó como el vigesimoquinto presidente de Guatemala de 1951 a 1954. Perteneció al grupo de militares que protagonizaron la Revolución de 1944. Fue conocido como el ***«soldado del pueblo»***. Graduado en la Academia Militar Politécnica de Guatemala, se destacó en la academia como un cadete excepcional. Conquistó el puesto de Sargento Primero de la Compañía de Cadetes, grado que solamente seis cadetes lograron. Se graduó en 1935. En 1939 se casó con la aristócrata salvadoreña **María Cristina Vilanova**. Durante su gobierno **Arbenz** se caracterizó por la lucha constante contra los grandes intereses económicos de Estados Unidos, en particular la expropiación de los extensos terrenos de la poderosa ***United Fruit Company*** -monopolio y verdadero poder político en la región-, dueños de la ***IRCA*** y la ***Bond and Share***.

tra el puerto ***Matías de Gálvez***, para competir con ***Puerto Barrios***, controlado por la ***UFCO***. **4-**Principió los estudios para la planta de generación ***Jurún Marinalá***, para competir con la empresa eléctrica ***Electric Bond and Share Company***, propiedad de la ***UFCO***. En resumen, la ***United Fruit Company, UFCO***, no era solamente una compañía bananera, sino que era la propietaria de prácticamente todo Guatemala. Y todos los actos del presidente **Árbenz** fueron conducentes a recuperar la soberanía e independencia de Guatemala, pero eso afectó los enormes intereses de la ***UFCO***, y cuando eso ocurre a una poderosa empresa norteamericana, todo el poder de EE.UU. favorece a su corporación y aplasta a cualquier gobierno, justificándolo con pretexto de orden político que descalifiquen al gobierno que estorbe. A la bananera ***United Fruit Company***, que mantenía sin cultivar el 85 % de sus 220 mil hectáreas, se le expropiaron 156,000 hectáreas; es decir el 64 % de su superficie, pero recibió el pago en bonos del Estado, según el valor fiscal de la propiedad que la misma ***UFCO*** había reportado al fisco de Guatemala durante los tres años anteriores, que subvaluaban ellos mismos para minimizar el pago impuestos.

En enero de 1954 la revista ***Time*** publicó una entrevista a **John Peurifoy**, embajador de los Estados Unidos en Guatemala, afirmando que los EE. UU. ***«no podían permitir una república soviética entre Texas y el Canal de Panamá»***. Esta publicación fue tomada en Guatemala como la confirmación de que **Peurifoy** estaba al frente de un plan dirigido para derrocar al gobierno de **Árbenz**, no había duda de que **Peurifoy** estaba expre-

El **Cnel. Carlos Castillo Armas** estuvo hospedado en la ***Hacienda Montelimar***, huésped del **Gral. Anastasio Somoza García**, todo el tiempo que duró la ***«revolución»*** de la ***Agencia Central de Inteligencia de Estados Unidos, CIA***, para derrocar al gobierno del **Cnel. Jacobo Árbenz** en Guatemala. En esta del Archivo Histórico de ***La Estrella de Nicaragua***, el **Gral. Somoza García** conversa en la ***Hacienda Montelimar*** con el **Cnel. Carlos Castillo Armas**, de Guatemala, que se suponía era el líder de una rebelión armada para derrocar al Presidente **Árbenz Guzmán** con el financiamiento de la ***United Fruit Company, UFCO***, y con armas y estrategias de la ***Agencia Central de Inteligencia de EE.UU.*** (***CIA***) que armó a los ejércitos de Nicaragua y Honduras en función de implementar una invasión desde Honduras con el apoyo de aviones norteamericanos sin insignias, provenientes de Nicaragua y Honduras. **Castillo Armas** estuvo en Nicaragua como huésped de **Somoza**, mientras triunfaba el golpe para derrocar al gobierrno de Guatemala, como efectivamente fue derrocado. Pero poco menos de tres años del ***«triunfo»*** de **Castillo Armas**, un sargento de su custodia lo asesinó en 1957.

sando la opinión de la Casa Blanca, del Congreso, del Pentágono y de la Agencia Central de Inteligencia de Estados Unidos, la CIA. El gobierno del presidente **Dwight Eisenhower** consideró un atropello que el gobierno de Guatemala se basara en la información que la ***UFCO*** había proporcionado al gobierno guatemalteco para ofrecer la indemnización, y lo hizo saber a **Árbenz** mediante el embajador **Peurifoy**.

John Foster Dulles, era el secretario de Estado de EE.UU. y al mismo tiempo miembro del consejo directivo de la ***UFCO***, exigió veinticinco veces más que el valor reportado por el pago de las tierras ociosas confiscadas --que era lo que realmente valían las tierras, pero que no se había informado al gobierno guatemalteco para pagar únicamente una pequeña fracción de los impuestos correspondientes--. El secretario de Estado **John Foster Dulle**s era un enemigo declarado del comunismo, y su firma de abogados ***Sullivan and Cromwell*** ya había representado los intereses de la ***United Fruit Company*** y hecho negociaciones con gobiernos guatemaltecos anteriores.

Por su parte, el director de la ***Agencia Central de Inteligencia de Estados Unidos***,

CIA, era **Allen Dulles**, hermano de **John Foster Dulles**, y también miembro del consejo directivo de la ***UFCO***. Los hermanos **Dulles** estuvieron en la planilla de la ***UFCO*** durante 38 años. El hermano de **John Moors Cabot**, subsecretario de Estado para Asuntos Interamericanos había sido presidente de la ***UFCO***. Otro personaje fue **Ed Whitman**, quien era el principal lobista de la ***United Fruit*** ante el gobierno norteamericano, estaba casado con **Ann C. Whitman**, secretaria personal del presidente **Eisenhower**. De modo que la cúpula del poder norteamericano era parte de la estructura de la ***United Fruit Company, UFCO,*** con grandes intereses y poder en Centroamérica y El caribe.

El 19 de febrero de 1954, la CIA comenzó la ***Operación WASHTUB*** (***Tina de lavar***), un plan para plantar armas soviéticas falsas en Nicaragua que demostrarían los nexos de Guatemala con la Unión Soviética. Con el apoyo de los Estados Unidos se organizó una ***«revolución anticomunista»***, bajo el mando del **Coronel Carlos Castillo Armas** que se decía se encontraba exiliado en Honduras, en realidad durante toda la ***revolución***, **Castillo Armas** estuvo de huésped del **Gral. Anastasio Somoza** en la hacienda-balneario ***Montelimar*** en Nicaragua.

La dirección de las tropas de la revolución contra el gobierno de **Árbenz** estuvo a cargo de **Juan Córdova Cerna**, director de la CIA en Centroamérica, y ***El Cristo Negro de Esquipulas***, imagen de la iglesia católica, proclamada como ***Capitán General de la Cruzada Liberacionista***, se inició la invasión de las tropas revolucionarias. El **18 de junio de 1954** las fuerzas del coronel golpista **Castillo Armas** cruzaron la frontera. Además de estas tropas regulares, diez saboteadores entrenados en EE.UU. fueron adelante explotando los puentes claves y cortando las líneas de telégrafo. Todas las fuerzas de invasión fueron instruidas para reducir al mínimo encuentros reales contra el ejército guatemalteco. El desarrollo de la invasión fue expresamente diseñado para sembrar el pánico, dar la impresión de poseer fuerzas insuperables, y atraer la población y a los militares a su lado, antes que derrotarlos. Durante la invasión, la propaganda radiofónica que transmitía **Lionel Sisniega Otero** desde la embajada estadounidense, enviaba falsos informes de enormes fuerzas que se unían a la población local en una revolución popular. Pero casi inmediatamente las fuerzas de **Castillo Armas** fracasaron rotundamente: movilizándose a pie y obstaculizados por su pesado equipo no dieron impresión alguna ni lograron ser una fuerza poderosa.

Los ataques reales lo hicieron cerca de 50 aviones de guerra, 25 desde Nicaragua y 25 desde Honduras que bombardearon ciudades como Chiquimula que recibió más de 30 horas continuas de bombardeos, ataques a los que se refirió **Jacobo Árbenz** en su discurso de renuncia. El 27 de junio de 1954 el gobierno de **Árbenz** fue derrocado por un golpe de Estado dirigido por el Gobierno de Estados Unidos, con el patrocinio de la ***United Fruit Company*** y ejecutado por la CIA mediante la operación PBSUCCESS, que instaló una Junta militar que finalmente entregó el poder al **Cnel. Carlos Castillo Armas**.

La participación de Somoza en el derrocamiento de Árbenz

En julio de 1952 el presidente **Anastasio Somoza García** regresó a Managua a bordo de un avión militar norteamericano por cortesía del gobierno de EE.UU., después de su operación quirúrgica que le realizaron en Boston. Durante el vuelo conversó con el coronel **Cornelius Mara**, asistente militar del presidente **Truman** de un plan para ayudar al **Cnel. Carlos Castillo Armas** de Guatemala, que estaba preparando una revolución contra el gobierno del presidente ***«comunista»*** **Jacobo Árbenz**.

Ese mismo año 1952 llegó a Nicaragua una Misión de la Fuerza Aérea de EE.UU. (USAF), para dar asesoramiento a la Fuerza Aérea de la Guardia Nacional de Nicaragua. El **Gral. Somoza** agradeció esa ***generosidad*** de EE.UU., pero no comprendió realmente cual

En una ***«compra»*** que jamás fue explicada, el gobierno del **Gral. Somoza García** adquirió del Reino de Suecia 25 aviones ***Mustang P-51*** y 3 o 4 bombarderos bimotores ***B-26 Marauder***, más otros aparatos que ya tenía la ***Fuerza Aérea Nacional, FAN-GN***, elevaron a **60** el número de aviones de guerra de la Guardia Nacional de Nicaragua. Estos aparatos participaron en el bombardeo al territorio de Guatemala como parte de las operaciones de guerra ejecutadas por la ***Agencia Central de Inteligencia de Estados Unidos***, **CIA**, para derrocar en 1954 al gobierno del **Cnel. Jacobo Arbenz Guzmán**, Presidente Constitucional de Guatemala. Al ser derrocado el presidente **Jacobo Árbenz**, todos los aviones suministrados por la ***CIA*** le quedaron a la ***Fuerza Aérea de la Guardia Nacional, FAN-GN***, convirtiéndose --junto con la fuerza aérea de Honduras--, en las más fuertes de Centroamérica. La realidad es que Nicaragua no tenía capacidad económica para comprar esos aviones.

era el propósito de esa misión. En 1953, cuando **Somoza** finalizó su recorrido por Sur América, Nicaragua y EE.UU. firmaron un acuerdo para establecer una ***Misión del Ejército de Estados Unidos*** para asesorar a la Guardia Nacional de Nicaragua, que fue conocida como ***Misión Militar Americana***. Estas misiones militares tenían un propósito. En Guatemala se había instalado un gobierno constitucional electo popularmente, encabezado por el **Cnel. Jacobo Árbenz Guzmán**, pero calificado de ***comunista***, porque estaba perjudicando gravemente los intereses de la ***United Fruit Company, UFCO***.

El año 1953 fue muy glorioso para el **Gral. Anastasio Somoza García**, pero el año 1954, trajo nuevas complicaciones históricas. Un año antes, en 1952, el gobierno de EE.UU. comenzó a fortalecer la capacidad militar del gobierno del **Gral. Somoza** y de la Guardia Nacional de Nicaragua que recibió más que duplicado su presupuesto, asistencia técnica militar y armamento.

El año 1954 trajo más preocupaciones a **Somoza**, después de su ***«victoria»*** contra la conspiración de sus opositores que trataron de asesinarlo junto con sus hijos, y que finalizó con la captura y masacre de los rebeldes en los cafetales de Carazo.

En Guatemala se había establecido el primer gobierno socialista y antinorteamericano en la historia de América Latina, encabezado por el Presidente **Jacobo Arbenz Guzmán**, graduado en la ***Academia Militar Politécnica***.

Allen Foster Dulles, director de la Agencia Central de Inteligencia de EE.UU., CIA, se encargó personalmente de conducir la operación ***PB Success*** (Éxito) que consistía en crear una revolución contra el gobierno ***«comunista»*** de **Arbenz**. Una vez creada la revolución, la CIA le brindó apoyo armado a los ***«insurgentes»*** del Ejército de Liberación y a su caudillo, el **Cnel. Carlos Castillo Armas**, también graduado en la Politécnica de Guatemala. **Árbenz** fue uno de los **doce presidentes de Guatemala que se graduaron en la Academia Militar Politécnica**.

La CIA le asignó un importante papel al **Gral. Anastasio Somoza García** para derrocar al gobierno de **Arbenz**. El 19 de febrero de 1954 comenzó la operación ***WASHTUB***, que era un plan de la CIA para implantar un depósito de armas soviéticas falso en Nicaragua para demostrar que Guatemala tenía nexos con Moscú. La operación tuvo muy poca credibilidad, pero el **Gral. Somoza** usó estas armas rusas para atribuirlas a los conjurados de abril de 1954. Las armas rusas fueron exhibidas en una vidriera de la avenida Roosevelt de Managua a la vista de todo el público. Además, se organizaron estrategias de propaganda y cabildeo a nivel internacional para marcar a Guatemala como un país comunista. El arzobispo de Guatemala, **Mariano Rosell y Arellano** contribuyó al difundir una carta pastoral contra el comunismo que tuvo gran impacto. El gobierno de Estados Unidos a través de la Agencia Central de Inteligencia, CIA, pidió al **Gral. Somoza García** toda su contribución y participación para el derrocamiento del gobierno del **Cnel. Jacobo Arbenz**.

El 20 de mayo de 1954 Nicaragua rompió relaciones diplomáticas con Guatemala.

El 18 de junio de 1954 aviones de la CIA procedentes de Nicaragua y Honduras surcaban el espacio aéreo bombardeando posiciones del gobierno y del ejército guatemalteco. A las 20:20 horas, las tropas de **Castillo Armas** cruzaron la frontera desde Honduras. El 25 de junio Aviones de la CIA atacaron trenes de transporte de tropas y bombardearon Chiquimula por más de 30 horas seguidas en oleadas procedentes de Nicaragua y Honduras. El **Cnel. Carlos Castillo Armas** nunca estuvo en los frentes de guerra, sino que fue huésped del Presidente **Somoza García**, mientras en la frontera de Guatemala los insurgentes y las tropas leales a **Arbenz** combatían. La presencia del **Cnel. Castillo Armas** en Nicaragua quedó evidenciada en la foto histórica tomada en la ***Hacienda Montelimar*** acompañado del **Gral. Somoza**.

El **27 de junio** Aviones de la CIA bombardearon un carguero británico en el Puerto de San José, en el Pacífico y acusaron al gobierno de **Árbenz** del bombardeo. Ese mismo día renuncio **Árbenz**. El 28 de junio de 1954, los coroneles **Carlos Enrique Díaz**, **José Angel Sánchez** y **Elfego Hernán Monzón** formaron una junta de gobierno, pero se rehusaron a negociar con **Castillo Armas**. El 29 de junio de 1954 el **Cnel. Elfego H. Monzón** tomó el control de la junta y negoció con **Castillo Armas**. El 1º de septiembre de 1954 **Carlos Castillo Armas** asumió la presidencia de Guatemala de hecho.

La participación de **Somoza** no se limitó a hospedar a **Castillo Armas** en ***Montelimar***, sino que la CIA le proveyó de 25 aviones norteamericanos ***Mustang P-51***, y aunque los aviones eran fabricados en EE.UU. y sobrantes de la II Guerra, se organizó una ***«compra»*** que la **Fuerza Aérea** de la **Guardia Nacional de Nicaragua** le hizo al Reino de Suecia, sin que nunca se supiera de dónde procedió el dinero ni cuánto le costaron a **Somoza** los 25 aviones de guerra ***Mustang P-51*** y un par de bombarderos bimotores ***B-26***, que Nicaragua no tenía capacidad de comprar ni aún en el siglo XXI.

Lo que es indiscutible es que esos aviones y otros más, que sumaban **60** aviones de la FAN-GN, participaron en el bombardeo al territorio guatemalteco en 1954 para el derrocamiento del gobierno de **Arbenz**. Otro bloque semejante de aviones le fueron entregados a Honduras para el mismo bombardeo contra Guatemala. Después de la caída del Presidente **Arbenz**, todos esos aviones quedaron como parte de la Fuerza Aérea de Nicaragua, sin que el gobierno del **Gral. Somoza** haya pagado ni un centavo.

Para el **Gral. Somoza García** fue una oportunidad de oro que la CIA le pidiera colaboración y participación en el proyecto contra **Arbenz**, eso le dió méritos ante el poder norteamericano, que era el tipo de oxígeno que le mantenía en el poder. Al mismo tiempo

El **Cnel. Carlos Castillo Armas**, caudillo creado por la CIA para encabezar una revolución contra el Presidente **Arbenz** de Guatemala, permaneció en la hacienda ***Montelimar*** de Nicaragua como huésped del **Gral. Somoza García** mientras sus ***«rebeldes»*** derrocaban a **Arbenz**. La CIA instaló en la presidencia a **Castillo Armas**, pero fue asesinado el 26 de julio de 1957 por el sargento **Romeo Vásquez Sánchez** custodio del Palacio Nacional. Cuando **Castillo Armas** y su esposa **Odilia Palomo** se dirigían al comedor, el sargento **Vásquez Sánchez** lo saludó y le disparó dos veces. Las investigaciones no lograron establecer el origen del complot.

Somoza comprobó cómo Estados Unidos destruía a quienes desafiaban los intereses de las corporaciones privadas norteamericanas.

Con respecto al bombardeo, el mismo Presidente **Arbenz** en su discurso de renuncia el **27 de Junio de 1954**, mencionó el bombardeo y ametrallamiento. Estas fueron las palabras de **Árbenz** en su dramática renuncia transmitida por radio:

--*«**Desde hace 15 días se ha desatado una guerra cruel contra Guatemala, de la cual aparentemente no hay ningún gobierno responsable. Esto no quiere decir que no sepamos quién ha desatado la agresión contra nuestra querida patria. La United Fruit Company, los monopolios norteamericanos, en connivencia con los círculos gobernantes de Norteamérica, son los responsables de lo que nos está ocurriendo. Todos sabemos cómo han bombardeado y ametrallado ciudades, inmolado mujeres, niños, ancianos y elementos civiles indefensos**»*.

Con estos pertrechos aéreos, tanto Nicaragua como Honduras, que también recibió otra flota igual de aviones, lograron poseer las fuerzas aéreas más poderosas de Centroamérica. La población nicaragüense nunca tuvo conciencia de la participación de **Somoza** en el derrocamiento del Presidente **Jacobo Arbenz**, porque al tratarse de una operación norteamericana los periódicos de Nicaragua no mencionaron ni una palabra de aquellos bombardeos por aviones que despegaron de Nicaragua y Honduras. El poder y control que el **Gral. Anastasio Somoza García** tenía integralmente sobre Nicaragua, se incrementó con su participación en el episodio de Guatemala.

Poco menos de tres años después, el 26 de julio de 1957, el **Cnel. Carlos Castillo Armas** fue asesinado en el Palacio Nacional de Guatemala, que era la casa de gobierno y oficina del presidente. El asesino fue el sargento **Romeo Vásquez Sánchez**, que era uno de los militares del ejército de Guatemala, miembro de la custodia de presidencial. El presidente **Castillo Armas** salió de su oficina acompañado de su esposa **Odilia Palomo**. La pareja confiadamente se dirigían al comedor presidencial y en el breve trayecto el sargento **Vásquez** saludó al presidente y acto seguido le disparó certeramente dos veces con su fusil de reglamento. **Castillo Armas** murió en brazos de su esposa. Otros soldados de la custo-

El cuerpo del **Cnel. Carlos Castillo Armas** fue velado en la Catedral Metropolitana de ciudad Guatemala. Él nunca esperó que uno de sus propios soldados de custodia lo asesinara dentro del Palacio Nacional. El asesino, sargento **Romeo Vásquez Sánchez** fue abatido por otros soldados en el mismo lugar de los hechos. **Castillo Armas** asumió la presidencia el 1° de septiembre de 1954 y fue asesinado el 26 de julio de 1957, cuando estaba cerca del tercer año de su gobierno. El sargento **Vásquez Sánchez** sin duda fue el sicario, pero como era el único testigo y fue abatido casi inmediatamente después de matar a **Castillo Armas**, las investigaciones no lograron determinar quién o quiénes eran los autores intelectuales, así ocurre en muchos de estos casos.

---

dia del Palacio Nacional dieron muerte al sargento asesino y con su muerte los investigadores no lograron establecer la autoría intelectual del crimen. Otra versión es que el sargento se suicidó. Como pasa muchas veces en estos casos de magnicidio, todo queda en el misterio y en especulaciones. Una hipótesis que circuló mucho, menciona como autor intelectual al dictador dominicano **Rafaél Leonidas Trujillo**, que envió a Guatemala como Agregado Militar de la Embajada Dominicana a su principal jefe de inteligencia, **Johnny Abbes García**, pero cuando las autoridades trataron de localizar a **Abbes**, había desaparecido saliendo clandestinamente de Guatemala. Los investigadores sospechaban que fue **Abbes** quien tramó todo. La hipótesis se basa en que **Trujillo** quería que **Castillo Armas** le otorgara la condecoración ***Orden del Quetzal***, porque **Trujillo** le había dado armas y dinero a **Castillo Armas** para financiar su revolución a cambio de la condecoración guatemalteca. Pero cuando **Castillo Armas** tomó el poder, se negó y olvidó de la condecoración a **Trujillo** y éste decidió vengarse. Esta hipótesis parece como débil telenovela, pero cualquier cuento sirve para ocultar a los verdaderos criminales.

El poder político y militar del **Gral. Somoza García** se consolidó como nunca en la historia de Nicaragua, en el año 1954, después de desarticular la conspiración de civiles conservadores y oficiales de la Guardia Nacional dados de baja en 1947 después que el **Gral. Somoza** perpetró el golpe de estado contra el Presidente **Leonardo Argüello**. Como narramos en los capítulos anteriores, **Somoza** no solamente desarticuló la rebelión, sino que los conjurados fueron capturados y ya bajo custodia la mayor parte de ellos fueron ejecutados sumariamente, en uno de los crímenes más sonados de su régimen.

En su campaña de reelección el **Gral. Somoza** contaba ahora con el concurso de sus dos hijos, **Luis** y **Anastasio Jr.**, a quien moros y cristianos llamaban con los sobrenombres de ***Luis El Bueno*** y ***Tachito***.

Para 1954, **Luis Somoza Debayle** era Diputado en el Congreso Nacional y tam-

IZQUIERDA: El **Gral. Somoza García**, recibiendo los materiales militares para la Guardia Nacional de Nicaragua donados por el gobierno de Estados Unidos. **Somoza** y su diario ***Novedades***, hicieron gran propaganda anunciando que ***«Estados Unidos enviaba al gobierno del Gral. Somoza un fuerte armamento»***, pero al mismo tiempo ocultaron el inventario de tal ***armamento***. No fue sino años después, cuando tuvimos acceso a los archivos del Departamento de Estado norteamericano, que se conoció que el cargamento consistió en camiones, ***yipones*** (como el que se ve en la foto), fusiles ***Garand M-1***, municiones, cascos y otras vituallas menores, todos materiales desechados que tenía en bodegas el Ejército de Estados Unidos, sobrantes de la Segunda Guerra Mundial, pero **Somoza** hizo creer que se trataba de armas poderosas. El pueblo y la oposición en Nicaragua, consideró que ante tal poderío militar, era imposible atentar o combatir al régimen de los **Somoza**, y esta convicción también la tenía el ***Clan de los Chamorro***, siempre sumisos al poder norteamericano. **DERECHA:** Reunidos en el muelle del puerto de Corinto y teniendo al fondo surto en la bahía al barco ***Sargeant Petterson***, vemos en esta fotografía, desde la izquierda, al **Cnel G.N. Ernesto Matamoros**, al **Cnel. G.N. Tellería**; al **Gral. G.N. Anastasio Somoza García**, Presidente de la República; al **Cnel. G.N. Anastasio Somoza Debayle**, Jefe del Estado Mayor de la Guardia Nacional de Nicaragua; a la señora **Mina Hüeck** y al Embajador **Thomas G. Whelan**, representante de Estados Unidos en Nicaragua, al concluir el desembarco de vehículos, fusiles y vituallas militares obsequiadas por el gobierno de Estados Unidos al gobierno de Nicaragua. El **Gral. Somoza García** declaró que ese armamento era ***«para combatir al comunismo»***.

bién ostentaba el rango de Coronel de la Guardia Nacional; y su hermano ***Tachito*** era el Jefe del Estado Mayor de la Guardia Nacional y Comandante del Cuartel General G.N. con el rango de Coronel G.N.

De manera que el padre y los dos hijos constituían un equipo poderoso, a travez del cual la Familia **Somoza** tenía bajo su control todos los Poderes del Estado de Nicaragua: Legislativo, Ejecutivo, Judicial y Electoral; también dominaban totalmente a la Guardia Nacional de Nicaragua, única fuerza armada militar y de policía de Nicaragua. Los **Somoza** eran los líderes del Partido Liberal, el partido político más grande, organizado y poderoso de Nicaragua en el siglo XX.

También controlaban una parte del conservatismo mediante el que llamaban Partido Conservador Zancudo (colaboracionista), y por si todo esto fuese poco, los **Somoza** eran los más poderosos empresarios privados de Nicaragua, y laboraban para sus empresas más empleados y obreros que los que tenía el gobierno.

Pero todavía faltaba otro baluarte principal de su poder: el apoyo y confianza de Estados Unidos, que indiscutiblemente eran aliados de **Somoza García**. Aspirar a la reelección era, por tanto, ***muy natural***, porque no reelegirse significaba renunciar a todos esos privilegios. Por ese motivo y con el bagaje del poder total sobre Nicaragua, el **Gral. Somoza** se abocó a tiempo completo a garantizarse su reelección como Presidente de Nicaragua, faltando más de dos años para las elecciones.

Cada uno de los asuntos de Estado y de cualquier índole que se le fueron presentando en el ejercicio del poder, **Somoza** los convirtió en actos de propaganda a su favor o de intimidación para los opositores y aún para la intimidar a la ciudadanía, proponiéndose

La tarde del 24 de Agosto de 1952 se realizó la solemne inauguración de la ***Avenida Somoza***, considerada la avenida más nueva y más larga de Puerto Príncipe, Haití. La ceremonia estuvo presidida por el Presidente de Haití, **Paul Magloire**, el Jefe de Protocolo y su comitiva, quienes acompañaron al Presidente de Nicaragua, **Gral. Anastasio Somoza** al acto de inauguración en su homenaje. Los periódicos haitianos publicaron que: ***«Le Président Somoza au Palais National dansant avec Madame Yolette Magloire, épouse du Président»***. El presidente de Haití **Paul Eugène Magloire** fue un militar y político haitiano que nació en Puerto Príncipe el 5 de julio de 1907 y falleció en Puerto Príncipe el 12 de julio de 2001. Fue presidente de Haití entre 1950 y 1956. Al iniciarse el gobierno de **François Duvalier** (***Papa Doc***), en diciembre de 1956, **Magloire** se exilió, instalándose primero en Jamaica y luego en Estados Unidos hasta que en 1986 regresó a Haití desde Nueva York.

eliminar cualquier obstáculo para lograr su reelección.

Más armas para la Guardia Nacional de Nicaragua

El miércoles 21 de Julio de 1954 atracó en el puerto de Corinto el barco de la armada norteamericana ***Sargeant Petterson***. La prensa del gobierno del **Gral. Somoza** desplegó grandes informaciones revelando que el barco transportaba un fuerte cargamento de armas para la Guardia Nacional de Nicaragua. Tales informaciones insistieron en señalar que el ***Sargeant Pettersen*** era un barco de 5,000 toneladas, sugiriendo con ello que el cargamento bélico era de cinco mil toneladas, pero en ningún momento se informó el inventario del mencionado ***cargamento de armas*** para la Guardia Nacional, donado por el gobierno de Estados Unidos.

Años después se conoció que la donación militar consistió en camiones, jeeps, ***yipones***, fusiles ***Garand M-1***, municiones, cascos y vituallas menores, todo era material sobrante (***surplus***) del ejército norteamericano al terminar la Segunda Guerra Mundial.

El **Gral. Somoza García** manejó personalmente la donación, su desembarque y traslado a la Loma de Tiscapa, con gran despliegue publicitario y propaganda que hiciera sentir a cada nicaragüense que el gobierno de Estados Unidos estaba ***«armando hasta los dientes»*** al **Gral. Anastasio Somoza** y a la Guardia Nacional de Nicaragua, por la confianza que el gobierno de EE.UU le tenía al mandatario nicaragüense, y por ello le respaldaba y apoyaba enormemente, hasta el punto de suministrarle ***grandes arsenales de guerra***, cuando el **Gral. Somoza** seguía anunciando su reelección. Todo esto intimidó al pueblo nicaragüense y a los opositores. En la opinión pública de la época se manifestaba la imposibilidad de atentar contra el régimen de los **Somoza**. Así lo expresaban primordialmente los opositores del Partido Conservador, puesto que también ellos --incluido el ***Clan de los Chamorro***--, siempre estuvieron sumisos a la voluntad de Washington. Los conservadores perdieron los favores de Estados Unidos a consecuencia del estúpido golpe de estado perpetrado por el **Gral. Emiliano Chamorro Vargas** contra el gobierno constitucional del presidente conservador **Carlos Solórzano** en 1925. **Chamorro** se hizo presidente a la fuerza, pero fue destituido por Estados Unidos y desde entonces el Partido Conservador nunca volvió a gobernar en Nicaragua.

El **Gral. Somoza** personalmente fue al puerto de Corinto a ***«dirigir»*** el desembarco del armamento que fue transportado en vagones y plataformas del Ferrocarril del Pacífico de Nicaragua, todo cubierto por lonas militares de camuflaje para ocultar el contenido.

Al llegar a Managua el tren fue descargado y el mencionado armamento llevado en camiones de la Guardia Nacional que recorrieron la principal avenida de Managua en horas de mayor afluencia de gente, para que cada quien especulara sobre la magnitud del armamento. El diario ***Novedades***, propiedad de los **Somoza**, nunca mencionó que se trataba de vehículos y fusiles sobrantes (***surplus***) o sea desechados por el US Army. En una de sus declaraciones sobre el armamento recibido, **Somoza** categóricamente expresó que --***«Estados Unidos le había enviado esas armas para combatir al comunismo»***.

Paul E. Magloire de Haití, visitó a Somoza

El 30 de Julio de 1954 llegó en visita oficial a Nicaragua el Presidente de Haití, **Gral. Paúl E. Magloire**, que permaneció 3 días en Managua. **Somoza** hizo despliegue de honores militares, un baile de gala en Casa Presidencial y le otorgó la condecoración de la ***Orden Rubén Darío Gran Collar Placa de Oro***, haciendo aparecer al jefe de estado visitante como un decidido partidario de su de su liderazgo internacional ante quien acudían otros jefes de estado en busca de consejos y favores por su reconocida ***influencia*** en los gobiernos de Estados Unidos que, al parecer, es lo que creían otros jefes de estado. **Somoza** utilizaba esto en abono a la propaganda para su reelección. En realidad, el presidente de Haití, **Paul Magloire**, le estaba correspondiendo la visita que **Somoza** le había hecho en agosto de 1952 cuando viajó brevemente a Haití, donde fue recibido con muchos honores.

Reformas constitucionales para permitir la reelección

El 4 de Julio de 1954 el directivo del Partido Liberal Nacionalista **Aurelio Montenegro** proclamó por primera vez al **Gral. Somoza** como único candidato presidencial del ***Partido Liberal Nacionalista, PLN***, para la reelección. Dos días después, el 6 de Julio de 1954, con una votación de 28 contra 6, la Cámara de Diputados admitió el proyecto de Reformas Constitucionales para permitir la reelección del **Gral. Somoza** y se combinaron con otras disposiciones --evidentemente electoreras--, como establecer la enseñanza religiosa (católica) obligatoria en las escuelas públicas.

El domingo 11 de Julio de 1954 los Liberales Nacionalistas de Granada, encabezados por el **Dr. Lorenzo Guerrero** proclamaron la candidatura del **Gral. Somoza**. El mismo día los Liberales Nacionalistas de Chontales proclamaron la reelección de **Somoza**.

Ese activo día 11 de Julio se presentaron 30 compañías de la Reserva Civil que totalizaron cerca de 10,000 hombres, todos afiliados al Partido Liberal Nacionalista, que realizaron un desfile en la explanada de la Loma de Tiscapa, armados con fusiles Springfields y Krag, pero sin municiones. Las Reservas Civiles fueron un instrumento de intimidación organizadas y entrenadas por la Guardia Nacional de Nicaragua en todas las ciudades, comarcas, pueblos y caseríos de todos los departamentos de Nicaragua. Las Reservas Civiles funcionaron como fuerzas de reserva que, en caso de necesidad, serían auxiliares de la

El ***Monumento Ecuestre al Gral. Somoza*** fue obra del escultor italiano **Carlos Corvi** que lo terminó en 1953. El arquitecto italiano **Giorgio Pascualini** fue contratado para el diseño y la construcción del pedestal y de la fuente con chorros multicolores. **Pascualini** trabajó más de un año en Milán, Italia, en esa labor. Cuando la estatua salió de Italia, ya estaba totalmente pagada. En 1953 se formó un comité para recoger fondos para el pago de la estatua que presidió **Arnoldo Vargas Vásquez**, que fue un comité de fachada para dar la impresión que el monumento lo pagaba el pueblo liberal, puesto que ese mismo año la estatua llegó de Italia y fue inaugurada el 27 de mayo de 1954 en honor al cumpleaños de **Salvadora Debayle de Somoza** y del ***Día de la Guardia Nacional de Nicaragua***, comúnmente llamado ***Día del Ejército***. La estatua fue derribada el julio de 1979 y sobre el mismo pedestal se colocó la estatua del **Gral. Augusto C. Sandino** montado en una mula.

Guardia Nacional, pero sobre todo era un ejército para la propaganda electoral reeleccionista del **Gral. Somoza García** que, en coordinación con la Guardia Nacional de Nicaragua, totalmente dedicada a la reelección de **Somoza**, junto con el oficial Partido Liberal Nacionalista, PLN, movilizaban la acción electoral en todos los departamentos de Nicaragua. Definitivamente la Guardia Nacional de Nicaragua había perdido su carácter apolítico y era esencialmente somocista.

La estatua ecuestre del Gral. Somoza García

El 6 de Julio de 1953 surgió un comité para erigir una estatua ecuestre delante del frontispicio del Estadio Nacional, en honor del **Gral. Anastasio Somoza García**, cuando se formó el comité ya la estatua estaba hecha en Italia y totalmente pagada. El comité fue una fachada para establecer la justificación de que el monumento se había pagado con la contribución de los partidarios liberales del **Gral. Somoza**, y por el pueblo. Para ello se nombró como presidente del comité al señor **Arnoldo Vargas Vásquez**. La estatua era una verdadera obra de arte esculpida por el escultor italiano **Carlo Corvi**, logrando una reproducción fiel de la figura de **Somoza** cabalgando sobre un magnífico corcel. Para la instalación se contrató al arquitecto italiano **Georgio Pascualini**, quien precisó: ***«Cuando yo vine por primera vez a Nicaragua en 1954, exclusivamente a instalar el monumento ecuestre al General Somoza García, quedó muy claro que el escultor fue Carlo Corvi, mi trabajo fue la instalación, la construcción del pedestal y de la fuente»***.

Somoza estaba urgido para la instalación del monumento, porque quería inaugurarlo el 27 de mayo de 1954, día del cumpleaños de su esposa **Salvadora Debayle**.

El monumento ecuestre a **Somoza** efectivamente fue inaugurado el 27 de mayo de 1954, cumpleaños de **Salvadora Debayle de Somoza García** y por ella también era el ***Día de la Guardia Nacional***, aunque le decían ***«Día del Ejército»***. Para bautizar el monumento, **Salvadora de Somoza**, quebró una botella de champaña en el pedestal como se hace con los barcos.

David Craven Dies, profesor norteamericano de arte e historia del arte, aseguró que el caballo de la estatua era originalmente destinado a un monumento a **Benito Mussolini**, pero quedó guardado cuando cayó del poder y después utilizado para montar la escultura de **Somoza**. Ambas piezas eran imponentes y magníficas obras de arte de **Carlos Corvi**. El monumento medía 15 metros, ocho metros del pedestal y siete metros la estatua que era toda de bronce y hueca. La estatua de **Somoza García** descansaba sobre un brioso corcel y estaba fundida totalmente en cinco toneladas de bronce. El pedestal y la fuente fueron costruidos por el arquitecto **Giorgio Pascualini**. La fuente lanzaban chorros de agua que subían hasta 20 metros y luces acuáticas de siete colores.

El arquitecto **Pascualini**, antes de llegar a Nicaragua, estuvo trabajando en Milán, Italia, más de un año en el diseño del monumento, principalmente en la parte hidráulica de la fuente para los chorros de agua y la electricidad para los juegos de luces de colores. Eso demuestra que la estatua ya estaba terminada y pagada, mucho antes de que se creara el mencionado comité. Cuando llegó **Pascualini** a Nicaragua, del aeropuerto lo llevaron directamente a la hacienda Montelimar porque **Somoza** quería conocerlo y hablar con él sobre la instalación del monumento.

Tras la inauguración del monumento a **Somoza**, el arquitecto **Pasqualini** se tuvo que quedar en Nicaragua porque el propio **Somoza** se lo pidió.

En 1979 **Pascualini**, que también era bombero, estaba en la Estación de Bomberos, frente al Estadio Nacional y fue testigo de la destrucción de la estatua de **Somoza**, al respecto estas fueron sus palabras:

--***«Con mucha emoción presencié la destrucción del monumento desde el Cuartel General de Bomberos. Era el derrumbe de un trabajo que costó sacrificio a los nicaragüenses. Para botarlo recurrieron a un tractor del Departamento de Carreteras, no es cierto que la derribaron con una grúa de los hermanos King Sing. Espero que no pongan a Fidel Castro sobre el pedestal que yo construí»***.

Los sandinistas registraron la casa de **Pascualini** y lógicamente encontraron fotos de él con **Somoza** y con ese pretexto fue totalmente confiscado y toda su familia tuvo que salir al exilio. Pero regresó a Nicaragua y los sandinistas lo pusieron a trabajar en el Ministerio de Minería, Inmine, donde laboró en la extracción de piedra cantera.

Giorgio Pasqualini murió el primero de agosto de 1998, y no logró ver cuando el régimen sandinista colocó en el pedestal que él construyó, al **Gral. Augusto C. Sandino** montado sobre una mula.

Para la instalación de la estatua y la construcción del pedestal y la fuente, **Pascua-**

lini se asoció con el escultor y arquitecto italiano **Mario Favilli**, que vivía en Nicaragua **desde antes de 1933**, cuando estuvo a cargo de la instalación del ***Monumento a Rubén Darío***, y fue considerado como ***el padre del monumento a Darío***. Pero cuando estalló la segunda Guerra Mundial, el arquitecto **Favilli** fue capturado y fue a parar a las cárceles de **Somoza García** sólo por ser italiano, junto a su suegro, también italiano, **Luigi Picasso** y muchos alemanes. **Mario Favilli** se casó con la granadina **Clorinda Picasso**. Estuvo un año preso hasta el fin de la guerra, pero **Mario Favilli** no se fue de Nicaragua y participó junto con **Pascualini** en la instalación del ***Monumento a Somoza***.

Somoza en conflicto con Figueres

En medio de la euforia para su reelección le surgió al **Gral. Somoza** un imponderable, esta vez fue un jefe de estado centroamericano opuesto frontalmente a **Somoza**, y dispuesto a sabotearle la reelección. Este fue el Presidente de Costa Rica, **José Figueres Ferrer**, fundador del Partido Liberación Nacional que había ganado ampliamente las elecciones para ejercer la presidencia de su país para el período 1953-1958, y consideró a **Somoza** como un peligro para su período presidencial.

El **Gral. Somoza** apoyó a los exiliados costarricenses que desde 1948 estaban en Nicaragua, encabezados por **Teodoro Picado Michalski** y **Rafaél Angel Calderón Guardia**, ambos expresidentes de Costa Rica, aliados y amigos de **Somoza**, planificaron organizar una rebelión proyectada para desarrollar una guerra civil en Costa Rica con el propósito de derrocar a **Figueres**, contra quien **Somoza** tenía una querella pendiente de venganza, porque **José Figueres** había financiado las armas y nombrado al jefe de la conspiración para matar a los tres **Somoza** en abril de 1954, pero todo el complot fracasó, los principales hombres, civiles y militares fueron capturados y ejecutados sumariamente.

Esa participación esencial de **Figueres** para matar a **Somoza** y sus dos hijos, nunca la perdonó, y se propuso ejercer la venganza, confiado en que su fuerte amistad con Estados Unidos no le traería consecuencias. **Somoza** se equivocó al atacar a **Figueres**, porque la democracia de Costa Rica ha sido los ojos de la cara de Estados Unidos en América Latina. **Somoza** comenzó desatando una guerra verbal contra **Figueres** acusándole de atentar contra el gobierno de Nicaragua y promover el comunismo. En las declaraciones de **Somoza** hubo expresiones matoneras como: --***«Figueres es un cobarde que no ataca de frente»***, --***«Si Figueres quiere guerra tendrá guerra»***. Las Cancillería de Nicaragua y Costa Rica se enviaban una nota tras otra con mutuas recriminaciones.

Somoza llegó hasta enviar tropas de la Guardia Nacional de Nicaragua a la frontera con Costa Rica el sábado 31 de Julio de 1954, pero previamente las hizo desfilar en las calles de Managua a título de que **--dijo Somoza--** estaba defendiendo la soberanía ***«del peligro comunista»*** y hasta arengó a las tropas diciéndoles --***«No provoquen, pero respondan cualquier ataque»***. La intención de mencionar ***«el peligro comunista»***, fue porque **Somoza** estaba convencido que eso le sonaría bien a los oídos del gobierno norteamericano. Pero los Estados Unidos siempre han sabido muy bien quién es quién no solamente en Latinoamérica sino en el mundo entero.

Esta guerra verbal continuó hasta que llegó el vicepresidente **Nixon** y les pidió armonía. Automáticamente **Somoza** y **Figueres** acordaron finalizar la discordia, con la sola solicitud del vicegobernante norteamericano, porque ambos presidentes eran obedientes a los mandatos norteamericanos expresados como ***«sugerencias»***.

El viernes 16 de Julio de 1954 el gobierno de Nicaragua suspendió el Estado de Sitio y Ley Marcial impuestos tras los sucesos de Abril de 1954. El domingo 18 de Julio se realizó una parada militar en la Explanada de la Loma de Tiscapa, donde participaron 50 batallones de la Reserva Civil procedentes de todos los departamentos de Nicaragua.

Creando un estado de tensión en todo Nicaragua, el **Gral. Somoza** continuó su guerra verbal contra el gobierno del Presidente **José Figueres**. El lunes 26 de Julio de 1954, **Somoza** acusó a **Figueres** de haber violado el territorio de Nicaragua, en acciones de persecución a las columnas de rebeldes que trataban de desarrollar una revolución contra el gobierno de Costa Rica. Dijo **Somoza** que aviones ticos habían penetrado en el espacio aéreo de Nicaragua por el río San Juan y que tropas costarricenses habían secuestrado una embarcación (una panga) en las aguas del río San Juan que en su totalidad pertenecen a la soberanía y pleno dominio de Nicaragua.

Después de estas declaraciones públicas del **Gral. Somoza**, ordenó la movilización de tropas de la Guardia Nacional de Nicaragua hacia la frontera con Costa Rica.

El miércoles 28 de Julio, el gobierno de **Somoza** denunció otra violación de tropas de Costa Rica al territorio nicaragüense. El **Gral. Somoza**, aparentemente muy indignado, repitió: --***«Si Figueres quiere guerra, la tendrá»***. El viernes 30 de Julio, el gobierno de **Somoza** hizo otra denuncia, acusando a ***«los figueristas»*** de haber tiroteado a un avión de la Fuerza Aérea de Nicaragua que volaba a baja altura en misión de patrulla y vigilancia en la frontera y sobre el río San Juan.

El miércoles 15 de Septiembre en conmemoración de la Independencia de Centroamérica, la Guardia Nacional de Nicaragua realizó una enorme parada y desfile militar por las principales calles de Managua, mostrando armamento pesado, blindados y compañías con miles de soldados, mientras surcanban los aires formaciones de aviones de guerra. Detrás de toda aquella demostración de fuerza se promovía constantemente la reelección presidencial del **Gral. Somoza**.

Preparando la renuncia constitucional del Presidente **Somoza** a su cargo, para inscribirse como candidato por el Partido Liberal Nacionalista, el viernes 5 de Noviembre de 1954, el Congreso Nacional, en Cámaras Unidas, unánimamente eligió a **Luis Somoza Debayle**, como Primer Designado a la Presidencia de la República, en caso de imposibilidad o renuncia del Presidente de la República, que era el papá de tan predecible primer designado.

El vicepresidente Nixon visitó a Somoza en 1955

El 19 de Febrero de 1955 llegó en visita oficial a Nicaragua **Richard M. Nixon**, Vicepresidente de Estados Unidos en compañía de su esposa **Patricia *Pat* Nixon** y una extensa comitiva. **Nixon** llegó a consolidar y reafirmar el poder político de **Somoza García**, como gesto de gratitud por su participación en el derrocamiento de **Jacobo Árbenz** en Guatemala; pero también a ordenar, tanto a **Somoza** como a **Figueres**, que dejaran de pelear y se armonizaran.

Cuando el avión cuatrimotor ***Super Constellation*** de la Fuerza Aérea de EE.UU. en que volaba el vicepresidente de Estados Unidos, cruzó los cielos de la frontera con Honduras, se le aproximó una cuadrilla de aviones militares ***Mustang P-51*** de la Fuerza Aérea Nicaragüense de la Guardia Nacional, que dio custodia al avión vicepresidencial hasta Managua. Al aterrizar, el vicepresidente **Richard M. Nixon**, de 42 años, y su esposa **Patricia** fueron saludados con aclamaciones por una multitud invitada y transportada por el gobierno del **Gral. Anastasio Somoza García**. Al pie de la escalinata, los **Nixon** recibieron el saludo de **Somoza García** y de su esposa **Salvadora Debayle Sacasa de Somoza**.

En la comitiva de **Nixon** vinieron **Henry F. Holland**, Secretario de Estado Adjunto para América Latina y su esposa **Ann Elizabeth de Holland**; **Robert Newbegin**, Fun-

El 19 de febrero de 1955, llegó a Nicaragua el vicepresidente de EE.UU. **Richard M. Nixon** en visita oficial al **Gral. Somoza**, en la foto sube las escalinatas de la Casa Presidencial en la Loma de Tiscapa, teniendo al fondo la Vieja Managua. Identificamos: **1-Dr. Rubén Darío Basualdo**, nieto del panida Rubén Darío. **2-Richard M. Nixon**, vicepresidente de Estados Unidos. **3-Patricia *Pat* Nixon**, esposa del vicepresidente. **4-Dr. Oscar Sevilla Sacasa**, Canciller de Nicaragua.

El **Gral. Somoza** y su esposa **Salvadora Debayle** recibieron al vicepresidente **Nixon** en el ***Salón de las Banderas*** de Casa Presidencial. La foto recogió el momento en que **Nixon** les entrega un retrato del presidente **Dwight David Eisenhower** autografiado para **Somoza** y su esposa. **Nixon** fue el más alto jerarca norteamericano que visitó Nicaragua hasta el año 1955.

En la noche de su llegada, **Somoza** le ofreció a **Nixon** y a su esposa ***Pat*** una recepción con cena y baile en la Casa Presidencial de Tiscapa. En estas fotos, **Nixon** baila con **Salvadora de Somoza**. A la derecha el **Gral. Somoza** baila con ***Pat* Nixon**.

Durante la recepción, identificamos: **1-*Pat* Nixon**. conversando con **2-Hope Somoza**. **3-Nixon** conversando con **4-Gral. Somoza** y con **5-Anastasio Somoza Jr.** Atrás los oficiales G.N. **6-Gral. Roberto Martínez Lacayo** y **7-Cptn. Luis Ocón**. El número **8** casi seguramente es **Danilo Barreto**, edecán personal del **Gral. Somoza**.

En la mesa principal de la cena ofrecida en el ***Palacio de Tiscapa*** al vicepresidente **Nixon** y a su esposa ***Pat***, siguiendo el sentido de las agujas del reloj, podemos identificar al Vicepresidente de Estados Unidos **Richard M. Nixon** (en la esquina inferior derecha); al Presidente de Nicaragua y Jefe Director de la Guardia Nacional, **Gral. General Anastasio Somoza García**; al Ministro de Relaciones Exteriores de Nicaragua, **Dr. Oscar Sevilla Sacasa**; a la señora esposa del Embajador **Whelan**; a la señora esposa del **Dr. Luis Manuel Debayle**, doña **Matilde Solórzano de Debayle**; al **Coronel Luis Somoza Debayle**; a la señora esposa del Vicepresidente **Nixon**, ***Pat* Nixon**; a la Primera Dama de Nicaragua, doña **Salvadora Debayle de Somoza**; al Director de Sanidad de Nicaragua, **Dr.** y **Coronel Luis Manuel Debayle Sacasa**; a doña **Amalia Somoza García de Reyes**; al Embajador de EE.UU. en Nicaragua, **Thomas E. Whelan** y a la esposa del **Cnel. Anastasio Somoza Debayle**, doña **Hope Portocarrero de Somoza**. No logramos identificar a los otros comensales.

El 19 de Febrero de 1955 llegó el vicepresidente **Richard M. Nixon** a Nicaragua y por la noche **Somoza** le ofreció una recepción en el ***Salón de las Banderas*** de Casa Presidencial. En la foto **Nixon** de 42 años, conversa con **Somoza** de 59 años.

En la ***Casa Lilliam***, edificio de la Cancillería de Nicaragua, **Somoza** le muestra a **Nixon** las armas y municiones capturadas a los conspiradores de Abril-1954, que tenían como objetivo matar a **Somoza** y sus hijos. Los principales fueron capturados y asesinados en Carazo.

El **Gral. Somoza** llevó al vicepresidente **Richard Nixon** a visitar la ***Hacienda Santa Elena***, frente al aeropuerto ***Las Mercedes***, propiedad del Estado de Nicaragua, donde el gobierno de **Somoza** desarrollaba la crianza de ganado puro de varias razas. ***«Le vendemos a los ganaderos vaquillas y sementales de pura raza al costo de los precios del Estado, eso nos ha permitido que Nicaragua multiplique su ganadería de leche y de carne con alta calidad. Tenemos una y media cabeza de ganado por habitante»***, le refirió **Somoza** a **Nixon**.

IZQUIERDA: **Somoza** y **Nixon** conversan en la hacienda-balneario ***Montelimar***, propiedad de **Somoza**, donde llevó de paseo al vicepresidente, a su esposa ***Pat*** y a la comitiva norteamericana. CENTRO: Durante la recepción en el ***Salón de las Banderas*** de la ***Casa Presidencial***, en la noche de su llegada, **Patricia *Pat* Nixon** brindando con champaña con **Salvadora Debayle de Somoza**. DERECHA: Al pie del avión ***Constellation*** de la Fuerza Aérea de Estados Unidos, **Richard Nixon** y **Anastasio Somoza** se despiden con un abrazo y frases cordiales. **Nixon** estuvo plenamente consciente que su visita a **Somoza** contribuyó a consolidar --aún más-- el completo poder que el **Gral. Somoza** y sus hijos ejercían sobre Nicaragua, lo que aniquilaba las esperanzas de la oposición.

cionario de Inspección del Departamento de Estado; **Rex Wayne Scouten** y **John Thomas Sherwood**, asistentes del vicepresidente; y quince periodistas de diferentes medios y agencias de noticias de EE.UU.

Por parte de Nicaragua el Ministro de Relaciones Exteriores, **Dr. Oscar Sevilla Sacasa** y el Vice Ministro, **Dr. Alejandro Montiel Argüello**, designaron a los funcionarios adscritos, civiles y militares, para atender al Vicepresidente **Nixon**. Esta comisión estuvo integrada por el **Dr. Gustavo Aguilar Cortés**, Oficial Mayor de la Cancillería; el **Dr. Rubén Darío Basualdo** (nieto del panida **Rubén Darío**), Embajador Extraordinario y Plenipotenciario en Misión Especial y Director del Ceremonial Diplomático; **Dr. Nicolás Castellón Salinas**, Enviado Extraordinario y Ministro Plenipotenciario; **Dr. Modesto Castellón Gómez**, Ministro Consejero en Misión Especial; **Cnel. G.N. Roberto Martínez Lacayo**, Adscrito Militar; **Mayor G.N. Róger Bermúdez**, Adscrito Militar y **Capitán G.N. Israél Silva**, Adscrito Militar. También recibió a **Nixon** el **Cnel. Anastasio Somoza Debayle**, Jefe del Estado Mayor e hijo menor del Presidente de Nicaragua y su esposa **Hope**.

La Academia Militar de Nicaragua le rindió los honores de estilo, una unidad de artillería saludó al visitante con 19 cañonazos mientras se entonaban los himnos nacionales de Nicaragua y Estados Unidos. El Ministro del Distrito Nacional, equivalente actual al Alcalde de Managua, don **Gustavo Raskosky**, le entregó a **Nixon** las llaves de la ciudad capital; el Ministro de Relaciones Exteriores, **Dr. Oscar Sevilla Sacasa** le entregó el Acuerdo Ejecutivo declarándole Huésped de Honor de la República de Nicaragua.

Después de estas ceremonias, el Presidente **Smoza**, su señora y su hijo acompañaron al Vicepresidente norteamericano en la caravana que desfiló desde el Aeropuerto Las Mercedes hasta la ***Casona*** de la Embajada de EE.UU. en Managua ubicada en ***Las Piedrecitas***, kilómetro 5 de la carretera Panamericana Sur, donde fue hospedado el vicepresidente de EE.UU.

En el trayecto, las estructuras políticas del Partido Liberal Nacionalista (del gobierno), colocaron multitudes enarbolando banderitas de Nicaragua y Estados Unidos mientras vitoreaban al vicepresidente **Nixon** a su paso. Debe comprenderse que, además del evidente interés del **Gral. Somoza García** en halagar al Vicepresidente de Estados Unidos, y a través de él al Presidente **Dwight D. Eisenhower** y al gobierno norteamericano que con mucha eficiencia apoyaba a **Somoza** para sostenerlo en el poder, debe considerarse que en toda la historia de Nicaragua, **Richard M. Nixon** fue el primer alto dignatario que había visitado Nicaragua hasta 1955.

Sobre todo, el **Gral. Somoza García** logró hacer sentir que, detrás de su ya poderoso gobierno, tenía además toda la fuerza del poderío norteamericano, que era algo que respetaba la mayoría de sus opositores, principalmente los Conservadores que también buscaban el retorno del favor de EE.UU. con la esperanza de volver al poder perdido desde 1925 cuando el **Gral. Emiliano Chamorro** cometió el golpe de estado contra un gobierno constitucional diseñado por Estados Unidos, que fue su acto más estúpido, de los muchos que **Chamorro** cometió y por eso, desde 1928, cuando el último presidente conservador, **Adolfo Díaz Recinos**, entregó la presidencia al primer liberal desde la caída de **José Santos Zelaya**, el **Gral. José María Moncada**, electo con el total beneplácito del gobierno norteamericano.

Pero desde 1934, tras asesinar al **Gral. Augusto C. Sandino**, ese enorme poder norteamericano estuvo indeclinablemente a favor del **Gral. Anastasio Somoza García**, hasta su muerte.

Capítulo Veinte

1955: Invasión a Costa Rica desde Nicaragua

La invasión a Costa Rica que se preparó en Nicaragua en 1955, consistió en pocas acciones militares y mucha propaganda periodística, sobre todo en Costa Rica y a nivel internacional, exaltando ***«el heroísmo patriótico»*** de las improvisadas fuerzas comandadas por el presidente **José Figueres Ferrer**, puesto que ***oficialmente*** Costa Rica había abolido su ejército desde 1949.

El 7 de enero de 1955 comenzaron las publicaciones en Costa Rica revelando que en Nicaragua se preparaba una invasión a Costa Rica con el propósito de derrocar al gobierno de **José Figueres Ferrer**, con un ejército organizado y dirigido por el **Dr. Rafael Ángel Calderón Guardia**, enemigo de **Figueres** que estaba exiliado en Nicaragua.

La invasión iba a penetrar desde Nicaragua y contaba con el apoyo del **Gral. Anastasio Somoza**, del **Gral. Marcos Pérez Jiménez** de Venezuela y del **Generalísimo Rafaél Leónidas Trujillo** de República Dominicana.

Efectivamente el 12 de enero de 1955 las fuerzas revolucionarias de **Calderón Guardia** cruzaron la frontera de Nicaragua hacia Costa Rica e iniciaron la invasión, que pasaría a la historia como la ***Invasión a Costa Rica de 1955***. Los rebeldes calderonistas tomaron Ciudad Quesada, en el norte de Costa Rica, mientras el gobierno costarricense movilizaba lo que llamaron ***fuerzas policiales***, a la Guardia Civil, y a grupos paramilitares de voluntarios partidarios del gobierno, para enfrentarse a los invasores.

El gobierno de **Figueres Ferrer** denunció que aviones militares venezolanos enviados por **Pérez Jiménez** despegaban desde Nicaragua llevando tropas ***mercenarias***, sugiriendo que se trataba de soldados de la Guardia Nacional de Nicaragua disfrazados de combatientes costarricenses. Denunciaron también que los aviones venezolanos transportaban armamento, alimentos y vituallas para los invasores que ya estaban en territorio costarricense. Y más grave todavía: denunciaron que aviones de combate venezolanos atacaron con fuego de metralla varias ciudades de Costa Rica, incluyendo a la capital, San José, que supuestamente fue atacada por un avión venezolano, que habría ametrallado la ciudad y dejado caer algunas bombas. **Esto es lo que los medios de información de Costa Rica publicaron con gran despliegue, sin presentar como prueba ninguna evidencia**.

Agregaban los medios de comunicación que la revolución de **Calderón Guardia**, con el apoyo de los gobiernos de **Somoza**, **Pérez Jiménez**, **Trujillo** y **Carlos Castillo Armas** de Guatemala, ***pensaban*** que podrían derrocar fácilmente al gobierno constitucional de **Figueres** a través de un ataque militar.

Figueres había abolido el ejército en 1949 por lo que Costa Rica supuestamente no tenía fuerzas armadas formales. Además **Calderón** ***pensaba*** que el pueblo se uniría a su lucha en una revuelta popular contra la ***«dictadura figuerista»***. Sin embargo, eso no sucedió. Aún sin ejército, las fuerzas de gobierno contaban con suficiente capacidad bélica para

Aspectos de la guerra en Costa Rica contra la invasión de los rebeldes costarricenses que penetraron desde Nicaragua en enero de 1955. La foto de la izquierda visualiza a la Guardia Civil de Costa Rica, publicada por los periódicos ticos. La foto de la derecha un ciudadano voluntario emplazado con artillería antiaérea, foto publicada por la revista ***Life*** de Estados Unidos, que le dio amplia cobertura a la invasión.

repeler una invasión y además el segundo gobierno de **Figueres** fue mediante un proceso electoral normal, así que era un presidente constitucional.

Reportó el periódico ***La Nación*** de Costa Rica que el 12 de enero de 1955 tropas comandadas por los jefes rebeldes **Miguel Ruiz Herrero**, **Carlos Lara Hine**, **Carlos Tinoco Castro**, **Víctor Manuel Cartín** y **Gerardo Díaz Villalobos** se habían tomado los cuarteles de Resguardo de la Guardia Civil en Villa Quesada y controlaban la ciudad.

Los periódicos costarricenses informaron que el contraataque a Villa Quesada lo dirigió **Frank Marshall Jiménez**, comandante de la brigada ***Unión Cívica Revolucionaria***, fundada por él en 1951 y que atacó exitosamente la zona logrando liberar Villa Quesada haciendo que las fuerzas rebeldes se replegaran y se retiraran a Nicaragua. Rápidamente en varios sectores de Costa Rica y de San José instalaron artillería antiaérea, logrando derribar el avión venezolano, pero no mostraron ni una sola foto del avión derribado que sirviera de evidencia. pero los periódicos costarricenses destacaban esas ***«noticias»***.

Los combates continuaron en Guanacaste, especialmente en La Cruz y Puerto Soley, hasta que las fuerzas gubernamentales, comandadas por **Domingo García**, hicieron retroceder al ejército invasor hasta la histórica hacienda Santa Rosa, donde se libró la principal batalla contra los invasores. Aviones comerciales convertidos temporalmente en aviones militares (ya que el ejército y la fuerza aérea fueron abolidos 6 años antes).

Los medios de prensa de Costa Rica y el gobierno de **Figueres** acusaron como autores intelectuales de la invasión desde Nicaragua a los hermanos **Rafael Ángel** y **Francisco Calderón Guardia**, a **Luis Paulino Jiménez**, **Rodolfo Quirós**, **Rodrigo Perera**, **Rodrigo Musmani** y **Teodoro Picado Lara**, hijo del expresidente **Teodoro Picado**, joven graduado en la Academia Militar de Estados Unidos en West Point, New York. No pudiéndose comprobar la participación del mismo **Teodoro Picado**.

Poco después se acusó al entonces diputado opositor **Mario Echandi** de ser uno de los aliados de **Calderón Guardia** y de haber sido escogido como uno de los posibles ministros del futuro gobierno golpista. Acusación que **Echandi** negó pero que causó que fuera levantado su fuero parlamentario para ser investigado, a pesar de las protestas de la oposición.

La enemistad de estos dos personajes costó muchas vidas nicaragüenses y costarricenses. En 1948 **José Figueres Ferrer** encabezó la guerra civil en Costa Rica contra el **Dr. Rafaél Angel Calderón Guardia** y el **Dr. Teodoro Picado Michalski**, expresidentes de Costa Rica, ambos amigos del **Gral. Anastasio Somoza**, sobre todo **Calderón Guardia** que era el padrino de bodas de **Lilliam Somoza Debayle** cuando con el **Dr. Guillermo Sevilla Sacasa**. Esos dos expresidentes se exiliaron en Nicaragua y **Somoza** no solamente los recibió con toda pompa, sino que les dio apoyo en armas, entrenamiento para sus tropas exiliadas y dinero, para invadir Costa Rica en 1948, pero la invasión fracasó. En 1954 --en venganza-- **Figueres** financió y armó a los conspiradores nicaragüenses que planificaron asesinar al **Gral. Somoza** y a sus dos hijos en abril de 1954, terminando los conspiradores capturados y masacrados en los cafetales de Carazo, Nicaragua. En contravenganza y por segunda vez en 1955, **Somoza** organizó con **Calderón Guardia** y **Picado Michalski**, otra invasión a Costa Rica para derrocar de la presidencia a **Figueres**, pero en 1955 con más armas, más hombres y más dinero; y con las tropas de la Guardia Nacional de Nicaragua en la frontera como retaguardia y logística de los invasores. El pleito entre **Somoza** y **Figueres** aún continuaría, pero quiso el destino que primero muriera uno y después el otro.

Los comunistas de ***Vanguardia Popular***, antiguos aliados de **Calderón**, no apoyaron el intento de invasión y la condenaron.

Abel Pacheco de la Espriella, futuro presidente de Costa Rica por el Partido Unidad Social Cristiana, participó en la misma con 20 años de edad, hecho que salió a relucir durante su campaña presidencial, ayudándole a conquistar la presidencia.

La enemistad entre Figueres y Somoza, raíz del conflicto

Este conflicto se enmarca en la reconocida enemistad entre **José Figueres Ferrer** y **Anastasio Somoza García**, que comenzó con la guerra civil de Costa Rica en 1948 entre **Figueres** contra **Calderón Guardia** y **Teodoro Picado**. Como lo expusimos en el capítulo 8 de este tomo.

Cuando el **Dr. Rafael Ángel Calderón Guardia** era el presidente de Costa Rica, fue el padrino de la boda de gran pompa de **Lilliam Somoza Debayle** con **Guillermo Sevilla Sacasa**. Esa acción de **Calderón Guardia** y su esposa belga **Yvonne Clays Spoelders** de convertirse en padrinos de la boda de la hija del **Gral. Somoza**, los hizo ***compadres***. Incluso **Calderón** y su esposa hicieron cuantiosos regalos a los novios.

La BATALLA de SANTA ROSA

NOMBRAMIENTOS

263.037 CONSULTAS

MUERTO TEODORO PICADO hijo

BAJO ESTUDIO

ELIMINACION

ACILIDADES

GUARECIENDOSE BAJO LOS ARBOLES

MARAVILLAS

RABAJOS

₡ 25.000.00

RECONOCIMIENTO

El gobierno de **Figueres** trató de vender lo que llamó ***«La Batalla de Santa Rosa»***, como si se tratara de la batalla de Leningrado contra los alemanes, publicando en los periódicos de Costa Rica que las tropas de **Figueres** habían obtenido la más resonante victoria contra un enemigo superior en número y armas. En la realidad, lo de ***Santa Rosa*** fue una escaramuza que dejó muertos y heridos por ambos bandos, pero nunca una ***batalla***, si bien fue el mayor enfrentamiento de la breve guerra contra la invasión que llegó de Nicaragua.

Cuando en 1948 **Figueres** ganó la guerra civil, el **Dr. Calderón Guardia**, el **Dr. Teodoro Picado** y cientos de sus partidarios costarricenses salieron de su país y se refugiaron en Nicaragua, donde **Somoza** les dio toda clase de atenciones, ayuda y facilidades. El hecho fue que los amigos de **Somoza** habían sostenido una guerra civil contra **Figueres** y fueron derrotados. **Somoza** fue solidario con sus amigos vencidos y asumió beligerancia contra **Figueres**, ahora con doble motivo, el principal era vengarse de **Figueres Ferrer** por haber armado y financiado a los opositores a **Somoza**, con el proyecto de una insurrección para asesinar a **Somoza** y sus dos hijos en abril de 1954.

Desde el mismo 1948 el **Gral. Somoza** había dado toda clase de apoyo en entrenamiento, armas, vituallas y dinero, cuando **Calderón Guardia** y **Teodoro Picado** organizaron la primera invasión a Costa Rica, con la finalidad de combatir y derrocar a **José Figueres**, pero fracasaron en ese primer intento.

En 1954 **Figueres** participó con financiamiento y armamento suministrado a los conspiradores que planificaron el mencionado asesinato del **Gral. Somoza** y de sus dos hijos. Ese intento de venganza de **Figueres** contra **Somoza** y la contravenganza de **Somoza** contra **Figueres**, intensificó la enemistad entre los dos personajes.

De modo que en enero de 1955, **Somoza** apoyó con más fuerza a sus amigos **Calderón** y **Picado** para una segunda invasión a Costa Rica siempre contra **José Figueres** que recientemente había ganado las elecciones y era presidente constitucional de Costa Rica.

No se concibe que esos conflictos bélicos hayan sido entre Nicaragua y Costa Rica, sino querellas personales por intereses políticos y egos entre personajes con poder, unos en Costa Rica y otros en Nicaragua.

Al contrario, los pueblos de Costa Rica y Nicaragua, a pesar de tantas pugnas entre

Cuatro aviones ***Mustangs P-51*** cargando combustible en la base aérea ***Pelly*** de San Antonio, Texas, para llevarlos a Costa Rica por pilotos norteamericanos. EE.UU. le vendió al gobierno de **José Figueres** estos cuatro aviones de combate a razón de **un dólar cada uno**, para que se defendiera de la invasión que entró para derrocar al presidente **Figueres**. Los aviones se mantuvieron en Costa Rica con las insignias de la Fuerza Aérea de EE.UU.

Los cuatro aviones de caza ***Mustangs P-51*** fueron fotografiados y publicadas las fotos en la revista norteamericana ***Life***, estacionados en Costa Rica. Los cuatro aviones llegaron sin municiones y sin bombas, tampoco volaron en ninguna misión de guerra contra la invasión, porque Costa Rica no tenía pilotos capacitados para volarlos en combate, siempre permanecieron con las insingnias de la ***US Air Force***, pero el gesto de EE.UU. de prácticamente regalarle a Costa Rica, fue un mensaje que entendió **Somoza** y desarticuló la invasión.

los gobernantes mencionados, han compartido una un buen grado de fraternidad, hasta el punto que Costa Rica es el principal refugio de los nicaragüenses, aunque siempre resienten el despojo que Costa Rica perpetró de las provincias nicaragüenses de Nicoya y Guanacaste, con el apoyo de Inglaterra, interesada en la construcción del canal interoceánico.

¿Somoza actuó solo o tuvo el consentimiento de EE.UU.?

Es inconcebible que **Somoza** se haya atrevido a dar apoyo de dinero, armas y entrenamiento a los rebeldes costarricenses, y además enviar tropas de la Guardia Nacional a la frontera con Costa Rica --sin penetrar en su territorio--, pero que sirvieron de retaguardia fuente de abastecimiento a los revolucionarios ticos, sin que Estados Unidos no estuviera informado de tales movimientos militares en contra de Costa Rica, no sola y principalmente por los servicios de inteligencia de Estados Unidos, sino porque fueron hechos sin ninguna secretividad.

Necesariamente el gobierno norteamericano tiene que haber conocido todos los detalles de los preparativos para la invasión, pero lo permitió o al menos fue indiferente o se hizo ***de la vista gorda***, o fue una forma de presión a Costa Rica que intentaba limitar las actividades bananeras de la ***United Fruit Company***.

LA NACION

CONGRESO EUCARISTICO

AMETRALLADA ayer San José

LIBERADA Ciudad QUESADA

LA PRENSA

GUERRA EN COSTA RICA

Cae Villa Quesada a 48 k. de San José

ejércitos de San José y tienen 1rs. encuentros

Declaración de A. Somoza

OEA citada a sesión emergencia.- Figueres anuncia ruptura con Nic. Nixon trae misión secreta, dice NYT

La guerra por la invasión de 1955 se exageró en las publicaciones amarillistas y sensacionalistas, como puede apreciarse en la portada de la izquierda del diario ***La Nación*** de Costa Rica y en la primera página del diario ***La Prensa*** de Nicaragua. De acuerdo a estas y otras publicaciones, las escaramuzas entre los dos bandos. fue una enorme conflagración. La invasión no derrocó a **Figueres**, ni **Somoza** fue sancionado por la OEA ni por EE.UU.

No sería nada extraño que **Figueres** haya intentado legislar contra los grandes intereses que la ***United Fruit Company, UFCO***, tiene desde siempre en Costa Rica, y la acción de **Somoza** haya sido estructurada para presionar a **Figueres**.

La Batalla de Santa Rosa se convirtió en un símbolo

Según las informaciones del gobierno de **Figueres** en los periódicos de Costa Rica, el enfrentamiento armado de mayor magnitud durante la invasión de 1955 ocurrió en el territorio de ***La Casona de Santa Rosa***, la histórica hacienda donde los costarricenses vencieron a los filibusteros de **William Walker** en 1856. Se trataba de crear la imagen de una gran epopeya a favor de **Figueres**. Se publicaron evaluaciones exageradas como esta:

--*«**la más intensa batalla que se haya verificado en toda la historia de Costa Rica**»*. (***La Nación***, 18 de enero de 1955: 8-9). Fue en este combate donde murieron la mayoría de los combatientes caídos en el campo de batalla y la prensa se encargó de exagerar la dimensión y las pérdidas humanas en este conflicto, sobre todo de las ***enormes*** bajas que sufrieron los invasores.

--*«**En Santa Rosa, 45 soldados de los 150 que componían la Compañía, se batieron como leones contra fuerzas superiores en número y armamento de los invasores, y las vencieron a base de coraje, de moral y de patriotismo. Cada uno de los 45 que pelearon en Santa Rosa en la primera batalla, es un verdadero héroe nacional**»* (***La Nación***, 22 de enero de 1955: 22). ***La Batalla de Santa Rosa***, como fue llamada, fue un acontecimiento --más periodístico que real--, utilizado en los discursos para exaltar la lucha de los combatientes del gobierno de **Figueres** y su supuesta victoria.

Otro de los combates que se llevó a cabo a orillas del Río Peje, en ***El Diario de Costa Rica*** se informaba que el Estado Mayor reportó que *«**muchos rebeldes murieron o quedaron heridos en Villa Quesada, y que las fuerzas gobiernistas solo tuvieron un muerto en la lucha de Río Peje, mientras que los enemigos restantes habían huido a los bosques**»* (Diario de Costa Rica, 13 de enero 1955: 2). En la anterior narración se puede observar la vaguedad con que se informaba sobre los acontecimientos, por ejemplo, al utilizar el adjetivo *«**muchos**»* para mencionar a los rebeldes que murieron.

En suma, la supuesta ***gran guerra*** de las fuerzas del gobierno de **Figueres**, se libró con gran fiereza y magnitud en las páginas de los periódicos y radios de Costa Rica que en el campo de batalla, donde lo que realmente existieron fueron escaramuzas.

Estados Unidos le vendió aviones de guerra a Costa Rica

Abiertamente el gobierno de EE.UU. le vendió cuatro aviones de guerra ***Mustang P-51*** al gobierno de **José Figueres** al simbólico precio de **un dólar por cada avión**, porque la ley norteamericana no le permitía regalárselos, pero para **Figueres** pagar **cuatro dólares por cuatro aviones**, equivalía a un súper regalo.

Los cuatro aviones ***Mustangs P-51*** salieron de Texas con insignias de la Fuerza Aérea de Estados Unidios (***US Air Force***) operados por pilotos norteamericanos y aterrizaron en Costa Rica, pero nunca volaron combatiendo, sino que fueron estacionados en aeródromos costarricenses, como un simbolismo de que Estados Unidos apoyaba la democracia de Costa Rica y le proveía medios militares para su defensa, con el mismo tipo de aviones de guerra norteamericanos sobrantes de la Segunda Guerra Mundial, que la Agencia Central de Inteligencia, CIA, le proveyó a la Guardia Nacional de Nicaragua en 1954, el año anterior a la invasión a Costa Rica, para bombardear a Guatemala, como quedó detallado en el capítulo anterior.

Costa Rica no tenía pilotos que volaran esos aviones y menos con experiencia de combates aéreos, pero la prensa internacional le dio gran vuelo al regalo de los aviones.

Para que esos aviones hubieran combatido era necesario que fuesen operados por los pilotos norteamericanos que los llevaron a Costa Rica. Pero nunca volaron ni pelearon contra los rebeldes, sin embargo, el solo hecho de que haya sido una donación norteamericana, causó un enorme impacto de optimismo en el pueblo costarricense y paralizó la guerra casi de inmediato.

Las fuerzas improvisadas de **Figueres** contraatacaron las bases de los rebeldes en La Cruz y El Amo, sin necesidad de aviación, obligándolos a replegarse a Nicaragua. Con la donación de los cuatro aviones y esta última acción bélica, con ello se puso fin a la invasión, pues **Somoza** comprendió que su gran aliado, Estados Unidos, estaba apoyando a Costa Rica. Y **Somoza** podía ejecutar cualquier tipo de aventurerismo, menos correr el riesgo de contradecir a su gran fuente de su poder que eran los Estados Unidos.

Pero los periódicos de Costa Rica y el diario ***La Prensa*** de Nicaragua que apoyaba a **Figueres**, continuaron la guerra periodística.

Las incursiones de fuerzas rebeldes al territorio costarricense desde Nicaragua fue una de las diversas manifestaciones de la inestabilidad y la violencia política que se vivió en Costa Rica durante la posguerra civil que comenzó en 1948.

Analizando las invasiones salidas de Nicaragua contra Costa Rica, los estudios de **Schweizer y Schumann** en 2008, argumentaron que --***«los periódicos influyen en la opinión pública particularmente en la comprensión de cómo se desarrolla la guerra, al asegurar que los acontecimientos narrados en un periódico sobre una enfrentamiento militar son cuidadosamente escogidos en función de un argumento que promueve una política o personalidad en particular. Por lo anterior, es fundamental considerar que cada periódico que se utilizara presenta una interpretación unilateral de los eventos caracterizados por su alto grado de subjetividad y por articular su discurso en función de los intereses de la línea editorial»***.

En pocas palabras, cada bando ***«lleva el agua a su molino»*** en los periódicos y los medios de comunicación, sin reportar la realidad objetiva de los hechos y sus causas.

El periódico ***Adelante*** de Costa Rica no se publicó entre el 9 de enero y el 13 de marzo de 1955, porque se decidió ampliar el período desde noviembre de 1954 hasta marzo de 1955. La metodología utilizada para analizar la información fue el análisis del discurso, la cual plantea que el lenguaje puede regular las relaciones sociales y afectar la realidad social.

Se trabajó en los discursos patrióticos y de motivación dirigidos a los combatientes del gobierno de **Figueres**, entre los que se destacó la utilización de eventos históricos como la Campaña de la Guerra Nacional de 1856 contra los filibusteros de **William Walker** y la invasión de diciembre de 1948. Por último, se identificó la forma de narrar las victorias y las derrotas de ambos bandos, pero glorificando el patriotismo heroico de los costarricenses que defendían a Costa Rica, pero sobre todo al gobierno de **Figueres**.

La invasión de 1955 fue mostrada en los discursos de los periódicos de Costa Rica como un conflicto de la defensa de la patria, a nivel nacional e internacional, esta última interpretación involucraba directamente a Nicaragua y a otros países como República Dominicana, Venezuela y Guatemala. Sin embargo, la denuncia efectuada por Costa Rica ante la Organización de Estados Americanos (OEA), días antes de la incursión al territorio costarricense, planteó específicamente ***«la inminencia de una agresión a Costa Rica desde Nicaragua»***. (diario La Nación, 08 de enero de 1955).

Los rumores de una posible invasión por parte de los calderonistas o del gobierno nicaragüense de **Somoza** a Costa Rica tenían meses de formar parte de los debates periodísticos costarricenses, la inestabilidad política en Costa Rica generaba un ambiente de inseguridad, intranquilidad y temor a una nueva guerra civil o un conflicto de carácter internacional, más considerando que Costa Rica desde el 1 de diciembre de 1949 había proscrito su ejército.

Desde meses anteriores a la invasión, ya se presentaba a Nicaragua como el país agresor desde donde se estaba planeando el ingreso al territorio costarricense, se decía que desde ahí se reclutaría a los hombres que participarían en la invasión. ***La República***, el periódico que tenía un discurso oficialista, fue donde más características negativas se atribuyeron a **Somoza**. Por el contrario, en el ***Diario de Costa Rica*** existió un especial cuidado a la hora de hablar de **Somoza** y se presentaron pocos atributos negativos.

Esa época se caracterizó por una crónica tensión entre los gobiernos de Costa Rica y Nicaragua. El territorio de Costa Rica fue utilizado reiteradamente para organizar grupos insurgentes contra el régimen de **Anastasio Somoza** y a su vez el territorio de Costa Rica, vecino de Nicaragua, sirvió para albergar grupos opositores al gobierno de **Somoza**.

Al **Gral. Somoza** le inquietaba la presencia de **Figueres** en Costa Rica, y por ello, además de su venganza, dispuso dar el más amplio apoyo a los exiliados calderonistas para ejecutar la invasión a Costa Rica.

Son frecuentes las acusaciones personales entre **Figueres** y **Somoza**, mientras **Figueres** aseguraba que **Somoza** estaba planeando una invasión a Costa Rica, que quería disfrazar como un conflicto político interno de guerra civil, **Somoza** afirmaba no estar interfiriendo en asuntos internos de Costa Rica y negaba cualquier relación con los invasores, por el contrario decía que era el gobierno de Costa Rica el que quería involucrar a Nicaragua en un conflicto político que en realidad era una revolución interna, con el propósito de darle carácter internacional.

Nicaragua fue representada como el lugar donde se encontraban los hombres que invadirán y **Somoza** fue representado como quien ha permitido que permanezcan pacíficamente exiliados en Nicaragua y ante la presencia de la OEA, **Somoza** aseguró que los había expulsado de Nicaragua a los rebeldes para no verse involucrado, pero tal expulsión

Grupo de rebeldes costarricenses en Nicaragua presentados en una amplia publicación de la revista norteamericana ***Life***, preparándose para invadir Costa Rica con el apoyo en armas y entrenamiento proporcionados por el presidente **Anastasio Somoza**, que estaba motivado por su enemistad personal contra el presidente **José Figueres Ferrer**, y por su solidaridad con sus amigos **Rafaél Angel Calderón Guardia** (compadre de **Somoza**), y el **Dr. Teodoro Picado Michalski**, ambos expresidentes de Costa Rica, exiliados en Nicaragua desde 1948. Años después de la muerte del **Gral. Anastasio Somoza García**, cuando ascendió a la presidencia de Nicaragua su hijo menor, el **Gral. Anastasio Somoza Debayle**, se reconcilió con **José Figueres**, recibiéndolo en Nicaragua como fraterno visitante distinguido y muestras de amistad, que puso fin a la enemistad heredada de los **Somoza**, contra **Figueres**. En esa cálida reconciliación, el presidente **Somoza Debayle** fue invitado a visitar Costa Rica, y aunque **Figueres** ya no era el presidente, **Somoza** fue recibido con grandes honores, incluyendo una parada militar de la Guardia Civil.

nunca fue verificada.

En el periódico ***La República*** se creó una sección llamada ***"Para que abra los ojos la OEA"***, donde se señalaban los elementos que debía conocer la Organización de Estados Americanos para cuando diera su juicio sobre el conflicto. En esta sección se decía que:

--*«**Somoza no ha estado nunca en ningún combate, ni ha estudiado en ninguna escuela militar. Sin embargo, se ha hecho dar el apodo de General de cinco estrellas. Somoza es como los caimanes: insaciable. Precisamente, el pueblo de Nicaragua lo ha bautizado con ese apodo de animal feroz. Y él, cínico, goza hasta cierto punto con el cognomento**»* (La República, 15 de enero de 1955: 2).

Durante el conflicto, el periódico oficialista pro **Figueres**, ***La República*** de Costa Rica hizo una campaña contra el prominente político costarricense **Otilio Ulate Blanco**, que había sido presidente de Costa Rica de 1949 a 1953.

En su ataque publicó: --*«**Ulate combatió a Calderón y repudió a Somoza, y ahora va de bracete con ellos... se ha hecho instrumento, eco y colaborador de todo lo que an-**

Tras el fracaso de la segunda invasión a Costa Rica en 1955, al expresidente **Rafaél Angel Calderón Guardia**, no le quedó más remedio que continuar exiliado en Nicaragua, junto con el también expresidente **Teodoro Picado**, ambos amparados por el **Gral. Somoza García**, que les dio facilidades para vivir. **Calderón Guardia** residió un tiempo en el ***Hotel Majestic*** de Diriamba, donde le nació un hijo el 14 de marzo de 1949, inscrito como costarricense con el nombre de **Rafaél Angel Calderón Fournier**, que después fue presidente de la República de Costa Rica de 1990 a 1994. Pero en la foto el **Dr. Rafaél Angel Calderón Guardia** se ve en esta foto con un rostro de aflicción por la derrota de la invasión de 1955. Esta foto fue tomada en la piscina de la hacienda ***Las Mercedes***, de donde se desmembró el terreno para el Aeropuerto Internacional ***Las Mercedes*** y los hangares de la ***Fuerza Aérea de Nicaragua, FAN-G.N***. Los principales jefes de la ***FAN-G.N.*** están acompañando a **Calderón** y a **Somoza**, ambos en calzoneta de baño. Identificamos: **1-Mayor (PA-GN) Rafaél Espinosa Altamirano**, subcomandante de la FAN. **2-Dr. Rafaél Angel Calderón Guardia**, expresidente de Costa Rica exiliado en Nicaragua. **3-Gral. Anastasio Somoza García**, presidente de Nicaragua y Jefe Director de la Guardia Nacional. **4-Coronel (PA-GN) Guillermo Rivas Cuadra**, comandante Fundador de la Fuerza Aérea de la Guardia Nacional, FAN-G.N. **5-Capitán (PA-GN) Juan García Saldaña**, piloto. **6-Tnte. Carlos Eddy Monterrey**, piloto. La foto es de 1955, año de la invasión de los exiliados costarricenses al territorio de Costa Rica para derrocar a **Figueres**, con todo el apoyo de **Somoza**, que fracasó.

tes había combatido». Ante tal crítica **Ulate** respondió:

--«prefiero un abrazo con Somoza a un solo muerto costarricense» (La República, 22 de febrero de 1955: 5). No obstante **Figueres** insistió en presentar a **Ulate** como un enemigo de Costa Rica mediante sus discursos, con acusaciones directas que lo involucraban como aliado de los invasores, pretendiendo convertirlo en un traidor de la Patria.

Las recriminaciones entre los políticos costarricenses y las especulaciones, ataques y contraataques en los periódicos continuaron casi por una década después del final de la invasión. La enemistad de los **Somoza** finalizó después de la muerte del **Gral. Anastasio Somoza**, cuando su hijo menor ascendió a la presidencia de Nicaragua e invitó a **Figueres** a una visita fraternal. Al llegar **Figueres** a Managua, se abrazó con **Somoza Debayle**.

Capítulo Veintiuno

1955: Somoza en capaña para su reelección

El viernes 15 de Abril de 1955, por decreto presidencial, **Somoza García** derogó el Estado de Sitio que afectaba a Managua y Carazo por los sucesos de la insurrección de Abril de 1954.

El lunes 18 de Abril de 1955, en su discurso inaugurando la instalación del Congreso Nacional, **Somoza** ratificó las reformas constitucionales que le abrieron la puerta a su reelección. Respondió el discurso el Presidente del Congreso, don **Alejandro Abaúnza Espinosa**, ponderando las reformas constitucionales y la segura reelección de **Somoza**.

Ese mismo 18 de Abril se le extendió salvoconducto para salir de Nicaragua al exiliado **Captn. exG.N. Adolfo Alfaro Carnevallini** que estaba asilado en la Embajada de Costa Rica en Managua. Su hermano **Agustín Alfaro** fue uno de los muertos en los cafetales de Carazo en Abril-1954, donde murió combatiendo a las patrullas de la Guardia Nacional. El **Captn. Alfaro** radicó su exilio en San Salvador, donde el **Tnte. exGN Guillermo Marenco Lacayo** le presentó a **Rigoberto López Pérez** cuando **Marenco** ya lo había entrenado en el manejo de armas de fuego.

El jueves 21 de Abril de 1955 las reformas constitucionales fueron publicadas en la Gaceta Diario Oficial, Y entraron en vigencia.

El 1ro. de Mayo de 1955 **Somoza** lanzó su candidatura para la reelección en una concentración organizada en Jinotega, donde también --como parte de su campaña--, inauguró la carretera Matagalpa-Jinotega, la planta de agua potable y puso la primera piedra del Club de Obreros.

El mismo 1ro. de Mayo de 1955 **Somoza** extendió parcial amnistía a los confinados en Bluefields, se les trasladó en avión a Managua y se les decretó ***casa por cárcel*** en sus hogares.

El 5 de Mayo en Matagalpa **Somoza** continuó su campaña inaugurando el Club Social y prometió construir la carretera al Tuma.

El 19 de Mayo anunció la próxima inauguración de ***Puerto El Tamarindo***.

El viernes 27 de Mayo se realizó un costoso desfile militar en honor de **Anastasio** y **Salvadora Somoza**, por ser el día de cumpleaños de la Primera Dama, pero todo enmarcado en la campaña reelectoral. Ese mismo día se inauguró la ***Calle 27 de Mayo*** y se instituyó esta fecha como *«**Día de la Guardia Nacional de Nicaragua**»*, más conocido como *«**Día del Ejército**»* en honor al cumpleaños de **Salvadora Somoza** y se inauguró la primera planta de teléfonos automáticos de disco instalada por la compañía alemana ***Siemens***. Hasta ese día en Nicaragua funcionaron los teléfonos de magneto con manivela que res-pondían las operadoras preguntando: *«**¿Con quién se quiere comunicar?**»*, y el usuario le indicaba el número del teléfono a comunicarse, entonces la operadora enchufaba la clavija del teléfono a llamar. Con la instalación de los teléfonos alemanes ***Siemens***, solamente se discaba el teléfono conque el usuario quería comunicarse. Fue un gran adelanto entonces.

Desde 1954, dos años antes de las elecciones, **Somoza García** ya estaba en plena campaña electoral para su reelección en 1956, asistiendo y promoviendo múltiples reuniones políticas, concentraciones y propaganda. En esta foto tomada en el auditorio de ***Radio Panamericana*** de Managua, se identifican: agachado, **1-Dr. Salvador Castillo Selva 2-Eduardo Ruíz Simonson**, coronel de la Reserva Civil y amigo personal de **Somoza**. **3-Gral. Anastasio Somoza García**, en campaña para su reelección. **4-Fernando Calderón Villanueva**, radioperiodista y padre del que después fue general del Frente Sandinista, Roberto Calderón Meza. **5-Raúl Arana Selva,** periodista y político conservador. **6-**El personaje de traje blanco no se logró identificar, pero luce un brazalete de la organización paramilitar, Reserva Civil de la G.N.

Nuevo conflicto entre Somoza y Figueres

El 30 de Junio de 1955 se desató un nuevo conflicto entre **Somoza** y **Figueres**, cuando la Cancillería de Costa Rica pidió protección al gobierno de Nicaragua para sus ciudadanos. En el texto de la nota diplomática de Costa Rica se mencionaba que ciudadanos costarricenses habían sido encarcelados en Nicaragua, especificando que el ciudadano tico **Fernando Quesada Marín** fue capturado en el avión de ***Taca*** procedente de Honduras con destino a Costa Rica, cuando hizo escala en Managua.

El lunes 4 de Julio de 1955 las autoridades de Nicaragua, después de interrogar a **Quesada Marín**, revelaron que éste era el coordinador de sicarios ticos que tenían como objetivo asesinar al **Gral. Somoza García** y mencionaron que se trataba de dos criminales comunes condenados en Costa Rica, sacados de la penitenciaría por **Frank Marshall**, al que calificaron como ***«mano derecha»*** de **Figueres**, para cometer el asesinato de **Somoza** en Nicaragua.

La Cancillería de Nicaragua mencionó que **Marshall** estaba ligado con la Legión del Caribe. Aseguró la nota diplomática que las autoridades de Nicaragua comprobaron que los supuestos asesinos eran los delincuentes comunes y sus verdaderos nombres eran **Jorge Ricardo Jiménez Ballard**, alias ***«El Cuco»*** y su hermano **Carlos Jiménez Ballard**, alias ***«El Jorobado»***, y que ambos entrado a Nicaragua con legítimos pasaportes ticos con nombres falsos, uno de ellos, **Jorge**, como **Carlos Manuel Schielzeth Rimolo**. Las autori-

Decidido a reelegirse en la Presidencia de la República, el **Gral. Anastasio Somoza García** contaba para su propósito todos los poderes de Nicaragua. También era el presidente Nacional del Partido Liberal Nacionalista, PLN, entonces el mejor organizado, el de mayor membresía y el mejor financiado; **Somoza** era la máxima expresión del capital empresarial e industrial de Nicaragua; pero principalmente controlaba totalmente a la Guardia Nacional de Nicaragua, que era el supremo sustento de todos los demás controles. En esta foto vemos al **Gral. Somoza** en una reunión política electoral. **1**-No identificado. **2-Dr. José Wenceslao Mayorga Sáenz**. **3-Tnte. G.N. Juan César Prado**. **4**-Tnte. G.N. no identificado. **5-Tnte. G.N. Luis Alfonso Salazar**. **6-Tnte. G.N. Orlando Paniagua**. **7**-Oficial G.N. no identificado. **8-Cnel. G.N. Anastasio Somoza Debayle**. **9**-Personaje civil no identificado. **10-Don Pedro Blandón**. **11-Gral. Anastasio Somoza García**, Jefe Director G.N. y Presidente de la República. **12-Gabry Rivas Novoa**, periodista fundador del actual diario ***La Prensa*** en 1926, que en 1931 vendió a la familia Chamorro Cardenal y fundador del diario ***La Nueva Prensa*** en 1932. Todos apoyando la reelección del **Gral. Anastasio Somoza**. Reuniones como esta **Somoza** las hizo casi a diario.

dades nicaragüenses no mencionaron si ambos supuestos sicarios estaban detenidos. Estos intentos fueron tomados en cuenta un año después cuando se produjo en septiembre de 1956 el ataque de **Rigoberto López Pérez** que le quitó la vida a **Somoza García**, cuando fueron ampliadas las investigaciones y la represión, consideraron que la acción de **López Pérez** era parte de una conspiración mayor, lo cual no fue cierto.

El 14 de Septiembre de 1955 se realizó otra parada militar de la Guardia Nacional y acto después el **Gral. Somoza García** inauguró la Colonia Militar de 56 casas para oficiales con rangos de Tenientes a Capitanes, en la ***Loma de Tiscapa***, precisamente para rodear la Casa Presidencial con oficiales jóvenes y sus familias, más allá del interés social, era para que sirvieran de muro de persuasión y contención en caso de un ataque a la Casa Presidencial donde residía el **Gral. Somoza**.

En todos los departamentos, ciudades, pueblos y comarcas de Nicaragua se organizaron ***Comités Electorales Pro Reelección del Gral. Somoza***. En cada uno de esos Comités figuraba el Comandante Departamental de la Guardia Nacional y en el caso de los otros estamentos menores, los Comandantes Locales de la Guardia Nacional de Nicaragua, sistema que ya le había dado a **Somoza** muy buen resultado para las elecciones de 1936, cuando alcanzó su primera presidencia. El resto del año 1955 fue de mucha actividad electoral en todos los departamentos de Nicaragua, asegurando la candidatura de **Somoza** para su ree-

El **Gral. Somoza García** cultivó y mantuvo excelentes relaciones con la alta jerarquía de la iglesia católica, situación que contribuyó a la campaña de su reelección. Fotografías como esta impactaron en el pueblo católico de Nicaragua que era y es la mayoría que se declara católica, a favor de **Somoza**. Identificamos: **1-Mons. Carlos Borge y Castrillo**, Obispo Auxiliar de la Curia Metropolitana. **2-Mons. Alejandro González y Robleto**, Arzobispo de Managua, máxima autoridad de la Iglesia Católica de Nicaragua. **3-Gral. Anastasio Somoza García**, Presidente de la República y Jefe Director de la Guardia Nacional de Nicaragua. **4-Mons. Antonio Taffi**, Nuncio Apostólico, Representante del Papa y Decano del Cuerpo Diplomático. **5-Mons. Augusto Calderón y Padilla**, Obispo de León. **6-Mons. Marco Antonio García y Suárez**, Obispo de Granada y ferviente somocista.

lección, en la que participaron activamente sus dos hijos, **Luis** y **Anastasio**, ambos ostentando el rango de Coroneles de la Guardia Nacional de Nicaragua.

El domingo 11 de Diciembre de 1955 se cerró el año con la inauguración de ***Puerto El Tamarindo***, rebautizado después con el nombre de ***Puerto Somoza***.

Al comenzar el año 1956, **Somoza** tenía el dominio total de la situación política, la garantía de su reelección y una oposición débil del Partido Conservador y de los Liberales Independientes, oposición sumamente cívica, pero no beligerante, concentrada en mitines, algunas manifestaciones que se propagandizan como ***«multuitudinarias»*** en el diario ***La Prensa***, más la redacción y publicación de manifiestos.

Desde la masacre del 4 de abril de 1954, donde fueron asesinados importantes militantes del Partido Conservador y exoficiales de la Guardia Nacional, se creó un clima de miedo y terror en los opositores al régimen de los **Somoza.**

Juventud Conservadora se manifestó contra la reelección de Somoza

El 2 de Enero de 1956 el grupo llamado ***Juventud Conservadora***, ante la inercia de los directivos de su partido y de la oposición en general, publicó un manifiesto firmado por los directivos de ***Juventud Conservadora***, **José Joaquín Cuadra Cardenal** y **Mario Cajina Vega**, asegurando que el Partido Conservador ***«no iría a las elecciones si Somoza era nominado el candidato liberal»***. El 29 de Enero, los directivos del Partido Conservador

El Embajador de Estados Unidos en Nicaragua, **Mr. Thomas E. Whelan**, mantuvo una relación muy estrecha con el **Gral. Anastasio Somoza García,** que se materializaba en actos de campechanería y cercana amistad personal de confianza, como esta comida informal improvisada que comparten. **Somoza** se sentía seguro con el apoyo y protección de Estados Unidos. **Whelan** estuvo de servicio en Nicaragua desde 1951 a 1961.

respaldaron el manifiesto de su ***Juventud Conservadora***, ampliándolo: --***«no participaremos en las elecciones si aparecen como candidatos los Somoza. Ni Somoza, ni sus hijos ni sus parientes»***.

Desde el golpe de estado que cometió **Emiliano Chamorro** contra el Presidente **Carlos Solórzano** en 1925 y la caída del régimen de **Chamorro** porque EE.UU. no le reconoció como Presidente y lo destituyó del poder, el Partido Conservador perdió toda la fuerza, credibilidad, popularidad y prestigio.

Por esta realidad política, los Conservadores se aliaron con los Liberales Independientes y otros grupos opositores de menor cuantía, y organizaron el ***Frente Defensor de la República***, que utilizó las siglas **FDR**, para combatir políticamente a **Somoza** y su reelección.

Las siglas del **FDR** llevaban una intención subliminal, pues eran las mismas iniciales, muy conocidas entonces, del fallecido Presidente de Estados Unidos, **Franklin Delano Roosevelt** (**FDR**), y muchos analistas políticos en Nicaragua vieron --o creyeron ver-- en esto una maniobra de sumisión y ruego al gobierno norteamericano para que les quitaran a **Somoza** de encima.

Cierto o falso, el hecho fue que el **FDR** tampoco fue suficiente fuerza para detener a **Somoza** en su despejado camino hacia la reelección.

Esta débil oposición se tenía que enfrentar a la Guardia Nacional de Nicaragua, que estaba inmersa en la campaña de reelección del **Gral. Somoza**, incluso más que el Partido Liberal Nacionalista. En realidad, el verdadero ***partido*** del **Gral. Somoza** era la Guardia Nacional, a la que todos temían porque actuaba como fuerza armada represiva contra los políticos opositores.

El 30 de Enero de 1956 el **Captn. G.N. Jorge Buitrago**, Jefe de Radio Nacional, al mando de una patrulla G.N. asaltó y confiscó los equipos de ***Radio Norte*** en Managua, por hacer transmisiones ***«en contra de la autoridad constituida»***.

El 1ro. de Febrero de 1956, durante el agasajo de cumpleaños del **Gral. Somoza**

El **Gral. Anastasio Somoza García** entrando a la ciudad de León en un automóvil descapotado el 20 de septiembre de 1956, dirigiéndose al Teatro González donde los Convencionales del PLN lo han proclamado candidato presidencial, le sigue una multitud que le aclamará en apoyo de su reelección para el período que concluiría en 1963. A **Somoza** le encantaba exponerse, pero los custodios se afanaban en protegerlo.

ofrecido por Oficiales de la Guardia Nacional, tomó la palabra el **Cnel. G.N. Francisco Gaitán**, uno de los oficiales de mayor confianza de **Somoza**, y dijo: --*«...la oposición abusa de las libertades que le ha dado el Gral. Somoza, que es el benefactor máximo de la patria, precursor de todo lo bueno...»*

El lunes 6 de Febrero, Guardias Nacionales vestidos de civil allanaron las oficinas e inspeccionaron los archivos y se llevaron documentos del Magistrado **Dr. Adán Sequeira Arellano**. La Corte Suprema de Justicia protestó por el abusivo hecho y elevó la queja ante **Somoza**, quien solamente se limitó a decir: *«les prometo que vamos a investigar...»*

El domingo 12 de Febrero en una concentración partidaria en León en apoyo a **Somoza**, éste expresó: *«Estoy dispuesto a aceptar cualquier sacrificio..., incluso la reelección...»* Durante esta visita de **Somoza** a León, la Guardia Nacional detuvo y encarceló *«preventivamente»* en la prisión conocida como *«La 21 de León»*, a varios opositores, incluyendo al joven abogado decididamente opositor, **Aquiles Centeno Pérez**.

El 15 de Febrero de 1956 se logró filtrar a los periódicos una queja de los presos políticos condenados por participar en la frustrada conspiración de Abril de 1954, encarcelados desde entonces en la llamada *«Casa de piedra»* de *El Campo de Marte*. Denunciaron las malas condiciones carcelarias y que no reciben atención médica, por lo cual varios están enfermos y empeorando. *«Pedimos que se nos trate como vencidos»*, concluyó la queja firmada por **Luis Armando Morales Palacios**, **Julián Salaverry Zapata**, **Amadeo Baena Lazo**, **Roberto Chamorro Zink**, **Gustavo Adolfo Zavala Cornejo**, **Carlos Prado Corroto** y **Jorge Ribas Montes**.

El domingo 26 de Febrero el **Dr. Aquiles Centeno Pérez** fue deportado a pie hacia la frontera con Costa Rica por la Guardia Nacional y al día siguiente esta deportación política se hizo noticia internacional, comenzando con los periódicos de Costa Rica en los que

El 20 de septiembre de 1956, una multitud de comarcanos leoneses, gente del pueblo, llevados a León por el presidente del Comité de Propaganda **Fernando Sánchez Herdocia**, esperó frente al Teatro González la llegada del **Gral. Somoza** para vitorearle por la elección de candidato presidencial para su reelección. Esta misma muchedumbre le esperó hasta que **Somoza** salió --ya ungido--, y le acompañó a pie hasta la casa de su suegra **Casimira Sacasa**. Confundido con la muchedumbre, **Rigoberto López Pérez** no tuvo oportunidad de disparar contra **Somoza**, por el apretujamiento de la masa de gente.

el abogado opositor **Aquiles Centeno Pérez** fue profusamente entrevistado.

El sábado 22 de Abril de 1956 el **FDR** anunció la emisión de ***bonos de la libertad*** para financiar la lucha contra **Somoza** y su reelección; y pidieron amnistía para los llamados *«**presos de Abril del 54**»*. La venta de bonos, aunque tuvo amplia divulgación en el diario ***La Prensa*** y otros medios de oposición, fue un total fracaso por la consabida indolencia del pueblo nicaragüense a dar dinero a los políticos y por temor a involucrarse.

El 26 de Abril **Somoza** le respondió al **FDR** que que *«**los indultos se darán en una oportunidad que todavía no llega**»*.

Anastasio Somoza Debayle nombrado Jefe Director G.N.

El sábado 28 de Julio de 1956, el **Gral. Somoza García** nombró como Jefe Director de la Guardia Nacional de Nicaragua en funciones, a su hijo menor, el **Cnel. G.N. Anastasio Somoza Debayle**, de 31 años de edad, conforme a la Orden General G.N. No. 26-1956. La ceremonia del nombramiento se realizó en Casa Presidencial ante la presencia del **Cnel. Francisco Gaitán Carpio**, Ministro de Guerra; **Cnel. Carlos Silva**, Secretario de la Jefatura G.N.; **Cnel. Roberto Martínez Lacayo**, miembro del Estado Mayor y Pagador G.N.; **Cnel. Egberto Bermúdez**, Médico Director G.N.; **Cnel. José Dolores García**, Director General de Comunicaciones; **Cnel. Camilo González Cervantes**, Jefe del Estado Mayor Presidencial; **Mayor Fidel Estrada**, Encargado General de Abastos; **Mayor José María Tercero**, Oficial Ayudante GN-1; **Cptn. José Luis Aguado**, Jefe de Leyes y Rela-

El 20 de septiembre, el **Gral. Somoza**, ya vestido de traje, se dirigió a pie al Teatro González de León para pronunciar su discurso de aceptación de la candidatura que le proclamó la Gran Convención del Partido Liberal Nacionalista. Después de dos años de campaña política por su reelección, su victoria ya era indiscutible, pero...

ciones Públicas de la Guardia Nacional y **Cptn. Gustavo Montiel**, Comandante de la Policía de Managua. Firmó el comunicado el **Dr. Orlando Buitrago Méndez**, Secretario de la Presidencia por la ley.

Somoza se despojó de la jefatura G.N. para no tener impedimentos legales en su candidatura para su reelección, pero no escogió a un General ni a un Coronel de los graduados en la Academia Militar de Nicaragua ni a ningún otro alto oficial de la Guardia Nacional, sino a su hijo menor de 31 años graduado en la Academia Militar de los Estados Unidos en West Point, New York, que era casi lo mismo que seguir siendo el Jefe Director.

El viernes 10 de Agosto de 1956 el ***Frente Defensor de la República***, ***FDR***, denunció que el **Gral. Somoza García** continuaba siendo militar en servicio activo y que simplemente depositó la Jefatura de la Guardia Nacional en su hijo, pero no había sido dado de baja, y por tanto no podía ser candidato presidencial.

Sin embargo, el 17 de Agosto de 1956 el **FDR** elevó una queja ante el nuevo Jefe Director de la Guardia Nacional, **Cnel. Anastasio Somoza Debayle**, reclamándole la ***neutralidad*** de la Guardia Nacional, que se había dedicado intensamente a la campaña de propaganda política en favor de la candidatura y reelección de su padre, el **Gral. Anastasio Somoza García**.

Esta campaña Pro-Somoza estaba política y militarmente dirigida por todos los Comandantes Departamentales, que pagaban toda clase de publicidad y propaganda, incluso la mancha de ***pintas*** y ***graffitis*** en cualquier pared pública o privada, abusos que obtenían el efecto contrario a la simpatía por el **Gral. Somoza**, pues no solamente les molestaba sino que la ciudadanía se sentía impotente de limpiar sus propias paredes por temor a la represión de la Guardia Nacional, pero en el criterio de los Comandantes, esa propaganda favorecía a **su** candidato.

El 29 de Agosto de 1956, ***«desconocidos»*** atacaron las instalaciones de ***El Gran***

Aspecto general de la Gran Convención del Partido Liberal Nacionalista, PLN, el 20 de septiembre en el interior del Teatro González. Entre esta concurrencia estuvo **Rigoberto López Pérez** buscando oportunidad para disparar su Smith & Wesson .38 contra el **Gral. Somoza**, pero no le permitieron acercarse al escenario donde estaba **Somoza**. No obstante el periodista y abogado **Rafaél Corrales Rojas** (***Raf***), lo identificó y se lo señaló al **Dr. Oscar Sevilla Sacasa** como opositor y hombre peligroso, pero **Sevilla Sacasa** no le hizo caso.

Diario, periódico dirigido por el abogado **Dr. Adán Selva**, firme opositor al **Gral. Somoza**, quien dio declaraciones ***«lamentando los daños»***, pero no acusó al régimen de **Somoza** que obviamente era el causante del asalto.

El 1ro. de Septiembre la Asociación de Abogados de Nicaragua nombró una Comisión para analizar la constitucionalidad o inconstitucionalidad de la candidatura del **Gral. Anastasio Somoza García** en base a las limitaciones para los militares en servicio activo señalados en los Artículos 315 y 186 de la Constitución, y se esperaba que emitieran un dictamen. La Comisión fue integrada por el **Dr. Félix Esteban Guandique**, el **Dr. Gerónimo Ramírez Brown** y el **Dr. Alejandro Romero Castillo**. El dictamen fue intrascendente y no influyo en la campaña de reelección.

El Gral. Somoza y López Pérez en la hacienda San Jacinto

El 14 de Septiembre de 1956 el **Gral. Somoza** asistió con todo el gabinete de gobierno y como invitados el embajador de Estados Unidos, **Thomas E. Whelan**, invitados del Cuerpo Diplomático y la plana mayor de la Guardia Nacional. Se trataba de la celebración en la ***Hacienda San Jacinto*** del ***Primer Centenario de la Batalla de San Jacinto 1856-1956***, donde la gran atracción fue la reconstrucción teatral de la batalla que los alumnos del ***Instituto Nacional Central Ramírez Goyena*** realizaron.

Ya estaba en Nicaragua **Rigoberto López Pérez** con su revolver ***Smith & Wesson***, confundido entre el numeroso público buscando la oportunidad de disparar contra el **Gral. Somoza**, pero por la saturada seguridad, no logró tener esa oportunidad ese día.

La persona física de **López Pérez** tenía la figura común de la gran mayoría del tipo humano de los nicaragüenses mestizos y su persona no llamaba la atención.

Entre los oficiales de la Guardia Nacional que estaban en la historica hacienda ***San Jacinto***, se encontrba el **Dr. y Tnte. G.N. Agustín Torres Lazo**, recién graduado de abo-

El **Generalísimo Rafaél Leonidas Trujillo**, presidente dictatorial de República Dominicana, que tenía la mejor estructura de inteligencia de América Latina, le envió a **Somoza** un telegrama advirtiéndole que se rumoraba fuertemente en Centroamérica que --*«**Somoza sería hombre muerto en León**»*, pero **Somoza** rechazó la advertencia y regañó a los que le presentaron el aviso.

gado en España, que días después, tras la muerte del **Gral. Somoza**, fue nombrado Fiscal de la Corte Militar de Investigación y posteriormente Fiscal del Consejo de Guerra contra los acusados del magnicidio.

La Gran Convención Liberal eligió a Somoza como candidato

El 20 de Septiembre de 1956 se realizó la ***Gran Convención Liberal*** en el Teatro González de la ciudad de León, como era la tradición del Partido Liberal Nacionalista. **Somoza** llegó a León en un carro descapotado en medio de una numerosa manifestación partidaria de apoyo a su candidatura y reelección, custodiado por numerosos oficiales y soldados de la Guardia Nacional.

Obviamente el Teatro González estaba totalmente lleno de Convencionales del partido y público. De alguna manera **Rigoberto López Pérez** ingresó al teatro y ocupó una butaca esperando la oportunidad de acercarse al alto escenario donde estaba **Somoza** y la directiva de liberales, pero el acceso al proscenio por una pequeña escalinata, estaba bloqueado por los agentes de seguridad y militares armados. Tampoco en el Teatro González tuvo oportunidad el joven poeta liberal de acercarse a su objetivo.

En el interior del Teatro González se encontraba el director del periódico *«**El Cronista**»*, **Dr. Rafaél Corrales Rojas** apodado *«**Raf**»* que estaba conversando con el Convencional Liberal Nacionalista, **Dr. Oscar Sevilla Sacasa**, cuando el abogado periodista *«**Raf**»* vió a **Rigoberto López Pérez**, sentado tranquilamente en el Teatro, inmediatamente lo reconoció y le dijo al **Dr. Sevilla Sacasa**:

--*«**Ese hombre que está ahí sentado es muy peligroso, es enemigo acérrimo del gobierno**»*. Como para quitárselo de encima y callar al necio, el **Dr. Sevilla Sacasa** le respondió de mala gana y con cierta malacrianza: --*«**Bueno pues, hombre, ya lo ví**»*. Acto seguido **Sevilla Sacasa** dirigió su mirada en dirección opuesta.

Corrales Rojas conocía muy bien a **López Pérez** porque en varias ocasiones le publicó poemas y artículos en su periódico *«**El Cronista**»*, editado en León, pero había una abismal diferencia ideológica entre **Rafaél Corrales Rojas**, que era un decidido somocista que le hacía propaganda gratuita a la candidatura y reelección del **Gral. Somoza**; y **Rigoberto López Pérez** que era un opositor radical, conocido simpatizante del Partido Liberal

En el proscenio del Teatro González de León, la Directiva de la Gran Convención Liberal Nacionalista, escucha las notas del Himno Liberal Nacionalista ***Hermosa Soberana***, acto seguido le entregaron al **Gral. Somoza** las credenciales como candidato del Partido Liberal electo en la Gran Convención. De izquierda a derecha se identifican: **1-Gral. Francisco Sánchez**. **2-Gral. Luciano Astorga**. **3-Gral. Camilo López Irías**. **4-Dr. Mariano Argüello Vargas**. **5-Gral. Anastasio Somoza García**. **6-Gral. José María Zelaya**. **7-Don Mauro Víchez**. **8-Dr.-Crisanto Sacasa**. **9-Don Sebastián Pinell**. **10-Dr.Juan José Morales Marenco**. **11-Don Fernando Delgadillo Cole**. **12-Diputado Luis A. Somoza Debayle**. **13-Dr.Benjamín Castillo**, Oficial Mayor de la Casa del Partido Liberal Nacionalista. Finalmente el candidato electo pronunció su discurso de aceptación.

Independiente y era el hombre que estaba empeñado en matar a **Somoza** por su propia iniciativa.

Corrales Rojas denunció la presencia de **López Pérez** al **Dr. Oscar Sevilla Sacasa**, pero éste consideraba al abogado y periodista un necio servil parlachín, que Nicaragua llaman ***«cepillo»***, así lo consideraban muchos liberales somocistas, especialmente los más prominentes.

La historia hubiera cambiado si en vez de denunciar la presencia del acérrimo opositor **López Pérez** al **Dr. Sevilla Sacasa**, hubiera denunciado su presencia a los agentes de seguridad o a los militares que estaban custodiando al **Gral. Somoza**, pero **Corrales Rojas** no se atrevió a denunciarlo a los custodios. **López Pérez** andaba ilegalmente armado y por ello pudo haber sido arrestado o ejecutado.

Somoza electo por aclamación Candidato presidencial

Como era de esperarse la totalidad de los Convencionales del PLN eligieron candidato presidencial al **Gral. Somoza**, con una estruendosa aclamación, garantizándole su reelección para el período 1957-1963.

Entre los discursos pronunciados, a **Somoza** le impresionó el del Convencional Liberal **Armando Oyanguren** quien entre otras alabanzas, dijo: --***«El barco del general Somoza está anclado en Poneloya y sus tripulantes son leoneses. Si no lo entienden, cuando el barco del general Somoza vaya anclar en el lago Cocibolca, entonces sus tripulantes serán granadinos»***, haciendo una sutil referencia a las antiguas rivalidades entre León y Granada. **Somoza** refirió el discurso de **Oyanguren** en el almuerzo que le ofreció su suegra **Casimira Sacasa v. de Debayle**.

Somoza salió del Teatro González entre sonoros vítores de la multitud que había permanecido en las calles adyacentes al Teatro, muchos gritaron --***«¡Viva Somoza!»*** y la

El **Gral. Anastasio Somoza García** y sus dos hijos: **Cnel. G.N. Anastasio Somoza Debayle** (izq.) y **Cnel. G.N.** y **Diputado Luis Somoza Debayle** (der.), eran un poderoso equipo político y militar que controlaba a todos los poderes del Estado de Nicaragua. También ejercían dominio completo sobre la Guardia Nacional de Nicaragua, única fuerza armada, militar y de policía de Nicaragua, además, poseían las más importantes empresas privadas de Nicaragua, con más empleados que el gobierno. Y eran los líderes del Partido Liberal Nacionalista, PLN, el partido político más poderoso y organizado de Nicaragua en todo el siglo XX. Con este respaldo, **Somoza García** se lanzó exitosamente a la campaña para ser reelegido en la Presidencia para el período de seis años de 1957 a 1963. ***«Mi padre es una escuela para Presidentes»***, afirmó orgullosamente **Luis Somoza Debayle**.

muchedumbre respondía --«*¡Viva!*», y tales vociferaciones se repitieron y se repitieron de forma que pareció que ya estaba programado.

Al salir del Teatro los custodios trataron de meter a **Somoza** en su limosina, pero la multitud lo rodeó y comenzaron a saludarlo estrechándole la mano, eran en su gran mayoría gente campesina y obreros, todos comarcanos llevados por el Comité de Propaganda qie presidía **Fernando Sánchez Herdocia**. El **Gral. Somoza** eufórico de felicidad les correspondió y estrechó sus manos con las sudorosas manos de los partidarios proletarios, de modo que acosado por la muchedumbre y entre ellos se fue caminando y sus guardaespaldas lucharon por mantenerlo seguro con mucha dificultad, pero no lograron meterlo en el automóvil.

López Pérez se unió al tumulto, pero por la inmensa ola de la turbamulta no logró ponerse en posición de disparar contra **Somoza** que siguió caminando desde el Teatro González hasta la casa de la familia **Debayle**, hogar de su suegra, **Doña Casimira Sacasa Sa-**

casa viuda de Debayle, donde le esperaban familiares y amigos para brindarle un agasajo y un almuerzo. **Somoza** entró por la puerta principal e 1nmediatamente los custodios militares bloquearon la entrada y nadie pudo entrar a la casa.

Doña Casimira preparó un agasajo regio y un delicioso almuerzo leonés.

Los tiempos en que el fallecido **Dr. Luis Henry Debayle** y **Doña Casimira** rechazaban con repulsa al plebeyo **Anastasio Somoza**, casado contra la voluntad de los suegros con su hija **Salvadora Debayle de Somoza** en Filadelfia, EE.UU., quedaron olvidados. Ahora **Somoza** era el todopoderoso yerno que recibía la suprema aceptación de la aristocrática familia **Debayle-Sacasa** con toda la glorificación y derroche de gastos para honrarle, pues desde 1933 cuando fue nombrado Jefe Director de la Guardia Nacional, **Anastasio Somoza** era alma y corazón de la Familia **Debayle-Sacasa**.

El triunfante candidato, antes de almorzar, subió al segundo piso y salió al balcón para saludar a la muchedumbre que tenía sitiada la casa. Desde el balcón **Somoza** los saludó y les habló prometiéndo en su breve alocución, la creación de una Nicaragua de paz y progreso. Levantó finalmente sus dos manos para despedirse de la multitud.

Finamente atendido, el general presidió la gran mesa del comedor y almuerzó con la familia y los amigos selectos. El **Gral. Somoza** conversó animadamente durante el almuerzo, pero lo hizo con una intensidad parlachina y les narró detalles de la Convención que lo eligió como candidato presidencial.

Entre los comensales no estuvo el **Cnel. Lizandro Delgadillo**, que se ocupó de distribuir a la sudorosa muchedumbre botellas de Coca Cola desde un camión estacionado a distancia de la casa **Debayle** y del grupo. En busca de calmar su sed con Coca Colas gratuitas, toda la multitud acudió a calmar su sed, pero se alejaron de la casa, que era el propósito de **Lizandro Delgadillo**, comandante departamental de León, y con esa maniobra logró que la multitud se disolviera.

A las tres de la tarde finalizó el almuerzo y el candidato se dirigió al apartamento que le habían preparado en el segundo piso sobre el famoso restaurante ***El Sesteo***, esquina opuesta a la Catedral.

Al día siguiente, 21 de septiembre, **Somoza** y su esposa **Salvadora** concurrieron a medio día al Club Social de León donde le festejaron prominentes personalidades liberales de León y otras llegadas de Managua. **Somoza** y su comitiva ingresaron al Club Social, en el grupo venía la muy atractiva **Esperanza Sansón** que tropezó con una grada y antes de caer, unos brazos oportunos y caballerosos la sostuvieron, el salvador fue **Luis Somoza**, que le dijo: --***«No se preocupe negrita que cae en buenas manos»***. La bella **Esperanza**, agradecida le sonrió con coquetería y **Luis** le correspondió con un gesto de persuasiva insinuación, que no pasó a más.

Concluido el agasajo de los prominentes leoneses en el Club Social, el **Gral. Somoza** se retiró acompañado de su esposa y su asistente de protocolo y persona de su mucha confianza, **Danilo Barreto**. El electo candidato volvió a su apartamento sobre ***El Sesteo*** con ánimo de descansar y comenzar a prepararse para trasladarse más tarde al ***Club de Obreros de León***, donde quería tener la satisfacción de recibir el cariño y la amistad de la clase obrera leonesa.

Trujillo le advirtió a Somoza sobre el rumor de un atentado

Casi llegando a su apartamento, se le acercó el **Cnel. José Dolores García**, director nacional de comunicaciones, acompañado del **Tnte. Nicolás Valle Salinas**, oficial de la Oficina de Seguridad y le mostró un telegrama enviado desde República Dominicana por el **Generalísimo Rafaél Leonidas Trujillo Molina**, diciéndole que en Centro América circulaba el rumor que ***«Somoza será hombre muerto en León»***, pero **Somoza** no se inmutó, ni siquiera detuvo su paso, pero le molestó que le notificaran asuntos negativos. Al entrar a su apartamento despidió con mal talante al **Cnel. García** y al **Tnte. Valle Salinas** y se introdujo a su apartamento.

Casi inmediatamente después llegó su hijo **Luis Somoza Debayle** y le pidió permiso para retirarse porque tenía asuntos importantes que atender en Managua, a menos que lo necesitara. El **Gral. Somoza** sentado en un cómodo sillón autorizó a su hijo para que se fuera a Managua, pero le recordó que debía estar al día siguiente acompañándolo en la concentración liberal que se efectuaría en el puerto ***El Tamarindo***. El **Cnel. Luis Somoza** le prometió llegar y se retiró para su viaje a Managua.

Sentado en la amplia y elegante sala del apartamento, **Somoza** se levantó de su sillón y dijo que iba a hacer una buena siesta para llegar descansado a la fiesta que esa noche le tributaban los trabajadores leoneses en el ***Club Obrero de León***, pero antes de iniciar el descanso le interrumpió el fundador e instructor de la Oficina de Seguridad Nacional, el exagente del **FBI** de EE.UU. **Richard Van Winckle**, poniéndose de pie a la par de **Somoza**, le dijo seriamente:

--***«Vea General, Trujillo tiene el mejor servicio de inteligencia de América Latina, le aconsejo que tome en serio la advertencia que le ha enviado y que no vaya a hoy en la noche a la fiesta que le dan los obreros. Ahí va a llegar mucha gente que no conocemos y será imposible controlarla»***. El **Gral. Somoza** le escuchó indiferente y lo regañó por hacer caso de rumores, luego se dirigió a **Danilo Barreto** que ha escuchado todo sin hablar, y le dice: --***«Ve Danilo, llevate a este gringo loco a donde esté hospedado, que no quiero verlo aquí»***. **Barreto** se llevó a **Richard Van Winckle** a la casa donde se hospedaba del también norteamericano **Joe Baranello**; pero en el camino **Van Winckle** le preguntó a **Barreto**: --***«¿Andas armado?»***, y **Danilo Barreto** le respondió que no, que no usaba armas. **Winckle** le pidió a su chofer un revolver, pero el chofer dijo que no lo andaba. Entonces le dió a **Barreto** su propio revolver diciéndole: --***«Tomá mi revolver, pues es posible que vas a tener que usarlo»***.

Cuando **Barreto** regresó donde **Somoza**, le preguntó: --***«¿Dónde dejaste al gringo?»***. --***«En la casa de Baranello»*** le respondió **Danilo**. Y **Somoza** concluyó: --***«¿Ese es el gringo que se casó con la Clarisa Castellón?»***. --***«Sí, general»*** le respondió **Danilo**. Y **Somoza** le dijo: --***«Qué suerte la de ese gringo, pero es otro loco»***, seguidamente el **Gral. Somoza**, por fin se fue a acostar para descansar antes de dirigirse al ***Club Obrero de León***.

De pronto llegó el **Cnel. Camilo González** con mucha agitación y alarma, le interrumpió el descanso de **Somoza** y le dijo: ***«Lolo García me enseñó el telegrama de Trujillo, por favor Tacho, no vayas a la fiesta de la Casa del Obrero»***. **Somoza** se rió y le dijo al **Cnel. González**: --***«Mirá Camilo, si no voy le haría una ofensa muy fea a los obreros que son mis amigos y me quieren»***. El coronel **González** insistió y finalmente le dijo que autorizara que la Guardia Nacional registre a cada uno de los que vayan entrando al Club. Pero **Somoza** rechazó la idea y le ripostó: --***«Ideay, es la misma cosa, no voy a autorizar esos registros»***. **Camilo González** se fue muy preocupado y **Somoza** instruyó a **Danilo Barreto**:

--***«Ve hijo, andate a la Casa del Obrero y me esperás allá, pero dejame aquí listos a los motorizados de la escolta y al carro presidencial»***.

Por sus propias decisiones, la suerte de **Somoza** estaba echada...

Capítulo Veintidos

1955: Tnte. Marenco: *«Yo entrené a Rigoberto López Pérez»*

La idea, la inspiración, el proyecto, la determinación de matar al **Gral. Somoza** no fue una conspiración de los oficiales exGuardias Nacionales exiliados en El Salvador. Aunque ya muertos **Somoza** y **Rigoberto López Pérez** algunos de esos oficiales, todos graduados en la Academia Militar de Nicaragua, principalmente el **Cptn. exG.N. Adolfo Alfaro Carnevallini**, trató de atribuirse el mérito de ser el *«jefe»* de **López Pérez** y de una supuesta conspiración para asesinar a **Somoza**.

Ningún oficial de los exiliados, ni el **Cptn. Alfaro Carnevallini**, aportaron ni un solo dólar para financiar a **López Pérez**, y por eso tuvo que andar pidiendo dinero en Nicaragua a los opositores para sobrevivir, prácticamente mendigando, mientras le llegaba la oportunidad de disparar contra **Anastasio Somoza**.

El Oficial que más relación tuvo con **López** en El Salvador fue el **Tnte. exG.N. Guillermo Marenco Lacayo**, graduado en la Tercera Promoción de la Academia Militar de Nicaragua llamada ***Promoción Victoria*** (por la victoria de los Aliados en la Segunda Guerra Mundial), Caballero Cadete No. 122, Clase 1943-1946. El director de la Academia era el **Gral. LeRoy Bartlett Jr.**, tercer norteamericano Director de la **AMN** de 1943 a 1946, y estaba en Nicaragua cuando ocurrió el final de la Segunda Guerra Mundial y la victoria aliada en 1945.

El director fundador de la Academia Militar de Nicaragua, AMN, **Gral. Charles Mullins** y los otros tres directores norteamericanos inculcaron a los cadetes una ideología basada en el respeto a la Constitución y las leyes, y el respeto a un Estado de Derecho, tal como **Mullins** y los otros tres directores norteamericanos fueron educados en la Academia Militar de los Estados Unidos en West Point, New York.

El **Gral. John F. Greco**, fue cuarto y último Director norteamericano de la **AMN**, estuvo en el cargo de 1946 a 1947, y pidió su retiro de Director de la **AMN** por instrucciones del gobierno norteamericano, y retornó a Estados Unidos por el desacuerdo por la expulsión de más de un centenar de Oficiales graduados en la Academia Militar de Nicaragua, por no haber apoyado el golpe de estado perpetrado por el **Gral. Somoza García** para derrocar al Presidente **Leonardo Argüello**, como lo estudiamos en el los capítulos 5 y 6 de este Tomo Dos de la ***Historia de la Guardia Nacional de Nicaragua***, pero lo que más irritó al **Gral. Greco** fue la persecución, encarcelamiento, tortura y expulsión de la Guardia Nacional de Nicaragua de más de un centenar de jóvenes oficiales graduados en la misma Academia Militar de Nicaragua, que no apoyaron o se opusieron al golpe de estado que violentó la Constitución Política de Nicaragua, estando los cadetes y oficiales en servicio, educados para respetar la Constitución y las leyes de la República de Nicaragua.

La mayor cantidad de estos oficiales exG.N. se exiliaron en El Salvador, formando una comunidad empeñada en derrocar al gobierno de **Somoza**, haciendo varias acciones de complots e incursiones armadas, pero fracasaron en todos los intentos, porque

El **Tnte. G.N. Guillermo Marenco Lacayo**, a la izquierda con su uniforme de Oficial de la Guardia Nacional antes del golpe de estado contra el Presidente **Leonardo Argüello**. A la derecha en 1992 cuando fue entrevistado en la redacción de ***La Estrella de Nicaragua*** en Miami. Todo lo narrado por **Marenco Lacayo** fue investigado y corroborado en todas sus partes por el autor, en Nicaragua, El Salvador y en Estados Unidos. El **Tnte Marenco Lacayo** fue graduado en la Academia Militara de Nicaragua, Caballero Cadete No.122 de la Tercera Promoción ***«Promoción Victoria»***, Clase 1942-1946. Estaba de servicio como comandante del puesto fronterizo con Honduras ***El Espino***, cuando fue capturado, encarcelado, torturado y expulsado de la Guardia Nacional por no apoyar al **Gral. Somoza** cuando cometió el golpe de estado contra el presidente **Leonardo Argüello** en 1947.

ninguno quiso arriesgar su vida en una acción como la que hizo **López Pérez**, él solo.

Pascual Rigoberto López Pérez nació en la ciudad de León el 13 de Mayo de 1929 y al momento de meterse definitivamente en la historia de Nicaragua, tenía 27 años de edad. Estudió la Primaria en la Escuela Superior dirigida por el maestro **Octavio Quintana**, quien a sus 60 años fue encarcelado por los hermanos **Somoza** acusado de «**haber ilustrado a Rigoberto en la primaria**».

Rigoberto López aprendió el oficio de sastre en el hospicio ***San Juan de Dios*** y en la escuela de comercio ***Silviano Matamoros*** se formó como taquimecanógrafo. **López Pérez** trabajó como reportero en los diarios nicaragüenses ***Diario Excélsior***, ***El Centroamericano*** y ***El Cronista***. En El Salvador trabajó en ***Diario Latino***.

Fue **López Pérez** quien le pidió al **Tnte. exG.N. Guillermo Marenco Lacayo** que le entrenara en el manejo y dominio de armas de fuego. Con ese motivo entrevistamos a **Marenco Lacayo** en la redacción de ***La Estrella de Nicaragua*** en Miami, en 1992, cuando nos dio su amplio testimonio.

Profesionalmente no nos bastó el testimonio de **Marenco Lacayo**, sino que viajamos a San Salvador a confirmar su relato con varios oficiales exGN exiliados en El Salvador, principalmente con el **Capitán Adolfo Alfaro**, el **Tnte. Noél Bermúdez**, el **Tnte.**

IZQUIERDA: Rigoberto López Pérez en 1950, cuando llegó por primera vez a San Salvador a la edad de 21 años. No llegó como exiliado, sino buscaba alejarse de la situación política de Nicaragua empeorada por el ***Pacto de los Generales*** de ese mismo año 1950. En El Salvador trabajó como asistente de laboratorio en el ***Hospital Rosales***. Los domingos jugaba beisbol y ahí conoció a **Guillermo Marenco Lacayo**, teniente exoficial de la Guardia Nacional, exiliado que le enseñó a disparar a **López Pérez**. **DERECHA: Rigoberto López Pérez** cercano a los 27 años, cuando concibió su proyecto de liquidar la vida del **Gral. Anastasio Somoza García**.

Guillermo Duarte Carrión y algunos otros militares y civiles. Todos confirmaron las declaraciones del **Tnte. Guillermo Marenco Lacayo**, y algunos aumentaron información de la relación de amistad de **Marenco** con **López Pérez**.

Rigoberto López Pérez no quiso ser un pistolero improvisado, mucho menos un ***matón***. De su propia iniciativa solicitó entrenamiento especializado para disparar sobre la humanidad del **Gral. Anastasio Somoza** con pericia. Nadie se lo propuso. Él estructuró toda la acción, pero otros que lo conocieron, estaban informados de su proyecto y le proporcionaron relativa ayuda, pero después trataron de ***«capitalizar»*** la ejecución del **Gral. Somoza** como si fuesen parte de un proyecto y hasta se dieron ínfulas de ***«jefes»*** de **Rigoberto López Pérez**, cuando éste ya estaba muerto, inmolado, sin haber pretendido ninguna ventaja política ni económica, y no podía desmentir a personajes como el **Cptn. exG.N. Adolfo Alfaro Carnevallini**, que pretendió atribuirse la creación del plan y muchos ingenuos repiten **la mentira** de **Alfaro**, sin analizar los hechos que claramente lo desmienten.

López Pérez salió de Nicaragua después del ***«Pacto de los Generales»*** que firmaron en 1950 los generales **Anastasio Somoza García** y **Emiliano Chamorro Vargas** (ver capítulo 16 de este tomo). **Rigoberto López Pérez** estaba decepcionado de la política y de políticos nicaragüenses. No pudo soportar el ambiente de politiquería que le asfixiaba en Nicaragua y --en una especie de autoexilio-- se trasladó a El Salvador y durante años meditó acerca de su único proyecto personal: **eliminar a Somoza**.

No nos corresponde especular si **López Pérez** era un psicópata obsesivo compulsivo que actuó súbita e irracionalmente, o si era un apasionado obsesionado con una idea. A la historia objetiva sin compromisos le corresponde exponer los hechos, analizar las causas, investigar a fondo los motivos y las consecuencias, y decantar la influencia que tendrán en el aprendizaje y en el futuro. No vemos en la acción de **López Pérez** un acto desesperado o irreflexivo. En el entrenamiento que solicitó y recibió fue muy paciente y disciplinado durante casi nueve meses, no hubo ninguna precipitación.

Equivocado o acertado, este joven poeta, que confesó identificarse con el Partido Liberal Independiente, sin ser parte de la militancia del PLI, no fue parte de una conspiración de grupos tradicionales opositores que buscan beneficios, si tuvieran éxito en sus conspiraciones, al contrario, los ***«opositores oficiales»*** le dieron la espalda a **López Pérez** y hasta le juzgaron de embaucador. Porque los opositores de aquella época y de la época actual, se consideran ***propietarios*** de la oposición y tienen como único objetivo eliminar a un régimen para instaurar otro más o menos semejante.

Había en 1956 eminencias que eran ***«dueños»*** de la oposición al somocismo, con la única intención de eliminar una dictadura para instalar nuevas tiranías, como históricamente ha ocurrido. **Rigoberto López Pérez** actuó solo y por eso logró su propósito. Encarnó ***la insurrección de un solo hombre***. Mató, pero también ofrendó su vida a cambio de nada. Y estuvo muy consciente de que solamente obtendría la muerte, incluso si le capturaban vivo (ya herido **Somoza** alcanzó a decir --***«¡no lo maten!»***, pero ya era muy tarde). **López Pérez** iba preparado para envenenarse con cianuro, llevaba en su bolsillo unas cápsulas de gelatina con el polvo de cianuro, que es un activo y fulminante veneno para evitar los tormentos de las torturas que de todas maneras --al final de los tormentos e interrogatorios-- terminarían cruelmente con su vida.

La acción Rigoberto López Pérez fue la revolución efectiva de solamente un hombre. Rigoberto nunca fue ***«una pieza del plan»*** --como dijo **Adolfo Alfaro** con prurito de figuración-- ni fue ***«enviado a cumplir una misión»*** --como aseguró el mismo individuo, ni --mucho menos-- que ***«los exoficiales de la Guardia Nacional exiliados en El Salvador mandaron conmigo "la contra orden de susprender la ejecución a Somoza"»***, como aseguró otro personaje histriónico, tratando de involucrarse en esa historia, a sabiendas que todos los protagonistas estaban muertos y no podrían desmentirle. Pero así somos los nicaragüenses, como puede leerse en el libro ***«El síndrome del figureo»*** del **Dr. León Núñez**.

La acción suicida del joven poeta liberal **Rigoberto López Pérez**, fue obra de su propia inspiración, decisión, coraje o psicosis, y solamente tuvo el apoyo firme, decidido y eficaz de un exOficial de la Guardia Nacional de Nicaragua, el **Tnte. Guillermo Marenco Lacayo**; y al final recibió apoyo relativo de otros dos, el **Capitán Adolfo Alfaro Carnevallini** y del **Tnte. Noél Bermúdez**, los tres exiliados en El Salvador, expulsados por haberse opuesto a la dictadura de **Somoza García**, cuando éste perpetró el golpe de estado contra el Presidente **Leonardo Argüello Barreto** en 1947.

Ninguna otra organización ni ideología apoyó ni tuvo ninguna participación en la ejecución de los planes de **Rigoberto López Pérez**, para balacear al **Gral. Anastasio Somoza García** el 21 de Septiembre de 1956 en el ***Club de Obreros*** de la ciudad de León, cuando el fundador de la ***La Era de los Tres Somoza*** celebraba su nominación para reelegirse --una vez más--, y continuar ocupando la presidencia de Nicaragua, cargo que ostentó por primera vez en 1937, pero su poder databa desde 1933.

Somoza García había nacido en San Marcos, departamento de Carazo, Nicaragua, el 1º de Febrero de 1896; al morir su edad era relativamente joven o al menos muy entero a los 60 años, pero con una serie de enfermedades crónicas. De sus años de vida había sido el ***«hombre fuerte»*** de Nicaragua por 23 años, desde 1933, año en que tomó posesión del cargo de Jefe Director de la Guardia Nacional de Nicaragua, al retirarse las tropas norteamericanas que ocuparon Nicaragua, retiro que finalizó oficialmente la ocupación militar norteamericana de Nicaragua que comenzó en 1912, tuvo una pausa de 17 meses y después continuó hasta 1932. El retiro de las tropas invasoras no fue el fin de la Guerra de Las Segovias contra el **Gral. Sandino**. La guerra finalizó el 21 de Febrero de 1934, cuando el **Gral. Augusto C. Sandino** fue traicioneramente asesinado en Managua y el **Gral. Somoza** confesó ser el autor material del magnicidio que le dio acceso a todo el poder sobre Nicaragua. Pero **Somoza** no fue el autor intelectual, sino el sicario autor material, sin embargo se atribuyó la creación y ejecución del asesinato, para proteger a sus amos norteamericanos, autores intelectuales, que le escogieron para el magnicidio y eran sus jefes que después lo premiaron dándole todo el poder sobre Nicaragua. (ver los detalles en el capítulo 19 del Tomo Uno de la ***Historia de la Guardia Nacional de Nicaragua***).

«El día que conocí a Rigoberto López Pérez»

--*«**Mi nombre es Guillermo Marenco Lacayo, oficial exGuardia Nacional de Nicaragua, graduado en la Tercera Promoción de la Academia Militar de Nicaragua, Promoción Victoria, Clase 1943-1946, cadete número 122 y presté servicio en la Guardia Nacional de Nicaragua con el rango de Teniente de Infantería hasta 1947, como Comandante del puesto fronterizo con Honduras "El Espino", departamento de Madriz**»*.

Quien así se expresó fue un hombre que al momento de conceder la entrevista a ***La Estrella de Nicaragua*** en Octubre de 1992, evidenciaba su recio carácter, cuando ya contaba 70 años de edad. Nacido en la ciudad de León el 18 de Marzo de 1923, **Guillermo Marenco Lacayo** habló con serenidad y firmeza. Nos visitó en las oficinas de ***La Estrella de Nicaragua*** en Miami-Dade, con el único propósito de concedernos esta entrevista.

Guillermo Marenco Lacayo, un nombre que no debemos olvidar, continuó su exposición a los lectores de ***La Estrella de Nicaragua***:

--*«**En mayo de 1947, después del golpe de estado contra Argüello, más de cien oficiales de la Guardia Nacional de Nicaragua fuimos encarcelados y torturados por compañeros nuestros que eran fieles a Somoza, después de muchas vicisitudes que narraré en otro momento, logré llegar a San Salvador junto con varios oficiales de la Guardia Nacional**»*.

--*«**Busqué trabajo de lo que fuera para sobrevivir, como le pasa a todo exiliado nuevo; pero como todo exiliado, siempre conspirando y soñando en retornar a una Nicaragua libre de dictaduras. En aquél entonces todo giraba en torno a sobrevivir y buscar cómo derrocar a Somoza García**»*.

--*«**Me concedió empleo un hombre muy generoso, el comerciante de granos José León Montes, salvadoreño amigo de los exiliados --y por tanto-- enemigo de la dictadura somocista. Así me ví convertido en vendedor de frijoles, maicillo y arroz**»*.

--*«**Para endulzar el exilio y reunirnos a comentar y soñar con la Nicaragua que nosotros queríamos, formamos un equipo de softball al que --naturalmente-- le pusimos "Nicaragua". A mi me tocó ser fielder junto con otro muchacho joven, serio, callado, civil y que nunca faltaba a los juegos. Su nombre para mi es inolvidable: Rigoberto López Pérez**»*.

--*«**Aquél muchacho no llamaba la atención. Era extremadamente tranquilo, hacía poemas y trabajaba como ayudante de laboratorista del Ministerio de Salud Pública de El Salvador, en la Unidad Sanitaria ubicada en la Calle Arce. Sabíamos que era opositor al gobierno de Somoza, pero no era un exiliado, él podía viajar a Nicaragua, y***

IZQUIERDA: El **Tnte. exG.N. Guillermo Marenco Lacayo**, en la época en que entrenó a **Rigoberto López Pérez**, en el manejo de armas de fuego, usando su pistola alemana ***Walter 9 mm***, entrenamiento que duró cerca de nueve meses. **DERECHA: Rigoberto López Pérez** quien antes de tener en sus manos la pistola ***Walter***, nunca había tenido un arma de fuego en sus manos, pero el **Tnte. Marenco** lo convirtió en un experto. Todo el entrenamiento se realizó en ***La Puerta del Diablo***, unos farallones ubicados en ***Los Planes de Renderos***, un mirador en las alturas como a cinco kilómetros de la ciudad de San Salvador, desde donde se aprecia la ciudad.

siempre lo hacía para las Fiestas Patrias y Navidad, a ver a su madre, doña Soledad López Calero».

--«***Lo fuerte del exilio éramos los militares, todos oficiales exGuardias Nacionales y algunos civiles prominentes***».

El Teniente **Guillermo Marenco Lacayo**, detiene su relato. Su rostro refleja el escudriñar de su memoria. Los años de juventud y la parte de la historia que le tocó vivir:

--«***El corazón de aquel exilio lo integrábamos los jugadores del equipo de softball "Nicaragua". Entre otros estábamos el Teniente Noél Bermúdez Lacayo, apodado cariñosamente "El Niño Sano", por lo gordo que estaba; el Teniente Raúl Jiménez Argüello, alias "La Renca"; el Teniente Rafaél Valle Roa, Teniente Joaquín Cortés "Joaquinillo"; el cadete Luis Gabuardi Lacayo, el Dr. Daniel López Rosales, economista y su primo Rigoberto López Pérez, que si bien no era exiliado, compartía con nosotros su propio autoexilio; también estaban Róger Avilés Icaza, César Miranda Montes, Adolfo Gabuardi Lacayo, Francisco "Chico" Icaza Díaz, Terencio García Gutiérrez, Alberto Ordóñez Argüello, José Salinas Alfaro, Manuel Antonio Valle, Teniente Guillermo Duarte Carrión, Teniente Julio César Alonso, el mismo que después fue nuestro Comandante en la guerrilla cuando intentamos invadir Nicaragua para botar del poder a los hermanos Somoza, y el Capitán, también exGN Adolfo Alfaro, sobrino político de Somoza, por estar casado con Laura Reyes, hija de Amalia Somoza García de Reyes***».

--«***El Capitán Adolfo Alfaro Carnevallini tenía un hermano al que quería mu-***

La Puerta del Diablo farallones ubicados en las alturas de ***Los Planes de Renderos***, es el punto más alto de las montañas (1,250 mts.) que rodean a San Salvador. Lugar muy atractivo y visitado los fines de semana, pero en los días semanales es casi totalmente solitario, eso fue conveniente para el entrenamiento. En estos farallones fue entrenado **Rigoberto López Pérez** en el manejo de la pistola ***Walter PPK .9 mm***, por el **Tnte. exG.N. Guillermo Marenco Lacayo**, para realizar el atentado que acabó con la vida del **Gral. Anastasio Somoza García**, pero no fue con la pistola alemana ***Walter*** que **López Pérez** le disparó a **Somoza**, sino con ***Smith & Wesson .38*** con mayor poder y con ***gato escondido***.

cho y se llamaba Manuel Agustín Alfaro Carnevallini, que murió combatiendo a la Guardia Nacional que llegó a capturarlo en los cafetales de Carazo por órdenes del Gral. Anastasio Somoza García, a raíz de los sucesos del 4 de Abril de 1954». --«***Adolfo Alfaro trabajaba para la empresa salvadoreña Armando Aráuz y Compañía, como agente viajero, vendiendo café molido "Flor de Café" y "Jabón Rey"»***.

Un plan y una obsesión

--«***Los exiliados en El Salvador conmemorábamos todos los años el 21 de Febrero, fecha del asesinato del Gral. Augusto C. Sandino, y la noche anterior, el 20 de Febrero de 1956 me visitó el Dr. Daniel López Rosales, exiliado como yo, y me dijo que quería consultarme algo. Lo vi muy serio y nos fuimos a un rincón apartado del austero comedor de mi sencilla vivienda, y textualmente, me dijo:***

--«***Quiero presentarle a un hombre que está decidido a ir a Nicaragua a eliminar a Somoza»***.

--«***Y yo le pregunté, ¿Es persona seria? ¿Conoce los riesgos de una misión como esa? ¿Es un individuo capacitado?»***.

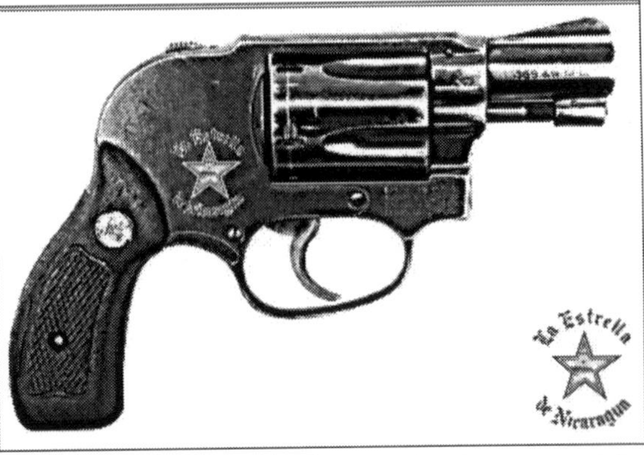

Las únicas dos armas que **Rigoberto López Pérez** conoció y tuvo en sus manos fueron estas dos. IZQUIERDA: La pistola alemana ***Walter PPK 9 mm***, un arma excelente aunque liviana, con ella **López Pérez** fue entrenado por el **Tnte. Marenco**. Esta pistola era propiedad del **Tnte. exG.N. Guillermo Marenco Lacayo**, pero para cometer el atentado, el mismo **Marenco** recomendó una arma de mayor potencia. DERECHA: El arma para los últimos entrenamientos y para dispararle al **Gral. Somoza**, la proporcionó el **Tnte. exG.N. Noél Bermúdez Lacayo**, un revolver ***Smith & Wesson calibre .38 corto, pavón azul, gatillo protegido, serie No.74605***, nuevecito que había comprado en Miami. **López Pérez** hizo más prácticas con este revolver para familiarizarse con el arma.

--«***Y aclarándome todas las dudas, dijo:***»

--«***Usted ya lo conoce, Teniente, es mi primo Rigoberto López, hombre serio y de confianza***».

--«***Le conozco muy bien, es mi compañero del center fielder. Si es así pues podemos platicar cuando quiera y en lo que yo pueda servirle, estoy a sus órdenes***».

--«***Rigo viene conmigo, está esperando afuera y la razón para hablarle a usted del asunto, es porque dice que necesita su ayuda***».

--«***Efectivamente Rigoberto estaba afuera esperando con cierta timidez***», dijo **Marenco**.

Nadie podía sospechar que aquel muchacho, tímido, al decir de nuestro entrevistado, cambiaría el rumbo de la historia de Nicaragua, en tan poco tiempo como nueve meses que duraría su entrenamiento.

Aquella reunión en un humilde comedor de la casa de un exiliado, no parecía tener ninguna importancia. A ojos ajenos aquella escena lucía como una frugal cena de tres obreros al final de la jornada. De acuerdo con su exposición a ***La Estrella de Nicaragua***, fue el **Teniente Guillermo Marenco** quien inició la conversación con **Rigoberto López**, una vez que le invitó a sentarse en el comedor:

--«***Rigoberto: ¿qué experiencia tenés en el manejo de armas?***».

--«***Ninguna Teniente. Jamás en mi vida he usado una pistola, ni siquiera he tenido una pistola en mis manos; pero ahora es necesario que yo aprenda a tirar bien, porque estoy convencido que alguien debe poner fin a la dictadura de Somoza. En Nicaragua no existe una oposición verdadera y yo estoy dispuesto a dar mi vida a cambio de la vida de Somoza. Por eso necesito su ayuda, quiero que me enseñe a tirar bien con una pistola, le prometo que me aplicaré en aprender***».

Por la mente de **Guillermo Marenco Lacayo**, pasaron muchas dudas al ver a la persona de **Rigoberto López Pérez**, pues no tenía el aspecto de un hombre capaz de acometer una acción tan riesgosa y totalmente suicida, pero su manera de expresar su propósito era convincente y a pesar de su aparente debilidad, reflejaba mucha decisión y el haber meditado largamente sobre su proyecto.

El entrenamiento

La historia está saturada de pequeños detalles que --cuando están ocurriendo--, pasan inadvertidos. Un ejemplo de ello fue un regalo que el señor **Fabio Gallo**, amigo de los oficiales exGuardias Nacionales exiliados en El Salvador, les trajo de un viaje que hizo a Alemania, de obsequio a cada oficial una pistola ***PPK Walter .9 mm*** alemana, y la que recibió **Marenco Lacayo**, fue la primera pistola que --en toda su vida--, tuvo en sus manos **Rigoberto López Pérez**.

Con aquella ***Walter .9*** mm haría sus primeros disparos y aprendería a disparar con las técnicas que le fue enseñando un Teniente exGuardia Nacional. Esa pistola alemana es un arma muy liviana, y para que se familiarizara con ella, **Marenco** le amarraba objetos pesados para que después su alumno **López Pérez** la manipulara con soltura. Sobre el entrenamiento de tiro, el **Teniente Guillermo Marenco** nos dijo:

--«***Nos íbamos a los "Planes de Renderos", alturas desde donde se contempla un hermoso paisaje de la capital salvadoreña, es un centro turístico muy concurrido los fines de semana, pero casi totalmente desierto de lunes a viernes. El lugar dista como a 6 o 7 kilómetros de San Salvador***».

--«***En "Los Planes de Renderos" hay un sitio alejado llamado "La Puerta del Diablo", que es un corte de la carretera formando una garganta de dos farallones. En una de esas paredes de tierra le fijaba un pañuelo con unas estacas y a unos diez metros de distancia comenzó el entrenameinto***».

--«***Al principio las balas pegaban lejos del pañuelo, entre tiro y tiro yo le iba corrigiendo la posición de la mano y del brazo, la posición de su cabeza y sus piernas. Al principio le costaba mucho aprender, le molestaba enormemente la detonación de las balas y el "pateo" de la pistola***».

--«***Para mientras aprendía a controlar el tiro, le puse el brazo en cabestrillo para que le sirviera de mampuesta, pero Rigoberto se sentía muy incómodo, me dijo que prefería tener el brazo libre y entonces le quité el cabestrillo. Poco a poco fue controlando mejor el tiro y acertando más en el blanco***».

--«***Cuando ya disparaba mejor, le forme una especie de figura humana con pañuelos de diferentes colores, para su práctica de tiro. Unas tres semanas después, ya familiarizado, con la explosión de las detonaciones y el golpe de la pistola, el muchacho fue aprendiendo a concentrarse en el objetivo y sus aciertos eran cada vez más frecuentes***».

Guillermo Marenco Lacayo detuvo su relato, estaba un poco agitado, como reviviendo los hechos, pero tenía la esperanza que el esfuerzo de aquel entrenamiento rindiera los frutos que tanto él como **Rigoberto López** esperaban, pero **Marenco** meditaba que cuando eso ocurriera, jamás volvería a ver a su alumno que estaba apasionado por aprender a manejar la pistola con destreza.

Tras una pausa continuó su relato a ***La Estrella de Nicaragua***:

--«***Tanto López Pérez como yo sabíamos que era muy poco probable --prácticamente imposible-- que saliera vivo de su histórica acción***».

--«***Rigoberto me decía: "Yo me quiero dejar ir de frente". Y le expliqué acerca de la posibilidad de que Somoza estuviera protegido con un chaleco a prueba de balas, y por ello los disparos debían ejecutarse considerando esa posibilidad; por lo tanto era mejor colocarse de lado y disparar de arriba hacia abajo, en el caso que Somoza estuviese sentado; o desde abajo si estaba de pie subido en una tarima, pero siempre buscando la apertura lateral que tienen los chalecos a prueba de balas***».

--«***Desde el principio descarté la posibilidad de que disparara a la cabeza, por-***

que era muy difícil que le permitieran acercarse mucho y la cabeza se mueve mucho. Era más seguro acertar sobre el pecho y abdomen, porque lo más seguro era que tuviera que disparar desde cierta distancia. Además, Rigoberto apenas estaba aprendiendo y por la urgencia que demostraba, no tenía todo el tiempo para convertirse en un experto. Sin embargo, en pocas semanas estaba pegando bastante bien».

--«La última etapa del entrenamiento comenzó cuando ya Rigo estaba familiarizado con el arma y su funcionamiento. Llevé a "Los Planes de Renderos" varias cajas de cartón de diversos tamaños y le armé un simulacro de mesa, silla y un muñeco de trapo con una camiseta negra sin mangas a modo de chaleco antibalas, que pareciera estar sentado. Le dije que considerara que sentado en una mesa, esa mesa podría estar blindada con láminas de acero en su parte superior, debajo del mantel, para protección de Somoza. Comencé a entrenarle a disparar contra del objetivo de forma lateral, buscando las partes abiertas del "chaleco". Primero como a diez metros hasta que la precisión de tiro sobre el blanco fué aceptable. Después como a seis metros y rápidamente logró dominar los disparos. Finalmente, aún a sabiendas que era casi imposible que le dejaran acercarse tanto a Somoza, las prácticas se hicieron a tres metros y a quemarropa. Rigoberto me decía que, estaba seguro que lo matarían, él procuraría asegurar los disparos a quemarropa».

--«Después de casi nueve meses de entrenamiento y prácticas, finalmente el entrenamiento concluyó disparándole al mismo muñeco subido en una simulada tarima y protegido por un podio con micrófono. No obstante estar acertando muy bien, el muchacho continuó practicando incansablemente. Estoy seguro que logró convertirse en un experto. Los hechos así lo demostraron».

-«Constantemente le repetía a Rigoberto que de una acción como la que estaba preparando, era muy difícil salir con vida; pero él siempre me respondía que no le importaba morir porque alguien tenía que acabar con el tirano».

--«Mire Teniente --me decía--, en Nicaragua no hay verdaderos opositores, la gente es "yoquepierdista" y los políticos conservadores solamente están interesados en quitar a Somoza para subirse ellos sin correr ningún peligro, y enriquecerse del Estado, mucho menos arriesgar la vida. Sólo les interesa su propio bienestar buscando cómo sacar provecho sin importarles la suerte del pueblo. Es cierto que hay algunos opositores sinceros y desinteresados, como el Dr. Enoc Aguado, pero no tienen la fuerza ni la determinación de cambiar su vida por la de Somoza».

-«Yo tengo mi conciencia tranquila. Estoy convencido que Rigoberto López con entrenamiento o sin entrenamiento, hubiera siempre intentado matar a Somoza. Mi conciencia está tranquila porque al menos con el entrenamiento que le dí, tenía las mejores posibilidades de lograr su objetivo y no morir intentándolo en vano, tenía que prepararlo para que tuviera éxito cuando llegara la oportunidad».

--«Le aconsejé que se hiciera un seguro de vida a favor de doña Soledad, su madre. Efectivamente suscribió una póliza por un monto limitado a Diez Mil Colones, equivalentes a U$4,000 dólares de la época, porque estimamos que una cantidad mayor podría ser negada a pagarse por la compañía de seguros, dadas las circunstancias de la muerte en perspectiva, que era prácticamente un suicidio».

--«También le sugerí que en vista de que tenía capacidad periodística, escribiera algo sobre los motivos de su acción, como un testamento o un testimonio para los nicaragüenses. El me dijo que ya había pensado escribirle una carta a su madre explicándole todo, pero que esa carta le debía ser enviada hasta después del atentado, si él moría, que era lo más seguro».

En busca del objetivo

Después del entrenamiento **Rigoberto López Pérez** viajó tres veces a Nicaragua, tratando de organizar a algunas personas que le ayudaran con apoyo, tenía leve esperanza de estructurar una oportunidad para salir con vida, aunque fuese mínima.

Esos viajes los pagaba parcialmente el propio **Rigoberto**, y le completaban el gasto del pasaje algunos exiliados oficiales exGuardias Nacionales.

El abogado y director de su periódico ***«El Cronista»*** editado en la ciudad de León, **Rafaél Corrales Rojas**, ***«Raf»*** logró interceptar una carta de **Rigoberto López**, a quien conocía bien, dirigida a **Edwin Castro**, con todos los detalles del plan del atentado, pero **Somoza** y sus coroneles no le hicieron caso cuando **Corrales Rojas**, trató de enseñarles la carta, porque era un individuo de mala reputación como oportunista, aunque muy somocista. Si le hubieran hecho caso, **Somoza** se hubiera salvado y la historia sería otra, pero los ***hubiera*** no valen nada.

--*«**Entre todos los militares exiliados le ayudábamos a completar los pasajes aéreos de San Salvador a Managua. Rigoberto pagaba de su bolsa más de la mitad de los pasajes. Él ahorraba prácticamente todo el sueldo que recibía de su trabajo en el laboratorio del Hospital Rosales. Sus gastos personales los redujo al mínimo, incluyendo ahorros en la comida, para reunir lo más que podía de dinero para el pago de sus viajes a Nicaragua**».*

--*«**En el primer viaje trató de obtener apoyo en dinero en Managua solicitándoselo al Dr. Francisco Frixione y por su medio a otros opositores Liberales Independientes. Unicamente el Dr. Enoc Aguado le envió 500 córdobas, pero alguien en la oficina del Dr. Francisco Frixione sustrajo 200 córdobas y a sus manos llegaron nada más 300 córdobas. El Dr. Frixiones no lo trató bien, más bien desconfió como si se tratara de un señuelo enviado por Somoza. Rigoberto anduvo como mendigo pidiendo dinero para sus gastos, que no eran mucho. Simplemente era un desconocido en las esferas opositoras. Esa es la Nicaragua de antes y lo sigue siendo ahora**».*

--*«**Rigoberto se me quejó diciéndome que en Nicaragua la casi totalidad de los opositores tradicionales le veían y le trataban como a un embaucador. Cuando le escuchaban su disposición a ejecutar la acción y morir en ella, lo miraban con sospecha e incredulidad, porque no podían concebir que ese desconocido sujeto cuya figura no impresionaba a nadie. Hasta escuchó cuando algunos decían: "O es un gánster o un infiltrado o un pendejo", Ellos no podían concebir que ese posible "embaucador" estuviera dispuesto a morir en su propia misión, pero tampoco sospechaban que era poseedor de un intenso entrenamiento que lo había convertido en un experto tirador**».*

--*«**Lo cierto es que nadie en Nicaragua lo tomó en serio cuando habló de su disposición de eliminar a Somoza aunque lo mataran. Los más generosos le creían un romántico soñador que jamás pasaría de ser un hablador. Y piensan así porque cada uno proyecta su propia personalidad haciendo verdad la frase "cree el ladrón que todos son**

de su condición"».

--*«**Aprovechando el primer viaje de Rigoberto a Nicaragua, le entregué una encomienda para mi hermana Gloria Marenco de Rosales**»* --nos dijo el Teniente **Marenco**, y continúa su historia--: ***«mi hermana vivía de la esquina que fue la Mansión Luis Somoza*** (bautizada por el sandinismo como casa Ricardo Morales Avilés, posteriormente), ***6 cuadras al Sur»***.

Somoza conoció el plan de Rigoberto, pero no creyó en la seriedad del delator

En su segundo viaje a Nicaragua, siempre buscando la oportunidad de ejecutar a **Somoza García**, para lo cual había sido entrenado, **Rigoberto López Pérez** contactó en la ciudad de León a **Edwin Castro Rodríguez**, liberal independiente, hijo del **Gral. Castro Wassmer**, que fue miembro del Estado Mayor durante la Guerra Constitucionalista de 1926-1927. Se hizo amigo de su confianza a quien consideraba un decidido opositor al gobierno de **Somoza**.

López Pérez le expuso su proyecto y su determinación de eliminar al dictador. Le pidió a **Edwin Castro**, a quien en León apodaban *«**Gasolina**»* por su actuar rápido y nervioso, que organizara una acción de distracción que le diera una mínima oportunidad de escapar con vida después del atentado.

Después de hacer ese contactos, **López** regresó a El Salvador.

En Mayo de 1956 **Rigoberto** le escribió desde San Salvador una carta a **Edwin Castro Rodríguez**, pero esta carta iba dentro de otra dirigida a su amigo y casi cuñado **Armando Zelaya Castro**, a quien creía de confianza, porque **Rigoberto** había sido novio de **Amparito Zelaya Castro**, hermana de **Armando** y seguía enamorado de ella.

Este *«**amigo**»* y excuñado no le entregó la carta a **Edwin Castro**, sino a **Rafaél Corrales Rojas**, alias *«**Raf**»*, abogado *y* director del periódico somocista ***«El Cronista»***, quien inicialmente pensó en mostrarle la carta al **Coronel G.N. Lizandro Delgadillo**, Comandante G.N. de León, pero después de evaluar la importancia del documento, decidió llevársela directamente al **Gral. Anastasio Somoza García**, para capitalizar méritos de alto nivel, que era su constante búsqueda y aquella carta tenía un valor tan elevado que seguramente le concedería muy altos réditos. Así lo esperaba ***Raf***.

En la carta destinada a **Edwin Castro** y que nunca llegó a sus manos, **Rigoberto** le hablaba claramente del proyecto para atentar contra **Somoza**, y le sugería la forma de estructurar una acción de distracción al momento de sonar los disparos, consistente en hacer señales con las luces de un auto para que **Castro** interrumpiese la energía eléctrica en el sector del atentado, a fin de tratar de escapar en la oscuridad del apagón. También le sugirió provocar un incendio en las cercanías para aumentar la confusión. La carta estaba firmada inequívoca y claramente: **Rigoberto López Pérez**, así con su nombre completo.

Rafaél Corrales Rojas, *«**Raf**»*, se dirigió a Managua en busca del **Gral. Somoza**. Providencialmente se desarrollaba una fiesta en la hacienda propiedad del Estado ***«La Calera»***, ubicada en las inmediaciones del Aeropuerto Internacional Las Mercedes. La fiesta era organizada por la Embajada de Estados Unidos, a la que asistiría el Presidente **Somoza**. El presuroso **Dr. Rafaél Corrales Rojas** logró con sus contactos somocistas una invitación para ingresar a la fiesta campestre y ya estando en la fiesta se dirigió directamente al **Gral. Somoza**, hablándole de la carta y del atentado:

--*«**General, le traigo una carta que yo intercepté. Es de un hombre opositor que***

El histórico edificio del ***Hospital Rosales*** de San Salvador donde **Rigoberto López Pérez** trabajó como ayudante del laboratorio clínico. Los médicos nicaragüenses **Ricardo Maya** y **Gerardo Godoy Reyes**, internos de este hospital, le consiguieron al **Tnte. Marenco Lacayo** la pastilla de cianuro para **López Pérez**, quien la hizo polvo y lo metió en cápsulas de gelatina. El cianuro era para el propio **López Pérez**, para suicidarse en caso de ser capturado tras el atentado, porque sin duda hubiera sido interrogado, torturado y finalmente despedazado.

está planeando una revolución contra usted, es un poeta que sólo escribe cosas raras de política contra usted y su gobierno. Se llama Rigoberto López Pérez y menciona los nombres de los otros que están en el complot...»

Somoza no lo dejó continuar: --*«**Ahorita no te puedo atender. Venite otro día para que hablemos de eso...**»*

Como le había ocurrido 22 años antes al **Gral. Sandino**, el destino le daba la espalda a **Somoza**... o **Somoza** al destino...

*«**Raf**»* no se amilanó fácilmente con el tajante rechazo del Presidente, sino que se dirigió inmediatamente donde el **Cnel. Anastasio Somoza Debayle**, hijo menor del Presidente que estaba nombrado Jefe Director interino de la Guardia Nacional y al **Cnel. Somoza Debayle** se dirigió **Corrales Rojas**...:

--*«**Coronel Somoza: tengo pruebas de un complot que está tramando un poeta de León llamado Rigoberto López Pérez junto con otro llamado Edwin Castro Rodríguez, lea esta carta que logré interceptar, la cosa es muy seria, Coronel...**»*

Pero el Coronel **Somoza** tampoco le hizo caso:

--*«**Hablá con el Coronel Carlos Silva y le explicás ese asunto a él, decile que después me haga un informe...**»*

*«**Raf**»* no podía creer lo que le estaba pasando, nadie le tomaba en serio porque tenía fama de servil y charlatán, y no obstante buscó ahí mismo al **Coronel Silva**:

--*«**Coronel: Tengo una carta que logré interceptar. La escribe el poeta López de León, opositor acérrimo que viaja mucho a El Salvador y está armando un complot contra el Gral. Somoza. A este poeta yo lo conozco, es amigo de Edwin Castro. También escribe versos políticos contra el gobierno...**»*

Tercer balde de agua fría para el delator que veía devaluada su hazaña, después que había puesto sus esperanzas de obtener considerables beneficios políticos y económicos con la carta que la suerte le había puesto en sus manos.

Esta fue la respuesta del **Cnel. Carlos Silva**: --«***Está bien doctor, siga vigilando y manténgame informado si sabe más sobre el asunto del poeta ese, no hace falta que venga a verme, llámeme por teléfono, ¿me entiende? Okay, en eso quedamos***».

El **Dr. Rafaél Corrales Rojas**, «***Raf***», se quedó perplejo y frustrado. Entre mayo y septiembre de 1956, el General y los Coroneles olvidaron los intentos de delación del Director del periódico «***El Cronista***» de León, a quien evidentemente consideraban un oportunista charlatán, típico «***cepillo***» en busca de «***quedar bien***» por sobre todas las cosas, para ganar beneficios y favores de los poderosos. Un ventajista inescrupuloso perteneciente a una abundante y permanente fauna existente en Nicaragua y también en toda América Latina y seguramente en el resto del mundo.

Continúa exponiendo el **Tnte. exGN Marenco Lacayo**:

--«***En ese segundo viaje a Nicaragua, cuando le fallaron las contribuciones económicas de los opositores, visitó de nuevo en Managua a mi hermana Gloria Marenco de Rosales a pedirle prestados U$50 dólares para poder regresar a El Salvador:***

--«***"Yo se los voy a pagar a Guillermo en El Salvador", le dijo a mi hermana. Efectivamente ella le prestó el dinero y después él me los pagó en San Salvador. Rigoberto era tan meticuloso que le envió a mi hermana una carta agradeciéndole la confianza de haberle prestado el dinero; mi hermana guardó la carta, pero cuando los hijos de Somoza desataron la represión por la muerte de su padre contra todas las personas que habían tenido alguna relación con Rigoberto, ella se escondió y quemó la carta***».

--«***Después de cada viaje Rigoberto regresaba a El Salvador cada vez más decepcionado de los llamados opositores de Nicaragua. Me dijo que consideraba que solamente en el exilio existía verdadera oposición:***

--«***"En San Salvador sí están los que verdaderamente quieren derrocar a Somoza, por algo son exiliados", me dijo***».

--«***Al regresar de cada uno de los viajes a Nicaragua, íbamos siempre a practicar a los "Planes de Renderos", y era admirable la precisión en la puntería realizada con serenidad y eficiencia, porque Rigoberto quería mantenerse en forma: --"Mientras más entreno, más seguro estoy que voy a eliminar a Somoza", me decía en cada práctica***».

Un arma para la acción final

Entre uno y otro viaje **Rigoberto López** mantuvo firme su determinación el realizar su proyecto. En cada viaje a Nicaragua llevaba la pistola ***Walter , 9mm*** propiedad de su entrenador por si tenía la oportunidad de realizar el atentado. El **Tnte. Marenco** comprobó repetidamente que su puntería había mejorado grandemente, pero notó que la pistola alemana ***PPK Walter .9 mm*** era poco potente y demasiado liviana. Se inició la búsqueda de un arma más adecuada.

Guillermo Marenco Lacayo me narró en las oficinas de ***La Estrella de Nicaragua*** de Miami, cómo se logró la obtención de la pistola que finalmente **Rigoberto López Pérez** utilizó contra la humanidad del **Gral. Somoza**:

--«***Ya Rigoberto estaba listo para volver a Nicaragua en busca de la oportunidad para realizar su plan, pero le advertí que necesitaba un arma más potente. Me fuí con Rigoberto donde el Capitán Adolfo Alfaro, a quien todos los militares exiliados considerábamos nuestro jefe, aunque no formalmente, pero si moralmente, porque era el de mayor rango. Yo sabía que Adolfo era muy amigo del Tnte. Noél Bermúdez Lacayo, quien acababa de regresar de Miami y había traído un buen revolver Smith & Wesson calibre .38 corto, gatillo protegido, pavón azul, serie No.74605, nuevecito. Bermúdez Lacayo*** *había viajado a Miami a operarse y de paso aprovechó para comprarse el revólver, sin sospechar que con esa arma se cambiaría la historia de Nicaragua».*

--«Nos reunimos Rigoberto, el Capitán Alfaro y yo, le expliqué las razones del cambio de arma para ejecutar el plan. Alfaro estuvo de acuerdo y reiteró el enorme riesgo que el muchacho corría, pero decidió pedirle el revolver a Bermúdez, seguro que nos cedería el arma. Inmediatamente fuimos a verlo y Bermúdez ofreció con gusto su impresionante Smith & Wesson. Yo le dí mi pistola Walter para que no se quedara desarmado, que ya era una pistola histórica, porque con ella Rigoberto había aprendido a disparar. Con el nuevo revolver Smith & Wesson Rigoberto hizo suficientes prácticas hasta familiarizarse con la nueva arma que él estrenó».

--«Discutimos Adolfo Alfaro, Rigoberto y yo sobre cómo debía llevar el revólver a Nicaragua. Adolfo Alfaro opinaba que debería llevarlo sin balas, para evitar cualquier disparo accidental, porque Alfaro no conocía la calidad de pistolero en que se había convertido López Pérez y por eso recomendaba que la pistola debía llevarla sin balas para evitar un disparo accidental, pero eso de disparo accidental ya no le correspondía a Rigoberto porque ya era un verdadero profesional con las pistolas. Pero yo que conocía perfectamente la pericia que Rigoberto había adquirido en el manejo del arma, opiné lo contrario. Insistí que portara el revólver con sus cinco tiros, porque un arma es un arma, si se la encontraban, igualmente lo iban a capturar, sin oportunidad de defenderse. También argumenté que si, por una casualidad, se encontraba a Somoza en el aeropuerto, por cualquier motivo o ceremonia, se perdería la oportunidad si la pistola iba descargada. Mi opinión prevaleció y Rigoberto viajó con la Smith & Wesson calibre .38 con su carga de cinco tiros en el tambor».

La cápsula de cianuro

--«Le hice otra sugerencia a Rigoberto que él aceptó muy conscientemente y la puso en práctica, y fue que llevara una cápsula de cianuro. Mi argumento fue que si lo capturaban vivo, lo iban a torturar cruelmente hasta matarlo despedazado. Yo trabajaba para entonces como visitador médico de la "Droguería Cuscatlán" del empresario salvadoreño don Manuel Efraín López. Por esta razón yo conocía a muchos médicos y estudiantes de medicina nicaragüenses que trabajaban en el Hospital Rosales».

--«Con estos médicos y estudiantes de medicina yo tenía mucha confianza, especialmente con dos de ellos: Ricardo Maya y Gerardo Godoy Reyes, este último hermano del Dr. Virgilio Godoy Reyes, miembro del Partido Liberal Independiente, PLI. Estos estudiantes me consiguieron una pastilla de cianuro grande color negro, del tamaño de una alka-seltzer. Yo le entregué a Rigoberto la tableta oscura y él la guardó en una cajita de cartón. Me dijo que como él trabajaba en el laboratorio del Hospital Rosales, iba a conseguir cápsulas vacías de gelatina, iba a raspar la pastilla de cianuro para meter el polvo en las cápsulas y llevarlas listas para tomarlas y evitar los tormentos, si era capturado vivo. El estaba familiarizado con estas cosas del laboratorio. De este punto se derivó el rumor que las balas disparadas estaban envenenadas con cianuro. Eso es totalmente falso, porque el cianuro hubiese matado a Somoza instantáneamente, y no cinco días después, como ocurrió. Pero Rigoberto no tuvo ninguna oportunidad de ingerir el cianuro porque lo mataron segundos después, tras disparar cinco veces contra Somoza en el mismo lugar».

Debe considerarse que tanto el **Tnte. Guillermo Marenco Lacayo** como los otros oficiales exiliados, forman parte de la historia de la Guardia Nacional de Nicaragua.

La Historia de hace 66 años

El 21 de Septiembre del año 2022, cuando ya he terminado de escribir este libro, se cumplen sesenta y seis años del instante en que **Rigoberto López Pérez** sacrificó su vida y la cambió por la vida del **Gral. Anastasio Somoza García**.

--*«Era su obsesión»* --nos dice **Guillermo Marenco**-- *«es totalmente falso que se haya tratado de un complot de ningún grupo político ni militar. Algunos han querido atribuirse participación en la ejecución de Somoza, pero eso es querer capitalizar --y pretender minimizar-- la acción de un hombre muy valiente... que actuó solo, sabiendo que hasta ese momento llegaba su vida»*.

«Si se hubiera tratado de una conspiración de los oficiales exG.N. exiliados en El Salvador, entre todos le hubieran financiado totalmente sus viajes y sus gastos, pero Rigoberto López Pérez se vió obligado hasta casi matarse de hambre para ahorrar el dinero que necesitaba, y en Nicaragua anduvo mendigando para que le dieran algún dinero, por eso, para regresar a El Salvador de uno de sus viajes a Nicaragua tuvo que pedirle prestado dinero a mi hermana Gloria Marenco de Rosales, fueron cincuenta dólares y el me los pagó a mi en San Salvador. La mejor contribución que recibió de los oficiales fue el revólver Smith & Wesson, pero yo retribuí dándole al Tnte. Bermúdez mi histórica pistola Walter PPK, la primera que tuvo en sus manos y con la que Rigoberto aprendió a disparar».

--*«La única verdad --y me consta--, es que Rigoberto actuó por cuenta propia, de su propia iniciativa, era su inspirada obsesión y sabía que pagaría con su vida»*.

--*«Los hijos de Somoza García no podían aceptar que un humilde muchacho, medio poeta y creyente de la doctrina liberal (se identificaba con el Partido Liberal Independiente sin ser miembro), que vivía en una humilde casa del Barrio El Calvario de León, pudiera acabar con el inmenso poder de su padre»*.

--*«Luis y Anastasio Somoza Debayle, desataron una terrible represión contra todos los opositores políticos, periodistas críticos y contra cualquiera que no estuviese de rodillas en la nómina de Somoza. Tras la muerte de su padre, quedaron ciegos, no sabían si una insurrección o un complot seguiría después de la muerte del padre, no sabían si era asunto de los mismos oficiales de la Guardia Nacional. Desde la misma noche de la ejecución comenzó el arresto y tortura de miles de nicaragüenses, incluso muchos somocistas fueron capturados y torturados, por la más leve sospecha, en el sentido que conocían de alguna forma a Rigoberto; o simples «denuncias» de cualquiera que quiso perjudicar o vengarse de algún somocista u opositor, incluso de algún Guardia Nacional, porque hasta Guardias de alta graduación fueron capturados y torturados»*.

--*«No hubo, nunca existió tal complot. Si hubiese existido, era muy probable que fracasara, porque siempre resulta un soplón, cobarde, o jactancioso que habla más de la cuenta o infiltrado que delata a los complotados, como ocurrió en Abril de 1954, con el cobarde delator Fernando Solórzano Chamorro dos años antes que Rigoberto pusiera en marcha el proceso para acabar con el somocismo, según era su criterio. En 1954 también Somoza desató una terrible represión y una cruel masacre contra los implicados, cuando ya todos eran prisioneros y todo por culpa del delator Solórzano Chamorro, que no les dió oportunidad para escapar»*.

--*«Los únicos que ayudamos a López Pérez en su misión, fuimos los exGuardias Nacionales exiliados en El Salvador, especialmente mi persona y aportando el revolver Smith & Wesson especial, calibre .38 serie No. 74605, el Capitán Adolfo Alfaro y el Tnte. Noél Bermúdez, estos en forma muy limitada, y este servidor que le dio entrenamiento y*

ayuda. Ayudamos, pero no participamos para nada en el proyecto que fue muy personal de Rigoberto López Pérez».

--«Entre todos le ayudamos a pagar el pasaje en avión algunas veces, le conseguimos el arma y --en mi caso personal--, le enseñé a disparar con una pistola mía. Le dimos algo de apoyo, admirábamos y simpatizábamos con Rigoberto, pero no formábamos parte de ninguna conspiración. El solo hizo todo. Actuó solo, y por ello logró su propósito. Fue la revolución de un solo hombre».

--«Rigoberto López Pérez se identificó siempre con el partido Liberal Independiente aunque nunca fue un militante de ese grupo político, su pensamiento realmente era Liberal, pero él creía que los liberales independientes le ayudarían, pero hasta de ellos se decepcionó porque lo llegaron a considerar un estafador».

Vamos a interrumpir aquí las declaraciones del **Tnte. exG.N. Guillermo Marenco Lacayo**, para hacer una exposición que permita integrar en contexto los hechos y la realidad histórica y política que vivía Nicaragua bajo el régimen de **Somoza García**, que fue la motivación para la hazaña personal de **Rigoberto López Pérez** el 21 de Septiembre de 1956.

--A la luz de la historia es innegable el espíritu de sacrificio de **Rigoberto López Pérez**, casi o totalmente místico, consciente de inmolar su vida por una idea que él consideró correcta --una convicción--. Quería acabar con la dictadura de **Somoza García**, porque consideraba que el fin del régimen sería inminente o al menos a corto plazo una vez eliminada la cabeza del régimen; pero en la práctica el resultado fue lo contrario, porque surgieron los dos hijos, retoños de la vieja dictadura, y el régimen se prolongó por **23 años más** como una verdadera dinastía en que el poder se hereda de padres a hijos y de hermano a hermano. Es muy improbable que el régimen somocista se hubiese prolongado hasta 1979, si **Rigoberto** hubiese fallado en su propósito y **Somoza García** resultaba vivo del atentado. **Somoza García** ostentó el cargo de Jefe Director de la Guardia Nacional desde 1933 hasta su muerte. La Guardia Nacional fue la única fuerza armada de Nicaragua, desde 1927, aunque ya existía desde 1925 cuando el Congreso Nacional de Nicaragua la creó con la Ley Fundadora de la Guardia, pero cuando comenzó la guerra de ***Las Segovias*** de **Sandino** contra la ocupación de Estados Unidos con sus ***US Marines*** y desaparecieron las fuerzas armadas gubernamentales y revolucionarias, francamente partidarias, menos el ejército de campesinos del **Gral. Sandino**. La Guardia Nacional de Nicaragua comandada por oficiales norteamericanos fue desde entonces la única fuerza armada de Nicaragua.

El nuevo régimen de los hermanos **Somoza** no solamente hizo represión contra los opositores vivos, sino contra **Rigoberto López Pérez** ya muerto, creando una historia donde le atribuyeron homosexualismo con cuentos inventados y sin ninguna prueba, para desacreditar su memoria, solamente con testimonio de tres personas contratadas para ese efecto. Contra eso está **el hecho** de que **López Pérez** enamoraba a **Amparo Zelaya Castro**, que había sido su novia, que vivía en la misma cuadra de **López Pérez** en el barrio El Calvario de la ciudad de León de Nicaragua.

El **Gral. Somoza** también era el Presidente de Nicaragua en los períodos de 1937 a 1947 sin interrupción. Durante los tres años de 1947 a 1950, continuó siendo el jefe de las armas y gobernó detrás de tres efímeros Presidentes:

1) **Leonardo Argüello Barreto**, derrocado por **Somoza** en mayo de 1947 a los 26 días de haber jurado pa presidencia.

2) El Lunes 27 de mayo de 1947 La Asamblea Constituyente, fiel a **Somoza**, destituyó formalmente de la Presidencia a **Leonardo Argüello**, mientras estaba asilado en la Embajada de México en Managua, y nombró como Presidente Provisional al Diputado Li-

beral Somocista **Benjamín Lacayo Sacasa**, pariente de **Somoza**, quien el 10 de Junio de 1947 disolvió el Congreso Nacional y traspasó el poder a un ***«Consejo de Ministros»*** que gobernó por decretos.

3) El tercer Presidente títere de **Somoza García** fue nombrado por la Asamblea Constituyente el 1º de agosto de 1947. Se trató de un tío de **Somoza**, popularmente llamado ***TiVi*** (***«Tío Víctor»***), el **Dr. Víctor Manuel Román y Reyes**, que ostentó la primera magistratura de Nicaragua hasta 1950. El **Dr. Román y Reyes** murió siendo presidente el 6 de mayo de 1950, dos semanas antes de las elecciones y el cargo lo asumió ***interinamente*** el mismo **Gral. Somoza**, que volvió oficialmente al cargo de Presidente de Nicaragua en mayo de 1950 para el período 1950-1956, al ***«derrotar»*** al candidato conservador **Emilio Chamorro Benard** en las elecciones de 1950. Simultáneamente ostentó los dos más poderosos cargos, presidente de Nicaragua y Jefe Director de la Guardia Nacional, posición que no pactaba con nadie: las armas --entonces como ahora-- las armas eran el poder real en Nicaragua.

Rigoberto López Pérez observó, vivió y padeció todos estos procesos junto con todos los nicaragüenses, pero sabía que nadie quería tomar responsabilidad en sus manos, menos arriesgar físicamente la propia vida, y ante la indolencia e inconsciencia del pueblo nicaragüense, y su sempiterno ***yoquepierdismo***, como el mismo **López Pérez** lo calificó, en su mente comenzó a tomar forma la idea del mecanismo para terminar con esta situación creada por la perpetuación de **Somoza García** en el poder. Bastaba un sólo nicaragüense con obsesiva convicción y espíritu de sacrificio, para cambiar la historia de Nicaragua, decía el mismo **López Pérez**.

Antes de viajar a Nicaragua, **Rigoberto** le pidió al **Tnte. Marenco Lacayo**, que le enviara una carta para su mamá, **Doña Soledad López**, pero enviarla después del atentado para matar a **Somoza**. Esto le dijo a su madre en la carta:

--***«Mi querida mamá: Aunque usted nunca lo ha sabido, yo siempre he andado tomando parte en todo lo que se refiere a atacar el régimen funesto de nuestra patria, y en vista que todos los esfuerzos han sido inútiles para tratar de lograr de que Nicaragua vuelva a ser (o lo sea por primera vez), una patria libre sin afrentas y sin manchas, he decidido aunque mis compañeros no querían aceptarlo, el tratar de ser yo el que inicie el principio del fin de esa tiranía. Si Dios quiere que perezca en mi intento, no quiero que se culpe anadie, pues todo ha sido decisión mía. Espero que tomará todas estas cosas con calma y que debe pensar que todo lo que yo he hecho es un deber que cualquier nicaragüense que deberás quiera a su patria debía haber llevado a cabo hace mucho tiempo. Si usted toma las cosas como yo lo deseo, le digo que me sentiré feliz. Así es que nada de tristeza, que el deber que se cumple con la Patria es la mayor satisfacción que debe llevarse un hombre de bien como yo he tratado de serlo. Si toma las cosas con serenidad y con la idea absoluta de que cumplido con mi más alto deber de nicaragüense, le estaré muy agradecido. Su hijo que siempre la quiere mucho. Rigoberto»***.

Esta carta a su madre, es en realidad la evidencia de un estamento político y cívico dirigido a todos los nicaragüenses, un deseo que **Rigoberto López Pérez** quiso expresar.

El 20 de septiembre de 1956, **Anastasio Somoza García** fue electo candidato a la Presidencia de Nicaragua para continuar en el poder. **Somoza** salió a celebrarlo. La última celebración al día siguiente de su nominación estaba programada en el ***Club de Obreros*** de León... sería la última celebración de su vida, porque también llegó a la fiesta --cargando su determinación, su espíritu de sacrificio y un revólver ***Smith & Wesson especial, calibre .38 serie No.74605***--, el joven medio poeta de 27 años: **Pascual Rigoberto López Pérez**.

Capítulo Veintitres

1956: Cinco balazos contra el Gral. Somoza

El último viaje del **Gral. Somoza** fuera de Nicaragua, antes de ser balaceado en León, lo hizo a Panamá el 22 de julio de 1956 para asistir a ***La Cumbre de las Américas*** que tuvo la participación de 19 presidentes de América que aprobaron ***La Declaración de Panamá***, y se establecieron las bases para la creación del ***Banco Interamericano de Desarrollo, BID***. En esa ocasión el **Gral. Somoza** se reunió personalmente con el Presidente de Estados Unidos, **Gral. Dwight David Eisenhower**. Se tomaron fotos juntos, y **Somoza** dió a ampliar una de ellas y se la envió autografiada a **Eisenhower**. Sin sospechar el drama que viviría dos meses después en la ciudad de León. Fue la primera y última vez que **Somoza** departió con el Presidente **Eisenhower**.

El **Tnte. exGN Guillermo Marenco Lacayo**, el oficial que más se relacionó con **Rigoberto López Pérez** en San Salvador, llegó a tenerle gran aprecio y cariño, así me lo manifestó cuando coincidimos en Managua en enero de 1998. Nos reunimos tres veces más, reiteramos nuestras conversaciones, nos despedimos y nunca tuvimos otra oportunidad de conversar. Este es el final de su testimonio:

--«***Sería como a mediados de Agosto de 1956, cuando López Pérez se preparó para su tercer viaje a Managua. Ni él ni nadie sabía que sería el último viaje, y éste sin retorno. Antes del viaje me regaló una fotografía suya con una dedicatoria. Esta foto yo se la dí a guardar a doña Laura Reyes de Alfaro, esposa del Capitán Adolfo Alfaro Carnevallini, y creo que ella aún la conserva***».

--«***Rigoberto López Pérez partió de San Salvador en su tercer viaje, iba solo a su destino. Una vez rumbo a Nicaragua, mi papel y el de los demás exiliados, finalizaba. No recuerdo exactamente la fecha, pero era a mediados de Agosto de 1956, como dije antes. Un poco más de un mes antes de ejecutar su acción definitiva***».

Rigoberto López Pérez ingresó a Managua por el Aeropuerto Internacional Las Mercedes, exactamente el **10 de Septiembre de 1956**. Lo demás es historia conocida, aunque distorsionada por quienes se amparan en heroísmos ajenos para sacarle partido político a la hazaña de otros, agregando falsedades o callando parte o toda la verdad de los hechos, pero eso lo ha corregido la investigación histórica.

López Pérez inició la búsqueda de la oportunidad de disparar contra el **Gral. Somoza García** en tres lugares. Le buscó en la hacienda ***"San Jacinto"*** el 14 de Septiembre de 1956, durante la conmemoración del ***Centenario de la Batalla de San Jacinto***, pero no pudo ni acercarse porque el círculo de seguridad era impenetrable.

Volvió a presentarse una segunda oportunidad seis días después, el jueves 20 de Septiembre de 1956 en el Teatro González de la ciudad de León, durante la realización de la Gran Convención del Partido Liberal Nacionalista, PLN, que volvió a proclamar al **Gral. Anastasio Somoza García** como el candidato del partido, para presidente, que si ganaba las elecciones --algo que nadie dudaba-- sería reelecto para ejercer durante un período que finalizaría en 1963, fecha que nunca llegaría para **Somoza** ni para **López Pérez**. Tampoco en el Teatro González tuvo oportunidad de acercarse a su objetivo.

En el interior del Teatro González de León se encontraba el mismo director del

Panamá, 22 de julio de 1956. Participaron 19 presidentes del Continente en la ***Cumbre de las Américas***. Se aprobó la ***Declaración de Panamá***, y las bases para la creación del Banco Interamericano de Desarrollo. La asistencia del Presidente de Estados Unidos **Gral. Dwight David Eisenhower** fue clave para la concurrencia de los presidentes de los países de América. El **Gral. Somoza García** nunca antes se había reunido con **Eisenhower**, y aprovechó la cumbre para conversar con él. En la foto de la izquierda **Somoza** y **Eisenhower** dialogan improvisadamente, a la derecha de los presidentes se ve al diputado **Luis Somoza Debayle**, aparentemente espera ser presentado. En la foto de la derecha **Somoza** y el **general Dwight Eisenhower** se saludaron efusivamente, esa fue la foto que el **Gral. Somoza** le envió autografiada al presidente de Estados Unidos. Nunca más volvieron a encontrarse porque dos meses después el **Gral. Anastasio Somoza García** fue balaceado en León.

periódico ***«El Cronista»***, **Dr. Rafaél Corrales Rojas *"Raf"*** que estaba conversando con uno de los Convencionales Liberales Nacionalistas, el **Dr. Oscar Sevilla Sacasa**, cuando el abogado y periodista vió a **Rigoberto López Pérez**, sentado tranquilamente en el Teatro. Inmediatamente le indicó al **Dr. Sevilla Sacasa**:

--***«Ese hombre que está ahí sentado es muy peligroso, es enemigo acérrimo del gobierno»***.

Sevilla Sacasa se limitó a no hacerle caso e indiferentemente exclamó:

--***«Bueno pues, hombre, ya lo ví»***. Y acto seguido dirigió su mirada en dirección opuesta. Fue la segunda vez que **Corrales Rojas** se cruzaba en el destino de **López Pérez** y en el Teatro González experimentó la misma frustración de cuando habló con **Somoza** y los coroneles en la hacienda ***La Calera***, tratando de mostrarles la carta que envió a su amigo, **Armando Zelaya Castro**, para que se la entregara a **Edwin Castro Rodríguez**, pero **Zelaya** decidió entregársela al **Dr. Rafaél Corrales Rojas**, somocista leonés a quien apodaban ***Raf***, y este trató de obtener beneficios con la carta interceptada que, para su buena o mala suerte, llegó a sus manos, pero tanto el **Gral. Somoza**, como su hijo el **Cnel. Somoza** y el **Cnel. Carlos Silva**, trataron a **Corrales Rojas** como a un necio impertinente que se presentó inoportunamente en la fiesta campestre en la hacienda estatal ***La Calera***.

López Pérez envió la carta a **Armando Zelaya Castro**, confiando en que era su amigo y vecino desde la infancia y hermano de su ex novia **Amparo Zelaya Castro**. Fue una acción perversa de **Armando Zelaya Castro**, con toda la intención de perjudicar, incluso mortalmente, a **Rigoberto López**.

El testimonio de Briones Torres

Ignacio Briones Torres, periodista e historiador (qepd), fue frecuente colabora-

IZQUIERDA: La casa familiar de **Rigoberto López Pérez** en el barrio ***El Calvario*** de León, donde **López Pérez** nació y creció al lado de su madre **Soledad López Calero** y sus hermanos maternos: **Salvador**, **María Azucena**, **Rigoberto José** y **María Soledad Meléndez López**. De esta casa salió **López Pérez** la tarde del 21 de Septiembre de 1956 con destino al Club Obrero, diciéndole a su madre: ***«Ya vuelvo, mamá, voy a hacer "un volado"»*** DERECHA: **María Soledad Meléndez López**, hermana de madre de **Rigoberto López Pérez**, que habita la casa familiar tras el fallecimiento de su madre.

dor de ***La Estrella de Nicaragua Newspaper*** y escribió un artículo, que publicamos, revelando esta información:

El 17 de Septiembre de 1956, **Briones Torres** conoció **Rigoberto López Pérez**, en la oficina del **Dr. Enoc Aguado** donde ambos coincidieron de casualidad, cuatro días antes del atentado. El **Dr. Aguado** los presentó diciéndole a **López Pérez** que *Nacho* **Briones**, era periodista y opositor de confianza. Al salir de la oficina del **Dr. Aguado** se fueron juntos platicando sobre los exiliados en El Salvador, tema que le interesaba a **Briones Torres**. Así llegaron hasta la estación del tren de Managua, pero **López Pérez** no le reveló sus planes y se despidieron.

Como **Ignacio *«Nacho»* Briones Torres** era un reconocido marxista y opositor al gobierno de **Somoza**, fué capturado cuando se desató la represión general contra todos los opositores al régimen. Cuando interrogaron a **Briones Torres** en la recién organizada Oficina de Seguridad Nacional, le mostraron las fotografías de varios individuos y le preguntaron:

--***«¿Cuál de estos es Rigoberto López Pérez?»***

Y *Nacho* **Briones**, después de ver todas las fotos, respondió:

--***«Ninguno»***.

Se tomó aquella respuesta como una confesión de que conocía y estaba ligado a **López Pérez** y además le imputaron encubrimiento del atentado.

Después de la carceleada que le propinaron, **Briones Torres** se interesó como periodista para investigar los pormenores alrededor del atentado, y entre otros detalles dijo:

--***«Durante el día 21 de Septiembre de 1956, Rigoberto López Pérez anduvo con Armando Zelaya Castro "Zelayita", su supuesto cuñado, invitando públicamente en un carro con altoparlantes (***una ***"barata") a la fiesta del Club de Obreros de León en honor del Gral. Somoza. Rigoberto no habló en el micrófono, sino que se limitó a acompañar en silencio, pero aprovecho esa oportunidad para sus propósitos. Al finalizar la tarde, Zelaya dejó a Rigoberto en la propia puerta del Club de Obreros, y es muy seguro que en ese momento introdujo el revólver al recinto, presumiblemente lo escondió detrás del tanque del inodoro, previniendo que registraran a los concurrentes que entraran a la*** *fiesta de la noche»*. Hasta aquí el testimonio del periodista **Ignacio Briones Torres** qepd, fallecido el 27 de Noviembre de 2009.

López Pérez escondió el revólver en el baño del Club

La historia tendría sus variantes. **Rigoberto López**, aparentemente basado en trucos que había visto en alguna película, llegó al local del Club a esconder la pistola en el baño antes que comenzara la fiesta,porque todo el mundo entraba y salía libremente del Club. Escondió el revólver por si en la entrada a la hora de la fiesta registraban a los concurrentes, de modo que por la noche él llegó desarmado a la fiesta y entró sin problemas al Club de Obreros de León.

Por la tarde del Viernes 21 de Septiembre de 1956, después de haber andado en ***«la barata»*** invitando a la fiesta de esa noche en el ***Club de Obreros*** en honor al **Gral. Somoza**, recorrido que concluyó frente al Club, **López Pérez** se bajó y se metió al local del Club y se dirigió al baño con toda naturalidad, ya en la intimidad del baño descargó su líquido corporal y escondió el revolver detrás del tanque del inodoro pegándolo firmemente con ***maskintape***. Salió del baño y regresó al hogar de su madre que era su gran amor.

Doña Soledad López Calero, madre de **Rigoberto**, estaba feliz de tener a su hijo primogénito en su hogar, ella no tenía idea de las intenciones de su hijo al regresar de El Salvador. **Doña Soledad** mantenía a su familia con su trabajo de panadera. Tanto ella como su hijo al que familiarmente le llamaba ***Rigo***, nunca perdonaron al padre **Francisco Pérez**, que era el típico irresponsable que abandonó a **Soledad**, con tres meses de embarazo, cuando ella era joven, porque el nacimiento del hijo que esperaba representaba una carga económica y una responsabilidad que el padre **Francisco Pérez** nunca quiso cumplir y desapareció de la vida de su mujer embarazada y de su hijo en gestación. Cuando **Rigoberto** nació, **Soledad** lo inscribió en el Registro Civil poniendo el apellido del funesto padre, después de su apellido **López** que puso de primero.

Cuando nació **Rigoberto**, ella estaba dispuesta a luchar sola para mantener y educar a su adorado primogénito. En medio de sus penurias de pobreza apareció un joven enamorado dispuesto a ser su compañero y hacerse cargo del niño. **José Dolores Meléndez**, se llamó ese joven que fue un verdadero padre para ***Rigo*** en su infancia y adolescencia. **Meléndez** procreó tres hijos con **Soledad**: **Efraín Salvador**, **María Azucena** y **María Soledad**, que fueron hermanos de madre muy queridos de **López Pérez**.

José Dolores y **Soledad** formalizaron su relación contrayendo matrimonio civil. Ambos lucharon juntos para el sostenimiento de los cuatro muchachos.

Rigoberto aprobó su escuela primaria, comenzó la secundaria pero no la concluyó. Su madre lo matriculó en el ***Hospicio San Juan de Dios*** donde aprendió el oficio de sastre, después ingresó a la ***Escuela de Comercio Somarriba*** donde se graduó de contador, mecanógrafo y taquígrafo oficios que nunca ejerció. Sin ningún estudio se dedicó al periodismo, trabajando primero como tipógrafo del diario ***El Centroamericano*** y parcialmente como reportero. En ***El Centroamericano***, su director y propietario **Rodolfo Abaúnza**, lo estimuló publicándole sus poemas, que no impresionaron a nadie, pero él se emocionaba de ver su creación literaria en las páginas del periódico, sin importarle que eso no le producía ningún beneficio económico. Se acercó al segundo periódico de León, ***El Cronista***, y es ahí donde conoció al propietario y director, **Dr. Rafaél Corrales Rojas**, ***«Raf»***, abogado somocista, que le publicaba sus versos, aunque eran mediocres, y también reporteaba noticias.

«Ya vuelvo, mamá, voy a hacer "un volado"»

El 21 de septiembre de 1956, ya habiendo escondido el revólver ***Smith & Wesson***, en el baño del ***Club de Obreros***, se dió una ducha en su casa y se vistió con una guayabera blanca y un pantalón azul, pero sin intención de asociar su sencilla ropa con los colores patrios de Nicaragua. Al salir de su casa rumbo a su destino final, se despidió de su madre sin melodramatismos, diciéndole:

--«***Ya vuelvo mamá, voy a hacer "un volado"***».

Y **Doña Soledad**, que no tenía ni la menor idea ni sospecha que nunca más volverá a ver a su adorado primogénito, con toda sencillez de respondió:

--«***Que te vaya bien hijo, no vengás tarde***».

A las ocho de la noche **Rigoberto López Pérez** se fue a pie directamente al ***Club de Obreros*** y llegó poco menos de una hora antes de la llegada de **Somoza**.

El ingreso a la fiesta estaba abierta al público. En la puerta está **Álvaro Álvarez**, presidente del ***Club de Obreros*** vendiendo las intrasmisibles para que las compraran los que querían estar en la fiesta en honor al **Gral. Somoza**. Con toda naturalidad **Rigoberto López Pérez** compró su entrada e ingresó al Club.

La última reunión de López Pérez con Edwin Castro

En horas de la mañana, antes de que **López Pérez** anduviera en el carro con parlantes invitando a la fiesta en honor a **Somoza**, por las calles de León. Tuvo una reunión con **Edwin Castro Rodríguez** para reiterar el plan de distracción que le abriría una minúscula rehendija por donde salir con vida tras el atentado, algo sumamente imposible.

El plan de distracción consistía en que **Ausberto Narváez Parajón**, joven de 26 años, liberal independiente y recién casado, debía ubicarse cerca del ***Club de Obreros*** y al escuchar los disparos, inmediatamente debía hacer señales con las luces de un automóvil estacionado en las cercanías. Esas señales serían vistas por **Edwin Castro Rodríguez** para asaltar la planta eléctrica de León en compañía de **Cornelio Silva Argüello** con el propósito de desconectar el fluido eléctrico en la zona del ***Club de Obrero***. Además provocarían un incendio en el edificio de ***La Renta***. Agregarían dispararos de bombas pirotécnicas de mecate para aumentar la confusión. Apagón y confusión que debía aprovechar **López Pérez** para escapar de la escena del atentado. Todo este plan era una ilusión matemáticamente imposible de cumplirse aunque tomara menos de un minuto, porque tras los cinco disparos de **López Pérez** no podían pasar más de cinco o diez segundos para que lo atacaran y matarlo.

Cornelio Silva Argüello, era un conservador que había acordado con **Edwin Castro** y otros, tomarse el Cuartel de la Guardia Nacional durante la confusión, para lo cual **Silva Argüello** debía reunir varias armas en Chontales y transportarlas a León. Todo eso era una total fantasía que nunca se convertiría en hechos reales.

El optimismo descuidado del Gral. Somoza

Horas antes de la fiesta en el ***Club de Obreros***, su amigo y subalterno **Mariano Argüello Vargas** le dijo al **Gral. Somoza**:

--«***Ve Tachó, ya te diste cuenta que las calles de León están vacías, desoladas. Eso lo veo muy raro y lo veo muy feo***».

El **Gral. Anastasio Somoza**, que era testarudo y audaz, le dijo sarcásticamente:

El ***Club Obrero de León***, tal como estaba su fachada el 21 de Septiembre de 1956. En la parte alta de la pared frontal estaba un rótulo proclamando: ***«Somoza Presidente»***. En la fiesta en honor a la reelección del **Gral. Somoza**, recibió en su cuerpo cuatro balazos de los cinco que disparó **Rigoberto López Pérez**. Los balazos no fueron mortales, pero hubo mala práctica de los eminentes médicos que le atendieron en Panamá.

--***«Andá llená las calles vos, para que se vean bonitas, pero dejame en paz»***. **Somoza** continuó preparándose para la fiesta. Se dio un baño para refrescarse y tonificar su cuerpo. Al salir de la ducha el **Mayor G.N. Luis Ocón** le cambio la bolsa de los desechos orgánicos y le instaló en el tubo intestinal una bolsa nueva. Le trajo el chaleco a prueba de balas, pero **Somoza** lo desechó y le dijo: --***«Dejá esa babosada porque no me lo voy a poner***. El **Mayor Ocón** puso el chaleco sobre la cama y ahí quedó la prenda blindada que le pudo haber salvado la vida.

El **Gral. Somoza** estaba tan optimista y eufórico porque estaba a las puertas de su reelección, que se comportaba con mucho descuido de su seguridad y total imprudencia.

Somoza le dijo a **Ocón** que le preparara su traje azul oscuro, una buena camisa blanca y una de las corbatas rojas. Seguidamente **Ocón** le ayudó a vestirse con calma y finalmente **Somoza** se miró en el espejo aprobando con satisfacción su imagen.

El general se fue a traer a su esposa y salieron juntos a tomar la limusina negra presidencial para dirigirse al ***Club de Obreros***, a recibir un homenaje que le entusiasmaba, convencido que la clase trabajadora le apoyaba y le tenía cariño. Eso estaba en su mente y le influenciaba su descuidada conducta.

Anteriormente se había enojado con su jefe de seguridad **Richard Van Winckle** porque le había advertido que tomara en serio el mensaje de **Rafaél Leonidas Trujillo** que le informó que se rumoraba que ***«Somoza era hombre muerto»***, pero **Somoza** regaño a todos los que llegaron con el telegrama de advertencia que le mandó **Trujillo**, el dictador de República Dominicana, regaño al **Cnel. José Dolores García**, ***«Realito»***, director de comunicaciones; regaño a **Van Winckle**, jefe de la oficina de Seguridad y regañó al **Cnel. Camilo González**, jefe de la Guardia Presidencial y muy amigo de **Somoza**, desde que se

El **Gral. Anastasio Somoza García** y su esposa **Salvadora Debayle de Somoza**, haciendo triunfal entrada al Club de Obreros de León a las 9:00 de la noche del 21 de Septiembre de 1956, entre atronadores aplausos, incluyendo los de **Rigoberto López Pérez** que desde hacía una hora estaba esperando en el salón del Club.

conocieron en Filadelfia cuando eran muchachos de veinte años. En resumen, **Somoza** trató de mala manera a todos los que le advirtieron el peligro.

Esa conducta de **Somoza** rechazando las prácticas elementales de su seguridad es algo incomprensible, considerando que dos años antes, en Abril de 1954, se había estructurado una fuerte conspiración para matarlo a él y a sus dos hijos, pero en su optimista euforia rechazó ponerse el chaleco a prueba de balas y regañó a todos los que le llevaron el telegrama de **Trujillo** advirtiéndole que en Centroamérica se decía que era hombre muerto.

Pipilacha, el cabo G.N. que pudo haber cambiado la historia

El Coronel **Lizandro Delgadillo**, Comandante de León, había organizado la vigilancia y seguridad para proteger al **Gral. Somoza** en el ***Club de Obreros***. En ese esquema,

En la mesa de honor colocada en el centro del salón del Club Social de Obreros, el **Gral. Somoza** estuvo acompañado de su esposa **Salvadora**, de pié **Eduardo Argüello Cervantes**, el **Gral. Somoza** sentado en el centro del grupo y a la derecha la poeta **Mariana Sansón de Argüello**. Toda la fiesta se desarrollaba con éxito y alegría, nadie esperaba ninguna alteración y menos un atentado. Sin embargo **López Pérez** ya estaba bailando frente a la mesa de honor haciendo sus cálculos y buscando la mejor posición.

Delgadillo había designado para estar en la puerta del Club a un experimentado agente de la Policía de León, el **Cabo G.N. Toribio Obando**, alias ***«Pipilacha»***, conocedor de todo el mundo leonés, pero...

La recién formada Oficina de Seguridad Nacional bajo la dirección de **Richard Van Winckle**, un exagente del FBI, había trasladado a sus oficiales a León y literalmente tomaron el mando de la seguridad del presidente **Somoza**, desplazando con altanería a los agentes locales que el Comandante de León, **Cnel. G.N. Lizandro Delgadillo** había destacado para la seguridad en el ***Club de Obreros***. El Cabo ***«Pipilacha»*** no solamente fue destituido de la vigilancia de la entrada del Club, sino que fue humillado y expulsado con exceso de petulancia.

Cuando **Rigoberto López** entró al ***Club de Obreros***, el agente de la Oficina de Seguridad, que era un oficial de la Guardia Nacional, graduado en la Academia Militar de Nicaragua, no tenía ni la más remota idea de la persona de **López Pérez**.

Si en esa puerta hubiesen dejado al **Cabo G.N. Toribio Obando**, ***«Pipilacha»***, la historia sería diferente, porque **Obando** conocía la condición de opositor de **López Pérez** al régimen de **Somoza**, y nunca hubiera permitido que ingresara al ***Club de Obreros*** la noche del 21 de Septiembre de 1956. Pero el destino ya había decretado que la historia de la vida del **Gral. Somoza** y la vida de **Rigoberto López Pérez**, estaban decididas.

El **Gral. Somoza** y su esposa iniciaron el baile con un suave vals, pues **Salvadora** no era experta en bailar como lo era su esposo que bailaba magistralmente congas, rumbas, charleston, guarachas y mambos. Así comenzó la fiesta en el Club de Obreros de León, **Somoza**, ofrecidas por los obreros de León, celebrando la candidatura para la reelección presidencial del **Gral. Somoza**, proclamada el día anterior.

Bailando se acercó la muerte...

Entrar a la fiesta en honor a **Somoza** no fue problema. En la puerta del Club, estaba vendiendo las intransmisibles **Álvaro Álvarez**, presidente del Club. Se suponía, como era lógico, que todos quienes concurrieran a la fiesta eran partidarios del **Gral. Somoza** y de su candidatura presidencial para la reelección, de modo que todos podían comprar sus entradas y nadie hacía preguntas.

En la fiesta todo era optimismo, alegría y triunfalismo. Al ingresar **Somoza**, a las 9:00 p.m. muy elegante con su traje azul oscuro llevando del brazo a su esposa **Salvadora** que vestía un elegante traje, unos pasos atrás del presidente venía el **Mayor G.N. Luis O-**

El **Gral. Somoza** bailando con la Novia del Club de Obreros de León, **Azucena Poveda**, el mambo ***Caballo Negro*** de **Dámaso Pérez Prado**. A **Somoza** le encantaba demostrar su habilidad para bailar y mientras **Somoza** bailaba, los aplausos, gritos y vivas en honor al candidato danzante fueron ensordecedores. El baile del mambo ***Caballo Negro*** con la señorita **Poveda** fue el último baile en la vida de **Somoza**.

cón y también **Danilo Barreto**, encargado de dirigir el protocolo. Un redoble de tambores puso de pié a toda la concurrencia. La orquesta ejecutó el Himno Nacional. Al terminar el himno tronaron los aplausos y los gritos ***¡Viva Somoza!*** que el **Gral. Somoza** recibió con satisfacción levantando ambas manos para saludar a los obreros y concurrentes.

Somoza ocupó la mesa honor de blanco mantel adornada con vistosos arreglos de frescas y coloridas flores. En la mesa de honor el **Gral. Somoza** y su esposa ocuparon el centro y a los lados del presidente se sentaron acompañándole, el **Dr. Orlando Buitrago Méndez**, el **Cnel. Lizandro Delgadillo**, ambos con sus esposas; el **Dr. José Montalván**, **Eduardo Argüello Cervantes** con su esposa **Mariana Sansón de Argüello**, destacada

Al terminar de bailar el mambo **Somoza** se sentó en la mesa de honor y no volvió a bailar. **Danilo Barreto** le dijo que ya era hora de despedirse, pero **Somoza** quiso quedarse un rato más. En la mesa de honor del **Gral. Somoza**, aunque no aparezcan en la foto, se sentaron el **Dr. Orlando Buitrago Méndez**, el **Cnel. Lizandro Delgadillo**, ambos con sus esposas; el **Dr. José Montalván**, **Eduardo Argüello Cervantes** con su esposa **Mariana Sansón de Argüello**, destacada poeta y su hermana **Esperanza Sansón,** ambas muy bellas damas, la Novia del Club de Obreros, **Azucena Poveda**, también compartió en la mesa de honor y además se sentaron **Ligia Irías** y el diputado **Adolfo Martínez**. **Somoza** se quedó tranquilo y quieto, mientras **López Pérez** se acercaba.

poeta y su hermana, **Esperanza Sansón,** ambas muy bellas damas. Al lado del presidente la Novia del Club de Obreros, la señorita **Azucena Poveda**, también en la mesa de honor se sentaron **Ligia Irías** y el diputado **Adolfo Martínez**.

Somoza inició el baile danzando un vals con su esposa **Salvadora Debayle Sacasa de Somoza**, antes de terminar el vals se lanzaron a la pista innumerables parejas de muy variados niveles sociales. El baile se estableció en forma generalizada. Confundido entre la gran cantidad de parejas que hacían toda clase de requiebros. **Rigoberto López Pérez** también bailaba con una joven, pero su propósito no era la danza, sino medir, calcular, observar y mentalmente escoger el mejor ángulo y practicar con su pensamiento la acción. Poco más tarde, cuando el baile estaba en todo su furor, **Somoza** invitó a bailar la novia del Club **Azucena Poveda** el mambo ***Caballo Negro*** que le dio oportunidad de demostrar que era un experto bailando, habilidad que generó gritos, vivas y aplausos de los obreros que admiraban las contorsiones del presidente. Luego el general se sentó y no volvió a bailar, pero el baile continuó con gran entusiasmo.

Con la música del conjunto **Roger del Moral** que amenizaba la fiesta, **Rigoberto López** invitó a bailar de nuevo a la misma joven, y baila bailando el romántico bolero ***Hotel San Francisco***, se fue acercando a la mesa de **Somoza**. Mientras **López Pérez** se acercaba, entró en escena, una vez más, el mismo personaje de la carta: el **Dr. Rafaél Corrales Rojas**, ***«Raf»***. Esta vez no intentó hablarle a **Somoza** del complot, sino que se dedicó a enseñarle dos periódicos. Uno era ***El Centroamericano*** y el otro era su propia

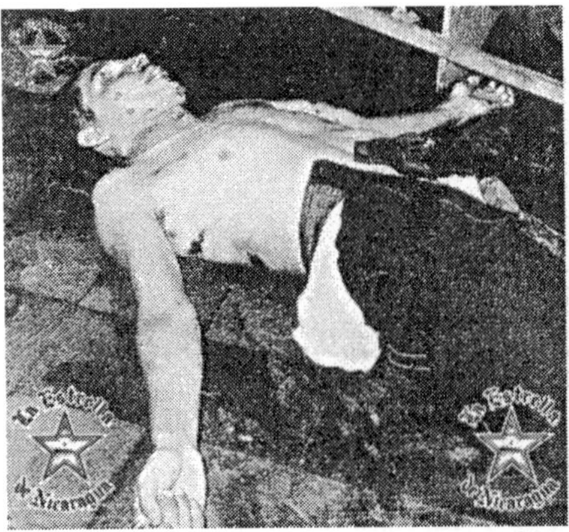

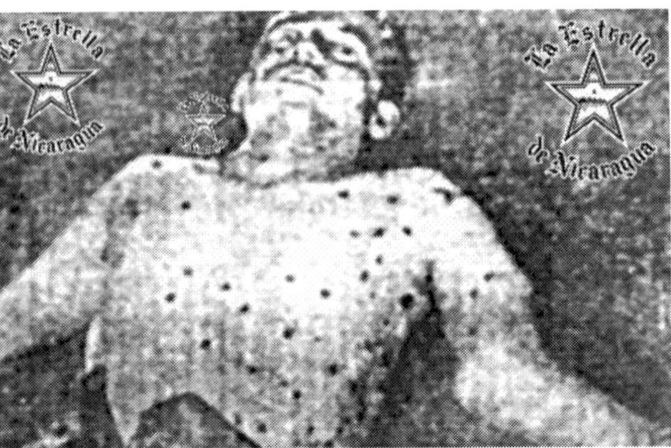

El cadáver de **Pascual Rigoberto López Pérez**, quedó en el piso del salón de baile del ***Club de Obreros*** de León. El **Cabo G.N. Lindo** fue el primero en neutralizar a **López Pérez**, dándole un tremendo culatazo en la cara que le desencajó la mandíbula y le quebró los dientes, inmediatamente después el **Sgto. G.N. Pedro Gutiérrez** le disparó a quemarropa un balazo en la zona del hueso occipital del cráneo posterior. La bala salió destrozando el ojo derecho que le quedó colgado. Ya cadáver llegaban a vaciar sus pistolas los celosos amigos de **Somoza**, entre esos, principalmente el **Cnel. G.N. Camilo González Cervantes** y **Eduardo Argüello Cervantes**. En total el cadáver de **López Pérez** recibió 54 balazos, pero solamente el primer balazo acabó con su vida.

publicación, ***El Cronista***, al tiempo que le decía:

--«***Lea General lo que escribió de la Gran Convención su ahijado Rodolfo Abaúnza y lea lo que digo yo***».

Mientras leían los periódicos que ***Raf*** le mostraba, **Doña Salvadora** llamó a **Danilo Barreto** y le dijo: «***Decile a Tacho que ya nos debemos ir, yo estoy cansada de todo el ajetreo de hoy y mañana tenemos que salir temprano para Managua. Sólo a vos te hace caso***». Inmediatamente **Danilo Barreto** le habló al presidente al oído:

--«***Jefe, es hora de irnos, mañana hay que madrugar***». Y como respuesta campechana **Somoza** le respondió:

--«***Bueno pues, ya nos vamos a ir. Pero dejame un rato más. Sos un dictador***».

En ese momento un caballero invitó a bailar a **Marianita Sansón** y bailaron el mismo bolero ***Hotel San Francisco*** que bailaba **López Pérez**, frente a la mesa de ***Tacho*** **Somoza**.

Mientras tanto **Anastasio Somoza** tenía desplegado el periódico leyéndolo y doña **Salvadora** leía el otro periódico. **Rigoberto** se había acercado lo suficiente y cuando ya estaba a escasos dos metros de distancia, extrajo su revólver y disparó lateralmente sobre el cuerpo de **Somoza García**, tal como lo había practicado en los entrenamientos: de arriba hacia abajo, lateralmente, buscando cómo evitar la posibilidad de un chaleco a prueba de balas, disparando sobre la posible apertura del chaleco, ligeramente agachado, con las piernas abiertas para mejor estabilidad y sosteniendo el arma firmemente con las dos manos, según la técnica enseñada por el **Tnte. exG.N. Guillermo Marenco Lacayo**.

Rítmicamente disparó **López Pérez** con mucha pericia y precisión. Sonaron las explosiones. **Uno**. **Dos**. **Tres**. **Cuatro**, **Cinco** balazos. **Cuatro** acertaron en el blanco. La misión y obsesión de **Rigoberto López Pérez**, largamente preparada, estaban cumplidas.

Eran las once y cuarto de la noche (11:15 p.m.) del Viernes 21 de Septiembre de 1956.

López Pérez no tuvo tiempo de percatarse que sus complotados le habían fallado. No hubo apagón, no se provocó ningún incendio en el edificio de ***La Renta*** ni hicieron ruido con las bombas de mecate ni intentaron tomarse el Cuartel de la Guardia Nacional. Le habían fallado en proporcionarle la inalcanzable esperanza de salir con vida, que de todas maneras era una misión imposible y aunque hubiesen realizado todas las distracciones programadas, **López Pérez** no tuvo vida para darse cuenta. **Rigoberto** estaba ahí de pié, perfectamente visible, pistola en mano y cercano a distancia de tiro de los atónitos guardaespaldas de **Somoza**.

El **Sargento G.N. Pedro Gutiérrez**, de la custodia del **Gral. Somoza**, fue el que le disparó un balazo en la parte posterior del cráneo a **López Pérez**, matándolo en el acto. La bala salió por el ojo derecho de la cara, dejándolo colgado. Segundos antes el **Cabo G.N. Lindo** le había pegado un tremendo culatazo quebrándole la mandíbula y los dientes.

Salvadora de Somoza atinó a decir protestando:

--«*¡Qué falta de respeto! Están tirando triquitracas delante del Presidente*».

Y la imprecación pronunciada por el propio **Somoza**:

--«*¡Ay, rejodido!, ¡me tiraste!*».

Y las palabras finales que pronunció en el Club, sin duda creyendo al principio que su condición no era mortal, instintivamente pareció querer averiguar lo que había detrás del ataque, diciendo:

--«*¡No lo maten, jodido!*»

Fueron las últimas palabras que escuchó **Rigoberto**, porque en ese momento su mortal humanidad recibió un descomunal culatazo propinado en la cara por el **Cabo G.N Lindo** que le desencajó la mandíbula y le quebró los dientes. Detrás de **López Pérez** se acercó rápidamente el **Sargento G.N. Pedro Gutiérrez**, apuntó su pistola a la parte trasera del cráneo de **López Pérez** y le disparó, la bala atravesó su cabeza y salió por la cara, desprendiéndole el ojo derecho que se salió de órbita quedándole colgado sobre la mejía. Su muerte fue instantánea, pero la misión que se propuso por tanto tiempo, estaba concluida.

Somoza se dobló en su silla, en sus manos temblaba el periódico y de alguna forma pretendió protegerse con el mismo periódico. ***Tacho* Somoza** estaba consciente, cuando sus custodios comenzaron a disparar sobre **López Pérez**, ya era muy tarde para **Somoza** saber quien le había disparado. El cuerpo de **Rigoberto Lépez Pérez** estaba recibiendo los primeros balazos ya cadáver. Pero antes de que **Rigoberto** cayera, teniendo todavía su pistola en la mano, un atónito **Rafaél Corrales Rojas** lo identificó en el acto, exclamando en voz alta: --«*¡Si es el poeta López!*».

Otros testigos recuerdan que en el clímax del momento, el periódico temblaba en las manos del viejo ***Tacho***, mientras gritaba imprecaciones.

Cuando **Rigoberto** yacía en el piso ya cadáver, algunos oficiales de la Guardia Nacional se acercaron al cuerpo muerto a vaciar sus armas. Los más memorables de ellos fueron el **Coronel Camilo González Cervantes**, amigo de juventud de ***Tacho* Somoza**, que disparó su arma sobre el cráneo y el rostro del ***Poeta* López**. El otro que le disparó todas las balas de su pistola sobre el cadáver fue **Eduardo Argüello Cervantes**.

El **Cnel. Lizandro Delgadillo** se acercó a **Somoza** y le preguntó:

--«*¿Está herido Jefe?*» y **Somoza** le respondió:

--«*Sí hijo*», entonces **Delgadillo** corrió a la puerta gritando:

--«*¡Traigan rápido una ambulancia!*», pero segundos después, cuando regresaba de la puerta, ya traían a **Somoza** en andas con todo y la silla donde estaba sentado al momento del ataque, venían cargando entre cuatro la silla con **Somoza** sentado: El **Mayor G.-N. Luis Ocón**, el **Cnel. Camilo González Cervantes**, **Juan Bautista Lacayo** y el **Ing. Arnoldo Ramírez Eva**. El herido venía con el cuerpo ladeado y los ojos cerrados. Lo sacaron a la acera y lo metieron sin la silla en el asiento trasero de la limosina presidencial que era blindada. Al lado de **Somoza** se sentó **Doña Salvadora** y en el otro asiento se acomodaron **Luis Ocón** y **Camilo González**. Todavía con las puertas del carro abiertas, **Ocón** le gritó al chofer **Dionisio *Nicho* Morales**: --«***Corré a toda velocidad al Hospital San Vicente***». ***Nicho* Morales** que era un chofer experto y muy bien entrenado, corrió a toda la velocidad que le fue posible por las calles de León hasta llegar al Hospital San Vicente de León, hospital construido por el gobierno del **Dr. Juan Bautista Sacasa**. En el Hospital se encontraban solamente los médicos que hacían su internado, entre ellos el interno médico, ***infieri***, **Ramiro Abaúnza Salinas** que estaba de turno. **Doña Salvadora**, no permitió que ninguno de los otros internos atendiera ni tocara a su esposo herido, solamente permitió que atendiera la emergencia a **Ramiro Abaúnza Salinas** porque lo conocía. Había miedo, porque no se sabía si trataba de una gran conjura y quisieran rematar al **Gra. Somoza** en el mismo hospital, como se ve en las películas de la mafia.

Otro muerto y tres heridos

Retrocediendo el relato unos cuantos minutos, inmediatamente después de los disparos ejecutados por **López Pérez**, se formó una balacera ensordecedora e indiscriminada y fue un milagro que no murieran más personas, pero además de la muerte de **López Pérez**, una bala perdida de autor anónimo mató a **Gonzalo Zamora García**, que había sido invitado a la fiesta por su hermano que era un soldado de la Guardia Nacional, pero éste no estuvo en la fiesta porque estaba reconcentrado en el Comando de León.

Hubo tres heridos más en la balacera: **Julio Sordo**, quedó herido en su muslo derecho y **Luis Altamirado**, resultó herido en su pierna derecha; pero la más grave fue la poeta **Mariana Sansón de Argüello** que recibió un balazo o un charnel en su tobillo que del impacto la botó de su silla,mientras gritaba: --«***¡Brutos animales, mataron al general y me han matado a mi!***», en su desesperación, **Mariana** sentía que su dolor era mortal, pero su herida no fue grave, la asistió **José *Pepe* Escudero** que la ayudó a levantarse y en ese momento regresó su esposo **Eduardo Argüello Cervantes** de dejar al **Gral. Somoza** en la limusina, la ayudó a salir a la acera buscando ayuda. Encontró estacionado el carro del diputado **Humberto Jarquín** con el chofer al volante y teniendo su pistola en la mano le dijo: --«***Llevame rápido a mi esposa al Hospital San Vicente porque está herida***». El chofer al ver a **Argüello Cervantes** blandiendo la pistola, llevó a toda prisa a **Mariana Sansón** al hospital.

Marianita Sanson estando ya en el Hospital San Vicente, llegó doña **Salvadora de Somoza** y se acercó a ella y le preguntó:

--«***Marianitá ¿estás muy herida?***».

--«***Si, doña Salvadorita***», respondió la aludida, y aquella agregó:

--«***No te preocupés, ya te van a curar***». Al día siguiente le extrajeron un charnel y le suturaron la herida.

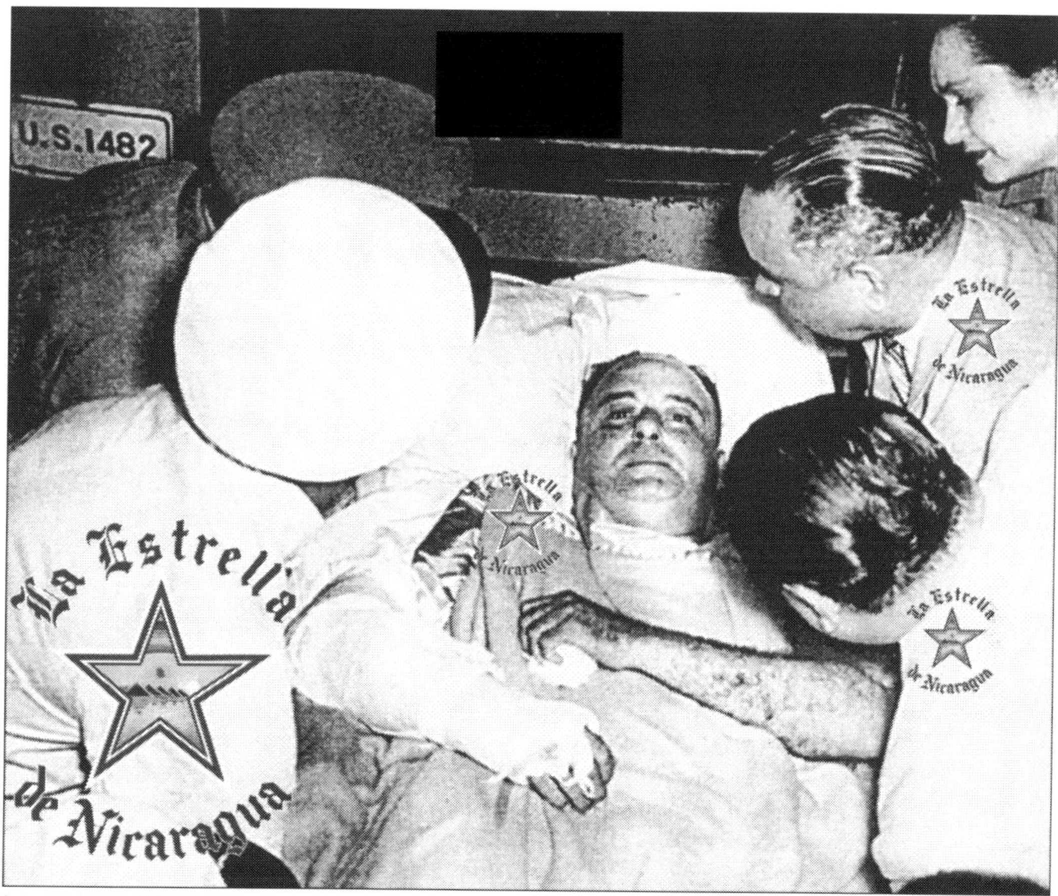

Internado en el Hospital San Vicente, el **Gral. Anastasio Somoza** se nota angustiado por el atentado. De las cinco balas .38 que le disparó **López Pérez**, cuatro las recibió su cuerpo. En la foto su brazo derecho ya fue enyesado para inmovilizarlo de la fractura del hueso cúbito, producto de uno de los balazos.

El Gral Somoza internado en el Hospital San Vicente

Existía el temor de que se tratara de una gran conspiración, y como el magnicida que le disparó no logró matarlo en el ***Club de Obreros***, podían los otros supuestos conspiradores tratar de rematar a **Somoza** en el hospital, por eso **Doña Salvadora** no dejó que ningún interno tocara a su marido.

Doña Salvadora se mantuvo al lado de su esposo herido cuando recibió una llamada telefónica de su hijo **Luis Somoza** diciéndole que él y su hermano **Anastasio Jr.** estaban saliendo para León. Entonces ella con toda firmeza y seguridad le dijo:

--***«No se les ocurra venir a León, no sabemos lo que hay detrás de todo esto y podría ser peligroso para ustedes. Manténganse firmes en Managua. No se vengan para León, la cosa no es tan grave. Pero hay que controlar la Guardia, al Gobierno, la Presidencia y el Partido. Hay que controlar todo el poder, no sabemos quienes están detrás de todo esto»***, ella desconfiaba hasta de los mismos Guardias.

Eso fue la demostración del fuerte carácter de **Salvadora de Somoza**, porque lo natural es que los hijos quisieran ver a su padre herido y posiblemente en peligro de muerte, pero la madre les obligó a permanecer en Managua, lejos y dedicarse a proteger todo el poder de la **Familia Somoza** y no permitir que sus hijos corrieran el riesgo a la peligrosa ciudad de León. La terminante órden de la madre de que sus hijos se quedaran en Managua, era para protegerlos, mientras ella se hacía cargo de cuidar al padre herido.

Decenas de concurrentes a la fiesta, presos en el parque Jerez

En la fiesta hubo un lleno total, pero a la hora de la balacera se formó un pandemonium porque todos querían salir desesperadamente del recinto y alcanzar la salida hacia la calle, en el apretujamiento muchos lograron salir, pero una vez que sacaron al **Gral. Somoza** y se lo llevaron al hospital, los agentes de la Seguridad y la Guardia Presidencial bloquearon la salida, ordenando que todos se quedaran adentro y prohibieron totalmente que saliera la gente que se apretujaba en las puertas del Club luchando por salir. Le argumentaron a los Guardias que adentro había heridos que necesitan atención médica, pero las órdenes fueron tajantes:

--*«¡Qué heridos ni qué ni mierda, de aquí nadie sale!»*.

A la puerta del Club se presentó el jubilado **Mayor G.N. Anastasio Ortíz**, exComandante de León, los Guardias lo reconocen y lo dejan entrar. Adentro han colocado los dos cadáveres, el de **López Pérez** y el de **Zamora García**, el **Mayor Ortíz** no sabe cual de los dos era el magnicida, pero ordenó que les registraran las bolsas en busca de alguna pista para identificarlos, pero solamente encontraron las cápsulas de cianuro a las que no dieron importancia, pero no encontraron nada, dejándoles las bolsas afuera.

Seguidamente se impartieron órdenes de llevar a todos los concurrentes que estuvieron en la fiesta y los sacaran al Parque Jerez, separando a los hombres y las mujeres en grupos separados y se les ordenó mantenerse en silencio, sin hablar entre ellos. Solamente fueron liberados los miembros de la comitiva que llegó con **Somoza**.

Un pelotón de Guardias Nacionales con sus fusiles Garand M-1 con bayonetas caladas y cruzados en pórten, vigilaron a los detenidos en el parque. Los oficiales de la seguridad comenzaron a interrogar a los detenidos en el parque y uno de ellos dijo que el **Dr. Rafaél Corrales Rojas** había identificado al atacante. Buscaron y encontraron a ***Raf*** y éste les confirmó que se trataba de **Rigoberto López Pérez** que vivía en el barrio de ***El Calvario***, una patrulla fue en busca de la casa y de la familia de **López Pérez**.

Un camión del Comando G.N. llegó al ***Club de Obreros*** a recoger los dos cadáveres y los llevaron al edificio Comando, arrojándolos en un corredor. Llevaron detenida a la madre y los hermanos de **López Pérez** al Comando pero los cadáveres estaban irreconocibles por la sangre que les cubría la cara. Ordenaron a los Guardias que les tiraran agua en la cara y los familiares confirmaron la identidad de **Rigoberto López Pérez**. La adolorida madres y hermanos quedaron presos en el Comando.

Los oficiales de la Oficina de Seguridad Nacional hicieron un exhaustivo registro del local del Club y para sorpresa de los agentes, recogieron un arsenal dejado tirado en el piso debajo de las mesas y los rincones del salón: 23 pistolas, 18 navajas y cuchillos, un punzón picahielo y un hacha pequeña.

Comando G.N. de León preparó la defensa del Cuartel

El **Tnte. G.N. Aquiles Aranda Escobar** estaba de Oficial del Día en el Comando G.N. de León, la autoridad máxima del cuartel en ausencia del Comandante. El otro oficial presente en el Comando era el **Tnte. G.N. Salvador Morales Flores**, cuando se enteraron del atentado, entre ambos oficiales prepararon la defensa del cuartel. El **Tnte. Aranda** les entregó fusiles y municiones vivas a todos los 60 soldados del cuartel y los distribuyó estratégicamente en las ventanas y la azotea del Comando.

Poco después llegó al Comando el **Cnel. Lizandro Delgadillo**, Jefe de la Plaza, al que el **Tnte. Aranda** le rindió informe de las medidas de defensa tomadas. **Delgadillo** le giró instrucciones a **Aranda** para que llamara a los miembros de las Reservas Civiles que estaban en una lista en la oficina del comandante y que en la medida que vayan llegando se les dé armas, municiones y se les distribuya en posiciones de defensa del cuartel, porque se ignora la magnitud de una posible conjura contra el **Gral. Somoza** y contra la Guardia Nacional.

En suma se presentaron 56 miembros de las Reservas Civiles, muchos de los cuales eran estudiantes universitarios adscritos al Partido Liberal Nacionalista que actuaban también como ***espías***, llamados entonces también ***«orejas»*** que vigilaban las actividades opositoras de los universitarios y hacían reportes al Comando G.N.

El **Cnel. Lizandro Delgadillo** hizo ingentes esfuerzos por comunicarse con el **Cnel. G.N. Anastasio Somoza Debayle** para informarle de la situación, pero se le hizo difícil comunicarse, entonces llamó a la oficina de la Academia Militar y logró comunicarse con el **Tnte. G.N. Armando J.** ***«El Chele»*** **Fernández**, Oficial del Día de la Academia y **Delgadillo** le dio un informe completo de la situación en León para que se lo comunicara al **Cnel. Somoza**. Al conocer los hechos del atentado al presidente en León, el **Tnte. Fernández** movilizó a la Compañía de Cadetes y activó la defensa de la Academia Militar y del Campo de Marte.

Somoza Debayle ordenó capturar a todos los opositores

El **Cnel. Delgadillo** siguió intentando comunicarse directamente con el **Cnel. Somoza Debayle** y --por fin-- lo consiguió, informándole ampliamente de lo ocurrido en León y la identidad del magnicida. El **Cnel. Somoza** le dio estas ordenes:

--***«Enviá patrullas a capturar a todos los opositores de León. Es necesario localizar y identificar a todos los cómplices del criminal atentado, para conocer de qué tamaño es el complot y cuántos están metidos. No hay que andar con "paños tibios" y actuá con energía y sin contemplaciones, no importa que caiga el que caiga. Si alguno opone resistencia, no le tengás piedad, pero agarralos vivos porque es importante interrogarlos»***. El **Cnel. Delgadillo**, cumpliendo las órdenes del Jefe Director **Somoza Debayle**, comisionó al **Mayor G.N. Pedro J. Barquero Suárez** y al civil **Morgante Irías**, colaborador del Comando al mando de una patrulla, para proceder a capturar a los opositores, sin importar de quiénes se tratara. Fueron arrestados esa misma noche **Uriel Argüello**, **Alonso Castellón**, **Ramiro Gurdián**, **Rodolfo Abaúnza Salinas**, **Gustavo Lacayo Pallais**, **Carlos Berríos** y muchos otros. En la lista de opositores estaba **Edwin Castro Rodríguez**, pero al llegar a capturarlo a su casa dijeron que había salido ***desde ayer*** a Chinandega.

Danilo Barreto en acción

El joven **Danilo Barreto**, de apenas 24 años de edad, ha sentido como en carne propia el atentado a su jefe el **Gral. Somoza**, a quien quiere como a un padre. Esa noche del 21 de septiembre de 1956 desarrolló una actividad febril y múltiple:

Barreto localizó y llevó al Hospital San Vicente a médicos especialistas residentes en León, para que estuvieran disponibles si los necesitaba la condición del **Gral. Somoza**. En medio del tumulto de la salida de la muchedumbre del Club, el **Dr. René Schick Gutiérrez** se separó de la multitud y salió caminando, cuando un celoso Guardia Nacional lo detuvo y lo encañó en el pecho con su fusil. Providencialmente **Danilo Barreto** vió la peligrosa escena e intervino explicándole al Guardia quién era el **Dr. Schick** y lo rescató del peligroso trance. En la madrugada buscó como dar de comer y beber a los soldados de la

El ***Hospital San Vicente*** de la ciudad de León fue construido en 1935 en la Avenida Debayle, salida de la carretera a Chinandega, por el gobierno del **Dr. Juan Bautista Sacasa**. La construcción de este hospital concluyó un año antes que el **Gral. Somoza** perpetrara el golpe de estado contra el **Dr. Sacasa**. Veintiún años después de ser derrocado **Juan B. Sacasa**, el derrocador, **Gral. Somoza**, fue llevado de emergencia al ***Hospital San Vicente*** a recibir las primeras atenciones médicas de emergencia tras ser balaceado. Esta foto fue publicada como postal (post card), por **Don Justo Pastor López Rivera**, el padre del autor.

Guardia Nacional que custodiaban al Hospital San Vicente y a los detenidos en el Parque Jerez. **Danilo** fue en busca el barrio de El Calvario al dueño de ***El Sesteo*** para que pusiera en marcha el restaurante donde prepararon gran cantidad de sandwiches que empacaron en dos grandes canastos, cuatro cajillas de ***chibolas*** (gaseosas llamadas así antiguamente, especialmente en León), diez cartones de cigarrillos ***Valencia*** y un bolso lleno de fósforos ***Momotombo***. Cuando **Danilo Barreto** repartió esos cuantiosos pertrechos estomacales y los ***postres*** de tabaco, entre los olvidados guarditas, fue aclamado como un ***Santa Klaus***.

Seguidamente el hiperactivo **Danilo Barreto** se fue al telégrafo e hizo varias llamadas comunicándose con los hermanos **Luis** y **Anastasio Somoza Debayle**, con el Canciller **Oscar Sevilla Sacasa** que era su máximo jefe en Relaciones Exteriores; con el **Dr. Alejandro Montiel Argüello**, su segundo jefe en la Cancillería y con su jefe inmediato **Francisco Fiallos Gil**, jefe del protocolo; pero la llamada más importante la hizo al Embajador de los Estados Unidos, **Mr. Thomas E. Whelan**, imponiéndolos a todos de la situación del **Gral. Somoza**. El Embajador **Whelan** le pidió a **Danilo** que le comunicara a **Doña Salvadora** y a los médicos, que no movieran al **Gral. Somoza** del hospital, que él salía inmediatamente para León y que esperaran la llegada de un helicóptero de la Embajada que llegaría temprano en la mañana del sábado 22 (horas después del atentado), para trasladarlo a Managua. **Danilo Barreto** transmitió las palabras del Embajador **Whelan** a doña **Salvadora**, ella le dio las gracias a **Danilo** toda su actividad y cumplió con las instrucciones del Embajador **Whelan** que a esa hora ya estaba viajando rumbo a León.

Las atenciones a Somoza en el Hospital San Vicente

Cuando ingresaron a **Somoza** al Hospital San Vicente, llegó en estado de ***shock***. **Danilo Barreto** llevó a los médicos especialistas en la limusina presidencial blindada, los doctores **Julio Castro**, **Gustavo Sequeira** y **Ernesto López**.

La primera y principal tarea de los médicos fue estabilizar al paciente y sacarlo del estado de ***shock*** y semiinconciencia, con transpiración abundante, presión sanguínea baja, respiración lenta. Lo primero fue canalizarle una vena por donde le suministraron plasma y suero. Pasada la media noche la presión arterial había subido, pero la respiración y el pulso se mantenían bajos. Le aplicaron más plasma, suero dextrosado, una inyección de Demerol para eliminar el dolor (el Demerol es similar a la Morfina, pero sintético), le inyectaron Percotén. A la una de la mañana le suministraron una transfusión de medio litro de sangre O Positiva. A las dos de la mañana le pusieron un litro más de suero mezclado con antibióticos y dos ampollas más de Demerol para aliviar el dolor de la pierna derecha.

A las cuatro de la mañana del sábado 22, el **Gral. Somoza** estaba estabilizado con buenos niveles de presión y respiración, sin transpiración y muy consciente, lo que le permitió hablar con su esposa **Salvadora**, con **Danilo Barreto** y con el **Mayor G.N. Ocón**, que no se había separado de su jefe herido permaneciendo cerca de la cama del **Gral. Somoza** y dormitando en un sillón. El general apreciaba grandemente los servicios de **Ocón**, que se convirtió en un personaje indispensable de las necesidades de **Somoza**, por ello el **Mayor G.N. Luis Ocón** siempre estuvo presente a la par del **Gral. Somoza** desde 1952.

Llegada del Embajador Thomas E. Whelan

Antes de las cinco de la mañana llegó el Embajador **Whelan** a bordo de dos automóviles Cadillacs negros, necesarios porque le acompañaron un grupo de soldados ***US Marines*** bien armados, para su custodia, porque aún no se sabía la existencia, magnitud ni los propósitos de una posible conspiración que podría tener gente armada.

Pero **Mr. Thomas E. Whelan** se sintió compulsado de contribuir en todo lo que podía hacer como Embajador de Estados Unidos y por su deber de amigo muy cercano de **Somoza**, con quien frecuentemente compartía almuerzos, cenas y convivios privados en compañía de sus esposas. Se había cultivado una amistad muy cercana, fraterna y cordial entre ellos y sus familias, departiendo con buen humor conversaciones y hasta chistes colorados. A eso se debió el emotivo dramatismo del Embajador **Whelan** cuando llegó al cubícilo del Hospital San Vicente donde estaba su amigo el **Gral. Somoza**.

El infaltable **Danilo Barreto** quien condujo al embajador **Whelan** hasta el lecho del cubículo hospitalario donde el **Gral. Somoza** reposaba. **Somoza** se alegró con ciertos aspavientos de ver la llegada de su amigo y socio. **Whelan** le tomó las manos a ***Tacho*** con cariñoso cuidado. **Somoza** le dijo:

--***«They've got this time. Tommy, I'm a goner»***. Y ***Tommy*** **Whelan** le consoló:

--***«No Chief, you are not a goner»***.

(**Somoza:** ***«Me agarraron esta vez. Tommy, estoy perdido. Voy de viaje»***.)

(**Whelan:** ***No jefe, no estás perdido, no te vas de viaje***).

Tommy no logró evitar que sus ojos se humedecieran. Con cualquier pretexto salió un momento de la habitación para evitar que su amigo no le viera llorar. Para la gente que los rodeaba, aquella escena emotiva era algo inesperado, pero lograban comprender la amistad y el cariño que se profesaban ambas personalidades.

Danilo Barreto ha sido testigo de la emocional reunión de **Somoza** y **Whelan**, y aprovechando la salida del Embajador, se acercó al General para preguntarle:

--***«Jefe, ¿cómo se siente?, ¿cuales son sus órdenes para mi?»***. Y el enfermo le respondió siempre en un tono paternal:

--*«Ay, Danilo, me siento bien jodido. Andate a Managua y me esperás en la explanada de La Loma, quiero que estés ahí para cuando aterrice el helicóptero en que Tommy me va a llevar. Te has portado muy bien, como un verdadero tigre, y eso nunca lo olvidaré. Decime ¿andas armado?»*.

--*«Sí Jefe, ando un revolver .38 que me dio Winckle»*.

Y dirigiéndose al **Mayor Luis Ocón**, que no se ha apartado del General ni un momento le dijo:

--*«Dale una buena arma a este muchacho. No se puede ir así a Managua en esa carretera, no quiero que se exponga a ningún peligro»*.

A las cinco y media de la mañana llegaron los radiólogos **Dr. Inocente Lacayo**, que viajó desde Managua, y **Humberto Tijerino**. Las radiografías mostraron una fractura producida por uno de los balazos en el hueso cúbito del brazo derecho. Procedieron a enyezar el brazo para inmovilizarlo, labor que no fue fácil, porque no era la única lesión que tenía el agredido paciente, sino que habían otras tres balas dentro de su cuerpo, y los movimientos para escayolar el brazo derecho requerían de una técnica para proteger las prominencias óseas, evitando síndromes compartimentales y otras como la temperatura ideal para un correcto fraguado, son fundamentales a la hora de colocar un yeso. Pues: *«Un buen yeso es curativo, un mal yeso es un castigo»*. Pero los doctores **Inocente Lacayo** y **Humberto Tijerino** eran médicos expertos de alto nivel y no obstante que habían manejado de Managua a León a toda prisa, hicieron un enyesado perfecto y sin causar molestias por las otras lesiones que había sufrido el **Gral. Somoza**.

El helicóptero de la Embajada norteamericana aterrizó a las seis de la mañana frente al Hospital San Vicente para transportar a **Somoza** a Managua. Providencialmente enfrente del hospital había una extensa área verde que se hizo así para aislar de los ruidos de la carretera el ambiente del hospital

El ***Hospital San Vicente*** fue construido por la administración del Presidente **Juan B. Sacasa** en 1935 en la Avenida Debayle, salida a la carretera a Chinandega, un año antes que el **Gral. Anastasio Somoza** derrocara con un golpe de estado al Presidente **Sacasa**, al ser balaceado el **Gral. Somoza**, el hospital le dio un buen servicio.

Somoza fue subido al helicóptero y en vuelo breve de no más de media hora, aterrizó en la ***Explanada de La Loma***, frente a donde ahora está la pirámide del Hotel Intercontinental (hoy Crown Plaza), e inmediatamente **Somoza** fue trasladado al Hospital Militar.

Luis Somoza pidió que le hicieran nuevas radiografías y llamaron al **Dr. Roberto Calderón**, con prestigio de experto médico radiólogo, pero descubrió que la unidad radiológica del Hospital Militar estaba fuera de servicio y ordenó trasladar a **Somoza** al Hospital General, donde fue internado a las 7:00 a.m. del sábado 22 de Septiembre y alojado en la habitación No.5, pero como el hospital estaba muy saturado de pacientes, fue trasladado a la sala de emergencia para que estuviera totalmente aislado en privacidad y sin la interrupción del tránsito de otros pacientes y familiares que los visitaban y atendían. Su condición seguía siendo estable, excepto por una deficiencia respiratoria, producto de otro de los balazos, por lo que le instalaron en una tienda de oxígeno. Le afectaba emocionalmente a **Somoza** el hecho de que un desconocido nicaragüense se haya atrevido a atacarlo.

Lesiones por los cuatro balazos que recibó el Gral. Somoza

Las nuevas radiografías hechas por el **Dr. Roberto Calderón** en el Hospital General, confirmaron las radiografías hechas en el Hospital San Vicente de León. Las imáge-

Novedades

DIARIO AL SERVICIO DE LA DEMOCRACIA

16

Páginas - 30 Centavos

MERCEDES-BENZ

Mensaje de Ike a Somoza

residente Somoza fué asladado a Panamá a madrugada de hoy

LA MEJORIA QUE HA EXPERIMENTADO PERMITIO SU TRASLADO PARA SER ATENDIDO EN EL HOSP. GORGAS

Director del Hospital Walter Reed, de Washington y dos colegas suyos toman tierra nicaragüense en compañía de Sevilla Sacasa anoche á las diez y 20

EXTRAORDINARIO GESTO DE AMISTAD DE PARTE DE LOS ESTADOS UNIDOS PARA EL SEÑOR PRESIDENTE SOMOZA. — INTERES Y CARIÑO DEL EMBAJADOR WHELAN

Declaración de los médicos norteamericanos sobre satisfactorio estado de salud del Sr. Presidente de la República, General Somoza

Mano comunista en la agresión dice el Cónsul Lang

Satisfacción en la Argentina por Mejoría de Somoza

fué atendido en el Gral. Somoza

The general condition of President Somoza is satisfactory. He is resting comfortably, except for

Novedades del domingo 23 de septiembre de 1956 destacó en gran titular el saludo que el presidente **Eisenhower** envió al presidente Somoza y al pueblo nicaragüense: --«***Traigo un mensaje personal del Presidente Eisenhower para su amigo el Presidente Somoza y para el pueblo de Nicaragua***» --dijo al llegar al aeropuerto Las Mercedes el **Mayor General Leonard Heaton**, cirujano personal del Presidente de los Estados Unidos y director del hospital militar ***Walter Reed***. El **Doctor y General Heaton** llegó a Managua a las 10:20 de la noche del sábado 23 de Septiembre en el avión ***Constellation*** de la ***Fuerza Aérea de Estados Unidos*** (***USAF***), en compañía del embajador de Nicaragua en Washington, **Dr. Guillermo Sevilla Sacasa**, del **Cnel. Forcee**, del **Tnte Cnel. y Dr. Arthur Cohen**, todos eminentes especialistas de la ciencia médica y quirúrgica. Como jefes de la tripulación de la nave también arribaron el **Cptn. Tom Tonninson** y el piloto **Mayor Steward Spencer**. Inmediatamente de su llegada a Nicaragua, el equipo de médicos y cirujanos militares estadounidenses se trasladaron al Hospital General de Managua para evaluar las condiciones del **Gral. Somoza**, encontrándolo muy animado y conversador, excepto por una dificultad respiratoria. Las condiciones del **Gral. Somoza** les dio base para emitir una certificación escrita muy positiva confirmando literalmente que «***Las condiciones generales del presidente Somoza son satisfactorias***».

nes radiográficas demostraron que el paciente recibió cuatro balazos de los cinco que disparó **López Pérez**.

La primera bala penetró en la región deltoidea por el hombro derecho, sin salida, produciendo un hematoma lo que significaba que el plomo estaba dentro de la región y se fragmentó fracturando una costilla y lesionando el pulmón derecho con un desgarramiento. Las radiografías mostraron un segundo fragmento de bala en el cuarto espacio intercostal entre la piel y la sexta vértebra dorsal.

La segunda bala perforó el antebrazo derecho por el tercio medio fracturando el hueso cúbito. Por esta lesión ya le habían enyesado el brazo en León.

La tercera bala entró por la fosa ilíaca derecha, arriba de la espina ilíaca anterosuperior, sin agujero de salida. El plomo siguió hacia atrás curveando sin entrar en la cavidad abdominal, hasta penetrar en el ráquis frente a la quinta vértebra lumbar lesionando la cola de caballo.

La cuarta bala penetró en la cara externa del tercio medio del muslo derecho, lesionando las partes blandas y quedó alojada en el pequeño trocánter.

La conducta de fragmentación de las balas se atribuyeron a que los plomos fueron aserrados en cruz para provocar fragmentación tras el impacto.

Mientras tanto **Doña Salvadora** había decidido regresar a Managua por carretera acompañada por sus parientes **Rafaél Sacasa** y **Antíoco Sacasa**, en la limousina presidencial blindada. Un camión con soldados de la Guardia Nacional le siguió para custodiarla.

Danilo Barreto viajó a Managua en su carro, pero no logró estar en la explanada de La Loma para ver el aterrizaje de su querido jefe porque en la carretera, casi llegando a Managua, atropelló a su carro una camioneta de la Casa Presidencial que iba a exceso de velocidad. El chofer resultó herido y **Danilo** con golpes menores. Cuando pudo pedir un aventón, se fue directo al Hospital General llegando a las ocho de la mañana, pero antes de ver a su Jefe, le dijeron que **Luis Somoza** lo andaba buscando. Cuando llegó donde **Luis**, le contó lo del accidente y emotivamente **Luis** le dio un fuerte abrazo diciéndole:

--«***Te agradezco en el alma todo lo que has hecho por mi papá en esta situación tan trágica, sé que estas bien desvelado y quiero que te vayas a dormir***».

--«***¿Es una orden, don Luis?***».

--«***Si, es una orden y orden terminante***».

--«***¿Puedo ir a ver al Jefe antes de retirarme?***».

--«***Nadie tiene más derecho que vos de ver a mi padre***».

El **Gral. Somoza** se alegro mucho de ver a **Danilo** porque le había tomado mucho cariño. Ya **Somoza** estaba informado del accidente y le dijo:

--«***Me alegro mucho que no te haya pasado nada en el accidente, por poco nos hubiéramos ido juntos...***».

--«***No diga eso Jefe. Todos los médicos aseguraron que usted se va a recuperar muy bien. Y yo lo veo en excelentes condiciones***».

--«***Así es hijo, pero vos andá acostate que andas todo desvelado***».

Doña Salvadora, que siempre ha estado al lado de su esposo, se acercó a **Danilo** y le dio un amoroso beso en la frente. **Danilo Barreto** se retiró a cumplir la orden que le dio **Luis Somoza** y que se la reiteró el **Gral. Somoza** y **Doña Salvadora** y se fue a dormir, que mucha falta le hacía. Pero nunca más volvió a ver a su Jefe con vida.

Eisenhower envió a un super equipo de médicos para Somoza

El Embajador **Thomas E. Whelan** informó detalladamente al Presidente **Dwight David «*Ike*» Eisenhower** de los sucesos de Nicaragua y de la condición del **Gral. Somoza**. El Presidente norteamericano, que recordaba su reunión con **Somoza** dos meses atrás en Panamá, reaccionó positiva y rápidamente para ayudar a **Somoza**.

Eisenhower dictó órdenes para que ***al término de la distancia***, saliera para Managua un brillante equipo de médicos especialistas de alto nivel para atender al **Gral. Somoza**, incluyendo a su propio médico personal. El equipo de médicos especialistas enviados por el Presidente de EE.UU. viajó a Managua en un cuatrimotor ***Lockheed L-1049 Super Constellation*** de la Fuerza Aérea de Estados Unidos que aterrizó en el Aeropuerto Las Mercedes poco después de medio día del sábado 22 de septiembre. Llegaron en ese extraordinario vuelo, el Mayor General **Leonard D. Heaton**, Comandante del Hospital Militar Walter Reed de Bethesda, Maryland. El Mayor General **Howard McCrum Snyder**, médico personal del Presidente **Eisenhower**. El Coronel **James H. Forsee**, cirujano militar. Y el Coronel **Arthur Cohen**.

En otro vuelo militar desde la Zona del Canal de Panamá, llegaron el mismo día el Comandante del Departamento Médico de la Zona del Canal, **Charles H. Bruce**. El Mayor **Ernest Hartmann**, médico ortopédico. Y el Director del ***Hospital Gorgas*** de la Zona del Canal **Dr. Bernard Willett**.

Junto con los médicos nicaragüenses, los especialistas norteamericanos realizaron una junta y llegaron a la conclusión que Nicaragua no tenía las mejores condiciones hospitalarias para atender al presidente **Somoza**, y decidieron trasladarlo al ***Hospital Gorgas*** de la Zona del Canal de Panamá.

El **Gral. Somoza**, estabilizado y muy consciente en su tienda de oxígeno del Hospital General de Managua, tuvo el ánimo de aprobar la declaratoria de ***Estado de Sitio*** decidido por el atentado que sufrió, del cual no se sabía nada, excepto del nombre de **Rigoberto López Pérez**.

Todavía ejerciendo como Presidente de la República, aprobó el ***Estado de Sitio*** y su firma aparece en la declaratoria, pero realmente no fue su firma sino la imitación de su firma que la hizo **Luis Somoza**:

Decreto de Suspensión de Garantías o *Estado de Sitio*

Suspéndanse en todo el territorio nacional todas las Garantías Constitucionales establecidas en el Artículo 197 de la Constitución.

Aprobado el 21 de Septiembre de 1956, Publicado en La Gaceta No. 215 del 22 de Septiembre de 1956.

EL PRESIDENTE DE LA REPÚBLICA, EN CONSEJO DE MINISTROS,

POR CUANTO:

El día de hoy se ha tratado de asesinar al Jefe del Estado, con lo cual está amenazada la paz, la seguridad de la Nación y de sus instituciones; y procede, de conformidad con el Artículo 197 Cn., suspender las garantía constitucionales en todos el territorio Nacional, POR TANTO:

EL PRESIDENTE DE LA REPÚBLICA, EN CONSEJO DE MINISTROS, DECRETA:

Artículo 1.- Suspéndanse en todo el territorio Nacional, todas las garantías constitucionales establecidas en la Constitución Política vigente, con excepción de las enumeradas en el referido Artículo 197 Cn.

Artículo 2.- Este Decreto surtirá sus efectos desde este mismo acto y será publicado por bando en todas las cabeceras departamentales, y en La Gaceta, Diario Oficial.

Dado en la ciudad de León, a los veintiún días del mes de Septiembre de mil novecientos cincuenta y seis.- **A. SOMOZA**, Presidente de la República.- **F. FRANCO ROMERO**, Ministro de la Gobernación y Anexos por la ley.- **OSCAR SEVILLA SACASA**, Ministro de Relaciones Exteriores.- **ENRIQUE DELGADO**, Ministro de Economía.- **JOSÉ ARGUELLO CERVANTES**, Ministro de Hacienda y Crédito Público por la Ley.- **CRISANTO SACASA**, Ministro de Educación Pública.- **MODESTO ARMIJO M.**, Ministro de Fomento y Obras Públicas.- **FRANCISCO GAITÁN CARPIO.**, Ministro de Guerra, Marina y Aviación.- **ENRIQUE F. SÁNCHEZ**, Ministro de Agricultura y Ganadería.- **L. SOMARRIBA**, Ministro de Salubridad Pública.- **RAMIRO SACASA GUERRERO**, Ministro del Trabajo.- **RENÈ SCHICK GUTIEÉRREZ**, Secretario de la Presidencia.

El **Gral. Somoza** estaba imposibilitado de estampar su firma porque su brazo derecho estaba fracturado y enyesado, pero estando en el Hospital General esperando ser

Novedades

DIARIO AL SERVICIO DE LA DEMOCRACIA

16

Páginas - 30 Centavos

MERCEDES-BENZ

Proceso sobre el atentado

Congreso se reunirá hoy a las 10 de la mañana normalmente

EMILIANO CHAMORRO Y ENOC AGUADO CONTINUAN DETENIDOS. — PUESTO EN LIBERTAD JUAN RAMON AVILES DIRECTOR DE LA NOTICIA. — HAY CERCA DE DOSCIENTOS PRESOS EN LA REPUBLICA PARA INVESTIGAR. — EXCARCELADOS AYER CUARENTA EN MANAGUA. — SELVA, PEDRO JOAQUIN CHAMORRO, HERNAN ROBLETO ZELAYA Y OTROS INDIVIDUOS SOSPECHOSOS DE TENER VINCULOS CON LA CRIMINAL AGRESION GUARDAN CARCEL. — SENSACIONAL ENTREVISTA CON EL DIPUTADO SOMOZA D.

Pueden los diarios ser publicados

El diario ***Novedades*** en esta edición con fecha martes 25 de septiembre de 1956, anuncia el inicio del proceso contra los acusados por el atentado al **Gral. Somoza**, en ese mismo martes 25 de septiembre **Somoza** ya estaba en Panamá y el equipo de médicos había decidido operarlo ese mismo día. ***Novedades*** publicó en esta primera página una foto de **Somoza** con una expresión de aflicción en su rostro. La foto más grande corresponde a la reunión de **Luis Somoza**, que ya preparaba su presidencia, con los periodistas extranjeros que llegaron a Nicaragua para cubrir el atentado contra el **Gral. Somoza**: **Reece Smith** de la revista ***Time***; **Peter Kihes** del ***New York Times***; **Leonardo Lacayo Ocampo** de ***Novedades***; **Jules Dubois** del ***Chicago Tribune***; **Richard Massock** *de* ***Prensa Asociada***; **Peter Kihss** del ***New York Times***; **Harvey Rosenhouse de *Time***; **Jerry Nannitin** y **Cornhill Capa** de ***Life Magazine***. La foto fue tomada por el periodista **Onofre Gutiérrez**. Todavía en esa fecha, martes 25 de septiembre, **Luis Somoza** no había recibido el certificado de la incapacidad física y mental de su padre porque tal certificación médica, firmada por el **Dr. Antonio González Revilla**, la llevaría a Managua el **Dr. José María Castillo Quant** en vuelo especial en un avión facilitado por la Fuerza Aérea de Estados Unidos, el jueves 27 de septiembre, cuando ya **Somoza** había muerto **el 26 de septiembre**. Con esa certificación el Congreso de Nicaragua proclamó Presidente de la República al diputado **Luis Somoza** el 28 de septiembre y hasta el día siguiente, 29 de septiembre de 1956, inventaron que **Somoza** había muerto en Panamá, cuando era cadáver desde el **26 de septiembre**. En la misma primera página de esta edición de ***Novedades***, se informa que -- ***«El Gral. Emiliano Chamorro y el Dr. Enoc Aguado Farfán continúan detenidos. Que fue puesto en libertad Juan Ramón Avilés, director del diario La Noticia, que hay cerca de doscientos presos en todo Nicaragua para investigar. Que fueron excarcelados el lunes 24 de septiembre cuarenta ciudadanos en Managua. Que el Dr. Adán Selva, el Dr. Pedro Joaquín Chamorro Cardenal, el periodista Hernán Robleto Zelaya director del diario Flecha y otros individuos sospechosos de tener vínculos con la criminal agresión guardan cárcel»***. Importante información que fue oficial porque ***Novedades*** era el diario de los **Somoza**.

llevado al aeropuerto, le pidió a su hijo **Luis Somoza** que firmara el Decreto de Estado de Sitio, pero firmando: ***A. Somoza***, y así se hizo, por lo cual el Decreto no tuvo validez, pero de eso nadie se dio cuenta ni nadie lo impugnó y la Guardia Nacional se hizo cargo de hacer efectivo el ***Estado de Sitio***, arrestando, interrogando, torturando, juzgando y condenando a muchos opositores.

Somoza transportado a Panamá

El **Gral. Somoza** no puso ninguna objeción a la decisión de los médicos de trasladarlo a Panamá, al contrario, consideró que era lo mejor alejarse de Nicaragua, por el temor de que se tratara de una gran conspiración incluso de la misma Guardia Nacional.

El domingo 23 de Septiembre de 1956, acostado con todo y la cama del hospital lo llevaron al aeropuerto para subirlo al avión ***Constellation*** enviado por el presidente **Eisenhower**, pero cuando los soldados y enfermeros lo trataron de meter al avión con todo y cama, no pudo entrar por la puerta del avión por el ancho de la cama. Entonces **Somoza** dirigió la entrada al avión dando sus órdenes en su estilo campechano:

--*«**Son una mierda ustedes, lo que tienen que hacer es "fajarme" con sábanas a la cama para que no me caiga y después "tinglear" la cama para que entre en la puerta del avión**»*. Efectivamente los Guardias lo metieron amarrado y ***tingleado*** y así pudo entrar por la puerta del avión.

En el mismo avión viajó el equipo de médicos norteamericanos y acompañándole **Doña Salvadora**, su hija primogénita **Lillian**, su yerno **Guillermo Sevilla Sacasa**, el **Dr. José María** *«**Chema**»* **Castillo Quant**, que fue como asistente de **Sevilla Sacasa** y el muy necesario e infaltable **Mayor G.N. Luis Ocón**. El vuelo fue tranquilo y la nave aterrizó en el aeropuerto militar ***Albrook Field*** cerca de la ciudad de Balboa, en Panamá el domingo 23 de Septiembre de 1956. En la terminal ya estaba un grupo de funcionarios de la Embajada de Nicaragua en Panamá: El Embajador de Nicaragua **Carlos Tellería** y el Consejero de la Embajada **Dr. Leandro Marín Abaúnza**, con su madre **Luz Amanda Abaúnza de Marín** y su hermana **Nora Marín Abaúnza**. Para evitar problemas de bajar a **Somoza** con todo y cama, lo bajaron en una camilla. El Embajador **Tellería** se acercó a saludarlo y **Somoza** apenas lo vio le manifestó muy dramáticamente:

--*«**Ay, hijo, vengo todo hecho paste**»*.

Carlos Tellería, no pudo articular palabra y solamente le miró con una expresión de asombro. Inmediatamente el **Gral. Somoza** fue subido a una ambulancia militar y trasladado al ***Hospital Gorgas*** donde lo instalaron en el muy especial ***Ward 8***, la habitación que había sido preparada dos meses antes por si la necesitaba el Presidente **Dwight D. Eisenhower**, cuando el presidente estadounidense estuvo en la ***Cumbre de las Américas*** en Panamá, donde se reunió brevemente con el presidente **Somoza** y se tomaron fotos. **Eisenhower** nunca necesitó ser hospitalizado, pero esa ***Ward 8***, por cosas del destino, la ocupó el **Gral. Anastasio Somoza**, al llegar balaceado el domingo 23 de Septiembre.

Guillermo Lang declaró que en el atentado hay mano comunista

El cónsul general de Nicaragua en Nueva York **Guillermo** *«**El Chato**»* **Lang**, declaró a la prensa norteamericana que --*«**Hay mano comunista en el atentado que cometieron contra el General Somoza y contra Nicaragua**»*. Preguntado por los periodistas newyorkinos no pudo explicar las bases de su señalamiento, pero expuso que había hablado por teléfono con el **Coronel Anastasio Somoza Debayle**, hijo del presidente, y le había confirmado que el **Gral. Somoza** estaba de ***buen humor*** y que su estado era muy satisfactorio. Agregó que Nicaragua se encontraba en completa calma y que ya había llegado el equipo de médicos militares que envió el presidente **Eisenhower**, e inmediatamente examinaron al paciente e hicieron una declaración pública confirmando las condiciones satisfactorias del presidente **Anastasio Somoza García**. *«**Estoy seguro que el tratamiento médico y la cirugía que le van a practicar los especialistas norteamericanos en el**

IZQUIERDA: El **Dr. Ramiro Abaúnza Salinas** dijo en su testimonio: --*«Las heridas de Somoza eran serias, pero no mortales. Pudimos haberlo salvado cuando lo llevaron al Hospital San Vicente de León, teníamos mucha experiencia en esos casos por las frecuentes balaceras por "vendetas" que se daban en la estación del ferrocarril y en las cantinas leonesas, pero hubo la orden de no permitir que los internos lo atendiéramos»*, declaró el **Dr. Ramiro Abaúnza Salinas**, treinta años después. **DERECHA:** El Presidente de La República de Panamá, **Ricardo Arias Espinosa** estaba visitando al **Gral. Somoza García** en el ***Hospital Gorgas*** y estuvo presente en la misa y la extremaunción oficiadas por el **Padre Wyse**, y fue testigo del momento en que falleció el **Gral. Somoza** el miércoles 26 de septiembre a las 4:05 de la tarde, inmediatamente que terminó la misa y la aplicación de los Santos Óleós después de permanecer 24 horas en coma y sin funciones cerebrales.

hospital de la Zona del Canal de Panamá, serán muy exitosas, logrando que el Gral. Somoza continúe creando progreso para el pueblo de Nicaragua», concluyó el pintoresco cónsul nicaragüense en Nueva York, **Guillermo Lang**.

Testimonio del Dr. Ramiro Abaúnza Salinas

Treinta años después el **Dr. Ramiro Abaúnza Salinas**, cuando ya era una eminencia médica, especialista en ginecología y ejerciendo en Miami, declaró su experiencia de la noche del 21 de septiembre de 1956, cuando llevaron herido a **Somoza** y él era un doctor infieri interno en el Hospital San Vicente de León, en una entrevista a ***La Estrella de Nicaragua Newspaper*** en 1987 cuando estábamos exiliados en Miami. Esto explicó el **Dr. Abaúnza**: --*«**Las heridas de Somoza eran serias, pero no mortales. Si nos hubieran dejado operarlo en León, con la experiencia rutinaria que teníamos operando a cientos de baleados más graves que Somoza, y que semanalmente nos llegaban de las balaceras por "vendettas" en la estación del tren y de los pleitos en las cantinas, lo hubiéramos salvado; pero llegó una orden estricta que nadie lo tocara. Sus médicos personales lograron estabilizarlo y al día siguiente se lo llevaron en helicóptero a Managua; después lo subieron en un avión y se lo llevaron a Panamá. Allá murió**»*.

Capítulo Veinticuatro

El miércoles 26 de septiembre de 1956, murió Somoza en Panamá

El **Gral. Anastasio Somoza García** murió el **miércoles 26 de Septiembre de 1956** en el Hospital Gorgas de Panamá, pero los hermanos **Somoza Debayle**, necesitaron tiempo para arreglar la consolidación del poder político y militar. El **28 de septiembre** por la noche tomó posesión **Luis Somoza** como Presidente y al día siguiente por la mañana anunciaron la muerte de su padre el 29 de Septiembre y como fue un anuncio ***«oficial»***, todos aceptaron esa fecha como verdadera y la han repetido durante 66 años y la seguirán repitiendo porque esa mentira fue ordenada por los herederos de **Somoza García**.

El **Gral. Somoza** fue ingresado en el ***Hospital Gorgas, Ward 8,*** el domingo 23 de Septiembre. El equipo de médicos especialistas decidieron operarlo la noche del **Martes 25 de Septiembre** y así se lo comunicaron a su paciente **Somoza** y a su familia. El equipo de cirujanos y neurocirujanos lo conformaron cuatro médicos norteamericanos y una eminencia médica panameña, el **Dr. Antonio González Revilla**, especialista en neurología y neurocirugía. El lunes 24 de Septiembre **Somoza** pidió que lo afeitaran y contrataron a un famoso barbero panameño que se sorprendió de saber que afeitaría al presidente de Nicaragua. **Doña Salvadora** le pidió a **Leandro Marín**, que se mantuviera presente cerca del barbero hasta que terminara, --***«Porque uno nunca sabe»***.

Salvadora de Somoza le pidió a su marido que se confesara antes de la operación.

--***«Debés de confesarte antes de entrar a la sala de operaciones. Aquí en el hospital hay un sacerdote de turno»***.

Y **Somoza** accedió diciéndole: --***«Llamá al cura para que me confiese, pero yo no me estoy muriendo. Me voy a confesar sólo por darte gusto»***.

Efectivamente llegó el sacerdote que se mantenía en el hospital. Se trataba del **Padre Wyse**, norteamericano serio y eficiente. Confesó a **Somoza** en cinco minutos, lo absolvió de todos sus pecados y se retiró.

Mientras tanto, enviados por **Luis Somoza**, habían llegado de Managua un equipo de Oficiales de la Oficina de Seguridad Nacional que controlaron las áreas claves del ***Hospital Gorgas***. También llegaron algunos agentes norteamericanos del FBI enviados por el presidente **Eisenhower**, para la contribuir a la custodia y seguridad del **Gral. Somoza**.

Somoza estaba estabilizado en sus funciones orgánicas y el único problema que manifestaba era una dificultad para respirar, pero no perdía oportunidades para su picardía. Llegaron dos enfermeras para prepararlo, canalizar una vena del paciente para ponerle suero y rasurarle su púbis. La enfermera que lo rasuraba con delicadeza era una yanquita rubia y **Somoza** no perdió la oportunidad de piropearla: --***«Que manecitas más suaves las que usted tiene, señorita»***. La joven no le respondió de palabra ni de sonrisas, terminó y se retiró muy formal y seriamente.

Antes que **Somoza García** entrara al quirófano la noche del martes 25 de Septiembre, afuera de la Sala de Operaciones estaban **Salvadora de Somoza**, **Lilliam Somoza**, **Guillermo Sevilla Sacasa** y el **Dr. Luis Manuel Debayle Sacasa**, cuñado predilecto de

El ***Hospital Gorgas***, llevó ese nombre en memoria del **Gral.** y **Dr. William C. Gorgas**, médico de la armada estadounidense. El hospital estuvo situado en el ***Cerro Ancón***. Fue administrado por el Ejército de los EE. UU. la mayor parte del siglo XX, pero de conformidad con los ***Tratados Torrijos-Carter***, pasó a manos panameñas. El **Gral. Anastasio Somoza** fue ingresado en el ***Hospital Gorgas, Ward 8***, el domingo 23 de Septiembre. El equipo de médicos especialistas decidieron operarlo la noche del **Martes 25 de Septiembre**. Tras aplicarle anestesia general, sus complicaciones patológicas le produjeron un paro cardíaco, posteriormente quedó en coma y falleció el **Miércoles 26 de Septiembre de 1956**. su muerte fue ocultada para dar tiempo a la sucesión presidencial de su hijo **Luis Somoza**, para ello anunciaron que la muerte del **General Somoza** fue el **29 d**e Septiembre.

Somoza, médico, Coronel de la Guardia Nacional y Director de Salubridad, equivalente hoy de Ministro de Salud. Antes de morir en 1984 en Miami donde estábamos exiliados, el **Dr. Luis Manuel Debayle**, *«El Tío Luz»*, nos concedió su testimonio para ***La Estrella de Nicaragua***, estas fueron sus palabras, tal como las publicamos:

--*«**Antes de entrar al quirófano, como médico que soy, les recomendé reiteradamente a los cirujanos que <u>no extrajeran la tercera bala</u>, que le operaran el codo y el pulmón, pero que una tercera intervención quirúrgica era demasiado traumática para su edad y su condición de salud que no era perfecta, porque sus evacuaciones intestinales las hacía por un ducto, una colostomía, desde hacía varios años, además era hipertenso y diabético. Por eso yo les recomendé no extraer la bala alojada en el abdómen cerca de la columna vertebral; les dije que se la dejaran donde estaba, que no le iba a pasar nada, y hasta después que se recuperara de las otras operaciones era más seguro extraerle la bala. Pero no me hicieron caso y eso me extrañó mucho. Cuando salieron del quirófano, ya en la madrugada del Miércoles 26 de Septiembre, nos dijeron a la Salvadorita y a mí: --"No resistió la tercera operación"**»*. El **Dr. Luis Manuel Debayle** inventó parte de su historia, porque la realidad es que **no hubo ninguna operación de Somoza en vida**.

Los médicos especialistas enviados por el presidente **Dwight David «*Ike*» Eisenhower** para atender al presidente **Anastasio Somoza García**, en junta de médicos decidieron operarlo decidieron operarlo la noche del **Martes 25 de Septiembre** y así se lo comunicaron a **Somoza** y a su familia. El equipo de cirujanos y neurocirujanos lo conformaron tres médicos norteamericanos enviados por el presidente **Eisenhower**, y el cuarto médico fue la eminencia médica panameña, el **Dr. Antonio González Revilla**, especialista en neurología y neurocirugía, graduado en EE.UU. y con gran experiencia en los hospitales de Nueva York, que fue designado como el cirujano principal del grupo. Identificamos: **1-Major General Howard McCrum Snyder**, miembro del United States Army Medical Corps, y médico personal del Presidente **Dwight D. Eisenhower**. **2-Dr. Antonio González Revilla**, eminencia médica panameño, especialista en neurología y neurocirugía, con gran experiencia en Estados Unidos, graduado en Nueva York, fue designado como el cirujano principal. **3-Coronel US Army James H. Forsee**, médico y cirujano militar con una vasta experiencia como cirujano de guerra, donde operó a cientos de soldados heridos de bala durante la Segunda Guerra Mundial y la guerra de Corea. **4-Teniente General Leonard Dudley Heaton**, que después fue nombrado cirujano general del US Army de 1959 a 1969. Este extraordinario conjunto de eminencias médicas no pudo salvar la vida de **Somoza**, porque tuvo un paro cardíaco después de la anestesia general que lo indujo a un estado de coma, tras prolongadas desfibrilazaciones.

Sevilla Sacasa, agradeciéndole al **Padre Wyse** por los servicios religiosos prestados en la confesión antes de entrar al quirófano; y la misa y extremaunción al **Gral. Somoza García** en su agonía.

Somoza entró en coma después que le pusieron **anestesia general** en vez de **anestesia local**. Poco tiempo después de anestesiarlo, cuando el cirujano con bisturí en mano se disponía a hacer la primera incisión en la piel, el **Gral. Somoza** sufrió **un paro cardíaco**, producto de la anestesia general en su complicada condición patológica: **hipertenso**, **obeso**, **diabético** y con su estorbosa **colostomía transversa permanente**, cuando fue operado en 1952 en ese entonces parte del colon estaba necrosado y se tuvo que hacer una colostomía de largo plazo (permanente). La parte enferma del intestino fue extirpada y el resto quedó sin función permanentemente. En este caso, la colostomía debía ser por el resto de su vida y no se podía cerrar en el futuro.

El **Dr. Frank H. Lahey** le construyó quirúrgicamente una salida artificial a su intestino grueso por el abdómen, para sus evacuaciones fecales y para ello tenía que portar una bolsa plástica sujeta a la salida del tubo intestinal. El **Mayor G.N. Luis Ocón** fue designado por **Somoza** para hacerse cargo del cambio y aseo de la bolsa en cada evacuación.

Ante el paro cardíaco cundió la alarma en el quirófano y se recurrió de inmediato a tratarlo con un desfibrilador para hacerle descargas eléctricas con el propósito de reactivar el corazón. En cada descarga del aparato el cuerpo de **Somoza** saltaba en respuesta al choque eléctrico, pero el corazón del ilustre paciente no reaccionaba y continuaron desfibrilándolo por demasiado tiempo, cuando por fin el corazón volvió a latir, la resistencia orgánica de **Somoza** hacía rato que no era posible evitar el daño cerebral, perdiendo definitivamente sus funciones y entrando en **estado de coma**. Después de cuatro minutos sin el oxígeno que hace circular el corazón, el cerebro dejó de funcionar.

Hasta entonces los cirujanos iniciaron su labor de extraer las balas alojadas en el organismo del **Gral. Somoza**, a sabiendas que su cerebro estaba liquidado para siempre. Durante tres horas los especialistas extrajeron las balas de un cuerpo clínicamente muerto.

Le regresaron al ***Ward 8*** y le colocaron tubos respiratorios, suero, le conectaron a un cardiograma electrónico y lo aislaron en una tienda de oxígeno. Los médicos le explicaron a **Guillermo Sevilla Sacasa** que la muerte del **Gral. Somoza** era inevitable. **Sevilla Sacasa** no se atrevió a darle esa noticia a su esposa **Lillian** y menos a su suegra **Salvadora**. Ellas todavía creían que la operación había sido un éxito, sobre todo cuando les enseñaron las balas extraídas.

El equipo de los médicos anunciaron que emitirán un boletín manifestando que el estado del **Gral. Somoza** tenía un pronóstico muy grave. **Sevilla Sacasa** les pidió que cambiaran los términos del anuncio, porque tal información causaría conmoción en la política de Nicaragua. Fue el **Dr. Leandro Marín Abaúnza** quien redactó el anuncio cambiando las palabras ***pequeña mejoría***, por ***alguna mejoría***, términos que fueron aceptados por el **General Howard McCrum Snyder**, médico personal del presidente de Estados Unidos y

CONGRESO CONDENA EL ATENTADO

Novedades

DIARIO AL SERVICIO DE LA DEMOCRACIA

16 Páginas - 30 Centavos

Circulación: 20 Mil Números; Lunes, 25 Mil

MERCEDES-BENZ

TERMINA PARALISIS DEL PRESIDENTE

Trascendental noticia la da en Casa Presidencial el Diputado Luis Somoza

El Congreso por unanimidad acuerda condenar el atentado contra el Señor Presidente de la República. — Se evita en la Cámara de Diputados una discusión de carácter partidista. — Parlamentarios hacen visita a Casa Presidencial después de la sesión de ayer

Senado reprueba atentado

HABLA CONRADO VADO

Comisión de leoneses a esta capital

o se desea entorpecer el

Presidente Somo

El diputado **Luis Somoza Debayle**, ordenó que el diario ***Novedades***, propiedad de la **Familia Somoza**, publicara noticias positivas sobre las cirugías y tratamientos que estaba recibiendo el **Gral. Somoza** en Panamá. La primera página de ***Novedades*** del miércoles 26 de septiembre destacó el titular ***«Termina parálisis del Presidente»***, titular inventado, pues ***Novedades*** circulaba por la mañana y a esa fecha y hora el **Gral. Somoza** ya estaba en coma tras el paro cardíaco. Pero **Luis** y **Anastasio Somoza Debayle** necesitaban tiempo para consolidar el poder político y militar, sobre todo cuando se ignoraba si existía un gran complot, tras el atentado. En la misma primera página de ***Novedades*** sobresale una enorme foto del diputado **Luis Somoza** recibiendo el apoyo de la máxima jerarquía católica: **Mons. Alejandro González y Robleto**, arzobispo de Managua; **Mons. Marco Antonio García y Suárez**, obispo de Granada, y **Mons. Carlos Borge y Castrillo**, obispo coadjutor de Managua, los tres jerarcas junto con **Luis Somoza**, reflejan ya el plan de la sucesión presidencial para **Luis Somoza**, cuando todavía a su padre le quedaban algunas horas de vida en estado de coma.

por los demás miembros del equipo médico.

Pero el estado del **Gral. Somoza** ya no tenía ninguna oportunidad de pequeñas ni algunas mejoría, pues su vida se estaba apagando en una rápidamente progresiva y silenciosa agonía.

Sevilla Sacasa, habló con el grupo de médicos norteamericanos para pedirles que redacten un documento que certifique la incapacidad física y mental del **Gral. Somoza**, que sirva de base para la sucesión presidencial para el diputado **Luis Somoza** en Nicaragua, sin embargo los médicos norteamericanos se negaron a conceder ese certificado porque contiene elementos de injerencia en la política interna de Nicaragua.

En su urgencia por obtener el certificado de incapacidad física y mental, **Sevilla Sacasa** se lo pidió al **Dr. Antonio González Revilla**, quien prestamente redactó y firmó el certificado.

El martes 26 de septiembre por la tarde, **Salvadora de Somoza** pidió que se oficiase una misa en la misma habitación del agonizante **Gral. Somoza**. El padre **Wyse** erigió un

Restos del Presidente vendrán mañana

EXTRA

Novedades

8

Páginas 30 Centavos

EXTRA

PRESIDENTE SOMOZA MUERE

Mi corazón está triste hasta la muerte

AGOTAMIENTO GENERAL FUE LA CAUSA DE SU MUERTE

RITMO DE RECUPERACION INDICA QUE NO SE PRODUJO HEMORRAGIA CEREBRAL ALGUNA DE CONSIDERACION. - TODAS LAS BANDERAS DE LA ZONA DEL CANAL A MEDIA ASTA. — DOÑA SALVADORITA ES UNA DE LAS MUJERES MAS VALIENTES QUE HE VISTO DICE EL GOBERNADOR POTTER

MUERTE DE UN MARTIR

Todo era dolor y luto Casa Presidencial a 4.30 de esta madrug

PRESIDENTE SOMOZA
...LA NACION ACONGOJADA LLORA SU MUERTE...

La muerte del **Gral. Somoza** fue anunciada en el diario ***Novedades*** por los hermanos **Somoza Debayle**, como que había ocurrido en la madrugada del 29 de Septiembre. El anuncio se hizo doce horas después que el Congreso Nacional de Nicaragua había juramentado al diputado **Luis Somoza Debayle**, como Presidente de Nicaragua, la noche del **28 de septiembre**, creando la sucesión dinástica, pero el cuerpo sin vida del **Gral. Somoza García** estaba mantenido refrigerado en la morgue del ***Hospital Gorgas***, desde la noche del **26 de septiembre**, mientras los hermanos **Somoza Debayle** hacían todos los arreglos para consolidar el poder.

pequeño altar en el ***Ward 8*** donde inició el oficio de la misa. Al finalizar, el padre **Wyse** levantó la tienda de oxígeno y le administró los santos óleos. En ese momento el **Gral. Anastasio Somoza García** ladeó ligeramente la cabeza y dejó de respirar.

El presidente **Ricardo Manuel Arias Espinosa** de Panamá, que acompañaba a la familia durante la misa, le dijo al **Dr. Leandro Marín** que estaba a su lado: --«***¿Vio usted como movió la cabeza el general Somoza al recibir los santos óleos? Creo que falleció***».

PRESIDENTE EISENHOWER LAMENTA MUERTE DEL GENERAL A. SOMOZA

PRESIDENTE SOMOZA HA MUERTO

LA PRENSA

AL SERVICIO DE LA VERDAD Y LA JUSTICIA

AÑO XXX — 2 SECCIONES

Boletín oficial de muerte del Presidente Somoza

Managua, D. N., 29 septiembre 1956.

LUIS A. SOMOZA D.

Prometo Ante Dios y la Patria Servir Dentro de Justicia y la Ley

Dijo el nuevo Sr. Presidente de la República, Cnel. Luis Somoza D. en Congreso Nac.

Ríos al salirse de madre en una rica zona cafetalera

NUESTRO PESAME

LA PRENSA, cuya dirección ha sido asumida por doña Margarita C. de Chamorro y por el Ing. Luis S. Cardenal; y los miembros de la Redacción, Administración y Talleres, al mismo tiempo que condenan el atentado contra la vida del Señor Presidente General Somoza, envían a la familia doliente su más sentido pésame.

Para su señora madre doña Julia García viuda de Somoza, para la viuda doña Salvadorita Debayle de Somoza, para sus hijos el Sr. Presidente de la República, Ing. y Coronel Luis Somoza Debayle y familia, para el Jefe Director de la Guardia Nacional, Coronel Anastasio Somoza Debayle y familia, para el Sr. Embajador de Nicaragua en Washington doctor Guillermo Sevilla Sacasa y su señora esposa doña Lilliam Somoza de Sevilla S. y sus tiernos hijos, para el Mayor José Somoza y señora, y para sus hermanos, Dr. Luis M. Debayle y familia, doctor Henry Debayle y familia, doctor León Debayle y familia, doña Margarita D. v. de Pallais e hijos, doctor Narciso Lacayo P. y familia, doña Stella Argüello v. de Debayle y sus hijos y familia, todos ellos residentes en el país y para el Dr. Néstor Portocarrero y familia, residente en La Florida nuestras sinceras condolencias.

LA PRENSA ruega a Dios Nuestro Señor, que está encima de todo y de todos, que le conceda descanso eterno al Alma del Sr. Presidente muerto e ilumine la mente del Sr. Presidente, Coronel Luis Somoza Debayle, para que al asumir las riendas del poder nos lleve por el camino del Orden, la Paz y la Constitucionalidad para bien del país, tranquilidad de sus moradores y la Paz de la República.

Asimismo suplicamos a nuestros lectores cooperar en todo con las autoridades cumpliendo fielmente con las disposiciones tomadas y abstenerse de hacer comentarios o repetir rumores que puedan intranquilizar o desorientar la opinión pública.

Estamos en un estado de emergencia en el que tanto el Supremo Gobierno como el Pueblo deben estar unidos para mantener la calma, el orden y la tranquilidad que tanto necesita Nicaragua.

Eisenhower lamenta la muerte del Señor Presidente A. Somoza

Fué el Pdte. Somoza, hasta momento de su muerte, invariable amigo de los E.U.

Exposición de Mtros. de estado es leída en el Congreso Nacional

Padre de familia es obligado a proporcionar alimentos a su hijo

Solicitando llenar vacante temporal contemplada en los Arts. 160 y 188 Cn.

El diario ***La Prensa*** de Managua publicó el 30 de septiembre de 1956, esta primera página dedicada a informar los detalles de la muerte del **Gral. Somoza** y uno de los artículos, titulado ***«Nuestro Pésame»***, presentaron las condolencias de la **Familia Chamorro** a toda la **Familia Somoza** mencionando todos y cada uno de los nombres de los **Somoza**. En esta primera página ***La Prensa*** reportó la toma de posesión de **Luis Somoza Debayle** y lo reconoció como Presidente de Nicaragua. Para la fecha de la publicación, el 30 de septiembre, ya habían arrestado al **Dr. Pedro Joaquín Chamorro Cardenal**, director y condueño de ***La Prensa***, el mismo 21 de septiembre en que se produjo el atentado. Fue capturado en su casa de habitación en la madrugada cuando regresaba de una fiesta y encarcelado en la fortaleza de ***El Hormiguero***, esa misma noche fue trasladado a las cárceles de ***La Aviación***, pero casi inmediatamente después fue conducido a la Casa Presidencial donde fue sometido a un interrogatorio por agentes de la Oficina de Seguridad Nacional, declarando que no sabía nada del atentado, agregó que el **Dr. Francisco Frixione** le había comunicado que había llegado una persona de El Salvador para un movimiento subversivo, al finalizar el interrogatoria fue conducido a las cárceles de la 3a. Compañía a una celda donde ya estaba preso **Reynaldo Antonio Téfel**.

En el ***Ward 8*** del ***Hospital Gorgas***, a la hora de la muerte del **Gral. Somoza**, lo estaban rodeando su esposa **Salvadora**, su hija **Lilliam**, **Guillermo Sevilla Sacasa**, **Leandro Marín Abaúnza**, el Presidente de Panamá **Ricardo Manuel Arias Espinosa**, el Embajador de Nicaragua en Panamá **Carlos Tellería**, el **Dr. José María Castillo Quant** y el **Mayor G.N. Luis Ocón**. Todos ellos participaron en la misa que ofició el **Padre Wyse** en la misma habitación, cuando el **Gral. Somoza** estaba en coma y agonizante. Igualmente fueron testigos cuando el **Padre Wyse** le untó los santos óleos, sacramento que al finalizar todos vieron cuando el **Gral. Somoza García** ladeó ligeramente la cabeza, dejó de respirar y murió, como el equipo médico norteamericano lo había pronosticado.

El cuerpo del **Gral. Somoza** fue colocado el frigorífico de la morgue del ***Hospital Gorgas***, mientras se hacían los trámites para transportarlo a Nicaragua.

Somoza murió a las 4:05 de la tarde del martes 26 de Septiembre de 1956

Sevilla Sacasa llamó por teléfono a **Luis Somoza** para decirle que miércoles 27 de septiembre el **Dr. José María Castillo Quant** llevaría el documento certificando la incapacidad física y mental de su padre y le dijo que el **Dr. Castillo** le informaría de ***«algo más grave»*** que no le podía decir por teléfono.

Como no habían vuelos comerciales programados el miércoles 27 de septiembre para Managua, **Sevilla Sacasa** le solicitó al comando aéreo de la ***Base Albrook Fields*** de la Fuerza Aérea de EE.UU. en Panamá, que le facilitaran un avión para llevar a un importante mensajero a Managua. El avión bimotor Douglas C-47 estuvo listo rápidamente y el **Dr. Castillo Quant** llevó el certificado y la noticia de la muerte del **Gral. Somoza**, documento vital para que **Luis Somoza** se convirtiera en Presidente de Nicaragua.

El jueves 28 de septiembre los hermanos **Somoza Debayle** decidieron que el cadaver de su padre debía ser transportado en un avión de las ***Líneas Aéreas de Nicaragua, La Nica***, matrícula **YN J4504Z**, empresa propiedad de la **Familia Somoza**. El avión salió hacia Panamá la noche del 28 de septiembre.

Ese mismo jueves 28 de septiembre en horas tempranas de la noche, el Congreso Nacional juramentó al diputado **Luis Somoza Debayle** como Presidente de Nicaragua, basados en el certificado firmado por el **Dr. Antonio González Revilla**, declarando que el **Gral. Somoza** estaba incapacitado mental y físicamente para ejercer la presidencia.

Doce horas después que el coronel **Luis Somoza** ya estaba en posesión de la presidencia, temprano en la mañana del **viernes 29 de septiembre** los hermanos **Somoza Debayle** anunciaron la muerte del **Gral. Anastasio Somoza García**, como que hubiera ocurrido ese mismo día, cuando ya **Luis Somoza** era Presidente de Nicaragua.

Funerales del Gral. Somoza

El domingo 30 de septiembre el cadáver de **Somoza García** fue transportado a Managua en un avión bimotor Douglas C-47 de ***Líneas Aéreas de Nicaragua, La Nica***, matrícula **YN J4504Z** propiedad del difunto **Somoza**.

La pista del aeropuerto estaba saturada de deudos, amigos, correligionarios y público interesado en ver la llegada del ataúd cubierto por la Bandera Nacional de Nicaragua. En la pista también estaba en perfecta formación la Compañía de Caballeros Cadetes de la Academia Militar de Nicaragua de la que el finado **Somoza** decía que --***«Es mi hija buena»***. El gabinete de Ministros hizo su presencia en la pista, lo mismo que el Cuerpo Diplomático. La Banda de la Guardia Nacional interpretó el Himno Nacional y el cuerpo de ar-

El domingo 30 de septiembre de 1956, el cadáver del **Gral. Somoza** aterrizó en el aeropuerto ***Las Mercedes*** de Managua a bordo de un avión de ***La Nica*** matrícula **YN J4504Z**. La familia decidió usar un avión de su compañía aérea, porque era mejor símbolo e imagen que si llegaba a bordo de un avión militar norteamericano. Altos oficiales de la Guardia Nacional bajaron del avión el féretro del jefe fallecido.

tillería de la Guardia Nacional disparó 21 cañonazos de 75 mm.

A bordo de un carro militar blindado el féretro salió custodiado por cuatro oficiales de la Guardia Nacional, seguido de una enorme caravana que salió del Aeropuerto ***Las Mercedes***. La enorme manifestación fúnebre se dirigió a la Catedral de Managua donde el Arzobispo de Managua, **Mons. Alejandro González y Robleto**, ofició un responso por el alma del difunto, en cuerpo presente.

El multitudinario cortejo fúnebre se dirigió seguidamente a la Academia Militar de Nicaragua donde el cuerpo del **Gral. Somoza** recibió el homenaje de la Compañía de Caballeros Cadetes, lo mismo que de Oficiales, Clases y Rasos de la Guardia Nacional.

La siguiente escala fue en el Palacio Nacional, la caja funeraria se ubicó en el ***Salón Azul***. En el Palacio Nacional recibió los honores del Congreso Nacional en Cámaras Unidas, del Partido Liberal Nacionalista, del Cuerpo Diplomático, de un sinnúmero de instituciones y un desfile interminable del pueblo llano que lentamente, uno por uno, pasaron a ver el cadaver del **Gral. Somoza** y persignarse frente al difunto presidente.

Después regresó el féretro a la Catedral de Managua donde se le otorgaron honores sacros al **Gral. Somoza García**, correspondientes a un ***Principe de la Iglesia Católica***, los honores fueron los que se conceden a príncipes de la iglesia católica, que no debe confundirse, como muchos creen o entendieron que a **Somoza** lo declararon ***principe de la iglesia***, pero sí, sus restos recibieron tales honores.

En la Catedral la liturgia comenzó con una Misa Pontifical, oficiada por el Arzobispo de Managua, **Mons. González y Robleto**; concelebrada por **Mons. Clemente Carranza**, **Mons. Rafaél Lippo de Mannai** y el Nuncio Apostólico, representante del Papa **Pío XII**. Seguidamente el cortejo fúnebre se dirigió al ***Palacio del Ayuntamiento***, sede del Ministerio del Distrito Nacional

Con el catafalco sobre un carro militar blindado de combate pletórico de coronas de flores, el cuerpo del **Gral. Somoza García** recorrió repetidamente las principales calles de Managua, siempre custodiado por oficiales de la Guardia Nacional y rodeado de un gran cortejo de ciudadanos de todos los niveles sociales y económicos. El uso de las unidades blindadas del Primer Batallón Blindado, fue siempre utilizado como carro fúnebre por tradición de los funerales militares nicaragüenses de la Guardia Nacional de Nicaragua.

(que así se llamaba la Alcaldía de Managua) para recibir el homenaje de los empleados de la comuna. Luego se trasladó el catafalco de **Somoza** --siempre en procesión-- al Club de Clases de la Guardia Nacional para otro homenaje militar. Finalmente el sarcófago fue instalado en el ***Salón de las Banderas*** de Casa Presidencial, en la cúspide la La Loma de Tiscapa, donde una multitud desfiló para despedirlo, muchos con una silenciosa oración.

El **3 de Octubre de 1956**, a las 9:30 de la mañana, se inició el desfile hacia el Cementerio General de Managua, encabezado por la Banda de Guerra de la Academia Militar de Nicaragua, la Compañía de Caballeros Cadetes de la AMN, le seguía el caballo negro en que cabalgaba el **Gral. Somoza** luciendo sus botas colocadas a los lados de la montura, guiado por un espigado raso de la Guardia Nacional como palafrenero conduciendo al corcel. Ese palafrenero fue el Alistado **Alberto Gutiérrez**, escogido por ser un soldado raso de buen porte militar, espigado y formal. Cuando sus compañeros de cuartel vieron publicada la foto de **Gutiérrez** llevando las riendas del corcel negro, rápidamente le apodaron ***«El Macho Negro»***, producto de la creación ingeniosa de poner motes a los que se destacan, actitud típica de la idiosincrasia nicaragüense y más de las costumbres cuartelarias. Ese remoquete le acompañó al soldado **Alberto Gutiérrez** el resto de su vida y se sigue mencionando después de su muerte (fue fusilado en Masaya sin forma de juicio. Murió altivamente y sin pedir clemencia a sus asesinos).

En el desfile seguían varios soldados portando almohadillas de terciopelo mostrando las numerosas condecoraciones que recibió el **Gral. Somoza García** en vida. En el orden del desfile continuó la Banda Musical Militar de la Presidencia de República Dominicana, enviada por el **Generalísimo Rafaél Leónidas Trujillo**, junto con una compañía militar de 120 soldados de protoco-

El **Coronel Anastasio Somoza Debayle**, observa el cadáver de su padre cuando fue llevado al ***Salón de las Banderas*** de Casa Presidencial, acompañado de varios oficiales de la Guardia Nacional, entre los que se encuentran de izquierda a derecha: El **Tnte. Efrel López** de saco oscuro, a la izquierda del ataúd, **Cnel. Roberto Martínez Lacayo**, el **Tnte. Jerónimo Linarte**, el **Tnte. Pedro Gutiérrez**, el **Tnte. Carlos García Solórzano**, el **Mayor Heberto Sánchez Barquero**, el **Cptn. Victorino Lara** y el **Dr.** y **Tnte. Agustín Torres Lazo**, que fue nombrado Fiscal Militar para la Corte Militar de Investigación y después Fiscal Militar del Consejo de Guerra que juzgó a los acusados de complicidad con el magnicidio. En el rostro del **Cnel. Somoza Debayle** se observa una profunda tristeza y la meditación sobre el drama que estaba viviendo como hijo menor del **Gral. Somoza García**, asesinado por un desconocido personaje procedente de las masas proletarias de Nicaragua.

lo con lucimiento de grandes oropeles y gesticulaciones.

Una impresionante multitud de ciudadanos colmó hasta los menores espacios de las calles y aceras para acompañar o ver el desfile, especialmente el paso del féretro cubierto por la bandera nacional, colocada sobre un carro militar de combate flanqueado por seis oficiales haciendo guardia de honor con brazaletes negros en sus mangas.

Una sorprendente cantidad de discursos detenía la marcha de la procesión. Al entrar al cementerio el féretro fue bajado para ser llevado en hombros hasta la Cripta de Oficiales de la Guardia Nacional, actos religiosos, llantos, infinidad de cañonazos y rondas de disparos de escuadras de Cadetes de la Academia Militar de Nicaragua.

La muerte y los funerales del **Gral. Anastasio Somoza García** constituyeron un impactante acontecimiento y un gran espectáculo, muchos lloraron la muerte del primer **Somoza** durante la exposición del cadáver o al paso del desfile, unos eran sinceros, otros fueron presa de histerismo y algunos lloraban falsamente con estilo plañidero por exhibicionismo, hipocresía u oportunismo en búsqueda de algún beneficio o dádiva.

A la personalidad del fallecido presidente le tributaron numerosos discursos, le escribieron gran cantidad de artículos dolientes, llegaron toneladas de coronas de flores, fueron ofrendas enviadas principalmente por **Ernesto Rivas Solís**, **Octavio Salinas**, **Donald Spencer**, **Orlando Trejos Somarriba**, **Arturo Cruz Porras** y más de dos millares de o-

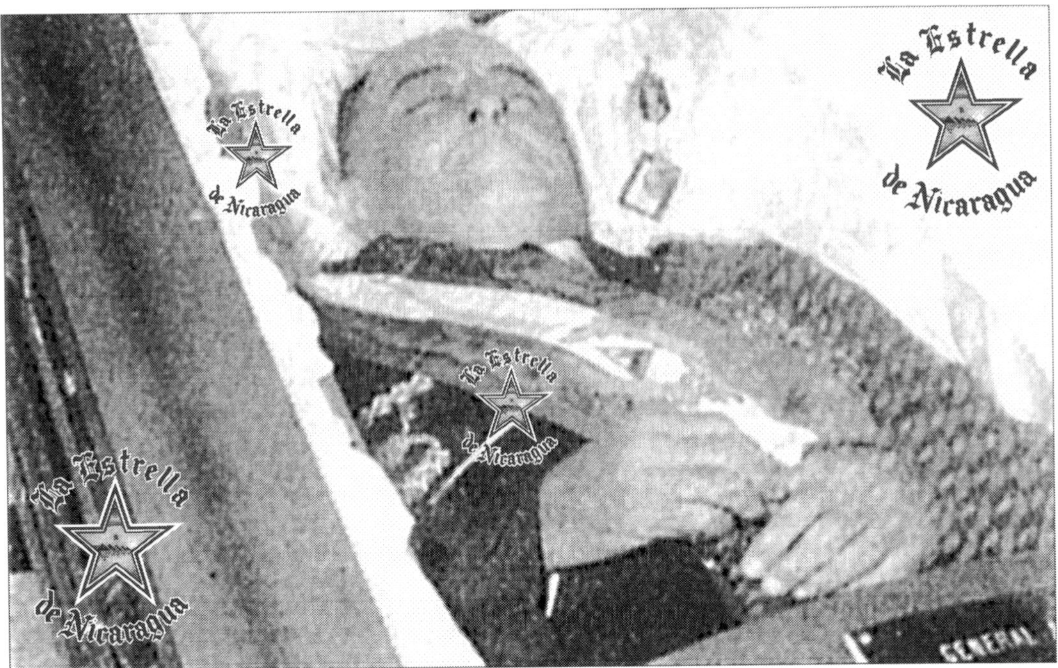

En el Salón Azul, segundo piso del Palacio Nacional, el cadáver del **Gral. Somoza** fue velado y estuvo expuesto al público con la cubierta del ataúd abierta, toda la tarde y noche del 1ro. de Octubre de 1956. El desfile de ciudadanos de todos los niveles se persignaban como bendiciendo al hombre fuerte de Nicaragua que parecía dormir con su banda presidencial en el pecho. Hubo algunas escenas melodramáticas de personas histéricas que lloraban y gritaban.

tras personas, embajadas, grupos e instituciones.

Doña Salvadora viuda de Somoza García recibió miríadas de telegramas, cablegramas y mensajes de todos los rincones de Nicaragua y de muchas partes del mundo. Hubo familias enteras que guardaron riguroso luto con trajes negros. Los principales discursos oficiales pronunciados con la solemnidad de las grandes ocasiones, fueron pronunciados por el **Dr. Oscar Sevilla Sacasa**, Ministro Relaciones Exteriores en representación del Poder Ejecutivo; del **Dr. Ulises Irías**, Presidente del Congreso Nacional en representación del Poder Legislativo; del **Dr. Juan Marcos López Miranda,** Presidente de la Corte Suprema de Justicia en representación del Poder Judicial; del **Gral. José María Zelaya**, Senador de la República en nombre de la Cámara del Senado; el **Dr. Manuel F. Zurita**, diputado del Congreso en nombre de la Cámara de Diputados, que pronunció un discurso emotivo y pintoresco, diciendo en entre otras expresiones: --***«Ya dije que lo amaba tanto, que no tengo palabras para expresar mi duelo, mi corazón está triste. Quiero que sepan que el General Somoza no ha muerto, si quieren verlo, ábranme el pecho y lo verán palpitar en mi corazón»***. Otros discursos fueron pronunciados por el **Cnel. G.N. Francisco Gaitán Carpio**, Ministro de Guerra, Marina y Aviación, en representación de la Guardia Nacional (**Gaitán** tenía gran poder en la Guardia Nacional y había sido muy querido por el difunto general **Somoza**, pero posteriormente se le involucró como previo conocedor del magnicidio, fue purgado de la Guardia Nacional y enviado a un exilio de oro nombrándole embajador de Nicaragua en Argentina.

En realidad los hermanos **Somoza Debayle** hicieron una purga en la Guardia

Una caravana de varios carros militares del Primer Batallón Blindado de la Guardia Nacional, seguían al féretro del **Gral. Somoza**, colmados de ofrendas florales bajo la custodia de soldados de la Guardia Nacional y la admiración de decenas de miles de ciudadanos que observaban la procesión fúnebre.

Nacional, expulsando a varios oficiales que habían sido de la máxima confianza del difunto **Somoza García** y por ello ostentaban una fuerte cuota de poder y mando. El **Cnel. Gaitán** había sido hasta ***«niñero»*** de los hermanos **Somoza Debayle** cuando eran bebitos. Fueron sustituidos por una generación de oficiales más jóvenes --o menos viejos--, pero sujetos a la autoridad de los hermanos **Somoza Debayle**).

El Embajador de Estados Unidos, **Thomas E. Whelan**, amigo personal de **Somoza García**, habló en representación del cuerpo diplomático; el **Dr. Lorenzo Guerrero**, representó al Partido Liberal Nacionalista; la **Dra. Olga Núñez de Saballos**, Viceministra de Educación, habló en representación del ***Ala Femenina*** del Partido Liberal Nacionalista; el **Dr. Ildefonso Palma Martínez** por los liberales de León; el diputado **Aurelio Montenegro**, por el Congreso Nacional; don **Andrés Largaespada** en nombre del Distrito Nacional y un sacro discurso fúnebre fue pronunciado por el canónigo **Luis Enrique Mejía y Fajardo**, tío de los hermanos cantautores **Mejía Godoy**, pronunció su discurso por su investidura de Teologal de la Catedral de Managua. Una pléyade de literatos, escritores e intelectuales publicaron artículos ponderando la vida, obra y memoria del fallecido presidente de Nicaragua:

Francisco Meléndez, ***«Mi arenga a la columna truncada»***; **Pedro K. Siero**, ***«Somoza el General de la Paz»***; también escribieron **Germán Castillo**, **Lyla Saénz**, **Tomás Céspedes Cepeda**, **Juan Rafaél López Lovo**, **Salvador D'Arbelles**, **Alejandro**

La ciudadanía saturó todos los sitios en calles, aceras y balcones para ver el paso de la procesión funeral, a miles de ellos les parecía imposible que el **Gral. Somoza** haya muerto. El carro militar pasa frente a las casas de la ***Vieja Managua*** en un gesto de despedida, mientras la población guardaba respetuoso silencio, escuchando la música fúnebre de la Banda de la Academia Militar, de la Banda de la Guardia Nacional y de la Banda Presidencial que envió el **Generalísimo Rafaél Leonidas Trujillo** de República Dominicana.

Marenco, **Apolonio García**, **Edmundo Montiel**, **Juan César Prado**, **Armando Ocón Murillo**, **María M. de Sotelo**, **Luis Cruz Amador**, **Jorge Monterrojas**, **Felipe Rodríguez Serrano**, **Leonardo Lacayo Ocampo**, **Carlos A. Bravo**, **Mariana Sansón de Argüello** (la destacada poeta que resultó herida en la misma balacera donde **López Pérez** mató a **Somoza García**), **Ernesto Ruiz Zapata**, **Guillermo Rotshchuh Tablada**, que incluyó un poema dedicado a **Salvadorita Debayle v. de Somoza** titulado ***«General, en tu mar no hay naufragios»***; **Jaime Pérezalonso**, **Elí Tablada Solís** dedicó el poema ***«Somoza, en el corazón del pueblo»***; el **Dr. Julio Centeno Gómez** dedicó el poema ***«Somoza hacia el Pináculo»***.

Los mensajes de condolencias a la familia **Somoza Debayle** fueron enviados por millares, podría afirmarse que fueron varios quintales de correspondencia, incluyendo mensajes luctuosos de destacadas personalidades como **René Argüello Sacasa**, **Federico Argüello Sacasa**, **Blanca Buitrago**, **Nicolás Bolaños Gayer**, **Duilio Baltodano**, **Gladys Bonilla**, **William Báez Sacasa**, **Guillermo Bermúdez**, **Arturo Bone**, **Salvador Cardenal Argüello**, **Ernesto Ramiro Cuadra**, **Alfredo Cole Chamorro**, **Manuel Salvador Cruz**, **Dionisio Chamorro**, **Enrique Dreyfus**, **Roger Fischer Sánchez**, **Sucre Frech**, **Heriberto Gadea Mantilla**, **Leonte Herdocia**, **Carlos Hollman**, **Raúl Lacayo Montealegre**, **Federico Muñoz**, **Lidia Ortega** (podría tratarse de un homónimo, pero este es el mismo nombre de la mamá de **Daniel** y **Humberto Ortega Saavedra**. El padre de los **Ortega** era importador de flejes para pacas de algodón y **Somoza García** le compraba para

El cortejo fúnebre saliendo de Casa Presidencial que fue literalmente invadida masivamente por el público que deseaba ver por última vez al **Gral. Somoza** en su féretro destapado mientras estuvo en el ***Salón de las Banderas*** de Casa Presidencial. Fue imposible contener a las multitudes que a grandes voces gritaban *«¡**Viva Somoza!**»* a cada instante y ningún uniformado se atrevió a meter al orden a la muchedumbre.

El entonces soldado raso, **Adalberto Gutiérrez, G.N.**, fue escogido por su estatura y porte para guiar al caballo negro del **Gral. Somoza**, llevando las botas al costado en la procesión fúnebre. Al regresar a su cuartel, los otros guardias nacionales endilgaron a **Gutiérrez** el apodo de ***El Macho Negro*** conque fue conoció después. Fue fusilado prisionero y amarrado en Masaya en 1979 por el FSLN, pero con mucha altivez no les pidió clemencia.

El féretro fue llevado a la Catedral Metropolitana Santiago de Managua para oficiar la Misa de Cuerpo Presente para el descanso del alma del **Gral. Somoza**, donde le tributaron honores correspondientes a Príncipe de la Iglesia y la misa oficiada por el Arzobispo de Managua, **Mons. Alejandro González y Robleto** y cinco Obispos.

Junto al féretro abierto del **Gral. Somoza**, llora desconsolada la hermana del fallecido, **Amalia Somoza García**, rodeada de la Familia Doliente: **Anastasio Somoza Jr.**, **José R. Somoza**, **Luis Somoza**, **Salvadora v. de Somoza**, y otros familiares y oficiales de la Guardia Nacional de Nicaragua.

En el altar mayor de la Catedral de Managua, el **Arzobispo de Managua, Mons. Alejandro González y Robleto** y cinco Obispos más, esperan el ingreso del catafalco que contenía los restos mortales del **Gral. Anastasio Somoza**, donde recibió las bendiciones y honores de ***Principe de la Iglesia Católica*** y la Misa In Memoriam y la liturgia final, antes de salir la procesión hacia el Cementerio General. La oposición política al gobierno de **Somoza** criticó a la Iglesia por los honores de ***Principe de la Iglesia*** concedidos al **Gral. Somoza.**

Decenas de miles de ciudadanos acompañan el funerario desfile final llevando los restos del **Gral. Somoza** hacia el Cementerio General de Managua. La imagen registró el momento en que el carro militar con el ataúd custodiado por oficiales de la Guardia Nacional, estaba doblando de la Avenida Roosevelt hacia la Calle 15 de Septiembre de la ***Vieja Managua***. A la izquierda los trabajadores estaban construyendo el ***Banco de Londres***, suspendieron sus trabajos para admirar el cortejo fúnebre aglomerados en los andamios. Cálculos de los periodistas y observadores consideraron que no menos de trescientas mil personas procedentes de todos los departamentos de Nicaragua acompañaron la procesión o se reunieron en todas las aceras del recorrido para ver el paso del último recorrido del desfile funerario con el catafalco del **Gral. Anastasio Somoza** hacia el cementerio.

amarrar las pacas de su desmotadora ***Los Manguitos***. Podría ser que doña **Lidia Ortega** enviara el mensaje de condolencia o se trató de otra persona con el mismo nombre), **Leopoldo Riestra**, **Cnel. Francisco Boza e hijos**, **Ubaldo Ríos**, **Octavio Salinas**, **Carlos Tünnermann Berheim**, entre otros.

Misa por el alma de Rigoberto López Pérez en León

El domingo 30 de septiembre de 1956, mientras llegaba de Panamá el cadáver del presidente **Somoza García**, en la ciudad de León el cura párroco de la iglesia ***El Calvario***, **Padre Marcelino Aréas** convocó a su feligresía para asistir a la misa que él mismo oficiaría el lunes 1° de octubre por el descanso del alma de su feligrés residente a media cuadra de la iglesia ***El Calvario***, **Rigoberto López Pérez**.

No faltaron personas que concurrieron al Comando de la Guardia Nacional de León a dar aviso de las intenciones del **Padre Marcelino Aréas** y del Comando enviaron a un oficial y tres soldados armados de fusiles Garand M-1 a exigirle al sacerdote que no se le ocurriera celebrar ninguna misa para ***el asesino*** **López Pérez**, pero el **Padre Aréas**, que tenía un fuerte carácter y mucha conciencia de sus deberes sacerdotales no se dejó intimidar por los militares y les dijo que nadie, ni la Guardia Nacional, podía imponer prohibiciones de los actos litúrgicos de la Iglesia Católica en el templo de Dios y menos de una Misa de Responso por el alma de uno de los difuntos feligreses de su parroquia, sin consideraciones de las causas, motivos o condiciones de su muerte y terminantemente les dijo que la misa se iba a oficiar por el descanso del alma de **Rigoberto López Pérez** con su cuerpo presente o sin él.

Desde tempranas horas del lunes 1° de octubre de 1956, día en que estaba anunciada la Misa de Responso para el descanso del alma de **López Pérez**, cerca de cuarenta Guardias Nacionales bajo el mando de un oficial, rodearon la iglesia ***El Calvario***, e impidieron la entrada a cualquier persona que intentara ingresar al templo.

Pero, no obstante, el **Padre Marcelino Aréas**, sin siquiera la presencia del sacristán ni los acólitos, a quienes la Guardia no dejó entrar a la iglesia, personalmente hizo el repique de las campanas a tono funeral, doblando las campanas varias veces llamando a la feligresía, que obviamente estaba extremadamente aterrorizada y no intentó ni acercarse al templo.

En esas condiciones el **Padre Aréas** ofició solitario la misa ***in memoriam*** y por el descanso del alma del difunto **Rigoberto López Pérez**, sin su cuerpo presente, pero le correspondía el responso porque era feligrés del barrio de la Iglesia ***El Calvario***.

Sobre el destino del cadáver de **López Pérez** se logró establecer que fue llevado a Managua y sepultado en la hacienda ***El Mango***, al sur de Managua. propiedad de la Guardia Nacional. El **Cnel. G.N. Carlos Silva**, Secretario de la Comandancia y el **Mayor G.N. Juan Emilio Canales** estuvieron a cargo de la operación para enterrar el cuerpo de **López Pérez**, que fue trasladado de León a Managua en una camioneta jeep de las llamadas ***chatas***, para evitar que la gente opositora convirtiera en santuario la tumba, si se descubría en qué parte de León estaba enterrado **López Pérez**. Por eso el cadáver fue trasladado a Managua, custodiado por los dos oficiales mencionados y el vehículo manejado por el **Cabo G.N. Severo Argueda**.

Los terrenos de la ***Hacienda El Mango***, frente a la Universidad Nacional, años después, con el crecimiento de Managua, fueron utilizados para la construcción de la ***Colonia Militar Zogaib***, para viviendas de los oficiales de la Fuerza Aérea de la Guardia Nacional. En la parte alta de los terrenos de la misma hacienda, estaba el ***Cuartel G.N.***

Somoza García, como oficial de la Guardia Nacional, fue sepultado y su tumba sellada en el interior de la ***Cripta de Oficiales***, que se ve en esta imagen en la que sobresalía la estatua de gran tamaño de un soldado con su fusil ***en parada descanso***. Miles de personas ya estaban frente a la cripta esperando la llegada de la caravana funeraria con los restos del **Gral. Somoza**. La cripta ya estaba custodiada por oficiales y soldados.

Mocorón. No pudieron mantener en secreto el traslado y entierro del cadáver de **López Pérez**, porque prontamente los oficiales, los soldados que abrieron el sepulcro, el chofer **Argueda** y otros que fueron testigos, divulgaron el secreto que nunca fue perfecto, pero nunca se supo el sitio exacto de la hacienda donde quedó el cuerpo de **López Pérez**.

Gral. Somoza García sepultado en la Cripta de Oficiales

La enorme caravana fúnebre que salió de la Catedral de Managua a las 9:30 a.m. del lunes 3 de octubre de 1956, acompañada por cientos de miles de ciudadanos en una procesión que duró cuatro horas, finalmente llegó al Cementerio General de Managua donde le esperaba la ***Cripta de Oficiales***.

La muchedumbre que acompañó a la procesión fúnebre con bastante orden, al llegar el momento en que el féretro estaba por llegar a ingresar a la ***Cripta de Oficiales***, se desbordó, todos querían ver el momento del sepelio y se formó un mega desorden en que la multidud marchó a paso redoblado sobre tumbas ajenas, rompiendo cruces y barandas de hierro, machucándolo todo como una bestial estampida de ganado. Los agentes de seguridad y soldados hicieron ingentes esfuerzos para evitar que la avalancha cayera sobre la cripta, finalmente lograron contener a las masas descontroladas y evitar destrucción de la cripta y que se produjeran víctimas por aplastamiento.

El féretro llegó por fin frente a la ***Cripta de Oficiales*** y puesto sobre una cureña para tributarles los últimos honores: la Banda de la Guardia Nacional entonó el Himno Nacional de Nicaragua, los artilleros de la Guardia Nacional de Nicaragua dispararon 21 cañonazos, una escuadra de Cadetes de la Academia Militar disparó tres rondas de salva. Finalmente, cuando los oficiales introducen el ataúd en la cripta, rompieron en franco llan-

Poco antes del sepelio, la enorme masa de concurrentes quiso estar en primer plano de las ceremonias y se abalanzaron a tropel, como una estampida de ganado, destruyendo tumbas ajenas, pero la seguridad y los soldados lograron contener la avalancha humana. A la **1:30 de la tarde del 3 de Octubre de 1956**, llegó el cortejo con el cadaver del **Gral. Anastasio Somoza García**, muerto a la edad de **60** años, fue introducido y sellado en la ***Cripta de Oficiales*** de la Guardia Nacional de Nicaragua en el Cementerio General de Managua, después de los últimos honores militares y de presidente de Nicaragua.

to **Salvadora viuda de Somoza** y sus tres hijos, **Lilliam**, **Luis** y **Anastasio**, uniéndose en un solo y emotivo abrazo. El último saludo fue el toque del clarín interpretando lúgubremente las famosas notas de ***Silencio***, que salieron desde la corneta de bronce de un anónimo soldado raso de la Banda de la Guardia Nacional. Con esa pieza musical solitaria que se usa en todos los entierros militares de muchas partes del mundo. Tras el toque de ***Silencio*** entró a la cripta el cuerpo del **Gral. Anastasio Somoza García** en su elaborado y costoso ataúd.

Era la hora final: la **1:30 de la tarde del 3 de Octubre de 1956**, cuando el cadáver del **Gral. Anastasio Somoza García**, muerto a la edad de **60** años, fue introducido y sellado en la ***Cripta de Oficiales*** de la Guardia Nacional de Nicaragua en el Cementerio General de Managua. Al finalizar los actos funerales, la cripta quedó sepultada bajo una montaña de arreglos y coronas de flores.

Fue el capítulo final de la vida del **Gral. Somoza**, convertido en militar el martes 14 de noviembre de 1933 con el rango de Mayor General para ocupar el cargo de Jefe Director de la Guardia Nacional de Nicaragua, nombrado por orden del **Cnel. Henry Lewis Stimson**, para cumplir la órden, el último Jefe Director norteamericano de la Guardia Nacional, **Gral. G.N. Calvin Bruce Matthews** fue el encargado de imponer a **Somoza** por sobre las opiniones de los candidatos propuestos por **Moncada** y **Sacasa**.

El **Cnel. Stimson** tenía un odio personal contra el **Gral. Sandino** y el nombramiento de **Somoza García** fue para colocarlo en posición de matar a **Sandino**, misión que cumplió el miércoles 21 de Febrero de 1934. Tras el asesinato del **Gral. Sandino**, el gobierno de Estados Unidos le permitió todo al **Gral. Somoza** en Nicaragua, desde perpetrar golpes de estado, eliminación física de sus enemigos y hasta su enriquecimiento. En 1939 fue honrado y glorificado por el Presidente **Franklin Delano Roosevelt**, invitándolo a la Casa Blanca y recibir homenajes oficiales del gobierno de Estados Unidos por más de un mes. El **Gral. Somoza** cumplió todos sus caprichos, y cuando estaba en un estado eufórico de triunfalismo, a punto de reelegirse inconstitucionalmente para seguir gobernando

El **Coronel G.N. Luis Ocón**, fue el más sintió y lamentó la muerte del **Gral. Anastasio Somoza García**, además del gran cariño que le profesaba a su jefe, se quedó sin trabajo ni cargo con el fallecimiento del **Gral. Somoza** el 26 de Septiembre de 1956. El **Cnel. Ocón** fue una de las pocas personas que estaban presentes en la habitación al expirar **Somoza** en Panamá. El **Cnel. Luis Ocón** no era graduado en la Academia Militar de Nicaragua, él abandonó sus estudios de bachillerato en el Colegio Salesiano de Granada para ingresar a la Guardia Nacional de Nicaragua el 3 de octubre de 1933, y fue registrado como el Raso No. 6042, cuando apenas tenía 16 años y enviado a la Guerra de las Segovias para combatir a las columnas del **Gral. Sandino** en San Sebastián de Yalí, formó parte de la Patrulla G.N. que tuvo dos combates con la columna del **Gral. *Pedrón* Altamirano**. El 3 de mayo de 1934, día de la Fiesta de la Cruz, el **Gral. Somoza** realizó una visita de inspección al Comando G.N. de Jinotega, y cuando vio al jovencito Raso, preguntó por él y le dijeron que a pesar de ser un adolescente era un buen combatiente. Impresionado **Somoza** ordenó que fuera transferido a la 15ava. Compañía G.N. destacada en el cuartel de ***El Hormiguero*** en Managua el 16 de mayo de 1934 y de inmediato **Somoza** lo designó para trabajar a su lado como su ordenanza, antes que **Somoza** fuera operado de los intestinos en 1952. Así comenzó la relación de intimidad y confianza paternal entre **Somoza** y el Raso **Ocón**. Durante 18 años **Ocón** fue el encargado de alistarle la ropa, el uniforme, lustrarle los zapatos, colocarle las medallas y servirle la comida, los tragos, limpiar la bacinilla todas las mañanas y otros menesteres al **Gral. Somoza**, labor que **Ocón** desarrolló siempre con mucha eficiencia, discreción y silencio. Así fue ascendiendo de rango militar **Luis Ocón**. Cuando **Somoza** fue operado en Boston en 1952 y el **Dr. Frank Lahey** le construyó una salida de sus desechos cortándole el intestino grueso y poniéndole una bolsa plástica para recoger sus excretas, fue necesaria una persona que aprendiera a cambiar la bolsa y limpiar el tubo intestinal que salía a la altura del abdomen. **Somoza** no lo pensó dos veces y determinó que esa persona encargada de su aseo fuese **Luis Ocón** y lo ascendió a **Capitán G.N.** y más tarde a **Mayor G.N.** rango que ostentaba a la muerte de **Somoza**. En una entrevista el **Mayor Ocón** declaró: --***«Muchos son los episodios, las anécdotas que viví al lado del Gra. Somoza, un mártir de la historia. Su ejemplo vive en mi para conducirnos a la superación»***. Los hermanos **Somoza**, que conocían perfectamente los servicios de **Ocón**, lo ascendieron a **Cnel. G.N.** y le nombraron Juez de Policía de Managua.

El **Cardenal Francis Joseph Spellman**, arzobispo de Nueva York, conversando con **Hope Portocarrero de Somoza**, años antes del atentado contra su suegro, el **Gral. Somoza García**. La **Familia Somoza** mantuvo larga amistad con el **Cardenal Spellman** y a eso se debió que oficiara la última misa del año 1956 en la Catedral de San Patricio, Nueva York, por el descanso del alma del **Gral. Somoza García**.

como Presidente de Nicaragua, apareció la mano armada de **Rigoberto López Pérez** y todos los sueños del **Gral. Somoza** llegaron a su fin.

El Cardenal Spellman ofició misa a Somoza en Nueva York

La última misa por el descanso del alma de **Anaastasio Somoza García**, la ofició el domingo 14 de Octubre de 1956, el **Cardenal Francis Joseph Spellman**, sexto arzobispo de Nueva York y Vicario Apostólico de las Fuerzas Armadas de los Estados Unidos, en la Catedral de San Patricio de Nueva York, con la asistencia varios nicaragüenses y amigos norteamericanos que residían en Nueva York, entre ellos **Jack Berge**, **Norma Navarro**, **Ana J. Gómez**, **Vera Barker**, **Isabel Montiel**, el poeta **José Coronel Urtecho**, **David Raskosky**, **Julia Kautz de Bowden**, **Inés de Taussing**, **Sofia Montiel**, **Iris Rosales**, **Thelma Rosales Martin** y **Nora de Cardenal**.

El **Cardenal Spellman** mantuvo por muchos años excelentes relaciones de amistad con el **Gral. Anastasio Somoza** y su familia, por ello resultó muy natural que el Cardenal oficiara esa misa en memoria de **Somoza** y por el descanso de su alma, para la cual convocó a toda la feligresía de la Catedral San Patricio, templo católico icónico de la ciudad de Nueva York y asistieron hasta colmar los cupos de la Catedral, para asistir a la última misa por el descanso del alma del **Gral. Somoza**.

El resto del año los hermanos **Somoza Debayle** se dedicaron a consolidar los poderes militares y políticos sobre Nicaragua.

Capítulo Veinticinco

1956 Hermanos Somoza Debayle consolidaron el poder

El día que se conoció la muerte del **Gral. Somoza**, los militares exGuardias Nacionales exiliados en El Salvador, hicieron un bullicioso festejo con gran algarabía, una celebración colmada de griterías. Se reunieron en casa del **Cptn. Adolfo Alfaro Carnevallini** y descorcharon innumerables botellas de licores con numerosos invitados, fue una rumbosa fiesta que duró toda una noche, pero muy poco de dijo de la hazaña y sacrificio de **Rigoberto López Pérez**. Celebraron la muerte de **Somoza**, no la hazaña del que dio la vida por su personal proyecto. Pero lo más grotesco fue que el capitán **Alfaro Carnevallini**, comenzó a atribuirse méritos que no le correspondían, haciendo creer que **López Pérez** era su robot, que todo el plan era de él, auto encumbrándose con colosales mentiras que el magnicida no podía desmentir porque ya estaba muerto.

Pero hubo alguien que se molestó mucho de la petulancia de **Alfaro** y sus desvergonzadas mentiras con la pretensión de generarse un prestigio con el sacrificio ajeno. Y ese que se molestó y le ripostó cara a cara por sus sórdidas falsedades fue el **Tnte. Guillermo Marenco Lacayo**, quien verdaderamente había participado en el magnicidio entrenando profesionalmente al exitoso **Rigoberto López Pérez**, pero **Marenco Lacayo** no se limitó a desenmascarar al embustero **Alfaro**, sino que se fue a publicar en ***La Prensa*** de San Salvador, que los militares nicaragüenses exiliados en El Salvador ***«nada tenían que ver con el atentado contra Somoza, que la idea y la acción fue totalmente de Rigoberto López Pérez»***.

Paralela e independientemente del proyecto de **Rigoberto López Pérez**, el Capitán exG.N. **Adolfo Alfaro** trató de que la acción y el sacrificio del joven liberal leonés fuese aprovechada para que la Guardia Nacional se hiciera cargo del poder en Nicaragua. Sin que estos asuntos lo supiera para nada **López Pérez**, se pretendía alertar a los oficiales de la Guardia Nacional para que tomaran el mando, porque ***algo*** estaba pronto a ocurrir, pero todos los oficiales contactados no fueron consultados, no participaron en las fantasías de **Adolfo Alfaro** y guardaron silencio porque tuvieron miedo.

Así lo narró **Guillermo Marenco Lacayo** a *La Estrella de Nicaragua*:

--***«Todos los militares exiliados respetábamos y admirábamos a Rigoberto, pero ¿qué pasaría en Nicaragua si su decisión y su acción lograban el objetivo de eliminar a Tacho Somoza? Analizamos la situación y con Adolfo Alfaro y otros oficiales, y llegamos a la conclusión de que los únicos que tenían oportunidad de hacer algo a la muerte de Somoza, eran los oficiales de la Guardia Nacional. Habían muchos descontentos en las filas de la Guardia, de manera que decidimos alertarlos a prepararse para actuar sin revelarles detalles de los planes de Rigoberto y sin que éste tampoco lo supiera»***.

--***«Utilizando un correo de confianza, el Capitán Adolfo Alfaro le mandó a Nicaragua una carta al Capitán G.N. Enrique Callejas que debía entregársela al Coronel G.N. Francisco Gaitán Carpio, el tercer hombre en el escalafón de mando de la G.N. en Nicaragua. En la carta le decía que estuviesen preparados para tomar la jefatura de la***

Rigoberto López Pérez, de traje claro a la derecha, con el **Capitán exGN Adolfo Alfaro Carnevallini**, esta fotografía la utilizó **Alfaro** para hacer correr la mentira que **López Pérez** era su enviado para matar a **Somoza**. Sin que **López Pérez** lo supiera, **Alfaro** se puso a enviar cartas a oficiales de la Guardia Nacional que estaban de servicio en Nicaragua, diciéndoles que estuvieran alerta porque pronto pasaría ***algo*** y se prepararan para tomar el poder en Nicaragua. Las cartas las envió **Alfaro**, principalmente al **Cnel. G.N. Francisco Gaitán Carpio**, que era uno de los oficiales más poderosos y de la confianza del **Gral. Somoza García**.

Guardia Nacional, en el caso de que tuviera éxito una misión sumamente importante que tendría lugar muy pronto en Nicaragua, por lo que era necesario esperar los acontecimientos con una buena organización que incluyera neutralizar a los dos hijos de Somoza García».

--«***Todo parece indicar que Gaitán nunca recibió la carta y es posible que Callejas no se haya atrevido a entregarla y mucho menos participar en esa misión; pero no hay duda que los herederos de Somoza conocieron la existencia de esa carta y supieron que el Coronel Francisco Gaitán nunca recibió el mensaje, pero el hecho de que los militares exiliados le hayan enviado la carta precisamente a él, fue suficiente para que los Somoza Debayle le quitaran la confianza y el poder, enviándole a un exilio dorado, al nombrarle Embajador de Nicaragua en Argentina***», concluyó **Marenco**.

Diez días después del atentado no sabían nada, solamente el nombre de Rigoberto López Pérez

Somoza fue trasladado a Panamá, al conocer su muerte el diputado **Luis Somoza Debayle** fue investido como Presidente de la República. Trajeron el cadáver de Panamá, se realizaron fastuosos funerales, **pero todavía nadie sabía nada de la posible conspiración que tanto temían, lo único que conocían era el nombre de Rigoberto López Pérez**.

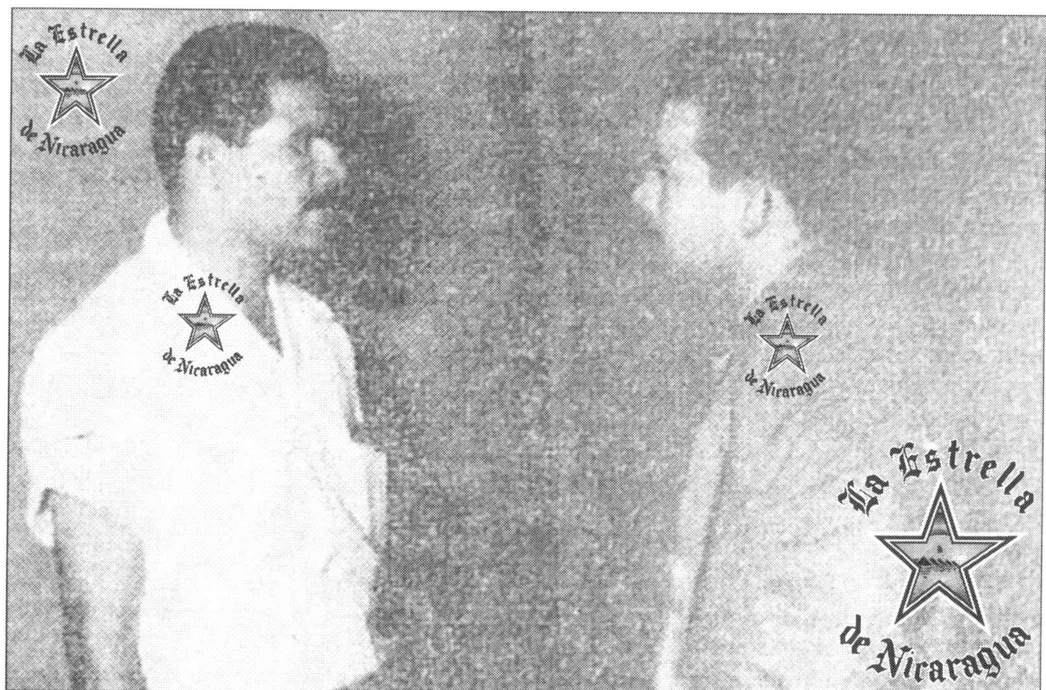

El **Tnte. exG.N. Guillermo Marenco Lacayo** (izq.) dando declaraciones al periodista **Abel Salazar Rodezno**, redactor de ***La Prensa*** de San Salvador, confirmando que --«***Los militares exiliados en El Salvador no tenían ninguna participación en el atentado contra Somoza***». El **Tnte. Marenco** fue entrevistado por el periodista al salir de la Oficina del Jefe de Investigaciones Criminales de El Salvador donde voluntariamente se presentó para deslindar responsabilidades. **Marenco** agregó que --«***en Nicaragua se había desatado una gran ola de represión violenta, porque temían que se tratara de una gran conspiración***», y reiteró que los exiliados en El Salvador no tenían ninguna participación, ocultando que precisamente él había convertido a **Rigoberto López** en un pistolero profesional entrenándolo durante nueve meses.

El calvario de la madre y hermanos de López Pérez

El día viernes 21 de septiembre de 1956, **Soledad López**, muy conocida como ***Doña Chola*** en León, se quedó tranquila en la casa del barrio ***El Calvario*** con sus hijos menores **Salvador** y **María Margarita**. Su hijo mayor, **Rigoberto López Pérez**, le dijo que viajaría a Managua para tramitar en Migración su regreso a El Salvador. Su otro hijo **José Efraín**, estaba en México. Sorpresivamente, en la madrugada del sábado 22 de septiembre, una patrulla de la Guardia Nacional al mando del **Mayor G.N. Anastasio Ortíz** aporreó a golpes de culada la puerta del hogar de ***Doña Chola*** que preguntó --«***¿Que les pasa, por qué golpean con tanta insolencia?***». Su hijo **Salvador** le dijo: --«***Yo voy a abrir la puerta***». Pero ella lo detuvo diciéndole: --«***No hijo, dejá, yo la voy a abrir***». Los Guardias seguían culateando la puerta. El **Mayor Ortíz** gritó: --«***¡Abrí vieja hijueputa, que tu hijo mató al Presidente!***». Y ella respondió: --«***No puede ser, mi hijo está en Managua***», ella abrió la puerta y antes de que pudiera hablar o preguntar los Guardias la sacaron a culatazos, lo mismo que a sus hijos y se los llevaron al Comando de León donde vieron dos cadáveres tirados debajo de la escalera, pero no pudieron identificar a esos muertos. Fue hasta después, cuando lavaron los cadáveres con baldazos de agua, que le pidieron a ***Doña Chola*** que identificara el cadaver de su hijo como efectivamente lo identificó entre gritos de dolor y llanto. El **Mayor Ortíz** registró minuciosamente la casa, encontró una valija con ropa y zapatos de buena calidad, pero no encontró armas ni municiones.

Doña Soledad López Calero, conocida y apreciada en León como ***Doña Chola*** fue la madre que adoró **Rigoberto López Pérez**. Ella nació en León el 9 de Febrero de 1904 y falleció en León el 3 de marzo 1970 Capturada a pocas horas después de la hazaña de su hijo mayor, en la madrugada del sábado 22 septiembre 1956. Fue brutalmente torturada ella y sus otros hijos. Hasta que el 10 de noviembre de 1956 el Presidente **Luis Somoza** ordenó su libertad y la de sus hijos, y que la dejaran en paz.

Doña Soledad y sus hijos fueron trasladados a Managua, y recluidos en la fortaleza de ***El Hormiguero***, cuartel de la policía de Managua. ***Doña Chola*** bañada en sus propias lágrimas solamente preguntaba angustiosamente: --*«¿**Dónde está mi hijo, dónde tienen a Rigoberto?**»*.

La madre y sus hijos fueron interrogados de manera brutal, preguntándole quienes eran los cómplices de **Rigoberto**, que dijera dónde estaban las armas ocultas del complot. A su hijo **Salvador** lo torturaron salvajemente, amarrado a una silla le metían sus pies en una pana con agua y le daban chuzazos eléctricos con un dínamo de avión que llamaban ***La Chimichurri***. A **Salvador** lo torturaron frente a su madre para obligarla a confesar lo que no sabía. A su hija **María Margarita Meléndez**, de 15 años la sacaban al patio y un grupo de Guardias amenazándola con violarla todo el grupo, pero sólo fueron amenazas. **Doña Soledad** fue llevada a la Oficina de Seguridad en la ***Loma de Tiscapa***, donde la interrogaron bajo torturas, pero ella no podía responder porque no sabía nada. A ella y sus hijos los llevaron a un predio vacío y les hicieron un simulacro de fusilamiento buscando una confesión imposible.

A ***Doña Chola*** la trasladaron a varias cárceles y en el Campo de Marte, compartió un momento con **Pablo Antonio Cuadra**, que la vió sentada en una piedra con el rostro pálido y llorando sin pronunciar palabra. El poeta **Cuadra Cardenal** se acercó a ella y le preguntó quién era, por qué la tenían presa, y ella sin saber quién era aquel señor flaco, sintió sus buenas intenciones y le respondió: --***«Soy la madre de Rigoberto López Pérez»***, y el poeta que estaba en ***aleluya***, recién encarcelado le preguntó: --*«**¿Y quién es Rigoberto López Pérez?**»* y para susto y sorpresa de **Pablo Antonio Cuadra**, ella le dijo entre suspiros y llanto: --***«El que mató al presidente Somoza»***. Alarmado el poeta sintió un golpe de sentimiento en su sensibilidad de artista y le buscó para ella algo de comida suya y de otros presos. Y comenzó a propalar la noticia.

Después de varios meses de cautiverio y maltratos, el 10 de noviembre de 1956 llegó una orden del Presidente **Luis Somoza** para que **Doña Soledad** y sus hijos fuesen liberados y que no los molestaran más. A regañadientes los oficiales de la Guardia Nacional cumplieron la orden de **Luis Somoza**. Por esa orden ***Doña Chola*** con sus hijos retornaron a su hogar en el barrio ***El Calvario***, a media cuadra de la iglesia y encontraron la casa saqueada. La vida de **Doña Soledad** nunca volvió a tener la tranquilidad de cuando veía a su hijo **Rigoberto** viajar a El Salvador una vez y otra vez.

Un buen día le entregaron una carta de **Rigoberto** que le envió el **Tnte. Guillermo**

Marenco Lacayo en la que su hijo le explicaba sus razones de matar a **Somoza**, y todo lo que debía hacer para cobrar una póliza de seguro de vida que **Rigoberto** había suscrito a favor de ella por diez mil colones salvadoreños. Carta y póliza que guardó en su pecho hasta el último día de su vida. ***Doña Chola*** viajó a El Salvador y con la ayuda del **Tnte. exG.N. Guillermo Marenco** y del **Dr. Gerardo Godoy Reyes**, hicieron los trámites para cobrar la póliza, resultó que los directivos de la compañía de seguros quisieron conocer a la madre de **Rigoberto López** y pagarle ellos el seguro personalmente, ella se identificó con su pasaporte y le pagaron rápidamente, la saludaron y le hicieron un reconocimiento por su hijo. Con el dinero de la póliza, ella pudo terminar de pagar la casa y establecer una pequeña pulpería en la que diariamente trabajaba triste, sufriendo la angustia de haber perdido tan trágicamente a su hijo mayor, talvez el más querido y pero seguro el que más la adoraba. A sus otros hijos les dijo: --***«Cuando me muera nunca vendan esta casa porque fue comprada con la sangre de Rigoberto»***. La madre reclamó muchas veces el cuerpo de su hijo, pero nunca le dieron respuesta. Hoy la casa tiene en su pared exterior una placa en honor a **Rigoberto López Pérez** y sus sobrinos han establecido un museo con las pertenencias de su célebre tío **Rigo**.

En el diario ***Novedades*** apareció la primera publicación ofreciendo cinco mil córdobas de recompensa para quien denunciara el paradero de **Edwin Castro Rodríguez**. Después la recompensa subió a diez mil córdobas, una considerable cantidad en 1956, y entonces apareció un delator que indicó que **Edwin Castro** estaba escondido en la ***isla Juan Venado***, cerca de ***Las Peñitas*** en León. Se determinó que el delator fue **Evenor Barrios**, un exempleado de **Castro Rodríguez** que le recomendó y lo llevó a la ***Isla Juan Venado***, era el único que sabía donde se ocultaba el fugitivo. Tropas de la Guardia Nacional rodearon la isla para evitar que nadie entrara ni saliera, mientras llegaban las patrullas enviadas por el **Cnel. Anastasio Somoza** que entrarían a rastrear la isla a buscar y capturar a **Edwin Castro**. Los oficiales **Oscar Morales Sotomayor** y **Humberto Corrales Caldera**, fueron los comandantes de esas patrullas.

La búsqueda de Edwin Castro Rodríguez

Cuando el **Cnel. Anastasio Somoza Debayle** le ordenó al **Cnel. G.N. Lizandro Delgadillo**, Comandante Departamental de León, que arrestara a todos los opositores residentes en León la misma noche del atentado en el ***Club de Obreros***, el **Cnel. Delgadillo** comisionó al **Mayor G.N. Pedro J. Barquero Suárez** y al civil **Morgante Irías**,

SPECTACULAR CAPTURA DE E. CASTRO R

Fué perseguido a través de matorrales cubie

Novedades

DIARIO AL SERVICIO DE LA DEMOCRACIA

20

Páginas - 30 Centavos

aria del Seguro Social e

El diario ***Novedades*** en su edición matutina del lunes 15 de Octubre, informó en su titular a todo el ancho del periódico: --***«Espectacular captura de Edwin Castro Rodríguez»*** y el subtítulo: --***«Fue perseguido a través de matorrales cubiertos de espesa vegetación»***. En resumen el diario de la **Familia Somoza**, presentó la captura de **Castro Rodríguez** como una hazaña militar de alto calibre, pero no mencionó al delator, ni a la delación, ni los latigazos de ***bejuquillo***, conque el **Tnte. Oscar Morales Sotomayor**, ***Moralitos***, dejó tatuado de verdugones morados todo el cuerpo del fugitivo que se entregó pacíficamente.

colaborador del Comando al mando de una patrulla, para proceder a capturar a los opositores, sin importar de quiénes se tratara. Fueron arrestados esa misma noche **Uriel Argüello**, **Alonso Castellón**, **Ramiro Gurdián**, **Rodolfo Abaúnza Salinas**, **Gustavo Lacayo Pallais**, **Carlos Berríos** y muchos otros. En la lista de opositores estaba **Edwin Castro Rodríguez**, pero al llegar a capturarlo a su casa dijeron que había salido ***desde ayer*** a Chinandega.

El propio **Cnel. Anastasio Somoza Debayle** ordenó la redada general de los opositores en Managua. Las cárceles comenzaron a llenarse desde la madrugada del 22 de septiembre, pero la casi totalidad de los capturados no tenían ni la menor idea del ataque a balazos contra el **Gral. Somoza**.

En León ya estaban presos los opositores y los familiares de **López Pérez**, porque entre los muchos detenidos e interrogados en el ***Parque Jerez***, uno dijo que el **Dr. Rafaél Corrales Rojas**, ***Raf***, había identificado al hombre que le disparó al **Gral. Somoza**. Rápidamente localizaron a ***Raf*** y este confirmó que el magnicida se llamaba **Rigoberto López Pérez** y que era muy amigo de **Armando Zelaya Castro *"Zelayita"*** y que ambos vivían en el barrio ***El Calvario***. Así se conoció la casa de la familia de **López Pérez** y arrestaron a **Doña Soledad López Calero**, madre de **Rigoberto**, y a sus hermanas y hermanos, los llevaron detenidos al Comando y los agentes de la Oficina de Seguridad registraron la casa en busca de pistas del posible temido complot, pero solamente encontraron una valija con ropa y zapatos, porque no existía nada escrito que revelara quienes eran los supuestos cómplices. También arrestaron a **Armando Zelaya Castro**, hermano de **Amparo Zelaya**, supuesta novia pretendida por **López Pérez**. Al ser interrogado **Zelaya Castro** no aportó nada importante, pero quedó detenido. Todos los opositores conocidos de León ya estaban capturados, solamente faltaba uno: **Edwin Castro Rodríguez**, conocido militante del Partido Liberal Independiente, hijo del **Gral. Carlos Castro Wassmer**, reconocido opositor al gobierno de **Somoza**. La patrulla de la Guardia Nacional comandada por el **Mayor G.N. Pedro J. Barquero Suárez** regresó varias veces a la casa de **Castro Rodríguez**, lograron obtener una fotografía del desaparecido, pero a él no pudieron encontrarlo. Al ser informado el **Cnel. Anastasio Somoza** de la desaparición de **Edwin Castro**, y el hallazgo de una foto suya, ordenó imprimir papeletas (volantes) con la foto en grande de **Castro Rodríguez**, publicarlo también en ***Novedades***, ofreciendo una recompensa de cinco mil córdobas, pero al no obtener respuesta, aumentaron la recompensa a diez mil córdobas, con el propósito de estimular a un delator que indicara el paradero de **Edwin Castro**, alias ***Gasolina***.

La recompensa de diez mil córdobas produjo resultado y un delator anónimo y protegida su identidad por la Guardia Nacional, denunció el paradero de **Castro Rodríguez** y le pagaron los diez mil córdobas que en 1956 era una cantidad muy considerable, que equivaldría a once veces o más el monto del valor de los córdobas de 2022.

La captura de Edwin Castro Rodríguez en la isla de El Venado

Edwin Castro Rodríguez, ***Gasolina***, estaba escondiéndose en diversos sitios, buscando como escapar por la frontera con Honduras. En su ruta de escape llegó a la casa de su amiga **Mercedes Fuentes** quien le reprendió por imprudente: --«***¿Qué andas haciendo por las calles? No te das cuenta de lo que pasó en la casa del obrero y vos que sos opositor andás como Pedro por su casa. Date cuenta que están echando presos a los opositores del gobierno. Quedate escondido aquí en mi casa y no salgás a la calle***».

Gasolina aceptó la providencial protección de su amiga **Mercedes Fuentes**. Ella entraba y salía llevándole noticias a **Castro Rodríguez**. Cuatro días después, cuando ella regresó de una de sus salidas, **Mercedes** le llevó el diario ***Novedades***, con la foto de **Castro** ofreciendo la recompensa. El pánico se apoderó del fugitivo y decidió cambiar de escondite. Tomó un taxi que lo llevó al ***Platanar***, un lugar a la orilla del río cercano al hipódromo de León. Se dirigió a pié caminando a la orilla del río, hasta llegar a la casa de **Evenor Barrios**, exempleado suyo que le dió refugio en su casa. **Castro** le pidió a su amigo que fuera a llamar a su cuñado **Arnoldo Argüello** y éste llegó al escondite, le informó de la intensa búsqueda que la Guardia está desplegando para encontrarle, su cuñado no pudo ayudarle en nada, pero le entregó algún dinero.

Evenor Barrios no quería tener en su casa al fugitivo y le recomendó ocultarse en la ***Isla Juan Venado*** y el mismo **Barrios** lo llevó a la isla, el peor lugar del mundo para esconderse. Es evidente que el delator del paradero de **Edwin Castro Rodríguez** fue el mismo exempleado **Evenor Barrios**.

Con la información del delator tropas de la Guardia Nacional rodearon la isla con órdenes de no dejar entrar ni salir a nadie y que arrestaran al que lo intentara. Las tropas de la Guardia tenían órdenes de no entrar a la isla, sino esperar a las patrullas expedicionarias que enviaría el **Cnel. Anastasio Somoza** para entrar, rastrear y peinar la isla hasta capturar a **Edwin Castro** y llevarlo a Managua para un muy intenso y completo interrogatorio.

Somoza Debayle presintió por deducción lógica que **Edwin Castro Rodríguez** era pieza clave para conocer los detalles de la conspiración y su magnitud, solamente eso explicaba las razones de ocultarse. Llegaron dos patrullas armadas con equipo completo de combate bajo el mando del **Tnte. G.N. Oscar Morales Sotomayor** y del **Tnte. G.N. Humberto Corrales Caldera** y en el Comando de León se apoyaron con el **Tnte. G.N. Jo-**

LA PRENSA

AL SERVICIO DE LA VERDAD Y LA JUSTICIA

Domingo 30 de Septiembre 1956 AÑO JOSE DOLORES ESTRADA — Número 7396 — 2 SECCIONES

16 PAGINAS Vale 30 Cts.

Prometo Ante Dios y la Patria Servir Dentro de Justicia y la Ley

Dijo el nuevo Sr. Presidente de la República, Cnel. Luis Somoza D. en Congreso Nac.

Honorable Representación Nacional;
Honorable Señor Presidente de la Corte Suprema de Justicia;
Honorables Ministros de Estado;
Señor Jefe Director de la Guardia Nacional:
Agradezco profundamente la confianza que habéis depositado en mí al escogerme como Encargado del ejercicio de la Presidencia de la República en estas horas de angustia para Nicaragua y, particularmente, para mi corazón de hijo.

El pueblo nicaragüense es testigo que el Coronel Anastasio Somoza —Jefe Director de la Guardia Nacional—, con la colaboración leal y eficaz de Oficiales y Alistados del Ejército, ha conducido la situación que el destino puso en nuestras

Pasa a la página CINCO Nº 5

El Coronel Luis Somoza Debayle, promete y jura hacer cumplir la Constitución Nacional de la República, al ser ungido como Presidente de la República de Nicaragua por el Honorable Congreso Nacional, en la noche del viernes, 28 de Septiembre.

Ministro de E. P. es ahora de RR. EE. en Costa Rica

SAN JOSE, Costa Rica, 29. — Un decreto del Consejo de Gobierno anexa la cartera de Relaciones Exteriores al Ministerio de Educación Publica don Ladislao Gámez ya que el titular don Fernando Volio Sancho sale como jefe de la delegación ...

Ríos al salirse de madre

El **Coronel** y **Diputado por El Viejo, Chinandega, Luis Somoza Debayle**, prometió y juró cumplir la Constitución de la república de Nicaragua, cuando fue juramentado como Presidente de la República de Nicaragua por el Congreso Nacional en Cámaras Unidas, **la noche del viernes 28 de septiembre de 1956**. Ya constituido Presidente **Luis Somoza** anunció doce horas después, en la madrugada del sábado 29 de septiembre que su padre había muerto. Inmediatamente que tomó posesión, **Luis Somoza** nombró en firme a su hermano menor, **Cnel. G.N. Anastasio Somoza Debayle** como ***Jefe Director de la Guardia Nacional de Nicaragua***, en pleno, porque ya lo era interinamente, nombrado por su papá, acto necesario porque **Somoza García** era candidato electoral para su reelección, pero nombrar a su hijo era igual que **Somoza García** continuara en el cargo.

sé Calero conocedor de la isla, fue como baqueano. Dividieron en dos áreas el terreno de la isla y cada patrulla se encargó del rastreo minucioso de cada sección en busca del fugitivo. La ***isla de El Venado*** es pequeña y sin estribaciones, de orografía plana y poblada de matorrales. Las órdenes del **Cnel. Somoza** a los dos oficiales fue clara: --***«Si ese hombre se defiende y comienza a dispararles y los mata a todos ustedes, el último que quede vivo lo captura y me lo trae vivo. Que no se les ocurra matarlo, lo quiero vivo porque muerto no nos sirve para nada ¿Está claro?»***. **Morales** y **Corrales**, respondieron: --***«¡Sí señor, entendido señor!»***. Ya explorando la isla, le correspondió a la patrulla del **Tnte. Oscar Morales Sotomayor**, el famoso ***Moralitos*** localizar a un sucio, barbado y asustado **Edwin Castro Rodríguez** que no estaba armado y se entregó pacíficamente al **Tnte. Morales**, quien le colocó las esposas y luego lo golpeó repetidamente. Lo desnudaron y lo hicieron caminar adelante de la patrulla. ***Moralitos*** no se aguantó las ganas, le pidió a los Guardias que le consiguieran una vara de ***bejuquillo*** dura y flexible y con ella le fue dando tremendos latigazos al cuerpo desnudo de **Castro**, en las zonas que no serán visibles cuando le pusieran la ropa: la espalda, los glúteos y las piernas que se tornaron moradas. Efectivamente cuando lo vistieron antes de salir de la isla, los verdugones de los latigazos intensamente morateados con la rama del ***bejuquillo***, quedaron ocultos.

Edwin Castro Rodríguez, ***Gasolina*** era hijo de un prominente general liberal de la Guerra Constitucionalista 1926-1927, **Carlos Castro Wassmer**, y miembro en del Estado Mayor del **Gral. José María Moncada**. En 1932 **Castro Wassmer** fue propuesto por el

NOVEDADES

Diputado Somoza recibe Presiden

Por decreto del Congreso terminará el período de su Señor

Absoluto recogimiento durante la ceremonia en el Salón Rubé

El Diputado don Luis A. Somoza Debayle en el momento de ser investido ayer con la Banda Presidencial, por el Presid... Irías. El Señor Arzobispo de Managua, Monseñor Alejandro González y Robleto, presencia la ceremonia.

El diario ***Novedades***, publicó el sábado 29 de septiembre de 1956 el discurso del nuevo Presidente, el **Coronel Luis Somoza Debayle**, ungido por decreto del Congreso Nacional para terminar el período de su padre. Dijo ***Novedades*** que hubo absoluto recogimiento durante la ceremonia en el ***Salón Rubén Darío***, que tuvo la presencia del **Arzobispo de Managua**, **Mons. Alejandro González y Robleto** que se mantuvo junto al nuevo presidente y también bendijo el acto. A las 12.25 de la noche del 28 de septiembre el presidente del Congreso pleno, **Ulises Irías**, impuso en el pecho del **Coronel Luis A. Somoza Debayle**, la banda presidencial para llenar la vacante dejada por el fallecimiento de su padre en Panamá. En la ceremonia estuvieron presentes el Gabinete de Ministros del Gobierno, el Cuerpo Diplomático, el Estado Mayor de la Guardia Nacional, numerosos oficiales y público en general. Todos fueron testigos del estableciendo de la sucesión dinástica y la aceptaron con aplausos.

Dr. Juan Bautista Sacasa como su candidato al cargo de Jefe Director de la Guardia Nacional de Nicaragua, pero los norteamericanos impusieron al **Gral. Anastasio Somoza García** en ese cargo.

En un fuerte convoy militar con tropas de la Guardia Nacional en camiones y los oficiales con el prisionero esposado en jeep militares, **Edwind Castro Rodríguez** fue llevado ante el **Cnel. Somoza**, hasta la Casa Presidencial, edificio que ya compartía con su hermano **Luis**, donde esperaba al prisionero impacientemente el **Cnel. Somoza Debayle**. Al llegar el prisionero **Somoza** lo examinó observándole su temerosa figura detenidamente sin preguntarle nada. Después de un momento de su examen visual al prisionero, ordenó a sus oficiales especialistas en ***interrogatorios***, ordenándoles:

--«***Llévenselo, sáquenle todo lo que sepa, "ablándenlo", interrógenlo y me lo traen con un informe completo de sus declaraciones para interrogarlo personalmente***».

La captura e interrogatorios a que fue sometido **Edwin Castro Rodríguez**, incluso el interrogatorio que personalmente le hizo el **Cnel. Anastasio Somoza Debayle**, despejó todas las incognitas e hizo desaparecer los temores de una gran conspiración.

En esta foto histórica del archivo de ***La Estrella de Nicaragua Newspaper*** aparecen: **1-Francisco Gaitán Carpio**, entonces quizás Capitán G.N. **2-Anastasio Somoza Debayle** de unos 10 o 12 años. **3-Luis Somoza Debayle** de unos 13 o 14 años de edad. El número **4-podría ser el Cnel. G.N. Francisco Boza Gutiérrez**. No fue posible identificar a los otros oficiales y civiles de la foto. Lo esencial es que esta foto demuestra incuestionable y palmariamente la gran confianza del **Gral. Somoza García**, al haber escogido al después **Cnel. G.N. Francisco Gaitán Carpio** para niñero a cargo de cuidar la seguridad de sus dos hijos, pero estos mismos dos hijos cuando fueron adultos tuvieron celos del prestigio del **Cnel. Gaitán**, muy respetado por oficiales y soldados, pero lo involucraron taimadamente en la muerte de su padre, el **Gral. Somoza**, lo expulsaron de la Guardia Nacional y lo enviaron a un exilio de oro, bien lejos, nombrándolo Embajador de Nicaragua en Argentina, de donde nunca volvió a Nicaragua y allá murió. El **Cnel. G.N. Francisco Gaitán Carpio** nunca se imaginó que había criado ingratos cuervos. La misma suerte le aplicaron a otros altos oficiales de la Guardia Nacional como al **Cnel. Federico Davidson Blanco**, al **Cnel. G.N. Lizandro Delgadillo**, que fue el jefe del pelotón de fusilamiento para acabar con el **Gral. Sandino**; y expulsaron al **Cnel. G.N. Camilo González Cervantes**, amigo de juventud del fallecido **Gral. Somoza** que lo hizo ***oficial de dedo*** en 1934. En suma, los hermanos **Somoza Debayle** hicieron una purga, descabezando al alto mando de la Guardia Nacional, como parte del afán de consolidar el poder militar.

Luis Somoza Debayle, nuevo Presidente de la República

Retrocediendo unos días en esta historia, es preciso exponer cómo y cuándo el diputado **Luis Somoza Debayle** fue investido como Presidente de Nicaragua. Este fue el documento del Congreso de Nicaragua decretando que **Luis Somoza Debayle** sería juramentado como nuevo Presidente de la República de Nicaragua:

«PODER LEGISLATIVO. Congreso Nacional.

El Encargado del Ejercicio de la Presidencia de la República. A sus habitantes, Sabed:

El Congreso ha ordenado lo siguiente: RESOLUCIÓN No. 77.

Congreso Nacional de la República de Nicaragua en Cámaras Unidas, Considerando:

Que los señores Ministros de Estado han puesto en su conocimiento, en nota de esta misma fecha, que el Excelentísimo Señor General don Anastasio Somoza García; Presidente de la República, se encuentra en Panamá en condiciones físicas que no le

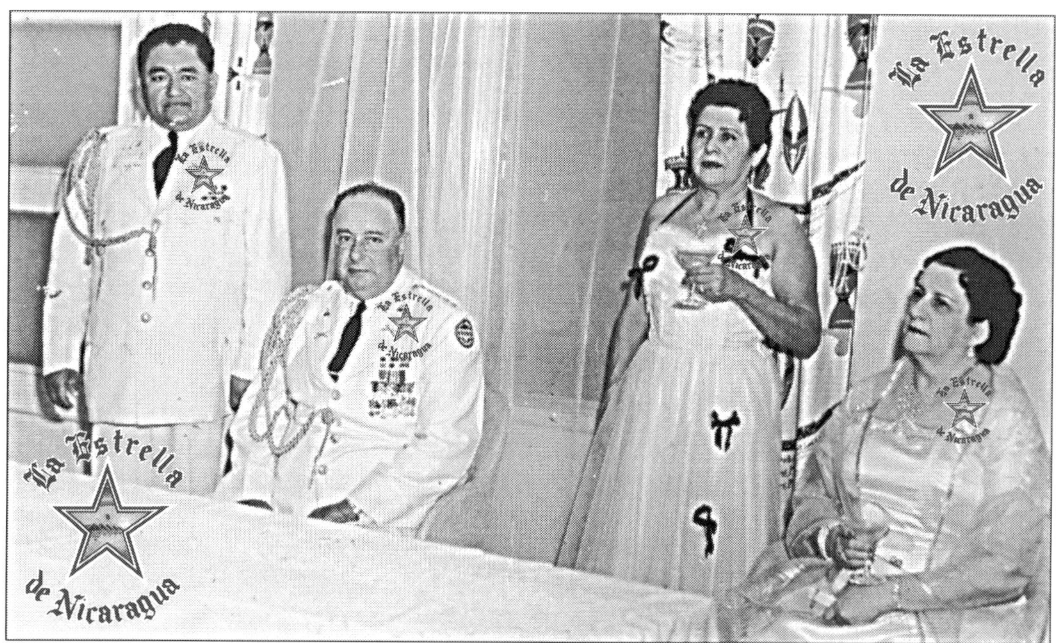

La confianza que el **Gral. Somoza** tenía con el **Cnel. G.N. Francisco Gaitán Carpio**, fue la mayor que pudo haber tenido **Somoza** en uno de los altos oficiales de la Guardia Nacional. Incluso, como hemos visto, a **Gaitán** le confió el cuido y la seguridad de sus dos hijos varones **Luis** y ***Tachito***. Además, el **Cnel. Gaitán** era un oficial muy respetado por las tropas de la Guardia Nacional, combatiente contra las columnas del **Gral. Sandino** alcanzó el rango de Sargento Mayor de Infantería G.N., fue el primer cadete del Primer Curso de la ***Academia Militar Trumble*** en 1930 recibiendo el rango de Subteniente G.N. y volvió a los frentes de la guerra, cuando **Somoza** no existía en la Guardia Nacional y era un civil con expedientes delictivos. Cuando **Somoza** fue nombrado Jefe Director G.N., **Francisco Gaitán** fue su fiel subalterno y desde entonces lo escogió para su mejor ayudante. Pero las tropas de la Guardia Nacional le habían visto su capacidad de oficial en combate y le respetaron grandemente. Al morir el **Gral. Somoza**, sus herederos lo consideraron un peligro por el prestigio que tenía en la Guardia Nacional. En esta foto del archivo histórico de ***La Estrella de Nicaragua,*** el **Cnel. Gaitán** está de pie a la par de **Somoza** y a la derecha la esposa de **Gaitán** junto a la esposa de **Somoza**, imagen que demuestra la cercana confianza y familiaridad que **Somoza** tenía en el **Cnel. Gaitán Carpio**.

permiten desempeñar activamente sus elevadas funciones; Considerando:

Que tal circunstancia se deduce de la certificación médica, suscrita por los facultativos que lo asisten en la hermana República de Panamá, y que los señores Ministros acompañan a su referida nota; Considerando:

Que está en presencia de lo dispuesto en el acápite 4) del artículo 160 de la Constitución Política, o sea que debe elegirse un miembro de la Cámara que se encargue del ejercicio de la Presidencia de la República, en la falta temporal del titular. RESUELVE:

Art. 1º.- Elegir unánimemente al Diputado don Luis Anastasio Somoza Debayle Encargado del Ejercicio de la Presidencia de la República, mientras dure la falta temporal del Presidente General don Anastasio Somoza García; debido a las condiciones físicas en que actualmente se encuentra.

Art. 2º.- El electo tomará posesión y prestará la promesa de ley ante el Congreso en Cámaras Unidas.

Art. 3º.- La presente Resolución será publicada en "La Gaceta" Diario Oficial.

Dado en el Salón de Sesiones del Congreso en Cámaras Unidas.- Managua, Distrito Nacional, septiembre veintiocho de mil novecientos cincuenta y seis.- Ulises Irías, Presidente.- Juan José Morales Marenco, Secretario.- Lorenzo Guerrero Gutié-

rrez, Secretario.

***Por lo tanto; Publíquese.- Casa Presidencial. Managua Distrito Nacional; veintinueve de septiembre de mil novecientos cincuenta y seis. Luis A. Somoza Debayle, Encargado del Ejercicio de la Presidencia de la República.- F. Franco Romero. Ministro de la Gobernación y Anexos, por la ley*».**

Con esta resolución No.77 quedó plenamente documentado que **Luis Somoza Debayle** fue decretado Presidente de la República, temporalmente, el viernes **28 de septiembre de 1956**, cuando se presumía que su padre, el **Gral. Somoza García** estaba vivo.

Al día siguiente de la toma de posesión de **Luis Somoza** se anunció que el **Gral. Somoza** había muerto en la madrugada del sábado **29 de septiembre de 1956**, de modo que nunca faltó la existencia de un presidente, porque **Luis Somoza** ya era el presidente doce horas antes de anunciar la muerte de **Somoza García**, lo cual fue una patraña.

El General **Somoza García** fue declarado oficialmente muerto en la madrugada del sábado 29 de septiembre de 1956, pero en la realidad falleció el **miércoles 26 de septiembre**. Después de dos días de permanecer en coma. **Somoza** murió casi en los brazos del **Padre Wyse** cuando terminó de untarle los santos óleos. El 28 de Septiembre, un día antes del anuncio de la muerte, el diario ***Novedades***, propiedad de la familia **Somoza**, publicó a grandes titulares: --«***El Presidente se recupera satisfactoriamente***», pero menos de 24 horas después, el mismo diario ***Novedades*** anunció con iguales grandes titulares: --«***Somoza ha muerto***». Se ocultó la verdad de la real fecha de la muerte del **Gral. Somoza García**, que dejó de existir el **26 de Septiembre de 1956**, o sea tres días después de su llegada a Panamá. En esos tres días **Luis** y **Anastasio Somoza Debayle**, bajo la conducción de su madre, **Salvadora viuda de Somoza**, hicieron todos los arreglos para asegurar la sucesión legal del poder, especialmente de la presidencia y de la jefatura de la Guardia Nacional.

El Congreso Nacional, totalmente controlado por los **Somoza**, eligió al Diputado y Coronel G.N. **Luis Somoza Debayle** como Presidente de Nicaragua, para concluir el período de su padre. Extrañamente **Luis Somoza** había sido electo Diputado por la ciudad de El Viejo, Chinandega, antigua ciudad indígena que se llamó ***Tezoatega***. El Viejo nunca fue localidad de la vivienda ni residencia temporal de **Luis Somoza**, y posiblemente muy pocas veces haya visitado ese pueblo o talvez nunca.

Se decidió que el cádaver del Presidente **Somoza García** fuese transportado de Panamá a Nicaragua en un avión bimotor Douglas C-47 de las ***Líneas Aéreas de Nicaragua, Lanica***, propiedad de la familia **Somoza**, y no transportado en un avión militar norteamericano, por razones de imagen política.

Desde la misma noche del atentado el 21 de septiembre, los hijos de ***Tacho*** **Somoza** ordenaron a la Guardia Nacional realizar una gigantesca redada de opositores al régimen, en la práctica fueron encarcelados todos los que adversaban a los **Somoza**, a sabiendas que nada tenían que ver con la acción de **Rigoberto López Pérez**, pero esa acción de fuerza militar intimidatoria, fue no solamente a los opositores sino a todo el pueblo de Nicaragua que vivió la experiencia de un estado de terror para imponer el poder de los hermanos **Somoza Debayle**.

Para las horas de la madrugada del 22 de Septiembre de 1956 los herederos de **Somoza** llenaron todas las cárceles existentes en Nicaragua, especialmente en León y Managua, donde tuvieron que improvisar prisiones. Cientos fueron torturados. Se encarceló a todos los políticos que tenían potencial para gobernar a Nicaragua, tenían --y usaron-- como pretexto el magnicidio. En realidad todo era para ganar tiempo mientras el Congreso Nacional investía como Presidente de Nicaragua al **Cnel. Luis Somoza Debayle** y éste a su vez nombraba definitivamente como Jefe Director de la Guardia Nacional a su hermano menor, el Coronel **Anastasio Somoza Debayle** *«Tachito»*.

Muchos viejos oficiales de la Guardia Nacional, de la más elevada confianza de *«Tacho Viejo»,* fueron marginados y algunos hasta investigados, encarcelados y torturados. Lo mismo ocurrió con los políticos cercanos al viejo dictador, especialmente a los miembros del gabinete de ministros de **Somoza García**.

Los hermanos **Somoza Debayle**, con el apoyo de su madre, **Salvadora viuda de Somoza**, estaban haciendo todo para consolidar el poder con nueva gente de su confianza. Uno de los marginados fue aquel **Coronel G.N. Camilo González Cervantes**, el que vació sus pistolas en la cabeza del cádaver del ***Poeta*** **López**. Era amigo de juventud del ***Viejo Tacho***, se conocieron jóvenes en Filadelfia, pero fue marginado.

Se materializó de esta forma el consejo que les dió su mamá por teléfono desde el Hospital San Vicente de León minutos después de los disparos:

--*«**Manténgase firmes. Hay que controlar la Guardia Nacional, la Presidencia y el gobierno. Hay que controlar todo el poder, no sabemos que hay detrás de todo esto**»*.

Los hermanos **Somoza**, aprovecharon la muerte de su padre para hacer una gigantesca purga de viejos oficiales de la Guardia Nacional de Nicaragua y sustituirlos por jóvenes oficiales, especialmente los formados en las promociones de la Academia Militar de Nicaragua durante los años que fue Director el **Cnel. G.N. Anastasio Somoza Debayle**.

Con los disparos del 21 de Septiembre de 1956 sobre el cuerpo de **Somoza García**, le surgieron dos cabezas frescas al régimen: **Luis** y ***"Tachito"***, creándose la ***«Dinastía Somoza»***, la segunda dinastía del siglo XX (La primera fue la ***«Dinastía Chamorro»***, que se estableció cuando el 1° de Enero de 1921 **Diego Manuel Chamorro** recibió la Presidencia de manos de su sobrino **Emiliano Chamorro**).

Capitalitalizando la acción de López Pérez

Paralela e independientemente del proyecto de **Rigoberto López Pérez**, el **Capitán exG.N. Adolfo Alfaro Carnevallini** desde El Salvador trató de que la acción y el sacrificio del joven liberal leonés fuese aprovechada para que la Guardia Nacional se hiciera cargo del poder en Nicaragua. Así lo narró **Guillermo Marenco Lacayo** a ***La Estrella de Nicaragua***:

--*«**Todos los militares exiliados respetábamos y admirábamos a Rigoberto, pero ¿qué pasaría en Nicaragua si su decisión y su acción lograban el objetivo de eliminar a Tacho Somoza? Analizamos la situación y con Adolfo Alfaro llegamos a la conclusión de que los únicos que tenían oportunidad de hacer algo a la muerte de Somoza, eran los oficiales de la Guardia Nacional. Habían muchos descontentos en las filas de la Guardia, de manera que decidimos alertarlos a prepararse para actuar sin revelarles detalles de los planes de Rigoberto**»*.

--*«**Utilizando un correo de confianza, el Capitán Adolfo Alfaro le mandó a Nicaragua una carta al Capitán G.N. Enrique Callejas que debía entregársela al Coronel G.N. Francisco Gaitán Carpio, el tercer hombre en el escalafón de mando de la G.N. en Nicaragua. En la carta le decía que estuviesen preparados para tomar la jefatura de la Guardia Nacional, en el caso de que tuviera éxito una misión sumamente importante que tendría lugar muy pronto en Nicaragua, por lo que era necesario esperar los acontecimientos con una buena organización que incluyera neutralizar a los hijos de Somoza**»*.

--*«**Todo parece indicar que Gaitán nunca recibió la carta y es posible que Ca-**

llejas no se haya atrevido a entregarla y mucho menos participar en esa misión; pero no hay duda que los herederos de Somoza conocieron la existencia de esa carta y supieron que el Coronel Francisco Gaitán nunca recibió el mensaje, pero el hecho de que los militares exiliados le hayan enviado la carta, fue suficiente para que los Somoza Debayle le quitaran la confianza y el poder, enviándole a un exilio dorado, al nombrarle Embajador de Nicaragua en Argentina», concluyó **Marenco**.

Las declaraciones de Edwin Castro Rodríguez revelaron todos los detalles de la conspiración

Azotado con el varejón de ***verduguillo***, fue llevado a la Casa Presidencial y se lo entregaron al **Cnel. Anastasio Somoza Debayle**. Personalmente **Somoza** conversó con **Castro** en lo que fue un amable interrogatorio en el que el prisionero comenzó a revelar innumerables detalles, nombres y los actos de **Rigoberto López Pérez** antes de dispararle al **Gral. Somoza**. El **Cnel. Somoza** seguidamente llamó a sus lugartenientes **Tnte. Oscar Morales Sotomayor**, al **Tnte. Lázaro García** y al **Tnte. Ruperto Hooker**, para que le hicieran a **Edwin Castro** un ***interrogatorio formal*** y le entregaran de regreso el informe escrito de las declaraciones del prisionero.

El ***interrogatorio formal*** incluyó las más severas torturas y después de cuatro días **Castro Rodríguez** terminó siendo una piltrafa humana, pero había confesado hasta el más mínimo detalle de sus correrías al lado de **López Pérez**, las prácticas de tiro en una finca de León, sus viajes a El Salvador para sus contactos con los exiliados, la búsqueda de opositores que se unieran al complot, la perforación de las balas y mencionando las visitas de ambos a la oficina del **Dr. Enoc Aguado Farfán**, e involucrando al **Dr. Francisco Frixione**, al **Cnel. Lizandro Delgadillo**, al **Cnel. Francisco Gaitán**, al **Cnel. Davidson Blanco**, al **Cptn. Adolfo Alfaro**, al **Dr. Enrique Lacayo Farfán**, al **Dr. Pedro Joaquín Chamorro Cardenal**, a **Armando Zelaya Castro**, al **Dr. Emilio Álvarez Montalván**, a **Reynaldo Antonio Téfel** y a decenas de personas que tuvieron relación directa o indirecta con **Rigoberto López Pérez**, o personas y oficiales que no tuvieron ninguna relación, pero que agregaron a la lista por imposición de los interrogadores por órdenes del **Cnel. Somoza**, interesado en purgar de la Guardia Nacional a altos oficiales que le podrían menoscabar su poder, lo mismo que mantener en prisión y sin derechos civiles a políticos opositores que potencialmente podrían significar un peligro para retarles su poder político.

Edwin Castro involucró a su propio tío

Degradado por las torturas, **Edwin Castro** involucró a su propio tío, el **Dr. Ricardo Wassmer**. Especificó en sus declaraciones que antes de salir para El Salvador en enero de 1956 le comunicó a su tío su viaje. El **Dr. Wassmer** le dijo que aprovechara su viaje para contactar a los exiliados y en sus declaraciones a los interrogadores, depuso que su tío le dijo: --«***Esa gente está muy activa en buscar la caída del gobierno de Somoza. Averiguá que es lo que están planeando y cómo podemos ayudar nosotros. Contactá al líder que es el Capitán Adolfo Alfaro, decile que vas de parte nuestra. Andá donde el Dr. Enoc Aguado porque él está mejor informado para que te oriente***».

Edwin Castro continuó detallando en sus declaraciones que su tío **Ricardo** lo acompañó a la oficina del **Dr. Aguado** y que este le confirmó que los exiliados en El Salvador estaban armando una revolución, le recomendó que también se reuniera con el **Dr. Francisco Mayorga** y con el **Teniente Guillermo Duarte**.

Novedades

DIARIO AL SERVICIO DE LA DEMOCRACIA

16

Páginas - 30 Centavos

Circulación: 70 Mil Números; Lunes, 25 Mil

MANAGUA, D. N., MARTES 16 de OCTUBRE de 1956

Corte Militar funciona hoy

Recogerá las pruebas relacionadas con los cómplices, encubridores e instigadores del asesinato del Sr. Presidente Somoza

Hoy comenzará a funcionar la Corte de Investigación Militar que se encargará de recoger las pruebas relacionadas con cómplices, encubridores e instigadores del asesino que dió muerte al Señor Presidente de la República General Anastasio Somoza.

Esta Corte Militar tuvo ayer una reunión con el Coronel Anastasio Somoza Debayle, Jefe Director de la Guardia Nacional, quien ha dirigido personalmente las averiguaciones del horrendo crimen y ha logrado cerrar el ciclo de las investigaciones preliminares, [illegible]

Muere en Chinandega el destacado liberal Dr. J. J. Rizo Vásquez

Embajador de Gran Bretaña en vacaciones

Doctor Juan B. Lacayo acusa criminalmente a S. Parodi B.

Hoy se efectuará trámite concialiatorio entre el acusado y su otro acusador, el Ingeniero Bakker de la [illegible]

Martes 16 de Octubre de 1956 el diario ***Novedades***, único que tenía acceso a las informaciones oficiales, publicó esta primera página titulando ***Corte Militar funciona hoy*** con una fotografía de **Onofre Gutiérrez** con todos los miembros de la ***Corte Militar de Investigación*** que identificamos: **1-Cptn. G.N. Gustavo Sánchez**, miembro. **2-Mayor G.N. Francisco Medal**, miembro. **3-Mayor G.N. Luis A. Zepeda**, Miembro Superior. **4-Cptn. G.N. Pablo Rivas**, miembro. **5-Mayor G.B. Pedro J. Barquero**, miembro. **6-Tnte. G.N. Ruperto Hooker**, miembro. **7-Tnte. G.N. y Dr. Agustín Torres Lazo**, Fiscal Militar. **8-Tnte. G.N. Aquiles Aranda Escobar**, miembro y **9-Tnte. G.N. FAN-PA Carlos Pereira C.**, Capitán Preboste. Todos los miembros de esta Corte se reunieron con el **Cnel. Anastasio Somoza Debayle** el día anterior lunes 15 de Octubre. El **Cnel. Somoza**, que ha dirigió personalmente todas las investigaciones, instruyó a los miembros sobre la forma legal de ejercer sus obligaciones, reuniendo las pruebas de los cómplices, encubridores e instigadores del asesinato del Presidente **Anastasio Somoza García**. Evidentemente que al final sería el **Cnel. Anastasio Somoza Debayle** quien decidiría quienes debían resultar inocentes o culpables por el magnicidio. Las funciones y existencia de la Corte Militar fue un mero formulismo escénico para darle semejanza de justicia imparcial e incluso quienes debían morir.

Edwin Castro declaró que ya en El Salvador al primero contactó fue al teniente **Duarte** y fue con él donde el capitán **Alfaro**, quien ya tenía noticias de su llegada. **Alfaro** le expuso un completo informe de toda lo que estaban planeando, de los hombres que participarían, de las armas que tenían, y de un plan alternativo de atentar directamente contra la vida del **Gral. Somoza**, pero no le reveló quien sería el hombre para realizar el atentado.

Con mucho engreimiento y para darse importancia, **Alfaro** le aseguró:

--«***Ya contamos con el Coronel Francisco Gaitán que tiene importantes oficiales que le apoyan, como los coroneles Lizandro Delgadillo, Federico Davidson Blanco, el teniente Antonio Mejía de la Fuerza Aérea y con mi cuñado, el Mayor Juan José Rodríguez Somoza. Cuando regresés a Managua buscá al Dr. Enrique Lacayo Farfán para que le informe al coronel Delgadillo y que le pase la voz al coronel Francisco Gaitán que nosotros ya estamos listos. Gaitán seguramente se nos unirá para actuar en todo, él ya sabe que si ganamos, se hará cargo de tomar la jefatura de la Guardia Nacional y del Es-***

tado. Te voy a dar una carta para que se la llevés a ellos».

En la continuación de sus declaraciones a la Oficina de Seguridad, dijo que efectivamente había recibido la carta enviada por **Alfaro**, que se la entregaron cuando **Castro** estaba en Honduras haciendo unos negocios antes de regresar a Nicaragua. En la carta le confirmó por escrito todo lo hablado en El Salvador.

De regreso en Nicaragua **Edwin Castro** se fue donde su tío **Ricardo Wassmer** y le dijo que fuera donde el **Dr. Aguado** con quien habló de todo el asunto con los militares exiliados. **Aguado** le dijo que leyera bien la carta, que la memorizara y después la quemara. Previniendo que agentes de **Somoza** estuvieran vigilando en El Salvador y le hayan visto reuniéndose con los exiliados, y sería peligroso que lo vieran en Managua hablando con el **Dr. Lacayo Farfán**. El **Dr. Aguado** se ofreció para darle la información a **Lacayo Farfán**, lo cual sería complicado porque el **Dr. Enrique Lacayo Farfán** tenía ***casa por cárcel***, condenado por la conspiración de Abril de 1954. Pero al final el **Dr. Aguado** visitó a **Lacayo Farfán** y le puso al corriente de todos los proyectos --bastantes fantasiosos-- del **Cptn. Adolfo Alfaro Carnevallini**.

Todas estas historias relatadas por **Edwin Castro Rodríguez**, parecen cuentos sugeridos por los interrogadores, aunque aparecieran firmadas por el prisionero, pero sirvieron para incriminar a los coroneles **Francisco Gaitán**, **Federico Davidson Blanco** y **Lizandro Delgadillo**, lo mismo que al **Dr. Aguado** y al **Dr. Lacayo Farfán** y otros muchos nombres que aparecieron en el expediente de las declaraciones de **Castro Rodríguez** en la Oficina de Seguridad, que fueron bases para acusaciones, interrogatorios, separaciones de la Guardia Nacional y pusieron fin a sus carreras y poder militar.

Las declaraciones de **Edwin Castro Rodríguez** le dieron enorme tranquilidad a los coroneles **Luis** y **Anastasio Somoza Debayle**, pues quedó muy claro que no existía el enorme complot que imaginaron con gran temor y que el atentado que dio muerte a su padre, había sido fruto de la pasión de un solo hombre: **Rigoberto López Pérez**.

Formación de la Corte Militar de Investigación

Los hermanos **Somoza Debayle**, ya investidos como Presidente de la República y como Jefe Director de la Guardia Nacional de Nicaragua, respectivamente, procedieron a ordenar la creación de una ***Corte Militar de Investigación*** como primer paso para lograr la condena de los que ellos designaran como ***culpables***.

Para echar a andar la maquinaria que llenaría sus propósitos, el **Cnel. Somoza** ordenó la integración del ***Tribunal de la Corte de Investigación*** con los siguientes miembros: **Mayor G.N. Luis A. Zepeda**, Miembro Superior; **Mayor Francisco Medal**, miembro; **Mayor G. N. Pedro J. Barquero**, miembro; **Cptn. G.N. Pablo Rivas**, miembro; **Cptn. G.N. Gustavo Sánchez**, miembro; **Tnte. G.N. Aquiles Aranda Escobar**, miembro; **Tnte. G.N. Ruperto Hooker**, miembro; **Tnte. G.N. FAN-PA Carlos Pereira C.**, Capitán Preboste y el **Dr. y Tnte. G.N. Agustín Torres Lazo**, como Fiscal Militar. **Torres Lazo**, había regresado ese mismo año 1956 de graduarse de abogado en España becado por la Guardia Nacional de Nicaragua como muchos otros oficiales fueron becados para estudiar diversas profesiones en varios países.

Todos los miembros de la Corte fueron nombrados por teléfono o por telegramas, pero no fue lo mismo con el nombramiento del Fiscal Militar **Agustín Torres Lazo**, que fue citado a presentarse en Casa Presidencial donde fue recibido de preferencia a algunos ministros que hacían espera. Fue recibido por el presidente **Luis Somoza**, estando presentes el **Cnel. Anastasio Somoza** y el embajador **Guillermo Sevilla Sacasa**. El presidente

En los dos procesos del juicio contra los cómplices, encubridores e instigadores del magnicidio cometido por **Rigoberto López Pérez** contra el **Gral. Anastasio Somoza García**, los nombres de estos dos personajes se repitieron cada día, prácticamente en cada hoja del expediente que se fue formando en los juicios, igualmente en los periódicos de 1956, los nombres de estos dos personajes, lógicamente, se publicaron profusamente porque era la noticia del siglo. Sin embargo, el **Gral. Somoza** y **López Pérez** nunca se conocieron ni jamás se vieron las caras frente a frente, excepto en los pocos segundos en que **López Pérez** le hizo los disparos y el otro recibió las balas. Por reflejo condicionado **Somoza** tiene que haber volteado su rostro hacia el origen de los balazos y fijar su mirada en la cara del atacante, cuando exclamó: --*«¡Hay rejodido, me tiraste!»*. Otro asunto que angustió a la **Familia Somoza** fue el humilde origen social del magnicida, que de su sola inspiración, fracturó el poder del hombre más poderoso del siglo XX, dueño de vidas y haciendas y que cayera de su pedestal por la mano de un simple ciudadano con poco oficio y sin beneficios, al que reiteradamente los deudos del **Gral. Somoza** se refirieron llamando peyorativamente ***«un comemierda cualquiera»*** a **Rigoberto López Pérez**, quien se equivocó al pensar y declarar que matando al viejo ***Tacho*** se acabaría la dictadura de los **Somoza**, cuando sus cinco balazos le abrieron la puerta a dos frutos que duplicaron la dictadura. Sin ninguna duda **Rigoberto López Pérez** fue el **creador de la dinastía Somoza**, que continuó gobernando con mano dura e integralmente sobre Nicaragua por 23 años más. En la realidad de la historia es imposible separar los nombres de estos dos personajes que solamente compartieron juntos unos pocos segundos fundidos en los relámpagos de cinco detonaciones que sonaron como ***triquitracas*** el 21 de Septiembre de 1956 en el ***Club de Obreros de León***.

Luis Somoza le dijo: --***«Usted sabe que estamos heridos por el asesinato de nuestro padre, pero queremos que brille imparcialmente la justicia en la Corte Militar de Investigación y en el Consejo de Guerra que seguirá, por eso hemos decidido que usted sea el Fiscal Militar en ambos procesos, considerando que usted es un abogado profesional que actuará conforme a la ley e imparcialmente»***.

Al terminar la entrevista el embajador **Sevilla Sacasa** le entregó el expediente de las declaraciones firmadas por **Edwin Castro Rodríguez** para que lo revisara en ese mismo momento. Al terminar la lectura, los tres personajes le pidieron su opinión y el joven abogado les dijo que encontraba el expediente ajustado a derecho. Los tres le saludaron, le desearon buena suerte. Solamente el **Cnel. Somoza**, ***Tachito***, le despidió con un abrazo.

Torres Lazo no tenía ni idea cómo habían sido compulsadas esas declaraciones firmadas por el reo **Castro Rodríguez**, aunque gran parte eran falsedades compulsadas al reo para que las aceptara como propias.

El **Dr. y Tnte. José Agustín Torres Lazo**, fue el Caballero Cadete No.298 graduado en la Sexta Promoción de la Academia Militar de Nicaragua, Clase1947-1951. Fue becado por la Guardia Nacional, partió a España y en 1956 regresó habiendo conquistado el título de Doctor en Jurisprudencia en la universalmente famosa Universidad de Salamanca, España; y al terminar todos los juicios en que fue el Fiscal Militar, hizo estudios de postgrado en la Universidad de Harvard, Estados Unidos, cuando ostentaba el cargo de Secretario de la Embajada de Nicaragua en Estados Unidos. Al terminar los dos procesos, el **Dr. y Tnte. G.N. Agustín Torres Lazo** se quedó con todos los expedientes, algo que a nadie le importó --providencialmente--. Al finalizar los procesos el **Cnel. Somoza Debayle**, agradecido de su excelente desempeño como Fiscal Militar, de preguntó qué quería en recompensa. El abogado y teniente le pidió a **Somoza** un cargo diplomático en la Embajada de Nicaragua en Washington y por ello fue nombrado Secretario de la Embajada. **Torres Lazo** no congenió ni aguantó el cáracter petulante del embajador **Sevilla Sacasa**, que era su superior. Después de un tiempo renunció al cargo diplomático y se unió a la oposición contra el gobierno de los hermanos **Somoza**. Junto con **Agustín** también renunció a la Guardia Nacional su hermano, **Tnte. G.N. Raúl Torres Lazo**, graduado en la Séptima Promoción, Caballero Cadete No.355 de la Academia Militar, Clase 1948-1952. Ambos hermanos fueron declarados traidores a la Guardia Nacional. 42 años después, en el año 2,000, **Agustín Torres Lazo**, poseedor de los expedientes, decidió publicarlos en su revelador libro ***La Saga de los Somoza, historia de un magnicidio***, donde incluyó el contenidos de los expedientes, que es una formidable fuente de información histórica.

Aplicación del Código de Enjuiciamiento Militar, CEM

Los hermanos **Somoza Debayle** decidieron que se debía aplicar el ***Código Jurídico Militar para el Gobierno y Disciplina de la Guardia Nacional de Nicaragua*** puesto en ejecución desde 1949, que era una traducción libre del mismo código del Cuerpo de la Infantería de Marina de Estados Unidos, US Marine Corps. Ese largo nombre del Código Jurídico fue más conocido con el nombre de ***Código de Enjuiciamiento Militar, CEM***.

En su parte pertinente, el **CEM** contiene en su texto el siguiente párrafo:

--«***Ordinal H: Cuando encontrándose Nicaragua en paz completa, alguien intentare alterar o alterase, por cualquier medio, el Orden Público, o cuando habiendo sido promulgada en Nicaragua la Ley Marcial como consecuencia de hallarse ésta en una guerra internacional o civil, o existiere el peligro de que una u otra ocurrieren, o en caso de epidemia, terremoto, o cualquiera otra calamidad pública, o cuando por cualquiera otra circunstancia lo exigiere así la paz o seguridad de la Nación, de sus instituciones o forma de Gobierno, alguna persona delinquiere, la Guardia Nacional de Nicaragua será la encargada de conocer de esos casos y juzgarlos aún cuando las personas implicadas en tales delitos no pertenecieren al servicio militar***».

Este ***Código CEM*** quedaba como anillo al dedo para los propósitos de someter a juicio a militares y civiles que fueron acusados de ser partícipes, encubridores o sospechosos de serlo a los que convenía a los hermanos **Somoza Debayle** para eliminarlos como competidores, mientras ellos consolidaban el poder integral sobre Nicaragua.

La Corte Militar se trasladó a la ciudad de León para iniciar su labor en el lugar de los hechos

La Corte se instaló en el Comando Departamental de León y comenzaron por llamar a declarar a los testigos del momento del atentado. El **Dr. Rafaél Corrales Rojas**, ***Raf***,

IZQUIERDA: El **Cnel. G.N. Lizandro Delgadillo** entrenando al **Gral. Somoza** en el manejo del fusil Garand M-1 en el ***Polígono de la Guardia Nacional*** en Portezuelo de Managua, junto al lago ***Xolotlán*** a la altura del Km. 4½ de la carretera norte, que ya no existe. DERECHA: **El Cnel. G.N. Lizandro Delgadillo** declarando ante la Corte Militar de Investigación y respondiendo el interrogatorio del Fiscal y de los miembros de la Corte, con la intención de incriminarlo en la muerte del **Gral. Anastasio Somoza**. Los hermanos **Somoza Debayle** ordenaron la expulsión de la Guardia Nacional de tres Coroneles: **Francisco Gaitán Carpio**, **Lizandro Delgadillo** y **Federico Davidson Blanco**, que les estorbaban para consolidar su poder sobre la Guardia Nacional, por el poder y el prestigio que ostentaban por la confianza y cariño que les había tenido su padre en vida, pero al morir el **Gral. Somoza**. Los tres fueron sometidos a hostigantes interrogatorios y finalmente fueron defenestrados de la Guardia Nacional. El entonces **Cptn. Delgadillo** fue el jefe del pelotón de fusilamiento que masacró a los jefes rebeldes, **Gral. Sandino**, al **Gral. Juan Pablo Umanzor** y al **Gral. Francisco Estrada** la noche del 21 de Febrero de 1934. El entonces **Tnte. Federico Davidson Blanco** junto con el **Cptn. Policarpo *El Coto* Gutiérrez** fueron los jefes de la patrulla de la Guardia Nacional que atacó la casa del Ministro **Sofonías Salvatierra**, matando al **Cnel. Sócrates Sandino**, hermano del **Gral. Sandino**, al niño de 10 años **Ramón López** y al joven **Rolando Murillo**, yerno de **Salvatierra**, la misma noche del 21 de febrero de 1934. De esa época databa la confianza del **Gral. Somoza** en los tres coroneles expulsados de la Guardia Nacional por los hermanos **Somoza Debayle**.

fue el primero en ser llamado como testigo y reiteró la historia de la carta interceptada que **López Pérez** envió por correo a **Armando Zelaya Castro** para que se la entregara a **Edwin Castro Rodríguez**, pero éste se la entregó a ***Raf*** y éste intentó entregarla al propio **Gral. Somoza** en una fiesta en la hacienda ***La Calera*** de Managua y como le hicieron caso, seguidamente intentó entregarla al **Cnel. Somoza** y después habló con **Samuel Toruño**, secretario del **Cnel. Somoza**, que le indicó hablar con el **Cnel. Carlos Silva**, quien finalmente recibió la carta sin darle importancia y se la devolvió a **Toruño**. Agregó que después en León le habló del contenido de la carta a **Armando Zelaya Castro** y éste le contó la historia de la carta al estudiante somocista de la universidad de León, **Carol Pallais**. La Corte llamó a declarar a **Carol Pallais Sánchez** y éste confirmó que **Zelaya Castro** le habló de la carta y de un reclamo que le hizo **López Pérez** por no haber entregado la carta a **Edwin Castro**, concluyó **Zelaya Castro** alegando que nunca la recibió. **Pallais Sánchez** declaró que se presentó ante el Comandante de León, **Cnel. Lizandro Delgadillo** y le informó todo lo que **Zelaya Castro** le había dicho de la carta y del reclamo que le hizo **López Pérez** y que el **Cnel. Delgadillo** había tomado nota en una agenda que tenía en su escritorio.

El Cnel. Lizandro Delgadillo ante la Corte

El sábado 20 de octubre de 1956 la Corte Militar de Investigación llamó a declarar al **Cnel. Lizandro Delgadillo**, que era el verdadero propósito de llevar la Corte a la ciudad de León. **Delgadillo** inició su comparecencia haciendo una narración de todas sus actividades como Comandante desde antes de la llegada del **Gral. Somoza** hasta su salida a Managua en el helicóptero de la embajada norteamericana. La Corte llevaba órdenes de involucrar al **Cnel. Delgadido** en el magnicidio.

Antes que el Fiscal **Torres Lazo** iniciara el interrogatorio, se adelantó el **Tnte. Ruperto Hooker**, miembro de la Corte y de la Oficina de Seguridad, y comenzó a interrogar con especialidad intencional al **Cnel. Delgadillo**. Después que **Delgadillo** expuso los asuntos introductorios intrascendentales, le lanzó la primera pregunta cargada de intención: --*«Diga usted si tiene agentes confidenciales bajo sus órdenes»*.

Delgadillo le respondió: --*«Tenemos un servicio de inteligencia "ad honorem", de personas amigas que cooperan con nosotros»*.

Hooker continuó interrogando: *«¿Por alguna de estas personas o por cualquier otro medio tuvo usted conocimiento que en El Salvador se fraguaba un atentado contra la vida del presidente Somoza?»*.

Delgadillo enfáticamente respondió: --*«En absoluto. De haber tenido conocimiento de cualquier trama, en cualquier parte, inmediatamente lo hubiera informado a la superioridad y preparado las medidas necesarias en un caso como ese»*.

Hooker pregunta de nuevo: --*«¿Conocía usted a Rigoberto López Pérez?»*.

Delgadillo le respondió tajantemente: --*«¡Absolutamente, no!»*.

Hooker continuó en tono hostigante: --*«¿Había usted obtenido alguna información sobre este sujeto?»*.

Delgadillo le contestó: --*«¡No, señor!»*.

Hooker hizo una pregunta a fondo: *«Diga usted si el señor Carol Pallais Sánchez actuaba como agente confidencial de este Comando»*.

Delgadillo expuso su respuesta: --*«Como agente confidencial, no. Pallais estaba en una organización de universitarios somocistas y creo que enganchado como auxiliar de la Guardia Nacional por orden del señor presidente»*.

Hooker volvió a la carga: --*«Dígame usted si el señor Pallais Sánchez le dio a usted alguna información que pudiese ser de utilidad para preservar la tranquilidad, la paz y el orden de nuestra nación»*.

Delgadillo simplemente respondió: --*«Que yo recuerde, no»*.

Hooker continuó el interrogatorio: --*«Diga usted, Coronel Delgadillo si el señor Corrales Rojas le dio a usted algún informe sobre movimientos subversivos que se preparaban contra el gobierno»*.

Delgadillo contestó detallando: --*«No, señor. En una ocasión, sin poder precisar la fecha, me informó que había llegado a su poder una carta de El Salvador, dirigida a Edwin Castro, y que dicha carta había sido entregada a Samuel Toruño»*.

Hooker: --*«¿Informó usted al coronel Somoza lo dicho por el señor Carol Pallais?»*.

Delgadillo: --*«No recuerdo si fue al coronel Somoza o al coronel Silva, pero de todas maneras me dijeron que la carta estaba en poder de la Guardia Nacional»*.

Hooker: --*«¿Quiere decirme coronel qué importancia le atribuyó usted a esa carta?»*.

Delgadillo: --*«Como nunca vi esa carta, no le podía dar ninguna importancia,* *porque no supe de qué se trataba».*

Ruperto Hooker le cedió la palabra al **Mayor Francisco Medal**, miembro de la Corte y éste continuó el interrogatorio al **Cnel. Lizandro Delgadillo**.

Medal: --*«Coronel Delgadillo, ¿le habló a usted alguna vez el señor Carol Pallais de un hombre que procedente de El Salvador había llegado a Nicaragua con intenciones de asesinar al Presidente de la República?».*

Delgadillo le respondió lacónicamente: --*«¡No!».*

Medal continuó preguntando: --*«¿Recuerda usted coronel si el señor Carol Pallais le mencionó el nombre de Rigoberto López Pérez, diciéndole que era "el hombre" que había llegado de El Salvador para asesinar al señor Presidente Somoza?».*

Delgadillo: --*«Eso es un absurdo, porque si lo hubiera hecho yo de imediato habría procedido».*

Medal: --*«¿Recuerda usted si alguna vez su esposa Graciela de Delgadillo le dijo a usted que Carol Pallais había llegado a buscarle a su casa y que al no encontrarle le dejó un recado diciendo que tenía urgencia de hablar con usted sobre un asunto muy importante?».*

Delgadillo: --*«No recuerdo que me haya dado ningún recado de Pallais».*

El **Dr. Enrique Lacayo Farfán**, líder de la oposición en Nicaragua en ese entonces, fue capturado, ***ablandado*** en la Oficina de Seguridad y llevado a comparecer ante la Corte Militar de Investigación, contra toda su moral, fue obligado a declarar contra el **Cnel. Delgadillo** y contra el **Dr. Enoc Aguado**.

El interrogatorio al **Cnel. Delgadillo** continuó. **Hooker y Medal** le hicieron más de cien preguntas incriminatorias, fue evidente que tenían órdenes de involucrar al Comandante de León en la muerte de **Somoza García**. Pero el **Cnel. Delgadillo** soportaba el pecado de haber sido uno de los altos oficiales de la Guardia Nacional de mayor confianza del asesinado **Somoza García**, fue **Delgadillo** el hombre escogido por **Somoza** para acabar con la vida del **Gral. Sandino**, fue **Delgadillo** el hombre que le enseñó a **Somoza** a manejar los fusiles reglamentarios de la Guardia Nacional, pero precisamente por esa encumbrada confianza que tuvo **Somoza García** en **Lizandro Delgadillo**, determinó su suerte porque su poder de mando lo convirtió en un rival de los hermanos **Somoza** para acceder al control total de la Guardia Nacional, de modo que ordenaron demoler no solamente su poder sino también a la persona de **Lizandro Delgadillo**, lanzando a la basura las décadas de fidelidad y complicidad de **Delgadillo** rendidas a **Somoza García**.

El Fiscal estaba extrañado del ataque descarnado contra **Delgadillo**. Cuando el Fiscal **Torres Lazo** les preguntó de las razones que tenían, le respondieron que la decisión de acosar a **Delgadillo**, era en cumplimiento de las órdenes del **Cnel. Somoza Debayle**.

Cornelio Silva Argüello declara ante la Corte de Investigación

Ex-Guardaespaldas de Figueres y miembro activo de la Legión del Caribe, aparece seriamente comprometido en asesinato del Gral. Anastasio Somoza

Que cumpla ...
hace trece años pide Joh...

El diario ***Novedades*** del viernes 26 de octubre destacó la comparecencia de **Cornelio Silva Argüello**, detallando que era miembro de la ***Legión del Caribe*** y que había sido guardaespaldas de **José Figueres Ferrer**. El chontaleño **Silva Argüello** estaba supuesto a llevar hombres y armas a la ciudad de León para crear confusión en la ciudad a la hora que **López Pérez** le disparara a **Somoza**, pero **Cornelio Silva Argüello** nunca llevó a los hombres ni las armas, pero estaba enterado de la acción que haría **Rigoberto López Pérez**.

Como ambos declarantes se contradijeron, el Fiscal solicitó a la Corte hacer un careo. Mientras esperan el ingreso de **Pallais** a la Corte, los miembros **Ruperto Hooker** y **Francisco Medal** salieron del recinto y regresaron hasta que **Pallais** y **Delgadillo** estaban en la sala. En el careo **Delgadillo** y **Pallais** mantuvieron sus declaraciones expresadas.

Seguidamente llamaron a la esposa de **Delgadillo**, la señora **Graciela de Delgadillo**, afectando con su presencia la moral del Comandante de León.

El **Mayor Medal** se encargó de interrogarla sobre la visita que le hizo **Carol Pallais** en su casa, dejándole un mensaje y un papel con su teléfono.

Graciela Delgadillo: --*«No recuerdo que Carol Pallais haya estado en mi casa buscando a mi marido ni me haya dejado ningún papel»*.

Medal: --*«¿Y recuerda usted cuando llegó a su casa en busca del Coronel Delgadillo el Coronel Humberto González la noche del atentado y no lo encontró?»*.

Graciela Delgadillo: --*«No recuerdo para nada que haya llegado. Yo no conozco al coronel González»*.

Considerando que le artera misión de hundir al **Cnel. Lizandro Delgadillo** estaba cumplida, la Corte suspendió sus sesiones en la ciudad de León la mañana del martes 23 de octubre y se trasladó a la fortaleza de ***La Curva***, Cuartel General de la Guardia Nacional en la ***Loma de Tiscapa*** de Managua.

El fiscal **Torres Lazo**, comenzó a darse cuenta que la participación del **Mayor Medal** y del **Tnte. Hooker** sería una interferencia para su labor de fiscal, puesto que fueron nombrados miembros de la Corte para los propósitos políticos de los hermanos **Somoza**.

El Dr. Enrique Lacayo Farfán ante la Corte

El domingo 28 de octubre la Corte llamó a comparecer al **Dr. Enrique Lacayo Farfán**, líder de la oposición política y líder del Partido Liberal Independiente, de 53 años de edad, casado, médico y cirujano.

El Fiscal **Torres Lazo** le pidió: --*«Diga todo lo que sepa y conozca sobre el asunto del que se le informó»*.

Lacayo Farfán: --*«No puedo responder nada por no tener conocimiento de los hechos que se investigan»*.

Como **Lacayo Farfán** mantuvo su declaración de ignorar sobre los sucesos que se indagaban, el Fiscal pidió un receso y el deponente fue llevado fuera de la Sala, pero afuera fue recibido por los agentes de la Oficina de Seguridad.

Cuando se le llamó de nuevo a la Sala, el **Dr. Lacayo Farfán** dijo que quería ampliar su declaración y admitió que había visitado al **Dr. Enoc Aguado** y éste le comunicó los proyectos del **Capitán Alfaro** y de los otros militares exiliados en El Salvador.

El Fiscal inició el interrogatorio: --*«¿Se comunicó usted con el coronel Delgadillo para informarle lo que le había dicho el Dr. Aguado de los planes de los exiliados en El Salvador?»*.

Lacayo Farfán: --*«Si, señor»*.

El **Fiscal**: --*«¿Quiere usted decir a la Corte dónde vio al Coronel Delgadillo?»*.

Lacayo Farfán: --*«En el Hospital General de Managua»*.

El **Fiscal**: --*«¿Recuerda usted la fecha en que se entrevisto con Delgadillo?»*.

Lacayo Farfán: --*«Sí. Fue mucho tiempo después de la conversación que tuve con el Dr. Aguado a principios de junio. Con el coronel hablé en una fecha comprendida entre el 10 y el 13 de julio»*.

El **Fiscal**: --*«¿Recuerda usted si su encuentro con el coronel Delgadillo fue circunstancial o fijado con anterioridad?»*.

Lacayo Farfán: --*«Fue circunstancial, pues en verdad había transcurrido mucho tiempo y no me había preocupado por entenderme con él. Sucedió que en esos días yo veía, con varios médicos, en el hospital a una niña de Tito Solórzano y en esos días también el coronel Delgadillo llegó con su hijo grave. Yo entré a saludarle y en esa circunstancia le comuniqué el recado que me había dado el Dr. Aguado»*.

El **Fiscal**: --*«¿Quiere usted decirle a la Corte qué le contestó el coronel Delgadillo sobre el recado del Dr. Aguado?»*.

Lacayo Farfán: --*«Me dijo que si era una cosa bien planeada, fuerte y que tuviera visos de algún éxito, él podría participar»*.

Forzado a mentir por las torturas, el **Dr. Enrique Lacayo Farfán**, hundía al **Cnel. Lizandro Delgadillo** con su declaración. La lógica indica que no era sensato ni probable que **Delgadillo** le aceptara a **Lacayo Farfán** que él se uniría a un complot contra los **Somoza**, basado en lo que le dijo el **Dr. Aguado** porque se lo dijo **Edwin Castro**, que le dijo el **Cptn. Alfaro** en El Salvador.

El **Cnel. Somoza** se reunió con los coroneles **Roberto Martínez Lacayo**, **Francisco Boza Gutiérrez**, **Camilo González Cervantes**, y los mayores **Egberto Bermúdez** y **Luis Ocón** abordando el caso del **Cnel. Delgadillo**, a quien **Somoza** les expresó era culpable. Les pidió que sean ellos los que interroguen a **Delgadillo** para que diga toda la verdad. --*«Lo que yo quiero* --les dijo el **Cnel. Somoza** a los oficiales-- *es que ustedes, individualmente, hablen con Delgadillo en turnos de una hora, desde luego sin dejarlo des-*

El **Cnel. G.N. Francisco Gaitán Carpio**, con una brillante carrera militar que nunca pudo realizar ninguno de los **Somoza**, querido, respetado por las tropas y veterano de guerra, fue obligado a renunciar a la Guardia Nacional y al Ministerio de Guerra porque su resplandor encandilaba al **Cnel. Anastasio Somoza Debayle**. El **Cnel. Gaitán** fue expulsado de la Guardia Nacional y nombrado Embajador de Nicaragua en Argentina, **Gaitán** nunca regresó a Nicaragua y murió en Argentina. Desde la fundación de la Guardia Nacional en 1925, tuvo siete jefes norteamericanos. En 1933 el **Gral. Somoza García** tomó posesión como el primer nicaragüense Jefe Director G.N. durante 23 años hasta 1956. Poco antes de morir ya había nombrado a su hijo menor, **Anastasio Somoza Debayle** como Jefe Director Interino por ser su padre candidato presidencial, pero al morir el padre, su hermano **Luis** fue ungido como Presidente e inmediatamente nombró a su hermano ***Tachito*** **Somoza** como Jefe Director de la Guardia Nacional, cargo que mantuvo hasta julio de 1979. De modo que la Guardia Nacional desde 1933 hasta 1979 solamente tuvo dos Jefes Directores nicaragüenses y los dos se llamaron **Anastasio Somoza**. Ningún otro oficial tuvo oportunidad de ocupar el cargo de Jefe Director ni jamás aspiraron a ser Jefes Directores. Eso era exclusivo para los **Somoza**. Cuando el último **Gral. Anastasio Somoza** fue derrocado, la Guardia Nacional dejó de existir, porque había ligado su destino a los **Somoza**.

cansar ni dormir, hasta que Delgadillo acepte su responsabilidad». Al grupo de oficiales veteranos no les quedó opción, sino para convertirse en interrogadores. Después que los cinco compañeros de armas y amigos de **Delgadillo** hicieron varias rondas, no intentaron realmente interrogarlo sino aconsejarle que tuviera paciencia hasta que terminara el mal rato. El **Cnel. Boza Gutiérrez** al entrar por segunda vez al llamado ***«cuarto de costura»***, donde se hacían los interrogatorios y torturas en la misma Casa Presidencial, y enfrentarse a su compañero con mucha amabilidad, apagó la fuerte lámpara que **Delgadillo** tenía frente a sus enrojecidos ojos.

--«***Gracias Bozita, siempre que venís me apagas esa lámpara y yo descanso. Todos los demás también han apagado la lámpara para hablar conmigo, todos menos Roberto Martínez Lacayo que no me platica ni me aconseja, sino que me interroga y me dice que me declare culpable***».

El haber degradado a sus mejores amigos al cargo de interrogadores, no hizo sucumbir a **Delgadillo** y se mantuvo firme negando cualquier culpabilidad.

Pero la Corte no cejó en su empeño por acabar con **Delgadillo** y ordenó un careo entre el **Dr. Lacayo Farfán** y el **Cnel. Delgadillo**:

El **Fiscal**: --«***Dr. Enrique Lacayo Farfán, dígale a la Corte si usted conoce a la persona aquí presente y que le señalo***».

Lacayo Farfán: --«***Sí, señor . Es el coronel Lizandro Delgadillo***».

El **Fiscal**: --«***Coronel Lizandro Delgadillo, dígale a la Corte si usted conoce a la persona aquí presente y que le señalo***».

Delgadillo: --«***Sí, señor. Es el Dr. Enrique Lacayo Farfán***».

El **Fiscal**: --«***Dr. Lacayo Farfán, diga usted si entre los días 10 y 13 de julio del presente año,*** (1956) ***en el Hospital***

General de Managua habló usted con el coronel Delgadillo de un movimiento subversivo que se organizaba en El Salvador contra el gobierno de Nicaragua».

Lacayo Farfán: --«***Sí, señor***».

El **Fiscal**: --«***Coronel Lizandro Delgadillo, diga usted a la Corte si entre los días 10 y 13 de julio del presente año, en el Hospital General de Managua habló usted con el coronel Lacayo Farfán sobre un movimiento subversivo contra el gobierno de Nicaragua***».

Delgadillo: --«***No, señor. El Dr. Lacayo Farfán ni siquiera se ha atrevido a hablarme de política, mucho menos de movimientos subversivos. Si él lo dice es a sabiendas de que está mintiendo y lo emplazo a que me pruebe su aseveración***».

El **Fiscal**: --«***Dr. Lacayo Farfán, diga usted si después de hablarle al coronel Delgadillo de un movimiento subversivo que se organizaba contra el gobierno de Nicaragua, le dijo él a usted que si el movimiento era efectivo y seguro, podría contar con su colaboración***».

Lacayo Farfán: --«***Sí, señor***».

Con este careo la carrera militar del **Cnel. Lizandro Delgadillo** quedó muerta. Pero en las declaraciones forzadas del **Dr. Lacayo Farfán** también él se autoincriminó. Los **Somoza** mataron dos pájaros con una sola pedrada.

Hay que expulsar de la Guardia al Cnel. Francisco Gaitán

El **Coronel Francisco Gaitán Carpio** era, a la muerte de **Somoza García**, Jefe del Estado Mayor de la Guardia Nacional y Ministro de Guerra, Marina y Aviación, cargos que el viejo ***Tacho*** solamente podía otorgar a un oficial de su máxima confianza, que además era su amigo. Al morir **Somoza**, todos los méritos del **Cnel. Gaitán** se revirtieron en su contra. Su prestigio y poder menoscababa la consolidación del ascendente imperio de los hermanos **Somoza Debayle**, especialmente del militar **Cnel. Anastasio Somoza Debayle**, Jefe Director de la Guardia Nacional de Nicaragua.

Gaitán ingresó a la Guardia Nacional como soldado raso y como tal combatió en la Guerra de las Segovias contra el **Gral. Sandino**. Se destacó como un soldado inteligente y valiente, para 1930 ya había alcanzado el rango de Sargento Mayor de Infantería, G.N., fue el primer cadete reclutado para la Academia Militar de la Guardia Nacional conocida como ***Academia Trumble***, ingresó al Primer Curso que duró solamente 3 meses, pero era poco lo que la academia podía enseñarle al sargento **Gaitán** que tenía tres años de estar en el frente de guerra. Fue graduado con el rango de Subteniente G.N. regresó a la línea de los combates y estuvo inmerso en la guerra hasta su final.

A lo largo de 30 años, alcanzó la posición y el rango más alto que era posible en la Guardia Nacional, porque en 1956 solamente el **Gral. Somoza García** podía ostentar el rango de general de división, pero al morir **Somoza**, todo lo vivido, todo lo experimentado, todo lo luchado, todo el prestigio y el respeto de las tropas de la Guardia Nacional para **Gaitán**, resultaba demasiada carga para el joven **Cnel. Anastasio Somoza Debayle**.

Por eso le hicieron un montaje parecido al de **Lizandro Delgadillo**, siempre basados en la ***palabra*** de **Edwin Castro Rodríguez**, apodado ***«gasolina»***, por tanto, volátil, a quien los expertos de la Oficina de Seguridad le inyectaban en su cráneo todo lo que tenía declarar para acusar conforme lo ordenado por la superioridad.

El caso contra **Gaitán** comenzó con la invitación a almorzar que el **Cnel. Somoza** le hizo al Fiscal **Torres Lazo**. Desde los aperitivos le espetó al Fiscal: --«***Tenemos problemas con el coronel Gaitán***». Y el **Cnel. Somoza** le comenzó a contar al Fiscal sobre las declaraciones de **Edwin Castro** cuando habló con **Alfaro** en El Salvador, le mencionó nuevamente el asunto de la supuesta carta de los exiliados para **Gaitán**. Le dijo que el coronel **Francisco Oliva**, Ministro de la Guerra de Guatemala platicándole a su mamá, doña **Salvadora**, le preguntó: --*«**Y dígame doña Salvadora, ¿ustedes le tienen confianza a su Ministro de Guerra, el coronel Gaitán?**»*. Cosa extraña, porque si el ministro guatemalteco tenía alguna información, no debía hacer esa pregunta a la viuda del **Gral. Somoza**, porque si tenía acceso a ella, también la tenía con sus dos hijos. El **Cnel. Somoza** finalizó el almuerzo diciéndole al Fiscal **Torres Lazo**: --*«**Me gustaría que llamaras a Gaitán a declarar a la Corte**»*.

Todo lo que **Somoza** le dijo al Fiscal **Torres Lazo** fue una pura patraña para influir en su mente, pero sobre todo hacerle entender que sus deseos eran ***«joder a Gaitán»*** y como era el código no escrito, ***los deseos del rey eran órdenes***.

Pero joder a **Gaitán** no era tarea fácil. El 18 de octubre de 1956 los **Somoza** citaron al Fiscal a una reunión a medio día en Casa Presidencial, al llegar el Fiscal todavía la familia estaba en el comedor y **Luis** invitó al Fiscal a sentarse y tomarse un café. En la mesa están **Isabel Urcuyo de Somoza**, esposa del presidente **Luis Somoza**; **Salvadora viuda de Somoza**, el **Cnel. Anastasio Somoza** y el embajador **Sevilla Sacasa**. Al terminar el almuerzo, **Luis Somoza** les ruega a las damas que los disculpe pero tienen que trabajar en la oficina del presidente fallecido que ahora ocupa el presidente **Luis**. El **Cnel. Carlos Silva** estaba ya en la oficina esperando.

Comenzó hablando el **Cnel. Somoza**: --*«**Los he convocado para analizar la situación irregular del coronel Gaitán. No sólo ha sido ha sido mencionado por varios testigos en la Corte, como el hombre que tomaría el poder al morir el jefe. También había recibido una carta del exterior que lo compromete, hay otras evidencias de las que ya tiene conocimiento el Fiscal Torres Lazo. Yo ya le perdí toda la confianza a Gaitán, no lo quiero más en la Guardia Nacional y tiene que irse**»*.

Al intervenir **Luis Somoza** le preguntó al Fiscal: --*«**¿Cuales son los cargos concretos contra el coronel Gaitán?**»*.

El **Fiscal** honestamente le respondió: --*«**En realidad y jurídicamente no existe ningún cargo concreto contra Gaitán, solamente hay presunciones de hecho. El coronel Gaitán ni siquiera ha rendido declaración ante la Corte**»*.

Retomó la palabra **Luis Somoza** exclamando con alteración: --*«**No estoy de acuerdo. A Gaitán no se le puede echar de esa manera. Tenemos que hablar con él primero, pero antes tenemos que reunirnos con el Estado Mayor esta misma noche y con vos cuñado, y con el Fiscal. Sin el "negro" Gaitán por supuesto. Los espero a todos a las ocho**»*.

Todos llegaron puntuales, el Estado Mayor de la Guardia Nacional, el Fiscal **Torres Lazo**, **Sevilla Sacasa**, el **Dr. René Schick** que era el Secretario de la Presidencia y el **Cnel. Anastasio Somoza** que los recibió, pero inmediatamente salió a hablar con su hermano **Luis**. En cuanto regresó les dijo terminantemente:

--*«**Okey, se va Gaitán. Se va pero tenemos que buscar una fórmula para suavizar su salida y evitar cualquier descontento de la Guardia Nacional**»*.

En ese momento intervino **Sevilla Sacasa**:

--*«**Ya he pensado en ello cuñado. Hay que nombrarlo Embajador, mientras más lejos mejor. Pero tenemos que hacerlo de tal forma que no parezca que los Somoza lo están sacando, que sea él mismo quien solicite su retiro de la Guardia Nacional y del cargo de Ministro. Yo voy a redactar una carta y ustedes se encargan de que él acepte y la firme**»*. Entonces ***Tachito*** le puso su mano en el hombro a **Sevilla Sacasa** con estas palabras:

--«*Jodido cuñado, usted siempre tan arrecho para sobarle los huevos al tigre sin que lo aruñe*». Ahí se terminó la reunión.

Un par de días después, el **Cnel. Somoza** le dijo al Fiscal **Torres Lazo** que ya era tiempo de que **Gaitán** compareciera ante la Corte Militar de Investigación.

El Cnel. Francisco Gaitán ante la Corte

El miércoles 10 de Octubre de 1956 **Gaitán** compareció ante la Corte. El testigo dijo llamarse **Francisco Gaitán Carpio**, casado, de 49 años de edad, casado, Coronel de Infantería de la Guardia Nacional de Nicaragua, Ministro de Guerra, Marina y Aviación, legalmente domiciliado en Managua.

El **Fiscal**: --«*Coronel Gaitán, sírvase declarar ante la Corte de Investigación todo cuanto sepa del asunto que se le ha informado*».

Cnel. Gaitán: --«*Relataré lo que el señor presidente de la República, el Embajador Sevilla Sacasa, el coronel Camilo González Cervantes y el Mayor José Somoza me dijeron hace algunos días, referente a que uno de los canallas acusados de apellido Castro les había dicho en su declaración, que el ex capitán Adolfo Alfaro le dijo que cuando algo extraordinario pasara en Nicaragua, yo me haría cargo de la situación. Esos mismos señores me manifestaron que le habían preguntado al tal Castro si me conocía y él les dijo que no. Le preguntaron además si alguna vez me había escrito o hablado conmigo y también contestó que no, y agregaron que habiendo sido yo un hombre incondicional de su padre y un leal soldado, de ninguna manera creían la canallada de ese acusado, y que era, precisamente por la amistad y el cariño que me tenían, que me contaban esas cosas que se habían dicho de mi. Indudablemente para un soldado de mi categoría, con tantos años en la Guardia Nacional, que ha consignado su vida al servicio de las armas y de la patria y que ha dado su juventud, su cariño y fidelidad a la Guardia Nacional era penoso que se me mencionara en imbecilidades de esta clase. Porque no es posible que 30 años de servicio activo, con toda la eficiencia que un soldado puede dar, con 30 años de amistad con el general Anastasio Somoza, haya merecido que canallas como Castro y Alfaro me mezclen en cuestiones de esa naturaleza. Enfáticamente les dije que protestaba ante ese hecho insólito y vil contra un soldado como yo y que tuvieran la seguridad que esa lealtad, ese cariño y esa amistad rendida a mi querido jefe durante tantos años, y esa misma fidelidad de mi persona en el servicio, seguiría siendo para ellos dos, el Presidente Luis Somoza y Tachito. En vista de que ellos me dijeron que si yo podía dar una declaración al respecto para evitar que se supiera y comentara por debajo que yo estaba metido en eso, Les contesté que no tenía ninguna declaración que dar puesto que yo no sabía nada. Pero ellos insistieron en decirme que esa declaración era conveniente tanto para mi como para ellos y que el mismo Presidente Luis daría más tarde una declaración sobre todo el asunto. Yo les dije entonces que si ellos lo creían conveniente, yo haría esa declaración, la cual la habrían visto porque salió publicada en los periódicos al día siguiente. Yo agradezco ese gesto de amistad y cariño de los muchachos Somoza, el señor presidente y el jefe director, al haber informado lo que ellos habían oído del canalla acusado, porque de ninguna manera ellos pensaron o piensan que yo haya tenido conocimiento de semejante barbaridad. Esa es la reunión que tuvimos y lo que se conversó en ella*».

El Fiscal, los miembros de la Corte y todos los presentes quedaron en un total silencio, pero en ese momento el **Cnel. Gaitán** pidió hacer una aclaración:

--«*Declaro que recibí una carta anónima de México el 19 de septiembre de 1956,*

en la que me decían que había llegado el momento para que yo fuera el responsable. Inmediatamente se la enseñé al señor Presidente Somoza y al Dr. Guillermo Sevilla Sacasa, diciéndoles: "esto es una canallada"».

Pero en esas nimiedades se basaron los hermanos **Somoza** para expulsar de la Guardia Nacional al **Cnel. Francisco Gaitán Carpio**.

Después de comparecer al interrogatorio de la Corte, el **Cnel. Gaitán** fue citado a una reunión en Casa Presidencial a las cinco de la tarde del mismo día miércoles 10 de Octubre. En la Casa Presidencial ya estaban reunidos en el ***Salón Luis XV*** al lado izquierdo del ***Salón de las Banderas***, **Luis Somoza**, **Anastasio Somoza**, **Sevilla Sacasa**, **Carlos Silva**, y el Fiscal **Torres Lazo**. El **Cnel. Gaitán** llegó un poco tarde. El **Cnel Carlos Silva** se levantó para ir a recibirle, pero regresó agitado para anunciar:

--***«Gaitán está subiendo las escaleras y viene armado»***.

Tachito alarmado, ordenó: --***«¡Que lo desarmen!»***

Pero intervino **Luis Somoza** ordenándole a **Silva**: --***«¡No. Que no lo toquen ni lo desarmen!»***

Entonces ***Tachito*** **Somoza** se dirigió a sus tres ayudantes, tenientes **Oscar Morales Sotomayor**, **Lázaro García** y **José Iván Alegrette**, que estaban de pie pegados a la pared: --***«Esténse atentos, si ven algún movimiento sospechoso, ya saben lo que tienen que hacer...»***

Cuando entró el **Cnel. Gaitán** al Salón ***Luis XV***, el presidente **Luis Somoza** le invitó a sentarse en un pequeño sofá, considerando el voluminoso cuerpo del **Cnel. Gaitán**, que estaba vestido con su uniforme y prensada con la faja de su cintura, sostenía su pequeño revólver con empuñadura de conchanácar.

El primero que le habló a **Gaitán** fue el embajador **Guillermo Sevilla Sacasa**, miembro de la familia por ser el cuñado de los hermanos **Somoza**, diciéndole:

--***«Mi querido coronel Gaitán, de lo que se trata es de evitar hacerle daño al prestigio de la Guardia Nacional, que está herida por todas las murmuraciones de la gente en contra de uno de sus oficiales más prestigiosos y destacados. Lo mejor para la Guardia Nacional y la tranquilidad de la Familia Somoza, que tanto le quiere y le estima, será que usted desmienta todas esas falsedades mediante su renuncia voluntaria al Ministerio de Guerra, Marina y Aviación y a la Guardia Nacional de Nicaragua»***.

El **Cnel Gaitán** le replicó: --***«Hacer eso equivaldría a aceptar que las calumnias de esos canallas son ciertas y eso es algo que nunca haría, además no se puede poner en duda mi lealtad y cariño a la Familia Somoza y mi amor por la Guardia Nacional»***.

La reunión cayó en un vacío, poco se habló, pero lo que se habló fue para confirmar la decisión de que el **Cnel. Francisco Gaitán Carpio** tendría que renunciar a su uniforme, su vida y su carrera militar, y aceptar convertirse en Embajador de Nicaragua en Argentina.

Gaitán salió con los dientes apretados y sin mascullar palabra.

Cuando el coronel ya se había retirado, **Luis Somoza** les dijo a todos: --***«Gaitán es un hombre de verdad. Ahí donde lo ven le orinábamos los pantalones cuando eramos niños y él nos cuidaba por encargo de mi padre. Me duele hacerle esto»***.

Nadie dijo nada del comentario de **Luis**. Después que finalizó la reunión y antes de comenzar los preparativos para el proceso, la metamorfósis de ser militar toda su vida a transmutarse en diplomático sin un sólo día de experiencia, **Gaitán** fue llamado a declarar por segunda vez ante la Corte con la finalidad de hostigarlo más, desmoralizarlo más y hacer creer a toda la Guardia Nacional que **Gaitán** estaba comprometido en la muerte de **Somoza García**.

La Oficina de Seguridad le informó al **Cnel. Gaitán** que debía comparecer otra vez ante la Corte Militar de Investigación.

El sábado 3 de Noviembre de 1956, ingresó a la Sala de la Corte para el segundo interrogatorio, una vez sentado en la sala de la Corte, el Fiscal **Tnte.** y **Dr. Torres Lazo**, sin fuerza moral y obligado por sus superiores a interrogar al testigo, le dijo:

--«***Coronel Gaitán, del cuerpo de la declaración de Edwin Castro Rodríguez se desprende que Adolfo Alfaro le dijo que debía establecerse contacto con usted, porque él estaba seguro de que usted asumiría la jefatura del Estado una vez que el atentado contra el general Somoza fuese perpetrado. Diga cuanto sepa sobre este particular***».

El **Cnel. Gaitán**: --«***No sé absolutamente nada***».

El **Fiscal**: --«***Coronel, para establecer ese contacto, Edwin Castro debía comunicarse con el Dr. Enrique Lacayo Farfán quien, a su vez, lo haría con el coronel Delgadillo y éste finalmente hablaría con usted. ¿Quiere decirle a la Corte cuándo y cómo se efectuó ese encuentro?***»

El **Cnel. Gaitán**: --«***Ese encuentro no se llevó a cabo nunca. De haber sido así yo lo hubiera informado inmediatamente***».

El interrogatorio del Fiscal continuó por más de una hora con preguntas repetitivas ya evacuadas en la primera comparecencia. Las respuestas de **Gaitán** fueron todas iguales y lacónicas: --«***No sé absolutamente nada***».

Pero un enjambre de periodistas que estuvieron presentes, debidamente e intencionalmente invitados, publicaron totalmente las preguntas y respuestas del **Cnel. Gaitán**, especialmente el diario ***Novedades***, propiedad de los **Somoza**, hizo un enorme despliegue de titulares y fotos con la intención de influir en las tropas de la Guardia Nacional para que dudaran del **Cnel. Gaitán**.

El lunes 12 de noviembre de 1956, llevando en su alma un gran resentimiento y amarga tristeza, el **Cnel. Francisco Gaitán Carpio** abordó un avión junto con toda su familia, con rumbo a Buenos Aires, Argentina, convertido en el Embajador de Nicaragua ante esa nación. Nunca volvió a Nicaragua y murió en Buenos Aires.

El hijo sandinista del Cnel. Gaitán

Pareciera que algo del llamado ***karma*** funciona

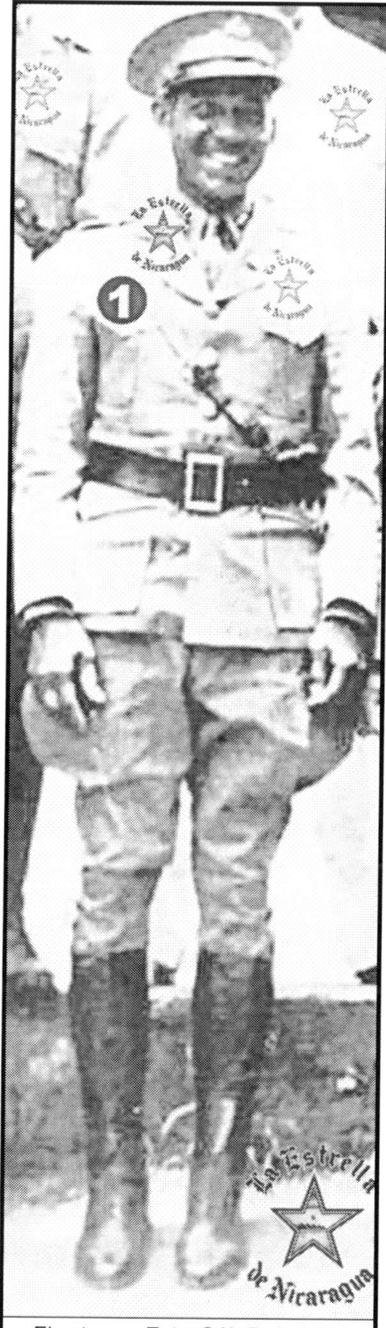

El entonces **Tnte. G.N. Federico Davidson Blanco**, después de participar en el ataque a la casa de **Sofonías Salvatierra**, como segundo jefe del **Cptn. Policarpo *El Coto* Gutiérrez**, donde dieron muerte al **Cnel. Sócrates Sandino**, hermano del **Gral. Sandino**, al niño **Ramón López** de 10 años y a **Rolando Murillo**, yerno de **Salvatierra**. El **Cnel. Santos López** escapó herido.

o lógicamente sea el rencor por las injusticias que compulsa a los seres humanos a actuar en determinadas direcciones restauradoras. El caso es que el **Cnel. Francisco Gaitán** tenía un hijo adoptivo de nombre **Germán Gaitán**, que creció en Argentina, pero fue empujado al sandinismo por la cruel injusticia de los hermanos **Somoza Debayle** contra su padre.

Germán Gaitán llegó a la Argentina con su familia siendo un adolescente, vivió el sufrimiento de su ejemplar padre con su propio dolor y el de toda la familia **Gaitán**, viviendo un exilio diplomático de oro, aunque no hay exilio que no sea torturante.

Ya casi adulto y en la universidad, **Germán Gaitán**, se sumergió en los movimientos políticos que pudieran permitirle la venganza. Se vinculó con los jóvenes del Partido Comunista Argentino, con los Peronistas y otros grupos de izquierda.

En esas correrías conoció al periodista **Gregorio Selser**, célebre escritor. **Germán** le narró todo lo que sabía sobre la vida del **Gral. Sandino** y su lucha, y lo que no sabía, se lo preguntó a su padre, el **Cnel. Francisco Gaitán**, quien no solamente sabía mucho, sino que lo sabía todo.

Con esas historias en su mente, **Gregorio Selser** escribió el libro ***«El pequeño ejército loco»***.

Germán regresó a Nicaragua con los manuscritos del libro y clandestinamente se imprimió --todo pagado por **Germán**-- una completa edición de ***«El pequeño ejército loco»*** en la imprenta del **Dr. Adán Selva**, donde se editaba ***El Gran Diario***, que fue un periódico combativo contra los **Somoza**.

El libro circuló y se convirtió en la biblia de los jóvenes que se transformaron en sandinistas que lo absorbieron con una fruición transformadora de sus mentes.

Después **Selser** escribió otro libro, siempre con la información directa de **Germán Gaitán** y la indirecta del **Cnel. Gaitán** que tituló ***«Sandino: general de hombres libres»***.

Esos libros fueron la inspiración de muchos, incluyendo a **Carlos Fonseca Amador**. A la hora de la insurrección, **Germán** se incorporó a las columnas de los rebeldes, estuvo involucrado en la compra y trasiego de armas. Sumergido en esas actividades **Germán** fue detectado por la Guardia Nacional y capturado junto al poeta **Luis Rocha**, ambos fueron encarcelados por un tiempo.

No obstante, aparecieron los celos de los comandantes nombrados por **Fidel Castro** por los méritos comunistas del joven **Gaitán** y cuando los sandinistas llegaron al poder, a **Germán Gaitán** lo hicieron apenas Teniente del Ministerio del Interior, una posición oscura para alguien que merecía ser reconocido y destacado. Una situación parecida a la que padeció su padre, el **Cnel. Gaitán Carpio, G.N.**

A **Germán Gaitán** le sorprendió la muerte en esa sombría posición, frustrado por la ingratitud y perversidad del Frente Sandinista, una clonación a lo que sufrió su padre con los hermanos **Somoza**.

Luis Somoza aclamado por unanimidad candidato presidencial del Partido Liberal Nacionalista para el período 1957-1963

Todavía funcionando la Corte Militar de Investigación, y siendo encargado de la presidencia **Luis Somoza**, para completar el período de su padre que terminaría el 1° de Mayo de 1957, los hermanos **Somoza** se apresuraron en continuar la consolidación del poder, e hicieron convocar a una Convención Liberal Nacionalista Extraordinaria para elegir al candidato del partido para las elecciones programadas para el domingo 3 de Febrero de 1957, mismas a las que el **Gral. Anastasio Somoza García** había sino nominado como candidato presidencial un día antes de ser balaceado.

Mientras el **Cnel. Anastasio Somoza Jr.** demolía a sus enemigos políticos y a sus ***amigos*** de la Guardia Nacional, su hermano mayor, el **Cnel. G.N.** y **diputado Luis Somoza** estructuró su plan con el Partido Liberal Nacionalista para ser el candidato presidencial.

El lunes 8 de octubre de 1956 se instaló la Gran Convención Liberal en la ciudad de León y **Luis Somoza Debayle** fue aclamado candidato por unanimidad, con mano alzada de los 105 convencionales reunidos en el ***Palacio Municipal de León***, no en el ***Teatro González*** (enfrente), donde había sido nominado su padre.

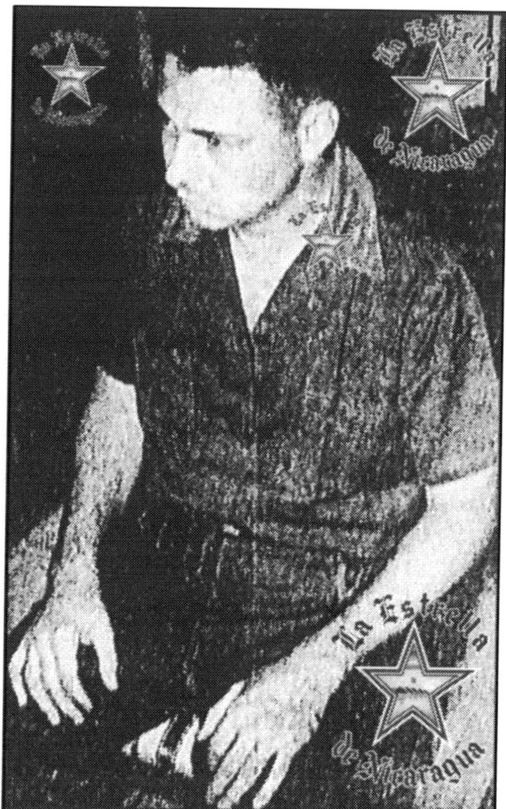

El miércoles 30 de octubre de 1956, fue sacado de su celda y llevado a comparecer ante la Corte Militar de Investigación el **Dr. Pedro Joaquín Chamorro Cardenal** de 32 años, director del diario ***La Prensa***, en ese entonces el periódico más influyente de Nicaragua. **Chamorro** fue capturado en su casa en la madrugada del 22 de septiembre de 1956, horas después del atentado contra **Somoza**

Al agradecer a los 105 convencionales por haberlo nominado candidato presidencial, **Luis Somoza**, de 34 años, anunció retomaría la Plataforma de Gobierno de su padre, agregando: --«***En homenaje a la memoria de mi padre y a su fervoroso culto patriótico, que hago mío ese trascendental documento que os presento ahora como mi propia Plataforma de Gobierno, fecundada ya con sangre patricia y humedecida con lágrimas vertidas por miles de hombres y mujeres cuyas nobles almas sacudieron el dolor y la angustia***». Un discurso seguramente preparado por el **Dr. René Schick Gutiérrez**, uno de los personajes de la mayor confianza de **Luis Somoza**.

Luis Somoza llegó a León acompañado por la plana mayor del Partido Liberal Nacionalista, a recibir la nominación de su candidatura presidencial. Una manifestación ***improvisada*** (Así lo publicó ***Novedades***), reclamó a gritos la presencia de **Luis Somoza**, éste salió al balcón y le habló a la gente diciéndoles entre otras cosas: --«***No tengo ningún resentimiento con León ni con los leoneses, porque el asesinato de mi padre no fue obra de este pueblo sino de los malos hijos de Nicaragua***».

En los meses siguientes **Luis Somoza** se dedicó a su campaña electoral, como lo estudiaremos en el ***Tomo Tres*** de la ***Historia de la Guardia Nacional de Nicaragua*** que estará en **Amazon** en octubre de 2023.

El coronel Federico Davidson Blanco ante Corte Militar

El sábado 2 de Noviembre de 1956 compareció ante la corte el tercer coronel que era de los más poderosos de la Guardia Nacional, pero por eso le estorbaba al poder los hermanos **Somoza**, igual que **Delgadillo** y **Gaitán**.

El **Fiscal**: --«***Diga su nombre, edad, estado civil, profesión u oficio y residencia***

El **Dr. Enoc Aguado Farfán**, fue una destacada personalidad jurídica y política del siglo XX. Fue Presidente del Consejo Electoral de Nicaragua y luego Vicepresidente de Nicaragua en el gobierno del **Gral. José María Moncada**. En 1947 el **Dr. Aguado** ganó las elecciones presidenciales, pero **Somoza García** se las robó con un sórdido fraude para hacer ganador a su candidato **Leonardo Argüello**. IZQUIERDA: El **Dr. Enoc Aguado** cuando era Vicepresidente de Nicaragua, tocado con un sombrero canotier de moda en la época. DERECHA: El **Dr. Enoc Aguado Farfán** prisionero en 1956 en las cárceles de ***La Aviación*** desde el 22 de septiembre de 1956, de pie en la puerta de una celda individual para Guardias Nacionales. Compareció ante la Corte Militar de Investigación y ante el Consejo de Guerra de la Guardia Nacional de Nicaragua que lo condenó a 9 años de cárcel.

legal».

El **Cnel. Davidson**: --*«**Federico Davidson Blanco, Coronel G.N. del 7º Batallón, casado, Matagalpa**»*.

El **Fiscal**: --*«**Coronel Davidson Blanco, voy a leerle una parte de la declaración del señor Edwin Castro Rodríguez: "Me dijo que el coronel Gaitán contaba seguramente con un grupo de oficiales dentro de la Guardia Nacional con los cuales respaldaría al movimiento revolucionario, y entre los cuales, me dijo que posiblemente se encontraban el coronel Delgadillo y el coronel Davidson Blanco". ¿Quiere usted decirle a la Corte qué sabe de ese asunto?**»*

El **Cnel. Davidson**: --*«**No sé absolutamente nada**»*.

El **Fiscal**: --*«**¿Conoce usted al señor Edwin Castro Rodríguez?**»*

El **Cnel. Davidson**: --*«**No lo conozco**»*.

El **Fiscal**: --*«**¿Recibió usted en alguna oportunidad una carta con firma responsable o sin ella en que se le invitaba a usted a colaborar con un movimiento revolucionario que se organizaba contra el gobierno de Nicaragua?**»*

El **Cnel. Davidson**: --*«**Nunca he recibido ninguna carta como esa**»*.

El **Fiscal**: --*«**¿Quiere usted decirle a la Corte por qué su nombre ha sido incluido en estos asuntos?**»*

El **Cnel. Davidson**: *«**Ignoro el objeto de incluirlo, no creo nada**»*.

Novedades

DIARIO AL SERVICIO DE LA DEMOCRACIA

16 Páginas - 30 Centavos

MERCEDES-BENZ

LUIS CANDIDATO!

Por aclamación le da su respaldo unánime la Gran Convención del Partido Liberal Nacionalista ayer

Acompañado por la plana mayor del Liberalismo el joven Gobernante parte a León a recibir la nominacion de su Candidatura Presidencial para los próximos comicios. - La obra de Somoza exaltada en la historica reunion que tiene lugar en el Palacio Municipal. — Manifestacion improvisada reclama la presencia del nuevo candidato en el balcon, quien habla al pueblo de León diciendole que no tiene ningun resentimiento porque el asesinato de su padre no es obra de ese pueblo sino de los malos hijos de Nicaragua. — Gran Convención delega sus funciones electorales en el y en la Junta del Partido Liberal Nacionalista a peticion del Coronel Somoza Debayle. — Almuerzo en el Casino Militar fue ofrecido por el Candidato a 105 convencionales

Plataforma de Gobierno de su padre adopta el Presidente Luis Somoza

Permitidme deciros dijo, en homenaje a su memoria y a su fervoroso culto patriotico, que hago mio ese trascendental documento, que os presento ahora como mi propia Plataforma de Gobierno, fecundada ya con sangre patricia y humedecida con lagrimas vertidas por miles de hombres y mujeres cuyas nobles almas sacudieron el dolor y la angustia, dijo ayer ante la Gran Convención del Partido Liberal Nacionalista

Candidato del Partido Liberal

OBRA DE SOMOZA ES INMARCESIBLE Y LA SEGUIRAN SUS HIJOS

HONORABLES MIEMBROS DE LA JUNTA DIRECTIVA NACIONAL Y LEGAL DEL PARTIDO LIBERAL NACIONALISTA; HONORABLES SEÑORES CONVENCIONALES:

LECTURA DEL ACTA

LA GRAN CONVENCION LIBERAL

Ultimos informes dicen que son siete personas las muertas en Honduras

7 accidentes, pero sin importancia, hubo el domingo

Don Horacio Rappacioli murió anoche de ataque al corazón en ciudad Diriamba

La Nica recibe invitación a conferencias

Misa

El lunes 8 de octubre de 1956 se instaló la ***Gran Convención Liberal Extraordinaria*** en la ciudad de León y **Luis Somoza** fue aclamado candidato por unanimidad, con mano alzada reunidos en el ***Palacio Municipal de León***, no en el ***Teatro González*** (al cruzar la calle), donde había sido nominado su padre el 20 de septiembre, un día antes del atentado. Al agradecer a los 105 convencionales el haberlo nominado candidato presidencial, **Luis Somoza**, de 34 años, anunció retomaría la Plataforma de Gobierno de su padre, agregando: --***«En homenaje a la memoria de mi padre y a su fervoroso culto patriótico, hago mío ese trascendental documento que os presento ahora como mi propia Plataforma de Gobierno, fecundada ya con sangre patricia y humedecida con lágrimas vertidas por miles de hombres y mujeres cuyas nobles almas sacudieron el dolor y la angustia. No tengo ningún resentimiento con León ni con los leoneses, porque el asesinato de mi padre no fue obra de este pueblo sino de los malos hijos de Nicaragua»***. **Luis Somoza** y su hermano **Anastasio Jr.** o ***Tachito***, acapararon la presidencia para el período 1957-1963. El poder estaba consolidándose.

El miembro de la Corte, **Tnte. Hooker** interrogó al **Cnel. Davidson**:

El **Tnte. Hooker**: *«¿Conoce usted a la esposa del ex capitán Adolfo Alfaro?»*

El **Cnel. Davidson**: --*«Sí señor»*.

El **Tnte. Hooker**: --*«¿Recuerda usted haber conversado en alguna ocasión con dicha señora?»*

El **Cnel. Davidson**: *«No he conversado con ella»*.

El **Tnte. Hooker**: --*«¿Recuerda usted haber visto en Matagalpa a dicha señora en los meses de julio y agosto del corriente año?»*

El **Cnel. Davidson**: --*«No señor»*.

El **Tnte. Hooker**: --*«¿Tenía usted alguna noticia referente a un movimiento revolucionario que se gestaba en El Salvador contra el gobierno de Nicaragua?»*

El **Cnel. Davidson**: --*«No señor»*.

No hubo más interrogatorio, quedaba claro que su comparecencia era el mismo montaje que a los otros dos coroneles, tal hostigamiento solamente tenía el propósito de socavarles su prestigio y destruirles su carrera militar para eliminarlos. Los coroneles **Lizandro Delgadillo** y **Federico Davidson Blanco** fueron enviados a retiro, para hacer parecer que estaban metidos en la conspiración.

El Dr. Pedro Joaquín Chamorro ante la Corte Militar

Entre los civiles que estaban encarcelados, hubo muchos, pero nos limitaremos a unos pocos, posiblemente los más importantes.

El miércoles 30 de octubre de 1956, fue sacado de su celda y llevado a comparecer ante la Corte Militar de Investigación el **Dr. Pedro Joaquín Chamorro Cardenal**, director del diario ***La Prensa***, en ese entonces el periódico más influyente de Nicaragua.

El **Fiscal**: --*«Diga su nombre, edad, estado civil, profesión u oficio y residencia legal»*.

El **Dr. Chamorro**: --*«Pedro Joaquín Chamorro Cardenal, 32 años, casado, abogado y periodista, Managua»*.

El **Fiscal**: --*«Sírvase declarar ante la Corte todo cuanto sepa y conozca con relación al asunto del cual ha sido informado»*.

El **Dr. Chamorro**: --*«Yo fuí detenido el viernes 21 de septiembre después de la una de la madrugada en mi casa de habitación cuando llegaba a ella procedente de una fiesta, se me trasladó a la cárcel de El Hormiguero, ahí estuve unos minutos, después me llevaron a las cárceles de La Aviación en donde me tuvieron otros minutos, después me trasladaron a la Casa Presidencial en donde se me tomó una ligera declaración, más que declaración fue un interrogatorio y de ahí se me remitió a la 3ra. Compañía. Hasta ese momento yo no sabía absolutamente nada de lo que había ocurrido, un día después oímos que el comandante de la 3ra. Compañía hablaba por teléfono con el comandante de Granada, diciendo que habían sido suspendido las garantías constitucionales. Un día después remitieron a mi misma celda al señor Reynaldo Téfel, quien me contó que había oído una comunicación de que había pasado algo grave sin saber de qué se trataba, hasta que vimos por una rendija los titulares del periódico Novedades que un Guardia estaba leyendo, donde decía que se había hecho un atentado contra la vida del señor presidente Somoza. Después de eso supe por el señor Rafaél Corrales todo lo que había sucedido en León y el día que falleció el señor presidente. Nosotros ya sabíamos que estaba herido porque así lo contó Rafaél Corrales. Vimos a los oficiales que tenían un brazalete negro en las mangas del uniforme. Después de eso fuimos interrogados por el tenien-*

te Hooker, aquí presente, y después interrogado en la Oficina de Seguridad, donde yo declaré que no sabía nada del atentado, y a preguntas de los agentes de la seguridad, les dije que hacía como cuatro o cinco meses el Dr. Francisco Frixione me había contado que había venido una persona enviada de El Salvador con el objeto de hacer contactos en Nicaragua sobre un movimiento subversivo y que el Dr. Frixiones le había dicho a esa persona que no lo tomara a él en cuenta en ninguna forma, eso es lo que yo comenté con Reynaldo Téfel, y eso es lo que yo sostuve en todos los interrogatorios en la Oficina de Seguridad. El Dr. Frixione me dijo que él había rechazado al individuo y yo le dije que eso estaba bien, yo consideré el asunto totalmente cancelado y no volví a acordarme del caso. Uno de los oficiales de la Oficina de Seguridad me preguntó quien era la persona que había venido de El Salvador. Yo le conté la entrevista con el Dr. Frixione y que no recordaba que Frixiones me haya dado ningún nombre, como insistiera tanto en que era imposible que no me hubiera dado el nombre, le dije que aceptaba la posibilidad de que me hubiera dado el nombre, pero que yo no lo recordaba».

El **Fiscal**: --*«¿Le dijo a usted el Dr. Frixione que en la República de El Salvador se fraguaba un movimiento revolucionario contra el Gobierno de Nicaragua?»*

El **Dr. Chamorro**: --*«Si, señor».*

El **Fiscal**: --*«¿Le dijo a usted el Dr. Frixione que había conversado con el señor Adolfo Alfaro?»*

El **Dr. Chamorro**: --*«No recuerdo, pero puede que me lo haya dicho».*

El **Fiscal**: --*«Habiendo usted tenido conocimiento de que se fraguaba un movimiento subversivo en contra del Gobierno de Nicaragua, y sabiendo usted, como abogado, están penados por la legislación nicaragüense, ¿puede decirle a la Corte por qué no denunció el hecho ante las autoridades competentes?»*

El **Dr. Chamorro**: --*«En primer lugar porque las denuncias no están en mi modo de ser, y en segundo lugar porque no existía algo efectivamente concreto, de modo que denunciar lo que tan ligeramente me habían referido, hubiera sido nada más oca--sionar daños y hacer confusión».*

El Fiscal **Torres Lazo** y los miembros de la Corte hicieron más preguntas en el mismo sentido buscando incriminar a **Chamorro**, pero el asunto no fue trascendente.

El Dr. Enoc Aguado Farfán ante la Corte

El viernes 28 de octubre de 1956 compareció el **Dr. Enoc Aguado Farfán** ante la Corte Militar de Investigación. El **Dr. Aguado** fue capturado en la madrugada del 21 de septiembre y permaneció preso en las cárceles de ***La Aviación***.

El **Fiscal**: --*«Diga su nombre, edad, estado, profesión u oficio y residencia legal».*

El **Dr. Aguado**: --*«Enoc Aguado, 73 y medio años, casado, Abogado Civilista, Managua».*

El **Fiscal**: --*«Sírvase declarar ante la Corte de Investigación, todo cuanto sepa y conozca con relación al asunto del cual ha sido informado».*

El **Dr. Aguado** hizo una extensa exposición, de la cual extraeremos los puntos importantes: --*«Del asunto que se investiga no conozco sino muy poca cosa. Declaraciones de los propios amigos del señor Presidente decían que el atentado sucediera habría una catástrofe porque el Partido Liberal Nacionalista perseguiría de una manera fuerte a toda persona de significación tuviera o no tuviera relación en ello. Días antes del 26 de agosto, fecha señalada para la Gran Convención del Partido Liberal Independiente,*

ERNAN ROBLETO COMPROMETIDO

...vestiga a varios periodistas porque hay pruebas poderosas que estaban mezclados en el ase...
...cionales declaraciones da a la "United Press" el Jefe Director de la G. N. Coronel A. So...

Siempre a la Vanguardia de la Industria Nacional

...ACALERA NICARAGÜENSE S. A

Novedades

DIARIO AL SERVICIO DE LA DEMOCRACIA

16 Páginas - 30 Centavos Circulación: 20 Mil Números; Lunes, 25 Mil

Managua, D. N., JUEVES 18 de OCTUBRE de 1956

MERCEDES-BENZ

CASA MACMILLAN

...OLO QUEDAN CULPABLES!

...mara de Diputados aprueba por ...nimidad Medalla de Oro del ...greso para Doña Salvadorita

CON EL ENEMIGO AL FRENTE

Han sido puestos en libertad todos los detenidos en los departamentos con excepción de los de esta ciudad

Los que guardan arresto están comprometidos en una forma u otra con el cobarde atentado criminal que dió muerte al Mandatario...

Tranquilidad nacional está en buenas manos

El diario ***Novedades***, que recibía información privilegiada, informó en su edición del jueves 18 de octubre de 1956, con el titular: --***«Sólo quedan culpables»***, informando que de los 72 sospechosos investigados por la Corte Militar de Investigación, 20 resultaron incriminados y los restantes 52 quedaban libres, conforme a las declaraciones del **Cnel. G.N. Anastasio Somoza Debayle** brindadas a la ***United Press***, a quien le expresó: --***«Se investiga a varios periodistas porque hay pruebas poderosas que estaban mezclados en el asesinato del Presidente Somoza. Han sido excarceladas todas las personas de quienes se sospechaba participación, pero que en las investigaciones de la Corte, se demostró que no estaban comprometidas en el crimen. Solamente quedan encarcelados los que la Corte encontró con pruebas que demostraron que estaban incriminados en el asesinato del Presidente, estos serán juzgados por el Consejo de Guerra Extraordinario. El día anterior cuando el Presidente fue herido mortalmente por el asesino, el diario La Prensa publicó un editorial que equivalía, de hecho a un llamado para que el la Guardia Nacional se levantara contra el gobierno»***. En el titular superior ***Novedades*** acusa al periodista, escritor y director del diario ***"Flecha"***, **Hernán Robleto** de estar comprometido en el asesinato. **Robleto** estaba fuera de Nicaragua.

PLI, el doctor Monterrey nos mostró a la Junta Directiva una pequeña carta del señor Presidente Somoza que trataba de una invitación que haría él a la Directiva del PLI para tener una plática. Expusimos que era muy aceptable, pero que teníamos de por medio nuestra Convención, que lo mejor sería diferir la invitación para después de la Convención del PLI. El Dr. Monterrey nos dijo que el asunto estaba resuelto, porque el señor Presidente sería el candidato y tenía todas las probabilidades y todos los factores para triunfar. Nos dijo con relación al asunto que estamos tratando, que el señor Presidente sabía y los amigos de él también, que había de por medio un atentado y que en caso sucediera, tendría consecuencias fatales para toda persona significativa de los partidos de oposición. Relacionado con el mismo asunto, hay un viaje del señor Edwin Castro Rodríguez, hijo del Gral. Carlos Castro Wassmer. Este joven tenía negocios en El Salvador y antes de su viaje me visitó, para ver si algo se me ofrecía, pero nosotros los Liberales

Independientes estábamos tratando de buscar una solución que conciliara a todos los partidos, incluyendo al PLN, siempre era bueno saber lo que hacían todos los demás, sobre todo los que están fuera de Nicaragua. Hace como cuatro meses Edwin Castro se fue a El Salvador y regresó como 15 días después y me contó que había hablado con el capitán Adolfo Alfaro y con un señor de apellido Duarte y le dijeron que estaban preparando una revolución, que contaban con 400 rifles y que esa noticia se la trasmitiera al Dr. Lacayo Farfán para que éste se la trasmitiera al coronel Delgadillo y me pidió que fuera yo donde Lacayo Farfán a decirle la noticia, pero yo no consideré el asunto de importancia y hasta cuatro días después fui donde Lacayo Farfán y le trasmití el mensaje de Edwin Castro. Después de eso no volví a ver a Edwin Castro ni a Lacayo Farfán, sino hasta ahora que estamos los tres presos. Con respecto al atentado contra el Presidente Somoza, soy de los primeros en condenar el hecho, porque los crímenes políticos no dan ningún resultado patriótico. Me visitó el Dr. Felipe Rodríguez Serrano y a nombre del Presidente Somoza me ofreció un puesto remunerativo de importancia en el gobierno, y le manifesté que que le expresara al Presidente mis gracias, pero que me dejara tal como estaba, pues conservando mi posición en el PLI, podría ser muy útil llegado el caso, para operar una transacción de armonía en todos los partidos».

El **Fiscal**: --*«¿Cuando habló usted con Edwin Castro antes de marcharse a El Salvador, le recomendó usted que se pusiera en contacto con el exteniente Duarte?»*

El **Dr. Aguado**: --*«No, yo le dije en general que metiera sus narices para averiguar qué era lo que había de esa revolución que se estaba formando»*.

El **Fiscal**: --*«¿Sabe usted si las actividades subversivas están comprendidas dentro del marco de la ley?»*

El **Dr. Aguado**: --*«Como abogado sé que todo pueblo tiene derecho a la revolución, la Ley en general reconoce el principio de revolución cuando es justo, pero no se puede decir que las actividades subversivas estén enmarcadas en las prescripciones de la Ley. Hay Constituciones como las de EE.UU., que dicen que el pueblo tiene el derecho de llegar a una revolución o Derecho de Rebelión, las Constituciones anteriores de Nicaragua, tenían ese derecho; pero es un derecho demasiado delicado para aplicarlo deliberadamente»*.

El **Fiscal**: --*«¿Diga usted si Castro Rodríguez le solicitó a usted su contribución económica para ayudar al movimiento revolucionario?»*

El **Dr. Aguado**: --*«Digo que no, pero en otras ocasiones me solicitó y contribuí con pequeñas sumas para las manifestaciones universitarias de León, para los gastos de la Convención del PLI, pero eran pequeñas sumas de C$25 y C$50 córdobas»*.

El **Fiscal**: --*«¿Sabía usted que Rigoberto López Pérez había venido a Nicaragua con el el objeto de asesinar al Señor Presidente?»*

El **Dr. Aguado**: --*«No sabía nada en absoluto»*.

El **Fiscal**: --*«¿Quemó usted en alguna oportunidad una carta en presencia de Castro Rodríguez?»*

El **Dr. Aguado: --***«No recuerdo haber quemado ninguna carta»*.

El **Dr. Enoc Aguado** pidió un careo con **Clemente Guido Chávez**, y a todas las preguntas incriminatorias del Fiscal contra el **Dr. Aguado**, el señor **Clemente Guido** contestó que sí. Y a las mismas preguntas el **Dr. Aguado** respondió que no.

Después el **Dr. Aguado** pidió un careo con **Edwin Castro** y ocurrió igual, **Castro** le respondió al Fiscal que sí, a todas las preguntas contra el **Dr. Aguado** y éste fue enfático en responder que no. Terminados los careos el Fiscal no tuvo más preguntas ni la Corte tampoco y la comparecencia del **Dr. Enoc Aguado Farfán** se dio por concluida.

El **Dr.** y **Tnte. G.N. Agustín Torres Lazo**, personaje clave en el juicio por el asesinato del **Gral. Anastasio Somoza García**. Fue nombrado dos veces Fiscal Militar por los hermanos **Somoza Debayle**. Tuvo una actuación eficiente en ambas instancias, logrando la condena de los implicados. Después del juicio los hermanos **Somoza** le preguntaron qué le gustaría ser y **Torres Lazo** pidió un puesto diplomático en la Embajada de Nicaragua en Washington y lo nombraron Secretario. Cargo al que tiempo después renunció para unirse junto con su hermano, el **Tnte. G.N. Raúl Torres Lazo**, a la oposición al régimen de los hermanos **Somoza** por lo cual fueron declarados ***«traidores a la Guardia Nacional»***. **Agustín Torres Lazo** conservó en su poder todos los expedientes del juicio, y en el año 2000 los publicó en su libro ***«La saga de los Somoza, historia de un magnicidio»***. Esos documentos son una importante fuente histórica. En la foto el **Fiscal Torres Lazo** muestra como prueba el revólver ***Smith & Wesson*** calibre .38 especial, gatillo protegido, Serie No.74605 que disparó mortalmente **López Pérez** contra la humanidad del Presidente **Anastasio Somoza García** en el ***Club de Obreros*** de León la noche del 21 de septiembre de 1956. El arma cayó al suelo cuando los guardaespaldas de **Somoza** mataron a **López Pérez**.

El Gral. Emiliano Chamorro ante la Corte

El viernes 2 de noviembre de 1956 compareció el **Gral. Emiliano Chamorro Vargas** ante la Corte Militar de Investigación.

Zorro viejo y mañoso, lo primero que hizo el **Gral. Chamorro** al entrar a la Sala fue saludar al Fiscal: --*«**Buenos días teniente Torres Lazo. ¿Cómo está su papá don Moisés, mi buen amigo y correligionario? Le ruego que le dé mis cariñosos saludos**»*. Escribió el **Tnte. Raúl Torres Lazo** que no sabía dónde meterse y que lleno de rubor sentía todos los ojos clavados sobre él, pendientes de su respuesta. **Chamorro** le puso en gran aprieto al revelar sus innegables ancestros conservadores a todos los presentes que eran natos liberales y somocistas, pero hizo de tripas corazón y le respondió: --*«**Muy bien General, muchas gracias. Yo le daré con gusto sus saludos**»*. Sin más concesiones de cortesía el Fiscal **Torres Lazo** comenzó el interrogatorio:

El **Fiscal**: --*«**Diga su nombre, edad, estado, profesión y residencia legal**»*.

El **Gral. Chamorro**: --*«**Emiliano Chamorro Vargas, ochenta y séis años y medio, casado, agricultor, Managua**»*.

El **Fiscal**: --*«**Sírvase declarar a la Corte todo cuanto sepa y conozca con relación al asunto del cual ha sido informado**»*.

El **Gral. Chamorro**: --*«**Primera noticia que tengo, no conozco nada absolutamente. Me echaron preso el 22 o 23 de septiembre, estoy preso sin saber por qué motivo**»*.

Después le hicieron una larga serie de preguntas sobre el asesinato del **Gral. Somoza** y el **Gral Chamorro** preguntó alarmado: --*«**¡¿Cómo?, han matado al general Somoza, y ¿Cuando fue eso?! ¡Qué barbaridad!**»*. Le preguntaron que si conocía a **Reynaldo Téfel Vélez**, y que si visitaba su casa. --*«**Claro que sí, yo soy el**

Cinco miembros del Consejo de Guerra: **1-Cnel. G.N. Ernesto Matamoros Meza**, Presidente. **2-Cnel. G.N. Roberto Martínez Lacayo**, miembro. **3-Tnte. G.N. Florencio Mendoza Guillén**, miembro. **4-Cnel. G.N. Carlos Reyes y Ruíz**, miembro. **5-Mayor G.N. Manuel Antonio Román**, miembro. Las fotos corresponden a otras épocas de los oficiales que integraron el Consejo de Guerra el 15 de noviembre de 1956. A ellos y a los otros miembros del Consejo, que no aparecen en estas fotos, correspondió deliberar sobre los expedientes y declaraciones de los acusados y dictar las sentencias para cada uno de ellos.

padrino de la esposa de Reynaldo». Que si conocía a **Adolfo Alfaro**. Que si sabía de la revolución que se fraguaba en El Salvador. A todo el **Gral. Chamorro** respondía picarescamente que **no**. A **Cornelio Silva** dijo que lo conocía, a **Edwin Castro** dijo que no se acordaba, pero talvez lo conocía. Dijo no saber si el **Gral. Carlos Castro Wassmer** tenía hijos. Interrogado por la Corte dijo no saber nada sobre un individuo que había llegado de El Salvador para asesinar al Presidente **Somoza**. La Corte pidió un careo del **Gral. Chamorro** con **Reynaldo Téfel Vélez** que no produjo nada interesante.

Setenta y dos (72) sospechosos comparecieron ante la Corte

Setenta y una personas fueron interrogadas por la Corte Militar de Investigación, la gran mayoría estaban encarceladas y fueron llevadas de sus celdas a los lugares de interrogación donde los agentes de la Oficina de Seguridad los ***ablandaban*** para que declararan conforme lo necesitaban los hermanos **Somoza**. Entre esos lugares de de interrogatorios con torturas estaba el famoso ***«cuarto de costura»*** de la Casa Presidencial. Una vez ***ablandados*** los testigos pasaban a ser interrogados por el Fiscal y por los miembros de la Corte, principalmente por los miembros que representaban a la Oficina de Seguridad, el **Mayor G.N. Francisco Medal** y el **Tnte. G.N. Ruperto Hooker**, que acosaron a muchos testigos para incriminarlos o incriminar a otros. **Medal** y **Hooker**, no se revelaron como miembros asociados a la Oficina de Seguridad, ellos tenían toda la información de lo que habían declarado los investigados bajo presión en la oficina OSN, ya en la Sala acosaron a los testigos para que declararan lo que habían sido obligados por los agentes de la OSN.

Cuando comenzó a funcionar la Corte Militar de Investigación en el Comando de la Guardia Nacional en la ciudad de León el 16 de octubre de 1956, habían pasado 25 días después del atentados fueron interrogados 17 testigos en este orden:

1-Carlos Argüello Cervantes, 48 años, Alcalde de León. **2-Cristian E. Toruño**, de 64 años. **3-José Jirón Terán**, de 40 años. **4-Herlinda Maradiaga**, de 52 años. **5-Mateo Zamora García**, de 57 años. **6-Mariana Sansón de Argüello**, de 38 años. **7-Esperanza Sansón**, de 22 años. **8-Tnte. G.N. Aquiles Aranda Escobar**. **9-Mayor G.N. Anastasio J. Ortiz**, de 68 años. **10-Matilde Xuclá Ning**, española de 34 años. **11-Raso G.N. Juan R. Gaitán**, de 48 años. **12-Cptn. G.N. Gilberto Quintanilla**, de 42 años. **13-Cnel. G.N. Lizandro Delgadillo**, Comandante Departamental de León, de 57 años. **14-Carol Pallais Sánchez**, de 29 años. **15-Leonidas Enríquez Parajón**, de 30 años. **16-Graciela de Del-**

Levantado el Estado de Sitio

Presidente Somoza D. interesado en prestar ayuda a productores de café

Instalada ayer en Honduras la nueva Corte de Justicia

Decreto será dado a conocer íntegramente el día de hoy

PERFORO ONCE BALAS ASESINAS!

PUEBLO HUNGARO ESTA RECIBIENDO AYUDA DE CASI TODO EL MUNDO

Llegó a ésta doña Lilian S. de Sevilla S.

Batalla entre Policía y gangsters cubanos dentro del edificio de la Embajada de Haití en La Habana

Nicaragua se asocia a la petición para investigar la situación de Hungría

La Estrella de Nicaragua

Juan Calderón Rueda, mecánico de León confesó con mucha valentía que él había perforado once balas calibre .38 largas para un atentado, pero que no le dijeron contra quien era el atentado y que perforó las balas con una broca de 1/16 de pulgada. En la misma edición de ***Novedades*** el principal titular es que se levantó el Estado de Sitio el 28 de octubre de 1956, porque ya se sabía que no había gran conspiración, gracias a **Edwin Castro**.

LOPEZ PEREZ DEJO UNA CARTA DECLARANDOSE UNICO RESPONSABLE

EN TODAS LAS CARCELES DEL PAIS SE ENCUENTRAN PRISIONEROS Y A MUCHOS DE ELLOS SE LES HA TORTURADO.....

El pueblo espera un golpe militar.- Se mantiene el temor y zozobra.- Circulan hojas sueltas pidiendo a los Somoza que se vayan del país.- No se sabe nada de la madre de López Pérez

INTERESANTES DECLARACIONES NOS HACE UN VIAJERO

Partidos Oficialistas Proclaman la Victoria en las Elecciones

AUMENTA EL NUMERO DE MUERTOS

El 1o. de Noviembre se Reunirá la Constituyente en Honduras

HIJO DE SOMOZA CANDIDATO LIBERAL

El 9 de octubre de 1956 el diario ***El Día*** de Tegucigalpa, Honduras, publicó como información comprobada que **Rigoberto López Pérez** dejó una carta declarándose único responsable del atentado contra el **Gral. Somoza** y que el gobierno de Nicaragua la tiene en su poder, pero no la muestra ni la publica porque tiene sus razones. La publicación también menciona a los numerosos presos políticos.

gadillo, de 40 años y el **17-Tnte. Cnel. G.N. Humberto González**, de 48 años.

La Corte cerró sus operaciones en la ciudad de León el 23 de octubre de 1956 a las 9:00 a.m. y ese mismo día se instaló en el Cuartel General de la Guardia Nacional, fortaleza de ***La Curva***, que era la residencia oficial del **Jefe Director G.N. Cnel. Anastasio Somoza Debayle**. Continuaron los interrogatorio de la Corte con la comparecencia del primer tes-

Cornelio Silva Edwin Castro Ausberto Narváez

Tres de los cuatro principales acusados y condenados a 15 años de prisión y suspendidos sus derechos ciudadanos constitucionales: **Cornelio Silva Argüello**, **Edwin Castro Rodrígues** y **Ausberto Narváez Parajón**. El cuarto fue **Juan Calderón Rueda**, este fue quien perforó con una broca de 1/16 de pulgada las once balas calibre .38 especial para la pistola que disparó **Rigoberto López Pérez** contra el Presidente **Anastasio Somoza**. Estos tres fueron asesinados en mayo de 1960, supuestamente por ***estarse fugando*** de las cárceles de ***La Aviación***, procedimiento que se conocía como ***La Ley Fuga***. El cuarto, **Juan Calderón Rueda** no fue asesinado porque logró escaparse ileso de ***La Aviación*** en otra fecha. Los detalles completos de este suceso serán un capítulo completo que publicaremos en el ***Tomo Tres de la Historia de la Guardia Nacional de Nicaragua***, que saldrá a la venta en **Amazon** en octubre del año 2023.

---

tigo en Managua, siguiendo el orden y numeración de testigos:

18-Edwin Castro Rodríguez, no declaró su edad. **19-Cornelio Silva Argüello**, de 33 años. **20-Ausberto Narváez Parajón**, de 26 años. **21-Emilio Borge González**, de 43 años. **22-Rafaél Corrales Rojas** (***Raf***) de 36 años. **23-Gabriel Urcuyo Gallegos**, de 33 años. **24-Clemente Guido Chávez**, de 26 años. **25-Enoc Aguado Farfán**, de 73½ años. **26-Francisco Frixione Saravia**, de 35 años. **27-Alfonso Castellón**, de 52 años. **28-Herminio Larios Silva**, de 46 años. **29-Hernán Argüello Argüello**, de 53 años. **30-Julio Alvarado Ardila**, de 64 años. **31-Juan Calderón Rueda**, de 43 años. **32-Pedro Joaquín Chamorro Cardenal**, de 32 años. **33-Reynaldo Antonio Téfel Vélez**, de 31 años. **34-Abelardo Baldizón Aráuz**, de 36 años. **35-Cnel. G.N. Francisco Gaitán Carpio**, de 49 años. **36-Ramón R. Martínez**, de 45 años. **37-Noél Jirón Balladares**, de 25 años. **38-María Luisa Genelly de Grío**, de 51 años. **39-Aníbal Altamirano Montalván**, de 37 años. **40-Ricardo Wassmer Montalván**, de 61 años. **41-Pablo Dubón**, de 27 años. **42-Benjamín Robelo**, de 53 años. **43-Gonzalo Solórzano Ramírez**, de 47 años. **44-Carlos José Solórzano**, de 38 años. **45-Emilio Alvarez Montalván**, de 37 años. **46-Mayor G.N. Róger Bermúdez Balladares**, de 35 años. **47-Emiliano Chamorro Vargas**, de 86½ años. **48-Cnel. G.N. Federico Davidson Blanco**, no declaró edad. **49-Hugo Astacio Cabrera**, de 34 años. **50-Doro Real**, de 46 años. **51-Tomás Borge Martínez**, de 26 años. **52-Carlos A. Montalván**, de 45 años. **53-Sgto. Técnico FAN-GN Edmundo Rivas Martínez**, de 23 años. **54-Sub Tnte. G.N.-P.A José Antonio Mejía Echeverría**, de 29 años. **55-Mayor G.N. Juan José Rodríguez Somoza**, de 43 años. **56-Armando Zelaya Castro**, de 25

Los hermanos **Anastasio Somoza Debayle** y **Luis Somoza Debayle** contemplando y examinando el revólver ***Smith & Wesson*** calibre **.38** especial, gatillo escondido serie No.-74605, conque la que **Rigoberto López Pérez** asesinó a su padre, el Presidente de Nicaragua, **Gral. G.N. Anastasio Somoza García**. Los hermanos **Somoza** guardaron el revólver como una reliquia familiar.

años. **57-Abelardo Pinto Vallecillo**, 24 años. **58-Humberto Alvarado Vásquez**, de 37 años. **59-José Wong Valle**, de 31 años. **60-Tnte. exG.N. Jorge Alberto Cárdenas Díaz**, de 33 años. **61-Diego Manuel Chamorro**, de 55 años. **62-Horacio Ruíz Solís**, de 28 años. **63-Rafaél Córdova Rivas**, de 33 años. **64-Guillermo Córdova Rivas**, de 29 años. **65-Álvaro Córdova Rivas**, de 31 años. **66-Uriel Herdocia Argüello**, de 30 años. **67-Ricardo Reyes Handler**, de 42 años. **68-Julio Miranda Cortés**, de 37 años. **69-Fernando Abel Gallard**, de 70 años. **70-Armando Orúe Reyes**, de 42 años. **71-Pablo Antonio Cuadra Cardenal**, de 43 años, y **72-José María Barrera Sanabria**, de 43 años.

El 15 de Noviembre la Corte Militar de Investigación clausuró sus sesiones de interrogatorios a los acusados y se reunieron en un cónclave para deliberar y preparar las sentencias a los acusados y las declaraciones de los no implicados. La gran mayoría de los testigos continuaron detenidos en las cárceles de la Guardia Nacional en espera de los dictámenes de la Corte Militar de Investigación. Al concluir las funciones de la Corte Militar de Investigación se iniciaron los trámites para constituir el Consejo de Guerra.

Consejo de Guerra Extraordinario

El mismo 15 de Noviembre se clausuró la Corte Militar de Investigación, que tuvo la responsabilidad de indagar sobre los hechos de los delitos cometidos. Al final fue el Fiscal quien determinó cuales de los 72 sospechosos de la comisión de delito, que fueron investigados, se consideraron **implicados** y cuales se consideraron **no implicados**.

Los implicados fueron sometidos al **Consejo de Guerra** en calidad de **acusados**. El Consejo de Guerra tenía la obligación de recibir las pruebas contra los implicados remitidos por la Corte de Investigación, debía escuchar los argumentos tanto de los **defensores** como las acusaciones de la **fiscalía**, escuchar a los testigos de ambas partes. El Consejo de Guerra estableció el grado de culpabilidad o la inocencia de cada uno de los indiciados por los delitos imputados. Al final el Consejo de Guerra fulminó con sus sentencias a los que, a juicio de los miembros, resultaron culpables y dictó las sentencias.

El **Presidente Luis Somoza Debayle** otorgó poderes convocantes al **Mayor**

G.N. Gustavo Montiel Bermúdez, Director de Policía de Managua. El **Mayor Montiél** ordenó integrar el ***Consejo de Guerra Extraordinario*** el **5 de Enero de 1957**, con estos miembros: **Cnel. G.N. Ernesto Matamoros Meza**, presidente. **Cnel. G.N. Roberto Martínez Lacayo**, miembro. **Cnel. G.N. Carlos Reyes y Ruíz**, miembro. **Mayor G.N. Manuel Antonio Román**, miembro. **Mayor G.N. Juan Mena Quiróz**, miembro. **Mayor G.N. Arnoldo García**, miembro. **Tnte. G.N. Florencio Mendoza Guillén**, miembro. El cargo de **Fiscal Militar** recayó nuevamente en el **Dr.** y **Tnte. G.N. Agustín Torres Lazo**, porque los hermanos **Somoza** calificaron de excelente su desempeño en la Corte Militar de Investigación. El **Tnte. G.N. Fernando Zúniga R.**, fue nombrado ***Capitán Preboste*** del Consejo de Guerra Extraordinario. Para el cargo de Jefe de Custodias de los acusados fue nombrado el **Sargento de Abastos G.N. Concepción Rivera Pastrana** No.11869 y el Fiscal presentó a las señoritas **Silvia Sánchez Berríos, Yolanda Calderón Tijerino** y **Francis Rivas Saldaña** como las taquígrafas del Consejo de Guerra.

Como **Sala de Justicia** para las sesiones del Consejo de Guerra Extraordinario se habilitó, muy improvisadamente, uno de los galerones del Campo de Marte. Una labor de carpintería y tramoya que duró breves días. Muchos del personal militar del Campo de Marte asistieron a ver los procesos del Consejo de Guerra con espíritu deportivo.

Veinte acusados remitió la Corte de Investigación al Consejo de Guerra Extraordinario

Del total de **72** investigados por la Corte Militar de Investigación, el Fiscal consideró, basado en sus declaraciones, que veinte (20) resultaron implicados en suficiente grado para ser remitidos al Consejo de Guerra Extraordinario para su juzgamiento.

Los 20 implicados, al llegar al Consejo de Guerra adquirieron el nivel de **acusados**, por lo que cada uno nombró a abogado defensor. Estos fueron los acusados:

1-Edwin Castro Rodríguez, nombró defensor al **Dr. Juan Manuel Gutiérrez**.

2-Ausberto Narváez Parajón, nombro defensor al **Dr. Francisco R. Gutiérrez**.

3-Cornelio Silva Argüello, nombro defensor al **Dr. Manuel J. Morales Cruz.**

4-Juan Calderón Rueda, nombró defensor al **Dr. Juan Manuel Gutiérrez**.

5-Dr. Enoc Aguado Farfán, nombró defensores al **Dr. Eduardo Conrado Vado** y al **Dr. Alejo Icaza Icaza**.

6-Dr. Ricardo Wassmer Montalván, nombró defensor al **Dr. Alejo Icaza Icaza**.

7-Dr. Enrique Lacayo Farfán, nombró defensor al **Dr. Manuel Morales Cruz**.

8-Ramón R. Martínez, nombró defensor al **Dr. Enrique Espinosa Sotomayor**.

9-Julio Alvarado Ardila, nombró defensor al **Dr. Guillermo Aréas Rojas**

10-Noél Jirón Balladares, nombró defensor al **Dr. Julio Miranda Cortés**.

11-Dr. Emilio Borge González, nombró defensor al **Dr. Francisco R. Gutiérrez**.

12-Dr. Alonso Castellón, nombró defensor al **Dr. Alejo Icaza Icaza**.

13-Benjamín Robelo, nombro defensores al **Dr. Enrique Espinosa Sotomayor** y al **Dr. Diego Manuel Robles**.

14-Tomás Borge Martínez, nombró defensores al **Dr.Enrique Espinosa Sotomayor** y al **Dr. Carlos Tünnermann Berheim**.

15-Dr. Francisco Frixione Saravia, se nombró él mismo como su defensor.

16-Alberto Baldizón Aráuz, nombró defensor al **Dr. Enrique Cerda**.

17-Hernán Argüello Argüello, nombró defensor al **Dr. Alejo Icaza Icaza**.

18-José María Barrera Sanabria, nombro defensor al **Dr. Francisco José Acevedo hijo**.

19-Dr. Pedro Joaquín Chamorro Cardenal, nombró defensor al **Dr.Manuel J. Morales Cruz**.

20-Herminio Larios, nombró defensores al **Dr. Enrique Espinosa Sotomayor** y al **Dr. Diego Manuel Robles**.

Continuando el procedimiento todos los abogados aceptaron ante el Consejo sus nombramientos de defensores.

Los defensores **Dr. Juan Manuel Gutiérrez** y **Dr. Francisco Rosario Gutiérrez**, manifestaron que no tenían motivo de recusación de los miembros del Consejo individualmente, porque los consideraban personas honorables, pero que en conjunto recusaban a los miembros del Consejo de Guerra por implicancia en el conocimiento del asunto, por falta de jurisdicción, por falta de competencia y por otras razones que explicarían, si se les permite la palabra.

El Fiscal **Dr.** y **Tnte. G.N. Agustín Torres Lazo**, ripostó señalando que en virtud de que ninguno de los defensores había presentado una recusación particular, pidió que fuera rechazada la recusación en pretendida conjunto. El Presidente del Consejo anunció que el Consejo pleno se retiraba al salón privado para deliberar sobre la recusaciones.

Ese salón privado fue una oficina construida de madera y plywood en una esquina dentro del galerón que servía como la Sala del Consejo de Guerra.

Al salir el Presidente de Consejo, anunció lo resuelto en las deliberaciones:

--«***No habiendo expresado los defensores ninguna causal concreta de recusación, caso único en que se puede recusar a más de un miembro del Consejo, no se mantienen las recusaciones planteadas conforme con el Art.9 de la Ley Marcial y las Secciones 168, 101 y 99 del Código de Enjuiciamiento Militar***». Por consiguiente el proceso continuó con el rendimiento de la Promesa de Ley del Fiscal, de cada uno de los miembros del Consejo, el secretario mecanógrafo y las secretarias taquígrafas.

El Fiscal leyó los oficios de la autoridad convocadora con los nombramientos del **Mayor G.N. Pedro J. Barquero Suárez**, del **Dr. Salomón Gómez Rodríguez** y del **Dr. Mariano Valle Quintero**, como Consejeros Adicionales del Fiscal. Los tres rindieron Promesa de Ley.

El Fiscal preguntó, uno por uno, a todos los acusados si habían recibido copia de los cargos y especificaciones imputados en su contra. Todos los acusados respondieron positivamente que habían recibido la copia de sus cargos y especificaciones imputados en su contra.

El Fiscal preguntó individualmente, uno por uno, a los acusados si estaban listos para el juicio. La casi totalidad respondió que **no estaban listos** para el juicio y que sus defensores necesitaban más tiempo, específicamente un receso de 48 horas para preparar la defensa. El Consejo se retiró a deliberar sobre la petición de receso. Se reanudó la vista del juicio, todas las partes ingresaron a la Sala.

El Presidente del Consejo anuncio: --«***Considerando la petición de aplazamiento, se suspende la sesión para reanudarla el miércoles 9 de enero de 1957 a las 17:00 horas en punto***».

Interrogados por el Fiscal, ninguno se declaró culpable

El Consejo de Guerra se reunió el miércoles 9 de enero a las 17:00 horas.

El Fiscal presentó a la señorita **Sonia Argentina Solís Lizzundia** como secretaria taquígrafa y rindió la Promesa de Ley.

Seguidamente el Fiscal fue preguntando uno por uno a todos los acusados: --«***Ha***

escuchado usted el cargo y las especificaciones imputados en su contra, ¿cómo responde a la primera y a la tercera especificación, se declara culpable o no?».

Todos y cada uno de los acusados respondieron firmemente: --***«No soy culpable»***.

Y aunque lo fueran, los abogados defensores les aconsejaron que se declararan ***no culpables***, aplicando el principio jurídico de que los acusados en un juicio son inocentes, hasta que se demuestre lo contrario.

Como todos los juicios, se presentaron a declarar testigos, se hicieron interrogatorios a los acusados muy semejantes a los que se hicieron en la Corte Militar de Investigación, entre el Fiscal y sus Asesores hubo controversias con los abogados defensores.

El Fiscal **Torres Lazo**, comprendiendo las injusticias y compulsivas torturas cometidas por la Oficina de Seguridad contra los prisioneros acusados, hacía llegar clandestinamente, dentro de frutas y otros métodos, las declaraciones que los incluían y afectaban para que en sus deposiciones tuvieran conocimiento de lo que habían dicho de ellos, lo cual era sumamente importante para cuando les llegara el turno de declarar en ante el Consejo de Guerra.

Cuando se estaba llegando al final, cercano a los dictados de las sentencias, las turbas liberales somocistas encabezadas por **Nicolasa Sevilla** irrumpieron en la Sala exigiendo a gritos e insultos soeces que todos los acusados fueran condenados ***«¡a muerte!»***, lo cual legalmente era imposible, pero las leyes en Nicaragua desde tiempos remotos, han sido elásticos juguetes de los poderosos.

Los condenados y sus sentencias

El **miércoles 30 de Enero de 1957** el **Dr.** y **Tnte. G.N. Agustín Torres Lazo**, Fiscal Militar del Consejo de Guerra Extraordinario, que conoció del asesinato del Presidente **Anastasio Somoza García**, certificó de acuerdo con los autos del Registro de procedimiento llevados por el mismo Fiscal **Torres Lazo**, que había constancia de la siguiente resolución dictada por el Consejo de Guerra Extraordinario:

1-El acusado **Edwin Castro Rodríguez**, es culpable de los cargos. Condenado a 15 años de reclusión y a la interdicción civil durante el término de la condena.

2-El acusado **Ausberto Narváez Parajón**, culpable de los cargos. Condenado a 15 años de reclusión y a la interdicción civil durante el término de la condena.

3-El acusado **Cornelio Silva Argüello**, es culpable de los cargos. Condenado a 15 años de reclusión y a la interdicción civil durante el término de la condena.

4-El acusado **Juan Calderón Rueda**, es culpable de los cargos. Condenado a 15 años de reclusión y a la interdicción civil durante el término de la condena.

5-El acusado **Enoc Aguado Farfán**, es culpable de los cargos. Condenado a 9 años de reclusión y a la interdicción civil durante el término de la condena.

6-El acusado **José María Barrera, no es culpable** de los cargos, por tanto el Consejo de Guerra lo absuelve enteramente de los cargos y especificaciones. La sexta especificación de los cargos fue probada.

7-El acusado **Pedro Joaquín Chamorro Cardenal**, es culpable en parte de los cargos. Condenado a 40 meses de confinamiento.

8-El acusado **Herminio Larios Silva, no es culpable** de los cargos, por lo tanto el Consejo de Guerra lo absuelve de los cargos y de las especificaciones.

9-El acusado **Ricardo Wassmer Montalván**, es culpable de los cargos. Condenado a 9 años reclusión y a la interdicción civil durante el término de la condena.

10-El acusado **Enrique Lacayo Farfán**, es culpable de los cargos. Condenado a 9 años reclusión y a la interdicción civil durante el término de la condena.

11-El acusado **Julio Alvarado Ardila**, es culpable de los cargos. Condenado a 9 años reclusión y a la interdicción civil durante el término de la condena.

12- El acusado **Ramón Rosa Martínez**, es culpable de los cargos. Condenado a 9 años reclusión y a la interdicción civil durante el término de la condena.

13-El acusado **Noél Jirón Balladares**, es culpable de los cargos. Condenado a 9 años reclusión y a la interdicción civil durante el término de la condena.

14-El acusado **Emilio Borge González**, es culpable de los cargos. Condenado a 9 años reclusión y a la interdicción civil durante el término de la condena.

14-El acusado **Alonso Castellón**, es culpable de los cargos. Condenado a 9 años reclusión y a la interdicción civil durante el término de la condena.

15-El acusado **Benjamín Robelo**, es culpable de los cargos. Condenado a 9 años reclusión y a la interdicción civil durante el término de la condena.

16-El acusado **Tomás Borge Martínez**, es culpable de los cargos. Condenado a 9 años reclusión y a la interdicción civil durante el término de la condena.

17-El acusado **Francisco Frixione Saravia**, es culpable en parte de los cargos. Condenado a 40 meses de confinamiento.

Firmaron estas sentencias todos los miembros del Consejo de Guerra Extraordinario: (f) **Ernesto Matamoros M.**, Coronel de Infantería G.N., Presidente. (f) **Roberto Martínez Lacayo**, Coronel de Infantería G.N., Miembro. (f) **Carlos Reyes y Ruíz**, Coronel de Infantería G.N., Miembro. (f) **Manuel A. Román A.**, Mayor de Infantería G.N., Miembro. (f) **Juan E. Mena Q.**, Mayor de Infantería G.N., Miembro. (f) **Arnoldo García M.**, Mayor de Infantería G.N., Miembro. (f) **Florencio Mendoza G.**, Teniente de Artillería G.N., Miembro. (f) **Agustín Torres Lazo**, Teniente de Infantería G.N., Fiscal Militar.

A las dos y media de la mañana del **jueves 31 de Enero de 1957**, el Presidente del Consejo de Guerra, **Cnel. Ernesto Matamoros** cerró definitivamente las sesiones del Consejo de Guerra Extraordinario.

Ninguno de los condenados cumplió su condena, tres fueron asesinados en la carcel de ***La Aviación***. Uno se escapó de las cárceles de ***La Aviación***. Ninguno de los otros cumplió su condena gracias a una amnistía que emitió el Presidente **Luis Somoza Debayle**.

Los detalles de las amnistías, de los confinamientos y los asesinatos por la ***Ley Fuga***, serán estudiados y narrados con todos los detalles y consecuencias, en el ***Tomo Tres de la Historia de la Guardia Nacional de Nicaragua***, programado a editarse y estar a la venta en **Amazon** en octubre de 2023.

La muerte del **Gral. Anastasio Somoza García**, abrió la oportunidad a los hermanos **Somoza Debayle** de colocarse en la cúspide del poder sobre Nicaragua cuando menos lo esperaban, y lograron elevarse a ejercer y usufructuar todos los beneficios del poder político, económico y militar sobre Nicaragua. Fue como ganarse el premio mayor. Y cuando falleció **Luis Somoza**, todo el paquete lo recibió el último **Anastasio Somoza**.

Rigoberto López Pérez sacrificó su vida inspirado en su idea de que al matar al **Gral. Somoza** terminaría el régimen dictatorial, pero lo que logró fue duplicar al régimen de los **Somoza**, porque desde los cinco disparos de **López Pérez** en el Club de Obreros de León, hasta la caída del último de los **Somoza**, transcurrieron otros 23 años de ***La Era de los Tres Somoza***.

Bibliografía Fuentes y Créditos

1-*Alemanes internados en campos de prisioneros en Nicaragua - II Guerra Mundial.* **Ing. Eddy Kühl Aráuz.**

2-*Base Naval de EEUU en Corinto* - **Márvin Saballos Ramírez.**

3-*Nicaragua declaró la guerra a Japón y a Alemania* - **Marvin Saballos Ramírez.**

4-*El bienamado de Washington* - **Dr. Jorge Eduardo Arellano.**

5-*Somoza García Destino y Camino* - **Dr. Juan Velásquez Molieri.**

6-*Memorias de un soldado* - **Cnel. G.N. Francisco Boza Gutiérrez.**

7- *Memorias* - **Cnel G.N. Agustín *«El Gato»* Peralta Ruíz.**

8-*La lucha por el poder - El poder o la guerra* - **Ing. Enrique Bolaños Geyer**

9-*La epopeya de la revolución* - **Gral. Humberto Ortega Saavedra**

9-*Mis memorias revolucionarias* - **Tnte. exG.N. Rafaél H. Somarriba Guevara**

10-*La saga de los Somoza* - **Tnte. Agustín Torres Lazo**

11-*La saga de los Somoza II* - **Tnte. Agustín Torres Lazo**

12-*Nicaragua traicionada* - **Gral. Anastasio Somoza Debayle**

13-*Nicaragua en la conspiración del silencio* - **Ing. Roberto Zelaya Blanco**

14-*Gobernantes de Nicaragua* - **Dr. Aldo Díaz Lacayo**

15-*Militares Centroamericanos, factor de liberación o centuriones a sueldo* - **Dr. y Cnel.Guillermo Mendieta Chávez**

16-*Introducción a la historia de la Guardia Nacional de Nicaragua* **Dr. CarlosCuadra Pasos. Revista Conservadora No. 11, agosto de 1961**

17-*La Guardia Nacional de Nicaragua, su trayectoria e incognita* **Ildefonso Solórzano (*Ildo Sol*), Raso G.N. No. 6099 y escritor.**

18-*Memorias* - **Cnel. G.N. Manuel Midence**

19-*Memorias* - **Tnte. G.N. Rafaél Somarriba.**

20-*La pax americana en Nicaragua (1910-1932)* - **Dr. Jorge Eduardo Arellano**

21-*Artículos de La Estrella de Nicaragua* - **Lic. Nicolás López Maltez**

22-**Fotos proporcionadas por el Archivo Histórico de** *La Estrella de Nicaragua Newspaper*

Libros del autor disponibles en Amazon

502 páginas. CONTENIDO PARCIAL: 1-Antecedentes y Génesis de la Guardia Nacional. 2-1925: Ley Creadora de la Guardia Nacional. 4-1926-1927: La Guerra Constitucionalista y la Guardia Nacional. 5-1927: Pacto de *El Espino Negro* y su impacto en la Guardia. 6-El *General Cabuya* y primeros US Marines muertos. 7-1927: Desarme de la Revolución Liberal y desarme del ejército gubernamental. 8-1927: *La Batalla de Ocotal*, cuádruple bautizo de fuego. 9-1928: Elecciones presidenciales y la Guardia. 10-La Guerra de Las Segovias: 510 combates. 11-Guardias contra US Marines. 12-1930: Primera Academia Militar de la Guardia. 13-1932: Elecciones presidenciales y la Guardia. 14-1933: Los Marinos se van... La Guardia se queda... Aparece Somoza... 15-1933: Sacasa y Sandino dialogan por la paz. 18-La muerte de Sandino paso a paso. 16-La Guardia Asaltó la Cooperativa de Sandino . 17-Somoza disputa el poder a Sacasa. 18-1936: Golpe de estado a Sacasa. 19-Somoza, presidente sin oposición.
Link para compra en Amazon: https://amzn.com/dp/B09TDT58N6

464 páginas. CONTENIDO PARCIAL: 1-1937: Somoza Presidente y Jefe Director G.N. 2-1938: Fundación de la Fuerza Aérea G.N. 3-Somoza invitado por Roosevelt. 4-1939: Fundación de la Academia Militar de Nicaragua. 5-Entrenamiento y Formación de los Cadetes. 6-1941: Coronación de la Reina de la Guardia Nacional. 7-1941: Nicaragua en guerra con Alemania y Japón. 8-1940-1944: Fundación y cierre de la Universidad Central. 9-1947-Golpe de Estado al Presidente Argüello. 10-1947: Ataque a Mina La India. 11-1947: Cuatro Presidentes en 8 meses. 12-1948: Pacto Somoza-Cuadra Pasos y 1950: Pacto de los Generales. 13-1954: 4 de Abril conspiración y masacre. 14-1954: Somoza contra Árbenz. Nixon visita a Somoza. 15-1955: Invasión a Costa Rica. 16-1955: *«Yo entrené a Rigoberto López Pérez»*. 17-1956: Cinco balazos contra Somoza. 18-Muerte de Somoza. 19-1956: Hermanos Somoza Debayle controlan a la Guardia Nacional y consolidan el poder.
Link de Amazon pendiente. Lo encontrará en *La Estrella de Nicaragua*.

102 páginas. *«Rubén Darío, biografía cronolúgica»*, es un libro compacto, diseñado para conocer la vida y obra de Rubén Darío en forma rápida y fácil. Contiene cronológicamente toda la vida de Rubén Darío , año por año. Ilustrado con sesenta fotografías, pinturas, dibujos y caricaturas del gran panida nicaragüense, padre indiscutible del Modernismo.

Es un libro para educar y elevar la cultura dariana a los niños, adolescentes, adultos y es el mejor regalo. Es fácil de leer, fácil de aprender de su lectura y fácil de adquirir.

Contiene además los mejores poemas de Darío: *A Margarita, Marcha triunfal, Alí, En el país del sol, Sonatina, A Colón, Caupolicán, Del trópico, La calumnia, Lo fatal, Al rey Oscar, Yo soy aquél, Agencia, Triste muy tristemente, Allá lejos, Mía, Campoamor, A Francisca, La rosa niña, Letanía de nuestro señor Don Quijote, Retorno, Los motivos del lobo.* Es un libro que no puede faltar en las bibliotecas de estudiosos y estudiantes. Link para compra en Amazon:
https://amzn.com/B08P1CFDKS

Made in the USA
Middletown, DE
23 May 2024